【제6판】

가족복지론

【제6판】

가족복지론

김혜경 · 도미향 · 문혜숙 · 박충선 · 손홍숙 · 오정옥 · 홍달아기

KNOWLEDGE COMMUNITY 공동체

머 리 말

우리는 세상에 존재하면서부터 모습만 달랐을 뿐 집단을 이루어 살아왔으며, 그 집단 중의 하나를 우리는 가족이라고 부른다. 그리고 끊임없이 가족의 행복을 추구하여 왔고 앞으로도 계속될 것이다. 이러한 가족은 개인에게 친밀하고 지속적인 상호작용을 통하여 개인의 발달과 성장에 환경체계를 제공해 왔다. 그러나 최근 사회변화와 함께 제도, 풍습, 법률, 오락, 산업 등 여러 분야도 이에 맞추어 급변하고 있는데, 그중에서 가족과 가족을 둘러싼 환경의 변화는 가장 중요한 변화라고 생각된다. 한때는 출산율 1.08을 기록하여 정부를 긴장하게 만들었고, 다문화가정의 급증과 관련 문제들, 이혼율 증가, 독신가구의 증가 등은 가족을 둘러싼 대표적인 변화들로 지목된다. 이러한 변화들과 함께 급속한 사회변화로 인한 가족행태에 대해 우려의 소리도 높다.

그러나 현대사회의 가족은 이와 같은 사회변화에도 불구하고 과거로부터의 기본적인 안정성을 갖고 있으며, 여전히 개인의 성장·발전에 막대한 영향을 미치고 있다. 가족복지는 개인과 가족을 동시에 고려해야 하며, 가족문제를 최소화할 수 있어야 한다.

이 책은 한국적 관점에서 최근의 변화에 따른 가족 관련 이슈의 실태파악과 미래의 방향을 살펴보고, 또한 가족 관련 종사자로서 전문적인 실천을 하기 위해 필요한 지식과 기술에 관한 내용을 담고자 노력하였다.

영역은 3부로 구성되어 있다.

제1부의 가족복지의 기초에서는 가족의 이해, 가족복지의 이해, 가족복지정책적 접근방법, 가족복지서비스적 접근방법에 대해 살펴보았다.

제2부의 다양한 가족과 가족복지실천에서는 맞벌이가족, 외둥이가족, 노인가족, 이혼가족, 재혼가족, 한부모가족, 다문화가족, 미혼모가족, 빈곤가족, 소년소녀가족, 폭력가족, 입양가족을 위한 복지실천에 대해 살펴봄으로써 우리 사회에 등장해 있는 다양한 가족을 망라해서 살펴보고자 했다.

제3부에서는 가족복지의 과제와 전망을 중심으로 가족복지의 방향을 제시하고자 하였다.

이 책은 가족복지에 대한 다양한 이론과 실제를 결합하여 우리가 접하는 가족의 문제를 예방하고 대책을 강구할 수 있는 기초를 전달하고자 한다. 이를 위해 가족문제 현황을 파악하고, 가족복지욕구가 무엇이며, 욕구충족을 위해서는 어떤 서비스가 필요한지에 대한 폭넓은 이해를 돕고자 기획되었다.

정부개편에 따른 정책의 변화와 급변하는 사회현상을 따라잡고자 저자들의 의견을 모아 개정판을 내게 되었다. 가능한 한 최신의 자료를 근거로 설명하고자 하였지만 갈수록 부족한 점이 발견되므로 계속하여 발전시키기를 약속하며, 여러분의 비판과 애정 어린 조언을 기대한다.

이 책이 나오기까지 도움을 주신 공동체 사장님과 짧은 시간에도 불구하고 꼼꼼히 편집을 해주신 여러분께 감사드리며, 이 책이 가족복지를 공부하는 많은 이들에게 복지를 실현할 수 있는 데 조금이나마 도움이 되기를 바란다.

2019년 2월

저자 일동

차 례

제 2 부 다양한 가족과 가족복지실천

PART 1

가족복지의 기초

CHAPTER 01

가족의 이해

가족을 바라보는 관점에는 다양한 입장이 있다. 어떤 사람들은 가족이란 사회의 토대, 사실상 문명 그 자체의 토대라고 주장한다. 또 다른 사람들은 가족이란 우리의 문제와 불행의 주요한 근원이라고 주장한다. 또 다른 입장은 통화주의와 복지서비스의 삭감으로 인해 점차 약해지는 사회를 구제할 수 있는 것이 가족이라고 보고 있으며, 페미니스트들은 가족을 가부장적 사회에서 여성과 아동을 억압하는 장으로 여기기도 한다.

사회학자나 역사학자들은 가족을 일반적인 하나의 단위로 취급해 왔으며, 가족 내의 모든 개인들은 대체로 비슷한 자원과 생활기회를 공유하는 비슷한 상황에 있는 것으로 가정했으나, 페미니즘적 연구에서는 남성과 여성의 차별적 생활기회로 가족들 사이에서도 불평등이 존재함을 주장한다. 이러한 가족에 대한 다양한 입장은 정확하게 "가족이란 무엇이다"라고 단정 지을 수 없게 한다.

그래서 가족(the family)보다는 가족들(families)로부터 생각을 시작하는 것은 중요하다. 그렇지만 이것만으로는 충분치 않다. 가족 개념에 본래부터 포함되어 있는 다른 가정에 대하여 질문을 제기할 필요가 있기 때문이다. 예를 들면, 가족 내 권력관계와 폭력의 만연을 어떻게 설명할 것인가? 사람들은 왜 결혼하는 것인가? 사람들은 왜 자녀를 갖는가? 가족은 위기상태에 처해 있는가? 또한 사람들은 왜 특정 유형의 가족 내에서 그들 생의 대부분을 살아가는가? 그리고 근대사회에서 나타난 가족에 대한 대안은 사실상 없는 것인가?의 질문은 중요하며, 이와 같은 질문을 다루기 위해서는 가족에 대해 폭넓은 시각을 가져야 한다.

1. 가족의 정의와 특성

가족에 대한 정의는 가족을 연구하는 학자마다 강조하는 점을 약간씩 달리하고 있다. 사전적 정의로는 “가족은 부부, 부모, 자녀, 형제 등 혈연에 의하여 맺어지며 생활을 함께하는 공동체 또는 그 성원이다”(새우리말 큰사전, 1991)라고 나와 있다. 과거부터 가장 보편적이고 고전적인 정의로는 Murdock의 핵가족적 정의와 Lévi-Strauss의 확대가족적 정의가 있으며, 국내 학자들의 정의가 있다.

1) 가족의 정의

인간은 출생과 함께 가족이란 집단에 속하게 되며, 일상생활에서 가장 친밀하게 상호작용을 하며, 규범과 가치를 전달받고 나름의 독특한 문화를 형성해 왔다. 가족은 개인의 인성 형성에 강한 영향력을 미치며, 사회 공통의 행동 특징, 문화규범을 습득시키는 사회화 과정을 담당하는 사회의 가장 기본 집단(primary group)이 되며, 사회를 존속시키는 기본 단위이다. 가족(family)의 어원은 라틴어의 familia에 있는데, 노예나 하인을 뜻하는 famous와 유사하며 집에 속하는 모든 것을 포함하는 개념으로, 생활하는 장소로서의 집과 소속된 인간, 즉 가족구성원 모두를 포함한다.

(1) 고전적 정의

① Murdock의 정의

Murdock은 사회인류학자로 문화환경이 다른 여러 사회(약 1,170개)를 대상으로 가족을 연구하였고 다음과 같이 가족을 정의하였다. “가족은 공동의 거주, 경제적 협동, 생식(재생산)의 특징을 갖는 집단으로 사회적으로 인정받은 성관계를 유지하고 있는 최소한의 성인 남녀와 한 명 이상의 자녀로 이루어진다.” 이와 같이 Murdock은 공동의 거주와 경제적 협동, 인정받은 성관계, 자녀 출산 등 보편적인 기능론적 입장에서 가족을 보았다. 즉, 함께 살면서 부부와 자녀를 가족의 핵으로 파악하고 있어서, 이를 핵가족적 정의라고 하는데, 이러한 관점은 가족을 너무 좁은 의미로 한정했기 때문에 다양한 가족을 보편적으로 정의하는 데 부적합하다는 점에서 문제점을 제기하기로 한다.

② Lévi-Strauss의 정의

Lévi-Strauss는 "가족은 결혼에 의해 출발하며 부부와 그들의 자녀로 구성되지만 이 핵집단에 다른 근친자가 포함될 수 있다. 가족구성원은 법적 유대, 경제적·종교적, 그 외에 다른 권리와 의무, 성적 권리와 금지, 애정, 존경, 경외 등 다양한 심리적 정감으로 결합되어 있다"고 하였다. Lévi-Strauss의 관점은 가족원의 유대, 관계, 결합의 운명공동체적 성격을 강조했으며, Murdock보다 확대된 범위를 가족으로 보고, 가족을 결혼과 혈연으로 이루어진 보다 넓은 친족집단 구조로 파악하였다. 이를 확대가족적 정의라고 하며 확대가족제도를 취하고 있었던 사회의 가족을 정의하는 데 적합하다.

③ 국내 학자들의 정의

국내 학자들은 대체로 가족의 외형에 근거하여 가족에 대한 정의를 내리고 있다. 김두헌(1969)은 "가족은 일반적으로 영속적 결합에 의한 부부와 거기에서 생긴 자녀로 된 생활공동체"라고 하였고, 최재석(1966)은 "가족은 가계(家計)를 공동으로 하는 친족집단"이라고 하였다. 이광규는 "가족구성원, 동거동재(同居同財)의 생활공동체이며, 가옥, 가격(家格), 가풍(家風)을 포함하는 폭넓은 개념으로서의 문화집단"임을 강조했다.

유영주(1993)는 "가족은 부부와 그들의 자녀로 구성되는 기본적 사회집단으로서, 이들의 이익관계를 떠난 애정적 혈연집단이며, 같은 장소에서 기거하고 취사하는 동거동재집단이고, 그 가족만의 고유한 가풍을 갖는 문화집단이며, 양육과 사회화를 통하여 인격형성이 이루어지는 인간발달의 근원적 집단"이라고 하였다. 이와 더불어 가족이란 집단은 사회변동이나 정치적 개입에 의해 변화하며, 다양한 변화에 역동적 반응을 보이는 사회집단이라고 보았다.

(2) 현대적 정의

① 국외 학자들의 정의

미국의 인구국에서는 "가족은 한 집에 거주하는 서로 관련된 두 명 이상의 사람들로 구성된다"(US. Bureau of the Census, 1992)고 하여 물리적 거주에 중점을 두고 있으나, 가족학자들은 "가족이란 둘 또는 그 이상의 가족원들이 서로 돕고 몰입되어 있으며, 애정과 친밀감, 가치관과 의사결정, 그리고 자원을 서로 나누는 집단"으로 보았다(Olson & DeFrain, 1994). 또 친밀감에 대한 욕구는 가족원 간에 감정을 공유함으로써 충족할 수 있으며, 친밀한 인간관계에서 걱정과 근심을 함께 나눔으로써 사회적 통합의 욕구를 충족시킬 수 있다고 정의한다. 가족은 도움을 필요로 할 때 도움을 주며, 가족원의 중요성을 인정해 주는 다른 가족원을 통해 안도감의 욕구가 충족되는 장소(Erber & Erber, 2001, 정현숙 외, 2001 재인용)라고 말한다. 이들의 정의는 서로 심리적·정서적 정감을 어떻게 나누느냐를 중시하고 있으며, 가족이란 서로에게 자원이 되고 충족감을 줄 수 있는 상호작용적인 체계로 보고 있다.

② 국내 학자들의 정의

가족은 "인간의 본질적 특성인 개체성과 반개체성, 즉 개인으로서의 '나'와 관계로서의 '나'의 욕구를 충족시켜 줄 수 있는 상호작용하는 생활공동체적 집단"(유영주, 2000)이며, 사회의 가장 기본적·정서적 단위이며 보편성과 다양성을 지닌다. "가족은 사회의 영향을 받기만 하는 집단이라기보다는 사회의 영향에 대해 나름대로의 의미를 부여하며 적응·변화하는 집단이다"(정현숙 외, 2001)라고 하여 현대의 가족은 인간의 본질적 특성, 즉 개인성(identity)과 공동체성(membership)의 욕구를 충족시킬 수 있는 상호작용적 체계(system)로 가족의 개념을 정의한다(유영주 외, 2004).

이 책에서는 '가족은 개별성과 공동체성을 존중하고 상호 간에 심리적 자원이 되어주는 상호작용적 관계들의 집단'이라고 본다.

2) 가족의 특성

가족을 하나의 사회집단으로 보았을 때, 다른 사회집단과 구분되는 특성(이정우 외, 1992)을 중심으로 살펴보면 다음과 같다.

① 가족은 1차적 집단(primary group)이다

Cooley는 인간 간의 접촉방식에 따라 1차적 집단과, 2차적 집단(secondary group)으로 구분하고, 인간이 출생과 동시에 참여하는 집단이 1차적 집단으로 가족이 그 예라고 하였다. 1차적 집단에서는 성원 상호 간의 관계가 직접적(face-to-face)이고, 친밀하며, 그 관계가 항구적으로 지속된다. 또한 구성원들은 하나의 공통된 전체 속에 융합되어 우리 의식(we-feeling)으로 강한 일체감을 유지한다. 이에 대하여 이차적 집단이란 간접적 거리를 가지고 접촉하는 결합관계를 갖는 것으로 조직, 국가, 사회 등이 그 예이다. 2차적 집단은 그 구조가 비교적 복잡하고 제도화되어 있다.

② 가족은 공동사회집단(gemeinschaft)이다

공동사회는 Tönnis가 사용한 개념으로 희생사회라고도 불리며, 성원 상호 간의 애정과 이해로 결합되어 외부적 장애에 의해 결코 분열되지 않는 본질적 결합관계를 지닌다. 이러한 관계는 가족관계로, 가족원 간의 상호 신뢰를 바탕으로 한 정의적·감정적 기초로 성립되는 관계이다. 이에 대하여 이익사회(gesellschaft)는 '어떠한 결합에도 불구하고 본질적으로 분리되어 있는 사회'를 의미하는 것으로, 이러한 사회는 특정한 이익이나 목적을 달성하기 위해 수단을 사용하며, 타산적으로 대등하게 주고받는 이해관계가 개입된 집단이다. 정당, 사회, 조합 등의 집단이 그 예이다.

③ 가족은 폐쇄집단(closed group)이다

폐쇄집단이란 구성원이 되기 위한 자격의 획득이나 포기가 용이하지 않은 집단을 의미한다. 개인은 누구나 원한다고 해서 특정 가족의 구성원이 될 수도 없는 것이고, 또한 혈연으로 특정 가족에 태어난 이상 그 가족관계를 자유롭게 포기할 수도 없는 것이다. 이에 대하여 개방집단이란 집단의 소속성이 자유롭고, 원하는 대로 그 집단성원의 자격을 획득, 포기할 수 있는 집단을 의미한다. 우리 사회에서 가족 이외의 대부분의 집단은 개방집단이라 할 수 있다.

④ 가족은 형식적 집단(formal group)이나 가족관계는 비형식적(in-formal)이다

형식적 집단이란 객관적 조직과 특정한 관습적 절차체계를 지니며 이것에 의하여 행동이 통제되는 집단을 뜻한다. 가족은 결혼이라는 법적 절차에 의하여 부부관계를 성립하므로 이러한 면에서는 형식적이고 제도적인 집단이다. 또한 가족은 도덕, 법규 등 외부적 규범, 문화의 규제를 엄격히 받는 집단이다. 그러나 가족원 상호 간의 관계는 자유스럽고 솔직하며, 형식에 얽매이지 않고, 인간적 감정으로 연결되어 있는 비형식적 관계로 비교적 자유로운 관계이다.

Beutler 등(Beutler, Burr, & Bahr, 1989, 유영주, 2004 재인용)은 가족의 고유한 특성을 다음과 같이 지적한다.

- 세대관계를 포함하며 가족관계는 영속적이다.
- 가족성원은 역할에 기초한 부분적 관계(예 학생과 교사)에 그치지 않고, 일생을 통하여 전인적 관계를 맺는다.
- 가족에서 일어나는 과정은 동시 발생적 경향이 있으며 종종 역할긴장을 일으킬 수 있다.
- 성원 간의 관계는 이성적 측면보다 감정적 측면이 강하며, 친구, 동료, 이웃에 대한 감정과 그에 대한 정도 및 질에서 차이가 있다.
- 의식주 및 안전과 같은 객관적·양적 생존목표 이외에도 주관적·질적이며, 종종 잠재적인 목표를 중시한다(예 자녀양육, 애정적이고 친밀한 관계, 만족스러운 결혼생활, 노인부양, 소속감 유지 등).
- 성원 간의 관계는 통제나 관리보다는 양육과 돌봄(care)에 기초한다(예 자녀양육, 노인부양).

2. 가족에 대한 이론적 관점

가족은 사회의 여러 다른 제도들로부터 끊임없이 영향을 받는 하나의 사회제도이면서 가장 오랫동안 지속되어 온 제도이다. 이러한 가족에 대한 관심은 꾸준히 여러 학문분야에서 가져왔으며, 다양한 이론에 의해 연구되고 있다. 이론은 우리가 가족을 연구하는 틀을 제공하기 때문에 연구주제와 관련 있는 연구문제들을 논리적으로 정리할 수 있고, 새로운 이론으로 발전시킬 수 있다. 가족에 대한 연구는 가족이 갖는 복잡하고 다학제적인 성격에 의해 다양한 학문분야에서 접근을 달리하고 있지만, 때로는 타 학문의 기본적 이론을 응용하여 적용·발전시켜 왔다. 이러한 이론은 가족 전체를 설명하기보다는 관점에 따라 접근방식이 다르고 부분적 설명으로 이루어졌으며, 이들이 종합되었을 때 더욱 그 설명력이 높아지게 된다.

정현숙과 유계숙(2000)은 이론의 구성요소로 관점, 개념, 가정, 일반성, 설명력, 역사성 등의 여섯 가지 요소를 들고 있으며, 김익균(2003)은 축적성, 정확성, 창조성, 연관성, 해석, 예측성, 설명 등 일곱 가지 요소로 설명하고 있다.

서구의 가족이론은 1950년 이후 발달이 활발해지기 시작하여 1970년대에 이르러 과학적 연구의 정교화가 이루어졌으며, 1980년대에 대안적 가족과 미래의 가족, 가족상담 및 치료에 관한 내용을 많이 다루기 시작하였다고 볼 수 있다.

1) 구조기능주의 이론

구조기능주의 이론은 가족이 사회와 개인에 대해 어떤 기능을 하며, 사회와 어떻게 연계되어 있는지를 설명해 주는 이론이다. 초기 구조주의자들은 유기체들의 자연도태와 진화론을 주장한 Darwin의 영향을 받았는데, 이들은 그의 진화론적 원리를 예로 사회질서와 변화를 설명하고 있다. 사회가 가장 잘 기능하고 유지되기 위해 가족의 구조와 기능은 어떻게 변화하고 있고 변화되어야 하는지를 본다. 구조기능주의 이론은 다양한 가족형태 중에서도 핵가족을 친족집단의 기본 단위로 보고 산업사회에 가장 잘 기능할 수 있는 가족구조로 생각한다. 따라서 사회변화에 따른 가족구조와 기능의 변화, 즉 체계, 구조, 기능과 역기능, 도구적 역할과 표현적 역할 등에 주목한다.

(1) 기본 가정

첫째, 체계의 구성요소는 상호 의존적이다. 사회 내적 구조들은 상호 의존성을 갖고 있다는 기본적 가정에서 출발하며 사회체계 내의 부분 간의 상호 의존성을 강조한다. 즉, 사회를 유지하기 위하여 경제체계, 가족체계, 종교체계, 정부와 교육체계는 상호 의존적 관계 가운데 기능하고 있다는 것이다. 체계 내의 각 부분은 모든 다른 체계의 구성요소에 영향을 주며, 체계의 한 부분이 변화하면 모든 다른 구성요소들도 이러한 변화에 적응해야만 한다는 것이다. 둘째, 사회적 변화는 전체 사회체계에 영향을 미친다. 체계의 구성요소들은 서로 상호 의존적이기 때문이며, 따라서 체계의 어느 한 부분의 변화는 궁극적으로 전체 체계에 영향을 미칠 것이기 때문이다. 그러나 사회변화가 그 사회에 긍정적인지 부정적인지에 대한 기능주의자들의 논쟁은 시대에 따라 변화되어 왔다.

(2) 평가

구조기능주의 이론은 보수성과 성차별의 측면에서 비판을 받았으며, 사회변화의 긍정성과 부정성 중에서 부정적 측면에 초점을 두고 강한 비판의 대상이 되었다. 그들은 사회변화를 무시하고, 사회적 갈등을 인식하지 못하고 있다는 비판을 받았다. 과거와 마찬가지로 오늘날 기능주의자들은 사회변화가 사회체계의 모든 부분들에 영향을 미친다고 인식하고 있으며, 현대 기능주의자들은 변화는 피할 수 없이 계속하여 일어나고 있고, 사회체계는 궁극적으로는 변화에 적응하게 되어 있다고 주장하고 있다.

2) 상징적 상호작용이론

상징적 상호작용이론은 가족 간의 상호작용 유형에 관심을 갖는 미시적 접근으로 가족을 이해하고자 한다. 인간행동은 인간 상호 간의 사회적 상호작용을 통하여 결정되고 설명될 수 있다고 주장한다. 따라서 이론의 주요 개념으로 볼 수 있는 역할과 정체성, 자아개념, 의사소통, 그리고 개인의 복지에 있어서의 대인적 관계 및 가족관계의 중요성을 강조한다. 상징적 상호작용론자들은 개인의 사회화가 어떻게 일어나는지, 사회화 과정이 개인의 삶에 어떻게 영향을 미치는지에 관심을 두었다. 예를 들면, 상징적 상호작용이론은 성역할 사회화를 연구하는 데 있어서 매우 유용하였다. 또한 다양한 가족상황에서 가족 간의 상호작용이나 사회와의 영향을 조사함으로써 개인의 행동과 자아개념에 어떤 차이가 있는지를 연구하는 데 적극적이었다.

(1) 기본 가정

첫째, 인간은 그들이 상징을 창조하고 조작할 수 있다는 점에서 독특하고 유일한 존재이다. 행동주의자들과 달리 상징적 상호작용론자들은 인간은 추상적이고 정교화된 언어적 · 비언어적 상징체계들을 통하여 의사소통할 수 있는 능력이 있으므로 다른 동물들과는 다르다고 주장한다. 이러한 능력은 개인에게 그들의 경험을 분류하고 과거의 사건들을 회상하고, 미래를 예측하게 하며, 사람과 사물과 사건을 범주화하여 자신과 타인들을 보다 넓은 사회적 상황하에서 조망할 수 있게 한다. 따라서 상징적 상호작용론자들은 사회적 역할의 중요성을 강조하게 되는 것이다.

둘째, 상징의 의미는 사회적 상호작용 내에서 만들어진다. 상징적 상호작용론자들에 의하면, 사람들은 타인과의 상호작용을 통하여 "어떤 것 혹은 모든 것에 대한 의미를 부여받게 되며, 학습하게 되면 그 의미가 전이된다"고 주장하였다. 이는 물건이나 사건들에 부여된 의미들은 영원한 것이 아니라 시간이나 상황이 달라짐에 따라 얼마든지 전환되거나 변화할 수 있는 것임을 말한다.

셋째, 상황에 대한 인지가 인간의 행동에 영향을 미친다. 상호작용론은 인간행동을 완전히 이해하려면 주어진 상황에 대한 주관적 해석과 분석이 매우 결정적임을 주장하고 있다. 의미가 사회적 상호작용에 의하여 결정된다는 것을 주장함에 따라서, 상징적 상호작용론자들은 인간이 그들이 처한 환경에 대하여 그들의 행동을 스스로 통제하고 주장할 수 있으며, 자신의 행동을 결정짓는 데 능동적 존재임을 주장하고 있다.

넷째, 인간은 지속적으로 변화하는 사회에 태어난다.

다섯째, 개인은 자아개념을 갖고 태어나는 것이 아니라 사회적 상호작용을 통하여 자아개념이 발달한다. 상징적 상호작용론자들은 사회적 상호작용은 개인의 자아개념 발달에 매우 중요한 과정이라고 믿는다.

여섯째, 자기 자신은 과정이며 또한 목적 자체이다. 자아개념이란 인간이 타인과 상호작용하면서 지속적으로 형성되고 획득되는 것이며, 자신의 행동에 대하여 혹은 다른 사람들이 자신에 대하여 어떻게 생각하는지 등을 생각하면서 자신의 행동에 반영시킬 수 있다.

일곱째, 인간은 그들이 처한 자연적 환경과 사회적 맥락 가운데 연구되어야 한다(서병숙 외, 2002).

(2) 평가

첫째, 상징적 상호작용이론은 미시적 관점을 갖고 있기 때문에 결혼과 가족에 영향을 미치는 거시적 측면을 간과하는 경향이 있다. 가족은 커다란 사회에 속해 살아가기 때문에 사회구조적 영향을 직접적으로 받는 집단이다. 둘째, 가족관계에서 보이지 않는 권력과 역할을 간과하고 있다는 비판도 있는데, 상호작용으로 해결할 수 없는 권력과 역할의 장벽을 설명하기 어려운 점을 갖는다. 셋째, 상징적 상호작용이론은 인간생활의 무의식적이면서 정서적인 측면을 충분히 설명하지 못한다는 것이다. 사람은 '자아'뿐 아니라 '타아'도 함께 갖고 있다는 점과 실제의 현실과 자신만이 만들어 낸 현실을 갖기도 하는데, 이를 고려할 수 없다는 점에서 비판을 받고 있다.

3) 갈등이론

갈등이론은 인간의 기본적 속성과 사회자원의 제한성 등으로 인하여 갈등은 피할 수 없는 것이며, 갈등은 사회적 진보를 위하여 필요한 것으로 본다. Engels는 Marx의 기본개념을 가족과 여성−남성관계에 적용하였는데, 그는 갈등의 대립성을 강조하여 자본주의 내에 존재하는 억압과 착취는 가족 내에서 그대로 재생된다고 주장하였다. 실례로 경제적 생산의 주요 책임자요 공급자인 남성은 가정 내에서 여성에 대한 권력을 갖고 우월적 지위를 차지하고 있으며, 부와 권력에 대한 능력이 없는 여성과 아이들은 종속적이 된다고 하였다. 자본축적의 기본이 되는 사적 재산이 부계, 일부일처제의 가족제도를 출현시켰다고 보고, 자본주의를 없애는 것이 결혼과 가족제도에서의 불평등을 제거하는 것이라고 하였다. 갈등이론의 주요 개념은 경쟁, 자원, 갈등, 합의, 협상 등이다.

(1) 기본 가정

첫째, 갈등은 자연적인 것이며 인간의 본성과 사회 내에서 피할 수 없는 것이다. 갈등이론가들은 인간은 본래 자기중심적이라고 할 수 있고 타인의 욕구보다는 자기의 욕구를 추구하게 된다고 가정한다. 더욱이 각각의 개인은 서로 다른 분명한 목적과 가치와 관심을 갖고 있어서 사회적 상호작용을 해야 하는 삶의 현장에서 각각의 목적과 가치가 타인의 그것과 상충하고, 이는 필연적으로 갈등요소가 된다는 것이다. 사회적 갈등은 한정된 자원으로 인하여 야기된다고 설명한다. 갈등이론가들은 사회는 그 구성원 모두에게 충분한 자원을 갖고 있지 못하며, 개개인은 지속적으로 그러한 희소한 자원을 획득하기 위하여 경쟁해야만 한다는 것이다. 부와 특권, 그리고 권력과 같은 자원들은 현대 산업자본주의 사회에서 가장 수요가 많고 공급이 한정된 자원 중의 하나라고 할 수 있다.

둘째, 경제는 다른 모든 사회제도의 구조를 결정한다. 갈등이론가들은 경제가 모든 다른 사회제도보다 더 중요하고 영향력이 있으며, 경제가 사회의 하부구조를 형성하고, 사회의 다른 제도의 구조와 조직에 영향을 미친다고 본다.

셋째, 갈등은 성장과 사회변화를 위한 필수요소이다. 갈등이론가들은 갈등을 자연적이고 피할 수 없는 현상으로 보았을 뿐 아니라, 갈등이 사회에 유익을 줄 수 있는 것으로 보았다. 사회적 갈등과 변화는 사회와 사회적 제도들이 진보되기 위하여 필수과정이라는 것이다.

(2) 평가

갈등이론은 권력과 역할과 같은 사회규범이 가족 간에는 경쟁적 갈등기제로만 작용하지 않고 긍정적으로 수용되기도 하고, 가족원 간의 갈등을 통제하는 데 영향을 주기도 한다는 점을 간과하였다. 실제로 가족은 애정이나 친밀감, 유대감, 희생정신 등이 중요한 정서로 작용하고 있는 집단인 만큼 가족문화를 설명하기에는 무리가 있다.

갈등이론가들은 사회적 성역할을 심각하게 다루어 왔으며, 여성의 종속은 노동시장의 분리에 따른 경제적 구조의 부산물로 보고 있다(Osmond, 1987). 성역할 규범은 남성의 권력과 권위를 가족 내에서 강화시킨다. 많은 갈등론자들은 사회적·법적 변화를 통하여 여성이 경제적 자원에 더 많이 노출되고 다가갈 수 있어야 한다고 주장하고 있다. 갈등의 유용성을 강조하는 현대사회의 갈등이론은 어떤 가족원도 착취당하거나 억압받고 있다는 것을 가정하고 있지 않다. 단지 이런 관점을 갖고 있는 학자들은 갈등이 관계 가운데 내재되어 있음을 언급하고, 그러한 갈등은 분명히 긍정적 변화를 가져올 수 있는 잠재력이 있음을 지적함으로써 갈등의 유용성을 언급하고 있는 것이다.

4) 체계이론

체계(system)는 여러 개의 부분으로 구성된 전체, 즉 전체를 구성하는 부분들이 모여 복잡한 기능체를 만든다는 개념이다. 체계이론은 1930년대 독일의 생물학자 Bertalanffy의 일반체계이론을 가족체계에 적용시킨 것으로, 1960년대 이후 많은 학문의 영역에서 응용하고 있다. 가족체계의 원리는 '전체성'에 입각하고 있고 "전체는 부분의 합보다 크다"고 보며, 이러한 결과는 가족원 간의 상호작용에 의해 가능하다고 본다. 가족은 외부환경에 대한 개방성과 가족구성원 간의 상호작용으로 변화하는 상황이나 요구에 민감하게 반응하며, 안정성과 균형을 유지하기 위해 상호작용 패턴을 형성하고 가족원의 행동을 제한한다는 규칙을 갖는다.

(1) 기본 가정

첫째, 전체성이란 전체는 부분의 합보다 크다는 것이다. 체계이론에 의하면, 온 우주는 각각의 부분들을 이루는 구성적 요소들로 이루어진 하나의 합성체이다. 그러나 이러한 각각의 구성요소인 체계들은 단면적으로 이해될 수 없고, 상호 간의 교류작용과 관계성을 갖고 있어서 결국 상위체계의 성격은 하위체계 간의 상호 교류적 관계 특성에 따라 달라지며, 더 큰 영향을 받는다.

둘째, 상호성이란 체계의 부분적 변화는 체계 내 다른 부분의 변화를 초래한다는 것이다. 체계는 자신을 유지하기 위하여 체계 내외의 변화와 상호작용을 통하여 새로운 변화를 창조하는 시너지를 소유하고 있다.

셋째, 체계는 항상성을 갖는다. 유기체는 근본적으로 개방체계로서 끊임없이 정보와 에너지를 투입하고 산출함으로써 스스로를 유지하거나, 구성요소를 파괴 또는 생성하면서 안정상태, 즉 평형상태를 유지하려고 하는 특성이 있다. 즉, 체계는 변화욕구와 항상성의 욕구 사이에서 체계 간의 피드백을 통하여 의사소통하면서 가장 안정된 상태를 유지하고자 한다. 따라서 체계는 안정지향적이면서 또한 변화지향적인 상태를 반복하면서 점진적 변화과정을 거친다.

(2) 평가

체계이론은 가족현상을 분석하고 설명하는 데 유용한 통찰력을 제공했다는 데 의미가 크며, 사회복지, 정신치료, 가족상담이나 가족치료 등의 영역에서 유용하게 활용되고 있다. 그러나 여권주의 성향을 지닌 가족연구자나 상담가는 체계이론이 가족 내 모든 성원이 동등하게 체계의 역기능에 기여한다고 가정함으로써 가정 내 남성과 여성의 권력 차이를 간과했으며, 상대적으로 약자의 입장에 있는 집단에 대해 설명력이 약하다고 평가한다. 또한 다른 이론처럼 법칙이나 명제를 발전시키기보다는 일반적인 하나의 사고방식으로서의 개념들이 지나치게 추상적이어서 설명력이 부족하다는 비판을 받는다.

5) 건강가족적 관점

건강가족적 관점은 가족의 건강성에 초점을 두고 이러한 건강요인을 파악하여 가족원의 잠재력을 개발하여 발휘할 수 있도록 도와 성장과 변화를 유도한다. 이러한 관점은 건강성이라는 긍정적 측면을 확대시킴으로써 가족의 부정적 측면을 줄일 수 있으며, 가족문제나 가족의 병리적인 면을 사전에 예방할 수 있다. 건강가족의 공통된 요소로는 가족의 응집성, 융통성, 의사소통을 들 수 있다.

건강가족에 대한 대표적 연구는 Stinnet 등(Stinnet & DeFrain, 1985, 2002; DeFrain, 1999, 미국 전역의 21,000가족들에 대한 조사 연구와 세계 27개국의 연구, 유영주 외, 2004 재인용)에 의하여 수행되었는데 그의 중요한 연구내용은 다음과 같다.

- 배려와 헌신(commitment)
- 감사와 애정(appreciation and affection)
- 긍정적 의사소통(positive communication)
- 즐거운 시간의 공유(enjoyable time together)
- 정신적 안녕(spiritual well-being)
- 스트레스와 위기 대처능력(ability to cope with stress and crisis)

3. 가족의 기능

최근의 급변하는 사회현상은 우리가 지니고 있는 가족에 대한 개념을 다시 생각하게 한다. 이혼과 재혼, 입양과 무자녀, 동성애, 공동체 등 다양한 집단의 형태를 가족이라는 하나의 집단에 포함시키고 있다. 미래에는 가족의 구조나 전형적인 틀보다는 함께 사는 사람들끼리 어떤 정감을 주고받는가의 상호작용을 중요시하는 기능적 측면을 강조하게 된다. 가족의 기능이란 가족이 수행하는 역할, 행위를 뜻하는 것으로, 사회의 산업구조의 변화에 따라 시대의 흐름과 문화의 발전에 따라 가족의 가정 내 역할(대내적 기능)이나 사회적 역할(대외적 기능)이 달라지고 있는 것에 주목해야 한다.

Murdock은 인류사회의 존속을 위해서는 가족이 네 가지 본질적 기능을 충분히 수행해야 하는데, 이 중 어느 한 기능이라도 수행되지 않으면 인류사회의 존속이 불가능하다는 고유 가족기능성을 강조하였다. 즉, 성적 기능과 생식기능은 구성원을 재생산함으로써 인류사회가 존속되게 하며, 경제적 협동의 기능은 생존의 문제를 해결하기 위해 필요하며, 자녀의 양육과 사회화의 기능은 교육하고 문화를 계승시키는 기능으로, 이 네 가지 기능은 가족의 고유 기능이라고 하였다. 이러한 기능은 여러 가지 부차적 혹은 파생적 기능을 갖는다. 대외적으로 성적 통제와 종족 보존의 기능으로 사회의 질서를 유지하며, 생산, 소비는 사회적으로 노동력 제공과 경제질서 유지의 기능을 수행하고, 여기서 파생되는 교육은 문화계승의 기능을, 보호와 휴식은 심리적 · 신체적 안정의 측면에서, 오락과 종교는 문화적 · 정서적 측면에서 나아가 사회의 안정화에 기여하는 기능을 갖는다.

이러한 가족의 기능은 가족을 둘러싼 환경의 변화에 의해 가족의 기능을 대체해 주는 다양한 집단들이 등장함으로써 변화를 가져오게 되었다. 따라서 핵가족의 보편성에 대한 회의와 가족의 개념 정립에 혼란이 초래되고 있으며, 현대사회에서 가족이 기능적인가 혹은 역기능적인가 하는 문제까지 대두되기도 한다.

1930년대 Ogburn이 가족기능 상실(family's loss of function)이라는 말을 했을 때 가족은 마치 아무런 일도 하지 않는 것처럼 오인되었으나, 이 기능 상실(loss of function)이라는 전통적 가족기능이 산업화, 도시화된 현대사회에서, 즉 사회변화에 따라 약화되어 감을 의미한다고 할 수 있다(Adams, 1980).

최근에는 가족의 크기가 작아졌기 때문에 가족구성원 간에 상호작용이 빈번해지고 친밀감이 더욱 강조되고 있으며, 사회가 경쟁적이 될수록 가족의 기능 중 치료와 위안의 기능이 강화되고 있는 경향을 보인다. 이와 같이 가족의 기능 변화는 사회의 변화에 따라 양적인 면의 축소와 질적인 면의 깊이를 요구하게 된다. 이에 따라 현대가족의 진정한 가족기능을 살펴보면, 첫째, 부부간의 애정적 유대를 기반으로 한 성적 질서 유지의 기능과, 둘째, 문화전달의 매개체로서 자녀의 가치관 확립을 통한 사회화와 교육의 기능이 중시되며, 셋째, 경제적 협력체로서의 가족, 특히 건전한 소비주체로서의 가족기능 등이 강조되고 있다. 종합적인 가족의 기능을 살펴보면 다음과 같다.

1) 성적 통제기능

성적 무질서를 방지하고, 사회적으로 인정되는 방법으로 성적 욕구를 충족하도록 하는 제도가 결혼이며, 결혼이란 사회제도가 전체 사회에 대하여 어느 정도 성관계의 통제기능을 담당함을 의미한다. 즉, 어느 사회나 결혼을 제도화한 이유는 성적 관계를 규제하기 위함이며, 이에 따른 규범은 시대나 사회배경에 따라 다소 차이는 있어도 소멸되지는 않을 것이다.

2) 생식의 기능

이는 사회의 구성원을 충원하기 위해 재생산하는 기능이다. 모든 사회는 그 사회의 존속을 위해 사망한 사람을 보충해 나가야 하며, 가족은 이러한 기능을 담당하고 있고 가족 이외의 다른 집단이 대신할 수도 없는 기능이다.

3) 애정의 기능

가족은 애정을 바탕으로 한 남녀가 가정을 이루며 그들의 자녀를 사랑으로 양육하는 집단이다. 현대의 가족은 제도적 가족에서 우애적 가족으로 변화함에 따라 가족의 인간관계도 애정의 기능을 중요시하게 되었다. 복잡한 산업사회에서 많은 긴장감과 갈등 속에서 살아가야 하는 현대가족에게는 정서적 안정감과 사랑을 가족으로부터 제공받아야 하기 때문에 중요한 기능이다.

4) 자녀양육과 사회화의 기능

아이들은 출생하면서부터 가족으로부터 보호를 받으며, 가족생활을 통해 교육을 받게 된다. 가정에서는 그들이 사회에서 잘 적응하고, 기능하고, 바람직한 인간으로 성장하도록 돕는 역할을 하는데, 가족은 1차 집단으로 자녀의 인격 형성에 막대한 영향을 끼치므로, 나아가서는 건강한 사회인을 길러내는 기능이기도 하다.

5) 지위부여의 기능

인간은 출생하면서부터 가족 내 여러 지위(출생순위, 성별)가 부여되며, 자신이 태어난 가족에 의해 사회경제적 지위가 부여된다. 부모의 사회경제적 지위와 같은 가족배경은 개인의 사회경제적 지위의 기초를 제공하며, 개인의 직업성취에도 주요한 요인이 된다.

6) 경제적의 기능

가족의 경제적 기능은 생산기능과 소비기능으로 구분할 수 있다. 과거 전통사회에서의 가족은 생산과 소비의 기능을 함께 수행했지만, 현대사회는 고도의 산업화, 상품의 대량생산으로 생산단위로서의 가족기능은 축소되었으며, 가족원은 산업사회에 노동력을 제공하고 그 대가로 임금을 받으며 이것으로 필요한 물자를 구입하게 된 것이다. 따라서 현대 산업사회의 가족은 상품 선택과 구매에 대한 현명한 소비자로서의 능력이 요구되며, 한정된 수입으로 온 가족원의 욕구를 충족시킬 수 있는 공평하고 합리적인 재정관리가 요구된다.

7) 종교적의 기능

가족의 종교적 기능은 종교적 의례나 형식만을 의미하는 것이 아니라 가족들이 공유하는 신념이나 가치 등을 말한다. 매일의 생활에 감사하고 삶의 진리를 깨달으며, 인간능력의 한계를 겸허하게 인정하고, 기도하는 자세로 살아가는 생활태도를 포함한다.

8) 휴식 및 오락의 기능

가정은 복잡한 사회생활로 인한 스트레스와 긴장, 갈등을 해소하고 몸과 마음을 쉴 수 있는 안식처로서의 기능을 가지며, 각 가족원의 에너지를 재충전시켜 줌으로써 건강한 생활을 할 수 있게 하는 기능을 한다. 또한 가족의 휴식과 오락의 기능은 각 가족원 간의 열린 대화를 유도하고, 생기를 불어넣어 건전한 가정에서 건전한 가치관을 갖게 하며, 나아가 바람직한 사회풍토를 이루는 데 기초적 기능이 된다.

9) 치료 및 위안의 기능

현대사회에 새롭게 강조되고 있는 기능은 가족의 치료 및 위안의 기능이다. 현대사회의 경쟁적인 사회구조와 독립된 주거, 핵가족형태로 인해 친척과 친구·이웃 간의 교류가 소원해지는 경향이 많다. 현대인은 사회환경의 변화와 복잡한 사회관계로부터 스트레스와 상처를 받게 될 때 가족 안에서 위로받고 싶은 욕구가 더욱 강해진다고 볼 수 있다. 따라서 치료 및 위안의 기능은 현대사회에 더욱 강조되고 있는 정서적 기능이라고 볼 수 있다.

유영주(1989)는 도시와 농촌을 포함하는 광범위한 표본조사를 통해 우리나라 가족의 기능을 ① 성·애정의 기능, ② 친척관계 유지 기능, ③ 자녀의 사회화 및 교육 기능, ④ 정서적 지지 및 안식처 기능, ⑤ 경제적 협력 기능, ⑥ 종교·도덕적 기능 등 여섯 가지로 제시했다.

지금까지 가족의 기능을 통해 살펴본 것과 비교해 보면, 서구에서는 가족기능으로 애정, 성, 자녀의 사회화를 강조하였는데, 우리나라는 그러한 기능 외에 친척관계 유지 기능이 있다는 것이 특징이다. 이 기능에는 노부모 봉양, 조상 숭배, 방문, 전화, 초대, 의논상대, 친목계 등이 속한다. 또한 현대사회에 있어서 새롭게 강조되고 있는 기능은 가족의 치료기능이다. 복잡한 사회 속에서 받는 스트레스와 상처를 위로와 사랑으로 치유하는 역할은 가족이 맡아야 하는 중요한 기능인 것이다.

4. 가족생활주기

성인 남녀의 결혼으로 가족이 성립되면, 자녀 출산, 성장, 결혼, 분가 등의 연속적 과정에 의해 가족의 기능, 형태, 과업 등이 변화한다. 이와 같이 시간이 경과함에 따라 변화하는 가족생활의 연속적 과정을 가족생활주기라고 한다. 가족생활주기가 갖는 의의는 가족 형성에서 시작되는 가족생활을 전 생애적 관점으로 전망해 봄으로써 각 발달단계에 이루어야 할 과업, 각 단계에서의 가족들의 기대와 욕구, 잠재되어 있는 문제점, 강점 등을 알 수 있고, 예측, 계획이 가능하여 계획적 가족생활을 운영할 수 있는 자료를 제공해 주기도 하는 중요한 의의가 있다. 또한 가족생활을 시간적 차원에서 연구하는 데 중요한 기준이 되기도 한다.

가족생활주기는 가족 변화의 시점이 언제이며, 각 시점별 경험하는 사건들은 무엇이고, 그 원인은 어디에 있으며, 이들 사건에 대해 가족원은 어떻게 대처해 나가는가 등에 관심을 가진다. 가족생활주기는 가족을 순간순간 변화하는 동태적·과정적 집단으로 파악한다. 그러나 가족생활주기는 각 단계대로 진행되는 것이 아니라 현대사회의 다양한 가족들의 등장으로 각각 다른 생활주기를 갖게 됨에 따라서 앞으로는 다양한 가족의 형태에 맞는 가족생활주기의 기준이 연구되어야 할 것이다. 가족주기의 단계를 구분 짓는 기준은 연구자마다 다를 수 있으나, 실제로 가장 많이 활용하는 기준은 자녀의 출산, 첫 자녀와 막내 자녀의 연령, 첫 자녀와 막내 자녀의 출가나 결혼, 은퇴 시기 그리고 배우자의 사망(유영주 외, 2004) 등으로 구분하고 있다.

1) 가족생활주기의 단계

가족생활주기는 가족의 유형과 특성에 따라 다양하지만 일반적으로 가정을 형성하는 시기부터 축소되어 끝나는 시기까지를 통해 보면 특징적 단계를 구분 지을 수 있다. 그동안 많은 국내외 학자들이 가족생활주기를 구분하였는데, 미국의 핵가족을 조사한 Duvall(1985)의 8단계는 우리나라에 적용 가능한 여부를 조사한 결과, 초혼 연령, 출산 자녀 수, 출산시기, 자녀교육 시기, 수명의 차이로 부적절한 것으로 밝혀졌다(옥선화, 1980).

이에 유영주(1990)는 외국 학자가 제시한 주기에 수정을 가하여 8단계의 각 시기를 조정한 6단계를 제시하였다.

① **형성기** : 결혼으로부터 첫 자녀 출산 전까지 약 1년간
② **자녀 출산 및 양육기** : 자녀 출산으로부터 첫 자녀가 초등학교에 입학할 때까지
③ **자녀 교육기** : 첫 자녀의 초등학교, 중학교, 고등학교 교육 시기
④ **자녀 성년기** : 첫 자녀가 대학에 다니거나, 취업, 군복무, 가사에 협조하는 시기
⑤ **자녀 결혼기** : 첫 자녀 결혼으로부터 막내 자녀 결혼까지
⑥ **노년기** : 막내 자녀 결혼으로부터 배우자가 사망하고 본인이 사망할 때까지

한편 공세권은 1985년도 인구센서스 자료를 기초로 하여 가족생활주기를 구분하였다. 가족생활주기의 범위를 결혼시점에서 배우자 사망 시까지로 하였으며, 자녀 출산, 자녀 결혼 등을 감안하여 다음과 같이 6단계로 나누었다.

① **형성기** : 부부가 결혼하여 첫 자녀를 출생할 때까지
② **확대기** : 첫 자녀 출생으로부터 막내 자녀 출생까지
③ **확대 완료기** : 막내 자녀 출생부터 자녀 결혼 시기까지
④ **축소기** : 자녀 결혼 시작부터 자녀 결혼 완료까지
⑤ **축소 완료기** : 자녀 결혼 완료부터 배우자 사망까지
⑥ **해체기** : 배우자 사망부터 본인 사망까지

사회변화에 따른 가족생활주기는 전반적으로 만혼의 영향을 받아 출산율이 낮아지고 단산의 연령도 빨라졌으며, 평균수명이 길어짐에 따라 노년기가 길어지는 인구학적 변화를 보이고 있다. 주기별 특징은 다음과 같다.

가족 형성기는 만혼의 추세로 결혼 전 독립기가 길어지고 출산율의 감소로 가족 확대기는 짧아지게 되었다.

가족 확대기는 첫 자녀 출생에서 막내가 태어날 때까지로 종래에는 다산으로 기간이 길었지만, 최근에는 저출산으로 짧아졌고 기혼여성들의 취업에 영향을 준다.

가족확대 완료기는 막내 출생에서 첫째 결혼까지의 기간으로 보는데 종래보다 길어졌으며, 그 이유는 결혼이 늦어져 자녀를 적게 낳는 반면에 교육 후 독립까지 긴 기간이 소요되기 때문이다. 이 시기의 부모는 자녀의 양육과 교육으로 부담이 가장 많은 시기이다.

가족 축소기는 첫째 결혼에서 막내 결혼까지의 기간으로, 자녀가 적기 때문에 모든 자녀가 결혼하기까지 불과 몇 년밖에 걸리지 않는다. 이때부터 가족은 축소되는 시기에 접어든다.

이와 같은 가족생활주기의 변화는 사회변화와 가족의 생활모습과 가치관의 변화에 따라 달라지며, 가족생활주기의 변화현상은 많은 시사점을 내포하고 있다. 즉, 만혼화 현상과 고학력주의, 부양의식의 변화, 여성취업의 일반화, 저출산 등의 현상이 나타나지만, 이러한 현상은 또 가족생활주기의 변화에 계속적으로 영향을 끼친다고 볼 수 있다.

2) 가족생활주기 단계별 발달과업

인간이 태어나 각 시기에 이루어야 할 발달과업이 있듯이 가족에 있어서도 가족이 형성되면서부터 원만한 가정생활을 위하여 성취해야 할 단계별 발달과업이 있다. 이러한 과업은 가족생활주기에 따라서 단계적으로 적절히 수행되어야 가족이 안정되고 충족감을 느끼며 살아갈 수 있다. 각 단계별 발달과업은 반드시 이루어져야 하는 결정적 시기(critical or optimal period)가 있으므로, 가정생활의 각 단계에 따른 발달과업은 신중하게 계획되어야 한다. 가족생활주기 단계에 따른 과업을 〈표 1-1〉과 같이 살펴볼 수 있다.

〈표 1-1〉 가족생활주기 단계별 특징과 과제

가족생활주기 단계		특징과 과제
형성기	신혼기	새로운 가정과 부부관계의 기초 확립 부모가정과의 협력관계 가정의 장기기본계획(교육, 주택, 노후설계) 가족계획(임신, 출산 준비) 주부의 가사노동 합리화 부부와 함께하는 여가 계획 가계부 기록
	유아기	유아중심의 생활 설계 유치원, 놀이방 활용계획 조부모와의 협력관계 가사노동 능률화와 시간의 합리화 자녀의 성장에 대한 가계 설계 자녀중심의 교육비와 주택중심의 장기가계계획 재검토 부부역할의 재조정
확대기	학교교육 전기	가족여가를 위한 지출계획 자녀의 교육비와 부부의 교양비 설계 자녀 성장에 따른 용돈계획 자녀의 공부방 계획 자녀 성장에 따른 부부역할 재검토
	학교교육 후기	단체활동 참가 자녀의 진학과 교육비 계획 자녀의 학습환경 설계 수험생 자녀를 위한 의식주 계획 자녀의 역할분담 성인교육 참가계획
축소기	자녀독립기	부부관계 재조정 부인회 활동 등과 단체활동의 적극 참가 자녀부부와의 역할기대 관계 조정 노후를 위한 가계 소득, 지출(저축, 연금, 퇴직금, 재산소득)의 설계 유산 분배계획 자녀의 취직, 결혼 지도
관계 재정립기	노부부기	노후생활 설계 건강과 취미를 위한 자주적 생활시간 설계 사회적 활동시간 성인병 예방, 건강 증진 계획 취미, 문화그룹의 참가 노인학교, 노인그룹 참가

5. 현대사회의 가족 변화와 특성

1) 현대사회와 가족

현대라는 시대적 배경을 가진 오늘날 가족은 복잡한 사회문제의 영향을 받아 가족의 위기라고 할 만큼 심각한 문제에 부딪히고 있다. 더욱이 현대사회는 그 어느 때보다도 빠르게 변화하고 있으므로, 사회적 변화와 위기에 민감하게 영향을 받고 반응하는 가족 또한 신속한 적응이 필요하게 되었다. 따라서 한국 가족의 변화적 특성과 현대사회의 가족 변화를 살펴보고, 사회의 다양한 변화에 따른 미래 가족을 예측해 본다.

(1) 현대사회와 가족 변화

현대사회의 가족 변화 영향요인은 사회문화적 환경, 산업화, 도시화 등 다양한 요인들을 들 수 있지만 많은 학자들은 산업화, 도시화의 영향력에 큰 비중을 두고 있다. 사실 산업화 이후 급속한 변화를 가져온 것은 부인할 수 없다. 그러나 이러한 주장을 반박하기도 하는데, 비교문화적 연구와 가족사적 연구에서는 현재의 가족유형이 과거 가족유형의 연속이라는 점을 지적하면서 산업화가 가족 변화의 분기점이라는 것에 합의하지 않기도 한다. 결국 현대의 가족유형은 적어도 자신의 과거와 그 가족이 처해 있는 경제적 상황에 따라 결정되는 것(유영주 외, 2004)으로 파악해야 함을 말한다.

산업화 이후 현대까지의 사회변동 중 하나는 정보화 사회환경으로, 사회관계뿐만 아니라 가족관계에도 많은 변화를 가져오리라고 본다. 산업화와 정보화 사회에서의 사회적 관계(조정문 · 장상희, 2001)와 가족 변화를 살펴보고자 한다.

① 산업화와 가족

현대사회의 산업화에 핵가족이 가장 기능적인 가족의 형태라는 구조기능주의의 이론이 오랫동안 받아들여졌으나, 핵가족은 이미 산업화 이전에도 형태적으로 존재했으며, 산업사회에서도 핵가족이 아닌 다양한 형태의 가족이 존재했음을 밝히면서 핵가족을 산업사회의 산물로 받아들이지 않게 되었다. 산업사회는 오히려 가족형태보다도 가족기능과 가치관, 가족생활주기와 같은 것들에 영향을 끼쳤다고 볼 수 있다.

산업화는 과거 가족이 수행했던 다양한 기능들을 사회가 담당하게 하였고 가족의 기능을 축소 또는 변화시켰다. 자녀의 사회화와 애정 등 정서적 측면은 사회로 이전될 수 없고, 어떤 사회적 관계에서도 충족시킬 수 없는 영역이므로 가족의 중요성이 더욱 강화되었으며, 사회가 경쟁적이고 비인간적인 요소로 팽배해질수록 가족의 고유영역으로 한정되어 가고 있다. 한편으로는 정서적 영역을 지나치게 강조하다 보면, 커지는 욕구를 충족시키지 못해서 오히려 가족의 불안정성이 증대되어 가족 유지의 의미를 찾지 못하고 해체로 이어질 우려가 있다.

산업화가 진행되어 후기 산업화의 단계를 거치면서 변화의 핵심은 평등한 가족관계, 가족유대와 결속력의 약화, 가족구성원의 개인주의화로 요약될 수 있으며, 가장 큰 변화는 여성 경제활동의 급격한 증가(김연옥 외, 2005)이다. 여성적 특성을 살린 직업의 다양화는 여성의 경제활동을 증가시켰고, 여성의 경제력 확보는 가정 내 지위와 가족생활을 변화하게 했다. 남녀 간 역할분담의 재편성에 의해 가사를 전담하는 남편(house-husband, 主夫)이 생겼으며, 양성평등을 위한 사회적 노력과 각종 법 개정과 더불어 부계제의 친족관계가 양계제를 향하고 있다. 개인주의 경향은 부부나 부모-자녀관계에 있어서도 상호 간의 개성과 독립을 인정해 주기를 원하며, 이러한 경향으로 가족 간의 유대와 결속이 과거와는 다르게 느슨해졌다고 볼 수 있다.

② 정보화 사회의 사회적 관계

- **느슨하면서도 자율적 사회관계의 확산** : 인터넷 사용이 늘면서 인간관계가 가상공간을 매개로 확산될 것이며, 가상공간에서의 인간관계 성격을 이해할 줄 알아야 하며, 비대면성, 개별성, 확장성의 특성으로 만남이 손쉽게 이루어지기 때문에 또 다른 인간관계에 의해 쉽게 대체될 수 있다. 따라서 만남의 진실성과 유지보다는 효용성과 기능성을 강조하는 만남의 경향이 나타나게 된다.
- **남성과 여성 간의 상호 독립성의 증대** : 여성의 경제활동 참여로 정보화 사회에서의 일과 근무형태의 변화로 여성의 경제활동 참여가 증가하고 있다. 특히 재택근무는 일과 가정을 양립시킬 수 있고 기혼여성의 경제활동참여율을 높여주고 있다. 이는 여성의 경제적 자립을 가능하게 하며, 여성의 경제적 자립은 남녀관계에 많은 변화를

가져온다. 독신을 선호한다든지 결혼생활이 만족스럽지 못할 경우 쉽게 이혼을 결정하기도 한다.

- **세대 간 독립의식의 증대** : 정보화 사회는 정보와 지식이 중심이 되는 사회이기 때문에 정보에 대한 접근성과 정보해독이 세대관계를 밝혀주는 중요한 지표가 된다. 정보의 접근성과 정보해독에서 젊은 세대가 기성세대를 능가하고 압도해 버리는 현상[세대 덮기 또는 세대 비약(generation lap); 김선업, 2000]으로 인해 정보화 사회에서는 젊은 세대가 기성세대에게서 독립하게 될 것이라고 본다.

이상의 변화 외에도 정보화 사회의 특징은 경계의 이완(김문조, 1999)이다. 지식정보의 시공간적 한계를 넘어선 교류와 활용이 '경계의 폐쇄성'을 깨뜨리기 때문에 사회는 가속적 분화를 경험하게 되지만, 분화된 실체들은 분리된 채로 존재한 것이 아니라 네트워크 체제하에서 서로 연결되어 파동적 영향을 주고받는다. 가족 역시 예외는 아니어서 가족 내에서도 세대 간, 성(性) 간의 경계가 불분명해지는 현상이 나타날 것으로 예측(고선주, 2000)할 수 있다. 이러한 경계의 이완은 실세계에서뿐만 아니라 가상세계의 경계에서, 현실과 가상세계 간에도 이완되고 있다.

③ 정보화 사회의 가족

정보화가 어떤 방식으로 가족에게 영향을 끼칠 것인지는 현재 우리가 접하고 있는 다양한 정보화 사회의 각종 현상들을 보면 상상했던 모든 것을 가능한 것으로 실현시키고 있다고 생각된다. 현재 인터넷 이용률을 볼 때 가족생활에 영향을 줄 수 있는 것은 컴퓨터 매개 의사소통(CMC : Computer Mediated Communication)과 가상공동체이다.

컴퓨터 매개 의사소통은 가상공간에서 텍스트화된 메시지가 동시적 · 비동시적으로 거리에 구애받지 않고 송수신되는 커뮤니케이션 상황을 말한다. 이와 같은 상황은 자신이 원하는 자아상을 창출할 수 있고, 의사소통에서 상황적 요인을 배제할 수 있어서 의사소통을 하는 사람 간에 평등성이 보장된다. 대면적 의사소통에서 겪게 되는 권위적이고 불평등하며, 감정적인 측면에서 자유로울 수 있다.

가족 간의 관계 회복과 인간관계를 강화하는 역할을 할 수 있다. 또 부부관계와 부모-자녀관계에서도 보다 평등한 관계를 지향하는 민주적 가족이 출현할 것으로 보는 반면,

위계질서와 성차의 가치를 갖는 가족 간에는 세대 간 갈등을 겪을 것이며, 자녀세대는 자신들이 디지털 매체에 더 능통하다고 믿고 있지만, 여전히 디지털을 통제하는 사람은 윗세대라는 점(김선업, 2000)은 가족 내에서도 세대 간 갈등을 증폭시키는 요인이 될 것이다. 따라서 우리 인간은 정서적 · 감성적인 존재인 만큼 가상공간이 활성화된다고 하여도 인간 본성을 유지하여 가족 간에도 조화와 이해와 신뢰를 갖는 것이 더욱 중요해진다.

가상공동체는 가상공간에 출현하는 집단들로 서로 관심과 유사한 목표를 추구하는 사람들끼리 구축해 나가는 경향을 갖는다. 공동체의 요소를 친숙함(familiarity), 소속감(sense of belonging), 헌신(commitment), 유대감(solidarity), 전인격적 관계(whole personal relationship)로 보고 가상공동체가 이러한 특성을 지니고 있는지를 분석(윤영민, 1999, 고선주, 2000 재인용)한 결과, 지역공동체와 보완적 관계이지만 상당 부분 대체관계이다. 즉, 가상공동체에서 사람들이 지역공동체에서 얻을 수 없는 것들을 구할 수 있게 해준다는 점에서 보완적이며, 지역공동체가 충족시키지 못하는 욕구를 대신 충족시킨다는 점에서 대체적 역할을 하여 사회적으로 상당한 역할을 하고 있다는 것이다. 따라서 가상공동체의 역할이 신뢰성을 얻고 활발하게 그 역할을 한다면, 가족이나 친족공동체는 그 중요성이 줄어들 수도 있다는 것이다.

(2) 한국 가족의 변화적 특성

① 가족의 형태적 측면

- 핵가족, 소인수 가족으로 가족규모가 축소되고 있다. 핵가족의 형태는 과거 대가족관계에서 자연스럽게 인간관계의 기초를 배울 수 있는 기회를 박탈하였다.
- 현대가족은 물리적 단절로 친족들과의 접촉이 감소되었으며, 심리적 지원과 상호부조의 정신이 약화되어 가고 있다.
- 배우자 선택에 있어서 결혼은 두 당사자 사이의 문제로 한정되고 이성이 만날 수 있는 기회가 많아짐에 따라 자유연애 결혼의 형태가 보편화되었다.
- 연령을 불문하고 부부만의 독립된 가구를 선호하게 되었다.
- 남녀평등사상에 따라 가계계승이 부계단일제도에서 양계제도로 변모되어 가고 있다.
- 가족의 안정 면에서 핵가족은 고립된 단위인 만큼 인간관계의 범위가 부부와 자녀

의 관계로 좁혀졌다. 따라서 가족의 안정은 부부생활의 감정 조절과 인간적 융합에 의존하게 됨에 따라 위기를 극복하지 못하게 될 때 결혼생활은 쉽게 이혼과 같은 파탄의 경지에 도달하게 된다.

② 가족의 기능적 측면

- **경제적 기능** : 가족의 생산기능 약화와 소비단위로서의 기능 강화로 다양한 상품 중에서 어떻게 현명하게 물자를 구입해서 현명하게 소비하느냐가 가장 큰 문제가 되었다. 따라서 가족성원들의 소득 정도는 그 가족이 누릴 수 있는 생활기회나 생활양식을 결정하게 되었으며, 소비생활수준이 가족생활 만족에 직접적 영향을 미치게 되었음을 의미한다(함인희, 2001). 또한 가족원 직업역할에 따라 가정은 하숙집과 같은 장소로 존재하게 되고, 가족원 간의 유대관계를 위한 시간이 줄어들게 됨에 따라 가족 간 응집력이 약화되는 요인으로 작용하기도 한다.
- **자녀양육 및 사회화 기능** : 사회의 변화에도 불구하고 변하지 않을 것이라는 예측과 달리 부모는 출산을, 양육은 전문적 시설을 통해 하는 경향이 높아졌다. 특히 한국 사회의 조기교육과 입시 위주의 교육은 자녀를 과잉보호 속에서 성장하도록 하고 있고, 과거의 무릎학교와 같은 자연스러운 가정교육은 찾아보기 힘든 상황이며, 자녀에 대한 인성도덕교육의 주관자였던 가족의 교육기능은 감퇴되고 있다.
- **성적 및 재생산 기능** : 과거와 같이 합법적인 성적 욕구 충족과 종족 보존에 대한 기능은 변함없이 가족이 갖는 기능이다. 현대사회의 변화는 결혼과 자녀에 대한 가치관의 변화를 가져와 자녀 생산에 대한 선택적 사고를 갖게 되었으며, 성적 기능의 중요성이 결혼생활의 만족요인으로 부각되고 있다. 이러한 가족의 성적 재생산 기능의 약화는 성개방 풍조와 관련하여 가족의 성 규제기능의 약화로 이어지며, 이는 성적 규범과 가치관 혼란 등을 야기하게 되었다(유영주 외, 2004).
- **정서적 · 치료적 기능** : 현대사회의 경쟁적 사회관계와 긴장이 높아짐에 따라 이의 완화와 정서적 위로를 위한 공간으로서 가정의 중요성이 강조되고 있다. 따라서 가정 밖에서 힘들고 상처받은 가족원에게 위안과 휴식을 제공하는 기능을 각 가족원이 하게 되었으며, 이에 따라 상호 간의 의사소통이나 관계 향상을 위한 가족생활교육의 중요성이 강조되었다.

- **여가의 기능** : 가족원 간의 공유시간이 줄어듦에 따라 대화와 접촉 부족으로 인해 가족이 문제를 갖게 되기도 한다. 실제로 우리나라의 개인의 여가활용은 가족과 함께 보내기보다는 개인적으로 집 밖에서 이루어지는 경우가 많다. 따라서 가족관계를 강화시킬 수 있는 가족문화 프로그램이나 가족단위 봉사 프로그램에 가족들의 참여가 요구된다.

위와 같이 사회의 변화에 따라 가족의 기대와 생활양식이 변화하고, 가족의 기능은 약화되기도 하고 강화되기도 한다.

Duvall(1977)은 가족의 기능 중 인간의 발달과 상호작용이 이루어지는 사회적 단위로서의 기능에 중점을 두고, 현대가족의 기능으로, 특히 ① 가족 간의 애정, ② 가족의 안정과 수용(인정, 용납), ③ 가족의 만족감과 목표 달성, ④ 동료감과 협동감의 지속, ⑤ 사회적 역할 수행과 사회화, ⑥ 올바른 가치관의 확립 등을 강조하고 있다.

③ 가족생활주기상 측면

사람은 결혼을 하여 가정을 꾸려나가게 되면서 가족이라는 체계를 형성하고 발달시켜 나가며, 축소되어 가는 일련의 과정을 일반적으로 거치게 된다. 시간의 흐름에 따라 가족이 변화하고 발달해 가는 것을 각 전이기별로 단계를 두어 가족생활주기를 설정한다.

한국 가족의 가족생활주기상의 주요 변화를 살펴보면 다음과 같다.

- 결혼 연령이 높아지고 독신을 선택하는 경향도 증가하고 있다. 이는 개인적 가치관과 사회경제적 어려움으로 인해 경제적 독립의 시기가 늦추어졌기 때문으로 보고 있다.
- 자녀의 출산율이 낮아지고 있다. 출산율의 저하는 여성의 삶뿐 아니라 국가적으로도 많은 문제를 수반한다. 젊은 층의 감소로 노동력 부족과 노인부양 부담의 증가, 국방인력의 감소 등 다양한 문제가 대두되었고, 이의 해결을 위해 출산율을 적어도 1.60명의 수준으로 끌어올려야 한다고 한다. 정부에서는 출산율 억제와 장려라는 이분법적 접근이 아닌 인구의 질적 관리라는 측면에서 접근해야 한다.

- 가족 확대기가 줄었다. 만혼 현상과 저출산이 출산완료시기를 축소시켜 기혼여성들의 취업률을 증가시키게 되었다. 여성의 고학력화와 취업에 대한 인식의 변화, 자녀 양육기간의 단축 등이 작용을 했다고 볼 수 있다.
- 가족 축소기 이후 두 부부만 남는 '빈 둥지 시기(empty nest stage)'가 급격히 확대되는 변화를 보인다. 이는 자녀를 적게 낳기 때문에 독립시키기까지의 기간이 줄었으며, 수명이 연장됨에 따라 노년기가 길어졌음을 의미한다. 따라서 노부부만의 기간이 증가함에 따라 노년기 부부관계의 중요성이 부각되고 있다.

이러한 가족생활주기의 변화는 이중적 의미(함인희, 2001)를 포함한다. 즉, 저출산의 경향은 자녀교육에 대한 강화로 연결되고, 가족관계에 대한 높은 기대는 가족관계 불만족과 갈등 심화로, 부부관계의 비중 강화는 오히려 가족안정성 약화로 이어지며, 수명의 연장은 축복이면서 동시에 노인문제를 야기하는 결과를 가져오게 되었다고 보고 있다.

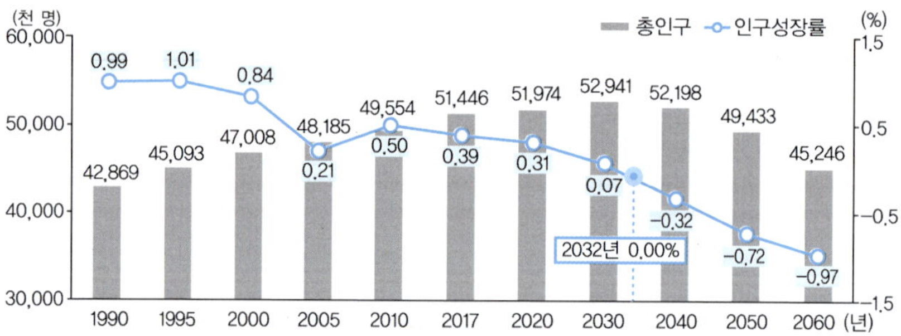

| 그림 1-1 | 총인구와 인구 성장률

출처 : 통계청(2016. 12). 장래인구추계.

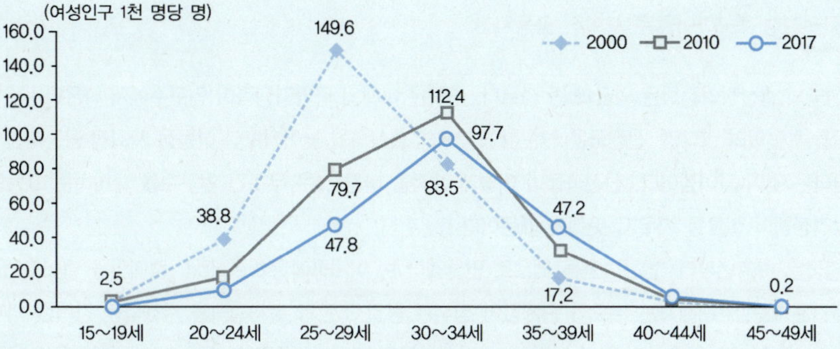

|그림 1-2| 연령대별 출산율

출처 : 통계청. 인구동태통계연보(총괄 · 출생 · 사망 편), 2017년 출산 · 사망 통계(잠정).

〈표 1-2〉 연령별 출산율 및 합계출산율 (단위 : 명)

	연령대별 출산율[1]							합계출산율[2]
	15~19세	20~24세	25~29세	30~34세	35~39세	40~44세	45~49세	
2000	2.5	38.8	149.6	83.5	17.2	2.5	0.2	1.47
2005	2.1	17.8	91.7	81.5	18.7	2.4	0.2	1.08
2010	1.8	16.5	79.7	112.4	32.6	4.1	0.2	1.23
2011	1.8	16.4	78.4	114.4	35.4	4.6	0.2	1.24
2012	1.8	16.0	77.4	121.9	39.0	4.9	0.2	1.30
2013	1.7	14.0	65.9	111.4	39.5	4.8	0.1	1.19
2014	1.6	13.1	63.4	113.8	43.2	5.2	0.1	1.21
2015	1.4	12.5	63.1	116.7	48.3	5.6	0.2	1.24
2016	1.3	11.5	56.4	110.1	48.7	5.9	0.2	1.17
2017	1.0	9.6	47.8	97.7	47.2	6.0	0.2	1.05
증감	-0.3	-1.9	-8.6	-12.4	-1.5	0.1	0.0	-0.12

주 : 1) 해당 연령 여성인구 1천 명당 명
2) 가임여성 1명당 명

출처 : 통계청. 인구동태통계연보(총괄 · 출생 · 사망 편) 각 년도; 통계청(2017. 2). 2017년 출생 · 사망통계(잠정).

출산장려정책 英 "아이들은 사회적 공동자산"

한국의 출산장려정책은 외국과 좀 다르다. 한국은 미래의 국가경쟁력이 인구수에서 나온다는 인식에서 출산율을 높이려 한다면, 선진국은 단순한 숫자상의 출산율을 높이기보다 아동을 사회적 공동자산으로 생각한다는 것이 차이점이다. 선진국들이 이렇게 생각을 바꾼 것은 무조건 인구수를 늘리려는 그동안의 출산장려정책이 실효를 거두지 못했기 때문이다.

영국은 1997년부터 "빈곤아동을 제로로 만들겠다"는 취지하에 'sure start' 캠페인을 벌이고 있다. 이 캠페인은 아동에 대해서는 부모와 관계없이 정부가 동일 조건의 복지혜택을 주겠다는 강력한 의지를 담고 있다. 정식으로 결혼하지 않고 동거하고 있는 부부의 자녀에 대해서도 동일한 지원기준을 적용하고 있다. 근로자가 입양을 할 경우 출산 때와 동일하게 출산휴가도 준다. 가정의 경제수준과 상관없이 16세 이하 모든 자녀에게는 아동수당이 지급된다. 한부모가족은 추가수당이 지급된다.

프랑스는 유럽 국가 중에서 가장 먼저 저출산 대책을 수립했다. 2명 이상의 자녀를 둔 가정에 '가족수당'이 지급된다. 두 자녀 가정은 매달 108유로, 세 자녀 가정은 매달 248유로, 세 자녀 이상은 추가로 140유로가 지급된다. 또 출산 보너스 800유로와 '신생아 환영수당'으로 3살까지 매달 160유로를 지원한다.

1990년 아동·청소년 보호법을 공포한 독일은 보육재정을 공·사립 모두 주 정부와 지방자치단체가 지원한다.

일본도 출산장려정책에 적극적이다. 일본은 출산율이 1989년에 1.57명까지 떨어져 '1·57 쇼크'의 악몽을 겪은 바 있다. 일본은 임신 중인 예비엄마에게까지 별도의 출산보조금을 주고 있다. 특히 같은 어린이집에 다니는 아이들이라도 부모의 소득수준에 따라 지원보육료를 달리하고 있다.

이태수 교수(현도사회복지대)는 "일부 유럽 국가의 경우 마을 전체가 어린이를 돌보는 제도를 도입하자 이혼율이 크게 떨어졌다"며 "출산장려정책을 인구수를 늘리는 식으로 접근하기보다 아동을 사회 공동의 자산으로 생각하는 공감대에서 출발해야 유럽의 전철을 밟지 않을 것"이라고 지적했다.

출처 : 김창영 기자(bodang@kyunghyang.com).

④ 가족가치관의 측면

가치는 인간행동과 관련하는 모든 분야의 다양한 관심을 통합시킬 수 있는 요인이 되기 때문에 다양한 관점으로 해석되고 있으나, 행위를 위한 여러 목표와 수단 및 양식의 선택에 영향을 미치는 개인이나 집단이 소유하고 있는 바람직한 것에 대한 개념이라고 볼 수 있으며, 이러한 가치에 대한 생각이나 관념을 가치관이라고 한다.

한국 가족가치관의 커다란 틀은 유교의 영향을 받아 오늘날까지 면면이 이어져 왔으며, 이를 바탕으로 가족은 다양한 가족환경과의 상호작용에 의해 영향을 받고 하나의 가족이라는 집단에서 나름의 가치기준을 세워나가며 생활양식을 만들어 간다. 전통사회에서 근대사회로 변화를 가져온 가족가치관의 변화적 특징을 살펴보기로 한다.

- **권위주의적 가치** : 인간관계와 사회윤리를 규정하는 기본 원리는 철저하게 상하 위계적인 서열관계로 인식되고 조직되었었다. 이러한 가치는 가족 내의 경직된 권위주의적 질서가 무리한 차별과 세대 간 거리감 및 가족관계를 경직화시켜왔다. 그러나 권위는 타인에 의해 인정될 만한 가치를 지닐 때만 인정을 받게 되어 있다.
- **집합주의적 가치** : 개인의 사회적 지위는 그가 어떤 신분의 가족에서 태어났느냐에 따라 귀속적으로 결정되었으나 현대는 개인의 업적이나 성취에 의해 획득된다. 또 이러한 가족주의 가치는 가족 간의 연대감과 결속력이 되기도 하지만 사회적으로 보면 오히려 사회 전체의 결속력을 와해시키는, 즉 우리 가족만 좋으면 된다는 가족이기주의로 잘못 작용하기도 한다.
- **인본주의적 가치** : 인본주의는 물질적 가치보다 정신적 가치, 인간적 가치를 강조하는 것이다. 즉, 개인의 존엄과 자유를 기본으로 개인의 도덕적 완성을 강조한다. 현대사회는 물질적 가치에 많은 비중을 두고 있으며, 이러한 현상은 가족 간 불화나 갈등의 근본적 원인으로 작용하기도 한다.

(3) 미래 가족의 방향

미래 가족은 어떻게 변화할 것인가? 앞에서 다양한 결혼 및 가족생활양식이 도입되면서 나타나게 되리라고 보는 몇 가지 특징들은 다음과 같다.

첫째, 가족의 다양화로 획일적 가족생활을 영위하는 일이 없이 한 사람이 일생 동안 나름대로의 여러 형태의 가족을 경험할 것으로 보고 있다.

둘째, 취업여성의 증가 현상에 따라 맞벌이가족이 일반적인 유형으로 뿌리를 내릴 것으로 보인다. 맞벌이가족이 정착하기 위해서는 평등주의적 가족이념과 공평한 역할수행이 기본 전제가 되어야 한다. 맞벌이가족이 보편화되면서 오히려 핵가족체계보다 부모님세대로부터의 지원을 받으면서 유대관계를 긴밀히 함으로써 자녀양육과 집안관리에 있어서 도움을 받고, 부모세대는 자녀세대와 상호 호혜적 관계를 유지할 수 있다.

셋째, 현대 과학은 남자 없이도 여성의 난자만으로 아이를 낳을 수 있다고 보고하고 있다. 과학의 발달은 인공수정, 난자 제공뿐만 아니라 실제로 정자를 냉동보존할 수 있어 손자대에 그것을 사용할 수도 있고, 타인의 정자를 수정할 수도 있다. 동성애 부부가 자녀를 가질 수도 있으며 자궁 대여가 가능하고 심지어 난자만 제공받아 인체 외부에서 정자와 난자를 모두 빌려 자녀를 만들 수도 있다. 이에 따라 과거에는 논의의 대상이 되지 않았던 새로운 부부관계, 부모-자녀관계의 문제가 나타나고 그에 대한 윤리적 문제가 발생할 것이라고 보고 있다. 따라서 '가족의 신성함'이라는 도덕관에 따라 가족의 형태가 영향을 받기보다는 오히려 산업과 과학기술이 어떠한 발전을 할 것인지에 의해 깊은 관계를 갖는다고 볼 수 있다.

영화 '주니어(1994)'

넷째, 정보화 사회의 컴퓨터는 부작용도 있지만 인간생활, 특히 직업역할의 영역에서는 생산을 위해 직장에 있는 시간을 줄여주고, 여가활동시간을 대폭 증가시켜 주며, 직장과 가정이 구별되지 않는 전자주택의 시대를 열어주었고, 갈수록 재택근무자가 늘어 갈 전망이다. 따라서 직장에서의 대인관계와 출퇴근 시간으로 인한 스트레스가 줄어들고, 가족과의 여가시간이 늘어남에 따라 오히려 가족생활 및 부부관계는 공동의 체험이 많아지고 더욱 뜨거운 관계(hot-relationship)가 될 것이며, 높은 질의 의사소통을 추구하게 될 것으로 본다. Toffler는 부부관계와 배우자 선택은 사랑 플러스 알파(성실함, 책임감, 능력, 정신력, 사상과 같은 고감도의 친밀감)가 요구되며, 애정의 정의가 변할 것이라고 했다. 한편으로는 인간의 자아실현과 자유의지를 위해 다양한 형태의 결혼과 가족에 대한 시도가 있겠지만, 고도의 기술에 적응하는 인간관계 유형은 높은 친밀감을 추구함으로써 오히려 가족의 기능이 강화되는 쪽으로 갈 것이라고 했다.

다섯째, 앞으로는 정보의 세계화로 인해 결혼과 가족에 있어서 동서양의 뚜렷한 구분보다는 각각의 장점을 살린 생활양식을 취할 것으로 보인다. 결혼은 남녀가 각기 존경받는 인격체로 결합하는 것이며, 집 안팎에서의 역할의 재조정이 중요하다. 따라서 가족은 개인이 존중되면서도 집단을 중요하게 생각하는 도덕적 개인주의를 발전시킬 것이라고 본다.

여섯째, "미래에도 결혼과 가족제도는 유지될 것인가?"라는 질문에 아마도 과거에서 현재에 이르기까지 그래 왔던 것처럼 어떠한 형태로든 유지될 것이라고 말할 수 있지만 지금의 형태가 유력하게 지속될 것이라고 본다. 생물학적으로 남성과 여성은 사랑을 근거로 결합할 것이며, 그에 따른 자녀 출산은 선택적이기는 하나 자녀의 존재는 부부간의 만족한 결과이며, 자녀를 통한 인생의 즐거움은 다른 어떤 대용물로도 얻을 수 없을 것이기 때문이다. 또한 자녀의 사회화 속에서 우리는 건전한 가족규범과 인간성을 길러내는 부모로 존재할 것이다. 특히 심리적 친밀과 생활의 안정감은 현재의 결혼제도가 가장 적절하게 제공해 주고 있기 때문에 결혼과 가족생활에서 도덕적 순수성을 유지하고, 가족의 조화와 가족의 유지를 위해 노력하리라고 본다.

지금까지 결혼과 가족에 대한 미래의 전망을 살펴보았다. 어떠한 형태로 미래의 사회가 우리 인간생활, 특히 결혼과 가족생활에 영향을 줄지 쉽게 단언하기는 어렵지만 어느 한쪽의 편중된 가치보다는 이상적 가족가치를 지켜나가는 것이 중요하리라고 본다. 미래의 세기에는 질적으로 각기 다른 가족들이 출현하리라고 예고되었으며, 근대 가족에서 가족이 국가와 시장에 보다 직접으로 예속화되고, 새로운 형태의 사생활의 숭배가 나타나기 시작하여 무엇보다 개인적 만족을 중시하는 가족의 출현을 목전에 두게 되었다(조은 외, 1997)고 하였는데, 현대사회의 다양한 가족들은 지구상에 있을 법한 형태는 이미 존재하고 있다고 보고 있다. Skolnick(1997)은 미국 가족은 지속성과 변화의 혼합체라고 하면서, 30년간의 가족의 변화가 가족생활의 종말을 의미하는 것이 아니라 새로운 난제를 맞게 된 것이라고 하였다. 즉, 변화된 가족생활의 실제 간에 균형이 이루어지지 않고 있어 균형을 위한 추구가 지속될 것이라고 한다. 현대사회체제가 유지되기 위해서 가족의 기능성과 건강성에 대한 사회적 노력이 필수적이며, 이러한 노력 가운데 특히 중요한 것은 각 가족이 사회적 구성원으로서의 개인의 기능과 지위를 존중하는 방향으로 가족관계를 지향토록 하는 새로운 가족문화의 창출(신용하 · 장경섭, 1998)과, 더 나아가서 인류의 삶에 긍정적으로 기여할 이타적 · 도덕적 개인주의를 실현하는 것이다.

'싱글족' 씀씀이 줄이고 주택 · 은퇴자금 먼저… 한 달 수입 · 지출 등 체계적 재무관리 필수

공기업에 근무하고 있는 K과장은 37세의 미혼여성이다. 딱히 결혼을 안 하겠다는 것은 아닌데 나이가 먹을수록 눈만 높아지고 혼자 사는 데 익숙하다. 가끔 주말에는 동호회 친구와 함께 골프 이야기를 하며 브런치(breakfast + lunch)를 즐기는, 누구나 한 번쯤 꿈꾸는 싱글의 모습이다. 그리고 그동안 나름대로 재테크에 관심을 가지고 자산을 모아 왔지만 최근의 금융위기를 겪으며 좀 더 체계적인 관리의 필요성을 느끼게 되었다.

■ 싱글족, 노후생활 대비는 필수

통계청 자료에 따르면, 올해 현재 1인 가구의 수는 독신, 이혼가구, 기러기 아빠 등의 증가로 인해 전체 인구의 20%를 차지하고 있다. 여기서 주목할 것은 30대 초반부터 후반까지 결혼적령기를 지나고 있는 젊은 사람들이 싱글가구 급증에 많은 기여를 하고 있다는 것이다. 이들은 다름 아닌 '네오싱글족', '알파걸' 또는 '골드싱글족'들이다. 이들은 결혼을 못해 주변의 시선을 의식하던 이전의 독신자들과는 달리 탄탄한 경제력과 디지털 활용능력을 갖추고, 결혼이라는 개념에 연연하지 않고 자기만의 자유로운 생활을 즐기며 그들만의 당당하고 독특한 문화를 만들어 가고 있기도 하다.

싱글족은 결혼이나 자녀양육 등으로부터 자유롭다. 그리고 자신을 위한 투자에 이유 없는 죄책감을 가졌던 부모세대와는 달리 많은 돈을 벌고 있다는 사실과 그 돈을 자신을 위해 쓰는 것에 대해 부끄러워하지 않는다. 이러한 경향으로 인해 씀씀이를 통제하지 못하는 경우가 많다. 따라서 싱글족들에게는 체계적인 수입 · 지출 관리와 혼자 늙어갈 노후생활에 대비한 재무관리가 무엇보다 중요하다.

■ 누수자금을 막고 저축수준을 높여라

싱글족의 재무관리에 있어 가장 먼저 해야 할 것은 자신이 어디에 얼마만큼의 지출을 하고 있는지를 파악하는 것이다. K과장의 경우 용돈 및 외식비 등 소비지출이 너무 크고 어디에 어떻게 쓰는지도 파악이 안 되는 누수자금이 소득의 13% 정도로 지출통제가 전혀 안 되고 있다. 이렇게 새고 있는 돈을 파악하는 것이 재무관리의 첫걸음이다.

다음으로 중요한 것은 저축률을 40% 이상 유지하는 것이다. 대부분 싱글의 저축률은 소득의 25% 정도로, 이는 부양가족이 없는 상황에서 너무 낮은 수준이다. 소비성 지출을 줄이고 누수자금을 체계적으로 관리하면 저축률을 40% 이상 유지할 수 있다. K과장의 경우에도 지출파악을 통해 드러난 줄줄 새고 있는 돈과 여가활동비에서 줄인 금액으로 저축률을 소득의 45% 수준까지 올렸다. 기존의 생활패턴을 크게 조정하지 않아도 누구나 할 수 있다.

■ 미래를 위한 포트폴리오 구성

대부분의 싱글은 현재의 풍요와 즐거움을 노골적으로 탐닉한다. 그러다 보니 단기적인 목표에 대해서는 계획적이지만 장기적인 목표나 미래를 위해 준비하는 것에 대해서는 소홀한 경우가 많다. 보다 장기적으로 준비해야 할 것은 주택마련과 은퇴자금을 마련하는 것이다.

이를 위해 K과장의 경우 기존의 은행적금 위주에서 소득공제 혜택을 받으며 주택마련을 위한 중기자금 확보를 위해 장기주택마련펀드와 적립식펀드를 신규로 가입했다. 그리고 기존의 연금(월 20만 원)으로는 안정적으로 노후생활비를 충당하기에는 너무 적은 금액이므로 변액연금을 추가(월 30만 원)로 가입하여 노후의 기초생활비를 확정적인 연금수입으로 충당할 수 있도록 하였다. 또한 정기예금으로 가지고 있던 자금 중 5,000만 원으로 대전시와 충북의 접경지역에 있는 토지를 구입하였다. 이는 자금이 충분하지 않아 가족과 공동명의로 취득하여 장기적으로 투자수익을 올리거나 은퇴 후 주택으로 활용할 수 있도록 포트폴리오를 조정한 것이다.

싱글족은 결혼이나 자녀양육 등으로부터 자유롭고 씀씀이를 통제하지 못하는 경우가 많다. 그렇기 때문에 체계적인 수입·지출 관리와 혼자 늙어갈 노후생활에 대비한 재무관리가 무엇보다 중요하다. 체계적인 지출관리는 생활행태에도 영향을 미쳐 건강한 삶을 영위하는 기초가 되기도 한다. 골드싱글족은 유통, 패션, 가전업계 등의 마케팅 전략과 맞물려 각종 트렌드를 주도하고 있다. 이제는 자신의 미래를 위해서 또 하나의 트렌드를 만들어 가야 할 시기이다.

출처 : 대전일보. 맹태훈 기자(taehoonm@daejonilbo.com).

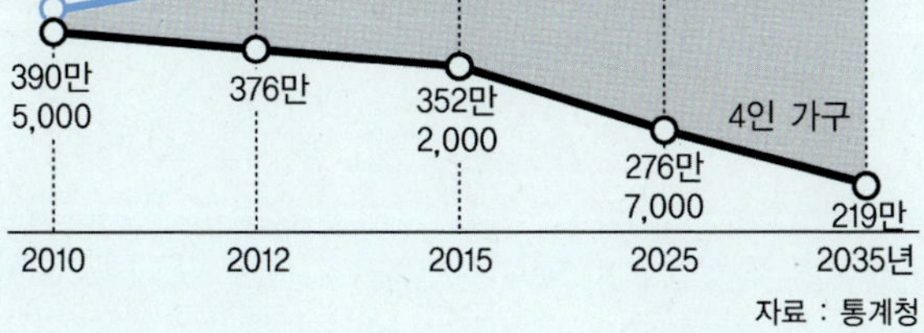

결혼은 하기 싫은데 아이는 낳아 기르고 싶다

여성이라면 누구나 한 번쯤 갖게 되는 생각이다. '결혼'은 사회적 제도고 '모성'은 본능이기 때문이다. 최근 큰 인기를 끌고 있는 영화 '싱글즈'에는 이런 생각을 몸으로 '실천'한 여성이 등장한다. 동미는 동성 같은 이성친구 정준과 함께 살며 자유 섹스를 즐기는 '독신'여성이다. 그런데 어느 날 동미는 애인과 헤어진 정준을 술잔을 기울이며 위로하다 결국 사고를 치고 생명을 잉태하게 된다. 동미의 선택은? 바로 "결혼은 싫지만 아이는 좋다"이다. 그녀는 정준에게 아이를 가진 사실을 알리지도 않고 혼자 낳아 기르기로 한다. 스스로 싱글맘(single mom, 스스로 선택한 미혼모)의 길을 택한 것이다.

네티즌은 '싱글맘'에 대해 어떻게 생각할까?

일간 스포츠가 네티즌을 대상으로 "영화 싱글즈에서 동미가 선택한 싱글맘에 대한 생각은?"이란 질문을 던진 결과 총 3,113명의 네티즌 중 78%인 2,427명이 "후회할 것"이라는 답변을 택했다. "잘 선택했다"는 14.5%(452명)에 불과했고, 7.5%(234명)는 "잘 모르겠다"며 판단을 보류했다.

자유분방한 사고를 지닌 네티즌일지라도 싱글맘을 받아들이기엔 우리 사회의 벽이 아직 높다고 판단하고 있는 것이다. 네티즌의 상당수가 '아기의 인생'을 이유로 들었다. "항상 자신만을 위해 살 수는 없다. 아이가 훗날 겪게 될 불행을 생각해 보았는가?"(hanaday)와 같은 의견이 가장 많았다. 일부 네티즌은 "미친 짓이다. 자기의 이기심이 한 생명의 인생까지 망쳐서는 안 된다"(yoonblue2)며 노골적으로 비난하기도 했다. 반면 "잘 선택했다"는 네티즌들은 "홀어머니와 산다는 게 흉이 되지는 않는다. 능력만 있다면 괜찮다", "사랑하지도 않는 남자와 아이 때문에 살 수는 없다"고 주장했다.

온라인 세상에서도 미혼모나 싱글맘에 대한 견해는 부정적 이미지가 강한 편이다. '미혼모'로 검색해 나오는 카페들 역시 대부분 '미혼모 돕기', '고통을 나눠요' 등 미혼모를 동정해야 할 대상으로 바라보고 있다. 한 네티즌은 "미혼모 문제를 해결하려면 먼저 성에 대한 교육을 강화해야 하고 더불어 스스로 택한 싱글맘들이 혼자서도 아이를 키울 수 있는 사회적 제도가 마련돼야 한다"고 지적했다.

출처 : 일간스포츠(2003. 7. 31).

CHAPTER 02

가족복지의 이해

1. 가족복지의 이해

가족은 모든 사회에 공통적으로 존재하는 가장 기본적 단위로 인간의 사회화와 사회발전에 많은 영향을 끼쳐온 제도라 할 수 있다(이경아, 2001). 이러한 가족은 현대산업사회로 진입하면서 급변하는 사회의 흐름만큼이나 빨리 변화하고 있으며, 그 규모와 구조 및 기능 면에서 축소·약화되고 있다. 특히나 요즘처럼 다양한 형태의 가족의 등장은 여러 가지의 가족문제를 발생하게 하여 이는 심각한 사회문제로 확대되어 가고 있는 실정이다. 1994년 UN은 '세계 가족의 해'를 정함으로써 가족에 대한 인식의 제고, 가족 관련 정책의 개발, 가족문제의 예방 및 치료 등의 사업을 추진하도록 장려하였다. 또한 분야별·대상별 권고사항을 통하여 가족의 중요성을 확인하고 개별 가족성원의 역할보다는 사회와 국가의 역할 확대를 강조하였다.

또한 현대사회에서의 가족은 전통적 가족기능이 다른 사회제도에 의해 많이 수행되고 있어 가족은 더 이상 사적 영역으로 한정될 수 없으며, 공·사가 함께 공존하는 영역으로 받아들여져야 할 것이다. 그러므로 이러한 가족 모습에서 발생할 수 있는 가족문제는 가족구성원 개개인의 위기나 문제라 하더라도 가족을 전체 단위로 보고 가족의 사회적 기능이라고 하는 차원에서 도움이 제공되어야 할 것이며, 이에 적합한 사회적 대응이 무엇인지를 찾는 것이 필요로 되어야 할 것이다.

이에 가족 전체를 대상으로 하는 가족문제의 개입에 있어 거시적 시각을 가지고 현대사회의 다양한 가족형태 속에서 나타나는 가족문제에 효율적으로 대처할 수 있는 방법을 구체화하고, 결국 이러한 모습들이 가족 전체의 삶의 질 향상에 긍정적 영향을 미칠 수 있도록 하여 가족의 복지수준을 향상시키는 데 도움을 얻을 수 있도록 해야 할 것이다.

따라서 이 장에서는 가족복지의 정의와 추구하는 목표, 가족의 욕구와 문제의 유형에 따라 시행되는 복지정책과 앞으로 추진되어야 할 것에 관해 논의하여 가족의 복지에 대한 이해를 돕고자 한다.

1) 가족복지의 개념

가족복지는 영어로 family social work, family social welfare, family science, family welfare, family service 등으로 사용되고 있는데, 가족복지가 무엇인지에 대한 개념 정의를 고찰하기 위해 '가족'과 '복지'의 두 용어에 대한 이해가 필요하다.

가족(family)이란 전통적으로 혼인, 혈연 및 입양을 통해서 이루어진 관계자들의 집단이며, 이들은 의식주의 해결을 공동으로 하고 정서적·정신적 유대와 공동체적 생활방식을 갖는 집단이라고 정의하면서 현대사회에서는 가족구성원의 필요에 따라 일상생활을 함께 영위하는 집단까지 포함시키는 광의의 정의를 의미하였다.

복지(welfare)란 안녕(well-being)의 의미로 사용되고 있는데, 더할 나위 없이 좋고 만족스러운 삶이며 건강, 행복의 조건들이 만족스러운 안녕의 상태를 말한다. 그리고 공적 구제(public relief)의 의미도 포함되면서 인간의 안녕된 삶을 위한 적극적인 사회적 노력이라 할 수 있다.

이렇게 볼 때 가족복지란 가족의 복지를 추구하기 위한 인간의 공동체적 노력을 의미한다고 하겠다. 가족복지의 개념은 문화적 양상에 따라 다양한 의미를 나타낼 수 있으므로, 여러 학자들의 정의를 살펴보면 다음과 같다(이소희 외, 1998, 조흥식, 1997 재인용).

모토무라(本村汎, 1981 : 143-144)는 가족복지사업이란 가족이 사회로부터 기대되고 있는 고유의 기능, 즉 생식의 기능, 성적 욕구 충족의 기능, 자녀양육과 사회화의 기능, 가족의 정서적 안정의 기능 및 공동의 가계 유지의 기능을 그 가족이 실현할 수 있도록 원조하는 것이라 하였다.

김상규 등(1983)은 가족복지란 한마디로 가족의 행복을 유지시키는 것을 말하는데, 국민 생활권의 기본 이념에 입각하여 가족생활을 보장하는 사회적 모든 노력(제도적 · 정책적 · 기술적 서비스)을 총칭하는 것이라 하였다.

김만두(1982)는 가족복지란 가족의 집단성을 확립하도록 하고, 개개 가족구성원의 인격의 성장과 발달을 원조하며, 항상 변화하는 사회에 대응하여 적극적인 적응능력을 가질 수 있는 가족, 즉 대사회적으로 적응하는 가족으로서의 확립이라고 하는 목표를 가지고 전개하는 활동이라고 하였다.

전준우(1988)는 가족복지란 가족이 안고 있는 여러 가지 문제상황에서 가족을 통합시키고 적응하도록 서비스를 제공하기 위한 사회적 집단의 노력으로 수행되는 조직적 활동을 의미한다고 하였다.

김영모(1960 : 61)는 가족복지란 가족의 생활을 강화하고, 가족 내의 관계를 강화시키며, 가족성원의 사회적응기능을 강화시키기 위하여 정부와 민간이 개입을 행하는 사회적 대책이라고 하였다.

Feldman과 Scherz(1968)는 가족복지란 전체로서의 가족은 물론 그 구성원들의 사회적 기능 수행을 효과적으로 증진시킴으로써 가족구성원 모두에게 행복을 도모하도록 하기 위한 사회복지의 한 분야라고 하였다.

일본 현대복지학총람(신섭중 외 공역, 1995)에서는 가족복지란 개인생활상의 모든 욕구충족이 그 사람의 가족생활의 양태에 의하여 규정됨에 착안하여 가족원으로서의 개인의 가족집단에의 적응이나 가족생활 그 자체의 유지 및 질적 향상을 도모함을 목적으로 하는 사회복지의 한 분야라고 하였다.

조흥식 등(1995)은 가족복지란 목적 면에서는 국민의 생활권의 기본 이념에 입각하여 가족의 행복을 유지시키고자 하는 것이며, 주체 면에서는 가족을 포함한 사회구성원 전체가 되고, 대상 면에서는 가족구성원 개개인을 포함한 '한 단위로서의 가족 전체'가 되며, 수단 면에서는 제도적 · 정책적 · 기술적 서비스 등 조직적 제반 활동이 되고, 범위 면에서 사회복지의 한 분야인데 사회복지 개념은 추상적 목적 개념이 아니라 복지라는 목적 달성을 위한 현실적 수단으로서 실체 개념을 갖는다고 하였다.

이상의 정의에 근거하여 이 책에서는 다음과 같이 정의를 내린다. 즉, 가족복지란 가족의 욕구를 자력으로 충족할 수 있도록 그 잠재력을 개발시켜 주거나 가족문제의 예방 및 해결, 가족원의 사회적 기능 수행의 활성화와 생활의 질적 향상 등에 전문적 지식과 기술을 동원한 제도적·정책적·기술적 서비스로, 가족구성원 개인이나 가족 전체에 관심을 두는 과정이다. 이는 가족원의 만족스러운 생활의 이상(理想)상태를 의미하는 개념인 동시에 그 이상상태를 지향하는 구체적인 실천활동까지 포함하는 개념을 말한다.

2) 가족복지의 의의

가족과 국가의 관계를 살펴보면, 사회는 가족을 기본적이고 핵심적인 단위로 삼아 존속하고 발전하기 때문에 사회는 가족 자체의 생존과 복지를 보장해 주는 기능을 수행하게 된다. 이러한 관계 속에서 사회가 가족의 기능과 구조를 바람직한 방향으로 이끌어 가고, 가족의 복지를 증진시키는 활동을 하는 것은 사회 자체의 존속과 발전을 위해서는 물론 가족의 존속과 발전을 위해서도 필요한 일이다.

한 국가사회에서 가족이 부여된 기능을 잘 수행할 수 있다는 것은 가족이 가족원 개인에 대한 복지적 책임을 잘 수행할 수 있음을 의미하는 것이다. 그러나 사회변동에 따라 가족의 기능을 제대로 수행할 수 없게 되는 경우가 많아짐으로써 사회를 대표하는 실체인 국가가 가족의 복지기능을 강화, 보완 또는 대리하기 위한 제도적인 노력을 하게 된 것이고, 이러한 노력이 복지국가를 성립시켰던 것이다.

가족은 개인의 기본적이고 일상적인 욕구를 충족시키면서 개인의 발전과 복지를 뒷받침하고, 동시에 그 개인을 기능적인 사회의 구성원으로 연결시켜 사회의 유지, 발전을 뒷받침하는 역할을 하는 데 본질적인 의의가 있다. 가족기능의 일부를 사회의 다른 제도가 수행할 수는 있지만, 다양하고 복합적 기능을 일시적으로는 몰라도 장기적으로 대행하여 수행할 수 있는 사회체계는 없다. 여기에 바로 가족복지의 의의가 있다.

3) 가족복지의 목표

가족복지를 통해 무엇을 실현하고자 하는가? 즉, 가족복지의 목표는 무엇인가? 이 질문에 대한 답이 우리가 가족복지에 관심을 갖는 이유일 것이다. 가족복지가 추구하는 목표는 사회적 산물의 하나로 절대적 개념은 아니다. 한 사회의 경제, 정치 및 역사적 배경에 따라 그 목표에도 다양한 변화가 있을 수 있다. 그러나 가장 일반적인 목표는 개인과 가족의 복지라 할 수 있고, 이에 더하여 자유, 권리 보장, 정의, 사회적 통합, 효율성, 평등성 등이 가족복지의 목표가 될 수 있다.

기본적으로 염두에 두어야 할 가족복지의 목표를 개념적으로 구성해 보면 다음과 같다(성영혜 · 송주미, 1997; 한국가족학회, 1995).

(1) 가족의 안녕 도모

가족복지는 개인 및 가족의 안녕을 도모해야 한다. 즉, 가족의 문제와 욕구를 해결하는 것을 목표로 해야 한다.

(2) 가족원 간의 권리 보장과 평등 증진

현행의 가족관련 법률에 제시되고 시행되고 있는 가족정책은 전반적으로 바람직하지만 가족원 간의 권리 보장과 평등의 증진이라는 목표를 반영하는 데 아직 미진하다고 할 수 있다. 다양한 가족원 간의 문제(예를 들면, 학대 및 유기문제 등)를 해결하고 예방할 수 있는 법적 또는 제도적 장치가 가족원의 권리와 평등을 보장하는 데 목표를 둔 정책이 되어야 하며, 이에 대한 실천이 이루어져야 한다.

(3) 새로운 가족형태의 인정

산업화와 가치관 등의 변화에 따른 새로운 가족형태의 출현을 인정하고 이를 위한 정책을 시행해야 한다. 즉, 전통적인 직계가족이나 핵가족뿐만 아니라 새로이 나타나고 있는 한부모가족, 소년소녀가족, 노인단독가족 등의 가족형태에 대한 인정과 이들의 기능을 보완하는 정책을 적극적으로 시행해 나가야 한다.

(4) 사회문제의 근본 해결

가족복지는 사회문제 해결에 기여하며, 사회의 변화를 유도할 수 있어야 한다. 사회복지의 시작은 바로 가족의 문제해결이다. 인간이 끊임없이 추구해 온 가치, 즉 평등과 자유의 개념을 실현하는 수단이 되며, 이를 통한 사회변화를 유도할 수 있어야 한다.

2. 가족복지의 대상

가족복지의 대상은 물론 가족이다. 먼저 가족 전체라는 사실을 전제로 해야 한다. 기존의 복지는 아동, 청소년, 여성, 노인, 장애인 등 가족의 구성원 개개인이 그 대상이 되어 왔으므로, 이는 엄밀한 의미의 가족복지였다고 할 수는 없다. 따라서 가족복지의 대상은 이와는 구별된 '전체로서의 가족'에 대한 접근이 요구되고 있다. 그러나 좀 더 구체적으로 가족의 무엇이 복지의 대상이 되는 것일까? 가족복지의 대상은 국가와 가족의 입장에서 본 가족의 문제와 가족의 욕구라고 할 수 있다. 가족의 욕구가 충족되지 않는다면, 이는 가족의 문제가 사회문제가 되므로 욕구와 문제는 밀접한 관련이 있다.

가족복지의 대상은 가족의 구조와 기능, 그리고 가족의 주기에 따라 구체적으로 다음과 같이 세 가지 기준으로 분류할 수 있다(성영혜 · 송주미, 1997).

① **가족구조상의 특성에 따른 대상** : 가족구조상의 특성에 따라 가족복지의 대상을 규정하는 것으로, 맞벌이가족, 미혼모가족, 이혼 및 재혼 가족, 소년소녀가족, 노인가족, 핵가족 등 가족의 구조상의 다양화를 고려하여 각 가족이 지닌 특성에 따라 복지개입을 달리하는 경우를 말한다.

② **가족기능상의 문제에 따른 대상** : 가족의 기능상의 문제에 따라 가족복지의 대상을 규정하는 것으로, 학대, 알코올중독이나 약물중독, 청소년 비행 및 실직으로 인한 소득의 상실 등 가족이 지닌 병리적이거나 경제적인 측면에서 기능상의 결손을 경험하는 가족과 장애로 인한 심리적 · 의료적 문제를 겪고 있는 가족의 경우를 말한다.

③ **가족의 주기에 따라 발생하게 되는 다양한 욕구에 따른 대상** : 가족의 주기에 따라 가족은 다양한 변화와 문제 또는 위기를 경험하게 된다. 부부만의 시기, 자녀 출산 및 양육기, 미취학아동기, 학동기, 청소년기, 독립기, 중년기, 노년기 등 가족생활주기에 따라 가족구성원인 개개인은 물론 가족 자체가 당면하게 되는 복지욕구는 다양하며, 이에 따라 복지개입을 달리하는 경우를 말한다.

그러나 가족복지의 대상은 구체적으로 가족복지가 이루어지는 과정에서 국가의 정책이나 법, 그리고 행정조직에 따라 그 대상이 규정된다고 볼 수 있다. 현행 우리나라 가족복지의 대상은 요보호대상자 중심의 가족구성원인 개인이며, 가족문제란 빈곤과 이로 인한 소득의 상실 및 질병, 아울러 자녀양육문제 및 여성의 모성보호문제 그리고 노후대책문제와 장애인가족문제 등으로 분리 · 제한되어 있다. 따라서 현행 우리나라의 가족복지는 가족을 대상으로 하는 복지의 개념이 없이 단순히 가족의 중요성을 선언적으로 강조하면서 서비스의 측면에 있어서는 요보호대상자 중심으로 잔여적 성격의 복지모형을 보이고 있다고 할 수 있다.

결론적으로 가족복지의 대상은 가족이 지닌 욕구와 문제로서, 이는 가족의 구조, 기능 및 생활주기에 따라 다양하게 나타날 수 있는 욕구 및 문제인 것이다.

1) 가족의 욕구와 가족문제 이해

가족복지가 가족원의 복지를 추구하기 위한 인간(사회)의 공동체적 노력이라면, 가족복지를 통해 무엇을 해결해야 하는지에 관한 관심이 대두된다. 이러한 문제와 연관하여 먼저 생각해야 할 것은 가족(개인 혹은 전체)이 자신의 욕구 충족 혹은 문제해결을 스스로 할 수 없을 때 이러한 욕구와 문제에 대응한 사회적 서비스가 가족복지라는 점에서 가족 욕구 및 가족문제에 대한 이해이다.

가족의 욕구는 가족이 지닌 물질적 · 정신적 욕구로서 소득, 보건, 주택, 교육 및 기타 문화적 욕구와 사회참여 등 사회적 욕구가 있으며, 정신적 욕구는 가족이 지닌 정신적 갈등 및 역기능 등으로 인한 가족위기 등을 들 수 있다. 따라서 가족의 문제는 이러한 가족의 욕구가 충족되지 않은 상태에서 가족이 당면하게 되는 빈곤, 실업, 분배의 불평등문제, 기회의 불평등문제 및 비행, 범죄, 약물중독, 가족결손 및 해체, 가족갈등 등을 들 수 있다.

따라서 가족의 욕구란 소득과 의료, 교육, 주택 및 조세정책에 의한 욕구 해결뿐만 아니라 전문적 사회복지서비스로 인한 해결 가능한 욕구 모두를 포함한다. 또한 가족의 문제는 빈곤과 같은 경제적 문제와 각종 질병과 장애와 같은 의료 및 심리적 문제, 이혼, 미혼부모, 독신가족 등 가족구조상의 문제 등으로 구분할 수 있다.

2) 가족의 욕구

욕구(needs)란 어떠한 목적을 위해 좋은 것, 필요한 것, 또는 필수적인 것이 결여되거나 결핍된 상태를 지칭한다. 이는 해결되어야 할 문제(problem)라는 의미로 볼 때 욕구와 문제는 같은 의미로 사용되기도 한다. 인간의 욕구는 다양하고 무한하기 때문에 욕구를 분류하기란 쉽지 않다. 여기서는 가족생활주기에 따른 가족의 욕구에 부합하는 가족복지 대책을 정리해 보고자 한다.

생활주기와 가족의 욕구를 볼 때 '주기(cycle)'는 단계별 공통성과 이질성을 지니면서 상호 연관되어 있고, 사람들은 각각의 연령에 따라 생활주기가 변화해 간다. 한 단계에서 수행해야 할 과업이 적절하게 이루어지지 않을 경우 그 다음 단계의 주기에서 어려움에 봉착할 가능성이 높다. 생활주기에 관해서 가족복지가 관심을 가지는 이유는 첫째, 사람이 일생을 영위하는 데 연령별 혹은 생애의 시기별로 욕구가 다양하다는 점이다. 만일 이러한 다양한 시기별 욕구를 적절하게 충족시킬 수 없을 때 그 사람은 문제에 봉착하게 되며, 복지 증진이란 생각할 수 없게 된다. 사람이 출생해서 성장하고 성인으로서 개인의 만족스러운 생활과 함께 가정적 · 사회적 의무를 충실히 수행하기 위해서는 여러 가지 요건과 욕구가 요구된다. 둘째, 인간의 생활 전반에 걸쳐 또한 생애 전반에 걸쳐 국가는 국민의 욕구 해결을 위해, 현대에 와서는 국가나 사회가 원조하여야 한다는 측면이 강하게 부각되었기 때문이다.

가족생활주기 단계별 주거 및 가족경제 상태의 변화양상은 개인의 전 생애를 포괄하는 복지정책을 입안함에 있어 가족생활주기를 주요 요인의 하나로 고려할 수 있다. 예를 들면, 저축의 요구가 큰 형성기 및 확대기의 경우 소득세 감면을 위주로, 소득은 물론 소비지출이 가장 많은 확대 완료기 및 축소기의 경우 세금공제를 위주로, 축소 완료기 및 해체기의 경우 직접적인 생활비 지원을 위주로 한 소득보장정책을 생각해 볼 수 있다(표 2-1 참고).

〈표 2-1〉 가족생활주기별 가족의 욕구와 가족복지대책 · 서비스

구 분	기 간	현대가족의 특징 및 문제	복지대책 방향
형성기	결혼~첫 자녀 출생	· 초혼 연령의 상승과 출산력 저하로 자녀 수 감소 · 근로 및 사업소득을 통해 지출 억제 및 저축 증대 도모	· 저축의 욕구가 크므로 소득세 감면
확대기	첫 자녀 출생~막내 자녀 출생	· 초혼 연령의 상승과 출산력 저하로 자녀 수 감소	
확대 완료기	막내 자녀 출생~자녀의 결혼 시작	· 자녀부양기간 연장 · 자녀교육 및 결혼, 분가가 일어나는 시기, 소득 및 소비지출이 가장 활발	· 세금공제 · 아동수당제도 도입
축소기	자녀의 결혼 시작~자녀의 결혼 완료	· 점차 단축되는 경향	
축소 완료기	자녀의 결혼 완료~배우자 사망	· 점차 길어지는 경향 · 소득, 소비 수준은 급격히 낮아짐	· 직접적인 생활비 지원을 위주로 한 노후소득보장정책
해체기	배우자 사망~본인 사망	· 점차 길어지는 추세 · 소득뿐 아니라 주거사정도 열악하며 경제적 문제가 여느 단계보다도 심각	

3) 가족문제

문제(problem)란 해결욕구를 유발시키는 불만족스러운 상태 또는 조건을 지칭하며, 가족복지에서 문제는 일단 가족 욕구와 연관된다. 문제와 욕구는 일대일(1 : 1)의 대응관계를 지니고 있어 가족복지를 통한 욕구 충족은 문제해결과 예방으로 연결되며, 이는 결국 인간다운 생활의 보장이라는 목표 달성으로 연결된다.

(1) 가족문제의 정의

가족문제란 무엇인지 또한 그 문제를 어떻게 해결할 것인지에 대한 사회적 인식은 시대에 따라 변화하고 있다. 이와 같은 인식의 변화는 우리가 몸담고 있는 시대의 사람들

이 무엇을 가장 중요한 것으로 보며, 그 당시의 지배적 사상이 무엇인지에 따라 달라지고 있으며, 이는 또한 정치적 · 경제적 · 사회적 상황과 밀접하게 관련되어 있다.

가족문제에 대한 사회적 인식과 개입형태의 변화는 해당 시대의 지배적인 가치와 사상, 사회경제적 상황 등과 밀접하게 관련된다. 우리나라의 가족문제에 대한 사회적 관심도 한국의 현대사회가 겪어온 사회변동과정에 따라 가족관, 가족문제의 유형, 내용, 대처방안 등에 많은 변화를 경험해 왔다. 경제성장 등을 통한 현대화의 사회변동을 겪으면서 전통적 가족관계의 변화, 가족생활주기의 변화, 가족의식의 변화 등을 초래함으로써 청소년 약물남용의 문제, 가정폭력문제, 한부모가족문제, 소년소녀가족의 문제, 장애인 문제, 노인문제와 성의 자유화로 인한 미혼모와 그 자녀의 문제, 배우자 부정문제, 별거 · 이혼 등 가족해체문제 등 가족과 관련된 다양한 문제들이 나타나게 되었다.

산업화 발전에 따른 물질적 풍요로움, 높은 소비수준 등의 분위기를 사회적으로 즐기고 있는, 소위 경제적 발전이라는 사회 이면에는 여러 가지 사회문제도 동시에 등장하게 되었다. 물질적으로 풍요로우면 사회적 · 도덕적 규범이 깨질 수밖에 없는 것일까?

가족문제는 포괄적으로 볼 때 사회문제의 하나로 볼 수 있다. 사회문제란 대체로 영향력 있는 집단이 특정한 사회현상을 두고서 그것이 사회가치관을 저해한다고 규정할 때 존재하며, 그런 현상은 다수의 사람에게 영향을 미치며 따라서 공동의 노력에 의해서만 해결될 수 있는 것으로 간주된다. 이렇게 볼 때 가족문제는 영향력 있는 집단에 의해 사회가치관을 저해하고 있다고 판단되고, 다수의 사람에게 영향을 미치며, 공동의 노력에 의해서만 해결될 수 있는 가족의 현상이라고 할 수 있다. 여기서 영향력 있는 사람이란 가족구성원뿐만 아니라 가족 외부 사람도 포함된다. 따라서 가족문제는 가족 자신뿐만 아니라 사회의 공동 노력으로 해결될 수 있는데, 사회의 공동 노력의 대표적 주체로는 국가 및 민간조직을 들 수 있다. 민간조직으로는 각종 사회복지기관과 단체 및 종교기관을 들 수 있다.

(2) 가족문제의 성격

우리나라 가족의 변화추이를 간략하게 요약해 보면 다음과 같다. 유아사망률의 저하, 출산력의 감소, 평균수명의 연장 등으로 연소인구(0~14세)의 수와 비율은 크게 감소하는 반면, 노인 인구(60세 이상)의 수와 비율은 크게 증가하는 추이를 나타내고 있다. 또한 가족규모의 축소와 노인·소년소녀가족가구 등의 단독가구의 증가, 여성의 취업 증가로 인한 가족 내의 아동, 장애인, 노인 등에 대한 보호기능의 약화 현상, 이혼율의 증가, 개인주의적 가치관의 발달과 가족관계의 평등화 경향, 가족과 관련된 사회병리 현상의 증가 등의 현상을 볼 수 있다.

이렇게 볼 때 우리나라 가족문제의 성격은 다음과 같이 요약해 볼 수 있다(한국가족학회, 1994 : 89 재정리).

① **경제적 부양문제** : 가족소득의 문제가 많이 나타나고 있다. 가정의 빈곤문제, 가족구조상 취업여성의 증가, 가족 간의 빈부 차이에 의한 상대적 박탈감 등은 가족의 경제적 부양문제와 직결되고 있다.

② **가족의 보호기능 약화 문제** : 핵가족화에 따른 약자 가족구성원(예 어린이, 노인, 장애인)에 대한 가족의 보호기능이 약화되는 데서 오는 문제가 증가하고 있다. 또한 가족 공동체로서의 사회화, 정서적 지지의 기능 수행이 점점 약화되어 가고 있다.

③ **가족의 통제기능 약화 혹은 상실 문제** : 가족의 통제능력이 약화되거나 통제기능이 상실되는 데서 오는 가족관계와 가치관의 문제가 제기되고 있다. 도시에서의 잦은 이사로 인한 가족생활의 불안정성, 세대 차이 문제, 부부불화, 부모역할 모델의 부족, 대화의 부족 등이 원활한 가족기능 수행에 문제가 되고 있다. 예를 들면, 부부불화 문제, 고부관계문제, 배우자 부정문제, 배우자(아내 혹은 남편)학대와 아동학대 등의 가정폭력문제를 들 수 있다.

④ **결손가정의 증가에 따른 문제** : 부부의 별거 혹은 이혼의 증가, 배우자 부정 또는 향락산업의 발달 등으로 결손가정이 증가하면서 정신적·정서적·심리적 장애아동, 가출 및 비행청소년 등의 문제아동 수가 증가하는 문제와 함께 이들 가족원의 각종 심리적·경제적·사회적 문제와 또는 소외문제 등이 많아졌다고 할 수 있다.

우리나라에서 펼쳐지고 있는 대부분의 정책들은 가족을 위한 것이 아니라 개인의 생산성과 효율성을 제고하기 위한 것이기 때문에 필연적으로 가족의 기능은 약화되고 가족문제는 심화되고 있다. 우리나라 가족문제로는 이혼·별거·가출 등의 해체문제, 부랑아·

비행청소년·미혼모·가정폭력·근친상간 등의 탈선문제, 빈곤가족·노인부양·맞벌이 가족의 아동부양 등의 구조적 문제, 한부모가족·소년소녀가족 등의 결손문제를 들 수 있다. 이러한 문제가 심각해짐에 따라 정부는 사회복지제도의 도입을 통해 그 문제를 해결하고자 하는 시도를 하게 되었다. 그러나 약화되고 변질된 가족의 기능을 보완·대체해 주어야 할 사회복지제도와 서비스는 그 양과 질이 미약한 수준에 머무르고 있어 가족의 문제를 해결하기에 역부족인 상황이다. 더욱이 우리나라에는 가족복지적 관점에 입각하여 체계화된 가족복지서비스가 존재하지 않아 앞으로 가족문제는 더욱 심화될 가능성이 높다.

아빠, 엄마 "직장서 힘들 때 가족 생각"

아빠와 엄마는 직장에서 일이 힘들 때 자녀를 포함한 가족 생각을 많이 하며 야단맞은 일 등은 가족에게 털어놓지 않고 홀로 고민하고 있는 것으로 조사됐다.

LG전자가 최근 임직원 3,000여 명을 대상으로 실시한 설문조사에 따르면, "일하다가도 이럴 때면 가족이 생각난다"는 질문에 "일이 힘들고 잘 안 풀릴 때"라는 응답이 34.4%로 가장 많았다. 이어 "출장 등으로 오래 떨어져 있을 때"(30.7%), "퇴근시간이 다가올 때"(11.1%) 순이었다. 그러나 "왜 힘들 때 가족 생각을 하는지"에 대해서는 조사되지 않았다. 절반(47.6%)은 회사생활의 어려움을 가족에게 말하지 않으며 20% 정도만이 털어놓고 있다. 특히 "상사(上司, 윗사람)에게 질책받은 일을 이야기한다"는 응답은 1.4%에 불과했다. 회사생활을 이야기하는 경우 주제는 "부서 사람들"(26.8%), "회사 행사"(23.1%), "요즘 하는 업무"(20.0%), "칭찬받은 일"(12.0%)의 순이었다. 가족에 사랑을 전하는 방법으로는 "자주 전화"(32.1%), "주말을 가족과"(30.7%) 등이 꼽혔다. "시간이 있으면 가족과 함께하고 싶은 일"로는 "여행"이 63.0%로 1위였다. 회사에 대한 요구사항은 "가족복지 혜택 증진"이 55.3%로 1위였고, "기념일에 축하 꽃다발을 보내 달라"(15.4%), "최고의 회사로 성장해 자부심을 심어 달라"(13.7%)가 뒤를 이었다.

출처 : 동아일보(2005. 5. 6). 박길자 기자.

3. 가족복지의 실천방법론

1) 가족복지의 주체

가족복지의 담당자는 누구인가? 이에 대한 내용은 한 국가와 사회가 표방하는 복지의 이데올로기에 따른 정책과 매우 밀접한 관계가 있다. 그러나 국가마다 그 비중에 차이가 있긴 하나 가족의 복지를 담당하는 주체는 크게 개인 및 가족, 국가, 기업 및 민간단체로 나누어 볼 수 있다.

전통적으로 우리나라에서는 가족복지의 주체를 가족 또는 부부(부모)로 생각하였다. 따라서 가족의 기능이 마비되고 해체되면 가족구성원 개인이 개별적으로 해결하였거나, 가족의 최소한의 유지를 위해 국가의 정책으로 가족을 보호하는 조치의 하나로 이루어졌다.

복지의 주체는 국가만도 아니고, 가족 자체도 아니며, 민간 차원의 노력만으로도 불가능하다. 세계경제의 변화는 복지와도 직결되어 있어 국가의 복지에 대한 개입의 위축은 지속될 전망이다. 이에 대한 대안으로 국가는 민간의 복지참여를 더욱 유도할 것이다.

자본주의 사회에서 민간복지의 대표적 주체는 기업이다. 가족의 복지 역시 기업복지와 직결되는데, 앞으로 기업은 가족의 복지를 위해 더 많은 기여를 해야 할 것이다. 그 예로 기업의 근로자를 위한 근로자 복지는 물론 그들의 자녀를 위한 직장보육사업의 참여, 그리고 여성에 관한 고용평등과 모성보호를 위한 조치, 의료 및 노후보장을 위한 기업의 기여 등은 기업복지가 가족복지에 기여하는 점일 것이다. 따라서 국가의 노력은 물론 기업이 참여할 수 있는 방안을 검토하는 일은 중요하다고 하겠다. 또한 개인의 자발적인 복지참여, 즉 자원봉사를 통한 가족복지의 구현도 고려해야 할 것이다.

"가족이 함께하는 봉사는 기쁨과 보람이 2배"

"자원봉사도 개인이 아닌 가족이 함께하면 기쁨과 보람이 2배로 커져 가족 간 사랑을 한층 더 깊게 느낄 수 있기 때문에 많은 가족들이 참여하면 좋겠다."

> 현재 가족봉사단 일원으로 자원봉사활동을 펼치고 있는 한 봉사단원의 말이다. 앞으로 부모와 자식이 함께 봉사활동을 하는 가족봉사단의 활동이 활발히 펼쳐질 것으로 보인다.
>
> 서울 강남구자원봉사센터는 26일 강남구청역에서 '2005 강남구 자원봉사 한마당 축제'를 개최하고, 이날 가족봉사단 발대식과 강남구 자원봉사 VIP 1백인 서약식 행사를 열었다. 특히 이날 행사에서는 강남가족자원봉사단 발대식을 갖고, 그동안 가정에서 혼자만 하던 자원봉사를 가족이 함께 참여하는 봉사활동으로 발전시켰다.
>
> 현재 강남에서 30가족이 활동하고 있는 가족자원봉사단은 이날 "다양한 봉사활동을 통해 가족 간의 결속을 강화함은 물론 사회의 어둡고 소외된 이웃과 함께하겠다"는 선서를 했다.
>
> 출처 : 오마이뉴스(2005. 10. 26).

2) 가족사회사업

가족사회사업은 가장 기본적이고 핵심적 가족복지의 실천방법이며 가족이라는 대상을 목표로 한 것이다. 이런 측면에서 가족중심적 접근은 가족사회사업의 실천에 필수적이다.

(1) 가족사회사업의 목적

가족사회사업은 모든 가족원의 발달적·정서적 욕구를 충족시키면서 가족이 보다 완전하게 기능하는 것을 배우도록 돕는 데 그 1차적 목적이 있으며, ① 가족이 변화에 대한 준비를 갖추도록 가족의 강점을 강화시키는 것(혹은 개입), ② 가족이 효과적인 가족기능을 유지할 수 있도록 가족치료 이후 추가지원을 제공하는 것, ③ 효과적이고 만족스러운 일상생활을 유지하기 위해서 가족기능에 구체적 변화를 창출하는 것 등의 구체적 목표를 가진다.

(2) 가족사회사업의 특성

가족사회사업은 가족의 일상생활과 일상환경에 관심을 가지고 있다는 점에서 가정과 지역사회에 기반을 두고 있다. 가정은 문제가 발생하는 곳이기도 하지만 해결책이 모색될 수 있는 세팅이기도 하다. 가족사회복지사는 1차적으로 클라이언트의 가정 혹은 지역사회에서 업무를 수행하기 때문에, 일상환경에서 문제를 가진 가족의 삶에 즉각적인 변화를 가져올 수 있다. 가족사회복지사는 또한 도움받기를 꺼리거나 접근하기 어려운 가족을 돕는 데 유리한 위치에 있으며, 대체적으로 가족은 일상환경에서보다 안전하게 느끼며, 가정에서는 더욱 기꺼이 사회복지사와 상호작용할 것이다. 클라이언트 가족의 입장에서 볼 때, 내가 살고 있는 터전에서 도움을 받는 것은 파트너십 관계의 구축과 원조과정에 적극적인 참여를 가능케 한다. 또는 이는 클라이언트가 스스로의 삶을 형성토록 하는 변화, 즉 클라이언트를 임파워먼트하는 효과를 가진다. 가족이 지역사회에서 비공식적 · 공식적 지지망을 규명하고 육성하도록 돕는 것은 가족기능의 향상 및 유지에 중요하다. 그러므로 가족사회사업의 궁극적 목적은 지지, 교육 그리고 새로운 기술의 발달을 통해서 가족원들에게 보다 건강하고 만족스러운 환경을 발달시키는 것이다.

3) 가족치료

가족치료는 발달 초기에 주로 정신질환자 가족의 역기능적 관계유형을 변화시키기 위한 접근방법으로 활용되어 왔으나, 점차 전반적인 가족문제의 해결을 위한 접근방법으로 널리 활용되고 있다.

(1) 가족치료의 개념

가족치료는 인간문제의 원인을 개인적 요인에서 찾는 것이 아니라 가족성원 간의 관계의 문제로 보고 해결하고자 하는 접근으로, 인간의 문제를 가족원들의 상호작용의 결과라고 본다. 또한 가족치료는 가족의 변화를 통해 인간의 문제를 해결하고자 하는 집단치료의 한 방법이며, 사회복지사가 실시하는 개별치료가 '환경 속의 인간'을 대상으로 한다면 가족치료는 '환경 속의 가족'을 대상으로 하는 방법이다.

가족은 상호작용하는 체계이기 때문에 한 성원의 변화는 다른 성원의 변화에 영향을 준다. 가족체계의 특성을 나타내는 개념은 다양하나 대표적 개념은 전체성이다. 이는 가족에서 개인의 행동은 다른 가족성원의 행동과 관련이 있고 상호 의존적인 특성을 지니고 있다는 것이다. 그러므로 가족치료는 한 개인에게 나타나는 문제나 증상을 가족원 간의 밀접한 상호작용의 문제로 본다.

가족치료 사례

정신병원에서 완치되었다고 판정되어 퇴원한 환자들이 가족에 돌아가서는 상태가 더 나빠지고 재발되어 다시 입원하는 사례가 많다. 어떤 경우에는 퇴원환자 대신에 가족의 다른 성원이 비슷한 증상으로 발병하는 사례도 발견되었다. 정신병원에 입원한 환자의 상태가 호전되어 가는 중에 가족의 면회가 이루어지면 상태가 악화되는 경우가 많았다. 이러한 예들이 많이 보고됨에 따라 정신과 의사들 사이에서 개인의 정신질환 중 많은 부분이 개인의 병리보다는 가족의 병리가 우선한다는 인식의 변화를 갖게 되었다.

출처 : 엄명용 외(2000).

위의 사례는 개인의 문제해결에 있어 가족관계의 변화 없이 문제를 지닌 개인만을 치료의 초점으로 삼는다면 그 효과가 적을 수밖에 없음을 보여주는 것이다.

(2) 대상

가족치료의 대상은 아이들의 정서적 · 행동적 문제와 학교부적응 문제, 우울증, 불안증, 가족성원 간의 의사소통문제, 폭력 및 강한 적개심 등의 분노조절문제, 결혼 및 가정생활에 대한 지속적인 불만족의 문제, 가족생활주기상의 변화에 따른 적응상의 문제, 결혼이나 가정생활의 향상을 원하는 것 등의 다양한 범주가 모두 가족치료의 대상이 된다고 본다.

4) 가족사회복지사의 역할

사회복지사의 전문가로서의 역할과 기대에 대한 변화는 가족에게 어떻게 효과적으로 도움을 줄 수 있는지에 대한 인식의 변화와 함께한다. 즉, 가족사회복지사는 자신의 가족과 대인관계 상호작용을 스스로 넓혀나가야 하며, 가족을 더 잘 돕기 위해서 특정한 가족과의 상호 존중과 동반자 관계를 형성해 나가 가족의 동반자로서의 역할을 수행한다.

① **감정이입적 지지자의 역할** : 가족사회복지사의 주도적 철학은 가족의 강점을 규명해서 강화하는 것이며, 강점을 알리는 것은 가족사회복지사가 가족과 동참할 수 있게 하고 변화를 향한 동기와 낙관주의를 창출할 수 있는 유대를 발달시킬 수 있게 한다.

모든 가족은 강점을 갖고 있다. 그럼에도 불구하고 가족사회복지사는 1차적으로 가족문제에 초점을 둠으로써 역기능을 강화하게 될 수도 있는 역기능과 병리문제에 사로잡히는 오류를 범하기도 한다.

② **교사·훈련자의 역할** : 가족이 결핍되어 있거나 기술 또는 지식에서 부족한 영역을 가족사회복지사가 배양하도록 돕는 것이다. 문제가 될 수 있는 영역은 의사소통, 부모역할기술, 문제해결, 분노 조절, 갈등 해결, 가치 명료화, 금전 관리, 일상생활기술 등에서의 결핍을 포함한다. 때로 교사의 역할은 부모가 자녀에게 언어로 징계하는 것을 긍정적이고 건설적인 부모-자녀 상호작용으로 대체하도록 돕는 데 관여하며, 가족사회복지사는 부모가 긍정적 행동을 강화하고 부정적이고 비난받는 행동을 못하게 함으로써 아동의 문제행동을 효과적으로 다룰 수 있도록 부모를 교육한다.

③ **자문가의 역할** : 가족사회복지사는 현재 진행되는 특정 문제에 대해서 가족에게 조언을 할 수 있다. 예를 들어, 가족은 일반적으로 잘 기능해 왔지만, 자녀가 청소년기에 들어서면서 특별한 도움이 필요한 어려운 시기가 될 수 있다. 이러한 경우 가족사회복지사는 상담자로서, 부모에게 전형적이고 또는 정상적인 10대 행동에 관한 가치 있는 정보를 제공할 수 있다. 가족사회복지사는 사회복지사 이외의 다른 곳에서 전혀 이러한 피드백을 받을 수 없는 부모와 자녀들에게 지속적으로 피드백을 제공할 수도 있다.

④ **가능하게 하는 자의 역할** : 가족사회복지사는 가족이 다른 방식으로 접근할 수 있도록 기회를 확장해 줄 수 있다. 이용할 수 있는 서비스를 가족에게 알려주고 이들 서비스를 활용할 수 있도록 돕는 것은 그 가족의 능력과 힘을 강화시켜 줄 것이다. 예를 들어, 이민가족은 그들의 특수한 욕구에 적절한 다양한 서비스와 친근하지 않을 수 있다.

⑤ **동원자의 역할** : 가족사회복지사는 돕는 자원의 사회관계망에서 사회복지사의 고유한 위치를 점한다. 또한 가족을 도울 수 있는 다양한 지역집단과 자원들에 관여하면서 이를 활성화하고 관리할 수 있으며, 가족과 함께 일하도록 지역복지관을 동원할 수 있다.

⑥ **중재자의 역할** : 가족사회복지사는 갈등이 일어나는 양편 사이에서 스트레스와 갈등을 다룬다. 또한 가족이 지역사회와 갈등에 직면할 때 해결을 중재할 수 있고, 또는 더 좁은 수준에서 갈등관계에 있는 가족구성원 간을 중재할 수도 있다.

⑦ **옹호자의 역할** : 가족사회복지사는 때론 클라이언트 가족을 위해 행동을 취할 필요가 있다. 또한 가족문제가 보다 넓은 사회맥락에서 어떤 조건에 근거하고 있는지를 이해하는 데 고유한 위치에 있다.

5) 가족복지서비스

가족복지서비스는 문제가족에 대해 개별적 · 심리적 · 미시적으로 해결하고 치료하는 서비스로 사후 회복적 처우라는 성격이 있다. 그러나 특수한 요구를 가진 가족문제가 점차 일반화되어 가면서 예방적 관점에서의 프로그램 개발과 실시가 필요하게 되었다. 가족복지서비스를 기능상의 특성에 따라 다음 세 가지 유형으로 구분할 수 있다.

(1) 가족기능 지원서비스

가족에 대한 지지적 서비스(supportive service)로, 가족이 생활하고 있는 시대와 사회가 요구하는 가족의 기능을 가족 스스로가 보다 잘 수행할 수 있도록 기능의 일부를 지지하는 서비스이다. 가족의 기능을 지원하는 서비스로는 보편주의적 관점에서 제공되는 각종 가족정책(소득보장, 주택보장, 교육보장, 보건 및 의료 보장), 가족상담과 가족치료서비스, 가족생활교육 및 부모교육서비스, 문화 또는 여가생활 및 각종 생활정보를 제공하는 서비스 등이 있다.

(2) 가족기능 보충서비스

앞서 가족문제에서 살펴보았듯이 가족의 내부적 원인이나 가족을 둘러싼 여러 가지 사회환경 때문에 가족 스스로가 가족의 기능을 원활하게 수행하지 못할 때 가족문제가 발생하게 되는데, 이렇게 발생된 가족문제를 해결하여 가족이 안정을 찾을 수 있도록 사회가 가족의 기능을 일부 보충해 주는 서비스(supplementary service)이다.

가족의 기능을 보충해 주는 서비스로는 보육서비스, 노인과 장애인을 위한 재가서비스 혹은 케어(care)서비스, 가정조성사업(홈메이커 서비스, home maker service), 노인보호서비스 등을 들 수 있다. 또한 선별주의적 관점에서 제공되는 각종 사회보장, 즉 국민기초생활보장법에 의한 저소득층 가정에 제공되는 보호를 들 수 있다.

(3) 가족기능 대리서비스

가족 스스로가 그들이 당면한 문제를 도저히 극복하거나 해결할 수 없을 때에 가족의 기능을 전적으로 대리하는 서비스(substitute service)로, 일시 또는 장기간의 가정위탁보호, 입양, 노인 및 장애인이나 아동을 수용하는 시설보호 등을 들 수 있다.

CHAPTER 03

가족복지정책적 접근방법

1. 가족과 복지국가

가족을 중심으로 한 전통사회와 달리 19세기 말부터 본격적인 산업화사회로 접어들면서, 가족은 기존의 확대가족체계가 붕괴되면서 가족의 기능이 약화됨에도 불구하고 가족의 책임은 오히려 증가되고 있는 실정이다. 이러한 상황에서 현대 가족은 가족 구성원들의 욕구를 충족시키기 쉽지 않은 사회체계의 한계를 보이기 시작하였다. 그리하여 새로운 가족문제가 대두됨에 따라 가족의 역할은 위협적인 상황에 놓이게 됨으로써, 가족체계를 강화하기 위하여 기존의 가족체계를 보완하거나 대신할 수 있는 다양한 복지 정책들의 필요성이 지적되었다.

가족은 개인적 차원에서 구성원의 기본적 욕구를 충족시키고 성장을 도모하는 동시에 사회적 차원에서는 기능적인 사회구성원으로 활동하고 사회발전을 유지할 수 있도록 지원하는 역할의 중요성을 띠고 있다. 가족의 이러한 본질적 기능을 위한 정책이 곧 가족복지정책의 포괄적 의미이다. 또한 가족복지정책은 시대, 지역, 그리고 문화에 따라 개념 및 정의가 상이하게 발달되어 왔지만, 가족이 특정 사회를 구성하는 가장 기초적이고 기본적인 집단이라는 점에서는 일치한다. 그럼에도 불구하고 가족복지정책은 수행되는 국가, 지역사회, 그리고 문화와 긴밀하게 연결되기 때문에 다양성을 인정하지 않을 수 없다.

가족과 복지국가의 관계에 대한 비교연구를 시도한 Esping-Andersen은 복지의 책임소재를 분석하였다. 복지의 책임이 가족에게 어느 정도 있는가, 이러한 책임과 시장과는 어떠한 관계에 놓여 있는가, 그리고 가족과 시장이 국가와는 어떠한 관계를 맺어나가는가 등의 가족 관련 변수를 중심으로 살펴보았다. 가족중심의 책임을 강조하는 가족주의(familialism)와 가족에 대한 사회적 책임을 강조하는 탈가족화(de-familization)의 양 축을 중심으로 서구국가들을 분석하였다. 그 결과 가족 스스로의 책임과 가족의 기능을 강조하고, 가족의 책임수행이 어려울 때 국가가 개입하는 것을 원칙으로 하는 가족주의 체제는 이탈리아나 독일이 포함된다. 이에 반하여 탈가족주의는 주로 북구 유럽 국가들에서 나타나는데, 가족의 부양 및 자녀양육의 책임은 당연히 국가에게 있음을 인지하고 이러한 근거하에 가족정책을 수행하고 있다.

또한 국가와 시장경제, 그리고 가족 간의 관계에는 몇 가지 다른 유형을 발견하였다. 복지국가의 형태를 탈상품화(decommodification) 정도에 따라 자유주의 복지체제(liberal welfare state), 조합주의 체제(corporatist regime), 사회민주주의 체제(social democratic regime)로 분류하였다.

1) 자유주의 복지체제

이 모델에서는 사회적 개혁이 전통적인 자유주의적 노동의식규범에 의하여 제약을 받고, 급여의 대상은 곧 저소득층에 집중되며, 급여대상 자격기준은 매우 까다롭다. 따라서 급여대상자에게 복지서비스가 혜택이라기보다는 사회적 낙인으로 남게 된다. 국가는 시장체계를 활성화시킴으로써 사적인 복지체계를 대신한다. 그리하여 노동의 탈상품화의 효과를 최소화하고 다양한 사회계층을 유발시킨다. 복지수혜자들은 빈곤의 평등을 경험하게 되지만, 시장에서의 역할에 따라 복지혜택도 다르게 된다. 이러한 체제에서는 전통적인 가족의 기능과 역할이 강조되면서 가족이 복지의 제1차적인 책임을 진다. 가족의 책임기능에 문제가 발생하였을 때 국가의 개입이 이루어지며, 그것도 최소한의 개입에 그치고자 한다. 이와 같은 체제는 미국, 캐나다, 호주 등에서 볼 수 있다.

2) 조합주의 체제

조합주의 체제는 역사적인 조합주의적 국가체제의 잔여인데 새로운 신산업주의 계급구조와 맞물려 나타난 것이다. 시장의 효율성이나 노동의 상품성은 큰 관심사가 아니며 사회권 여부도 논의대상이 아니다. 가장 중요한 것은 계층 차이를 얼마나 유지하는가 하는 문제이며, 모든 권리가 계층과 지위에 달려 있다. 여기서는 국가가 주된 사회복지 제공자의 역할을 도맡아 하므로 민간주도하의 복지가 상대적으로 덜 강조된다. 사적보험이나 직업상의 혜택은 복지의 역할을 담당하지 못하며, 계층 차이를 강조하는 국가의 정책으로 인하여 부의 재분배효과는 그리 크지 못하다.

조합주의 체제는 전통적인 가족주의를 고수하며, 개인에 대한 복지의 1차적 책임을 가족에 두고, 자유주의 복지체제와 마찬가지로 국가는 2차적인 책임을 담당할 뿐이다. 전업주부는 사회보험에서 제외되며, 가족 관련 급여만이 모성을 보호한다. 보육이나 기타 이와 유사한 각종 가족복지서비스들은 매우 미흡한 실정으로, 가족이 기능을 다하지 못할 때에만 국가가 개입하는 최소한의 복지가 행하여진다. 이러한 체제는 프랑스, 독일, 오스트리아, 그리고 이탈리아에서 볼 수 있는데, 가족기능을 충분히 보완하지 못하고 있다는 점에서 자유주의 복지체제와 크게 다르지는 않다.

3) 사회민주주의 체제

사회민주주의 체제에서는 보편주의 원칙과 사회권의 탈상품화가 신중산층에게까지 확대되어 있으며, 국가가 복지의 중심역할을 담당한다. 국가와 시장 혹은 노동자계층과 중산층이라는 이중성을 허용하지 않고, 최소한의 욕구 평등성보다는 최고 수준의 평등성을 추구한다. 각종 가족 관련 복지서비스는 신중산층의 욕구를 충족시킬 수 있는 수준까지 높인다. 또한 사회의 모든 계층이 보편적이고 포괄적인 하나의 복지체계에 포함되며, 시장이나 민간부문의 역할은 최소한으로 이루어진다. 사회구성원이 모두 함께 복지혜택을 받는 동시에 복지비용을 지불해야 할 책임도 지닌다.

사회민주주의 체제에서는 가족의 기능에 보완하는 정책이 아니라 가족의 역할을 적극적으로 공유하고 가족기능의 사회화에 국가가 앞장을 선다. 그리하여 국가는 가족복지정책을 통하여 사회구성원들에게 사적 생활을 영위해 나가는 데 불편함이 없도록 가족 관련 문제를 직접적으로 해결해 나가는 책임을 다하고 있다. 이러한 형태는 스웨덴, 노르웨이, 덴마크 등의 북구 유럽에서 볼 수 있다.

〈표 3-1〉 Esping-Andersen의 복지체계에 따른 가족복지유형

복지체계	가족복지 유형	국가와 가족의 관계	해당 국가
자유주의	가족중심주의	국가 개입의 최소화 가족책임 극대화	미국, 캐나다, 호주
조합주의	이원적 가족주의	국가 개입과 더불어 가족의 기초기능 수행역할 강조	독일, 프랑스, 오스트리아, 이탈리아, 네덜란드
사회민주주의	탈가족주의	국가의 책임 극대화 가족의 책임 최소화	덴마크, 스웨덴, 노르웨이, 핀란드

출처 : Esping-Anderson(1999). Social Foundation of Post-industrial Economies. Oxford University Press.

2. 가족복지정책의 개념

가족복지를 현실에서 실현하기 위하여서는 가족복지정책이 구체화되어야 한다. 가족복지정책은 가족복지를 현장에서 실천하는 제도적 · 법적인 틀을 제시하고, 다른 영역과의 상호관계를 통하여 가족복지의 효율성을 높이는 정책이다. 즉, 가족복지정책은 가족의 복지를 실천하기 위한 국가의 거시적이고 제도적인 정책이라고 하겠다. 그러므로 가족복지정책은 가족의 실체를 어떻게 인식하는가에 따라 다른 입장을 취할 수 있다. 일반적으로 가족을 바라보는 시각은 사적 시각, 사회적 시각, 그리고 공공적 시각의 세 가지로 구분할 수 있다. 즉, 남성과 여성이 만나 자녀를 낳고 생활하는 사적인 개념의 가족(개인중심 가족), 사회구성원을 양육하는 역할을 담당하는 사회적 가족의 개념(사회적 가족), 사회변화에 따른 정치적 도구로의 공공 개념의 가족(공공가족) 등 다양한 가족의 실체가 존재한다. 가족에 대한 공공 개념에 기초한 가족정책은 '구성원들의 삶의 질을 높이기 위하여, 사회가 가족에 대해 원하는 바가 무엇인가를 묻고, 원하는 것과 현재 가지고 있는 것을 구별함으로써, 필요로 하는 새로운 인간유대의 실현을 추구하는 의도적인 일련의 정책'을 의미한다(이혜경, 1996). 이러한 정책을 사회복지정책이라는 틀에서 볼 때는 곧 가족복지정책이라고 볼 수도 있다.

가족복지정책은 가족정책(family policy)의 한 영역이면서 동시에 가족을 위한 복지(family welfare policy)정책이라는 면에서 약간의 차이가 있기는 하지만 일반적으로 혼용되고 있다.

실제로 가족정책의 궁극적 목적은 가족의 복지를 향상시키는 데 있으므로 가족정책은 곧 가족복지정책이라고 이해를 하여도 무리가 없다고 본다. 가족복지정책은 가족의 복지 증진을 목표로 하기 때문에 각 가족성원을 위한 것이 아닌 다른 정책을 실현시키기 위한 목적의 수단으로 가족이 이용되는 것은 배제한다.

가족복지정책에 대한 개념은 많은 학자들에 의하여 정의되어 왔다. Kamerman과 Kahn (1978)에 의하면, '가족복지정책은 국가가 가족에 대하여, 그리고 가족을 위하여 수행하는 모든 활동'으로 정의하면서 '사회가 추구하는 목표와 이념을 실현하기 위한 의도에 기반하여 가족에 대한 영향력을 행사하는 활동'을 중요시하였다. 또한 Zimmerman(1995)은 '가족복지정책은 가족의 복지를 달성해야 한다는 목적을 가지고, 가족이 경험하게 되는 여러 문제들에 대처하기 위한 일련의 상호 연관된 정책의 선택이며, 국가에 의하여 직접적이거나 간접적으로 가족집단에 영향을 미치는 모든 활동'이라고 하였다. 다시 말하자면, 가족복지정책은 가족을 대상으로 하며, 가족성원과 가족이라는 하나의 단위에서 표출되는 욕구를 지원, 보충, 대체하는 기능을 담당함으로써 가족에게 긍정적인 영향을 미치는 국가개입적 활동이라고 할 수 있다(최경석 외, 2001). 가족복지정책은 사회의 자원을 재분배하고, 구성원의 행동을 통제하고, 여러 정책과정들을 수정・보완하고, 구조적 조정을 하는 기능이 있으므로, 광의적으로 보면, 가족복지와 관련된 국가의 모든 정책들을 포함한다. 거시적 차원에서의 가족복지정책은 전반적인 지침방향을 제시하며, 가족복지 관련 프로그램이나 서비스 실현과정 속에서 각 정책들이 구체적으로 실현된다.

3. 가족복지정책의 유형

가족복지정책을 유형으로 나누어 보면, 각국을 비교하기 쉽고, 또한 각국의 가족복지정책 실현에 있어서 사회적 정당성 및 가치관을 엿볼 수 있다. 전통적인 가족기능이 약화된 가족을 비정상적 가족으로 보고 이에 대한 보완과 대체를 추구하는 정책인가, 아니면 실질적인 가족의 변화를 인정하고 수용하여 새로운 가족형태에 적용 가능한 정책을 추구하는가에 따라서 가족복지정책은 차이가 난다. 가족복지정책에 대한 가장 보편적인 접근은 Kamerman과 Kahn(1978)이 제시한 세 가지 유형이 있다. 이들은 가족을 대상으로 하는 국가의 공적 정책을 가족정책이라고 설명하면서, 서구의 14개 국가의 가족복지 관련 정책을 비교분석한 결과 상이한 유형을 제시하였다.

첫째, 가족복지정책은 사회문제를 해결하기 위한 정책의 한 분야(as a field)라고 보는 유형이다. 즉, 가족복지정책을 하나의 정책영역으로서 인식하고, 구체적인 목표를 설정하여 그 정책을 이루어 나가는 형태를 의미한다. 가족정책을 포괄적인 다른 사회문제해결정책의 한 분야로 다루면서 특히 다른 정책들과의 연계성을 강조하게 된다. 가령 아동정책, 보육정책, 빈곤가족정책, 여성정책, 주택정책 및 고용정책 등과 관련된 프로그램이나 서비스들이 이에 해당된다.

둘째, 정책을 보다 효율적으로 수행하기 위하여 가족정책을 하나의 매개체로 활용하는 것으로서 가족정책의 독립적인 영역보다는 다른 정책을 보조하는 잔여적인 성향이 강하다. 가령 부족한 노동인력을 위한 여성의 노동시장 진출을 장려하기 위하여 모성보호제도나 어린이집 증가 정책을 시도하다가, 실업률이 높아지면 다시 여성의 가정 내 역할을 강조하는 등의 정책들이다. 최근 우리 사회에서 저출산·고령화사회를 탈피하기 위한 관련 정책들은 이에 해당된다.

셋째, 가족복지정책을 다른 사회정책의 선택 및 정책평가의 기준이나 관점(as a criterion or perspective)으로 접근하는 유형이다. 이 유형은 사회구성원들의 전반적인 복지를 증진시키기 위하여 가족이 가장 접근하기 용이하고 정책효과가 크다는 점을 강조하면서, 다른 정책(가령 노동정책, 의료정책, 교통정책, 주거정책 등)을 결정하는 데 있어서 가족의 전반적 복지를 기준으로 제시하는 역할을 하는 경우이다.

위의 세 유형은 가족복지정책의 궁극적 목표를 어디에 두는가에 대한 관점의 차이가 있기는 하지만, 가족을 정책의 직접적 대상단위로 한다는 점, 그리고 가족구성원 개개인이 아니라 가족을 하나의 통합적 단위로 보고 접근한다는 점은 일치한다. 이러한 일치점은 가족복지정책이 아동, 여성, 노인 혹은 장애인을 위한 복지와는 다른 전략적 접근이 필요하다는 점을 일깨워 준다. 특정 개별집단에 대한 복지정책은 그 집단의 욕구에 민감하게 대응하기 마련이고, 다른 집단과의 이해관계에 있어서 충돌이 생기는 경우에 상호협조하기가 어렵다. 게다가 특정 개별집단이 자신들의 복지를 증진시키기 위하여 이익집단의 성격을 띠게 되기도 한다. 그러나 가족복지정책은 이 모든 집단을 포함하면서, 궁극적으로는 사회의 기본 단위인 가족의 복지를 증진시킴으로써 사회문제를 해결하고 이상적인 사회를 구현할 수 있다는 점에서 정책적 의의를 찾을 수 있다.

Zimmerman은 대부분의 가족복지정책들은 의도적이든 비의도적이든 간에 가족에게 영향을 미치고 있으며, 가족복지정책의 궁극적 목표는 '가족복지'라고 지적하였다. 즉, 가족복지정책은 각각의 가족 내의 구성원들이 문제에 직면하게 되었을 때 개인의 안녕을 넘어서서 '가족의 복지'라는 목표에 합의하여 이와 관련된 해결책들을 제시하는 정책이라고 주장하였다. 가족복지정책은 개인이 아닌 가족 자체의 복지에 초점을 두고 있다는 점에서 개인을 대상으로 하는 개별복지와의 차별성을 강조한 것이다. 또한 최성재(1992)에 의하면, 가족복지정책이란 '가족의 기능, 구조 및 역할을 바람직한 방향으로 유도하고, 가족 전체 및 가족원으로서의 개인의 복지를 증진시키기 위하여 국가가 의도적으로 하는 행동에 관한 일련의 원칙들'이라고 정의하였다.

이상의 여러 논의들을 종합하여 볼 때, 가족복지정책의 핵심적 목표는 '가족복지'이며, 가족구성원들의 복지욕구 충족을 위하여 국가가 체계적인 지침을 통하여 펼치는 정책이라고 하겠다. 그러므로 가족복지정책은 아동, 여성, 노인 혹은 장애인 등의 개별집단을 위한 접근과는 다른 차원의 정책방향이 설정되어야 하며, 가족체계를 총체적으로 고려하는 전략적 접근도 차별화되어야 함은 당연하다.

Kamerman과 Kahn은 가족정책의 목표의 명료성이나 의도의 명시성에 따라서 가족복지정책의 범주를 분류하였다. 명시적 가족정책(explicit family policy)은 정부나 행정기관이 특정한 기획과 정책을 수행할 때 정책의 수혜대상이 가족이라고 분명하게 제시하고, 가족을 위하여 추구하고자 하는 목표가 구체적이고 명확한 정책이다. 가족을 사회적 시각으로 접근하는 북구 유럽이나 프랑스 등은 이러한 명시적 가족정책 노선을 따르고 있다. 이에 반하여 묵시적 가족정책(implicit family policy)은 가족정책 이외의 다른 영역에서 행해진 정책들(조세정책, 이민정책 등)이 가족에게 영향을 주는 정책이다. 따라서 정책의 의도적인 결과는 아니지만 뜻하지 않은 영향을 초래함으로써 가족복지 증진에 긍정적 혹은 부정적 정책이 되는 경우도 있다. 그러므로 이러한 정책들을 수행할 때는 가족영향 평가를 고려할 필요가 있다. 묵시적 가족정책은 때로는 가족을 통한 사회통제로서의 가족정책으로 이어지기도 한다. 가령 조세정책, 노동정책, 이민정책 등이 있으며, 주로 가족의 사적 영역을 중요시하는 영국이나 미국의 가족정책들이 이에 포함된다.

Harding은 가족의 책임에 대한 국가의 지원방식이나 정도에 따라서 구분하였다. 권위주의 모델(authoritarian model)은 가족의 형태나 행동양식을 국가가 원하는 방향으로 강화하기 위한 정책과 법적 조치를 취하는 모델이다. 가족의 개별적 욕구나 선택을 거의 고려하지 않고 국가가 제시하는 방향으로 가족정책을 수행함으로써 가족에 대한 국가의 통제가 매우 높다.

자유방임모델(Laissez faire model)은 국가가 가족에 대한 간섭을 하지 않고, 사적인 영역을 보호함으로써 특별한 가족정책을 제시하지 않는 모델이다. 가족은 사적인 영역이므로 국가가 가족생활에 개입하지 않고, 가족정책을 기획하지도 않는 경우이다. 따라서 국가가 선호하는 가족가치관이나 가족실천 목표는 존재하지 않고 개별가족들이 자유선택에 따라서 가족생활을 영위하게 된다.

중간개입모델(intermediate model)은 앞의 두 모델의 중간유형으로서 가족에 대한 국가의 책임을 적절한 수준에서 인정하고 가족통제를 시도하면서도, 가족의 자율적인 측면을 존중하면서 가족기능의 보완 내지는 대체정책을 제시한다. 국가와 가족 간의 정책적 협조를 기본으로 하여, 가족에 대한 국가의 통제 정도에 따라서 다섯 가지 유형으로 분류하였다.

① 특정 영역에서 가족생활을 통제하는 유형
② 긍정적 인센티브를 활용함으로써 국가가 원하는 방향으로 가족행동을 촉진시키는 유형
③ 제한적인 가설하에서 묵시적인 가족정책을 활용함으로써 직접적인 통제는 없지만 가족에 영향을 미치는 유형
④ 가족을 대체하거나 가족을 측면에서 지원하는 유형
⑤ 명확한 정책방향을 정하지 않고, 가족의 변화에 따른 수요와 욕구에 대응하는 유형

〈표 3-2〉 Harding의 가족복지정책 모델

유 형	하위유형	특 성
권위주의 모델		국가중심 개인이나 가족의 선택은 무시됨
중간개입모델	제한적 가족생활통제	특정영역에서만 가족을 통제함
	인센티브를 통한 국가통제	적극적인 국가의 정책을 통하여 국가가 선호하는 방향으로 유인책 활용
	묵시적 정책을 통한 간접통제	외부로 드러나지 않는 묵시정책을 통하여 특정 정책유형을 지원함
	가족을 대체하거나 간접지원	가족 기능이 실패할 경우 대체 혹은 지원서비스를 제공함
	가족의 수요와 욕구에 대응	국가의 선호성은 없으며 가족변화에 따른 수용과 욕구에 수동적으로 반응함
자유방임모델	가족을 사적 영역으로 규정	국가는 가족생활에 영향력을 행사하지 않고 가족정책은 무정책(no policy)을 표방함

출처 : Harding, L. F.(1996). Family, State and Social Policy, MacMilan Press.

이와 유사한 주장은 국내 학자들의 주장에서도 나타났다. 가령 최경석(2001)은 가족복지정책은 국가의 역할에 따라 구분된다고 하였다. 즉, 가족복지를 위하여 국가는 최소한의 책임을 지고, 가족이나 친족들이 주요 책임을 지는 형태 혹은 국가가 정책기준을 제시하여 기준에 적합한 가족을 지원하는 형태, 그리고 전반적인 가족친화적인 복지국가를 실현하기 위한 국가의 주도적 역할형태 등으로 분류하였다.

4. 우리나라의 가족복지정책

우리나라에서 가족은 위기상황에서뿐만 아니라 일상생활에서도 매우 중요한 복지기능을 담당하여 왔으며, 이러한 기능은 비공식적으로 인식되었다. 유교적 가족주의 전통이 깊이 뿌리박힌 환경에서는 가족구성원들이 가족을 통한 지원과 더불어 가족에 대한 의무로 상호 연결되어 있으며, 가족을 단위로 지역사회 지원망도 단단한 체제를 구축하여 왔다. 그러나 경제성장에 따른 도시화, 산업구조의 재구성 등의 사회변화로 인하여 가족도 커다란 변화를 겪게 되면서, 전통적인 가족중심적 지원체계는 더 이상 그 기능을 발휘하지 못하게 되었고, 이에 대한 사회적 관심이 모아지게 되었다. 게다가 여성의 사회진출 증가, 출산율 저하, 급속한 고령화, 이혼 및 한부모가족의 증가, 그리고 독신가구의 증가로 인하여 가족의 안정성은 감소되는 반면, 역동성이 증가되면서 가족에 대한 지원체계에 대한 새로운 욕구가 일어나고 있다.

1) 가족복지정책의 기본 계획

가족과 관련된 사회변화는 가족정책이 더욱 구체화되고 체계적 실천이 이루어지기를 요구하고 있다. 막연한 가족정책의 수립은 가족의 복지욕구를 정확하게 파악한 후에 비로소 가능한 일이다. 따라서 보다 효율적인 가족복지정책을 수립하고 실천에 옮기기 위하여서는 현재 직면하고 있는 가족과 사회변화의 실체를 이해하고, 이러한 변화의 다양한 측면들을 심층적으로 짚어보아야 할 것이다. 구체적인 측면들을 살펴보면 다음과 같다.

① 변화하는 사회 속에서의 가족가치관의 현주소는 무엇인가?
② 인구 및 가족구조는 어떤 변화를 경험하고 있는가?
③ 출산력의 변화와 고령화 속도는 어느 정도인가?
④ 노동시장에서의 노동력 수요와 공급은 어떠한가?
⑤ 여성의 경제활동참가율은 어떠한가? 이에 따른 보육지원은 어떠한가?
⑥ 결혼, 이혼 그리고 재혼 실태는 어떠한가?
⑦ 새로운 가족형태의 출현과 증가추세는 어떠한가?
⑧ 가족의 병리현상은 어떠한가?
⑨ 가족 및 사회에서의 양성평등 수준은 어느 정도인가?
⑩ 임금노동과 돌봄노동의 사회적 인식은 어떠한가?

이러한 실태 분석에 기반하여 가족복지정책의 필요성을 살펴보기로 하겠다(장혜경 외, 2005). 첫째, 개별가족의 기능적 과부화를 초래하게 되었다는 점이다. 즉, 개인의 복지선택권과 가족의 복지권이 서로 충돌할 가능성이 증가하였고, 가족복지를 유지하기 위한 비용이 증대함으로써 개별가족이 가족의 기능을 유지하고 가족의 복지를 증진시키기에는 힘든 상황이 된 것이다. 둘째, 가족형태 혹은 가치관이 다양해짐으로써 예전과 같은 획일적인 대응방안이 더 이상 효율성을 발휘할 수 없다는 점이다. 따라서 다양한 복지서비스의 확대가 요구되고 서비스의 질적 수준도 제고해야만 한다. 셋째, 가족정책은 사회의 성장원동력인 인적자원 개발을 위해서도 필요하다는 점이다. 아동의 안전한 성장환경과 인적능력 개발은 우리 사회의 지속적인 성장과 발전을 위하여 필수적이며, 지속적인 성장기제로서의 가족정책은 선행조건이라는 점이다.

그럼에도 불구하고, 체계적이고 포괄적인 가족 관련 정책들이 미비한 이유는 여러 가지가 있다. 첫째, 지금까지의 가족정책 혹은 가족복지정책은 가족의 기능이 제대로 이루어지지 못하고 있다고 판단되는, 소위 '요보호가족(혹은 결손가족)'에 대한 정책을 위주로 함으로써 극히 제한적인 정책을 펼쳐왔기 때문이다. 둘째, 이러한 제한적인 정책들조차 대부분 사후개입을 원칙으로 하여 문제가 발생한 후에 비로소 지원을 하는 매우 소극적인 정책이었다. 셋째, 가족 관련 정책들이 정부부서의 다양한 곳에서 파편적으로 다루어져서 정책의 일관성이 결여되고 정책의 책임소재도 모호하였다.

그러나 지난 2004년 건강가정기본법의 제정 및 시행을 통하여 가족복지의 법적 근거를 제시하게 되면서 전반적인 정책수립에 대한 합법성과 정당성을 부여하게 되었다.

저출산・고령화사회로 접어들면서 가족구조와 역할이 변화하고 가족문제가 심각해짐에 따라 이를 예방하고 새로운 형태의 다양한 가족들이 가족공동체로서의 역할을 할 수 있도록 지원하는 일이 시급해졌다. 이에 따라 정부는 그동안 여성가족부가 수행했던 기능 이외에 통합적 가족정책을 수립하고, 각 부처의 가족정책을 수립・조정・지원하는 기능을 수행할 수 있도록 정부조직법을 개정(2005. 3. 개정, 2008. 2. 개정)하여 여성가족부로 개편하였다. 그 후 가족 해체 및 다문화가족 등 현안사항에 적극 대응하기 위하여 보건복지가족부의 청소년 및 다문화가족을 포함한 가족기능을 여성가족부로 이관하는 내용으로 정부조직법이 다시 개정(2010. 1. 18)되어 '여성가족부'로 개편되었고, 여성가족부는 여성・종합 및 여성의 권익증진 등 지위 향상뿐만 아니라 가족정책, 건강가정사업을 위한 아동 업무 및 청소년의 육성・복지 및 보호 기능을 수행하고 있다.

2) 가족복지 정책방향

(1) 가족에 대한 사회적 책임 강화

사회의 변화에 따른 가족기능의 약화로 인해 사회적 지원이 필요한 다양한 가족들이 급증하고 있으나, 이들 가족에 대한 사회적 지원망이 미흡하여 사회적 통합이 어렵다고 보고 있다. 가족복지정책의 궁극적인 목적은 개인과 가족의 삶의 질 향상과 사회통합을 실현하기 위한 것이므로 미래의 저출산·고령사회의 새로운 활력을 도모하기 위한 정책적 고려가 요구된다. 특히 아동의 건강한 성장·발달을 위해 가족과 아동에 대한 국가적 지원책을 강화한다.

(2) 양성평등한 사회환경 조성

여성의 취업률이 증가함에 따라 남녀 모두 직장과 가정을 양립할 수 있도록 가족친화적 직장문화와 양성평등한 사회환경 조성을 위한 정책이 요구된다. 여성들이 직면하고 있는 재생산권과 노동권이 보장받을 수 있도록 한다.

(3) 민주적 관계와 가족의 다양성 존중

가족구성원들의 다양한 이해와 존중이 보장되는 가족문화 조성을 통해 민주적인 가족관계의 형성을 지원한다. 가정폭력과 같은 비민주적인 가족관계를 개선하여 동반자적인 배우자관계와 인간의 존엄성을 존중하는 가족문화와 가치를 갖게 한다. 다문화가족, 한부모가족, 조손가족, 재혼가족 등 다양한 가족구조가 가족의 불안정으로 이어지지 않도록 가족문제 예방과 적응을 지원하고 사회적 편견을 해소하여 가족의 안정을 도모한다.

(4) 통합적 접근을 통한 정책조정 및 가족지원체계 강화

중앙 및 지방정부, 민간단체와의 유기적인 협조와 조정을 위해 가족정책 추진 거버넌스 체계를 구축하여, 가족정책과 사회정책과의 유기적인 통합을 통해 가족지원체계를 강화하여 가족의 삶의 질을 높인다.

3) 가족복지정책의 과제

위의 정책방향을 근간으로 구성한 가족정책과제는 다음과 같다.

(1) 가족돌봄의 사회화로 부담 경감

- 가족의 자녀양육부담 경감
- 가족돌봄에 대한 사회적 지원 강화

(2) 직장 · 가정의 양립을 위한 가족권과 노동권의 조화

- 남성의 가족생활 참여 지원
- 여성의 경제활동 참여기반 구축

(3) 다양한 가족에 대한 지원

- 한부모가족에 대한 포괄적 지원체계 구축
- 다문화가족의 사회통합 지원
- 다양한 소외가족에 대한 맞춤형 서비스 제공

(4) 가족친화적 사회환경 조성

- 가족친화적 직장환경 조성
- 가족친화적 지역사회 조성
- 안전한 가족생활환경 조성

(5) 새로운 가족관계 및 문화 조성

- 가족관계 증진 및 가족문제 예방
- 건강한 가족문화 조성

(6) 가족정책 인프라 확충

- 가족정책의 총괄 · 조정체계 정비
- 가족정책추진 인프라 확충 및 내실화

4) 가족복지 관련법과 정책

우리나라의 가족복지는 기본적으로 헌법 제10조에서 '모든 국민은 인간으로서의 존엄과 가치를 가지며, 행복을 추구할 권리를 가진다'고 규정되어 있다. 또한 헌법 제36조에는 "① 혼인과 가족생활은 개인의 존엄성과 양성평등을 기초로 성립되고 유지되어야 하며, 국가는 이를 보장한다. ② 국가는 모성의 보호를 위하여 노력하여야 한다"라고 명문화되어 있다. 즉, 혼인을 통한 가족생활은 국가의 보장을 받으며 모성보호를 위하여 국가의 지원을 제공하기로 되어 있다.

이러한 헌법의 조항들을 기초로 하여 가족법에서는 국가가 가족을 보호해야 할 법적 근거를 상세히 제시하고 있다. 가족법은 지난 1969년부터 시행되었는데, 친족의 범위, 혼인의 법적 근거, 이혼 및 자녀 관련, 입양, 호주승계, 상속 등과 관련된 내용들을 담고 있다. 그러나 이러한 가족법은 제정 초기의 가부장적 가족제도를 전제로 한 것으로, 이후 1977년, 1989년, 그리고 2000년에 세 차례 개정을 겪었다. 그럼에도 불구하고, 여전히 양성평등적인 기준에 미흡한 항목들이 남아 있다. 특히 최근에 논란이 되고 있는 호주제도는 1989년 개정 시 호주의 강제상속에서 임의적 승계제도로 개정이 되었지만, 여전히 부계중심이라는 지적이 잇따르고 있다. 그리하여 2004년 호주제도를 대신할 수 있는 개인별 신분등록제를 도입하는 것을 골자로 한 민법개정안이 입법예고된 이후, 2005년 3월 2일 호주제 폐지를 골자로 하는 민법개정안이 국회를 통과함으로써 반세기에 걸친 성차별의 상징이었던 호주제가 폐지되었다. 이와 같이 가족법의 개정을 통하여 가족에 대한 국가의 보호의무가 더욱 강화되고, 남성중심에서 탈피하여 진정한 민주주의적 복지정책이 시행될 수 있는 법적인 발전이 이루어지고 있음은 매우 고무적이라고 하겠다.

한편 빈곤, 실업, 질병 그리고 노령으로 인한 어려움에 직면하게 될 때 국가에서 보장을 해주는 사회보장정책과 관련된 사회보장법도 가족복지와 밀접한 관계가 있다. 우리나라의 사회보장법은 크게 공공부조, 사회보험, 그리고 사회복지서비스 등 세 가지로 분류된다. 먼저 공공부조제도는 국민이 최저생활을 유지할 수 있도록 국가가 보장하는 제도로서, 빈곤계층의 최저생계보장을 위한 것으로 국민기초생활보장법이 이에 속한다. 그 밖에 건강유지를 위한 의료 관련법이나 그 밖에 유사시에 지원되는 재해구호법 등이 있다.

사회보험제도는 개인과 국가가 함께 위험에 대처하는 보험방식으로서 대표적인 것이 국민연금법이다. 그 밖에 공무원연금법, 군인연금법, 그리고 국민건강을 위한 국민건강보험법, 고용보험법 등이 있다.

사회복지서비스와 관련된 다양한 법들은 국가나 지방자치단체 혹은 민간단체들이 복지 차원에서 다양한 서비스를 제공할 수 있도록 하는 법률적 기준을 제시하고 있는데, 이러한 서비스는 가족생활과 밀접한 관련이 있으며, 가족복지 차원에서 실행되고 있다는 점에서 매우 중요하다. 또한 사회복지서비스는 복지대상에 따라 관련법들이 비교적 세분화되어 있다는 장점이 있다. 전반적인 사회복지를 위한 사회복지사업법을 비롯하여 노인을 위한 노인복지법, 아동을 위한 아동복지법, 청소년기본법, 그리고 장애인을 위한 장애인복지법, 여성을 위한 「성매매방지 및 피해자보호 등에 관한 법률」, 그리고 가족복지를 위하여 영유아보육법, 한부모가족지원법, 그리고 「가정폭력방지 및 피해자보호 등에 관한 법률」 등이 있다.

법적 그리고 행정적인 지원과 더불어 사회보장 속에서의 가족복지정책을 심층적으로 살펴보면, 무엇보다 대부분의 사회보장이 남성중심의 핵가족체계를 기반으로 하고 있다는 점에서 수정해야 할 점이 많다. 여성의 사회진출이 활발해지고, 여성가구주의 지속적인 증가로 인하여 남성가장 중심의 사회보험급여체계를 재조정하는 것은 당연하다. 또한 비정규직의 상당 부분을 차지하는 여성, 기혼여성들의 취업 증가로 인한 자녀출산 및 양육에 대한 지원은 단순히 여성의 복지 차원이 아니라 아동 및 가족의 전체성을 고려하여 보다 통합적인 방향으로 나아가야 할 것이다. 가령 가정폭력방지법이나 한부모가족지원법 등은 가족의 전체성을 고려하였다는 점에서 매우 의의가 있다고 하겠다. 그러나 이러한 법들도 상호 연관성에 기초하여 효율적으로 이루어지지 못하고 있다는 점에서 각 개별법들이 다른 법체계와 연계되도록 하는 작업이 필요하다.

가족복지서비스 전달체계는 독립된 부서에서 담당하지 못하고 각 부처의 하부조직에 부수적인 업무로 할당되어 있는 현실이다. 따라서 무엇보다 효율적인 가족복지정책을 실현시키기 위하여서는 통합된 전담부서가 필요하고, 이러한 부서에 대한 권한부여가 절실히 요구된다. 그리하여 가족, 여성, 아동, 노인 등에 대한 복지서비스 및 지원 등의 업무분담이 원활하게 이루어지고, 상호관계를 유지함으로써 보다 가족친화적인 전달체계가 확립될 수 있도록 하여야 한다.

맞벌이가족에 대한 복지대책으로는 출산전후 휴가나 육아휴직, 직장어린이집의 확충 등의 모성보호지원이 상당 부분 차지한다. 또한 기혼여성 재고용촉진 장려금제도를 활용하여 여성의 노동시장 참여에 유연하게 대처할 수 있도록 하고 있다.

한부모가족에 대한 복지대책은 사회보험, 공공부조 및 사회복지서비스를 통하여 취업 및 창업 지원, 안정된 주거지원, 양육비 지원, 자녀양육 및 교육을 위한 방과 후 프로그램, 정서·사회적 지원 등이 있다. 날로 증가하는 한부모가족의 사회적응력을 높이고, 건전가정 육성이라는 커다란 목표를 이루기 위하여 한부모가족 지원정책을 현실화시켜야 한다. 한부모가족 지원정책과 더불어 성인지적인 가족복지대책은 여성가구주를 위한 실질적인 프로그램 및 서비스를 제공할 수 있는 틀을 제공하고 있다는 점에서 주목할 만하다.

다문화가족에 대한 복지대책은 사회생활 적응지원과 아동의 학교생활 적응지원, 생활보장 지원 등 다양한 지원정책이 있으며, 다양한 소외가족에 대한 맞춤형 서비스를 개발·제공하고 있다. 현재 실시되고 있는 가족복지정책 중에 비교적 체계적 지원이 이루어지고 있는 부분은 가정폭력에 대한 대책들이다. 최근 가정폭력이 증가하고 보편화되면서 이에 대한 가족복지 차원의 대응이 절실하게 요구되어 왔다. 가정폭력의 주요 대상은 배우자(특히 아내)에 대한 폭력이기는 하지만, 최근에는 아동 및 노인 학대 내지는 폭력도 전반적인 가정폭력의 범주에 포함된다. 이러한 가정폭력은 가치관의 변화뿐만 아니라 실질적인 예방 및 치료를 통한 체계적이고도 효과적인 개입방법이 활용되고 있다. 가령 전화 1366을 통하여 가정폭력 방지 및 치료에 대한 전국적인 네트워크를 형성하였고, 피해자보호시설 및 치료 프로그램을 통하여 피해자들을 보호하고 다시 설 수 있도록 지원을 하고 있다. 또한 상담 및 치료 전문가를 양성하여 위기개입현장에서 현실적으로 대처할 수 있는 자원을 제공하고 있다는 점에서 통합적 복지서비스가 이루어지고 있음을 알 수 있다.

흔히 말하기를 가족복지는 '가족을 통한' 복지가 아니라 '가족을 위한' 복지가 되어야만 한다고 한다. 진정한 의미의 가족복지정책을 수립하고 실행해 나가기 위해서는 양성평등적인 시각에서 아동과 여성, 그리고 노인복지정책과 통합해 나가야만 할 것이다. 가령 저출산·고령사회를 맞이하게 되는 우리나라에서는 가장 우선적인 가족복지정책은 보육정책이다. 보육예산의 확대에도 불구하고 신뢰할 만한 시설 및 다양한 서비스 부족으로 서비스 체감도는 낮은 것으로 되어 있다. 이의 해결을 위해 시설확충과 가족 내 돌봄서비스인 아이돌보미 양성 및 파견, 육아휴게소 운영 등 지역육아지원망을 다각도로 지원하고 있다. 보육정책은 미래세대에 대한 인적자본 투자라는 점에서 남성과 여성이 함께하는(즉, 부모가 함께하는) 보육정책이 필요하다. 또한 기존의 보육정책이 상당 부분 민간에 의하여 주도되어 왔다는 점을 감안하여 공공보육, 기업보육, 그리고 민간보육의 상호 협조체제를 수립해야 할 것이다. 최근 보육업무가 여성가족부에서 보건복지부로 이관되면서 영유아 보육료 지원과 수요자 욕구에 맞는 보육서비스 제공, 평가인증제 등과 출산·양육지원정책을 임산부, 일하는 부모, 다자녀가정 등으로 구분하여 다양한 지원정책을 시행하고 있다. 특히 자녀양육에 있어서 아버지의 역할을 강조하는 가족복지정책의 필요성이 요구되고 있는데, 지금까지 부모역할 프로그램이나 교육은 주 대상이 어머니였음을 인정하지 않을 수 없다. 그러나 부모역할은 말 그대로 아버지와 어머니의 역할이라는 점을 강조하면서 서구사회에서 볼 수 있듯이 부부가 동시에 부모역할을 원활하게 할 수 있도록 부부 대상의 출산휴가제, 자녀가 아프거나 도움이 필요할 때를 위한 유급휴가제, 그리고 노동시간을 유연하게 대처할 수 있는 유연근무시간제가 이루어져야 한다. 이와 더불어 지역사회 중심의 가족복지서비스가 보편화되어야 한다. 가족복지사업이 결손가족이나 비정상적 가족에 대한 지원으로 잘못 인식되거나 낙인이 되어서는 안 된다. 오히려 다양한 가족들이 공존하고 다양한 가족관들이 허용되고 적응될 수 있을 때 비로소 가족복지정책은 효과성을 높일 수 있을 것이다.

우리나라의 가족복지정책은 이웃 일본과 유사한 면도 있지만, 내용적으로는 유럽의 복지모델을 추구하고 있기도 하다. 특히 가족부양의식이 강하면서도, 아동이나 여성, 그리고 가족에 대한 사회적 책임을 강조하는 양면적인 정책은 한국적인 가족복지모델을 수립해 보고자 하는 노력으로 받아들일 수 있겠다.

5) 건강가정기본법

건강가정기본법은 2004년 제정되어 2005년 1월 1일부터 시행되었다. 건강가정기본법은 총 5장 37조의 본칙과 부칙으로 되어 있는데, 우리나라의 가족복지정책의 법률적 기준과 근거를 확고하게 제시한다는 점에서 이 법의 시행의 의의를 찾을 수 있다. 이 법은 이혼율의 증가, 출산율의 하락 등과 같은 가족의 기본적 존립의 위기, 가족가치관의 변화에 따른 가족제도의 재정비의 필요성 그리고 가족문제해결의 사회적 책임을 강조하면서, 가족지원에 대한 통합서비스를 제공하는 토대를 마련하고자 제정되었다.

건강가정기본법의 구성은 제1장이 총칙으로 법의 전반적인 총론을 담고 있고, 제2장은 건강가정정책으로 정책수립을 위한 제반 사항들에 관한 내용들이다. 제3장은 건강가정사업으로 건강한 가정을 구현하기 위한 구체적인 사업들을 다루고 있으며, 제4장은 건강가정전담조직을 위한 전문인력 양성 및 확보에 관한 내용들이다. 그리고 제5장은 보칙으로 보조금에 대한 규정을 담고 있다.

(1) 입법 목적과 이념

건강가정기본법의 입법 목적은 제1장 제1조에 명시되어 있다. 이 법 제1조에 의하면, "이 법은 건강한 가정생활의 영위와 가족의 유지 및 발전을 위한 국민의 권리·의무와 국가 및 지방자치단체 등의 책임을 명백히 하고, 가정문제의 적절한 해결방안을 강구하며, 가족구성원의 복지증진에 이바지할 수 있는 지원정책을 강화함으로써 건강가정 구현에 기여하는 것을 목적으로 한다"라고 밝히고 있다. 즉, 국가는 가족문제를 해결하고 가족복지를 증진시켜야 할 의무가 있음을 명시한 것이다. 그 밖에 기본 이념과 정의, 국민의 권리와 의무, 국가와 지방자치단체의 책임, 다른 법률과의 관계, 가족가치, 혼인과 출산, 가족해체 예방, 지역사회자원 개발·활용, 정보제공, 그리고 가정의 날 등을 언급하고 있다.

제2조에서는 "가정은 개인의 기본적인 욕구를 충족시키고 사회통합을 위하여 기능할 수 있도록 유지·발전되어야 한다"고 규정되어 있으며, 매년 5월을 가정의 달로 하고, 5월 15일을 가정의 날로 정하도록 하였다.

(2) 주요 조직

제2장에서는 건강가정정책을 구체적으로 규정하는 내용이 포함되어 있다.

이 법의 제15조에 의하면, 여성가족부장관이 관계 중앙행정기관의 장과 협의하여 건강가정기본계획을 5년마다 수립하여야 한다고 규정하고 있다. 이 기본계획에 포함되어야 할 사항은 다음과 같다.

① 가족기능의 강화 및 가정의 잠재력 개발을 통한 가정의 자립증진 대책
② 사회통합과 문화계승을 위한 가족공동체문화의 조성
③ 다양한 가족의 욕구충족을 통한 건강가정 구현
④ 민주적인 가족관계와 양성평등적인 역할분담
⑤ 가정친화적인 사회환경의 조성
⑥ 가족의 양육·부양 등의 부담완화와 가족해체 예방을 통한 사회비용 절감
⑦ 위기가족에 대한 긴급 지원책
⑧ 가족의 건강증진을 통한 건강사회 구현
⑨ 가족지원정책의 추진과 관련한 재정조달 방안
⑩ 1인 가구의 복지증진을 위한 대책

여성가족부장관, 관계 중앙행정기관의 장 및 시·도지사는 매년 기본계획에 따라 건강가정시행계획을 수립, 시행 및 평가하여야 한다. 또한 여성가족부장관은 시·도별 시행계획이 기본계획 및 중앙행정기관의 시행계획에 위배되는 경우에는 이를 변경하도록 요구할 수 있는 권한이 주어진다.

이 법의 제19조에서는 국가와 지방자치단체가 건강가정과 관련된 연구를 진흥하고 전문가를 양성하며, 건강가정을 위한 교육 프로그램을 지속적으로 개발·제공하여야 한다고 규정하고 있다. 즉, 국가와 지방자치단체가 단순한 지원역할을 벗어나 건강가정을 구

현하는 데 적극적으로 참여하여 전문가를 양성하고 프로그램 및 각종 서비스를 제공하도록 요구하고 있다. 또한 가정문제를 예방하고 건강가정 실현을 위한 필요한 서비스 욕구와 수요를 파악하기 위하여 매 5년마다 가족실태조사를 하도록 규정하고 있다.

(3) 건강가정사업

제3장은 건강가정사업에 관한 내용으로서, 국가와 지방자치단체가 건강가정의 구현을 위하여 수행하여야 할 사업들을 구체적으로 밝히고 있다. 제21조에서 제33조까지 규정되어 있는 건강가정사업의 내용은 다음과 같다.

제21조 가정에 대한 지원
제22조 자녀양육지원의 강화
제23조 가족단위 복지 증진
제24조 가족의 건강 증진
제25조 가족부양의 지원
제26조 민주적이고 양성평등한 가족관계의 증진
제27조 가족단위의 시민적 역할 증진
제28조 가정생활문화의 발전
제29조 가정의례
제30조 가정봉사원
제31조 이혼예방 및 이혼가정 지원
제32조 건강가정교육
제33조 자원봉사활동의 지원

(4) 건강가정사업의 전달체계

제4장은 건강가정 전담조직에 대한 규정으로서 가족정책사업에 대한 포괄적인 전달체계를 명시하였다는 점에서 중요하다. 먼저 건강가정사업의 전담수행을 위하여 여성가족부, 시 · 도 및 시 · 군 · 구 등이 지원해야 한다고 지적함으로써 가족정책 실천의 공적 전

달체계의 범위를 명확하게 제시하였다. 또한 건강가정지원센터를 설치함으로써 실질적인 복지정책을 실시할 수 있는 전문 행정전달체계를 구축할 수 있도록 되었다. 건강가정지원센터를 통하여 건강가정의 유지를 위한 프로그램의 개발, 가족문화운동의 전개, 가정 관련 정보 및 자료를 제공하고, '건강가정사'라는 전문인력을 확보하여 현장과 연결될 수 있도록 하였다.

마지막으로 제5장 보칙 제36조에서는 "국가 및 지방자치단체는 건강가정사업을 수행하는 단체 또는 개인에 대하여 필요한 비용의 전부 또는 일부를 보조하거나 그 업무수행에 필요한 지원을 할 수 있다"고 명시하여 가족정책을 실행하는 과정에서 공공기관뿐만 아니라 민간단체와의 협조 내지는 참여를 유도하고 있다는 점은 지금까지의 정부주도하의 일방적인 정책기조에서 벗어나려는 것을 시사한다.

건강가정기본법은 가족복지정책 및 서비스에 대한 국가의 책임과 의무를 강조하고 명문화하는 데 중요한 의미가 있다. 또한 '건강가정'이라는 가족복지의 궁극적 목표를 제시하고, 이와 동시에 구체적인 행정전달체계 및 실행주체자, 전문인력 양성 등에 관한 폭넓은 내용을 중심으로 건강가정 구현의 청사진을 제시하고 있다. '건강가정'이라는 개념이 모호하거나 보수적인 기준을 내포하고 있어서 진보적인 정책시각이 부족하다는 지적들도 있으나, 이러한 일련의 비판들은 건강가정기본법을 주축으로 더욱 발전적인 한국의 가족복지정책의 틀을 마련할 수 있는 긍정적인 비판이라고 여겨진다. 실제로 우리나라의 가족복지정책의 근간이 미비하였던 지난날에 비하면, 건강가정기본법은 앞으로 더욱 발전적인 모델 구축에 커다란 초석이 될 수 있을 것이다.

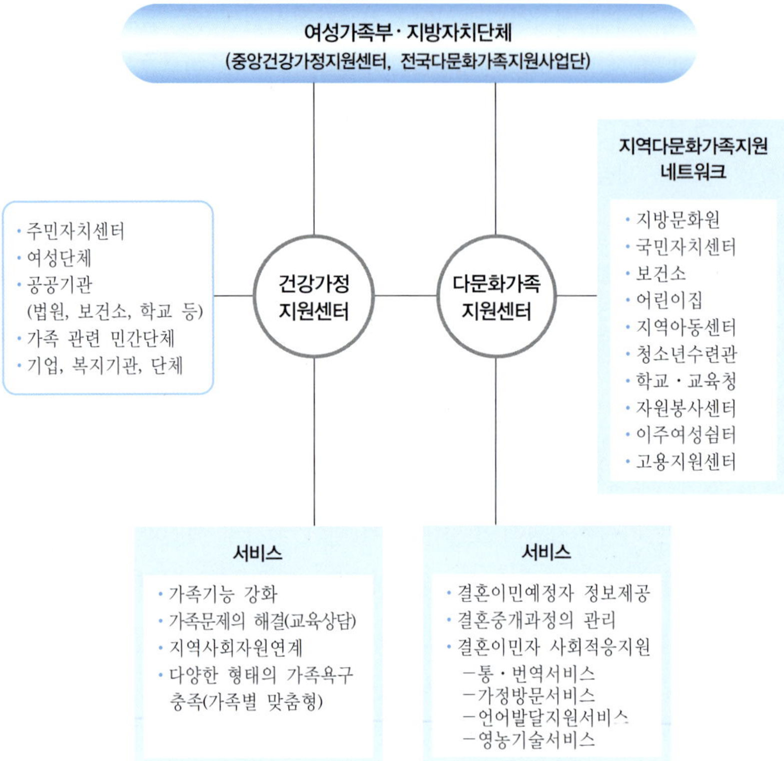

| 그림 3-1 | 건강가정사업의 전달체계

5. 외국의 가족복지정책

가족정책은 가족의 복지를 목적으로 하는 정부의 정책이나 프로그램을 말한다. 명시적이거나 묵시적이거나 가족정책은 가족과 가족구성원들에게 큰 영향을 미치게 된다. 따라서 가족정책은 의도적 혹은 비의도적, 그리고 직접적 혹은 간접적이든 간에 가족기능 수행을 위한 일련의 공공활동의 결과를 따지게 된다. 여기서 가족정책은 기본적으로 개인 및 사회적 정체성을 확보하고, 물질적 · 경제적 지원을 하며, 가족의 자녀출산 및 양육기능을 지원하고, 자립이 힘든 가족에 대한 지원을 통하여 가족유지기능을 보호하는 것을 포함한다. 동일한 영역의 문제를 경험하면서 효과적인 가족복지의 방향을 모색하려는 우리나라의 입장에서는 선진국의 가족정책을 통해 통찰력을 얻을 수 있다는 점에서 타 국가정책의 분석이 유용한 시각을 제공해 줄 수 있다.

1) 외국의 가족복지정책 형성과정

유럽에서 가족복지정책 논의가 대두되기 시작한 시기는 1940년 전후이다. 빈곤가족 및 빈곤가족 아동들에 대한 사회적 관심이 증대되면서, 복지국가의 기본 분석모델로서 가족복지정책이 주목을 끌게 된 것이다. 1970년대를 거쳐서 1980년대 들어오면서, 인구학적 변화와 가족제도의 변화를 겪은 대부분의 유럽 국가들은 양성 간의 평등과 세대 간의 평등, 그리고 부의 재분배라는 측면에서 가족복지의 정책적 방향을 설정하였다. 먼저 전반적인 인구감소로 생산인구는 감소되고 노령인구는 증가하는 연령구조의 변화, 결혼의 감소, 이혼의 증가, 출산력 저하, 사망률 감소 등의 인구학적 변화는 노동시장의 인력공급 측면에서 새로운 자원을 필요로 하게 되었다. 이러한 필요성은 양성평등적 시각의 확산과 더불어 여성의 노동시장 참여를 촉진시켰고, 노동시장에 원활한 인력을 공급하기 위하여서는 국가가 가족을 지원하는 복지정책을 수행하는 방안을 찾기 시작하였다. 또한 결혼연령의 증가, 출산기피, 무자녀가족의 증가 및 가족규모의 감소 등의 가족생활의 변화는 여성이 담당해 왔던 자녀출산 및 양육이 사회문제화되는 계기가 되었다. 따라서 이러한 변화에 대응할 수 있는 정책은 직장과 가족의 양립을 위한 양성평등적 가치관에 기반을 둔 가족의 복지 증진방안이 최선책이라는 사회적 합의점을 도출하게 된 것이다.

가족복지정책의 궁극적 목표는 소득의 재분배를 통한 가족의 복지 증진이다. 따라서 저소득층에 대한 가족지원은 가족의 기본적 생활지원뿐만 아니라 자녀양육 지원에 필요한 재정적 부담 및 주요 서비스를 제공하는 것이 포함된다. 특히 인구의 급격한 감소를 경험하던 벨기에나 프랑스에서는 출산율을 높이기 위하여 자녀양육 및 교육비를 국가가 지원하는 등 다양한 서비스를 제공하고 있다.

유럽 국가들의 가족복지정책은 가족복지정책을 전담하는 중앙행정부서가 있는가, 혹은 지방행정에서 전담하고 있는가에 따라 다소 다른 양상을 보인다. 가령 독일이나 오스트리아는 가족복지정책을 전담하는 부서가 독립적으로 있으나, 그 밖의 국가에서는 사회복지 및 사회보장을 담당하는 부서를 통하여 이루어지고 있다. 또한 그 내용에 있어서도 단순히 가족에 대한 지원정책에서 벗어나 아동 관련 지원 쪽으로 방향이 바뀌어 가고 있음도 주목할 만한 점이다.

전반적으로 유럽 국가들의 가족복지정책 실현은 가족문제에 대한 궁극적 책임은 중앙정부의 기구에서 공유하고, 지방정부는 가족에게 직접적인 영향을 미치는 영역들(주거 및 교통, 교육문제 등), 지역사회 보호 및 아동에 대한 지원서비스 등을 담당함으로써 가족복지 전달체계의 효과를 높이고자 한다.

가족복지정책을 수행하는 데 있어서 유럽의 여러 나라들은 다소 다른 방향을 취하고 있다. 먼저 명시적이고 매우 포괄적인 가족정책을 표방하는 국가(스웨덴, 노르웨이, 프랑스), 다른 정책의 한 분야로서 가족친화적인 정책을 펴나가는 국가(오스트리아, 독일, 덴마크), 빈곤이나 기타 이유로 인하여 가족의 기능을 수행하지 못할 경우 보완하고 지원하되 소극적이고 암묵적인 정책을 펴는 국가(영국, 아일랜드, 네덜란드), 그리고 가족책임을 중시하고 비공식적 가족의 연결망을 통한 가족보호기능을 기대하며, 최소한의 국가개입을 원칙으로 하는 국가(이탈리아, 포르투갈, 스페인) 등으로 나누어 볼 수 있다.

가족친화적 정책을 표방하는 국가들은 대부분 높은 국민소득을 보이고 있지만, 구체적인 정책을 보면 여기에도 다양한 특성을 엿볼 수 있다. 가족친화적 정책을 실현하고 있는 국가들 중에서 벨기에나 프랑스는 결혼의 합법성 여부에 관계없이 실질적인 가족에 대한 복지지원을 하고 있으나, 오스트리아나 독일의 경우에는 합법적인 결혼을 통한 가족만 지원하는 데 초점을 맞추고 있다. 또한 북구 유럽(스웨덴, 노르웨이, 덴마크) 국가들은 아동에 대한 지원에 비중을 두고 가사노동과 아동양육의 사회화를 통하여 맞벌이가족에 대한 전폭적인 지원을 하고 있다. 특히 유럽에서 가장 가족친화적인 정책을 펼치고 있다는 스웨덴에서는 배우자에 대한 분리과세를 채택하고 있어서 맞벌이 부부의 경우 양쪽 모두 가장으로 인식되어 여성의 취업으로 인한 아동양육과 관련된 손실분을 가족에게 보상하는 제도가 마련되어 있다. 영국에서는 저소득층 가족을 중심으로 한 가족단위의 복지정책을 우선순위로 하고 있으며, 대부분의 남부유럽 국가들은 비공식적인 채널을 통하여 가족을 지원하는 사적 지원체계에 근간을 두고 있다.

2) 외국의 가족복지전략

초기 가족복지의 목표는 빈곤타파였다. 산업혁명 이후 빈곤가족문제가 보편화됨으로써 사회적 관심을 갖게 되었으나, 사회가 안정적으로 되면서 특정한 가족의 빈곤문제가 대두되기 시작한 것이다. 가령 한부모가족의 빈곤, 여성가구주의 빈곤, 노인가족의 빈곤문제 등은 사회 전반의 빈곤문제와 또 다른 차원에서 접근해야 할 사회문제로 부각되었다. 이와 같은 특정한 가족형태의 빈곤문제는 아동양육의 문제로 이어지고, 이러한 문제는 사회적 노동력 공급 측면의 적신호가 켜진다는 측면에서 결코 간과할 수 없게 된 것이다. 따라서 이러한 점을 감안하여, 대부분의 유럽 국가들은 아동양육에 대한 비용 증가, 이로 인한 여성의 노동시장 참여의 기회비용의 감소 등을 지원할 수 있는 방향으로 가족복지 전략을 수정하게 되었다.

가족복지정책의 강화는 조세제도상의 변화에서 뚜렷이 볼 수 있다. 가령 맞벌이가정의 경우 과거에는 가족임금에 대한 종합과세를 물린 데 반하여 최근에는 개인에 대한 분리과세로 바뀌면서, 두 사람의 소득으로 인하여 오히려 불평등한 대우를 받았던 과세제도를 수정하였다. 예를 들어, 영국에서는 기혼여성들이 취업한 경우에 국가보험기여에서 제외하여 질병이나 연금 등의 고용 관련 급여수급권을 허락하지 않았다. 이에 반하여 프랑스에서는 가족이나 가구를 과세단위로 하고, 조세감면을 통하여 아동에 대한 가족지원을 강화하고 있다. 스웨덴의 경우에는 여성의 취업과 아동양육의 병행을 가장 중요한 목표로 삼고 있는데, 아동수당과 부모보험이라는 가족복지정책은 나름대로 매우 성공적으로 보인다. 즉, 부모보험은 아동이 출생하면 부모출산급여를 부여하는데 아동이 8세가 될 때까지 부모 양쪽이 나누어 사용할 수 있다. 부모는 아동의 출생이나 이혼과 관련하여 임금을 받으면서 휴가를 가질 수 있고, 아동은 12개월이 지나면 다양한 아동보호제도의 혜택을 받을 수 있으며, 18세까지 아동수당을 지급받는다. 아동보육은 6세 미만의 모든 아동에 대한 보육과 6세 이상의 아동에게는 방과 전후 보육이 도입되었다. 1세 미만의 영아들에게는 가정보육서비스가 이루어지고 있다. 이와 같이 자녀양육의 상당 부분이 사회화되어 자녀양육이 개인의 취업활동에 걸림돌이 되지 않도록 운영되고 있으며, 이러한 정책의 결과로 여성의 높은 취업률에도 불구하고 높은 출산율을 보이고 있다.

가족 관련 급여를 수급하는 자격요건은 가족의 형성과정이 합법적인가 여부에 관계없는 추세이다. 즉, 동거는 결혼과 동등하게 인식되면서 아동양육이나 가족 생활에 차별을 두지 않는다. 그리하여 결혼신고를 하지 않고 동거하는 가족에게도 가족 관련 급여가 동일하게 적용되며 혼외 출생아라고 해서 복지지원에서 제외되지 않는다. 유럽의 가족복지에서 아동에 대한 지원이 가장 큰 몫을 차지하는데, 아동 관련 급여는 가족규모에 비례하는 경우가 많다. 즉, 아동이 많을수록 각종 급여혜택이 많아지고, 특히 자녀가 자립하지 못할 경우에도 국가에서 지원을 하고 있다는 점은 매우 흥미롭다.

대부분의 유럽 국가들은 가족수당을 지원하고 있는데, 이 가족수당제도는 1930년대 벨기에, 프랑스, 네덜란드에서 처음으로 도입되었으며, 후에는 아동수당이라는 이름으로 바뀐 곳도 있다. 초기 가족수당제도는 보편성의 원칙에 입각하여 모든 가족에게 제공되었으나, 점차적으로 특수가족이나 저소득층가족의 소득보조로 전환되면서 가족의 경제적 수준에 따라 차별적인 지원을 하도록 바뀌었다. 특히 1990년에 접어들면서, 한부모가족이 크게 증가함에 따라서 한부모가족에 대한 새로운 복지정책을 수립하게 되었다. 가령 프랑스에서는 한부모라 할지라도 아동을 부양하는 데 어려움이 없도록 지원하고, 영국이나 독일에서는 한부모가족이라는 사실 자체가 사회부조나 소득지원의 선행자격으로 분류되어 있는 실정이다.

유럽과는 달리 미국은 종합적인 가족복지정책보다는 자유경쟁체제하에서 소득의 재분배를 시도하는 수준에서의 가족정책이 이루어지고 있다. 따라서 가족정책은 잔여적인 시각에서 가족의 기능을 지원하거나 보조하는 방향으로 나가며, 가족의 기능이 상실된 경우 대안적 서비스를 제공하고 있다. 대규모의 가족이나 아동지원정책은 정부에 재정적 부담이 가중된다는 측면에서 크게 반기지는 않는 실정이다. 그러나 최근 높은 이혼으로 인한 한부모가족의 증가와 상당수의 한부모가족은 모자가족이며 빈곤가족이라는 면에서 미국의 가족정책도 보다 적극적인 개입으로 방향전환을 하고 있다. 가령 부모에 대한 양육비 부담을 의무화하고 있으며, 부모의 재정적 능력이 없을 경우에만 정부보조가 나갈 뿐이다. 따라서 가족복지정책은 기본적으로는 가족중심적인 복지이며, 국가는 단지 사회안전망의 역할을 하는 것으로 인식하고 있다. 최근 1988년 가족지원법이 제정되면서 복지수급자도 경제적 자립을 위한 노력을 할 의무가 있다고 규정되면서, 정부의 보조를 받는 대신에 교육, 훈련, 고용서비스 등을 통하여 자립할 수 있도록 노력해야만 한다. 또한 복지수급기간의 제한을 두어서 5년을 넘지 않도록 하고 있으며, 정부에서 정하는 시기 이내에 일을 구하지 못하면 복지급여를 삭감하거나 중단하도록 되어 있다. 이와 같이 복지수급과정에서 많은 제한은 자본주의 체제하에서 자신의 생활을 유지하고 가족을 돌보는 것이 기본적으로 개인이나 가족의 능력에 달려 있다는 가치관이 유럽의 사회주의적 가치관과 차이가 있음을 보여준다.

일본의 가족복지정책은 서구에 비하여 가족유대감을 강조하는 유교적 전통이 남아 있음을 알 수 있다. 따라서 가족이나 자녀에 대한 개념이나 가족부양의식도 비교적 강한 경향을 보인다. 일본의 가족복지정책은 무엇보다도 저출산에 따른 인구 감소 및 고령화에 대비하고자 하는 데 목적을 두고 있다. 따라서 출산율을 높이기 위하여 아동보육정책에 힘을 쏟고 있는데, 1979년에 도입한 가족수당제도도 1991년에는 아동에 초점을 두는 방향으로 개정하였다.

1980년대 말에 엔젤플랜을 도입함으로써 국공립어린이집의 확충, 소득비례 보육료, 보육 프로그램의 다양화 등 획기적인 가족복지정책을 펼침으로써 저출산·고령화사회에 대비하고자 노력하고 있다.

CHAPTER 04

가족복지서비스적 접근방법

가족복지의 목적은 가족원 개개인의 행복한 삶과 가족 전체의 순기능을 도모하는 것이다. 따라서 가족복지의 실천현장에서는 가족구성원 개인이나 가족이 직면한 문제들과 역기능적 상황을 개선 혹은 치료할 뿐 아니라, 이들 가운데 잠재된 복합적인 문제들을 발굴, 예방, 교육하는 다양한 서비스적 접근이 요구된다. 특히 최근 들어 우리 사회가 직면한 복합적이고 다면적인 변화는 가족 다양성을 양적으로나 질적으로 훨씬 더 복잡하고 다중적인 특성으로 강화하였으며, 이러한 '비정형적인 가족'들을 위한 보편주의적이고 포괄적인 서비스의 필요성이 더욱 커지고 있다. 이에 우리나라는 가족복지서비스의 목적과 대상, 실천방법과 전달체계 및 제도에 이르기까지 가족복지서비스의 개선과 보완을 위한 다양한 노력을 하고 있다. 이 장에서는 가족복지서비스의 개념과 목적, 일반적인 서비스 유형과 특성을 간략히 살펴보고, 우리나라의 가족복지서비스 전달체계 및 서비스 유형 및 주요 사업의 현황을 고찰하고, 시사점을 제시하고자 한다.

1. 가족복지서비스의 정의 및 목적

1) 가족복지서비스의 정의

가족복지서비스는 사회서비스(Social Service)의 일환으로 규정할 수 있다. 우리나라의 사회보장기본법 제3조에 의하면 사회서비스란 국가, 지방자치 단체 및 민간의 도움이 필요한 모든 국민에게 복지, 보건, 의료, 교육, 고용, 주거, 문화, 환경 등 분야에서 인간다운 생활을 보장하고 상담, 재활, 돌봄, 정보의 제공, 관련 시설의 이용, 역량개발, 사회참여 지원 등을 통해 국민의 삶의 질이 향상되도록 지원하는 제도라고 정의하고 있다. 따라서 광의의 가족서비스 개념에서 보면, 가족서비스는 빈곤가족을 위한 소득지원이나 고용서비스에서부터 가족돌봄 및 상담과 같은 미시적 접근에 이르는 매우 포괄적인 서비스가 포함된다.

그러나 일반적으로 가족복지서비스는 가족복지정책의 방향에 따라 가족의 복지증진을 위하여 구체적인 서비스로 기획 전환된 일련의 프로그램이나 사업(송다영, 2007)으로서, 문제 혹은 장애로 고통을 당하는 가족과 가족원에게 직접적으로 제공되는 일련의 미시적 서비스로 인식되고 있다. 이런 관점에서 가족복지서비스는 가족사회사업으로 칭하기도 하는데, Richmond(1971)가 개별사회사업을 실천하기 위하여 개인의 생활배경으로서 가족환경의 중요성을 강조한 이래 가족은 사회사업의 매우 중요한 대상 영역으로 인식되어 왔다. 가족복지서비스는 가정과 지역사회에 기반을 두고 가족의 기능을 강화함으로써 가족원의 성공적인 사회적 적응을 일차적인 목표로 한다.

가족복지서비스는 가족복지정책의 스펙트럼에 따라 결정되는 사회적 산물로서 국가의 사회경제 및 복지정책의 커다란 틀 및 그 사회의 가족가치와 맞물려서 개발 혹은 발전된다. 예를 들면, 성별분리에 근거한 전형적인 가족형태를 지향하는 자유주의적 가족가치에 근거한 가족정책을 지향하는 국가의 경우, 구체적으로 가족적 차원의 성별분업을 장려하고, 시장을 통한 가족단위의 보육제도를 육성하고, 빈곤가족을 위한 보육서비스를 중심으로 프로그램을 개발·적용하며, 최소한의 개입과 사후처방적 개입을 원칙으로 한다. 반면에 개별적 개인의 행복추구와 여성의 사회권을 강조하는 양성평등적 가족가치에 근거한 국가의 경우, 남녀 모두 일과 가족의 보편적인 양립을 가능하게 하며, 여성의 지속적인 경제활동 참가를 보장할 수 있는 프로그램(출산휴가, 부모휴가, 아버지 할당, 공공보육 프로그램의 확대 등)의 적극적이고 사전예방적인 프로그램의 개발에 더 중점을 두는 경향이 있다(송다영, 2007).

미국의 경우 가족복지서비스는 1980년대 이래 가족자원 지지 및 교육서비스, 가족중심서비스, 집중적 가족중심서비스로 구분하여 다양한 가족의 강화를 위한 서비스를 중심으로 발달되어 왔다(Walton, et al., 2001 : 2-3). 이에 반하여 우리나라의 가족복지서비스는 일반적으로 특수한 욕구를 가진 가족구성원들의 특별한 문제를 취급하는 가족복지기관의 서비스 활동에 국한되어 구호사업이나 시설보호사업을 위주로 실시하여 잔여적 성격이 강한 경향이 있었다. 따라서 가족복지서비스의 대상범위는 대부분 사회 취약계층에 속하는 개인에 한정되어 있고, 국가의 개입시기 및 내용도 사전예방적이기보다는 사후치료적 성격을 띠고 있었다(이영분 · 양심영, 1999; 조흥식 외, 1997).

특히 현대사회에서는 가족의 다양성이 확대되면서 가족을 규정하는 기준과 범위의 경계선이 확장되거나 모호해지고 있다. 이는 곧 개인과 가족이 직면하는 문제에 대한 인식과 해석, 해결방법에 대한 기대의 다양성을 의미한다. 따라서 현대사회의 가족복지서비스는 출산과 양육, 부부적응과 부양갈등과 같은 정태적이고 전통적인 미시적 문제들뿐아니라 가족규모의 축소, 가구세대 구성의 단순화, 1인 가구 증가, 청년실업, 비정규직 증대. 사회경제적 양극화, 세대격차와 갈등, 다문화 사회와 같은 정치사회적, 경제적 역기능과 상호작용하여 나타나는 미시적 문제에서 거시적 차원의 문제에 이르는 광범위하고 복합적인 영역을 포괄적으로 다루어야 한다.

결론적으로 가족복지서비스는 가족복지에서 추구하는 목적을 이루기 위하여 가족과 가족원들이 개인으로서 혹은 집단으로서 가정생활과 사회생활에 성공적으로 적응할 수 있도록 도와주는 제반 영역에서의 실천적 서비스를 의미한다.

2) 가족복지서비스의 목적

가족복지서비스의 궁극적 목적은 지지, 교육 그리고 새로운 서비스 기술을 통해서 가족과 가족원들을 임파워먼트함으로써 보다 건강하고 만족스러운 환경을 제공하는 데 있다. 이를 위하여 가족복지서비스는 모든 가족원의 발달적 · 정서적 욕구를 충족시키면서 가족이 보다 완전하게 기능하는 것을 배우도록 돕는 것을 1차적 목적으로 한다. 가족복지서비스의 구체적인 목적은 다음과 같다.

첫째, 가족이 변화에 대한 준비를 갖추도록 가족의 장점을 강화시키는 것을 목적으로 한다.

둘째, 가족이 상실한 기능을 회복하고 가족기능을 효과적으로 유지할 수 있도록 적절한 치료를 제공하고, 지속적인 추가지원을 제공하는 것을 목적으로 한다.

셋째, 효과적이고 만족스러운 일상생활을 유지하기 위하여 가족의 전체적 기능에 구체적 변화를 창출하는 것을 목적으로 한다.

2. 가족복지서비스 실천의 이론적 근거

1) 가족중심 가치 및 가족기반서비스

가족복지서비스의 1차적 관심은 가족의 일상생활과 일상적 환경에 있다. 가족중심의 철학은 가족복지서비스에 있어서 가족은 치료의 중심축이라는 신념을 의미한다. 가정은 문제가 발생하는 장소인 동시에 해결책을 찾을 수 있는 장소가 되므로, 가족복지서비스를 실천할 때 가정과 지역사회, 가족중심적 접근은 매우 중요한 관점이 된다.

가족기반서비스의 장점은 가족기능을 사무실에서 사정하지 않고 가정을 기반으로 하여 사정하고 개입한다는 점이다. 이는 문제가 발생한 자연적 세팅에서 평가함으로써 더욱 정확한 평가를 가능하게 하며, 직접적 개입을 함으로써 더욱 효과적이다. 더 나아가 가족기반 지지는 치료 및 서비스에 대한 부정적 태도, 물리적 장애 등을 가진 다루기 어려운 클라이언트들의 거부적 반응을 감소하고, 접근을 손쉽게 할 수 있도록 하여 중도탈락을 감소시키며, 또한 전 가족의 관여를 촉진할 수 있다는 장점도 있다.

2) 생태체계론적 접근

체계이론은 생물학자였던 Ludwig Von Bertalanffy(1931)의 일반체계이론에서 시작되었다. 생물학적 관점에서 비롯된 체계론적 개념은 모든 유기체는 하위체계와 상위체계로 이루어진 상호 유기적인 체계(system)이며, 이는 생물세계뿐 아니라 모든 사회체계에서도 동일하다고 주장하였다. 체계는 경계선을 가지고 있으며, 경계선을 넘나드는 에너지의 양과 방향에 따라 체계는 주변의 다른 체계들과 영향을 주고받고, 이러한 변화는 끊임없이 계속되며, 이는 체계의 항상성에 기인한다. 이러한 체계이론을 사회복지실천에 적용시킨 사람은 Hearn(1958; 1969)으로, 그 후 Germain과 Gitterman 등은 생태체계이론을 발전시켰다(말콤 페인 저, 서진환 · 정진환 · 정수경 공역, 2001).

생태체계론적 접근－생활모델에서는 인간을 환경의 여러 측면과 상호교환하면서 끊임없이 적응해 가는 존재로 본다. 사람들은 환경을 변화시키는 동시에 환경에 의하여 변화된다. 체계로서 환경 속의 개인이 상호 유기적인 관계 가운데 적합성(a good fit)을 유지할 때 호혜적 적응이 일어나지만, 상호교류가 적응을 혼란시킬 때 스트레스와 문제가 발생한다. 빈곤, 차별, 스티그마와 같은 사회문제들로 인하여 사회환경은 오염되며, 상호교류의 적응적 균형이 혼란되어 스트레스가 유발되고, 이로 인하여 개인의 욕구와 능력, 환경 간의 적합성(a good fit)의 유지가 어렵게 된다.

생태체계론적 관점에서 볼 때, 가족은 사회로부터 고립된 체계가 아니며 주변 환경과 끊임없이 상호작용하는 체계이다. 따라서 개인의 행동을 이해하는 데 가족은 매우 중요한 1차적 환경이 되며, 가족은 문화적 맥락, 장소, 성차, 라이프스타일 등의 외적 요인에 의하여 영향을 받으며, 또는 영향을 줌으로써 서로 적응적이 된다. 그러나 가족원의 생애발달과정에 따르는 심리적 변화, 역할 및 지위 등의 사회적 변화, 발달과업욕구, 가정의 물리적 공간과 구조, 가족원들 간의 다양한 관계의 역동성과 같은 가족 내적인 환경과 그러한 가족을 담고 있는 사회와 국가의 특성 등의 제반 요인들은 가족원과 가족의 욕구와 환경과의 적합성을 위협하는 요인이 되기도 한다.

그러나 가족은 사회를 만들고 사회는 가족을 만들어 가기에, 생태체계론적 관점에 의하면 개인의 삶에서 직면하는 어떠한 경험도 사회제도 안에서 기회를 재규정해 줄 수 있다고 주장하며, 따라서 이러한 관점은 가족과 가족원의 문제를 바라보는 시각의 전환을 불러왔음에 틀림없다. 즉, 생태체계론적 관점은 가족과 가족원 개인의 문제를 규범적 · 결정적으로 보지 않고 상위 및 하위체계인 제반 환경과 상호 의존적이며, 상대적인 상황임을 강조하면서 각각의 집단과 유기체들이 요구하는 평형상태를 유지할 수 있는 최적의 방안을 모색하는 것을 강조하고 있다고 할 수 있다. 한편 생태체계론적 관점은 어떤 체계이든지 유지와 통합을 갈등보다 더 바람직한 경향으로 본다. 따라서 현대가족과 가족원이 직면하는 갈등과 안정성은 환경과의 부적응 및 갈등으로 인한 결과로 보고 가족의 보존과 평형유지를 위하여 가족기능과 구조의 진보적 변화에 대한 긍정적 시각을 제시하는 이론적 근거를 제공하여 사회적 계층, 인종 및 문화적 차이와 생활양식으로 인한 가족문제를 다루는 데 월등한 이론으로 인식되고 있다(서진환 외 공역, 2001).

3) 임파워먼트 이론

임파워먼트 이론은 일반체계이론과 생태학 이론이 1970년대에 사회복지의 주요 이론적 틀로 부각되면서 상대적으로 중요한 이론적 개념으로 부각되었다(양옥경 외, 2000). 임파워먼트는 개인이 자기 삶에 대한 결정과 행위에 있어서 힘(power)을 가질 수 있도록 돕는 것이다. 이를 위하여 개인이 기존에 갖고 있는 힘을 행사하는 데 방해가 되는 사회적・개인적 장해요인들의 영향력을 감소시키고, 자신의 힘을 사용할 수 있는 역량과 자신감을 증진시키고, 환경자원을 개인에게 이전시키는 다양한 방법들을 활용한다.

기본적으로 이 접근은 "개인이나 집단의 억압은 사회구조적 현상과 구조적으로 관련되어 있다"는 것을 전제하고 있다. 그러므로 임파워먼트 이론은 개인이나 집단이 경험하는 억압과 불평등이 개인과 집단의 의식 가운데 내면화됨으로써 악순환되는 것을 지양하기 위하여 개인이 가지고 있는 심리적 강점을 최대한 활용할 뿐 아니라 가족과 지역사회를 효율적 사회제도로 활용할 것을 강조하고 있다.

한편 임파워먼트 지향적 실천모델은 클라이언트의 문제를 병리적 시각에서보다는 건강관점 혹은 강점관점에서 조명하고, 자신과 환경에 대한 인식을 제고하고 통제력을 강화시킴으로써 클라이언트가 자신의 문제를 규정하고 해결할 수 있는 결정권을 부여하고 능력을 향상하는 것을 목적으로 한다.

임파워먼트적 접근이 지향하는 실천의 초점과 목적은, 첫째로 적극적이고 긍정적인 자의식과 자신감 및 통합적 시각의 개발, 둘째로 사회적・정치적 환경에 대한 분석적 시각과 구체적 지식 및 능력의 획득, 마지막으로 사회복지사와의 협력적 파트너 관계를 통한 적극적 참여와 자기결정의 원리 강조라고 할 수 있다. 빈곤가족이나 장애가족 등에 대한 접근에 유용하게 활용된다.

3. 가족복지서비스 실천유형

가족에 대한 직접적인 서비스 실천은 가족사회사업으로 일컬어지는 일련의 과정들이다. 가족사회사업은 가족복지관이 주로 부부불화, 부모－자녀 관계의 문제, 세대 간의 갈등과 같은 문제에 관련하여 특별히 전문가가 개입하게 되는 방법이다. 가족사회사업은 상황에 따라서 단기 혹은 장기로 나누어지며, 그 방법은 직접적 면접을 통한 상담으로, 경우에 따라서는 가족구성원과 초기 만남, 계약, 개입방법의 선택, 개입, 평가 등의 일련의 과정을 거치게 된다.

1) 가족보호

가족보호(family caregiving)는 가정 내에서 발생하는 각종 장애문제에 대해 보호를 제공해 줌으로써 가족의 역할 수행과 능력 고취를 향상시키는 기능을 수행하는 것이다. 예를 들면, 발달장애아동의 가족, 치매노인가족, 만성질환자의 가족 등에 대한 각종 서비스가 있다.

2) 가족생활교육

미국 가족관계학회(National Council on Family Life Education)에서는 가족생활교육을 “개인과 가족의 복지를 위한 예방적이고 교육적인 프로그램의 개발, 적응, 평가훈련 및 연구”라고 정의하였으며(NCFR, 2000), 정현숙(2007)은 “아동에서 노인까지 개인과 가족의 전반적인 삶의 질을 높이고 가족 및 사회에서 나타나는 다양한 문제해결을 돕기 위해 개인과 가족의 잠재력을 계발하고 강화시키는 평생교육”으로 정의하였다. 따라서 가족생활교육

(family life education)은 가족이 일상생활에서 접하는 문제들을 다루고 문제 예방과 개인과 가족의 잠재력을 증진하고, 사회적 기능을 향상시키는 것을 목적으로 하는 일련의 교육 및 집단역학의 학습과정이라고 정의할 수 있다.

가족생활교육의 특성은 ① 가족생애주기에 걸친 가족과 개인에 관련된 것이며, ② 개인과 가족의 욕구에 근거하고, ③ 다학제적인 학문배경과 다전문적인 실천방법을 활용하고, ④ 매우 다양한 환경(setting)에서 제공될 수 있으며, ⑤ 치료적이기보다 교육적이고, ⑥ 다양한 가족의 가치를 대변하고 존중하며, ⑦ 가족생활교육의 목적을 인식한 전문가에 의한 실천이 강조되는 과정이라고 정의하였다(Arcus, Schwaneveldt, & Moss, 1977, 정현숙, 2007 재인용).

가족생활교육은 가족가치의 혼란과 탈규범적 가족문화의 출현, 가족원의 긴장과 가족 내 역기능 증가, 가족의 교육기능 상실과 이에 대한 외부자원에 대한 가족의 욕구 증가와 같은 가족과 사회적 변화에 따라 그 필요성이 강조되고 있으며, 가족강화에 대한 사회적 합의의 증가에 따라 세계적으로 널리 보급되고 있는 대표적인 예방적 차원의 가족복지서비스라고 할 수 있다.

최근 우리나라는 건강가정기본법의 시행 이후 건강가정지원센터, 복지관, 기타 각종 사회적 서비스 기관과 교육기관을 통하여 다양한 가족과 가족원들에 대한 예방적 차원의 교육서비스로서 가족생활교육 프로그램이 수행되고 있다. 대표적으로 가족구성원들의 관계 향상을 위한 교육 프로그램으로 결혼준비교육, 부부관계향상교육, 부모-자녀 관계 관련 교육이 있고, 성교육, 맞벌이가족, 한부모 및 재혼가족, 다문화가족 등의 다양한 가족을 위한 교육 등이 있으며, 아동발달, 중년기 위기 및 중년기 가족 적응, 은퇴와 이혼의 적응, 의사소통기술 습득, 자원관리, 갈등해소 관리 교육 등 그 내용은 매우 다양하다.

이 서비스의 목적은 가족구성원들로 하여금 집단 및 지역사회생활의 정상적 형태 및 긴장요소를 이해하도록 하여 대인관계를 향상시키고 상황적 위기를 예방 혹은 완화시키도록 하는 데 있다. 일반적인 교육방법은 집단참여자들의 지적·정서적 경험을 활용하여 자신의 현실을 이해하고 가족이 당면한 문제해결 및 치료에 참여하게 하는 것이다.

3) 가족계획사업

가족계획사업은 재생산적 건강보호서비스의 일종으로 임신 전 위험사정, 임신 중절, 성병에 대한 보호, 영양, 자녀 수에 대한 계획, 임신을 위한 서비스 등을 제공함으로써 건강한 가족생활을 하도록 한다. 또한 예방성과 치료성을 띤 혼전, 혼후 상담서비스가 있는데, 이는 훈련을 받은 전문가가 혼전, 혼후에 파생되는 여러 가지 문제를 해결하고자 하는 과정에 참여하여 행복한 결혼에 대비하게 하고 만족한 부부관계를 유지하도록 하기 위한 일종의 치료적 상담이다.

4) 가족보존과 가정기반서비스

가족복지기관들은 다양한 가족의 욕구 충족과 가족보존을 위하여 여러 가지 가족보존과 가정기반서비스(family preservation and home-based services)를 개발하고 있다. 그런 서비스들 중에는 ① 가정부 서비스, ② 형제자매결연(big brother-big sister) 서비스, ③ 가정법률상담, ④ 가정우애방문, ⑤ 여행자 보조, ⑥ 학령 전 아동, 노인 및 정신질환자를 위한 주간보호, ⑦ 집단가정(group home), ⑧ 재정상담, ⑨ 캠핑, ⑩ 청소년, 노인, 장애인을 위한 상황적 보호 프로그램, ⑪ 빈민을 위한 치과 진료 및 보건유지 프로그램, ⑫ 개별학습(tutoring), ⑬ 직업안내, ⑭ 학령 전 아동의 인지기술과 사회성 및 정서적 발달을 도모하기 위한 모자 프로그램, ⑮ 공공부조기준에 해당되지 않는 가족의 특수한 요구 및 공공부조의 수혜대상이 되지 못하면서 빈곤한 가족을 위한 경제적 원조 제공 등을 들 수 있다. 이 외에도 가정위탁보호, 입양, 한계 인구 층, 즉 소수인종집단, 빈민, 노인, 알코올중독자, 미혼모가족을 위한 각종 프로그램이 있다. 이러한 가족보존과 가정기반서비스들은 다양한 접근 및 치료방법, 상호 보완적 서비스의 결합형태로 행해지기 때문에 여러 다양한 전달체계에 의해 수행된다.

5) 가족치료

가족을 단위로 하는 사회사업, 치료 및 상담 등의 방법을 절충하는 다양한 모델의 가족치료(family therapy)가 가족복지기관 및 사회복지 관련 분야에서 활발하게 행해지고 있다.

6) 가족옹호

가족옹호(family advocacy)는 지역사회에 필요한 변화를 일으키기 위하여 사람들로 하여금 사회행동의 사명을 가지고 가족욕구에 대한 직접적이고 전문적인 지식을 이용하게 함으로써 가족의 생활조건을 향상시키도록 계획된 전문적 서비스이다. 그 목표는 비단 현존의 공적 및 민간 서비스와 그 전달체계의 향상뿐 아니라 더 나아가 그 지역사회에 적합한 새롭고 변화된 형태의 서비스를 개발하는 데 있다.

〈표 4-1〉 가족복지사업

종 류	설 명	예시 내용
가족관계 증진사업	교육 및 훈련 프로그램	가족교육, 부모교육, 가족역할훈련, 대인관계훈련, 의사소통 향상 교육 등
	상담, 검사	부부상담, 부모상담, 가족상담 등
가족기능 보완사업	아동대상 프로그램	방과 후 아동보호 및 보육
	청소년 대상 프로그램	공부방 및 도서관 운영, 사회성 향상, 감성교육, 심성 발달 프로그램, 진로 탐색 및 지도, 학교사회사업
가정문제해결·치료사업	신체적 장애 관련 프로그램	장애아동 조기교육, 특수치료, 장애인 사회적응 프로그램
	정신적 장애 관련 프로그램	정신보건서비스, 알코올 및 약물 중독 치료, 정신장애인, 정신지체인, 발달장애인 서비스 등
	청소년 프로그램	범죄예방사업, 학교부적응 또는 징계학생을 위한 지도 프로그램 등
	위기가족문제	이혼가족, 해체위기가족 등
	폭력, 학대	아동학대 및 방임, 노인학대, 성폭력, 가정폭력
부양가족 지원사업	치매노인가족 지원	요양보호서비스, 가족돌봄지원, 가정봉사원파견사업
	장애인가족 지원	장애인돌봄서비스, 장애아돌봄사업
	만성질환자 부양가족모임	정신보건사업, 장애아가족 양육지원사업(건강가족지원센터)
	장애아동 부모상담	발달장애인부모 심리상담서비스
	기타 부양가족 지원사업	아이돌보미사업

〈표 4-2〉 건강가정사업

종 류	주요 내용
가정에 대한 지원	· 가족구성원의 정신적 · 신체적 건강 지원 · 소득보장 등 경제생활의 안정 · 안정된 주거생활 · 태아 검진 및 출산, 양육의 지원 · 직장과 가정의 양립 · 음란물, 유흥가, 폭력 등 위해 환경으로부터의 보호 · 가정폭력으로부터의 보호 · 가정친화적 사회 분위기 조성 · 그 밖에 건강한 가정의 기능을 강화, 지원할 수 있는 관련사항
자녀양육 지원 강화	· 자녀양육에 대한 부담을 완화하고 아동의 행복추구권을 보장하기 위한 보육 및 방과 후 서비스, 양성평등한 육아휴직제 활용
가족단위 복지 증진	· 사회보장제도 운영과 관련하여 보험료의 산정, 부과, 급여 등을 운용함에 있어서 가족을 지지하는 시책 개발 · 추진, 가족 우대방안 강구
가족의 건강 증진	· 생애주기에 따르는 종합건강증진대책
가족부양의 지원	· 영유아 혹은 노인 등 부양지원을 요하는 가족구성원이 있는 가정에 대하여 부양부담을 완화하기 위한 시책 강구 · 가족 내 수발을 요하는 가족구성원이 있는 가정을 적극 지원하고 전문보호시설 확대 · 간병을 요할 경우 가족간호를 위한 휴가시책 마련
민주적이고 양성평등한 가족관계 증진	· 가족갈등이 있을 시 예방 · 상담하고, 가족지원서비스를 확대하고, 다양한 가족생활교육 등을 추진 · 가정폭력 있는 가정에 대해 전문가의 개입과 서비스
가정생활문화 발전	· 가족 여가문화, 양성평등한 가족문화, 가족단위 자원봉사활동, 건강한 의식주 생활문화, 합리적 소비문화, 지역사회 공동체 문화, 그 밖에 건강가정의 생활 문화와 관련된 사항
가정의례	· 가족사랑의 날, 건강가정 관련 캠페인
가정봉사원	· 가정에 방문하여 가정봉사원을 지원
이혼 예방 및 이혼가족 지원	· 자립의지가 있는 한부모가구를 우선으로 자립자활을 위한 직업훈련, 창업컨설팅 및 아이돌봄서비스 관련 비용 지원, 사례관리자를 활용한 정보제공 및 지역사회자원 활용 연계 · 이혼전후 가족상담, 가족갈등상담 등 가족집단상담사업
건강가정교육	· 결혼준비교육, 부모교육, 가족윤리교육, 가족가치 실현 및 가정생활 관련 교육 등
자원봉사활동 지원	· 부모들이 서로의 가족에게 재능기부 등 봉사활동을 통하여 가족품앗이 활동에 참여할 수 있도록 연계 · 모두가족봉사단, 모두가족품앗이, 공동육아나눔터 등 운영을 통한 자원연계 봉사활동 지원

7) 가족중심 사례관리

사례관리는 다양하고 복합적인 문제를 가지고 있는 가족들에게 지역사회 자원을 개발, 연계하고 가족 구성원이 적합한 서비스 네트워크와 상호작용할 수 있도록 촉진하는 일련의 과정으로 전체적인 그림을 강조하는 서비스 실천방법이다(권진숙 · 전석균, 2001). 현대사회의 개인과 가족은 과거에 비하여 훨씬 복합적이고 다양한 문제에 직면하고 있으며, 또한 그 문제들에 도움을 줄 수 있는 다양한 자원과 방법들은 산재되어 있다. 또한 가족은 가족구성원인 개인은 물론 가족을 둘러싼 다체계적인 환경과 상호작용하면서 여러 변화의 원인이 됨과 동시에 사례관리의 대상이자 매개가 되기 때문에 가족을 하나의 체계(개별 가족구성원들의 합이자 하나의 독립된 체계)로 사례관리의 대상이 된다. 이미 영국, 미국과 캐나다 등에서는 가족중심의 사례관리(FFCM), 또는 가족사례관리(FCM)라는 방법이 정부와 민간 차원에서 적극 도입되고 있다. 가족중심의 사례관리는 다음과 같은 특성을 가지고 있다. 첫째, 사례관리의 초점단위가 가족구성원 개인뿐 아니라 집단적 성격을 지닌 한 단위로서 가족이 주 대상이 되며, 둘째, 가족의 특성에 초점을 맞추면서 강점관점의 실천모델을 사용하여 가족의 기능적 역량을 극대화하고, 셋째, 가족의 기능과 체계에 대한 사정과 가족을 둘러싼 환경에 대한 생태체계적 사정이 필수적으로 고려되고 있다(김성천 · 박지영, 2012). 특히 사례관리자는 사례관리의 전 과정을 관리해 나가는 전문가로서 임상적인 실천능력과 간접적, 옹호적인 실천 능력 등 다양한 능력을 필요로 하게 된다. 사례관리 실천에서 사례관리자의 관점과 마인드, 인간적인 태도와 자질, 전문적인 기술과 지식 등에 따라서 사례관리 사업의 성패가 달라질 수 있다.

4. 우리나라의 가족복지서비스 전달체계 및 내용

1) 우리나라의 가족복지서비스 전달체계와 서비스

2019년 현재, 우리나라의 가족복지정책을 수행하는 가족복지서비스는 크게 여성가족부, 보건복지부 및 고용노동부 세 개의 축으로 이루어져 전달되고 있다고 볼 수 있다.

첫째는 보건복지부를 중심으로 하고 시군구의 행정시스템과 지역사회복지기관을 주요 전달체계로 하는 가족복지서비스이다. 이는 사회보장기본법(1995. 12. 제정)과 사회복지사업법 및 시행규칙을 법적 근거로 한다. 보건복지부를 중심으로 한 초기의 가족복지서비스는 저소득 취약계층에 대한 소득 및 의료보장 등 잔여적 성격의 사회복지서비스로서의 가족기능 보강사업, 가족관계 증진사업, 가족기능 보완사업, 가정문제 해결을 위한 치료사업, 부양가족 지원사업 등의 가족복지실천서비스를 시작하였다(사회복지사업법 시행규칙 제22조 제3항, 2004년 9월 6일). 2008년 이후 급속한 저출산 고령화의 진행에 따라 가족의 보호기능이 급속히 약화되고, 장기요양보험이 제도화되면서 보건복지부 중심의 가족복지서비스는 저소득가정의 보육료지원 및 양육수당, 산모신생아 건강관리사지원사업뿐 아니라 취약 가족을 위한 가사 간병방문지원사업, 아동노인장애인 등 계층별 특성을 고려한 지역사회서비스, 노인돌봄 종합서비스, 노인돌봄 기본서비스 등으로 다양화되었다.

| 그림 4-1 | 보건복지부의 가족복지서비스 유형

보건복지부의 가족복지서비스는 생애주기별 특성, 가구 특성 및 주제별 특성에 따른 다양한 가족들이 직면할 수 있는 문제들에 대하여 정부 차원의 복지서비스를 개발하여 제공하고 있으며, 당사자의 여건에 따라 맞춤형으로 본인의 서비스를 찾아갈 수 있도록 최대한의 매뉴얼을 제공하려고 노력하고 있다(그림 4-1).

둘째는 여성가족부를 중심으로 하고 시 · 군의 건강가정지원센터와 다문화가족지원센터를 주요 전달체계로 하는 가족복지서비스이다. 보건복지부를 축으로 하는 가족복지서비스는 발달과정을 고찰할 때, 사회보장기본법과 사회복지사업법을 근간으로 하고 사회복지사업의 각 목에 해당하는 개별법을 기초로 하고 있어 일반 모든 가족을 위한 보편적이고 포괄적인 가족복지서비스를 담아내는 데 한계가 있었다. 이러한 상황에서 보편적 가족을 위한 포괄적인 지원체계에 대한 사회적 욕구에 따라 건강가정기본법(2004. 2. 9. 법률 제7166호)이 제정되었다. 건강가정기본법은 건강한 가정생활 영위와 가족의 유지, 발전을 위한 국민의 권리, 의무와 국가 및 지방자치 단체의 책임을 명백히 하고, 가정문제의 적절한 해결방안을 강구하며, 지원정책을 강화함으로써 건강 가정을 구현하는 데 기여하기 위한 법으로 제정되었다. 법의 제정목적에서 보는 바와 같이 이 법은 보편적 가족관점이 강하여 출산과 양육, 직장과 가족의 양립, 보편적 가족대상의 상담과 교육 서비스에 집중되어 있어 다양한 가족에 대한 포괄적 서비스에 한계를 가지고 있다는 비판을 초기부터 받아왔다. 이에 다문화가족지원법(2008. 9), 한부모가족지원법 등을 제정하고, 이를 기초로 다양한 가족구조와 형태에 속한 가족들에 대한 서비스를 개발, 지원하고 있다. 특히 다문화가정이 급격히 증가하면서 정부는 지원법에 기초하여 다문화가족에 대한 실태조사를 의무화하고, 다문화가족에 대한 이해 증진, 생활정보 제공 및 교육지원, 평등한 가족관계 유지를 위한 조치, 가정폭력자에 대한 보호와 지원, 산전산후 건강관리 지원, 다국어에 의한 서비스 제공과 공무원의 교육과 훈련, 민간단체의 적극적 협조 지원 등을 적극 수행하고자 한다(다문화가족지원센터 홈페이지, 2017).

그 결과, 2004년 3개의 시범사업센터로 시작한 건강가정지원센터는 2013년 말 전국 151개소의 건강가정지원센터, 230개의 아이돌보미 지원센터, 165개 장애아가족양육지원사업 기관, 5개의 미혼모가족지원사업기관, 141개소의 다문화가족지원센터가 전문적인 가족사업 전문기관으로 자리매김하였다(2013 전국건강가정지원센터 연간사업실적 보고서).

2014년부터 다문화가족도 다양한 가족의 한 유형으로 보편적서비스의 대상이라는 관점과 전달체계의 경제적 효율성과 서비스의 효율성을 위하여 건강가정지원센터와 다문화가족지원센터의 통합을 추진하였다. 2018년 기준 건강가정 다문화지원센터 통합운영센터는 152개, 35개의 건강가정지원센터와 74개의 다문화가족지원센터가 설치·운영되고 있다(한국건강가정진흥원 보고자료, 2018. 12).

여성가족부는 건강가정기본법에 의거하여 건강가정기본계획을 5년마다 의무적으로 수립하고 있으며, 2019년 현재 제3차 건강가정기본계획(2016~2020)을 추진하고 있다. 제1차와 2차에 걸친 건강가정기본계획을 통해 「가족친화 사회환경의 조성 촉진에 관한 법률」 및 아이돌봄지원법 제정, 건강가정지원센터의 확대 등의 정책적 추진기반과 서비스를 개발하였던바, 제3차 건강가정기본계획은 가족의 다양성을 고려한 가족 삶의 질 제고와 일·가정 양립 실현에 방점을 두고 다양한 서비스 개발에 역점을 두고 있다. 이에 여성가족부를 중심으로 하고 건강가정지원 및 다문화가족지원 통합센터를 통한 가족복지서비스는 일반가정, 한부모가정 및 다문화가정을 위한 서비스를 중점으로 하고 있다. 대표적인 사업영역으로는 가족관계, 가족돌봄, 가족생활 및 가족과 함께하는 지역공동체 강화를 위하여 부모교육, 워킹맘 및 워킹대디 지원사업, 공동육아나눔터 사업, 아이돌봄 지원사업, 한부모가족 자녀 양육비 지원사업 등을 수행하고 있다(표 4-3 참고).

건강가정지원센터는 생활단위로서의 가정을 강조하고 가정단위의 통합적 서비스 제공을 강조하면서 10개의 단위사업을 규정하고 있다.

〈표 4-3〉 건강가정지원센터 주요 단위사업

사업영역	사업내용
가족교육사업	생애주기별 교육, 아버지교육, 가족성장아카데미
가족상담사업	부부상담, 부모자녀상담, 가족상담
가족돌봄 나눔사업	모두가족봉사단, 모두 가족품앗이, 토요가족돌봄나눔, 가족사랑의 날
돌봄지원사업	시간제 돌봄서비스, 종일제 돌봄서비스, 특별서비스
다양한 가족지원사업	다문화가족, 한부모가족, 일탈청소년가족, 북한이탈주민가족
장애아돌봄사업	장애아돌봄지원, 휴식지원 프로그램
가족역량강화 지원사업	취약 한부모가족 역량강화 서비스, 위기가족 지원서비스, 조손가족 통합지원서비스
공동육아나눔터	공동육아나눔터 조성, 가족품앗이 운영, 리모델링 사업
미혼모 부자거점사업	권역별 미혼모 부자거점기관운영사업, 매입임대주택 지원사업
타 부처 협력사업	법무무수용자가족지원, 국방부군인가족지원, 교통안전공단 교통사고피해가족지원

출처 : 중앙건강가정지원센터 홈페이지(2019).

한편 가족통합센터는 일반 및 다문화 가족중심의 사업을 일반, 다문화, 한부모, 조손가족, 맞벌이 가정 등으로 그 대상을 확대하고, 지원시간을 야간과 주말까지 확대하고 지역의 특성에 맞는 현장중심의 서비스로 확대하는 방향으로 추진되고 있다. 센터의 물리적 통합을 통하여 서비스 영역의 변화를 시도하였는데, 기존의 가족돌봄, 가족상담, 가족교육, 가족문화 및 지역사회 연계의 5대 사업에서 가족관계, 가족돌봄, 가족생활, 가족과 함께하는 지역공동체의 4대 사업영역으로 재구성하였다(신명희, 2018).

가족관계 사업 영역은 부모역할 강화, 가족관계 개선, 가족의사소통, 가족구성원의 역량강화를 위한 맞춤형 서비스 지원, 가족형태－생애주기－문제유형별 가족갈등과 문제해결, 성평등, 인권의식 고취를 위한 교육－문화 프로그램 등을 운영함으로써 기존의 가족상담, 교육, 문화영역을 일부 연계 운영하도록 하였다.

한편 가족돌봄사업 영역은 가족구성원의 일시적 장기적 부재, 상황적 위기 등으로 가족기능이 약화된 취약가족에 대한 돌봄 서비스 지원, 가족유형 특성에 맞는 맞춤형 가족기능 강화 서비스를 운영함으로써 보다 다양한 가족들을 위한 역량강화 사업과 함께 사례관리 영역을 확대하고 있다.

가족생활 영역은 가족 특성에 맞는 고충상담, 생활정보 제공, 초기정착 지원 등 맞춤형 가족생활 프로그램을 운영함으로써 맞벌이 가정의 일 · 가정 양립을 지원함은 물론, 결혼이민자의 초기정착 및 취업교육으로 일상적 지원을 확대하고 있다

가족과 함께하는 지역공동체 영역은 양성평등한 가족문화, 지역사회 공동체 문화, 가족 친화 사회환경 조성, 다문화 인식개선 등 가족과 지역사회의 공동체 의식 강화를 위한 연계 프로그램을 강화하였다.

〈표 4-4〉 건강가정 · 다문화가족지원센터 통합서비스 기본 사업

사업영역	기본사업	비 고
가족관계	**부모역할 지원**(임신출산 부모지원, 영유아기 부모지원, 학부모지원 혼례가치교육), 노년기 부부지원, **아버지역할지원**, 부부갈등예방, 해결지원, 이혼위기가족지원, **다문화가족관계 향상 지원**, **다문화가족 이중언어 환경 조성**, **다문화가족 자녀성장 지원**, **가족상담**	교육, 상담(정보제공 및 초기상담, 문화 프로그램 등
가족돌봄	가족역량강화지원, 자녀돌봄지원, 다문화가족 방문서비스	교육, 상담(정보제공 + 초기상담 → 전문상담) 돌보미 파견, 사례관리 등
가족생활	맞벌이가정 일·가정 양립 지원, 다문화가족 초기정착 지원, 결혼이민자 통번역 지원, 결혼이민자 취업 지원	교육, 상담, 정보제공, 문화 프로그램 등
가족과 함께하는 지역공동체	가족봉사단(다문화가족나눔봉사단), 가족품앗이, 공동육아나눔터, 가족사랑의 날, **결혼이민자 정착단계별 지원 패키지**	모임, 활동, 문화 프로그램 등

* 필수사업 : 굵은 글씨 7개 사업
출처 : 2018 건강가정 · 다문화가족지원센터 통합서비스사업안내.

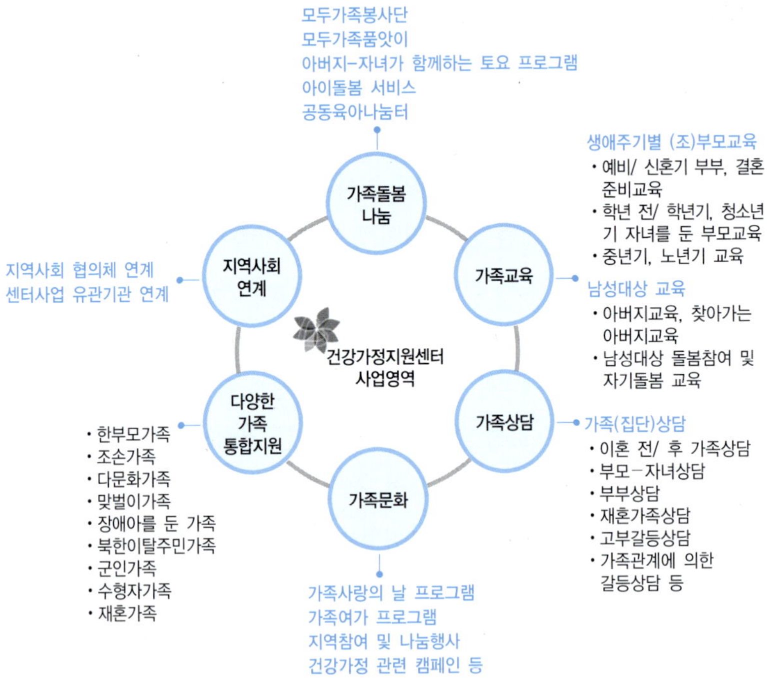

| 그림 4-2 | 건강가정지원센터의 기능과 사업

출처 : 전국건강가정지원센터홈페이지(2019).

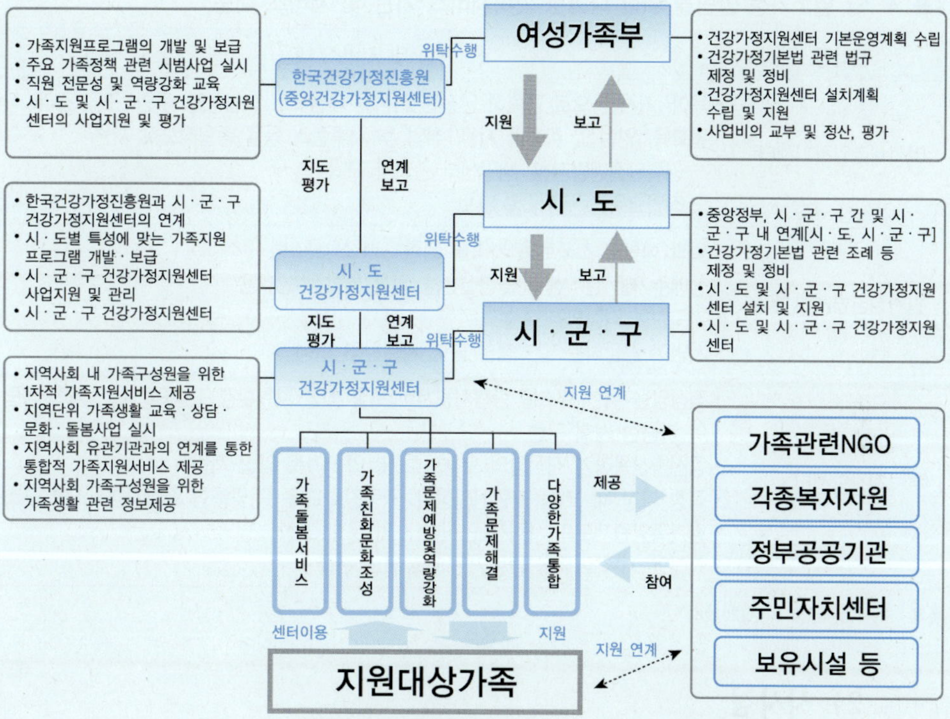

| 그림 4-3 | 건강가정지원센터 가족서비스 전달 지원체계도

출처 : 전국건강가정지원센터홈페이지(2019).

셋째로 고용노동부를 중심으로 한 가족복지서비스이다. 저출산이 심각한 사회문제로 부각됨에 따라 부모의 일 · 가정 양립을 지원하는 가족친화적 직장 및 조직문화 개선에 대한 사회적 관심이 커지고 있다. 이에 고용노동부는 여성의 모성보호와 일과 가정의 조화를 위한 다양한 서비스와 정책개발에 역점을 두고 있다. 이와 관련된 다양한 서비스들은 건강가정지원센터와 여성새로일하기센터, 일가정양립지원센터 및 직장맘센터 등 다양한 유관기관을 통해 수행되고 있다.

〈표 4-5〉 일·가정 양립을 위한 다양한 가족서비스 기관 및 서비스 내용

센터명	사업 및 서비스 내용
여성새로일하기센터	• 육아/ 가사 등으로 경력이 단절된 여성을 대상으로 직업상담, 구인/ 구직 관리, 직업교육, 인턴십, 취창업 지원, 취업 후 사후관리 등을 종합적으로 지원 – 경력단절예방지원, 새일센터 종사자 교육 – 직업교육훈련관리 및 홍보
일가정양립지원센터	• 일과 생활이 조화로운 가족을 위한 서비스 시스템 구축 • 생애주기별 일·생활 균형실천을 위한 통합정보 제공 • 가족친화 직장환경 조성 • 시민이 공감하는 일·생활 균형 사회환경 조성
직장맘센터	• 직장맘을 위한 원스톱 종합지원서비스 및 직장 사회환경 조성으로 일·가족 양립이 가능한 사회 구현 • 임신출산육아기 직장맘의 모성보호 및 일·가족 양립 지원 • 직장 가정 내 고충, 개인심리정서, 역량강화교육 등 맞춤형 종합지원시스템 구축 • 일가족양립제도의 사회적 인식확대 및 문화 조성 • 직장맘 지원을 위한 관련기관 네트워크 구축

출처 : 고용노동부 홈페이지(2019).

2) 시사점

한국의 가족복지서비스는 크게 보건복지부, 여성가족부, 고용노동부를 중심으로 전달되고 있다. 이는 다양한 가족이 직면하는 문제들에 대한 다각적인 정책적 접근과 서비스가 개발되어 적용되고 있음을 보여준다. 그럼에도 불구하고 각 부서에 따라 사업의 방향과 정책의 목적과 방법의 차이로 인하여 서비스의 중복과 이원화된 전달체계로 인한 현장의 혼란과 비효율의 문제가 내재되어 있다. 이는 법의 개정을 통한 제도의 정비를 요구하고 있다. 한편 양적이고 가시적 성과를 추구하는 매뉴얼 중심, 중앙중심의 정책 전달방식을 지양하고 현장과 지역의 특성을 반영하는 정책을 개발, 실천해야 하며, 이는 지역연대 사업으로 활성화되어야 할 것이다.

5. 가족복지서비스의 유형에 따른 실천과정

여기서는 대표적인 가족복지서비스의 유형을 개인 및 가족대상의 상담과 집합교육으로 나누어 실천과정의 특성을 살펴보고자 한다.

1) 가족상담에 대한 이해와 기술

상담은 도움을 필요로 하는 사람이 전문적 훈련을 받은 사람과의 대면적 관계에서 생활과제의 해결, 사고, 감정, 행동 측면의 인간적 성장을 위하여 노력하는 학습과정이라고 정의한다(이장호, 1988). 상담은 스스로가 해결하지 못하는 욕구와 문제들을 가지고 있는 개인들에게 서로 이야기를 통하여 자신의 문제나 욕구를 해결할 수 있는 잠재력을 개발해 주고, 적절한 정보를 제공해 주는 대인복지서비스라고 할 수 있다. 사회복지서비스로서의 상담은 보다 적절한 서비스를 제공하기 위한 인테이크 수준의 기초적인 면접에서 대상자의 심리사회적 고통을 완화 혹은 치료해 주는 심리치료에 이르기까지 그 내용과 수준에 다양한 차이가 있다.

개인을 대상으로 하는 상담과 달리, 가족상담은 개인의 문제를 그 개인의 문제로서만이 아니라 그를 둘러싼 가족이라는 맥락을 고려한다. 가족상담에서는 가족을 하나의 체계로 보고, 그 체계 속의 상호작용 및 교류의 양상을 사정하고 이러한 상호관계의 역동 가운데 나타나는 개인과 가족의 역기능적인 증상에 새로운 변화가 일어나도록 개입한다(김유숙, 1998). 그러므로 가족상담은 개인의 문제의 원인을 가족원 간의 관계에 있다고 전제하고, 개인에 대한 병리적 시각에서 벗어나 사회적 맥락 속에서의 역기능 발생과정에 초점을 두고 진행된다는 점에서 차이가 있다.

가족상담 전반에 걸쳐서 상담에 일반적으로 적용되는 과정은 시작단계(접수면접과 관여) → 초기단계(자료수집과 사정) → 중기단계(상담목표설정 및 대안모색) → 종결단계(종결 및 추수평가)로 구성된다.

(1) 시작단계 : 접수면접 및 관여

가족상담은 가족을 대상단위로 하지만, 가족원 중의 한 사람에 의하여 요청되거나 기관에서 의뢰받는 경우가 대부분이다. 가족과의 초기접촉은 대부분 전화로 이루어지거나 혹은 서신을 통하여 연결된다. 초기접촉 시 사회복지사는 될 수 있으면 많은 가족원들을 만나고 싶어 하지만, 실제로 클라이언트들은 증상이 있는 가족원만 참석시키고 싶어 할 수 있다. 특히 기관의 의뢰로 시작되는 경우 일정한 정도의 저항이 존재한다. 때로는 가정방문을 통하여 상담이 진행되는 경우도 있다. 어떠한 경우든지 가족상담을 시작하기에 앞서서 가족사회복지사는 가족상담의 전반적인 목적을 결정하고, 특별히 다루어야 할 이슈들에 대하여 충분히 이해하고 가정의 위치를 확인하거나 첫 상담 시의 일정과 상담시간 등에 대하여 세심한 주의를 기울여야 한다. 이러한 준비는 첫인상에 영향을 주어 라포형성 및 상담진행 전반에 걸쳐 상담자에 대한 신뢰의 기초가 되며, 이는 상담 초기의 가장 중요한 과업이라고 할 수 있다.

이 시기의 중요한 상담기법으로는 라포와 신뢰관계를 형성하기 위한 온정, 이해, 공감과 진실성을 수반한 관심표명기술이다. 내담자 가족들의 정서적 · 사회적 수준과 연령, 가족원의 구성과 가족원의 특성에 적합한 상담자의 옷차림과 언어, 표정, 상담장소 등을 고려할 필요가 있다. 특히 아동이 동반된 경우 이들에 대한 적절한 보호방안도 마련해야 할 필요가 있다. 한편 이 단계에서 상담자는 내담자 가족의 문제와 가족원들의 기대에 대하여 확인하고, 상담 동안의 상호 역할과 책임성, 한계 등에 대하여 동의를 얻을 필요가 있다.

(2) 초기단계 : 자료수집과 가족사정

이 단계는 내담자 가족과 가족원의 욕구와 문제들을 관찰하고 파악하여 사정하고, 개입목표를 설정하고, 적절한 개입방법 및 개입기술을 결정하는 과정이다.

① 가족사정의 개념과 틀

가족사정(family assessment)은 가족을 하나의 단위로 보고, 가족 내부 및 가족 외부 요인 그리고 양자 간의 상호작용 등을 파악하기 위하여 자료를 수집 · 분석하고 종합하여 그 가족에 대한 개입을 계획하는 일련의 과정이다(조흥식 외, 2002). 따라서 가족사정은 가족복지실천에 있어서 개입의 목적을 설정하는 핵심적 과정이며, 개입의 효과성은 정확한 사정에 달려 있다.

일반적으로 사정은 다음의 다섯 가지 사항에 대한 객관적 자료를 수집·분석한다. 첫째는 클라이언트 문제의 본질, 둘째는 클라이언트 및 중요한 타인의 대처능력, 셋째는 클라이언트 문제와 관련된 체계 및 이들 체계와 클라이언트 간의 상호작용, 넷째는 클라이언트 문제의 해결을 위한 이용 가능한 자원, 다섯째는 문제를 해결하려는 클라이언트의 동기 등이다. 가족사정에서는 생태체계적 관점에서 가족을 하나의 단위로 본다. 이는 가족원의 문제를 그 가족의 기능이나 역동과 관련하여 이해하는 것뿐만 아니라 가족에게 영향을 미치는 환경체계와 관련하여 그 상호작용의 양상을 이해하려는 것을 의미한다.

② 사정내용

초기 사정은 개입의 전 단계에서 개입계획을 위한 근거를 제공하기 위하여 이루어진다. 그러나 광의의 사정은 서비스의 전 과정을 통하여 이루어진다. 사정은 직관이나 느낌보다는 클라이언트에 대한 관찰이나 기록, 관련문헌 연구 등 경험적 자료에 기초하여야 하며, 클라이언트의 다양한 반응체계에 관심을 가지고 강점이나 긍정적 행동에 초점을 맞추어야 한다.

가족에 대한 사정의 내용은 크게 구성원 간의 관계를 사정하는 것과 외부환경과의 관계를 사정하는 것으로 나누어 볼 수 있다. 이 중 전자는 가족체계의 하위체계−부부, 부모−자녀, 형제자매 체계−의 상호작용을 비롯하여 가족에 대한 규칙과 신념, 의사소통 등이 포함된다. 그리고 후자에는 사회적·물리적·환경적 자원의 양과 질, 교류 정도 등이 포함되며, 이것은 생태도, 사회적 지지망 등을 통해 사정할 수 있다. 여기서는 가족구성원의 관계를 사정하기 위해 알아야 할 것을 중심으로 살펴보고자 한다.

㉠ 가족의 규칙과 신념

가족의 규칙은 명시적으로나 암묵적으로 가족구성원들의 행동이나 관계를 통제하는 패턴화되고 예측 가능한 규범이나 기대를 의미한다. 이런 규칙들은 가족구성원 간의 반복적 상호작용의 결과이다. 가족 및 구성원의 지위와 역할에 대한 신념이나 태도에 대한 정확한 사정은 가족의 문제의 본질을 인식하고 문제의 해결을 위한 변화 가능성을 예측하는 데 도움을 준다. 또한 이를 통하여 적절한 개입방법을 설정하고 기술을 적용하는 데 도움을 줄 수 있다.

㉡ 의사소통양식

Olson 등(1991)에 따르면, 기능적인 가족은 가족구성원 및 하위체계 간에 적절한 정도의 상호작용과 결속력이 있고 변화에 대해 민감하고 적응적일 뿐만 아니라 의사소통의 체계가 분명하고 자기표현 및 감정의 교류가 원활히 이루어지는 가족이다. 즉, 가족의 결속력과 적응력, 의사소통이 가족의 기능수준을 결정하는 중요한 요소이다.

여기서 의사소통이란 언어적 혹은 비언어적 메시지를 통해 가족구성원 간에 정보를 교류하는 과정을 말하며, 가족의 기능을 이해하는 핵심적 개념 중 하나이다. 가족체계에서 의사소통은 가족구성원의 욕구나 감정을 서로 나누고 가족의 역할과 규칙을 정하기 위해 사용된다. 의사소통의 패턴이나 구조 혹은 방식들은 개별 구성원뿐 아니라 전체 구성원의 가족생활과 사회생활 전반에 직접적 혹은 간접적 영향을 미치므로 매우 중요하다.

일반적으로 의사소통은 그 유형과 성격에 따라 언어적 · 비언어적 의사소통과 긍정적 · 부정적 의사소통으로 구분할 수 있다. 이 중 긍정적 의사소통은 명확하고 모순되지 않은 메시지를 보내고 감정이입과 지지적 대화, 효과적 문제해결기술을 모색하는 것을 말한다. 그리고 부정적 의사소통은 메시지가 서로 일치하지 않고 상호 모순되며, 부정적 발언이나 이중구속을 하는 경우를 의미한다. 이와 같은 다양한 의사소통을 통해 가족의 결속력과 적응력이 강화되거나 혹은 약화될 수 있다.

㉢ 가족구조

가족체계는 구조, 즉 가족성원들이 상호작용하는 조직화된 유형을 가진다. 가족을 형성하는 구성원에 따라 한부모가족, 다세대가족, 핵가족 등 다양한 구조가 있으며, 부모와 자녀 간의 위계가 형성됨에 따라 가족 내 구조가 이루어진다. 또한 가족은 개별성원뿐만 아니라 세대, 성(gender), 관심 등으로 구분되는 다양한 하위체계를 가진다. 대표적인 가족 하위체계는 부부 하위체계, 부모 하위체계, 부모-자녀 하위체계, 형제자매 하위체계 등이다.

가족은 환경체계들의 경계뿐 아니라 가족 내 하위체계의 경계에 의해 구분된다. 가족 내 경계 역시 유리되거나 밀착될 수 있다. 유리된 가족성원은 자기중심적이고 다른 가족원에게 별로 관여하지 않으며, 자율성은 많으나 응집과 유대가 부족하며, 오히려 가족 이외의 다른 사람들과 연관된다. 밀착된 가족성원들은 서로에게 지나치게 관여함으로써 매우 응집되어 있으나 차별성에 대한 이해와 자율성이 부족하다.

③ 사정도구

㉠ 가계도

가족을 사정할 때 가장 먼저 활용되는 도구인 가계도(genogram)는 가족관계를 상징적으로 가시화하고 이해하도록 돕기 위해 개발된 것이다. 가계도는 생물학적 특정 기간 동안 클라이언트 가족의 역사와 그 과정에서 있었던 주된 사건을 한눈에 보여준다. 따라서 특히 면접 초기에는 수차례의 면접을 통해 정보를 수집하는 것보다, 가계도를 그리고 해석하는 것이 가족의 장점뿐 아니라 가족의 스트레스나 불안, 고통을 이해하는 데 더 도움이 될 수 있다.

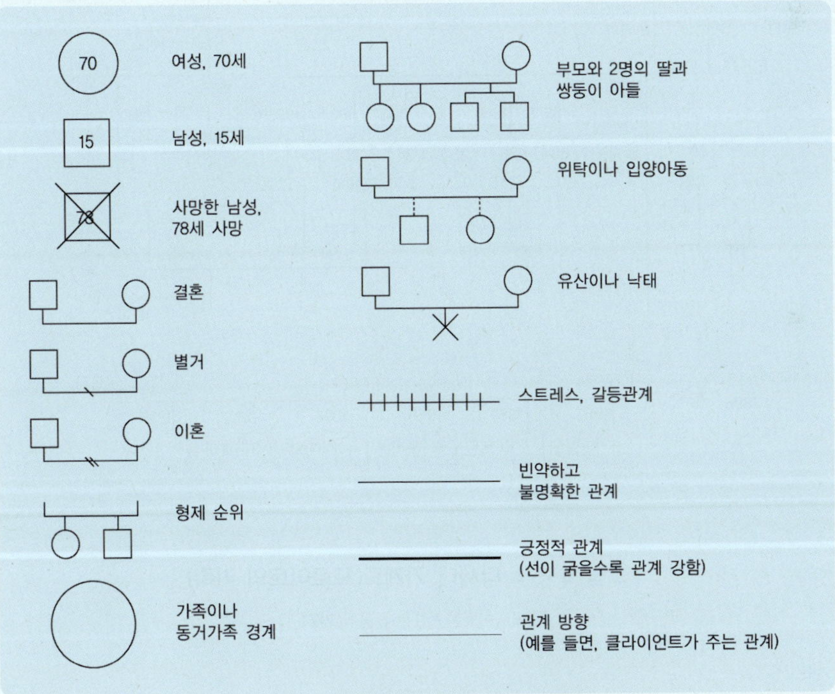

|그림 4-4| 가계도와 생태도에서 사용되는 상징

출처 : 서울대 사회복지실천연구회 역(1998).

|그림 4-4|에서 표현한 도식을 활용하여 가계도를 작성한 후에는 가족에 관한 정보를 기록한다. 정보에는 가족구성원의 이력과 역할, 중요한 가족사건 등이 포함된다. 구체

적으로 구성원의 이력은 연령, 출생시기, 사망시기, 주소, 직업, 교육수준 등을 기록한다. 가족의 역할은 가족구성원의 신체, 정서, 행동에 관한 정보, 직장생활에 관한 정보 등을 말하고, 중요한 가족사건은 인간관계의 변화와 상실, 성공, 이사 등을 포함한다. 마지막으로 추론에 근거하여 가족관계를 기술한다. 가족관계는 앞에서 기술한 가족구조나 가족사건보다는 복잡하고 전문가에 따라 달리 사용하기도 하지만, 선을 상징화하여 사용한다는 점에서 공통된다. 일반적으로는 ❙그림 4-4❙에 나타난 선들을 사용한다.

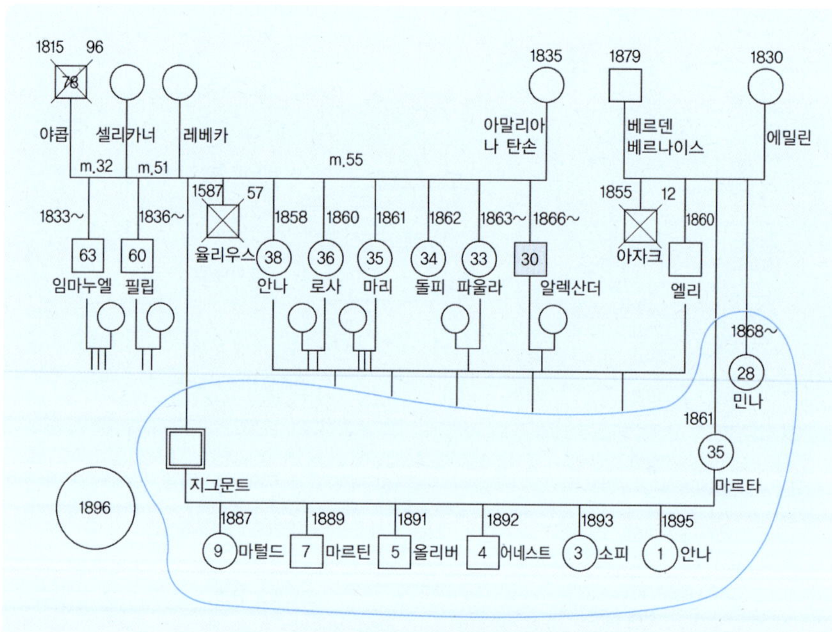

❙그림 4-5❙ 다세대 가계도(프로이트의 가족)

출처 : 이영분 · 김유숙 공역(1992).

㉡ 생태도

Meyer(1976; 1983), 그리고 Hartman과 Laird(1983)에 의해 개발된 생태도는 가족 및 가족구성원과 환경 간의 상호작용을 그림으로 나타낸 것이다. 가계도보다 널리 사용되지는 않지만 클라이언트가 상호작용하는 외부환경들을 명료하게 해줄 뿐 아니라 그 환경 간의 상호작용의 성격과 질, 지지와 자원의 흐름까지 파악할 수 있도록 해준다. 나아가 클라이언트와 가족에게 유용한 자원과 스트레스가 되는 자원, 부족한 자원과 보충해야 할 자원, 연계의 성격 등에 대한 정보를 제공해 주기 때문에 외부체계로부터 스트레스를 경험하고 있는 가족을 원조할 때 매우 유용하다.

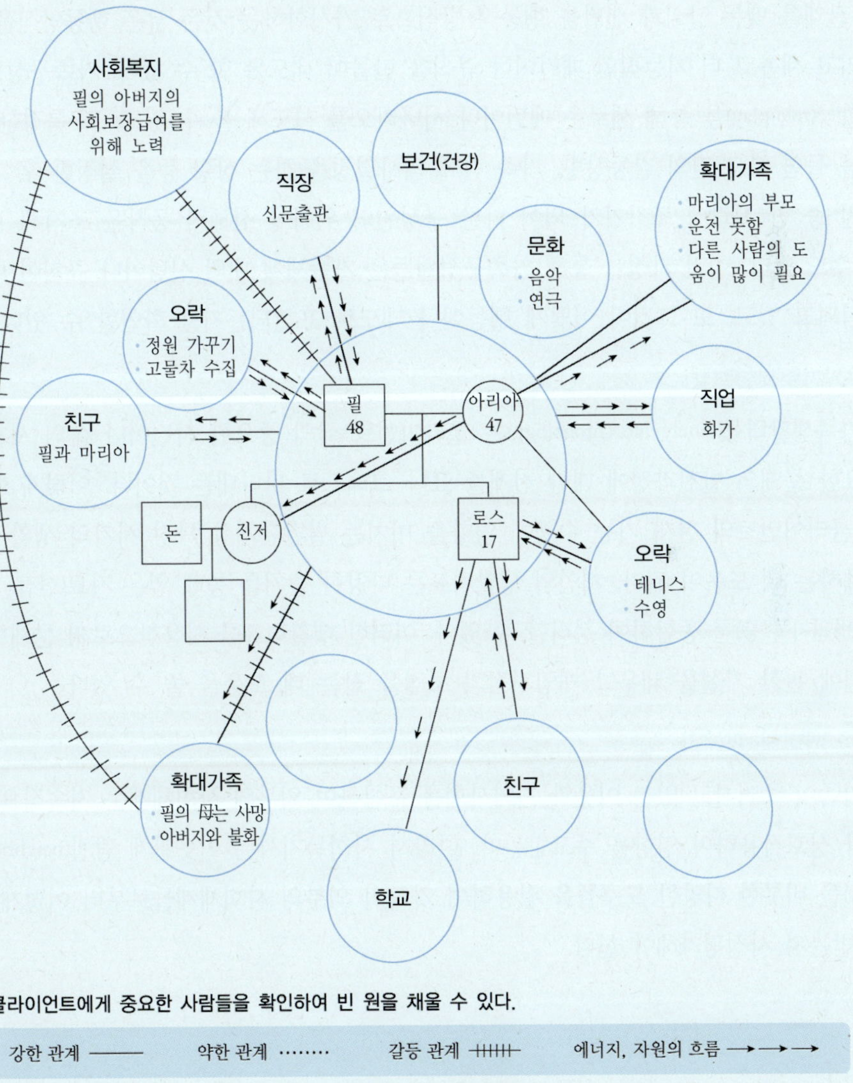

| 그림 4-6 | 생태도

출처 : Hartman & Laird(1983 : 177).

㉢ 가족조각

가족조각(family sculpture)은 가족의 정서적 패턴을 극적으로 그려내는 도구로서 사정과 개입 모두에서 활용된다. 이것은 가족체계 안에서 고통스럽지만 암묵적이고 인식되지 않았던 관계나 규칙들을 드러내는 데 매우 효과적인 방법이다. 가족조각을 통해 정서적으로 관계를 맺는 양식과 신념을 행동적 방식으로 가시화하는 것은 낡은 행동방식을 떨쳐버리고 새롭고 더 기능적인 패턴이나 규칙을 만들어 내도록 할 수 있다. 가족구성원들은 역할극(role-play)을 통해 새로운 패턴이나 시나리오를 시도해 볼 수 있고, 또 특정한 상황, 예를 들면 부모 간의 갈등상황, 가족 간에 의사결정을 하는 상황 등을 설정한 후 가족구성원 중 한 사람이 조각가가 되어 다른 구성원의 위치나 신체적 동작을 조각해 보도록 할 수도 있다. 이런 과정을 통해 가족구성원들은 가족체계 내의 신념이나 규칙이 어떻게 인식되고 있고, 또 그것이 어떻게 행동이나 태도로 표현되는지를 확인할 수 있다.

㉣ 가족생활력표

가족생활력표(family life chronology)는 클라이언트 삶의 중요한 사건이나 삶의 시기별로 중요한 문제의 발전과정에 대한 전개를 표나 그래프로 나타내는 것이다. 이렇게 함으로써 클라이언트의 현재 기능 수행에 영향을 미치는 발달단계상 특정 시기의 생활경험을 이해하는 데 도움이 된다. 개인의 생활력표는 다양한 출처를 통해 얻은 자료(면접, 기관기록, 병원기록 등)를 종합하여 정리할 수 있다. 이러한 생활력표를 사용함으로써 문제행동의 원인에 관한 가설을 세우고 개입지점의 초점을 잡는 데 도움을 줄 수 있다.

㉤ 사회적 관계망

가족이 주거하고 있는 이웃과 지역사회를 포함하여 외부의 사회체계는 지속적으로 가족과 상호작용하며 영향을 주고받는다. 따라서 사회복지사는 이웃관계 탐방(neighborhood walk)을 비롯한 다양한 도구들을 활용하여 가족이 외부의 사회체계들로부터 어떻게 영향을 받는지 사정평가해야 한다.

〈표 4-6〉 생활력표

연 도	연 령	주거지	가족상황	학 교	건 강	활 동	문 제
1981	출생연월일 81. 8. 23.	서울	父 26 母 24		정상 출생		
1982	1						
1983	2		영희 출생		천식, 3일 입원		
1984	3	대전					
1985	4						
1986	5	수원	철수 출생	유치원 입학	천식, 3회 입원		
1987	6						
1988	7		父의 음주량 증가	초등학교 입학	교통사고, 다리 골절		학교를 싫어함, 자주 아픔

〈표 4-7〉 사회적 관계망

번 호	생활영역	구체적 지원	정서적 지원	정보 충고	비 판	원조방향	친밀성	얼마나 자주 보는가	얼마나 오래 알았는가
응답자	1. 동거가족 2. 다른 가족 3. 직장 · 학교 4. 조직 5. 다른 친구 6. 이웃 7. 전문가 8. 기타	1. 거의 없음 2. 간혹 있음 3. 거의 항상 있음	1. 거의 없음 2. 간혹 있음 3. 거의 항상 있음	1. 거의 없음 2. 간혹 있음 3. 거의 항상 있음	1. 거의 없음 2. 간혹 있음 3. 거의 항상 있음	1. 양방향 2. 당신이 그들에게 행함 3. 그들이 당신에게 행함	1. 친밀성 없음 2. 친밀한 정도 3. 매우 친밀	0. 보지 않음 1. 몇 회/년 2. 매달 3. 주별 4. 매일	1. 1년 미만 2. 1~5년 3. 5년 이상
01									
02									
03									
04									
05									
: :									
15									
	7	8	9	10	11	12	13	14	15

(3) 중기단계 : 상담의 목표설정 및 대안모색(개입)

사정을 통하여 드러난 문제들 가운데 상담과정을 통하여 해결할 수 있거나(가능성), 해결해야 하는(긴급성 혹은 필수성) 표적 문제를 설정하고, 이에 대한 대안을 모색하여 개입하는 과정이다. 가족체계가 복잡하고 다양하기 때문에 하나의 개입모델 혹은 실천원칙들을 선택하여 적용하는 것만으로는 충분하지 못하다. 따라서 문제의 원인과 유형, 그리고 개입계획을 달성하기 위해 필요한 자원의 유형 등에 따라 다양한 실천모델과 기술을 복합적으로 활용하는 것이 효과적이다. 가족체계 혹은 가족구성원 간의 관계뿐 아니라 가족체계에 영향을 미치는 보다 큰 환경체계에 개입할 수 있는 실천기술들은 다음과 같다.

① 가족구성원과 세대 간 관계에 대한 개입

가족구성원 간의 문제는 대부분 관계와 의사소통에서 발생할 수 있다. 이런 문제를 해결하기 위한 개입모델 혹은 기법들은 다양한 가족치료 접근에서 얻을 수 있다. 가족복지 실천에서 유용하게 활용될 수 있는 기법들을 살펴보면 다음과 같다.

㉠ 탈삼각화 기법

Bowen에 따르면, 가족구성원의 분화가 이루어지지 않은 가족일수록 가족 내 두 성원 간 불안수준이 높아지면 다른 성원을 끌어들여 삼각관계를 형성한다. 예를 들어, 자신에게서 멀어지는 남편을 대신하여 아내는 한 자녀에게 지나치게 관여함으로써 삼각관계를 형성한다. 삼각관계에 있는 이 자녀는 부모의 갈등을 중재하기 위하여 특정 행동을 하거나 문제행동을 나타냄으로써 부모가 다시 뭉칠 수 있도록 행동한다. 탈삼각화(detriangulation)란 두 성원의 감정영역에서 제3의 성원을 분리시키는 과정이다. 위의 예에서, 어머니에게 자녀훈육을 위한 기술을 교육하는 것만으로는 문제가 해결되지 않으며, 남편과의 갈등을 남편과 직접적으로 해결하고 자녀를 통하여 우회하지 않도록 원조함으로써 자녀가 부모의 갈등에서 벗어나도록 하는 것이 바람직하다.

㉡ 가족조각기법

경험적 모델에서 주로 사용하는 기법으로는 가족조각과 가족그림을 들 수 있다.

첫째, 가족조각(family sculpture)이란 성원들이 가족에 대해 어떻게 인식하고 있는지를 시각적으로 표현함으로써 가족에 대한 이해를 돕기 위한 기법이다. 가족조각을 통해 가족은 이전에 미처 깨닫지 못하던 부분을 새롭게 이해할 수 있다. 가족조각을 위해 사회복지사는 먼저 한 성원에게 다른 성원들을 의미 있게 배치하도록 요청한다. 이때 요청을 받은 성원은 자신이 인식하는 대로 가족성원들의 공간, 몸짓, OX 등을 무언으로 연출한다. 성원들은 연출하는 성원의 지시대로 배치되어 무언극을 하게 되고, 무언극을 하는 과정에서 연출하는 성원이 가족에 대해 어떻게 느끼고 생각하는지에 대해 이해할 수 있다.

둘째, 가족그림(family drawing)이란 가족성원들에게 자신이 느끼는 대로 자유롭게 가족에 대해 그림을 그리도록 하는 기법이다. 그림을 통해 성원들 자신이 가족에 대해 어떻게 느끼는지 이해할 수 있을 뿐 아니라, 다른 성원들이 서로에 대해 어떻게 느끼는지, 가족관계에 어떤 문제가 있는지 등을 이해할 수 있다.

㉢ 재구조화

가족은 단순하지 않은 방식으로 상호작용하는 여러 부분들로 이루어져 있으며, 부분들은 위계적 순서로 서로 관련을 맺고 있다. 가족구성원들은 각기 다른 역할을 수행하는 체계 혹은 홀론에 속하여 상호작용을 한다. 구조적 치료모델기법으로 이런 부분들 혹은 홀론이 원활하게 상호작용할 수 있도록 체계를 활성화시켜야 하는데 이것을 재구조화(restructuring)라 한다. 이와 같은 방법으로는 경계 만들기, 균형 깨뜨리기, 보완성을 들 수 있다.

먼저 경계 만들기(making boundary)는 서로 다른 체계에 속한 구성원들이 과도하게 밀착되거나 혹은 유리된 경계를 만들거나 혹은 일정 정도의 거리를 유지하도록 하는 것을 말한다. 즉, 가족 내 하위체계들의 관계를 변화시키거나 하위체계 간의 거리를 변화시키는데 목표를 둔다. 이를 위해서 사회복지사는 공간적 지표를 비롯한 다양한 지표들에 민감해야 한다. 즉, 가족성원이 이야기할 때 누가 가로막거나 지지하는지, 누가 도움을 주는지 혹은 지나치게 개입을 하거나 연합을 하는 2인조 혹은 3인조는 누구인지 등을 파악해야 한다. 또 경계를 만들기 위해서 제3의 인물 활용하기, 하위체계 만들기, 앉은 자리의 위치 바꾸기 등과 같은 다양한 방법들을 활용한다.

균형 깨트리기(unbalancing)는 한 홀론 혹은 체계 안에서 지위나 권력구조를 변화시키는 것이다. 예를 들면, 가족구성원의 한 사람으로서 희생당하거나 낮은 위치에 있는 구성원을 위해 사회복지사는 다른 구성원과 제휴(affiliation) 혹은 합세하거나 연합(coalition)하며, 때로는 다른 구성원을 무시하거나 공격하기도 한다. 이렇게 하여 낮은 지위에 있는 성원에게 힘을 부여함으로써 가족 안에서 새로운 현실을 만들어 내는 것이다. 그러나 때로는 공정하지 못하고 일부 성원만을 지원하게 되는 문제점도 있다.

마지막으로 보완성(complementary)이란 부분이면서 동시에 전체인 가족구성원들이 상보적 관계에 있음을 인식하는 것이다. 예를 들어, 하나의 부분인 가족구성원이 갈등을 겪고 있는 경우 갈등 자체는 단지 부정적 결과만을 초래하는 것이 아니라, 문제에 기여한 갈등요소들이 그것을 가족 전체에 환류함으로써 장기적으로는 가족에게 긍정적 변화를 산출할 수 있다는 점에서 보완성이 있다고 할 수 있다.

㉣ 역할연습

가족문제를 행동으로 표현해 보거나 혹은 새로운 양식을 실행해 보도록 하는 것은 문제에 대한 인식과 경험을 재확인하는 데 도움이 되며, 가족성원에게 다른 사람의 역할을 수행할 기회를 제공해 준다. 특히 말을 잘 하지 않거나 의사표시를 잘 하지 않는 가족에게 도움이 된다. 현재 문제로 제시된 것을 역할로 재현하거나 역할을 바꾸어 보도록 하고, 그것을 관찰하도록 한 후 감정이나 느낌을 표현하도록 하는 것은 가족성원들이 서로 감정이입하는 데도 매우 효과적이다(권진숙, 1995).

가족개입에서 역할연습(role-play)은 두 가지 방법으로 활용된다. 첫째, 사회복지사가 한 가족성원에게 다른 가족성원의 역할을 수행해 보도록 요청함으로써 특정 성원의 느낌과 행동을 다른 성원의 시각에서 경험하도록 돕는다. 두 성원이 서로의 역할을 바꾸는 경우에는 역할전환(role-play)이라 한다. 예를 들어, 아버지와 10대 딸이 서로의 역할을 바꾸어 연기함으로써 서로에 대해 공감하고, 문제상황에 대해 이해하며, 이전에는 생각하지 못했던 대안들을 생각할 수 있다(Kirst-Ashman & Hull, 1999).

둘째, 사회복지사가 성원에게 자신의 역할을 수행하지만 이전과는 다르게 행동해 보도록 요청함으로써 실제 생활에서 겪을 수 있는 위험에 대한 부담이 없는 상황에서 새로운 행동을 학습하도록 돕는다. 예를 들어, 아내의 말을 듣지 않거나 무시하는 남편에 대해 아내는 수동적 태도와는 달리 자신의 의견을 주장하는 연습을 할 수 있다.

㉤ 빈 의자 기법

게슈탈트 치료(Gestalt therapy)에서 도입된 빈 의자(empty chair) 기법은 부부간의 관계 혹은 부모-자녀 간의 관계 속에 포함된 문제들을 드러내는 데 도움이 된다. 가족성원 중 어려움을 겪고 있는 사람 앞에서 빈 의자를 두고, 그 대상 혹은 상황을 상기하도록 하여 관련된 느낌이나 감정 등을 표현하도록 함으로써 감정을 환기시킬 수 있으며, 자신을 성찰함과 동시에 상대방의 입장을 경험하도록 하는 효과가 있다. 이러한 빈 의자 기법은 역할극의 요소들을 포함하고 있기 때문에 사회복지사가 적절한 시점에 역할전환 혹은 행동시연(behavior rehearsal) 기법을 병용하기 위해서는 숙련된 기술이 필요하다(서울대학교 사회복지실천연구회 역, 1998).

ㅂ 로프 기법

밧줄(rope)을 활용하는 이 기법은 무엇보다 가족체계가 직접적으로 서로 영향을 주고받는 구성원들로 이루어져 있다는 것을 가시화하고 체험하도록 하는 데 매우 효과적인 기법이다. 가족 수만큼 줄을 준비하여 서로 묶도록 지시하고, 그것을 이행하는 과정을 통해 가족의 관계를 파악할 수 있다. 가족구성원 중 한 사람 혹은 가족구성원과 가족구성원을 이은 밧줄을 흔들었을 때 그 한 사람 혹은 줄로 연결된 사람만이 흔들리는 것이 아니라 그 줄에 묶인 모든 가족구성원들이 크고 작게 흔들리게 되는 경험을 함으로써 가족은 구성원의 문제가 모든 가족의 문제라는 것을 재인식할 수 있다. 또 구성원들을 묶은 밧줄을 잘 풀면 모든 밧줄이 쉽게 풀린다는 것을 체험하면서 문제해결의 도미노 효과를 경험할 수도 있다.

ㅅ 전략적 기법

밀란 팀이 개발한 전략적으로 접근하는 면접방법 두 가지를 소개하면 다음과 같다.

첫째, 역설적 지시(paradoxical directives)는 문제를 유지하는 연쇄관계를 변화하기 위해 가족이 역설적이라고 생각하는 행동, 즉 문제행동을 유지하거나 강화하는 행동을 오히려 수행하도록 지시하는 기법이다. 가족이 역설적 지시에 따르게 되면, 문제를 통제한다는 것을 인정하는 것이 되며, 따르지 않으면 문제를 포기하는 것이 된다. 역설적 지시의 예로서, 우울한 성원에게 일정한 시간을 정해놓고 우울해하도록 지시한다. 또 다른 예로서, 부모가 결혼한 자녀의 생활에 지나치게 간섭하는 경우, 오히려 부모에게 전적으로 의존하도록 지시함으로써 부모가 자녀의 의존에 부담을 느끼고 더 이상 간섭하지 않는 결과를 가져올 수 있다.

둘째, 재구성(reframing)은 가족성원들이 문제 혹은 이슈를 다른 시각에서 보도록 혹은 다른 방법으로 이행하도록 돕는 것을 의미한다. 재구성은 재명명(relabeling) 혹은 재규정(redefining)이라고도 한다. 가족개입에서는 주로 한 성원의 다른 성원에 대한 부정적 생각이 새롭고 긍정적 시각으로 변화하도록 돕는다. 긍정적 의미 부여(positive connotation)는 가족의 응집을 향상하고, 치료에 대한 저항을 줄이기 위한 목적으로 가족의 문제나 행동을 긍정적으로 재해석하는 기법이다. 예를 들어, 자녀 출산 이후 소원해진 부부관계를 가족의 생애주기에 따른 정상적 변화로 재해석하거나 자녀가 부모에게 반항하는 행동을 부모 사이의 갈등을 우회하기 위한 행동으로 재해석할 수 있다.

ⓞ 순환적 질문 기법

순환적 질문하기(circular questioning)는 가족성원들이 문제에 대해 제한적이고 단선적인 시각에서 벗어나 문제의 순환성을 깨닫도록 돕기 위한 질문을 연속적으로 하는 기법이다. 예를 들면, 자녀의 우울증을 정신의학적 문제보다는 가족구조의 변화에 따른 증상으로 이해하기 위해 순환적 질문하기를 사용한다.

ⓩ 이야기 치료

이야기 치료에서 주로 사용하는 문제의 외현화(externalization)는 가족문제를 개별성원 혹은 가족이 아닌 문제 자체로 보고, 가족을 괴롭히는 하나의 별개 존재로서 이야기하는 것을 의미한다. 예를 들어, 남편의 자기중심성으로 인해 괴로워하는 아내에게 "자기중심성인 남편은 당신이 괴로워하도록 행동하게 하는군요"라고 말하는 것이다. 문제를 외현화함으로써 부부는 문제로부터 벗어난 건강한 모습을 볼 수 있으며, 문제와 대항하기 위한 방법을 모색할 수 있다.

ⓩ 해결중심 치료기법

해결중심 치료모델에서 주로 사용하는 기적질문(miracle question)은 "어느 날 밤, 당신이 자고 있는 동안에 기적이 일어나서 문제가 해결되었다고 가정해 보십시오. 기적이 일어난 걸 어떻게 알 수 있을까요? 무엇이 달라지겠습니까?"라고 묻는다. 가족은 기적질문을 통해 문제해결 마인드를 가질 수 있을 뿐 아니라 기적이 일어났을 때 달라질 수 있는 일들을 실제로 수행함으로써 문제를 해결하기 위한 노력을 하게 된다.

예외질문(exception question)은 가족이 현재 가지고 있는 문제를 가지지 않았던 때에는 지금과 어떻게 달랐는지를 탐색하도록 함으로써 이런 '예외'를 확장하기 위해 가족이 무엇을 할지에 대한 단서를 찾도록 하는 질문이다.

㉠ 가족중재

가족중재(family mediation)는 부모와 10대 자녀 사이에서 혹은 성인 자녀와 연로한 부모 사이 등에서 나타나는 발달적 전이와 관련된 이슈에 매우 유용한 접근으로 최근 부상하고 있다(Mattaini, 1999). 중재자는 중립적 입장에서 가족과 감정적으로 깊이 관여하기보다는 단순히 구조화된 과정을 안내하는 역할을 수행한다. 부모와 10대 자녀 간 갈등의 경우, 중재자는 부모의 권위를 존중하는 한편, 자녀의 주장도 존중되도록 지원한다. 중재를 통해 관여된 모든 가족성원들은 자신의 생각과 느낌을 표현할 수 있는 기회를 제공받을 수 있다. 가족중재를 위한 사회복지사는 가족 전체를 만나는 회기를 갖기도 하지만, 개별 성원 혹은 가족 하위체계와의 회기를 갖기도 하고, 필요한 경우에는 공동 중재(예를 들어, 부모와 10대 자녀의 경우 성인 중재자와 청소년 중재자)로 진행하기도 한다.

이러한 개입전략으로는 방문과 서신연락, 전화 등과 같은 연락, 가족의례의 활용이 있다. 이것들은 정보를 수집하는 데 도움이 될 뿐 아니라 변화를 시도하고 또 새롭게 나타나기 시작한 변화를 전달하는 데도 도움이 된다.

특히 가족의례나 기념일은 가족됨과 가족으로서의 정서를 느끼게 해주고 가족성원 간의 관계를 다시 이어주는 중요한 기능을 한다. 그러나 대부분 성원 간의 만남은 의례적이고 의무적인 경향이 크다. 그러므로 관례화된 패턴을 깨고 '가족 식사모임'과 같은 새롭고 편안한 의례를 마련하여 그 자리에서 진로문제, 주거 등과 관련된 문제를 놓고 조언을 구하거나 개별성원 간의 시간을 가질 수 있도록 한다면, 진정한 관심을 기반으로 한 사람 대 사람의 관계가 좀 더 심화될 수 있다.

또한 전화 걸기나 편지 교환 등을 통해서도 세대 간의 관계를 변화시킬 수 있다. 대부분 클라이언트들이 처음에는 편지 쓰기를 주저하지만, 실제적으로는 강력한 효과를 거둘 수 있는 도구이다. 부모가 같은 자리에서 등을 맞대고 편지를 쓰는 모습 자체가 자녀들에게는 기쁘고 놀라운 사실이 될 수 있다. 또 편지를 상대방에게 보내지 않아도 편지 쓰는 과정 자체가 감정을 환기시키는 카타르시스 효과를 가져다줄 수 있다.

ⓔ 의사소통기법

의사소통모델은 가족성원에게 여러 가지 스타일 중 하나를 선택하여 각 입장에 대한 감정을 서로 나누고 상대방의 입장에 대해 반응하도록 하는 것이다. 이 경험을 통해 성원들은 효과적 의사소통의 방법을 배우고 또 어떻게 하는 것이 합리적인지를 인식하게 된다. 의사소통은 참여하는 모든 사람들이 메시지를 전달하는 자인 동시에 수취하는 자로서 잠시도 쉬지 않고 언어적 반응(말, 문장)과 비언어적 반응(몸짓, 눈짓, 다른 단서)을 통해 메시지를 전달하고 또 동시에 수용한다. 즉, 의사소통을 통해 서로 공통된 의미를 조성하며, 서로의 행동에 영향을 미치는 환류과정을 통해 사회 및 가정생활을 영위해 나가게 되는 것이다(황경애, 2001).

일반적으로 성원 간에 혹은 세대 간에 이루어지는 의사소통이 직접적이고 명백하며 일관성이 있고 비판적이지 않을 때 기능적이고 건강한 가족이라고 할 수 있다. 반면 의사소통하고자 하는 내용 혹은 감정과 외적 표현이 불일치하거나 폐쇄적이며 부정적인 피드백을 제공하는 가족일수록 의사소통도는 낮아진다. 예를 들어, 다른 사람이 말하는 것을 부정하거나 메시지를 무시하는 것, 언어적・비언어적 메시지와 같은 의사소통 차원에서 혼란스러운 것, 현상의 시작과 결과에 대한 견해에서 차이가 있는 것, 이중구속(double binded)과 같은 역설적 의사소통을 사용하는 것은 의사소통에서 문제를 초래할 수 있다(김연옥, 1995). 이러한 의사소통에서의 문제는 그 자체가 문제가 될 뿐 아니라 다른 문제를 효과적으로 해결하는 데 방해가 된다. 그러므로 가족의 의사소통 유형을 확인하고 의사소통 기술을 향상시키기 위한 기법이나 훈련을 알려주어야 하는데, 이는 다음과 같다.

첫째는 관심을 기울이는 방법이다. 타인과 좋은 관계를 형성하기 위해서는 상대방이 전달하고자 하는 의사를 정확히 이해하려고 노력하고 그것에 대한 관심을 전달하는 것이 필요하다. 이런 관심 기울이기 기법으로는 경청(listening)과 감정이입(empathy)이 있다. 이 중 경청은 단순히 상대방이 말하고 있는 것 이상을 듣는 것이다. 상대방이 말하는 동안 그 내용을 들을 뿐 아니라 그의 감정, 행동, 태도, 표정을 모두 듣는 것을 말한다. 이를 위해서는 관심을 전달하는 자세와 움직임, 몸짓이 중요하며 좋은 자세와 시선의 접촉, 즉각적 언어반응을 보이는 것이 필요하다. 이러한 적극적인 경청의 기술로는 명확화(clarification), 바꾸어 말하기(paraphrase), 반영(reflection), 요약(summarization), 침묵의 탐색(exploring silence)과 같은 상담의 기술 등을 들 수 있다. 감정이입 혹은 공감이란 상대방의 주관적 경험과 감정을 정확하게 인지하고, 그 의미를 포착하여 상대방을 잘 이해하고자 하는 것이다. 이것은 상대방에게 주의를 기울이고, 비언어적 단서에 민감하게 반응하는 것을 통해 전달된다. 공감을 표현하기 위해서는 적극적 경청의 기법들을 활용하는 것이 필수적이다.

둘째는 나－전달법(I-message)을 사용하는 방법이다. 자신의 감정을 잘 표현하지 못하거나 수동태로 표현하는 경우 문제의 진위나 그것에 대한 감정을 제대로 전달하지 못할 수 있다. 이런 경우 가족에게 자신의 감정을 잘 표현하도록 독려하는 기법으로 나－전달법을 가르칠 수 있다. 특히 성원 간에 갈등이나 논쟁이 벌어지는 상황에서는 비난과 책임을 묻게 되는 너－전달법(You-message) 대신 주관적 실망이나 분노, 좌절을 표현할 수 있는 나－전달법이 더 효과적이다. 이것은 특정 행동이나 말을 간결하고 분명하게 묘사하고, 그와 관련된 감정과 영향을 표현하는 데 초점을 두기 때문에 상대방에게 심리적 상처를 주거나 혹은 결론이 없는 말다툼으로 끝나는 것을 막을 수 있다. 예를 들면, “그 일이 매우 혼란스럽다”를 “그 일로 내가 매우 혼란스럽다”고 한다면 문제나 사건에 대해 주관적으로 경험하는 감정을 명료하게 표현함으로써 상대방에게도 감정의 정도를 좀 더 확실하게 인식시키는 효과를 가져다줄 수 있다(이영분, 1995).

② 외부환경에 대한 개입

사회복지사는 개인과 가족에 초점을 두면서 동시에 가족의 기능에 영향을 미치는 외부체계에 관심을 기울여야 한다. 가족성원을 돕기 위해 전체 가족이 관계하도록 하는 것이 바람직한 것처럼, 가족을 돕기 위해서는 가족과 상호작용하는 모든 체계들을 함께 고려해야 한다. 이러한 생태체계적 접근에서 사회복지사는 가족성원 개개인과 가족의 변화와 향상을 목표로 가족과 환경 간의 상호작용에 개입한다. 즉, 가족성원들이 지식과 기술을 획득하고 유용한 자원이나 기회를 활용하는 데서 자신감을 가질 수 있도록 하며, 필요한 자원을 만들어 내고 그것에 접근할 수 있는 환경이 되도록 촉진자, 중개자, 대변자, 옹호자, 조정자의 역할 등 다양한 역할을 수행하게 된다. 구체적 개입방법을 살펴보면 다음과 같다.

㉠ 서비스 전달체계 개선

지역사회에서 어떤 가족들은 서비스와 자원, 정보가 부족하여 서비스의 수혜에서 배제되며, 또 다른 가족들은 특정 서비스의 중복 때문에 전문가의 조정을 필요로 한다. 특히 빈곤이나 알코올, 학대 등과 같이 복합적이고 심각한 문제를 겪고 있는 가족은 지역사회 복지관과 학교, 병원, 법원 혹은 경찰 등 다양한 체계와 연관되면서 서비스 프로그램이 중복될 가능성이 있다.

서비스의 배제 혹은 중복 문제와 관련하여 사회복지사는 먼저 가족의 기능에 부정적 영향을 미치는 외부의 환경적 요소에 관심을 기울여야 한다. 또한 필요한 환경적 자원을 발견하고 만들어 내거나 강화하고 또 그런 서비스들을 조정해 나가는 것이 필요하다. 여기에는 자연적 원조망이나 자원봉사자, 준전문가를 동원하고 활용하는 것이 포함된다. 즉, 서비스망 속에 내재한 복잡성과 모순들을 평가하고 개인과 가족들이 미궁 속에 빠져 버리는 것들을 인식하기 위해 사회복지사는 총체적 관점에서 체계를 사정평가하고 계획을 세우고 조정하고 중재하는 사례관리자의 역할을 수행하게 된다. 이를 위해 사회복지사는 지역사회 내 기관들과 좋은 관계를 유지하고 의사소통을 원활히 해야 하며, 서비스 전달을 조정하고 조절하기 위해서 기관의 중요한 사람들과 만나야 할 필요가 있다. 즉, 가족이 상호작용하는 체계들에 대한 정보를 수집하고 문제의 우선순위를 정하며, 기관들과 연계할 수 있도록 가족의 강점을 찾아내고 복합적 문제를 가진 가족에 대해 기관이 가지고 있는 부정적 견해를 변화시키도록 노력해야 한다. 또 약화된 비공식적 관계망을 동원하고 유지시켜 나가도록 해야 한다.

㉡ 지역사회 자원 활용

가족과 지역사회 자원 간의 관계를 재수립하고 재규정하기 위해 사회복지사는 때로 가족의 대변자 역할을 하게 된다. 이것은 주로 가족과 지역사회를 이어주는 연계의 역할이라 할 수 있는데, 그 첫 번째 단계는 가족이 지역사회나 학교, 병원, 복지관 등의 지역사회 내 특정 기관에 대해 가지고 있는 부정적 감정을 극복하도록 돕는 것이다. 예를 들어, 가정 혹은 기관에서 비공식적 만남을 갖도록 주선하는 것은 가족에 대한 직접적 서비스만큼 중요하다.

사회복지사는 단순히 가족을 자원에 의뢰하는 것보다는 역할모델과 대변자로서의 역할을 해주어야 한다. 예를 들어, 아동이 행동상의 문제를 보일 때, 가족이 아동 놀이치료 기관이나 청소년 수련원과 같은 기관의 서비스를 받을 수 있도록 의뢰하고 안내해 주어야 하며, 가족이 그 서비스를 이용할 수 있도록 준비시켜 주어야 한다.

ⓒ 가족관계망 개입

사회복지사는 관심의 단위를 확대하여 사회관계망을 변화의 표적 혹은 자원으로 인식하고 가족관계망(family network)에 개입할 필요가 있다. 여기서 가족관계망에 개입하는 것은 가족, 친구, 이웃, 동료의 관계망 속에 있는 에너지와 자원들을 활용하여 가족이 겪고 있는 곤경을 완화시키는 데 필요한 필수적 지지와 만족, 통제를 제고하고 지역사회 전문가들과 관계망 개입을 위한 팀 접근을 시도하는 것을 의미한다. 후자의 경우 다른 전문가들이 개입하는 것에 대해 가족성원들은 간섭이나 가족비밀의 노출로 인식할 수 있으므로, 가족과 함께 지역사회 전문가 중 누구를 포함시킬 것인지를 논의하는 과정을 거쳐야 한다.

ⓓ 의뢰

가족문제의 복합성 때문에 성원 개개인을 전문가나 기관에 의뢰(referral)해야 할 경우가 종종 발생한다. 그러므로 사회복지사가 가족에게 영향을 미칠 수 있는 지역사회 내 다른 전문가들과 서비스 체계를 인식하고 관계를 형성해 두는 것은 매우 중요한 자원이 된다. 의뢰를 할 경우 1차적 과제는 사회복지사와 기관이 만들어 놓은 서비스 네트워크의 성격을 파악하고, 정확하고 신속하게 의뢰하거나 그 방법을 결정하는 것이다. 기관 외부의 다른 전문가들에게 의뢰할 경우 의뢰하는 목적에 대해 체계적 사정평가를 하고 상호 간에 그 목적을 명확하게 한다. 이때 가족과 전문가 혹은 가족과 외부전문가의 논의에서 가족성원 중 한두 사람이 빠져서는 안 된다. 그리고 사회복지사는 외부전문가로부터 정보를 제공받아야 하고, 가족은 사회복지사가 정보를 획득하는 것에 대한 책임을 져야 한다. 그렇지 않으면 전문가들은 각기 다른 비밀스러운 정보를 소유하거나 각자가 다른 진단을 하게 되며, 또 가족에 대해 다른 인상을 갖게 되어 결국 부정적 탈삼각화의 결과만 남을 수 있다.

(4) 평가와 종결

가족복지실천의 마지막 단계인 종결단계에서는 사정과 개입 과정에서 나타난 가족의 변화를 확인하고, 가족이 변화를 유지할 수 있도록 지원하며, 필요한 경우 사후면접을 계획한다. 그러나 때로 예기치 못한 종결이 발생하여 초기에 계획되었던 실천의 목표와 과제를 모두 성취하지 못하는 경우도 발생하므로, 예외적 상황에 대한 지식과 민감성도 필요하다.

① 종결의 유형

일반적으로 가족의 문제가 해결되었을 때 종결이 이루어지는 것이 가장 바람직하지만, 환경적 상황이 변하거나 가족원이 중도종결을 원하여 종결이 이루어지기도 한다. 즉, 종결은 계획된 것일 수도 있고 혹은 예기치 않은 것일 수도 있다. 가족과 종결하게 되는 경우는 대략 가족의 문제가 성공적으로 해결되어 종결되는 경우와 미리 시간제한적 계약을 한 경우, 가족문제의 해결에서 진전이 나타나지 않아 가족성원과 사회복지사 간의 협의하에 종결하는 경우, 실천과정에서 가족성원이 비협조적이거나 저항이 심각하여 더 이상의 진행이 어려운 경우 그리고 사회복지사의 개인적 사정으로 종결하는 경우로 나누어 볼 수 있다.

㉠ 종결시점을 계획한 경우

원칙적으로 개입계획을 수립할 때 종결의 시점도 함께 고려한다. 사회복지사는 가족의 문제, 개입방법, 전략을 고려하여 초기 단계에 미리 가족에게 종결시기를 알려주며, 그 시기가 되었을 때는 다시 종결을 상기시키고, 종결과 관련된 과제들을 함께 해결해 나가게 된다. 미해결된 문제가 남아 있을 때에는 종결시기를 조금 늦출 수 있지만, 가족이 스스로 해결할 수 있는 시점이 되면 종결하는 것이 바람직하다. 이런 경우 가족성원들은 성취감이나 자유로움 같은 긍정적 감정을 경험할 수 있다.

㉡ 가족문제에서 진전이 나타나지 않는 경우

전문가의 노력에도 불구하고 클라이언트가 시간약속을 잘 지키지 않거나 자주 변경하는 경우 가족은 가족상담을 계속할 것인지에 대해 양가감정을 가질 수 있는데, 그 이유는 가족문제에서 변화가 나타나지 않거나 가족성원 중 일부가 불편함을 느끼기 때문이다. 이 중 가족문제에서 진전이 없는 경우 사회복지사는 이것을 자신의 능력이 부족한 것으로 생각할 수 있다. 가족도 사회복지사에게 책임을 전가할 수 있다. 그러나 사회복지사는 가족문제를 해결해 주는 것이 아니라 가족이 해결할 수 있도록 원조하는 전문가이다. 그러므로 가족문제에서 진전이 없는 것을 주제로 설정하여 가족과 함께 개방적으로 논의해야 한다. 이 과정을 통해 사회복지사가 미처 인식하지 못한 다른 불만이나 문제가 있었는지 파악하고, 종결 혹은 의뢰와 같은 대안을 모색해야 한다. 이러한 절차는 가족에게 문제를 해결하는 방법을 학습하도록 하는 효과가 있다.

㉢ 가족성원이 비협조적이거나 저항이 심한 경우

초기 단계에서 이미 가족성원 전체와 계약을 수립했지만, 실제 중요한 개입과정에서 가족성원의 저항에 부딪히는 경우가 있다. 이때 저항은 사회복지사에 대한 저항이라기보다는 기존의 안정성과 평형을 위협하는 새로운 변화에 대한 저항인 경우가 있다. 이런 경우 클라이언트에게 종결할 수 있는 권리가 있다는 것을 알려주되, 그동안 변화된 것과 성취한 것을 돌아볼 수 있는 기회를 갖는 것이 바람직하다. 이것은 가족 스스로 종결의 타당성을 재검토하고 의사결정하도록 하는 장점이 있다.

② 종결의 과제

어떤 경우로 종결을 하든 사회복지사는 가족과 그동안의 과정을 검토하고 초기에 세웠던 목표나 기대가 어느 정도 달성되었는지 평가해야 한다. 또 가족성원들과 가족의 성장 및 변화를 인식할 수 있도록 도와주며, 종결과 관련된 정서를 다루어야 한다. 사회복지사가 종결단계에서 구성원들에게 확인할 사항은 구체적으로 다음과 같다.

- 현재 문제상태가 어떠한가?
- 가족개입 이후 어떤 변화가 있었는가?
- 개입과정에서 성원들은 각각 어떤 역할을 수행하였는가?
- 유사한 문제가 생긴다면 가족은 이를 어떻게 다룰 것인가?
- 문제에 대한 가족의 생각이 어떻게 달라졌는가?
- 개입 종결에 대해 성원들은 어떻게 느끼는가?
- 다시 가족개입이 필요하다고 느끼는 요인들은 무엇인가?
- 사후면접에서 가족항상성을 유지하기 위한 자원은 무엇인가?
- 사후면접에서 가족이 성취한 목표는 무엇인가?

㉠ 종결에 대한 준비

종결을 앞두고 사회복지사는 자신의 감정을 되돌아보고 직면할 필요가 있다. 일정 기간 동안 친밀하고 강렬하게 이루어지는 실천과정을 종결하면서 사회복지사는 슬픔과 상실감, 죄책감, 분노 등 다양한 정서를 경험할 수 있다. 이것은 전문가에게도 힘든 일이므로 이런 감정을 정확히 인식하고 직면해야 한다. 그렇지 않으면 종결을 연기하거나 혹은 종결에 대해 냉담하고 사무적으로 이야기하는 부정적 태도를 취할 수도 있다. 또한 가족성원들이 종결에 어느 정도 이르렀으며, 종결에 대해 어떤 반응을 보일 것인지에 대해서도 준비해야 한다.

㉡ 목표 및 변화의 평가

종결단계에서는 가족문제에 대한 초기 목표가 어느 정도 이루어졌는지를 평가해야 한다. 전반적 만족도를 알아보기 위해 가족성원들이 그동안 느낀 점이나 만족한 점, 혹은 기대에 미치지 못했던 점을 솔직하고 개방적으로 논의하는 시간을 갖는 것이 좋다. 객관적 평가를 위해서는 목표에 적합한 척도나 측정도구들을 함께 병용하는 것이 바람직하다. 마지막으로 사회복지사의 실천에 대한 피드백을 제공할 시간을 마련하여 전문가 자신의 개입을 성찰하고 성장할 수 있는 기회로 활용할 수 있도록 해야 한다.

㉢ 종결과 관련된 정서적 문제

종결시기에 클라이언트는 상실감과 두려움, 의존, 슬픔, 자유로움, 성취감 등 복합적 정서를 경험할 수 있으며, 이것을 다양한 방식으로 호소하는 경향이 있다. 예를 들면, 처음 의뢰했던 문제가 다시 나타났다거나 새로운 문제가 발생하였기 때문에 서비스를 좀 더 연장할 것을 요구하거나 사회복지사를 대체할 만한 새로운 대안을 찾으려고 할 수 있다. 이런 경우 사회복지사는 그 문제를 가족과 함께 개방적으로 논의해야 한다. 또 종결하는 것에 대한 사회복지사의 정서적 경험도 함께 이야기함으로써 가족이 경험하는 정서가 보편적인 것임을 알려주고 일반화시키는 것이 필요하다.

㉣ 변화의 유지 및 사후관리

실천과정 동안 이룩한 변화와 미래의 계획을 이야기하는 것은 가족성원과 사회복지사에게 성취감을 느낄 수 있게 하며, 종결 이후에도 변화를 지속시키는 데 기여하는 효과가 있다. 또한 가족의 상황에 따라 달라질 수는 있지만, 사후면접에 대한 약속이나 전화 연락을 통해 가족의 근황을 묻고 성공적으로 대처해 나가는 것을 축하하고 격려해 준다.

㉤ 의뢰

문제가 아직 해결되지 않았지만, 주거지의 변화와 같은 환경의 변화로 인해 종결하거나 출산이나 이직(離職)과 같은 사회복지사 개인의 사정으로 종결할 경우 클라이언트를 타인이나 타 기관에 의뢰해야 한다. 특히 클라이언트가 전문적 도움을 필요로 하거나 특정한 자원을 필요로 할 경우 적합한 전문가나 기관에 대한 정보를 파악하여 의뢰함으로써 서비스의 일관성과 연속성을 유지할 수 있도록 한다. 그러나 의뢰는 문제를 떠넘기는 것이 아니라는 점을 사회복지사는 명심하여야 하며, 의뢰 후에도 세심한 사후관리를 유지하는 것이 바람직하다.

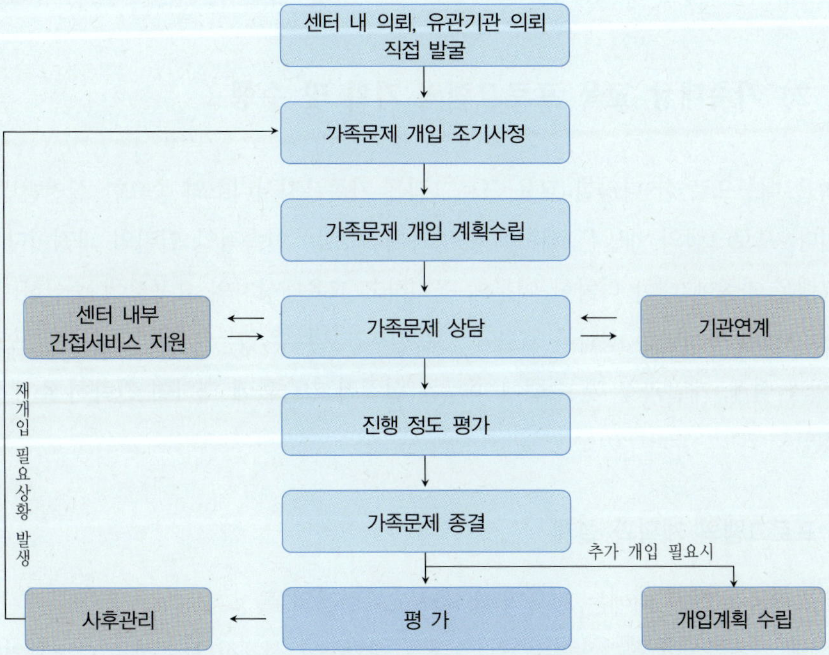

그림 4-7 건강가정지원센터의 가족상담 진행과정

출처 : 건강가정지원센터 홈페이지(2010).

다문화가족 상담의 특성과 개입모델(한재희, 2010)

1. 정의
   상담의 효과 증진을 위하여 상담자와 내담자의 문화적 배경과 가치관, 생활양식의 차이를 인식하고 상담의 이론과 적용기법에 있어서 문화적 유연성을 적용해야 할 것이다. 내담자와 자신의 다른 문화적 세계관을 인식해야 한다.

2. 다문화가족 상담자의 지침
   - 내담자의 문화 내적 요인을 고려한다.
   - 내담자와 자신의 다른 문화적 세계관을 인식한다.
   - 내담자에 대한 적절한 평가방법을 고려한다.
   - 다양한 사회적 관계망과 자원을 활용한다.
   - 타 문화관의 공동체와 긴밀한 관계를 유지한다.

3. 다문화가족 상담의 개입모델
   1단계(상담관계 형성과 문화적 인식) – 2단계(문화적 상황 속에서의 문제파악 및 가설설정) – 3단계(적합한 교육상담과 다문화적 가족상담적 개입) – 4단계(문화사회적 네트워크 활용에 의한 역량강화)

2) 가족대상 교육 프로그램의 기획 및 수행

가족을 대상으로 한 다양한 교육 프로그램은 가족복지서비스의 중요한 실천방법 중의 하나이다. 프로그램의 개발은 계획에서 평가에 이르는 연속적인 일련의 과정이다. 좋은 프로그램은 가족에 대한 다양한 이론에 근거하고 교육대상자의 요구도에 충실하며 각각의 프로그램이 목적하는 성과를 효율적으로 잘 나타낼 수 있는 것이다. 다음은 프로그램의 계획과 설계, 개발과정 및 수행에 따르는 실천적 기술들에 대하여 간략히 소개하고자 한다(정현숙, 2007 : 123-172).

(1) 프로그램의 계획과 설계

프로그램을 계획할 때에는 교육의 대상과 교육현장의 특성 및 역량 전반에 대한 충분한 이해에 기초하여야 한다. 좋은 프로그램을 계획하고 설계한다는 것은 대상자의 욕구, 기대, 강점을 이해하고, 이에 부응하는 목적과 목표를 개발하고 적절한 프로그램을 설계하여 시행하며, 이에 대한 평가를 통한 적절한 피드백이 이루어질 수 있도록 기획하는 것을 의미한다. 〈표 4-8〉은 프로그램 설계 시에 고려해야 할 내용이다.

대상자의 욕구에 대한 교육을 계획하는 것은 프로그램의 성과를 높이기 위하여 매우 필수적인 과정이다. 욕구는 수요자들의 지각된 욕구(대상자들이 필요하다고 인식하는 욕구), 교육자의 욕구(잠재적 수요자들의 욕구), 미래의 욕구 및 발달적 욕구가 있으며, 이러한 욕구들은 요구도 조사, 수요조사 및 자산조사 등을 통하여 수집된다.[1]

〈표 4-8〉 프로그램 설계 시 고려해야 할 내용

계획과 설계	프로그램 개발	실 시	프로그램 평가	프로그램 수정
· 대상, 과정, 방법에 대한 철학 · 실시주체 · 문제정의 및 욕구분석(요구분석) · 관련정보의 확보 · 실시대상 계획 : 가족생활주기, 가족형태, 가족특성, 연령, 직업, 계층 · 활동내용 · 실시방법 계획 : 대상과 집단구조, 교육형태, 실시시간과 기간, 진행상의 기술 · 프로그램 담당자 · 자원동원(예산, 인적 · 물적 자원) · 프로그램의 평가방법 계획 · 재교육(후속 프로그램)의 실시	· 프로그램 구성의 철학, 강조점과 이론적 모델 · 프로그램 개발 배경 및 필요성 · 전체 프로그램 목적과 세부 프로그램의 목적 · 활동계획과 내용 · 장비/ 도구 · 환경/ 장소 · 실시시간	· 프로그램 시행 · 진행과정 점검	· 과정/ 형성평가 · 결과/ 총괄평가 – 효과성, 효율성, 서비스의 질, 이용자 만족도 – 사전 · 사후 검사 – 실험집단과 통제집단을 이용하여 프로그램 평가	· 평가자료를 기초로 다른 프로그램 개발을 위한 자료나 프로그램에 수정자료로 활용

출처 : 정현숙(2007 : 126).

1 요구조사의 방법으로는 질문지법, 면접, 관찰, 사례연구 및 포커스집단을 통한 자료수집방법들이 활용된다.

(2) 프로그램의 개발

① 프로그램 구성의 철학

가족생활교육 프로그램을 구성하기 위하여 프로그램 개발자는 가족과 가족생활의 본질에 대한 신념과 철학, 가족생활교육의 목적, 내용에 대한 신념, 가족의 학습과정에 대한 신념을 통하여 자신의 철학을 우선 점검해야 한다.

② 대상 및 접근방식 선정

가족생활교육 프로그램의 필요와 욕구의 소재에 따라 교육내용과 대상은 달라진다. 복지서비스의 경우, 대상자의 선정과정은 일반집단 > 위기집단 > 표적집단 > 클라이언트 집단으로 구분된다. 반면에 일반적인 예방모델의 교육 프로그램의 대상은 전체 인구가 된다. 집단구성원들은 교육의 특성과 목적에 따라 이질집단 혹은 동질집단으로 구성할 수 있다.

③ 목적과 목표선택

가족생활교육 프로그램은 전체로서 목적을 설정하고 각각의 하위 프로그램은 전체의 목적에 맞게 목표를 설정한다. 목표는 목적에 비하여 구체적이고 관찰 가능한 결과에 대한 구체적이고 조작적인 진술로 이루어져야 한다.

④ 내용구성

프로그램의 내용을 선정할 때에는 프로그램 전체의 목적과 연계성, 대상의 능력수준, 흥미적합성, 서비스 가능성, 포괄성과 다양성, 실용성과 현실성, 지역성, 적절성과 효율성의 원리와 자발성의 원리 등을 고려하여야 한다(정무성 · 정진모, 2001 재인용). 또한 프로그램이 목적에 적합한 다양한 활동을 포함하고 이러한 활동은 대상자들의 요구에 부합되어야 한다.[2]

도입 시의 방법과 시간, 집단구성원의 특성과 자격결정과정, 진행방법과 진행상의 주의점, 프로그램의 체제 등에 대한 세심한 구성이 있어야 한다. 프로그램의 진행단계와 학습기술의 선택도 중요한 과정이다.[3]

---

2 활동의 내용은 강의법, 발문법, 토의법, 문제해결법, 실습법, 견학학습법, 조사학습법, 단체활동법, 탐사활동, 안전구호활동, 공학매체활용법 등 다양한 방법이 있다.

3 프로그램 진행의 단계는 안정감과 일체감 형성단계 → 자각단계 → 기술과 지식 습득단계 → 성장을 위한 계획단계 → 축하의식

⑤ **예산계획**

총예산에는 인건비, 관리비, 사업비, 기자재 및 잡기 구입비, 운영비 등이 포함되며, 자체예산이나 혹은 공모를 통하여 기관의 기금을 활용하는 경우도 많아지고 있다.

(3) 프로그램의 실행과 평가

① **도입단계**

도입단계는 프로그램의 참석자들 간의 라포형성과 추후 프로그램의 진행의 원활함과 궁극적인 성과에 매우 중요한 과정으로 작용한다. 연속적인 프로그램일 때에는 교육참여자들과 규칙을 설정하고, 자발적인 참여와 적극적인 활동을 격려하고 다짐받는 것도 중요하다. 계속적인 과정에서 각 회기의 도입은 지난 회의 내용을 반복 확인하고 그날의 교육과정에 대한 간략한 소개로 진행되어도 좋다.

② **전개단계**

전개단계에서는 참여자들의 관심과 흥미, 욕구와 능력수준을 잘 파악하고 이들의 상호관계의 역동성이 잘 발휘될 수 있도록 촉진하고 조절하는 진행자의 자질과 능력이 매우 중요한 단계이다.

③ **종결단계**

교육의 전체적인 내용을 정리하고 정리한 내용을 집에서 활용할 수 있는 방법을 제공하고, 과제 등을 통하여 점검할 수 있는 기회를 준다는 점에서 중요한 단계이다. 종결단계는 참여자들에게 활동에 대한 일단락을 긍정적으로 자축하며 서로를 격려할 수 있는 행복한 시간이 될 수 있도록 기획될 수 있으면 더 바람직하다.

과 종결과정으로 구성된다. 한편 대표적인 학습기술로는 모델링, 구조화된 인간관계 기술방법, 부부간의 대화, 모델링, 집단토의방법 등이 있다.

PART 2

다양한 가족과 가족복지실천

CHAPTER 05

맞벌이가족과 가족복지

한국에서도 그동안의 경제사회발전으로 기혼여성의 노동시장 참가율이 높아지면서 가족의 한 형태로 맞벌이가족이 생겨났다. 전통적 가정에서는 대개 남편이 대외적 역할을 하고 아내가 대내적 역할을 하였다. 이제 남편과 아내 둘 다 동시에 직업을 갖게 되면서 부부간 역할구조가 크게 달라진 것이다. 최근의 맞벌이 형태는 생계유지형, 내조형, 자아실현형, 여가활동형 등 여러 가지이다.

맞벌이가족은 자녀양육 및 교육 문제, 가사역할 분담문제, 저출산문제 등 여러 가지 문제를 안고 있는가 하면 내면에는 갖가지 갈등도 있다. 이러한 문제들을 해결하고 삶의 질을 향상시키기 위해서는 맞벌이가족을 대상으로 구체적 복지대책이 마련되어야 할 것이다.

정책적 접근으로 거시적 대책으로는 자녀출산 관련 복지대책, 근로 관련 복지대책이 있다. 미시적 대책으로 보육서비스 다양화, 학교급식 확대 및 질적 향상, 가족생활교육 프로그램 등이 있다. 이에 그치지 않고 맞벌이가족의 가치전환을 반영하는 새로운 정책 프로그램이 새로운 내용으로 재구성되어야 한다. 아울러 현실적용력을 높일 수 있는 법규 개정을 통한 보다 나은 제도화도 추진되어야 할 것이다.

1. 맞벌이가족의 개념

1) 맞벌이가족의 개념

맞벌이가족이란 결혼한 부부가 동시에 직업을 가지면서 구조적으로 확대가족 내지 핵가족으로 형성된 가족을 뜻한다. 이 가족은 '취업부부가족'이나 '취업부모가족'이라는 말과 같은 의미를 가진다. 흔히 여성이 결혼한 후에 직장을 갖는 경우의 가족을 일컫기도 한다. 맞벌이가족이란 말은 가정의 경제적 필요성에만 목적을 둔다는 느낌이 들고, 취업부모가족이란 말은 취업의도와 복지해결이라는 보다 넓은 의미의 말로 받아들여지고 있다.

맞벌이가족은 남편과 아내가 동시에 직업을 가짐으로써 자아실현의 욕구 충족, 사회적 지위 확보, 가정경제 기여 등 자아만족과 행복감을 경험하는 새로운 가족형태라 할 수 있다. 부부가 함께 경제활동을 한다는 면에서 기능적 측면이나 가족관계 측면에서 가족 내부적 규범의 변화를 가져오기도 한다. 가족의 역할분담이나 가족 이데올로기의 변화까지 포함한다는 점에서 의미가 크다.

남편은 도구적 역할을 하고 아내는 표현적 역할을 하는 기존의 가족형태에서는 역기능적 가족문제가 지적되었다. 현대적 맞벌이가족은 예전과 같이 서로 다른 분담적 부부 역할 수행보다는 역할의 공유, 동등한 의사결정, 평등한 동반자 관계를 유지하고자 하는 욕구에 부응할 수 있는 이점을 가지고 있다.

2) 맞벌이가족의 특성

현대사회는 산업화, 특히 정보과학화 사회이다. 여기에 여성 개인의 경제적 욕구 충족이 사회 전체의 인력 수요증가와 맞물려 맞벌이가족은 점차적으로 늘어나는 추세이다. 맞벌이가족은 다음과 같은 몇 가지 특성을 가지고 있다.

(1) 가족구조

맞벌이가족은 구조적으로 자녀양육이나 가사노동의 편의를 위하기 때문에 확대가족 비율이 약간 높아진다. 핵가족구조를 보이는 경우에도 친인척들이 근거리에 거주하여 상호부조가 쉬운 수정핵가족 형태인 경우가 많다. 맞벌이가족은 홑벌이가족의 경우보다 주변의 지원이 더욱 필요하며 시댁이나 친정 혹은 그 밖의 친인척을 통한 지원체계를 확보하는 가족구조를 보인다.

(2) 취업 이유와 동기

기혼여성의 취업이유는 생계비 보조 등 경제적 이유가 가장 많고 다음으로 저축, 자녀 교육비 보전의 순이다. 여성의 자아실현이나 사회 공헌 등은 상대적으로 낮아서 기혼여성의 취업동기가 극히 가족중심적 · 경제적 이득으로 국한되어 있음을 알 수 있다. 취업동기는 경제적 여유와 생활의 질을 높이려는 점으로 집약된다. 도시중산층 가족에서는 이와 같은 경제적 동기와 더불어 가족 내부인의 역할감소에 따른 대체효과가 취업으로 나타난다는 점에서 자아실현의 동기도 간과할 수 없다.

기혼여성의 취업직종은 지역별 산업구조 차이에 따라 다르게 나타난다. 농촌에서는 대부분 농업 관련직이고 도시에서는 판매직과 서비스직이 대부분이며 다음으로 생산직이다. 취업직종의 분포는 기혼여성의 교육수준과도 높은 상관관계가 있다. 농업 관련직은 저학력, 판매 · 서비스직은 중간수준 그리고 전문기술직, 사무직에는 고학력층이 편중되어 있다.

(3) 부부역할 분담 및 권력관계

여성의 취업이 과연 평등하고 민주적 부부관계를 정립하는 데 기여하는가에 대해 선행연구 결과는 일치하지 않는다. 일반적으로 맞벌이가족에서 여성은 재정권 강화로 가정 내 역할분담이나 권력관계에서 대등한 위치로 높아지고 있다. 이러한 현상은 특히 저소득층이나 노동계층에서 더욱 뚜렷하게 나타나고 있다. 그러나 전통적 남성중심의 가부장적 관념과 경직된 사회 규범 때문에 자신의 경제적 지원을 권력분배를 위한 협상에 사용하려고 시도하지는 않는다.

부부의 성역할 태도 역시 여성의 취업 여부와 관련 있다. 부부가 함께 근대적 성역할 태도를 가진 경우 맞벌이가족 형태를 취할 가능성이 매우 높다. 또한 부인의 취업을 통하여 남편의 성역할 태도가 근대적으로 바뀔 수도 있다. 그러나 부부의 성역할 태도와 취업과의 상관관계가 반드시 기혼취업여성 생활의 질을 높여준다는 연구결과는 드물다.

(4) 부부적응 및 가족갈등

맞벌이가족에서 부부간 적응양상은 '남편－직업/ 부인－가정'의 홑벌이가족과 큰 차이는 없다. 여성의 취업이 자신의 다중역할 간 갈등을 증가시키는 경우가 있다. 하지만 이로 말미암아 배우자와의 적응도가 낮아지기보다는 오히려 자신의 직업을 통하여 만족을 얻음으로써 결혼만족도에는 좋은 영향을 미칠 수 있다. 그 이유는 여성의 취업 여부 자체보다 취업에 대한 자신의 만족도가 부부의 적응양상에 영향을 미치기 때문이다.

여성의 직업만족도가 높을수록 배우자와의 적응도 역시 높다. 이와 동시에 남편이 아내의 취업을 인정하는 경우에는 그렇지 않은 경우보다 적응도가 높다. 아내의 취업 선택 여부도 부부적응에 영향을 미친다. 아내의 선택에 의하여 노동시장에 참여하는 경우 필요에 의해서 참여하는 경우보다 부부적응도가 높다. 자발적 취업여성의 생활만족도는 비자발적 취업여성이나 비자발적 비취업 여성보다 높은 것이다.

맞벌이가족의 갈등 중 가장 중요한 것은 자녀와의 관계이다. 취업여성과 자녀와의 관계는 사회적 계층, 직종, 자녀의 연령 성별 등의 복합요인에 따라 상호작용한다. 일반적으로 자녀양육 대행자는 시댁·친정 부모나 가정부, 파출부인데, 전자의 경우 과잉보호에 대한 갈등, 후자의 경우 애정 없는 양육에 대한 우려가 문제이다. 그리고 형제끼리 방임하는 경우 자녀에 대한 죄의식 등으로 대부분의 취업여성들은 자녀와의 관계에서 심각한 갈등을 느낄 수 있다.

3) 맞벌이가족의 효과

(1) 가정경제에 미치는 효과

한 가정에서 기혼여성의 취업은 그만큼의 금전적 수입증가를 가져온다. 주부는 자신이 돈을 버는 일보다 쓰는 일을 더 많이 맡고 있다고 흔히 알고 있다. 생산기능의 역할보다 소비기능 역할이 더 크다는 것이다. 그러나 주부 자신이 인지하는 재산형성 기여도, 가정생활을 위한 지출경비 분담 기여도는 상당히 높다.

주부의 취업이 가정경제에 미치는 영향은 크게 두 가지로 나누어 볼 수 있다. 첫째, 가정의 생활패턴 변화이다. 주부의 취업은 그 상태를 유지하기 위한 비용을 요구하며, 그들의 시간 부족으로 가계소비 행태의 변화를 가져온다. 주부가 취업상태를 유지하기 위해서는 출퇴근을 위한 교통비, 자녀가 있는 경우 탁아비용 등의 지출을 필요로 한다. 취업주부는 제한된 시간으로 직장노동과 가사노동을 병행해야 하는 경우가 많으므로 시간을 절약할 수 있고 노동량을 감소시킬 수 있는 편의 위주로 가정 생활양식이 바뀌게 된다.

둘째, 추가소득에 힘입은 가정의 구매력 증가 효과이다. 주부의 취업은 가계소득 증가를 통해 구매력 상승으로 연결된다. 취업에 따라 추가적으로 늘어난 소득은 열등재가 아닌 한 모든 지출항목의 증가를 가져오지만 증가 폭은 소득탄력성에 따라 다르게 나타난다. 특히 식료품과 의복 등 생활 필수품에 대한 차이가 두드러진다. 그렇다면 주부의 취업이 가족원들의 후생증진에 크게 기여하는 것으로 결론지을 수 있다.

(2) 부부관계에 미치는 효과

현대 가정의 이상적 부부관계는 평등성 지향이다. 전통가정에서 부권은 남녀관계를 종속적 관계로 유지시키는 중요한 기제였다. 그러나 교육수준향상과 여성취업률 상승에 따라 배우자 선택에서 남녀의 종속관계는 탈피되고 있다. 가족형태에서 두드러지게 나타나 있는 맞벌이가족의 가족기능 수행 변화는 전통적 부권 위주의 관계를 불가능하게 한다.

부부관계 불평등성에 초점을 맞추는 이유는 가정 안의 불평등이 가정 밖의 남녀 불평등을 야기하는 직접이유가 될 수 있기 때문이다. 주부가 가족 내에서 평등을 누리는 삶을 살 수 있다는 것은 남편과 같이 가정과 직장에서 의무와 책임을 훌륭히 해내면서 인간화된 삶을 살 수 있는 전제 조건이다.

결혼으로 어느 한쪽의 잠재력 개발이 중단된다면 그 결혼은 잘못된 것이라는 의견에 대부분의 여성이 동의하고 있다. 전체적으로 결혼은 남녀 모두의 잠재력 개발과 자기완성이 이루어져야 한다. 현대가족에서 주부에게만 피해를 강요하는 것은 잘못되었다는 생각이 지배적이다.

(3) 자녀양육에 미치는 효과

자녀는 부부관계에 많은 변화를 일으키는 요인이다. 자녀 출생으로 가족구조 면에서 부부간의 양자관계는 부모와 자녀라는 삼자관계로 바뀌게 된다. 부모−자녀 간 역할이 중요시되면서 지금까지의 부부 상호작용 형태가 재편성되어 부부역할에도 변화가 일어난다.

자녀는 부부관계에 긍정적 영향과 부정적 영향을 동시에 가져온다. 자녀는 부모에게 역할수행을 요구하게 되는데, 그 결과 부부는 공동역할에 대한 인식이 높아지면서 상호 의존성이 더욱 강화되고 인간적으로 성숙된다. 그러나 부모들은 역할전환에 대한 준비 부족으로 큰 스트레스를 받는다. 특히 취업주부들이 많은 부담을 안게 되어 그들의 삶의 질에 가상 큰 영향을 미치는 요인으로 작용할 수 있다.

취업주부는 전업주부에 비해 자녀양육에 더욱 어려움을 겪으며 자녀의 대리양육문제로 더 많은 스트레스를 받고 있다. 이와 같은 어려움을 해결하는 1차적 방안은 육아 및 교육 기능의 이전이다. 예를 들면, 유아원, 유치원, 미취학아동 대상 학원 등으로의 이전이다. 아직도 그 활용도는 그다지 높지 않다. 게다가 저소득층 가정의 경우 자녀양육의 문제는 누가 어린 자녀들을 돌볼 것인지에 집중되어 있어 가정 내 역할분담 정도로는 해결될 수 없다. 이 문제는 탁아기관의 증가와 활성화 등 국가의 탁아정책으로 해결해 나갈 수밖에 없다.

2. 맞벌이가족의 발생원인

1) 발생 원인

맞벌이가족이 경제사회 발전과정에서 새롭게 등장한 것은 아니다. 농경 위주의 사회에서는 가정과 일터가 분리되지 않았으므로 남편과 아내가 생계유지수단을 공유하였다. 아내도 남편과 마찬가지로 어떤 형태로든 경제활동에 참가한 셈이다.

시차는 있지만 여러 나라에서 진행된 산업혁명으로 산업화, 정보화, 도시화가 진전됨으로써 세계 각국에서 가정과 일터가 점차 분리되는 현상이 나타났다. 남편은 제도화된 사회 내에서 일정 직장을 갖고 노동 제공의 대가로 임금을 받는다. 직장 내에서 개인의 능력을 발휘하며 공동체의 일원으로 인식되는 중요한 활동을 한다. 반면 아내는 가정 내에서 가사노동을 전담하게 되었다. 여자들은 한때 가사노동에 대한 가치를 사회적으로 인정받지는 못했으며 차별대우로 말미암아 노동시장 참가를 제한당하기도 하였다. 산업사회에서는 여성이 일단 결혼하게 되면, 자녀양육과 교육을 담당하는 어머니의 역할과 남편의 내조자 역할을 요구받게 되었던 것이다.

산업화 및 정보화가 가속화되면서 여성의 경제활동참가율 상승추세는 전 세계적으로 확산되고 있다. 한국에서도 산업화 초기에는 취업여성의 대부분을 미혼여성이 차지하였으나 최근에는 기혼여성의 경제활동참가율이 높아졌다. 왜냐하면 기술축적도 높고 정서적 안정감과 직업의식이 보다 뚜렷한 기혼여성 인력의 중요성이 커지고 있기 때문이다. 가정에서는 기혼여성을 가정 밖으로 밀어내는 작용을 하고 사회에서는 노동시장으로 끌어들이는 작용을 한 것이다. 이에 따라 맞벌이가족이 계속 늘어나고 있다.

기혼여성의 경제활동참가율 상승은 개인적 동기와 사회구조 변화라는 두 가지 측면에서 볼 수 있다. 먼저 사회적으로 인정되지 않는 무보수 가사노동보다 보람 있는 일에 대한 욕구에 더하여 생활수준 향상을 누리기 위한 경제적 지출원을 확보하겠다는 욕구도 강해졌음을 들 수 있다.

다음으로 여성의 취업을 제한하였던 과거의 부정적 요인들이 없어져 감을 그 이유로 들 수 있다. (i) 가족 크기의 축소로 자녀양육기간이 짧아지면서 가족생활주기가 변화하였고, (ii) 기술 발전에 따른 여러 가지 가전제품의 도입으로 단순하고 편리한 가사노동과 함께 가사노동시간의 단축을 가져왔으며, 동시에 (iii) 가사노동의 상당 부분이 사회화되었다.

가정 내에서 주부의 권한이었던 기능들이 사회의 여러 전문기관으로 분담되어 그 역할도 줄어들었다는 것을 들 수 있다. 더욱이 미혼여성 취업에 대한 긍정적 인식이 기혼여성의 취업까지 점진적으로 수용되었다. 여성의 노동시장 참여를 쉽게 하기 위해 고도의 전문화와 함께 노동자의 일을 단순화・비숙련화시키고 여성의 성향에 맞는 새로운 직업이 창출되는 현상이 나타난 것이다.

맞벌이가족의 실태에 관한 정확한 통계자료는 한국에 별로 많지 않다. 그러나 계속 늘어나고 있는 맞벌이가족에 대해 사회적 관심이 높아지고 있음에 비추어 보건복지부의 자료는 좋은 참고가 되고 있다. 통계에 의하면 취업여성의 인생주기나 취업동기, 직종 차이, 사회계층 차이, 도시와 농촌 간의 지역적 요인 등에 따라 서로 다른 결과가 나타나고 있다. 주부의 취업동기에 따라 맞벌이가족의 형태는 다음과 같이 생계유지형, 내조형, 자아실현형, 여가활용형 등으로 분류할 수 있다.

2) 맞벌이가족의 유형

(1) 생계유지형

가족의 경제적 필요성에 의하여 기혼여성이 자발적 혹은 비자발적으로 취업을 하는 형태이다. 학력이 낮을수록 많고 연령층이 40대 이상일 경우 특히 많다.

(2) 내조형

가족이 생계 위협을 받지는 않으나 더 나은 경제적 여유를 위해 취업하는 경우, 그리고 남편의 학업이나 출세를 위해 아내가 생계를 전적으로 담당함으로써 파생되는 형태이다. 취업은 하였지만 아내의 성역할 태도는 매우 보수적이며 남편에 종속된 위치를 수용한다. 도시가 농촌보다 많고 학력수준이 낮을수록 이 유형에 속한다.

(3) 자아실현형

중산층 이상 고학력의 주부가 가사노동의 사회적 불안정 속에서 취업을 통해 자아를 실현하고 근대적 성역할 태도에 입각하여 평등한 부부관계를 정립하려는 형태이다. 이들은 주로 도시에 많으며 학력수준은 대졸 이상이 가장 많고 젊은 연령층이 이 형태의 대부분을 차지한다.

(4) 여가활용형

주로 중산층을 중심으로 경제적 이유, 내조 또는 자아실현 등을 크게 의식하지 않고 자신의 취미를 살리면서 여가를 활용하기 위해 직업을 가지고자 하는 형태이다. 그러나 다른 유형의 맞벌이가족에 비해 여가활용형의 취업동기는 적은 편이다.

맞벌이가족을 위와 같이 분류할 때 우리나라 취업여성의 상당수는 생계유지형에 해당하며 나머지 세 유형의 비율은 그다지 높지 않다. 그러나 후기 산업사회 나아가 4차산업혁명기로 접어들어 정보과학화가 진전되면 여성인력의 요구가 더욱 높아지게 될 것이다. 이에 따라 맞벌이가족의 유형도 더욱 다양해 질것으로 본다.

3) 맞벌이가족의 형성과정

한국에서의 맞벌이가족 형성과정은 조선시대와 일제점령기였던 1945년 광복 이전의 과도기, 그 후 1960년대 중반까지의 사회적 혼란기, 1965년 이후 1980년대 초까지의 초기 산업화시기, 그리고 1980년대 중반부터 현재까지의 산업화 가속화 시기 등 4단계로 나누어 볼 수 있다.

(1) 제1단계 : 과도기(여성의 노동참여의 원조기, 1900~광복 이전)

근대적 의미의 여성 경제활동참여는 1900년대 초로 거슬러 올라간다. 그 이전까지는 유교적 남존여비사상, 엄격한 가부장체제, 폐쇄적 신분사회 등을 반영하여 여성은 수동적이고 종속적인 부속물에 머무를 수밖에 없었다. 1900년대 초 일본이 조선의 공업화를 추진하기 시작하면서 여성들의 경제활동 참여가 시작되었다. 이때 값싸고 손쉽게 구할 수 있는 여성 노동자는 노동현장에서 혹사당하였다. 특히 기혼여성들은 전통적 대가족제에 묶여 이중, 삼중의 고통을 겪지 않을 수 없었다. 이 시기에 여성자들의 노동참여는 식민지 시기의 왜곡된 자본주의 과정의 산물로서 그들 노동의 사회적 의미나 지위와는 전혀 무관하게 이루어졌다고 볼 수 있다.

(2) 제2단계 : 사회적 혼란기(여성노동의 인식 전환기, 광복 이후~1960년 이전)

1945년 광복 이후 대량의 실업사태가 야기되었는데 이것이 커다란 사회문제가 되자 반사적으로 여성의 경제활동도 크게 위축되었다. 그러나 1950년~1953년 중 한국전쟁으로 남성 노동력이 상대적으로 부족해지자 여성의 경제활동 참여가 다시 늘어나기 시작하였다. 1953년 휴전이 되면서 여성들을 가정 내에 묶어 놓으려는 사회 분위기가 다시 일어났다. 그러나 전쟁 와중에 남편을 잃은 아내들이 생계유지를 위해 노동시장에 참여하는데, 일단 시장에 뛰어든 아내들은 경제력 유지를 위해 계속 일하지 않을 수 없었다. 전쟁으로 인한 사회경제적 혼란은 가치관의 변화를 가져와 여성의 경제활동에 대한 인식도 달라지기 시작했다.

(3) 제3단계 : 초기 산업화 시기(여성 노동력의 양적 팽창기, 1960~1980)

미국 등 선진국의 원조에 의존하였던 1950년대를 지나 1960년대 초부터 시작된 한국정부의 경제개발5개년계획은 농업 위주의 1차산업 구조에서 공업 위주의 2차산업 구조로 옮아가는 데 초점을 맞추었다. 우선 정부주도하의 공업화 추진과 함께 수출제일주의를 내세우는 대외지향 정책을 펼쳐나갔다. 이와 같은 전략에 따른 산업구조 개편, 고용확대 정책 등은 여성의 노동시장 참여를 촉진하는 요인으로 작용하였다. 아울러 노동력의 성별구조에도 커다란 변화가 일어나고 여성의 경제활동인구도 빠르게 증가하였다.

우선적인 공업화 추진과 수출제일주의 정책 추진에 영향받은 도시화 진전으로 남성들의 이농현상을 가속화시킴으로써 농촌에서는 여성들이 생계적 농업노동에 참여하지 않을 수 없었다. 도시에서는 비공식 부문의 여성 노동참여를 유발시켜 노동력의 양적 팽창에도 불구하고 여성의 지위를 오히려 하락시키는 현상이 나타났다.

초기산업화 단계로 특징지을 수 있는 1980년대 중반까지 경제개발정책은 전통적 기술에 의존하는 노동집약적 수출산업인 봉제, 섬유 등의 경공업 부문에 주력하였다. 이에 따라 취업여성의 연령이 매우 낮아지고 대부분 저학력 미혼여성이었다. 고용형태도 학교졸업 이후 결혼하기 이전까지만 취업하는 단기형이 대부분이었다.

여성의 경제활동참여율은 1963년 36.3%에서 1987년 45.0%로 높아졌으며, 여성 취업자 수는 1963년 267만여 명에서 1987년 661만여 명으로 늘어나 총 취업자의 40.4%에 이르렀다. 이때 취업여성의 유배우자 비율은 62.2%에 달하였다.

(4) 제4단계 : 산업화 가속화 시기(여성 노동력의 질적 변화기, 1980~현재)

한국경제는 1980년대 중반을 넘어서면서 산업화 속도가 점차 둔화하였으나 질적으로는 안정기에 접어들었다. 1990년대 초 이후에는 경제자유화 내지 국제화 정책을 활발히 추진하여 상당한 효과를 나타냈으며 벤처기업 붐도 일어났다. 2000년대에 들어 서비스업이 중심이 된 3차 산업에 박차를 가했는데, 특히 IT 및 정보과학화를 계기로 본격적인 산업화 가속화시기를 맞고 있다.

한편 절대적 빈곤이 어느 정도 해결되고 출생률 저하, 생활수준 및 교육수준 향상 등으로 저학력 미혼여성 노동력이 감소하자 여성취업자의 연령이 올라가기 시작하였으며, 기혼여성의 취업비율도 높아졌다. 그리하여 고학력 소지자의 기혼여성도 노동시장에 차츰 유입되면서 여성인력 공급구조 패턴이 바뀌게 되었다. 그럼에도 불구하고 기업은 저연령·저학력의 노동력에 의존하던 산업화 초기의 임금수준과 근로조건을 개선하지 않고 있어 부조화현상이 나타나기도 했다. 그 결과로 부문별 노동력 애로 현상이 증폭되었다.

2000년대는 노동력보충을 위하여 기혼여성의 취업을 장려하는 사회정책이 여성의 직업의식 고양과 맞물려 기업과 정부부문의 고용증대로 이어졌다. 이 정책은 주로 중산층 기혼여자를 중심으로 하고 있다. 중산층 여성집단은 교육수준이 높고 생계유지보다는 자아실현형으로 취업전선에 나서는 경우가 많아 낮은 임금수준으로 질 좋은 노동력을 제공받는 원천이 되었다. 이러한 현상은 여성의 취업이 부차적으로 사회요구에 따라 탄력적으로 운용되고 있음을 반영한다.

3. 맞벌이가족의 현황

최근 들어 맞벌이가족은 한국사회의 보편적 가족형태로 등장하고 있다. 이는 경제 및 고용구조의 급격한 변동과 전통적 성역할 개념의 변화에 기인한다. 개인의 삶에서 직업의 의미가 커지고 가족의 삶에서 무엇보다 삶의 질 향상이 중요성을 더해가면서 맞벌이 가족 형태는 지속적으로 증가할 것으로 예견된다. 그 배경이 무엇인지 먼저 찾아본 후 맞벌이가족의 동향, 가사, 분담률, 가계수지 등을 살펴보기로 한다.

1) 여성의 경제활동참여율

통계청에 따르면 2017년 한국의 총인구 5,177만 명 중 15세 이상 인구는 약 4,393만 명인데, 그중 경제활동인구는 약 2,775만 명(경제활동참가율 63.2%)이며 나머지 1,618만 명(36.8%)은 비경제활동인구이다. 경제활동인구 중 취업자는 약 2,673만 명(고용률 60.8%)이며 실업자는 약 102만 명(실업률 3.7%)이다.

〈표 5-1〉 성별 경제활동인구, 취업자 및 실업자(2017년) (단위 : 천 명)

연 도	전 체	여 자	남 자
총인구(추계)	51,778	25,856	25,922
15세 이상 인구	43,931	22,357	21,573
경제활동 인구	27,748	11,773	15,975
취업자	26,725	11,356	15,368
실업자	1,023	416	607
비경제활동 인구	16,183	10,585	5,598
경제활동 참가율(%)	63.2	52.7	74.1
고용률(%)	60.8	50.8	71.2
실업률(%)	3.7	3.5	3.8

출처 : 통계청(2017). 경재활동인구조사.

경제활동참가율 추이를 보면 1990년(60.0%), 2000년(61.0%), 2010년(60.1%), 2015년(62.8%), 2017년(63.2%) 등 점진적으로 오르고 있다. 이것은 74% 수준인 남성의 경제활동참가율이 변동이 없는 반면, 여성은 2010년의 48.3%에서 2017년 52.7% 수준으로 높아진 데 힘입은 것이다. 고용률도 남성은 71%대에 머물러 있으나 여성의 고용률은 같은 기간 중 46%에서 약 51%로 올랐다.

〈표 5-2〉 경제활동인구율 및 고용률 추이 (단위 : %)

연 도	경제활동참가율			고용률		
	전 체	여 자	남 자	전 체	여 자	남 자
1990	60.0	47.0	74.0	58.6	46.2	71.8
1995	61.9	48.4	76.3	60.6	47.6	74.6
2000	61.0	48.6	74.2	58.5	47.0	70.7
2005	62.0	50.1	74.6	59.7	48.4	71.6
2010	60.1	48.3	72.5	58.0	46.8	69.8
2015	62.8	51.9	74.1	60.5	50.1	71.4
2016	62.9	52.2	74.0	60.6	50.3	71.2
2017	63.2	52.7	74.1	60.8	50.8	71.2

출처 : 통계청(2017). 경제활동인구조사.

여기에서 여성의 경제활동 추이를 살펴보자. 2017년 기준 경제활동이 가능한 15세 이상 여성인구는 2,2235.7만 명인데, 그중 1,177.3만 명(52.7%)이 경제활동을 하고 있다. 경제활동참가율에 있어 남성과 21.4%p나 차이가 있어 OECD 평균(16.5%)을 훨씬 웃돌고 있는데, 특히 30대 후반에 그 격차가 36%에 이르고 있다. 이것은 그때 여성들의 출산과 육아 등으로 경력단절이 일어나는 데 기인한 것으로 보인다.

여성의 경제활동참가율은 1990년(44.6%), 2000년(48.6%), 2010년(49.6%)에 비하여 크게 높아진 것이다. 여성의 경제활동인구 중 취업자는 1,135.6만 명으로 15세 이상 여성인구 대비 (고용률) 50.8%를 나타냈다. 여성의 고용률 추이를 보면 통계작성이 시작된 1990년의 46.2%, 2000년 47.0%, 2015년 50.1% 등 지속적으로 높아지고 있다. 그럼에도 2017년 현재 여성의 실업률이 3.5%로 1990년 2.0%에서 계속 상승추세임에 주목할 필요가 있다.

〈표 5-3〉 여자의 경제활동 추이

(단위 : 천 명)

연 도	15세 이상 인구여성*	여자 경제 활동인구	취업자	실업자	비경제 활동인구	경제활동 참가율(%)	고용률 (%)	실업률 (%)
1990	16,103	7,178	7,035	143	8,925	44.6	46.2	2.0
1995	17,382	8,410	8,267	143	8,972	48.4	47.6	1.7
2000	18,664	9,069	8,769	300	9,596	48.6	47.0	3.3
2005	19,751	9,907	9,538	368	9,845	50.2	48.4	3.7
2010	20,846	10,335	9,992	343	10,511	49.6	47.9	3.3
2015	22,018	11,426	11,022	404	10,592	51.9	50.1	3.5
2016	22,205	11,583	11,168	415	10,622	52.2	50.3	3.6
2017	22,357	11,773	11,356	416	10,585	52.7	50.8	3.5

* 15세 이상 인구 중 군인, 전투경찰, 공익근무요원, 형이 확정된 교도소 수감자, 외국인 등은 제외됨
출처 : 통계청(2017). 경제활동인구조사.

2) 맞벌이가족의 동향

맞벌이가족이라 함은 동거 여부와 상관없이 부부(가구주와 배우자)가 모두 취업자인 가족이며, 집단가족 및 외국인가족(가구주가 외국인가구)는 집계 및 추정에서 제외한다. 가구주는 실제적으로 가족을 대표하고 책임지고 있는 사람이다. 맞벌이와 대응하는 용어로 외벌이, 홀벌이, 홑벌이가 혼용되고 있으나 정부에서는 비맞벌이가구로 통합분류한다. 한 가족 내에 두 쌍 이상의 부부가 거주하고 있는 경우 가구주 부부만을 대상으로 작성하고 있다.

우리나라에서 맞벌이가족에 대한 통계는 따로 작성하지 않고 통계청이 인구/ 고용 통계에서 파악하고 있는 '맞벌이가구 통계'를 원용하고 있다. 통계청에 따르면 2016년 6월 기준 배우자가 있는 가구(유배우가구)는 1,188.4만 가구인데, 그중 맞벌이가구는 538.1만 가구로 44.9%를 차지하고 있다. 비맞벌이가구는 655만 3천 가구로 유배우가구의 55.1%를 차지하고 있다. 5년 전인 2011년 6월과 비교하면 유배우가구가 2.3% 늘어난 반면, 맞벌이가구는 5.1%나 늘어났다. 이에 따라 유배우가구 중 맞벌이가구의 구성비는 2011년

6월 43.6%에서 45.2%로 약간 높아졌다. 이는 고령화 진전에도 불구하고 여성들의 맞벌이 참여가 늘어나고 있기 때문인 것으로 해석된다(표 5-4).

맞벌이가구주의 성별분포를 보면 여자가구가 매년 늘어나 2016년에 631가구로 전체의 11.7%를 차지하였다. 5년 전의 9.1%에 비하여 꾸준한 상승세를 보이고 있다. 맞벌이가구주의 연령별분포를 보면 재미있는 현상이 나타난다. 5년 전에는 40~49세 구성비가 35.2%로 가장 높았는데 2016년에는 그 구성비가 29.8%로 낮아진 반면, 50~59세 구성비가 33.0%로 가장 높았다. 고령화 진전이 여기에도 반영된 셈이다.

맞벌이가구주의 교육 정도를 보면 한국의 교육수준이 높아진 것을 여실히 반영하고 있다. 2011년에는 고졸 출신이 40.2%였으나 2016년에는 대졸 출신이 44.2%로 가장 많았다.

〈표 5-4〉 유배우가구와 맞벌이 가구 (단위 : 천 가구)

항 목	2011	2012	2013	2014	2015	2016
유배우가구	11,619	11,716	11,780	11,825	11,858	11,884
<성별>						
여자	1,142	1,146	1,231	1,287	1,330	1,378
남자	10,477	10,570	10,549	10,538	10,528	10,506
<연령별>						
15~29세	264	222	188	174	163	154
30~39세	2,293	2,216	2,094	2,015	1,952	1,888
40~49세	3,426	3,333	3,250	3,191	3,116	3,046
50~59세	2,938	3,095	3,224	3,287	3,313	3,315
60세 이상	2,699	2,849	3,023	3,159	3,314	3,480
<가구주의 교육 정도>						
중졸 이하	2,499	2,510	2,452	2,387	2,347	2,317
고졸	4,472	4,289	4,420	4,440	4,401	4,396
대졸 이상	4,648	4,917	4,907	4,999	5,109	5,170

맞벌이가구	5,071	5,097	5,055	5,186	5,206	5381
<성별>						
여자	459	485	486	575	583	631
남자	4,612	4,611	4,569	4,611	4,623	4,700
<연령별>						
15~29세	103	88	70	65	62	59
30~39세	943	911	851	848	831	843
40~49세	1,784	1,735	1,650	1,654	1,602	1,606
50~59세	1,461	1,540	1,609	1,685	1,713	1,775
60세 이상	780	823	875	934	999	1,049
<가구주의 교육 정도>						
중졸 이하	1,057	1,042	997	983	952	923
고졸	2,038	1,925	1,960	2,015	1,973	2,030
대졸 이상	1,976	2,129	2,099	2,188	2,281	2,378
비맞벌이가구	6,548	6,619	6,725	6,639	6,652	6,553

출처 : 통계청(2017). 경제활동인구조사.

2016년 기준 맞벌이가구의 시도별 현황을 보면 총인구가 많은 경기도와 서울이 각각 122.9만 가구 및 87.7만 가구로 1, 2위였다. 그러나 유배우가구에 대한 비율은 각각 42.5% 및 40.1%로 전국 평균(44.9%)을 밑돌았다. 반대로 도시화 수준이 낮은 전라남도(57.9%), 경상북도(53.9%), 충청북도(53.7%), 충청남도(53.3%) 등은 그 비율이 상대적으로 높았다. 맞벌이가구 비율의 추이를 보더라도 인천, 광주, 대전 등 광역시들은 5년 동안 그 비율이 낮아진 반면 강원도, 충청북도, 경상북도, 제주특별자치구 등은 큰 폭의 상승을 보이고 있다.

〈표 5-5〉 시도별 맞벌이 가구 (단위 : 천 가구)

결연별	2011	2012	2013	2014	2015	2016
전국	5,071(43.6%)	5,097	5,055	5,186	5,206	5,331(44.9%)
서울특별시	867(39.0%)	884	806	830	839	877(40.1%)
부산광역시	309(38.1%)	319	299	301	302	301(37.6%)
대구광역시	253(43.1%)	250	246	246	243	252(42.9%)
인천광역시	275(44.0%)	264	265	264	268	273(41.7%)
광주광역시	161(46.4%)	150	154	161	157	150(42.7%)
대전광역시	154(43.8%)	153	155	162	152	156(42.9%)
울산광역시	102(37.8%)	107	101	106	107	106(37.6%)

경기도	1,089(40.0%)	1,102	1,132	1,167	1,175	1,229(42.5%)
강원도	171(46.5%)	174	174	183	191	196(52.4%)
충청북도	185(50.0%)	189	189	198	207	208(53.7%)
충청남도	266(53.1%)	274	274	276	277	284(53.3%)
전라북도	220(50.3%)	213	213	224	221	222(50.5%)
전라남도	253(56.5%)	250	250	253	261	258(57.9%)
경상북도	335(51.3%)	348	348	350	346	355(53.9%)
경상남도	361(46.0%)	371	371	388	383	390(48.5%)
제주특별자치도	69(56.6%)	76	76	77	77	75(60.3%)
비맞벌이가구	6,548	6,619	6,725	6,639	6,652	6,553

( )은 유배우가구에 대한 맞벌이가구비율
출처 : 통계청(2017). 경제활동인구조사.

맞벌이가구의 산업별 현황을 보더라도 도시화 진전을 엿볼 수 있다. 지난 2011~2016년 중 농림어업 및 전기 · 운수 · 통신 · 금융 · 부문은 약간씩 줄어들었으나 사업 · 개인 · 공공서비스, 도소매 · 숙박 · 음식점업, 광 · 제조업 부문은 크게 늘어났다. 구성비를 보면 사업 · 개인 · 공공서비스 부문의 신장이 두드러져 29.7%를 차지하고 있으며 2011년에 비하여 2.2%p나 높았다. 그 대신 농림어업 및 전기 · 운수 · 통신 · 금융 부문의 구성비는 떨어졌다.

〈표 5-6〉 취업가구주 및 맞벌이가구의 산업별 분포 (단위 : 천 가구)

	2011	2012	2013	2014	2015	2016
• 가구주가 취업자 가구	9,683	9,640	9,658	9,633	9,581	9,543
농림어업	839	809	828	811	802	792
광 · 제조업	1,935	1,927	1,952	1,967	1,951	1,886
건설업	981	997	1,003	980	970	993
도소매 · 숙박 · 음식점업	1,657	1,666	1,636	1,641	1,615	1,624
전기 · 운수 · 통신 · 금융	1,421	1,402	1,393	1,369	1,357	1,339
사업 · 개인 · 공공서비스 등	2,804	2,838	2,845	2,865	2,886	2,909

• 맞벌이가구	5,071	5,097	5,055	5,186	5,206	5,331
농림어업	680	662	687	681	682	673
광・제조업	902	882	889	926	918	923
건설업	468	462	453	463	463	481
도소매・숙박・음식점업	968	997	955	982	975	1,017
전기・운수・통신・금융	659	668	656	649	656	656
사업・개인・공공서비스 등	1,393	1,426	1,414	1,485	1,513	1,581

출처 : 통계청(2017). 경제활동조사.

맞벌이가구의 직업별 현황을 보면 2016년 가구주가 취업자인 가구는 총 954.3만 가구인데, 그중 맞벌이가구는 533.1만 가구(비율 55.9%)였다. 그중에서는 전문가 및 관련 종사자 가구가 91.5만 명(전체의 17.2%)으로 가장 많았고 그 다음이 사무 종사 가구가 88.3만 명(16.6%), 장치기계 조작조립원 78.3만 명(14.7%)의 순이었다.

맞벌이가구 중 동거 맞벌이가구는 475.1만 가구(89.1%)였으며 비동거 맞벌이가구는 58만 가구(10.9%)였다. 동거 맞벌이가구 중 동일직업가구는 189.2만 가구로 전체의 39.8%나 되었다. 동일직업비율이 가장 높은 직업은 농림어업 숙련 종사자(82.2%)였고 그 다음이 전문가 및 관련 종사자(54.3%), 서비스 종사자(47.3%), 판매 종사자(42.6%)로 평균비율을 웃돌았다. 한편 동일직업가구의 직업별 구성을 보면 주로 농촌지역에 사는 농림어업 숙련 종사자가 53.7만 가구(전체의 28.4%)로 가장 많았고 그 다음이 전문가 및 관련 종사자 41.7만 가구(22.2%), 사무종사자 27.7만 가구(14.6%), 판매종사자 21.5만 가구(11.4%) 등의 순이었다.

〈표 5-7〉 직업별 맞벌이 가구와 동일직업(2016년 중) (단위 : 천 가구)

직업별	가구주가 취업자	맞벌이가구	동거 맞벌이가구	동일직업가구
관리자	134	53	48	2
전문가 및 관련 종사자	1,772	915	769	417
사무종사자	1,673	883	771	277
서비스종사자	590	390	296	140
판매종사자	920	580	505	215
농림어업 숙련 종사자	780	668	653	537
기능원 숙련 종사자	1,201	619	586	79

장치기계 조작조립원	1,558	783	746	96
단순노무 종사자	916	441	378	128
합 계	9,543	5,331	4,751	1,892

출처 : 통계청(2017). 경제활동조사.

3) 맞벌이부부의 가사분담률

통계청이 2017년 11월에 발표한 사회통계에서 맞벌이가족의 가사분담 실태를 보면 ▌그림 5-1▌과 같다. 이 조사에서 '평소 가사노동을 공평하게 분담한다'는 응답은 37.5%였다. 1998년의 조사 때(5.7%)보다 크게 높아졌지만 여자의 경제활동참가율 상승을 감안하면 아직도 낮은 수준이다. 응답 가운데 '아내가 주로 하고 남편도 분담한다'가 51.9%로 가장 높았으며 '아내가 전적으로 책임진다'는 응답은 7.8%에 그쳤다.

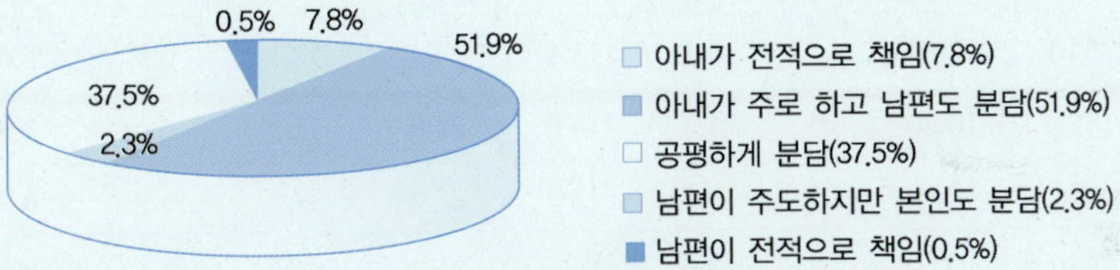

▌그림 5-1▌ 가사분담 실태

출처 : 통계청(2017). 사회통계-가사분담실태(남편, 19세 이상).

위에서와 같이 맞벌이가구라 하더라도 아직도 가사분담률은 여성인 아내의 분담률이 훨씬 높다. 이것은 곧 가사노동부담으로 이어지는데 가사노동을 여자의 일로 여기는 고정관념이 아직도 많은 것 같다. 그런데도 가사노동의 가치는 상대적으로 소홀히 여겨져 왔다. 이에 대한 연구들도 대부분 가사노동의 주체를 주부로 한정하고 있는 실정이다. 가사노동은 설거지나 청소가 아니라 육아부터 가정경영에 이르는 총체적 집안일이다. 남녀 모두 어려서부터 가사노동을 가족의 생존을 위한 가족구성원 모두의 일로 여기도록 교육해야 할 것이다.

4) 맞벌이에 대한 인식

맞벌이에 대한 인식을 잘 알 수 있는 통계청 조사가 있다. 2017년 기준 여성 취업에 대하여 '직업을 가지는 것이 좋다'라는 견해는 87.2%, '가정일에 전념하는 것이 더 중요하다'는 5.9%이었다. 직업을 가질 경우 어느 시기에 취업하는 것이 좋은지에 대해 '가정일에 관계없이 계속 취업'이 57.1%로 절반 이상을 차지하고 있어서 맞벌이에 대한 사회 인식의 변화를 보여준다. 따라서 맞벌이가족은 앞으로 더욱 늘어날 것으로 판단된다.

〈표 5-8〉 여성 취업에 대한 견해(2017년 중)

(단위 : %)

	직업을 가지는 것이 좋다							가정일에 전념하는 것이 더 중요	모르겠다	합 계
		소 계	결혼 전까지	첫 자녀 출산 전까지	자녀 성장 후	결혼 전과 자녀 성장 후	가정일에 관계없이			
2009	83.8	100.0	4.8	6.9	11.5	23.3	53.5	9.3	6.9	100.0
2013	84.5	100.0	4.5	6.1	13.1	24.3	52.1	6.9	8.6	100.0
2015	85.4	100.0	3.4	5.7	14.8	24.8	51.3	6.9	7.8	100.0
2017	87.2	100.0	3.1	4.7	13.0	22.0	57.1	5.9	6.9	
남 자	84.1	100.0	3.2	5.5	14.4	21.7	55.2	7.1	8.8	100.0
여 자	90.2	100.0	3.0	4.0	11.8	22.4	58.9	4.7	5.1	100

출처 : 통계청(2017). 사회조사.

여성취업의 장애요인이 무엇인가를 묻는 질문에 대해 육아 및 가사부담이라는 응답이 전체의 53.0%로 가장 높게 나타났다. 다음으로 사회적 편견 및 차별적 관행(23.4%), 불평등한 근로조건(10.3%) 순이었다. 집안일은 여성이 해야 한다는 전통적 유교관이 아직도 뿌리 깊기 때문에 분담문제로 갈등이 일어나는 부작용이 있다고 보고 있는 셈이다. 또한 시부모 등 친척들은 맞벌이 여성들이 집안의 대소사와 관련해 적극적으로 나서지 않는 경향에 대해 못마땅하게 보고 있는 그런 현실이 문제점으로 지적되었다.

〈표 5-9〉 여성 취업 장애요인 (단위 : %)

	합 계	사회적 편견 및 차별적 관행	직업의식 책임감 부족	불평등한 근로여건	일에 대한 여성 능력부족	구인정보 부족	육아 부담	가사 부담[1]	기 타	모르겠다
2009	100.0	20.9	3.9	10.7	1.9	2.6	47.6	6.1	0.0	6.3
2011	100.0	21.4	4.3	10.9	1.9	2.1	46.4	6.2	0.1	6.9
2013	100.0	20.8	4.8	10.0	1.6	1.8	46.6	6.0	0.0	8.3
2015	100.0	26.5	4.6	10.8	2.2	1.2	47.5	5.9	0.1	6.2
2017	100.0	23.4	4.0	10.3	1.8	1.3	45.9	7.1	0	6.1
남 자	100.0	23.9	5.6	9.2	2.3	1.2	43.9	6.6	0	7.4
여 자	100.0	22.9	2.5	11.3	1.3	1.5	47.9	7.7	0.1	4.8

주 1) (육아 제외)가사돌봄 포함
출처 : 통계청(2017). 사회조사.

아내의 취업에 대한 남편의 태도를 보면 반대(매우+대체로)의 경우는 약 20%인 반면 찬성이 40% 가까이로 높았다. 연령대별로는 30~49세의 찬성률이 상대적으로 높았다. 교육 정도별로는 대졸 이상 고학력자의 찬성비율이 약간 높았다.

일과 가정의 양립 가능성에 대한 인식을 알아보기 위해 2017년 통계청이 조사한 '일과 가정생활의 우선도'에 따르면 '일을 우선시하거나 우선시하는 편이다'가 43.2%이고 '가정생활을 우선시하거나 우선시하는 편이다'가 약 14%였다. '둘 다 비슷하게 생각한다'는 층이 42.9%로 전체적으로 균형 되게 생각하는 것으로 나타났다. 특히 여자의 경우 둘 다 비슷하게 생각하는 비율이 48.4%로 매우 높았다. 연령대별로는 19~29세에서 '일을 우선시+우선시하는 편이다'는 비율이 상대적으로 높았다. 교육 정도별로는 학력이 낮을수록 높았다.

〈표 5-10〉 일과 가정생활 우선도(2017년 중)

(단위 : %)

		일을 우선시한다	일을 우선시하는 편이다	둘 다 비슷하게 생각한다	가정생활을 우선시하는 편이다	가정생활을 우선시한다	전 체
전 체		18.8	24.4	42.9	11.2	2.8	100.0
성별	남자	21.7	28.2	39.0	8.8	2.2	100.0
	여자	14.7	19.0	48.4	4.4	3.5	100.0
19~29세		20.9	30.3	36.2	9.7	3.9	100.0
30~39세		14.7	24.6	43.1	14.2	3.4	100.0
40~49세		19.3	23.4	43.9	11.2	2.2	100.0
50~65세		18.9	20.8	46.8	10.9	2.6	100.0
중졸 이하		19.0	18.3	47.1	12.5	3.5	100.0
고 졸		19.7	23.9	42.8	10.7	2.9	100.0
대졸 이상		18.0	26.6	41.8	11.2	2.4	100.0

출처 : 통계청(2017). 사회조사.

5) 맞벌이가족의 가계수지

통계청의 가계수지 동향 조사에 따르면 2016년 중 맞벌이가족의 월평균 소득은 555.9만 원으로 비맞벌이 가족(371.6만 원)보다 49.6%나 높은 수준이었다(표 5-11). 총소득 중에서는 근로소득을 위주로 한 경상소득이 97.7%를 차지하였다. 맞벌이가족 중에서는 근로자 가족의 월평균 소득이 약 582만 원으로 근로자 외의 가족보다 18.1%나 높았다.

맞벌이가족의 월평균 지출은 약 406만 원으로 비맞벌이가족의 지출(약 295만 원)을 훨씬 웃돌았다. 맞벌이가족의 가계지출 중에서는 소비지출이 거의 3/4을 차지하였다. 그중에서는 음식·숙박비(약 43만 원), 교통비(약 40만 원), 식료품·비주류음료(36.6만 원), 교육비(37.1만 원)가 비교적 높은 비중을 차지하였다.

위에서와 같은 소득과 지출의 결과로 나타난 맞벌이가족의 가계수지는 2016년 월평균 약 150만 원의 흑자를 보였는데, 이 수준은 비맞벌이 가족(76.7만 원)보다 2배가량 높은 것이었다. 맞벌이가족 중에서는 근로자 가족의 가계수지 흑자가 160만 원으로 전체가족 중 가장 건실한 (소득 − 지출 = 저축) 구조를 나타냈다. 지금까지의 추세로 보면 소비지출 변동에 따른 가계수지 변동이 큰 셈이다.

〈표 5-11〉 맞벌이가족과 비맞벌이가족의 월평균 가계수지(2016년 중) (단위 : 천 원)

항목별	맞벌이가족			비 맞벌이가족		
	전 체	근로자 가족	근로자 외 가족	전 체	근로자 가족	근로자 외 가족
1. 가구원 수(명)	3.39	3.39	3.40	2.97	3.13	2.74
2. 가구 주 연령(세)	48.8	47.9	50.7	52.7	48.0	59.1
3. 가구분포(%)	37.1	42.1	28.6	62.9	57.9	71.4
4. 소득	5,558.9	5,816.0	4,925.5	3,716.3	4,178.8	3,087.2
− 경상소득	5,433.1	5,694.6	4,925.5	3,584.9	4,643.3	2,961.2
(근로소득)	4,068.2	5,201.7	1,241.5	2,294.5	3,499.7	654.9
− 비 경상소득	125.7	121.5	136.3	131.5	135.5	128.0
5. 가계지출(천 원)	4,061.9	4,215.9	3,682.6	2,948.9	3,264.9	2,519.1
− 소비지출	3,005.6	3,065.5	2,858.0	2,281.3	2,471.1	2,023.1
(음식 · 숙박)	426.4	442.7	386.1	296.1	343.8	231.2
(교통)	396.6	413.5	364.8	255.3	280.1	220.9
(식료품 · 비주류음료)	366.3	368.7	360.4	339.5	348.3	327.5
(교육)	371.1	385.7	335.0	229.7	272.2	172.0
− 비소비 지출	1,056.3	1,150.4	824.6	667.6	793.8	495.9
6. 가계수지(4-5)(천 원)	1,497.0	1,600.1	1,242.8	767.4	913.9	568.3

출처 : 통계청(2017). 가계동향조사.

4. 맞벌이가족의 문제

1) 자녀양육 및 교육 문제

맞벌이가족의 가장 시급한 문제는 자녀양육 및 교육문제를 들 수 있다. 취업 때문에 가족 내에서 생기는 문제들이다. 특히 36개월 이하의 영아를 둔 취업엄마의 경우 자녀양육상의 어려움을 더 많이 호소하고 있다. 한국에서는 어린아이를 보살피는 모든 책임을 1차적으로 엄마에게 맡기고 있다. 아기에게 먹이고, 기저귀를 갈아주고, 씻기고, 입히고, 재우고, 놀아주는 역할은 전적으로 엄마의 책임으로 여긴다. 기혼여성의 취업에 대한 사회 인식이 초기 단계이고 어린이집도 미비한 상태에서의 이 문제는 당연하다고 볼 수 있다.

취업 엄마로 하여금 자녀양육의 책임에서 어느 정도 벗어날 수 있도록 모성보호정책이 절실히 요구된다. 기혼여성 인력자원의 효과적 활용 제고라는 점에서도 어린이집의 양적·질적 확대 보급은 매우 중요하다.

2) 가사역할 분담 문제

집안일 중 음식 준비, 세탁, 청소 등은 예부터 여성의 역할로 간주되어 왔다. 현대가족으로 달라졌다고 하는 지금도 여성의 역할로 기대하고 있는 것이다. 일부 남편에 의해 해결되고 있기는 하지만 대부분 가족들이 가사역할 수행을 남성에게 기대하지는 않는다. 남성은 직업을 가져도 가사노동의 책임을 느끼지 않는 반면, 여성에게는 취업했다 하여도 가사노동으로부터 해방되는 기회를 주지 않는다.

국가목표를 경제발전에만 두어왔던 한국의 현실에서 부부역할 분담은 일터에서의 역할만이 중요했을 뿐 가사분담이라는 것까지 남자에게 요청하기에는 어려움이 있었다고 볼 수 있다. 엉뚱하게 아내들은 직장을 가졌기에 오히려 가사노동을 더 잘 해내야 한다는 자격지심까지 작용하고 있음을 주변에서 느낀다. 가정에서의 기혼여성 역할을 재조정하지 않는 한 현재나 미래의 취업문제에서 벌어지는 문제들을 피할 수는 없을 것이다.

취업 기혼 남성·여성의 역할전환 문제는 먼저 취업 당사자와 가족구성원의 유기적 관계를 재구성하여 풀어나가야 한다. 사회적으로 남녀 간의 공평한 기회가 제도적으로 보장될 수 있는 공동체를 가꾸어 나감으로써 수직적 부부관계에서 수평적 부부관계로 바뀌는 것이 바람직하다. 질적인 면에서 아무런 차이가 없는 가사노동과 임금노동 간의 가치불균형을 해소시켜 나가야 할 것이다.

3) 가족관계 문제

여성의 경제활동참여율 및 취업률이 높아지면서 주부 취업이 맞벌이가족 부부의 역할 구조나 다른 구성원들과의 관계에 직간접적 영향을 미치는 주요한 요인으로 작용하게 되었다. 주부 취업은 부부간의 외면적 역할뿐 아니라 내면적 태도와 관계의 변화까지 가져와 부부 및 가족원의 행동에 변화를 일으키고 있다.

이제 맞벌이가족은 소수계층이 아니라 보편적 가족의 생활유형으로 자리 잡고 있다. 그들의 삶의 질 향상 문제를 가족과 사회의 문제로 인식하여야 할 필요가 여기에 있다. 맞벌이가족의 부부관계는 물론 부모-자녀관계, 다른 가족구성원과의 관계, 그리고 노부모, 장애아 부양문제로 인한 인간관계에 직간접적으로 영향을 미칠 것으로 생각되는 변인과 함께 이를 해결할 수 있는 방안이 필요하다.

4) 저출산문제

2017년의 경우 신생아 수는 전년보다 11.5% 줄어든 35.8만 명에 불과했다. 15~49세 여성이 가임(可姙)기간에 낳는 자녀 수(합계 출산율)가 1.05로 낮아져 OECD 평균 1.68에 크게 미치지 못했다. 이 비율은 1983년 2.1로 떨어진 이래 그 추세가 이어져서 2000년대 들어서는 세계 최저수준을 기록하고 있다. 특히 심각한 저출산 문제와 급속한 고령화 진행에 따른 인구구조 변화는 양질의 인적자원 부족, 조세·복지 부담의 급증, 경제성장률 하락 등으로 이어져 국민들의 다양한 복지수요 분출과 함께 경제사회의 불안요인으로 작용하고 있다. 우리들의 첫째 과제는 선별적·임의적 정책으로 대표되던 기존의 가족복지 패러다임을 이러한 추세를 반영할 수 있도록 근본적으로 수정하는 일이다.

저출산의 원인은 여성의 결혼비율 저하와 양육비·교육비의 부담 증가, 학력수준 향상 및 사회진출 증가에 따른 젊은 세대의 결혼관·가치관 변화 등 여러 가지이다. 그러나 가장 근본적 원인은 아내가 출산과 육아를 책임져야 한다는 사회의 고정관념이다. 한국 사회는 빠른 속도로 변화해 왔으나 여성의 '성 역할'은 거의 변하지 않았다. 가부장적 사회가 출산을 막는 벽이 되어온 것이다. 여자의 사회진출이 크게 늘었는데도 가사노동이나 자녀양육의 책임은 여전히 여성에게만 주어져 있는 형편이다.

맞벌이부부이지만 남성보다 여성이 자녀양육과 교육의 주 책임자로 인식되는 등 부부의 역할구조에는 별다른 변화가 없다. 그러다 보니 여성에게 자녀 출산은 큰 부담이 되고 있다. 여성의 입장에서 직업과 가정을 양립하기 위해 '슈퍼우먼' 노릇을 계속 해야 한다면, 자녀 출산과 양육에 대해 재고할 수밖에 없는 것이다. 삶의 질 향상을 위해 사회활동을 하는 여자에게 출산과 육아가 걸림돌이 되고 있다. 이것이 여성으로 하여금 출산을 포기하게 하는 주 원인으로 작용하고 있는 것으로 생각된다.

일하는 여성은 직장생활을 하는 동안 여러 차례 위기를 맞는다. 젊은 여성이 가장 고통받는 것이 바로 육아문제이다. 맞벌이 여자직원이 구조조정의 0순위라 일컬어지는데 누가 아이를 낳고 이것 때문에 휴직을 할 수 있겠는가? 여자의 경제활동참가율이 결혼과 함께 급격히 줄어들고 출산과 함께 더욱 낮아지고 있다는 현실을 통해 대부분의 직장여성들이 결혼이나 출산 그 자체보다 육아를 가장 힘겨워함을 알 수 있다.

출산이라는 첫 번째 위기를 무사히 넘기더라도 육아문제에서 해답을 찾지 못해 직장을 그만두고 재취업을 포기하거나 출산을 연기하는 사례도 빈번하다. 육아부담으로 인해 30대 초반 여성의 경제활동참여율이 가장 낮다는 통계도 있다. 즉, 여성의 사회활동에 있어 출산이 큰 장애가 되고 있는 셈이다.

5. 맞벌이가족을 위한 복지대책

1) 자녀 출산, 양육 관련 복지대책

최근 들어 기혼여성의 경제활동참가 여부에 영향을 미치는 가장 큰 요인은 앞에서 살펴본 바와 같이 자녀출산과 양육문제이다. 따라서 맞벌이가족을 위한 복지대책으로 무상보육 및 양육수당 재원의 증대를 위한 정책과 서비스 제공이 가장 효과적이라고 본다. 정부는 2015년 하반기에 제2차 저출산 · 고령사회 기본계획을 발표하였고, 2016년부터 5년간 시행하기로 하였다. 이에 따르면 저출산 대책의 일환으로 출산과 양육에 유리한 환경조성을 유지하되 정책수요와 사회환경 변화를 적극적으로 반영하여 추진하기로 하였다.

출산을 전후한 취업여성의 보호는 근로기준법 제23조(해고 등의 제한) 제2항, 제65조(사용금지), 제70조(야간근로와 휴일근무의 제한), 제71조(시간외 근로), 제73조(생리휴가), 제74조(임산부의 보호), 제75조(육아시간) 그리고 제110조 · 제114조(벌칙)에 근거하고 있다. 기업들은 법규정에 따라 산전·산후 휴가제도를 실시하고 있으나, 결혼퇴직, 임시퇴직의 관습에 따르는 기업체도 있다. 2001년 6월 국회는 출산휴가를 60일에서 90일로 연장하고, 그 비용은 고용보험에서 부담토록 하는 내용의 모성보호법안을 통과시킨 바 있다.

유산, 조산, 사산의 경우에는 고용노동부의 산전·산후 휴가 부여기준에 대한 지침에 따라 의사의 소견서 등 객관적 증빙자료를 첨부하여 심각한 의학적 문제가 있는 경우로 제한한다. 그 기간의 임금을 유급 또는 무급으로 할 것인지에 관한 별도의 법적 규정은 없다. 따라서 실제 유산의 많은 부분을 차지하고 있는 인공유산의 경우 법이나 지침에 보장된 보호를 받을 수 없는 실정이다.

육아휴직제도의 법적 근거는 근로기준법 제74조(임산부의 보호) 그리고 「남녀고용평등과 일·가정양립지원에 관한 법률」 제18조(출산전후 휴가에 대한 지원)와 교육공무원법 제44~45조(교육공무원의 임신·출산휴직에 관한 규정)이 있으나 기업에서는 이를 적극적으로 실시하고 있지 않다.

2) 보육제도 및 서비스 대책

보육사업의 궁극적 목적은 가정복지 증진으로 영유아의 건전한 육성 도모와 보호자의 경제적·사회적 활동을 지원하는 것으로 되어 있다. 영유아보육법 제1조에 의하면 영유아의 심신을 보호하고 건전하게 교육하여 건강한 사회구성원으로 육성함과 아울러 보호자의 경제적·사회적 활동이 원활하게 이루어지도록 함으로써 영유아 및 가정의 복지 증진에 이바지함을 목적으로 한다.

정부는 보육과 육아 지원을 위하여 막대한 예산을 배정하고 있다. 그에 따른 가시적 성과가 바로 2013년부터 시행되고 있는 전면 무상보육제도라 할 것이다. 어린이집은 이러한 사회적 변화의 추세에 따라 막대한 국가지원금을 받게 되었다. 어린이집은 통계작성이 시작된 1995년 9,085개소에서 매년 증가하여 2013년에는 43,770개소로 최다에 이른 후 2016년 말 41,084개소로 약간 감소했다. 정부에서는 어린이집 보육의 질적 수준을 제고하고자 노력하고 있으며, 그 산물이 누리과정의 도입, 평가인증제도의 정착, 공공형 어린이집의 확대 등 다양한 정책의 추진으로 나타나고 있다.

보육시설의 양적 공급과 아울러 이루어져야 할 대책은 보육서비스의 질적 향상이다. 현재 특수아동이나 영아를 위한 보육시설은 여전히 크게 부족한 상태이다. 민간보육시설의 수급 불균형 문제, 보육환경과 프로그램의 질적 수준 저하 문제, 보육교사의 전문성 문제 등이 심각한 문제점으로 지적되고 있다.

2013년부터 어린이집을 이용하지 않는 영유아에게는 양육수당을 지원해 주고 있다. 보육 프로그램 개발에 있어서도 24시간 보육 프로그램, 영유아 창의성 계발 프로그램, 보육교직원 보수교육, 어린이집 유형별 운영관리 프로그램 등 보육의 질적 향상을 위한 정책을 전개하고 있다. 그 효과를 높이기 위해서는 지역별 · 연령별 · 아동 개인별에 맞춘 다양한 보육 프로그램 개발과 아울러 현장에서의 전문가에 의한 실천이 무엇보다도 중요하다고 본다. 특히 맞벌이가족을 위하여 운영시간에 따라 반일제, 종일제, 시간연장형, 숙박보육, 일시보육과 보육장소에 따라 가정보육, 기관보육, 직장보육 등이 보다 활발하게 진행되어야 할 것이다.

직장어린이집과 관련하여 기업의 보육지원을 활성화하기 위해서는 기업에 대한 정부의 지원을 늘려야 한다. 사업장 내 시설설치 위주에서 탈피해 고용주의 보육비용 분담방안을 다양화하는 측면도 바람직하다. 또한 직장어린이집을 설치하기 어려운 기업은 직장 인근이나 근로자 주거지역에 있는 어린이집을 지정하여 근로자를 지원하는 방안도 좋을 것이다.

3) 근로 관련 복지대책

(1) 남녀차별제도의 시정

취업부모가족을 위한 정책시행은 기혼여성의 경제활동으로 야기되는 문제가 법적 · 제도적으로 다루어져야 할 필요를 불러온다. 남녀고용평등법이 갖는 문제점은 고용기회의 균등, 취업여성의 근로조건 개선, 육아시설의 확대, 육아휴직제의 정착, 채용과 모집, 승진 등에 있어서의 성차별 근절이다.

의료보험법은 전통적 가족부양원칙을 전제로 한다. 피보험자와 그에 의한 생계의존자로 구성되는 특정 가족유형은 피보험자 1인의 보험료로 가족원 모두 혜택을 받지만 맞벌이가족의 일방이나 단신가족은 본인만의 의료보험수급권을 갖게 되는 문제점이 있다. 또한 국민연금법에 의하면, 맞벌이가족으로서 모두 연금수급자가 되면 여성배우자에 대한 가급연금액이 지급되지 않으며 배우자가 사망하거나 그와 이혼한 때에도 가급연금액 계산에서 제외되고 있다.

(2) 노동시장의 구조적 문제해결

취업한 기혼여성들의 상당수가 고임금의 안정된 노동시장보다 저임금, 미숙련의 불안정 노동시장에 편중되어 있다. 높은 노동강도 속에서 낮은 임금을 감수하면서 장기간의 노동시간에 시달리며 일하고 있는 것이다. 특히 저소득층 여자는 결혼하여 가정에서만 안주할 수 없는 형편이 대부분이다. 이들은 경제적 자립이나 생활수준 향상은커녕 현실적으로 절박한 생계유지수단의 하나로 취업하지만 결혼 전보다 더욱 불리한 조건으로 재취업을 하게 되는 경우가 많다. 경제적 이유로 노동시장에 뛰어들게 된다면 단순히 개인적 차원에서가 아닌 사회적 차원에서 문제해결방안이 마련되어야 한다.

(3) 성차별 의식전환 보급 확대

가족정책뿐만 아니라 학교교육의 평등화, 여성 취업훈련의 강화, 여성 사회교육기회의 확대, 가정지원 및 복지증진(건전한 가족규범의 정착, 요보호여성의 복지 증진, 여성개발지원체계의 강화) 등을 통해 우리 사회의 남녀차별에 대한 사회적 편견이나 인습적 모습을 일소해야 한다. 남녀 불평등을 해결하려는 노력이 여러 분야에서 있어 왔지만 교육적·운동적 차원에서 가부장적 의식을 전환시키려는 노력이 더욱 필요하다.

(4) 시간제 근무 및 여성고용할당제

정보산업과 같은 첨단산업의 등장과 함께 근로형태도 개성과 효율성을 살리는 다양한 형태로 바뀌어 가고 있다. 생활수준 향상과 여가 욕구 증대로 종일 근무를 일정한 작업장에서 일하던 방식을 근무시간을 단축하는 시간제 근무나 자신의 근무시간을 자유롭게 조정하는 탄력근무제(flextime system)와 같이 신축적으로 운영되어야 한다. 생산성을 단순히 직장에서 보낸 시간으로 계산하는 구태의연한 관행은 사라져야 함을 뜻한다. 그렇지만 시간제 근무가 저임금과 일체의 후생혜택을 받지 못하는 불안정한 고용으로 이어지는 등 여자인력을 악용하지 못하도록 정부가 철저히 관리·감독할 수 있는 제도적 장치가 마련되어야 한다.

여자고용할당제는 산업 또는 직종에서 채용과 승진 인원의 일정 비율을 반드시 여자에게 할당하는 제도이다. 노동시장의 차별 중 채용, 훈련, 승진 차별에 국가가 적극적으로 개입하여 남녀 간의 공정한 경쟁을 유도하는 것인데, UN은 사회 각 분야에서 30% 이상을 권고하고 있다. 특히 여자가 저임금 기업군과 남자보조적 직종이나 저임금 직종에 집중되고, 기업 내부에서 승진하지 못하고 하위직에 머무는 등의 차별 철폐에 초점이 맞추어져야 한다.

4) 학교급식 실시 확대와 질적 개선

성장기 자녀의 적절한 영양섭취는 아동의 신체적·정신적 발달에 반영구적 영향을 미치므로 어린 시절부터 올바른 식습관을 길러야 한다. 학교에서 실시되는 급식은 아동의 균형 있는 영양섭취를 위해서도 중요하다. 학교급식이 순조롭게 규칙적으로 이루어진다면 하루에 필요한 영양의 1/3을 학교에서 공급받을 수 있다. 이상적으로 생각한다면 학교급식의 여러 가지 프로그램을 통해 영양교육과 올바른 식습관 형성을 기대할 수 있다.

학교급식 경비는 학교급식법에 의거하여 급식시설, 설비비 및 유지비는 학교설립경영자 부담으로 모두 국고에 의존하지만, 식품비 및 운영비는 학부모 부담으로 되어 있다. 특히 도시에서는 학부모가 전액 부담하고 있는데 (도서벽지 전액 국고 부담, 농어촌 1/3 국고 부담), 도시 저소득층에게는 현행 지역별 부담수칙은 현실적이지 못하다.

학교급식의 확대 실시는 국민 영양적 측면에서뿐만 아니라 맞벌이가족의 자녀 도시락 준비에 투자하는 시간과 노력의 문제를 해결하여 여성노동력을 활용한다는 점에서도 시급히 정착되어야 한다. 정부에서는 더욱 전문화된 학교급식체계를 마련하여 현재보다 더욱 확대되고 질적으로 개선된 실시가 이루어질 수 있도록 하여야 할 것이다.

5) 가족생활교육 프로그램

맞벌이가족의 부부관계 및 가족관계를 강화시키는 데 도움을 줄 수 있는 프로그램으로는 부모－자녀관계 증진 프로그램(부모교육 프로그램), 자녀의 학습을 도와주는 학습지도 프로그램 및 예능교육 프로그램, 청소년 자녀를 위한 단체생활학습 및 각종 활동 프로그램 등이 있다. 부부관계의 질을 향상시킬 수 있는 것으로는 레크리에이션이나 커뮤니케이션 향상 프로그램 등이 이용된다. 직장생활에서의 어려움에 대한 원조서비스로서 법률상담이나 생활상담전화도 들 수 있다. 현재 가족생활교육으로 실시하고 있는 프로그램은 영아돌봄자 파견, 가정도우미 파견 등을 들 수 있다.

맞벌이가족의 육아문제

앵 커 : 최근 맞벌이부부가 늘어나면서 아이를 돌봐줄 보모가 필요한 가정이 크게 늘어나고 있는데요. 자격증 제도는 물론이고 기본 소양교육을 받도록 하는 제도조차 없어 어린이를 가진 부모들의 걱정이 큽니다. 홍의정 기자의 보도입니다.

리포터 : 맞벌이를 하는 이모 씨는 중국 동포 출신 보모의 위생관념이나 태도 등에 불만이 있었지만 내색조차 할 수 없었습니다. 보모의 기분이 상하기라도 하면 부모가 없는 사이에 아기에게 나쁜 짓을 하지는 않을까 겁이 났기 때문입니다.

이모 씨 : 한번은 침대에서 애기를 떨어뜨리는 걸 봤는데 그냥 넘어갔어요. 나쁜 얘기라도 하면 나중에 애한테 해코지할까 봐…….

앵 커 : 지난 8일에는 보모 부부가 대소변을 못 가린다는 등의 이유로 3살 난 어린이를 폭행해 숨지게 한 사건이 일어났습니다.

이정원(안산경찰서 형사과 경사) : 피의자는 자격요건이 없었습니다. 생활광고지를 통해 자기의 부수입을 마련하기 위해서…….

리포터 : 보모의 아동학대와 관련한 끔찍한 사건들은 잇따라 일어나고 있습니다. 아기를 맡긴 부모들은 값비싼 비용도 문제지만, 무엇보다 믿을 수 있는 사람을 찾기가 어렵다고 합니다. 40대의 보모를 한 달 70만 원에 고용했던 김모 씨도 매일매일이 불안했습니다. 아기가 더 이상 웃지도 않고 풀이 죽어 있는 느낌을 받았기 때문입니다.

김모 씨 : 아내랑 막 소리 지르면서 싸우기도 하다 결국 6미리 카메라까지 침대 밑에 설치해서 보기까지 했어요.

리포터 : 믿을 만한 보모를 구하기가 워낙 어렵다 보니 응급처치 등 기본적 소양 검증마저 요구하기는 거의 불가능하다고 합니다. 보모소개업체도 단순히 유료 직업소개업으로 분류돼 전화기 한 대와 사업자 등록증만 있으면 영업이 가능합니다.

유 미(서울시가정위탁지원센터 소장) : 제도권으로 흡수해서 보모교육을 시켜야 한다고 생각합니다.

리포터 : 전문가들은 보모 자격요건으로 간염이나 결핵 등 건강진단과 기도가 막혔을 때나 다쳤을 때의 응급조치방법, 주민등록등본 등을 통한 신원 확인, 그리고 기본적 인성 등을 반드시 검증해야 한다고 지적합니다. 그러나 이를 검증할 만한 제도가 없어 결국 아기를 맡길 부모가 위험을 감수해야만 합니다.

출처 : KBS 2(2005. 11).

CHAPTER 06

외둥이가족과 가족복지

1. 외둥이 및 외둥이가족의 개념

외둥이(only child)의 사전적 의미에 의하면, 교육학대사전에는 "외둥이는 부부 사이에 하나밖에 없는 어린이"를 말한다. 물론 외아들일 수도 있고, 외딸일 수도 있다. 한국어 사전에 의하면, 외둥이란 외아들, 즉 형제가 없는 단 하나만을 일컫는다. 요즈음 저출산으로 아이가 하나인 가정이 늘어남에 따라 외둥이라는 용어를 더 즐겨 사용하고 있다. 따라서 외둥이란 남녀 형제의 구별 없이 가정에서 단 하나만 성장하고 있는 아동을 말하고, 형제아(sibling child)는 출생순위나 형제자매의 성별 구성과 상관없이 두 자녀 이상의 가정에서 성장하고 있는 아동을 말한다. 그리고 외둥이가족이란 아동의 성(性)에 관계없이 한 가정 내에 자녀가 한 명뿐인 가족을 말한다.

2. 외둥이가족의 현상과 이론적 관점

1) 외둥이가족의 현상

오늘날 전통적인 가정형태가 변화되고, 남녀 모두에게 교육의 기회가 균등하게 되었다. 이에 따라 가정 내에서만 활동하던 여성들이 가정 밖 사회의 성원으로서의 사회진출을 원하게 되어 여성들은 자녀를 적게 갖게 되고, 이에 대한 결과로 외둥이를 갖는 가정이 많아지고 있으며, 점차 외둥이는 보편화되어 가고 있다(그림 6-1 참고). 또한 가치관에 있어서도 개인의 행복과 삶의 질을 중시하는 쪽으로 변화되고 있어 자녀를 양육하는 데 있어서도 질을 중시하게 되었고, 한 명의 자녀나마 경쟁사회에서 뒤처지지 않게 키워야겠다는 욕구가 커짐과 동시에 세계 최고의 교육열까지 맞물려 저출산율을 가속화시켜 저출산과 외둥이가족이 증가하고 있다(한겨레신문, 2003). 특히 육아전쟁으로까지 표현되는 육아에 따른 경제적 부담과 사회제도 및 시설 미비는 자녀양육에 대한 부모의 부담을 가중시켜 출산을 기피하거나 한 자녀 출산을 선호하는 경향으로 가고 있으며(통계청, 2002; 매일신문, 2003), 이러한 현상에 관해 경제학적인 관점에서 학자에 따라 다음과 같이 언급하고 있다(도미향, 2005a).

- Malthus : 소득수준의 향상이 출산력을 높인다.
- Becker : 미시경제학적 관점에서 자녀 출산 행위를 본다. 소득이 높으면 자녀 출산도 높다.
- Muller : 전통적 농업사회에서 자녀효용이 크다. 사회발전에 따라 자녀효용이 감소, 투자비용 증대로 출산율은 저하된다.

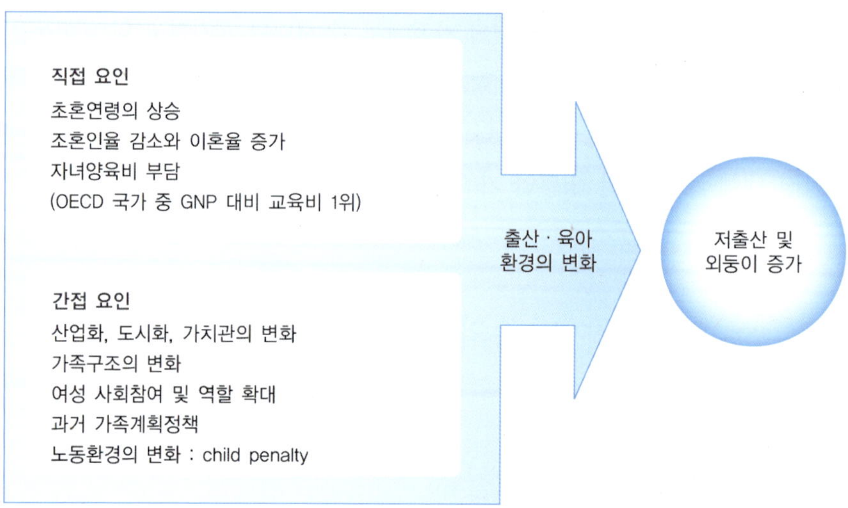

| 그림 6-1 | 저출산 및 외둥이 증대의 원인

출처 : 도미향(2005a).

이러한 측면에서 볼 때 가정경제가 어렵고, 자녀양육에 부담이 큰 현재 가정의 상황에서 자녀를 출산하기란 쉽지 않은 일이다. 2004년도 합계출산율(total fertility rate)은[1] 1.15로 OECD 국가의 평균인 1.6보다도 낮아 한국사회에 큰 충격을 주었으며, 정부로 하여금 가족복지정책에 관심을 갖도록 하는 계기가 되었다.

우리나라는 1960년 6명에서 1983년에 인구대체수준(population replacement level)인 2.1명보다 낮은 2.08명을 기록한 이래 인구증가억제정책의 성공과 경제사회 발전에 따른 국민의식 변화에 기인하여 1980년대 중반에서 1990년대 중반까지는 현재의 OECD 평균치와 유사한 1.6명 수준을 유지하다가 IMF 경제위기 이후 출산율이 급격히 감소하였다.

이에 따라 2009년 출생아 수는 44만 5천 명으로 전년보다 2만 1천 명이 감소하였으며, 합계출산율은 1.15명으로 감소하였다. 연령대별로 25~29세 모의 출생자 수가 전년보다 가장 큰 폭으로 감소하였는데, 이는 여자의 평균 초혼연령 상승의 영향으로 보인다(통계청, 2010). 통계청에 따르면 2016년 출생아는 40만 6,300명으로 2015년보다 7.3% 감소하였고, 출산율은 1.17명으로 경제협력개발기구(OECD) 35개 회원국 중 꼴찌를 기록하였다. 저(低)출산은 총인구 감소와 생산가능인구 감소로 국가의 잠재 경제성장률을 약화시키고, 후속 세대에게 재정 부담을 증가시키는 등 다양한 사회문제를 불러일으킨다. 2017년 합계출산율은 1.08명으로 인구대체수준인 합계출산율 2.1명에 한참 못 미치고 있다. 연령대별로 30대 초반 이하의 출산율은 감소세, 30대 후반 이상은 증가세를 보이고 있다. 따라서 대한민국은 현재 생산가능 인구가 감소하기 시작하여 인구절벽이 시작되었고, 2020년부터 생산가능인구가 매년 30만 명 이상씩 급감할 것이며 2029년부터는 인구가 자연감소하기 시작하여, 결국 2750년에는 '한국인'이 한 명도 남지 않게 되어 국가가 소멸할 것이라고 통계청은 예상하고 있다(통계청, 2017). 결국 이러한 자녀출산 통계를 보면 자녀를 평균 한 명을 낳는다는 것이고 그 아이들은 모두 외둥이라는 결론이다.

특히 결혼은 줄어들고 이혼은 늘어나고 있어 아이 낳을 부부의 절대숫자가 감소하고 있고, 결혼을 했다고 하더라도 아이를 늦게 낳으려는 만혼(晩婚)추세가 뚜렷해지고 있다.

---

1 합계출산율(total fertility rate)이란 한 여성이 가임기간(15~49세) 동안 평균 몇 명의 자녀를 낳는가를 나타내는 지표로서 출산력 비교를 위해 사용되는 대표적 지표

이와 같은 한국의 출산율 저하는 두 가지 점에서 서구 선진국과 다른 점을 가지고 있는데, 첫째는 출산율이 급격하게 감소하고 있다는 점이며, 둘째는 출산율 저하 등 가족구조의 급격한 변화에 대응한 종합적인 가족복지정책이 마련되어 있지 않으며, 이에 대한 준비도 미흡하다는 점이다.

이러한 변화는 자녀 출산에 관한 캠페인을 봐도 잘 알 수 있는데, 우리나라의 자녀 출산에 관한 캠페인의 변화는 다음과 같다. 저출산으로의 인구 변화는 이미 1980년대에 시작되었음에도 불구하고 정부에서는 1980년대까지 '아이를 낳지 말자'는 캠페인을 벌였다는 사실이고, 2000년대 이후에는 적극적으로 동생을 낳아달라는 캠페인을 벌이고 있지만 이미 때는 늦은 감이 있었다.

대한가족보건복지협회 선정 가족계획 표어의 변천

1960년대	"삼 년 터울로 세 자녀를 낳자"
	"덮어놓고 낳다 보면 거지꼴 못 면한다"
1970년대	"딸 아들 구별 말고, 둘만 낳아 잘 기르자"
1980년대	"하나씩만 낳아도 삼천리는 초만원"
	"잘 키운 딸 하나, 열 아들 부럽지 않다"
2004년	"혼자는 싫어요. 엄마 저도 동생을 갖고 싶어요"
	"한 자녀보다는 둘, 둘보단 셋이 더 행복하답니다"
	"하나의 촛불보다 여러 개의 촛불이 더 밝습니다"
	"자녀에게 물려줄 최고의 유산은 형제입니다"
2006년	"낳을수록 희망 가족 기를수록 행복 가득"

그리고 가정당 자녀 수 분포 현황을 보더라도 2007년에는 한 자녀 가정이 51.2%에 달하고 있어 외동이가 이제 출산한 자녀의 반 이상을 차지하고 있다.

〈표 6-1〉 가정당 자녀 수 분포 현황

구분	2000년			2003년			2005년			2007년		
	한 자녀	두 자녀	다자녀	한 자녀	두 자녀	다자녀	한 자녀	두 자녀	다자녀	한 자녀	두 자녀	다자녀
비율	45.3%	41.6%	13.2%	46.6%	40.4%	12.9%	49.0%	38.0%	13.0%	51.2%	36.5%	12.3%

출처 : 통계청(2009). 한국의 차별 출산력 분석. 통계개발원.

통계청에 따르면 한국의 소년부양인구비는 1960년 77.3으로 매우 높았지만 2018년에는 그 1/4 수준인 17.8로 감소하였다. 소년부양인구비[2]의 감소는 주로 출산 수준의 저하에 기인한다(표 6-2 참조).

〈표 6-2〉 부양인구비

(단위 : %)

	2008	2009	2010	2011	2012	2013	2014	2015	2016	2017	2018
부양 인구비	37.8	37.3	36.9	36.3	36.2	36.2	36.2	36.2	36.2	36.8	37.4
소년부양 인구비	23.8	22.9	22.0	21.2	20.6	20.0	19.4	18.8	18.2	18.0	17.8

출처 : 통계청(2016). 장래인구추계.

이상에서 볼 때 한국사회가 '한 가정 한 자녀' 시대에서 더 나아가 '한 가정 외동아들' 시대로 치닫고 있음을 보여준다. '하나만 낳는다면 아들'을 희망했던 부모들, 유아기, 청소년기의 양육과정을 거치며, 이제는 '하나뿐인 아들'을 어떻게 잘 키울 수 있을지 고민하는 추세이다.

2 생산가능연령층(15~64세) 인구에 대한 유소년인구(0~14세)의 백분비를 의미함

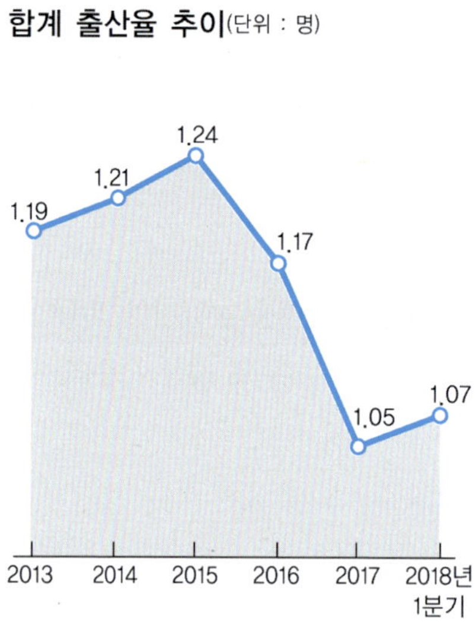

| 그림 6-2 | 합계출산율 추이

출처 : 통계청(2018).

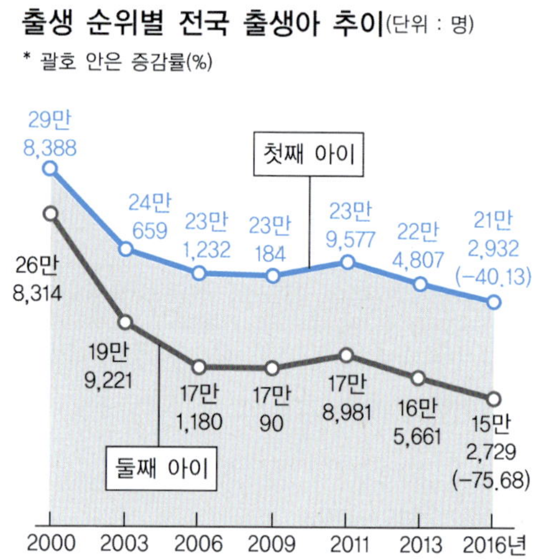

| 그림 6-3 | 출생순위별 전국 출생아 추이

출처 : 통계청(2018).

통계청에 따르면 2016년 둘째로 태어난 신생아 수는 15만 2,729명으로 2000년보다 75%(11만 5,585명) 줄었다. 같은 기간 전체 출생 신생아 수와 첫째로 태어난 신생아 수 감소율은 각각 56.19%, 40.13%였다. 15~49세 여성이 평생 낳을 수 있는 평균 자녀 수를 뜻하는 합계출산율은 올 1분기 1.07명에 그쳐 사상 처음으로 신생아 수 9만 명 선이 무너졌다. 결국 한 가정에 아이가 2명이거나 무자녀인 경우도 있겠지만 통계상 한 가정당 자녀 1명인 우리의 아이들은 상당수 외둥이인 시대에 접어들었다 해도 과언이 아니다.

미국에는 현재 2,000만의 외둥이가구가 있으며, 뉴욕 주 가구의 30%가 외둥이를 키우고 있다(www.onlychild.com). 이렇듯이 외둥이가족은 이제 무시할 수 없는 가족의 한 형태인 것이다. 이와 더불어 외둥이 연구가 중요한 이유는 아이 하나를 키우는 것이 여럿 키우기보다 더 어렵다는 사실 때문이다.

2) 외둥이가족의 이론적 관점

외둥이에 관련된 문헌들을 살펴보면, 외둥이가족에서의 아동의 발달 결과들을 설명해 주는 주된 심리적 과정을 다음과 같은 세 가지의 기본적 메커니즘으로 설명하고 있다(백경숙 외, 2003).

(1) 결핍 메커니즘

형제관계는 아동에게 결정적 학습경험을 제공하기 때문에, 외둥이는 형제의 부재로 인한 불이익을 경험하게 된다는 견해이다. 따라서 외둥이는 형제 있는 아동보다 불리하며, 부적응적 행동을 보인다는 것이 일반적인 생각이다. 특히 결핍 메커니즘은 외둥이 지능의 '비연속성'을 confluence model을 통해서 설명하고 있다(Zajonc & Markus, 1975).

confluence model은 아동의 지적 발달에 유의하게 영향을 미치는 가족 내 요인으로서 두 가지의 구성요소, 즉 가족의 지적 환경요인과 형제의 가르치는 요인(sibling tutoring factor)을 들고 있다. 이 모델에 따르면, 어른이 둘 있고 어린아이가 한 명뿐인 외둥이의 경우가 지능에 있어서는 가장 높을 것으로 가정되지만, 한편으로 외둥이와 막내인 경우에는 어린 동생을 가르칠 기회가 없기 때문에, 지적 발달에 도움이 되는 기회를 상실하는 불이익을 경험하게 된다는 것이다. 따라서 외둥이의 경우, 아동 초기에는 두 자녀 가정의 아동보다 지능검사 점수가 높으나, 이러한 상태는 형제가 서로를 위한 지적 자원으로 쓰이게 되는 아동기, 청년기 동안에 점차 역전하여, 성인 초기가 되면 외둥이가 두 자녀 가정의 맏이보다 낮은 점수를 보인다고 주장되고 있다.

(2) 독자성 메커니즘

이 메커니즘은 외둥이가 경험하게 되는 '독자성'을 강조하고 있다. 즉, 외둥이는 첫째 혹은 막내와 어떤 점에 있어서는 상당히 유사한 경험을 공유하지만, 한편으로는 그들과 전혀 다른 경험을 한다는 것이다. 예를 들면, 외둥이는 동생으로 인해 자기의 지위에서 쫓겨나는 일이 없다는 점에서는 막내와 유사하나, 태어나서 몇 년 동안 부모의 전적인 관심을 받는다는 점에 있어서는 맏이와 유사하다. 또한 외둥이는 다른 아동과 달리, 외둥이라는 그 자체로서 전 가족의 크기를 대표하기 때문에 독자적이다.

독자성 메커니즘을 주장하는 연구자들은 외둥이 발달에 있어 자기중심성과 같은 부정적 측면과 함께, 리더십과 같은 긍정적인 측면도 함께 설명하고 있다.

(3) 부모-자녀관계 메커니즘

위에 제시되었던 두 가지의 메커니즘은 외둥이의 위치 자체에 초점을 맞추어 설명을 하고 있는 반면에, 부모-자녀관계의 메커니즘은 특별히 부모-자녀 간의 '상호작용적' 측면이 아동의 발달에 미치는 영향력을 강조하고 있다.

예를 들면, 외둥이와 맏이는 적어도 일정 기간 동안은 부모에게 외둥이로서, 혹은 맏이로서 혼자 길러지고, 이때 부모들은 아동양육에 대한 경험이 전혀 없기 때문에 더욱 불안하게 되고, 따라서 아동의 행동에 대해 더 민감하게 반응하거나 비현실적이 된다. 이러한 부모-자녀관계는 부모의 충분한 관심과 배려로 아동이 자신감을 얻도록 하며, 첫아이에 대한 부모의 높은 기대수준은 아동의 성취동기에 영향을 미치게 된다. 따라서 이것이 외둥이나 맏이로 하여금 더 우호적이게 하고, 성취동기나 내적 통제력을 향상시키는 요인이 된다고 본다(Falbo, 1984).

일반적으로 부모의 지나친 애정이나 관심은 아동 스스로 능동적 역할을 학습할 기회를 박탈하기 때문에, 아동에게 의존성이나 이기심과 같은 부정적 결과를 야기한다고 알려져 왔으나, 최근의 연구들은 부모의 관심이 아동의 지적 발달이나 성취에 있어서 긍정적 결과를 가져온다고 강조하고 있다(Blake, 1981; Falbo & Cooper, 1980).

3. 외둥이가족의 아동 특징과 문제

1) 외둥이의 일반적 특성

외둥이의 특성을 살펴보기 위해 먼저 외둥이의 장단점을 살펴보면 다음과 같다.

(1) 외둥이의 장점

외둥이는 부모를 동료의식을 나눌 상대로 여기거나 놀이터의 친구들을 즐겁게 하는 것보다 부모를 기쁘게 하는 데 주력한다. 또 부모와 동일한 행동을 하고 동일한 가치관을 가짐으로써 그들을 만족시키려 하는 경향이 있다.

Hurlock은 외둥이가 형제가 없기 때문에 사회성이나 인간적인 면의 발달이 더딜 우려는 있으나 형제간의 경쟁심이나 질투에 의해 성격이 비뚤어지게 될 가능성이 적은 장점도 있다고 하였다(서희정, 1995). Tony Falbo는 외둥이 집단과 형제아 집단의 개인 성격을 비교한 결과, 외둥이 집단이 오히려 성취욕 및 자존심 항목에서 좋은 점수를 받았다고 보고하고 있다(변은수, 1990).

(2) 외둥이의 단점

외둥이와는 달리 형제자매가 있는 경우 아동은 서로에게 지지자, 치료자의 역할을 하는데, 특히 조화롭지 못한 가정에서 중요한 지지를 제공한다. Azmitia와 Hersser(1993)의 연구에서 일반적으로 손위 형제는 교사와 보호자의 역할을 하고, 동생은 학습자와 추종자의 역할을 담당한다고 보고하고 있어서 형제 유무가 개인의 발달에 미치는 영향을 강조하였다. 그래서 Gardner 등은 외둥이는 모든 면에서 장애를 가지며, 외둥이는 형제아가 지닌 동일한 적응능력을 갖고 인생을 살아갈 수 있으리라 기대할 수 없다고 했다(김재은, 1997).

따라서 외둥이는 혼자 생각하는 것처럼 자신만이 특별하거나 중요한 사람이 아니라는 것을 가르쳐 줄 형제자매가 없다는 점에서 사회적으로나 정서적으로 미숙하여 외롭고 제멋대로 성장할 가능성이 크다고 여긴다. 이와 같이 외둥이는 형제아보다 더 자기중심적이고 덜 협동적이며 환경에 잘 적응하지 못할 것으로 인식되어 왔다. 이는 형제관계는 아동에게 결정적 학습경험을 제공하기 때문에 형제의 부재로 인한 불이익을 경험하게 된다는 견해이다(송나리, 1995).

이상과 같이 형제의 유무에 의한 영향을 제각기 다르게 보고하고 있지만, 근래에 와서는 외둥이에 대한 기존의 생각들이 크게 바뀌고 있다. Boney는 "형제 있는 사람의 전형적인 모습을 말할 수 없는 것처럼, 외둥이의 전형적인 형태라는 것도 있을 수 없다"라고 하였다(대한가족계획협회, 1986). 따라서 형제의 존재 또는 부재가 인성발달에 어떤 역할을 미친다고 하더라도 결정적인 것은 될 수 없으며, 오히려 외둥이가 인격적으로 성숙하고 잘 적응된 사람으로 발달하는 것은 형제의 존재에 의해서가 아니라 가장 가까이 있는 부모의 양육태도에 따라 좌우된다는 것이 가장 최근의 주장들이다(도미향, 2005).

(3) 외둥이가족의 문제

한 자녀의 가정이 증가함에 따라 학자들은 외둥이가 비정상적이고, 바람직하지 못한 인성과 사회적 행동을 갖는 것으로 보는 견해를 지배적으로 나타내었다. 예를 들면, 중국의 경우 1979년부터 '1가구 1자녀 정책(one child per family)'을 시행함에 따라 외둥이들의 과보호에 의한 이기적 행동 등에 대해 '소황제(little emperor)'라고 지칭하였고, 이에 대한 많은 연구가 진행되었다. 즉, 형제자매와의 관계에서의 다양한 경험은 아동의 성장·발달에 중요한 의미를 가지며, 형제와의 상호작용을 통해 타인의 느낌과 의도, 그리고 사회의 규칙을 이해하게 되는 등의 중요한 사회적·인지적 기술을 습득한다(이지선·유안진, 1994)는 이유로 형제자매가 없는 외둥이에 대한 부정적 견해들과 연구들이 많았다. 또한 외둥이는 부모의 과잉보호적 양육태도와 불안의 요소가 있기 때문에 이기적이거나 의존적인 행동 특성을 야기하는 사회정서 발달에 문제가 있다고 여겼다(김재은, 1997; 송나리, 1993; 정승길, 1996; 조진선, 1999).

그러나 최근에 와서는 외둥이와 형제아 사이에 사회정서 발달에는 차이가 없다는 결과들이 나타나고 있다(송나리·박성연, 1993). 그리고 만약 형제의 존재 혹은 부재가 아동의 사회정서에 영향을 미친다고 하더라도 형제 유무 그 자체가 결정적인 것이 될 수 없으며, 오히려 외둥이에 있어서는 그들 부모의 양육태도에 따라 좌우된다는 주장이 제기되고 있다(서희정, 1995).

외둥이 키우기

사례 1 : 저출산 문제가 한국사회의 화두다. 세 집 건너 한 집은 외둥이를 둔 가정일 것이라는 말이 나올 정도다. 외둥이를 둔 가정은 아이가 가족의 중심이 되는 경우가 많다. 모든 기대와 사랑을 한몸에 받는다. 그러다 보니 "외둥이는 고집이 세다. 사회성이 떨어진다. 자기 것만 안다. 외롭다"는 선입견이 있다. 하지만 부모 입장에서는 혼자 노는 아이를 보면 미안하고 안쓰럽다는 마음이 들 때가 많다. 나 또한 외동아들을 둔 부모로서 걱정과 미안한 감이 드는 동시에 어떻게 키워야 할까 하는 고민이 든다. 그러나 "외둥이에 대한 편견은 타당성 없다", "또래가 아닌 어른인 부모와 소통이 많아 언어 능력이 빨리 발달하며, 부모가 시간·경제력·관심 등을 한 아이에게 집중할 수 있는 장점도 있다"는 연구결과도 많다.

출처 : 서울경제(2018. 6. 2).

사례 2 : 전자업종에 근무하는 정모(30·여) 씨는 낳은지 4개월 된 딸에게 매달 200만 원가량을 쓴다. 약 150만 원의 '아이 돌보미' 비용에 분유, 기저귀 값 등에 그 정도가 들어간다. 아파트 전세대출 이자로 60만 원까지 내면 월급 봉투가 순식간에 홀쭉해진다. 정 씨는 "원래 아이를 둘은 낳으려 했으나 지금도 벅차서 둘째는 낳지 않기로 했다"고 말했다.

출처 : 세계일보(2018. 6. 26).

사례 3 : 평소 아들 하나, 딸 하나를 꿈꾼 손모(42) 씨는 8살짜리 아들 하나로 만족하고 산다. 유통업계 종사자인 손 씨 부부는 아이가 어릴 적 직장에서 경력관리에서 뒤처질 수밖에 없었다. 장기간 집을 비워야 하는 중요한 출장이나 거래처 약속을 못간 것이다. 그는 "둘째를 낳아 같은 상황을 되풀이한다는 게 부담스럽다"고 털어놨다.

출처 : 세계일보(2018. 6. 26).

위의 사례는 외둥이 키우기의 실태와 문제에 관한 일면을 보여주는 것이다. 이와 같이 '둘째'가 사라지고 있다. 아이를 낳기로 한 부부는 아이를 위해서라도 외동으로 키우기보다 둘 이상은 낳으려고 한다. 한국보건사회연구원이 2016년 발표한 '가족 변화에 따른 결혼·출산행태 변화와 정책과제'에 따르면 맞벌이 부부가 생각하는 이상적 자녀 수는 2.21명으로 나타났다. 외벌이 보다 경제적 여유가 있어서인지 외벌이 부부가 생각하는 이상적 자녀 수 2.19명보다 많다. 그러나 현실은 다르게 맞벌이 부부의 실제 출생아 숫자는 1.75명에 그쳤다. 직장생활을 위해, 양육 부담 탓에 둘째 갖기를 단념한다. 아이를 '안 낳는' 사회에서 '못 낳는' 사회로 바뀌고 있다는 지적이다.

이상에서 볼 때 현재의 심각한 저출산율 추세 속에 외둥이가족은 더욱 증가하게 될 것이 당연하며 외둥이가족에 대한 대책 마련이 필요하다. 외둥이의 올바른 성장을 위해 발달 특성에 관한 이해와 더불어 그에 맞는 부모교육 및 훈련 프로그램과 함께 맞벌이 외동이 아동을 위한 놀이 및 학습, 여가활동 지원서비스 및 프로그램 개발 등도 필요하다.

2) 외둥이의 발달에 영향을 미치는 요인

외둥이의 발달을 설명하기 위해서 앞서 제시되었던 심리적 메커니즘 이외에, 특히 최근에 들어서는 외둥이의 발달에 영향을 미치는 그 밖의 다른 요인들에 관심이 모아지고 있다. 즉, 과거 심리학자들이나 정신병리학자들에 의해 과학적 증거 없이 주장되어 왔던 외둥이에 대한 부정적인 편견은, 이론에 기초한 보다 과학적 연구들이 축적됨에 따라 다시금 재검토되고 있다. 다시 말하면, 외둥이의 발달결과에 부가적으로 영향을 미칠 수 있는 요인들이 차례로 밝혀지면서, '진정한 형제 유무에 따른 차이'를 설명하기 위해서는 이러한 요인들 또한 중요하게 고려되어야 한다는 주장이다.

(1) 부모의 특성

'아버지의 부재' 혹은 '부모의 높은 관심' 등이 외둥이와 형제아 간의 차이를 설명해 줄 수 있다.

첫째, 우선은 형제아에 비하여 외둥이는 한부모일 가능성이 더 높은데, 따라서 이것이 외둥이의 발달적 결과에 크게 영향을 미칠 수 있다. 특별히 Falbo(1978)는 외둥이 지능의 비연속성을 설명할 때, 이것은 결핍 메커니즘에 의해서라기보다는 '아버지의 부재'로 인한 영향력 때문임을 강조하고 있다. 왜냐하면 외둥이의 경우, 사별이나 이혼 등에 의한 결손가정(broken home)에서 더 많이 발생하기 때문이다(Blake, 1981). 따라서 최근의 연구들은 외둥이와 형제아 간의 행동발달을 비교할 때, 외둥이의 수행능력이 부정적인 것은 단순히 외둥이이기 때문이 아니라, 외둥이가 발생하게 되는 배경변인에 의한 영향임을 간과하지 않고 있다(Blake, 1981; Claudy, Farrell, & Dayton, 1979; Mandnick, Baker, & Hocevar, 1985).

둘째로는 부모-자녀관계의 성질이 또한 외둥이의 발달에 영향을 미칠 수 있다. 즉, 외둥이의 경우에는 '높은 부모의 관심'을 경험하게 된다. Kidwell(1978)과 Lewis와 Kreitzberg(1979)에 따르면, 외둥이의 부모들은 자녀에게 더 높은 수준의 관심을 기울임으로써 외둥이가 부모를 더 애정적으로 인식하고 높은 부모-자녀 간의 상호작용을 경험하게 된다고 한다. 따라서 이렇게 외둥이는 부모와 더욱 긍정적인 관계를 형성함으로써 보다 바람직한 발달결과를 기대할 수 있다. 이와 같은 사실은 특히 Falbo와 Poilt(1986)의 보고에 의해 지지되고 있는데, 이들은 외둥이와 형제아 간의 발달결과를 다섯 영역(성취, 적응, 성격, 지능, 사회성)으로 구분하여 고찰한 결과 외둥이가 두 자녀 혹은 맏이와는 유의하게 다르지는 않았으나, 대가족 자녀와 비교했을 때는 더 우수함을 발견하였다. 따라서 이러한 결과는 소가족인 경우의 부모-자녀관계의 성질, 특별히 부모-자녀 간의 상호작용을 통한 메커니즘으로서 가장 잘 설명될 수 있다.

(2) 외둥이의 특성

① 사회정서 발달 특성

외둥이의 사회성 발달을 연구한 견해들은 그 차이가 다음과 같은 형제자매의 부재, 부모의 양육태도, 자녀의 성, 사회계층과 같은 변인들과 관계되었다.

지금까지의 외둥이의 사회정서 발달에 관한 연구는 출생순위나 가족 크기의 영향을 연구하면서 다루어져 왔는데, 이러한 외둥이의 사회정서 발달에 관한 연구들은 문화나 측정방법에 따라 서로 다른 결과를 제시하고 있다. 초기 연구들은 외둥이가 사회생활에 잘 적응할 수 있느냐에 관심을 가졌다. 외둥이 갖기를 정책적으로 추진하고 있는 중국의 학령 전기나 학령기 아동을 대상으로 실시한 연구는 외둥이인 경우 사회성에 있어서 상당히 부정적(정승길, 1996)이라고 본 반면, 우리나라의 외둥이에 관한 연구는 일관된 결과가 나타나지 않았다. 즉, 외둥이와 형제아의 사회정서 발달은 서로 별 차이가 없는 것으로 나타난 연구결과(김정아, 1990; 송나리 · 박성연, 1993)와 여전히 형제아의 사회성이 더 높은 것으로 나타난 연구결과도 있다(김병태, 1997; 정유자, 1999). 또한 외둥이가 형제아보다 사회성과 정서적 안정성이 떨어지며(류향자, 1999), 이시형(2000)에 따르면, 외둥이는 외톨이가 될 확률이 형제아의 가정보다 훨씬 많아 외톨이 중에서 17.4%가 외둥이인 반면, 친구가 많은 학생 중 외둥이인 경우는 8.6%에 불과한 것으로 나타났다(동아일보, 2003. 6. 17).

도미향과 윤지영(2004)의 연구에서 보면, 외둥이의 사회정서 발달의 특징은 형제아가 외둥이보다 호기심이 더 많고, 여자외둥이가 남자외둥이보다 호기심이 더 많은 것으로 나타났다. 이는 아동의 성별에 따른 사회성은 통계적으로 유의한 차이를 나타냈으며, 여아가 남아보다 더 높은 사회성 점수를 나타냈다는 연구결과와 일치한다(조성호, 1998).

사회계층에서는 하류층의 아동이 중상류층의 아동보다 내적 통제성이 더 높았고, 중하류층의 아동이 중상류층의 아동보다 성취동기와 호기심이 더 많은 것으로 나타났다. 이는 외둥이의 부모 양육태도와도 연관되는 것으로서, 부모의 성취적 양육태도가 여자 외둥이의 사회정서 특성에서 성취동기와 호기심을 발달하게 한 것이라고 볼 수 있다. 그리고 Endsley(1979)는 높은 권위를 가진 부모보다는 낮은 권위를 가진 부모가 아동과 더 자주 상호작용을 하고 있고, 아동에게 더욱 긍정적 영향을 나타내며, 더 많은 탐색활동을 할 수 있도록 격려한다고 밝힌 연구와 일치한다.

또한 외둥이나 형제아 모두 남자아동이 여자아동보다 호기심이 더 많고, 내적 통제성이 더 높은 것으로 나타났다. 이것은 부모의 양육태도 중, 특히 아버지의 양육태도가 남아에게 더 애정적이고 성취적인 양육태도를 보이는 것이 아동의 발달 특성에서도 자연스럽게 나타나는 결과라고 할 수 있다. 이는 다시 말해, 아버지의 양육태도의 중요성을 시사해 주고 있는데, 아버지는 어머니와는 다른 경로로 자녀의 사회정서 발달에 유익한 영향력을 미친다고 할 수 있다. 그래서 많은 학자들은 점차 아버지의 역할 수행 및 참여가 자녀의 성격, 인지발달, 사회성 발달 및 성취동기에 미치는 긍정적 영향에 관심을 돌리게 되었다(송성옥, 1997; Lamb, Pleck, & Levine, 1985).

외둥이의 배경변인별로 사회성이 차이가 있는지를 검증한 결과 아동의 성별에 따른 사회성은 통계적으로 유의한 차이를 나타냈으며, 여아가 남아보다 더 높은 사회성 점수를 나타냈다. 부의 학력별로 아동의 사회성은 통계적으로 유의한 차이를 보였는데, 부의 학력이 높을수록 사회성의 하위요소인 근면성, 자율성, 사교성이 높은 경향을 보였다(조성호, 1998).

한편 외둥이와 형제아 간의 사회정서 발달의 차이와 함께 외둥이의 '성'에 따른 사회성 발달의 차이에 관심을 둔 연구들도 많은데, 남아에 비해 여아인 경우의 사회성 발달이 더 높은 것으로 보고되고 있다(조성호, 1998).

② 외둥이의 성취수준 및 지적 발달

㉠ 성취수준

'성취수준'에 관한 연구결과들은 외둥이와 소가족 아동, 특히 맏이인 경우에 보다 긍정적 발달이 있음을 보고하고 있다(백경숙 외, 2003).

부모의 높은 기대수준은 아동의 성취동기의 발달을 촉진시키는데, 성취동기란 가족들이 비교적 초기에 그들 아동에게 높은 기준을 제공함으로써 생겨나는 것으로 생각된다. 그러므로 이러한 경우는 맏이와 외둥이의 부모에게 적용될 수 있다. 왜냐하면 이들은 아동양육에 대한 경험이 없기 때문에 일반적으로 아동에게 훨씬 더 많은 기대를 할 것으로 추측되기 때문이다(Falbo, 1981).

Blake(1981)는 성인남성을 대상으로 한 연구결과에서, 외둥이가 대가족의 경우보다 교육정도나 직업지위에서 높은 수준에 도달했음을 밝혔으며, Falbo(1981) 역시 대학생 외둥이와 맏이가 다른 출생순위의 대학생보다 교육적 열망을 높게 나타냈다고 했다. Ching(1982)은 3세부터 15세까지의 중국아동을 대상으로 한 조사에서, 38명의 외둥이 가운데 32%(형제아 가운데에서는 19%)가 학업성취에서 우수하다고 판단하여 성취에 있어서의 외둥이의 우수성을 지적하였다.

따라서 가족의 고조된 관심이 수행에 대해 기대를 부추기고 성취를 부추기고 성취를 보상하며 자극하기 때문에, '성취'에 있어서는 외둥이의 경우 형제가 없다는 것이 결함이 된다기보다는 가족의 높은 기대수준으로 인한 긍정적 결과를 예측할 수 있다.

한편 '성취수준'에 있어서 외둥이의 우수함은 나이 든 아동일수록 더욱 두드러지는 것으로 나타나(Falbo & Polit, 1986), 연령이 중재변인으로 작용함을 시사하고 있다. 이는 자녀가 한 명일 경우에는 연령의 증가에 따라 가족의 재정적 자원으로부터 더 많은 혜택을 받을 수 있기 때문에 이것이 더 높은 교육과 성취를 이끌어 내는 경험을 하도록 하기 때문인 것으로 설명되고 있다.

㉡ 지적 발달

'지적 발달'에 있어서는, 외동이에 관한 연구들은 일관된 결론을 내리지 못하고 있다. Belmont와 Marolla(1973)가 네덜란드에서 19세 남성을 대상으로 출생순위, 가족 크기, 지능의 관계를 살펴보았을 때, 맏이와 소가족(1~3명) 자녀의 경우는 가장 높은 점수를 얻은 반면, 외동이는 그렇지 못했다.

반면 청소년기의 아동을 대상으로 한 Zajonc와 Markus(1975)는 외동이가 다른 순위의 아동보다 낮은 지능지수를 나타낸다고 보고하였으며, 4~7세 외동이의 지능지수를 조사한 Brackbill과 Nichol(1982)은 다른 순위의 아동과 유의한 점수 차를 발견하지 못했다.

한편 중국아동을 대상으로 한 Ching(1982)의 연구에 의하면, 3~15세 아동 가운데 외동이가 같은 연령의 형제아보다 상상력, 언어능력, 모방력, 생산적 사고 등에서 높은 점수를 나타내 외동이의 지적 능력이 우수하다고 하였다.

특히 Zajonc(1976)는 confluence model을 제시하여, 외동이는 동생을 가르칠 기회가 없기 때문이라기보다는 다른 요인, 즉 외동이는 한부모가족에서 더 많이 발생하기 때문에, 이것이 외동이의 지적 발달에 부정적으로 영향을 미쳤을 것이라고 제안하였다. 이 지적은 Claudy, Farrell과 Dayton(1979)의 연구에서도 확인할 수 있었는데, 이들은 고등학생을 대상으로 한 종단적 연구를 시행한 결과, 결손가족에 의한 영향력을 통제했을 때 외동이가 두 자녀 가족의 아동보다 인지적 수행 면에서 더 우수함을 발견하였다.

그 후 Falbo와 Polit(1986)는 광범위한 외동이 연구들을 종합하여 정교한 양적 분석을 시도하였는데, 지능에 관련된 연구결과들을 종합 분석한 결과, 외동이가 비외동이보다 지능이 높다고 결론지었다. 즉, 외동이는 모든 다른 비교집단에 비해 지능지수에서 보다 긍정적 발달을 보였으며, 특히 두 자녀 가족(소가족)보다는 대가족이나 중간 크기의 가족에 대해 이러한 현상이 두드러졌다고 분석하였다.

연령에 따라서는 '성취수준'과 달리, '지능'의 경우에는 외동이의 우수성이 어렸을 때 더 두드러지는 것으로 분석되었다. 이같이 외동이의 이점이 연령과 더불어 점점 감소한다는 점에서 볼 때에는, confluence model이 어느 정도 지지된다고도 볼 수 있으나 이러한 결과는 Falbo와 Polit(1986)가 지적하였듯이 형제의 가르침의 효과가 극대화되어 표현된다는 성인 초기를 대상으로 한 연구들의 피험자가 적었기 때문일 수도 있다. 또한 모든 연령층에서 외동이가 비외동이보다 지적 발달이 우수하였기 때문에(Falbo & Snell, 1984), confluence model의 타당성은 의문시되고 있다(박성연, 1990).

4. 외동이가족의 부모 양육태도

1) 외동이가 지각하는 부모 양육태도

(1) 부모-자녀관계에 관한 견해

부모의 양육태도를 아동의 입장에서 볼 때 부모의 실제 양육태도와는 달리 지각될 수 있다. Schaefer(1965)는 부모의 실제 행동보다 부모의 양육태도에 대한 지각이 자녀의 적응에 더 큰 영향을 미칠 것이라고 하여 아동이 지각하고 있는 부모의 양육태도는 중요한 의미를 갖는다고 하였다. 일반적으로 부모의 양육태도를 애정적・자율적으로 지각한 집단이 절대적・통제적이라고 지각한 집단보다 좋은 적응력을 나타냈다(유영희, 1980).

외동이는 가정에서 부모-자녀관계가 유일한 초기 사회화의 수단이 되며, 형제아의 부모-자녀관계와는 다른 특성을 가진다. 형제아는 또 다른 형제의 출생으로 새로운 관계가 첨가되어 부모 태도의 미묘한 변화를 겪게 되지만, 외동이는 부모관계의 변화보다는 지속적으로 많은 관심과 주의를 받게 된다. 지금까지 외동이에 대한 부모-자녀관계는 학자들마다 달리 해석되고 있다(도미향, 2005b).

① 긍정적 견해

긍정적으로 보는 견해는 외동이는 부모의 충분한 관심과 물질적・정신적 배려 및 기대를 한 몸에 받기 때문에 자신감이 있고 자존심도 높으며, 성공에 대한 집착도 커서 성공할 가능성이 높다고 하였다.

② 부정적 견해

외동이에 대한 부정적 견해를 살펴보면, 외동이는 형제자매가 없으므로 외동이에게 관심이 집중되고 자녀의 행동을 엄격하게 규제하거나 모든 주위 환경으로부터 과보호를 받기 쉬운데, 이러한 영향으로 자녀는 책임감이 없으며 자기 본위이고 사회성이 결핍될 수 있다. 또한 무슨 일이든 혼자서 자유롭게 할 수 있는 기회가 많지 않을 뿐만 아니라 무엇이나 성인의 지시를 받아서 하기 때문에 어떤 일을 하든지 간에 부모에게 의존하는 성격을 형성하는 원인이 된다고 하였다(박인전 외, 2003).

(2) 사회인구학적 배경과의 관계

① 부모의 사회경제적 지위

외둥이와 두 자녀 이상 어머니의 양육태도를 연구한 김진남(1987)은 외둥이 어머니가 두 자녀 이상의 어머니보다 애정적이고 수용적인 태도를 취하고 있는 반면에, 민주적이고 자율적이고, 과보호나 자녀중심적 태도에서는 어떠한 차이도 나타나지 않는다고 하였다. 또한 외둥이 어머니의 양육태도는 교육 정도가 높을수록 더 과보호적인 태도를 취하고, 낮을수록 자유방임에 치우쳐 있다고 하였으며, 사회경제적 지위가 높을수록 과보호하고 자녀중심적 태도를 취한다고 하였다.

그러나 다른 연구에서는 외둥이나 형제아 모두 중하류층의 아버지가 상류층의 아버지보다 더 애정적 양육태도를 보이고, 중하류층의 어머니가 중상류층의 어머니보다 더 합리적 양육태도를 보이는 것으로 나타났다(도미향 외, 2004). 이것은 사회계층이 높을수록 부모의 양육태도가 수용적이고, 자녀교육에 관심을 많이 가지는 것으로 밝히고 있는 기존의 연구들(김이수, 1997; 최은석, 1997)과는 다른 결과로, 부모가 사회계층이 높을수록 가정 이외의 사회생활에서 더 많은 활동과 시간을 보내기 때문에 자녀에 대한 관심과 시간을 내는 것이 더욱 어려울 수 있다는 점과 무조건적 허용이 아니라 이성적 판단에 따른 양육으로 인해 아동이 부모를 보다 덜 애정적으로 지각할 수 있다고 유추할 수 있겠다.

② 외둥이의 성별

도미향 등(2003)의 연구에 따르면, 아버지 양육태도에서 형제 수에 따라 유의미한 차이는 나타나지 않았지만 아버지는 외둥이에게 더 애정적 양육태도를 보이고 있으며, 어머니 양육태도에서는 형제 수에 따라 유의미한 차이가 나타나지 않았다. 그러나 유의미한 차이는 없지만, 어머니는 외둥이에게 더 애정적이고, 통제적인 양육태도를 나타냈으며,

외둥이와 형제아의 부모양육 특성을 살펴본 결과, 아버지와 어머니 양육태도 모두에서 유의미한 차이가 나타나지 않았다. 그리고 아버지와 어머니 모두 남자외둥이보다 여자외둥이에게 더 성취적 양육태도를 보였고, 형제아의 경우는 남아에게 성취적 양육태도를 나타냈다.

그리고 Deluies(1987)는 4세, 8세, 16세 아동의 아버지 176명을 아동의 연령에 따라 아버지 양육 실제, 태도, 아버지의 역할 참여와 만족을 평가한 결과, 성별에 따른 아동양육 실제에 있어서는 아들보다 딸에게 더 수용적이고 덜 통제적이라고 하였다(조성자, 1996).

이것은 하나뿐인 자녀가 여자일 경우 아들 못지않게 잘 키우겠다는 의지로서 부모 모두가 딸에게 적극적으로 활동하도록 지원하고, 새로운 일이나 경험을 가지는 것에 대하여 지지하고 격려하기 때문이다. 실제로 양동두(1993), 유경순(1987)의 연구결과에서 여자외둥이가 남자외둥이보다 사회성이 더 높은 것으로 나타난 것도 이와 같은 결과와 동일하다고 볼 수 있다. 이는 과거와는 다르게 여성의 사회진출이나 사회적 지위가 향상되는 사회적 분위기의 변화도 큰 영향을 준 것으로 볼 수 있다.

그러나 형제아의 경우는 아직도 남아에게 부모 모두가 성취적 양육태도를 보이고 있다는 점에서 사회적 변화의 영향력이 전통적 가치관을 뛰어넘지 못하고 있는 실정이라고 설명할 수 있다. 이것은 외둥이의 비율이 남아가 여아보다 많다는 것을 통해서도 확인할 수 있다.

2) 외둥이에 관한 부모의 관점과 양육태도

외둥이에 대한 고정관념은 많은데, 사회성이 부족하고 버릇이 없고 소심하고 이기적이라는 것, 게다가 형제자매가 있으면 자연스럽게 배울 수 있는 경쟁과 타협, 공격과 후퇴, 그리고 승리와 패배를 인정하는 것 등을 배울 기회도 없다고 염려한다. 그러나 외둥이에 대한 편견과 오해를 정확한 예언으로 만들어버리는 것은 외둥이라는 사실 그 자체가 아니라 부모들의 태도와 행동이다. 부모는 아이에게 '불리'한 여건을 '보상'하기 위해 애정과 관심, 재산을 쏟아 붓는다. 그리고는 아이가 모든 분야에서 빛을 발하는 '슈퍼 차일드'가 되길 원한다. 때로는 "외동아이라서 저래"라는 말을 듣지 않기 위해 과민반응하기도 한다(정지인 역, 2004; 중앙일보, 2004. 11. 13).

> "때로 저 아이를 보면 슬프지 않으세요? 혼자서만 저렇게 지내면 너무 외로울 것 같아요."
> 외동아이를 키우는 부모들이 흔히 듣는 얘기다.
>
> "○○는 쉬는 시간에 아이들이 불러주기만을 기다려요. ○○는 외동아이지요?"
> 학교 선생님이 이렇게 말한다.

Maccoby는 아버지는 아들에게 어머니는 딸에게 더 허용적이고 긍정적인 태도를 보인다고 하였고, Buss는 가정 안에서 아버지가 아들에게 딸의 두 배나 많은 긍정적 반응을 한다고 보고하였다(김기련, 1991 재인용).

이와 같이 부모는 자녀에 대해 성별에 따라 다른 성취기대와 자율성, 독립성을 강조하고 있다. 그러나 이러한 차이가 외둥이와 형제아에 대해서는 직접 적용되지 않았으나, 이들 외둥이의 경우도 성별에 따라 부모에 의해 다르게 취급받을 것으로 가정할 수 있다.

외둥이의 부모는 아이가 영재 또는 천재라고 여기기 쉽다. 아이가 자신의 행동모델인 부모의 말투, 행동을 흉내내는 것을 보고 다른 아이들보다 머리가 좋다고 간주하는 것이다. 한 연구에서는 외동아들 엄마의 상당수가 "외동딸을 두었다면 외동아들보다 훨씬 마음 편하게 키울 수 있었을 것 같다"고 밝히고 있다. 이는 "부부의 노후를 아들에게 맡길 생각은 전혀 없지만 아무래도 아들을 '객관적 기준'에 비춰 성공한 사람으로 만들고 싶기 때문"일 것이다. 이러한 "우리나라 부모들은 여전히 딸에 비해 아들에 대한 기대 수준이 높은 만큼 아들에 대해서는 더 많은 통제를 한다. 반면 딸의 경우 본인의 의사에 따라 자유롭게 키우려는 성향이 강하다". 외동아들 엄마가 외동딸 엄마보다 아이를 더 '아픈 손가락'으로 생각하게 되는 경향은 전적으로 부모의 양육 스트레스 차이 때문이라는 분석이다(정지인 역, 2004). 외둥이 자녀의 양육 시 고려할 점은 다음과 같다.

- 세상에 적용되는 보편적 규범을 올바르게 전달
- 자신의 내면에 있는 가치를 찾을 수 있도록 방향 제시
- 스스로 생각하여 문제를 해결할 수 있도록 기회 제공
- 타인의 기대에 부합하고 싶은 동기를 갖게 되도록 사회 속에서 공존할 수 있는 법 전달

- 자신과는 다른 문화에 대한 조망을 넓히도록 거시적 관점 제시
- 타인과의 공존을 통해 자신의 것을 찾을 수 있는 방향 제시
- 끊임없는 노력을 통해 자신의 방향을 점검하도록 도와줌

5. 외둥이가족을 위한 복지대책

현재의 저출산율 추세로 인해 외둥이가족은 향후 점점 더 증가하게 될 것이라는 예상 속에서 외둥이가족에 대한 대책과 관련하여 외둥이의 올바른 성장을 위해서는 외둥이의 특성을 잘 알고, 그에 맞는 교육 및 훈련 프로그램과 아동양육에 중대한 영향을 미치는 가족을 위한 교육 프로그램에 대한 개발 및 지원에 대한 필요성이 제기되고 있다.

1) 외둥이를 위한 교육 프로그램 개발

현재 외둥이의 실태를 보면, 남아선호사상의 전통적 자녀관이 잔재하고 있어 출산 성비의 불균형이 있는 것을 알 수 있다. 즉, 외둥이 성별 구성에 있어서 남아가 여아에 비해 더 많아 문제가 될 수 있는데, 예를 들면 교육기관에서 남아에 비해 여아의 부족으로 짝을 형성하지 못하는 데서 오는 남아의 심리적 불편감, 이들이 성장한 후 결혼과정에서의 어려움 등을 예견해 볼 때, 실질적으로 교육기관에서 또래와의 상호작용을 위한 교육이 고려되어야 할 것으로 보인다.

(1) 외둥이가족 교육 프로그램 개발

외둥이에게 가장 중요한 영향을 미치는 변수는 부모이며, 가정이라는 환경 속에서 가족의 양육태도이다. 외둥이의 성격에는 형제가 없는 상황 자체보다 가족의 양육태도, 가정환경이 더 크게 영향을 끼치며, 부모로부터 과보호를 받을 경우 자기중심적이고 비타협적이며 공격적인 성격이 될 수 있지만, 제대로 양육되면 외둥이의 장점을 더욱 발휘할 수 있다(한겨레신문, 2004. 1. 26).

다시 말해, 외둥이를 대상으로 한 선행연구 결과에서 나타났듯이 외둥이와 형제아에 대한 차이에 있어서 부분적인 차이는 보이지만, 전반적으로 유의한 차이가 없다는 것을 알 수 있다. 이는 대중매체 등을 통해 외둥이의 사회적 고립 등 사회성 등에 대한 부정적 관심을 보여주는 현실에서 실질적으로 외둥이가족을 위한 부모 양육태도 형성과 부모교육 프로그램 개발에 있어서 고려되어야 할 부분이다.

즉, 외둥이라면 사회성이 떨어지고, 협동하지 못하며, 외둥이 부모는 이기적이라는 선입견을 가지기 쉽기 때문에 부모교육과 관련하여 사회성 증진이나 협력성 증진을 위한 프로그램을 개발해야 한다는 획일적 접근을 하기 쉽다. 그러나 외둥이가족의 특성이나 외둥이의 특성이 전반적으로 형제아가족과 형제아와 비교해 큰 차이를 보이지 않았다. 따라서 아동의 전반적 발달 특성을 고려한 가운데 이들 외둥이가족이 사회에서 외둥이가족이라는 이유만으로 불이익을 경험하거나 결함을 지닌 가족이라는 부정적 관심에서 벗어날 수 있도록 프로그램을 개발해야 한다. 이를 위해 다음과 같은 점을 고려해야 한다.

① 부모는 아이를 항상 즐겁게 해줘야 한다는 부담감에서 벗어나야 한다. 맞벌이 부모인 경우 하루일과를 마치고 집에 돌아와 쉬고 싶지만, 아이가 하나뿐이라는 죄책감 때문에 무리를 한다. 이때 아이에게 부모도 힘들고 쉬고 싶다는 사실을 알리는 것이 필요하다.

② 일찍부터 협동하고 어울리는 기회를 자주 주도록 한다. 외둥이에게 '동네 놀이친구'를 만들어 주고, 외둥이의 부모는 아이와 자주 대화하며 형제 대신 놀이친구 구실을 해주고, 역할놀이 등을 통해 서로 입장을 바꿔보고 상대방의 처지를 헤아릴 수 있는 기회를 많이 줘야 한다.

③ 과잉보호하지 말고, 아이에게 지나친 기대도 하지 말아야 한다. "엄마, 아빠는 너뿐이다. 그러니 너는 잘해야 돼"라는 식의 기대는 아이에게 스트레스만 줄 뿐이다. 아이를 완벽하게 키우려고 애쓰기보다 아이가 제대로 자랄 수 있는 환경을 만들어 주는 것이 바람직하다.

④ 부모의 일관된 양육태도가 필요하다. 아이가 말썽을 부렸을 때 외둥이는 다른 형제에게 그 책임을 미룰 여지가 없다. 따라서 부모가 야단을 칠 때는 한 사람만 하도

록 하고, 때로는 무관심해질 필요가 있다. 아이의 실수에 관대해져서 부모가 항상 지켜보고 있다는 부담감에서 벗어날 수 있도록 아이의 행동에 때로는 무관심한 태도를 보여주는 것이 좋다.

⑤ 물질적 보상은 절제하고, 아이수준에 맞는 적절한 예절을 알려주며, 외둥이라는 편견을 버리는 것이 좋다.

외둥이는 책임감을 키워주고, 또래와 마음을 열고 대화하는 자세를 길러줄 필요가 있다. 또한 어려서부터 부모가 해줄 수 있는 일과 해줄 수 없는 일을 구별하여 스스로의 문제는 스스로 처리하도록 해주어야 하고, 혼자 하는 기회를 많이 주어서 긍지를 갖고 자율적으로 자라도록 지켜볼 필요가 있다. 개성을 살려주도록 노력하는 한편, 사회적으로 용납될 수 있는 행동을 하도록 부모가 일관성 있는 태도를 가져야 한다. 그리고 많은 아이들과 놀면서 또래관계를 맺을 수 있는 기회를 만드는 것도 중요하다. 또한 사회에서는 아동 및 부모를 위한 상담시설, 외둥이를 위한 훈련 프로그램과 외둥이 자녀를 둔 부모교육 프로그램, 아동과 부모가 사회단체에서의 프로그램에 참여할 수 있도록 다양한 프로그램과 기회를 제공해 주도록 하여야 한다.

2) 외둥이가족을 위한 제도적 지원

우리나라의 저출산문제를 극복하고, 또 외둥이가족을 지원하기 위해서는 국가적 차원에서 가족의 자녀양육 지원을 강화해야 한다. 그러기 위해서는 이제까지 전통적인 가족주의 가치를 활용하여 가족에 의한 복지라는 가족 책임을 강조한 데서 벗어나, 구체적 실체로서의 가족과 연계하여 하나의 단위로서의 가족의 복지를 목표로 하는 가족정책이 이루어져야 할 것이다.

(1) 가족 내 양육기능의 강화

외둥이가족에 대한 지원을 강화하는 정책이 필요한데 구체적으로는 가족수당제도의 도입을 통한 양육의 금전적 부담을 경감시키며, 육아휴업법의 강화를 통하여 임신・출산에 대한 법적 보호는 물론, 출산·육아 이후의 일할 권리와 임신·출산휴가 중에도 소득 보장을 받을 수 있는 권리를 보장하는 것이다.

또한 핵가족 상황하에서 외둥이를 돌봐줄 조부모나 친인척의 확보도 쉽지 않으며, 형제 간의 돌봄이 가능하지 않으므로 보완적 서비스인 보육서비스를 확충해야 한다. 취업모의 일과 자녀 출산·육아의 양립 지원이라는 측면에서 다양한 보육서비스의 제공이 정비되어야 한다. 그리고 가족상담사업의 지원을 통하여 부모의 양육 불안과 스트레스를 감소시켜 자녀양육에 대한 즐거움을 지원할 수 있도록 하여야겠다.

(2) 관련법의 정비

늘어나는 외둥이에 관한 가족양육지원 강화사업이 실효를 거두기 위해서는 기존 관계 법률의 보완 및 통합적인 법적 기준의 마련이 필요하다. 이와 같은 가족복지정책을 위하여 중앙정부에서 여러 가지 과제들이 있겠지만 우선은 중앙 및 지방정부는 적절한 가족복지 재정을 확보·분담하고, 가족에 대한 통합적이고 전문적인 지원체계를 마련하고, 아동과 그 가족의 문제와 욕구를 파악하기 위한 지역사회조사를 실시하여야 하겠다.

"외둥이, 사회성 길러주자" 부산진구 의형제 맺어주기

한 자녀 둔 신세대 부모들 특급호텔서 '초호화 이벤트'

부산의 한 구청이 부산의 한 구청이 무남독녀, 무녀독남 가정의 고민과 걱정을 덜어줄 '외둥이 의형제 맺어주기' 사업을 추진하기로 해 주목된다. 부산진구청은 '청소년 의형제 맺기 시범사업'을 추진한다고 1일 밝혔다.

부산진구의 청소년 인구 6만 2,403명 가운데 3분의 1인 1만 8,721명이 외아들, 외딸 등 외둥이다.

외둥이 가정이 이미 우리 사회의 보편적 가족 구조로 자리한 가운데 눈에 넣어도 아프지 않을 외아들, 외딸이지만 '공동체 생활 적응 등 사회성이 떨어지지 않을까', '남을 배려하지 못하는 아이가 되지는 않을는지' 부모의 걱정과 고민은 늘어만 가고 있다.

의형제 맺기 주선 사업은 이 같은 외둥이 가정 부모의 고민을 덜어주자는 취지에서 기획됐다. 부산진구는 같은 동네, 학교, 아파트 단위로 청소년끼리 의형제를 맺어주는 사업부터 시작할 계획이다. 대상은 초등학교 1학년부터 6학년까지.

부산진구는 21팀을 우선 맺어주고, 이들을 대상으로 정기적인 만남과 상호 역할 체험 등 사회적 증진 프로그램을 진행할 방침이다. 부산진구는 시범사업에서 효과가 검증되면 확대 시행할 계획이다. 또 외둥이 의형제 맺어주기와 홀몸노인 친구 맺기를 연계한 프로그램도 개발해 시너지 효과를 거두는 방안을 검토 중이다.

출처 : 연합뉴스(2015. 6. 1).

CHAPTER 07

노인가족과 가족복지

인류의 장수에 대한 오랜 염원은 평균 수명의 연장이라는 성과로 나타나고 있다. 우리나라도 고령사회에 들어섰으며, 고령화 속도는 타국에 비해 빠른 것으로 보고되고 있다. 급속한 고령화 추세에 따라 대부분의 나라가 접하고 있는 문제는 노인부양문제이다. 과거와는 달리 노인부양의 문제는 사적 부양보다 공적 부양에 대한 비중을 많이 두고 있지만, 우리나라와 같은 고령인구의 급속한 증가속도는 부양과 복지에 대한 준비를 미처 잘할 수 없기 때문에 더욱 문제가 된다. 더구나 베이비붐 세대가 노년기로 진입하고 있어서 부양을 맡게 되는 생산연령층과 부양을 받게 되는 노인연령층의 세대계층 간 갈등을 국가가 정책적으로 분담해야 할 것이다. 가치관의 변화에 따른 독립의 욕구는 모든 세대에 공통적으로 나타나서 노인의 독립적 가구도 증가하고 있다. 앞으로는 노인이 단순히 보호와 부양에 의존하는 수동적 존재가 아니라 자신의 삶을 계획하고 영위할 수 있는 능력을 발휘할 수 있는 적극적 존재로서의 태도를 갖는 것이 중요하다고 본다. 노인복지는 노인과 젊은 세대가 함께 끌고 나갈 수 있도록 국가가 뒷받침해야 할 것이다.

1. 노인가족의 개념과 특성

1) 노인가족의 개념

우리나라의 가구 특성은 크게 변하여, 확대가족형 가구에 속하는 개인의 비율은 크게 감소하였다. 또한 가구의 변화 정도가 성, 연령, 혼인상태 등에 따라 차이가 크며, 남성보다 여성에서, 유배우 상태보다 무배우 상태에서, 그리고 청년층이나 고령층에서 가구 변화가 크게 이루어졌다(김정석, 2003)고 보고 있다.

노인가족도 최근 사회의 변화에 따른 환경과 가치관의 변화에 따라 생활형태에 많은 변화를 가져왔다. 자녀와 함께 사는 노인의 비율은 감소하고 노인만 사는 노인가구가 크게 증가하고 있다. 이러한 현상은 노부모 스스로 자녀와 동거를 원하지 않는 경우가 증가하고, 부모와 동거를 원하지 않는 자녀도 증가하고 있기 때문이다. 앞으로 평균 수명의 연장에 따른 노인인구의 증가는 노인가구의 증가를 예상하게 한다.

일반적으로 우리나라의 노인복지법에서는 노인의 범위를 달력상의 연령으로 65세 이상으로 정하고 있으며, 생활보호법에서도 보호노인 대상자를 65세 이상으로 규정하고 있다. 노인가구는 노인 혼자 생활하는 노인단독가구, 노인들로만 구성된 노인가족을 포함하는데, 노인 혼자서 가정을 형성하고 있는 노인단독가구를 노인가족의 범주에 포함시키는지의 여부에는 논란이 있다. 그것은 통상적으로 가족이란 집단적 개념으로서 2인 이상을 전제하고 있기 때문인데, 김만두(1988)는 가족주기상으로 보아 자녀들이 결혼한 후 독립생활을 하고 있는 단독노인 혹은 노부부가 가족을 이룬 것을 노인가족의 범주에 포함시키고 있다.

일반적으로 복지적 관점에서 노인가족이란 65세 이상, 노인 2인 이상으로 구성된 가족이라 할 수 있으며, 그 형태는 노부부가족과 또는 인척관계에 있는 노인들로 구성된 가족을 들 수 있다. 그러나 경우에 따라 노인단독세대와 노인단독가구도 포함시킬 수 있다. 그것은 우리나라에서 사용되고 있는 노인 관련 통계자료에는 노인가구 또는 노인세대로 표시하고 있으며, 이 가구와 세대의 개념은 1인 또는 2인 이상의 구성원을 포함하고 있기 때문이다.

2) 인류고령화에 대한 전망

최근 인구에 대한 전망은 전 세계적으로 인구증가의 급격한 둔화와 인류의 고령화를 지적하고 있다. 즉, 출산율의 하락은 훨씬 빠른 속도로 고령화를 이끈다고 말할 수 있다. 이에 대한 전망을 살펴보면 다음과 같다.

(1) 전 세계적으로 광범위하게 이루어지는 고령화는 이 지구를 그 어떤 시대나 사회보다 훨씬 늙은 사회로 탈바꿈시킬 것이다.

(2) 노인인구의 폭발적인 증가는 근로인구에게 엄청난 경제적 부담을 안겨줄 것이다.

(3) 인류의 고령화는 수명이 늘어나면서 나타나는 현상이다.

(4) 노인들 중에서도 후기노인(85세 이상 노인)의 수는 젊은 노인(65~74세까지의 노인)인구보다 훨씬 빠른 속도로 증가하는데, 인구통계학에서는 이런 현상을 '고령인구의 고령화'라고 부른다.

(5) 인류고령화는 결과적으로 선진국, 나아가 전 세계 인구의 감소를 불러온다.

(6) 인류고령화는 가계도의 형태를 극단적으로 좁고 길게 늘여 놓음으로써 가족의 모습에 혁명적인 변화를 불러올 것이다. 일반적으로 개인의 형제자매나 사촌, 자녀의 수는 급격히 감소하고 기대수명은 급격히 늘어나 가계도의 모습은 풍성한 아름드리나무에서 가늘고 긴 막대기 형태로 변할 것이다. 다음 세기 초가 되면 선진국 인구 중에는 손자녀의 수보다 조부모의 수가 훨씬 많을 것이다.

(7) 인류고령화의 근본적인 원인은 시간이 지남에 따라 약화될 것이라고 추정하는 낙관적인 시각은 틀릴 수도 있다. 기대수명과 출산율이 더 이상 증가하지 않을 수 있다(피터 G. 피터슨 저, 강연희 역, 2002).

2. 노인가족의 현황

최근 급속한 고령화가 사회적 이슈로 대두됨에 따라 사회 각 부문에서의 노년기의 삶에 대해 국민의 관심이 높아지고 있다. 우리나라는 2000년 예상보다 빨리 고령화 사회에 진입했고, 2018년에는 고령사회가 될 것이라고 예상했었으나 예상보다 1년 빨리 접어들어 2017년 14.3%(행정안전부 주민등록통계, 2017. 8. 전체인구 5,175만 3,820명 : 노인인구 725만 7,288명)로 UN이 정의하는 고령사회가 되었다. 이런 현상을 고령인구의 고령화라고 하며, 2026년에는 초고령 사회에 도달할 것이라고 전망하고 있다. 노인인구의 증가에 따른 정책마련과 다양한 분야의 대비가 필요하지만 정책이 증가속도를 따라잡는 데 한계가 있기 때문에 시급하다. 저출산으로 태어나는 아이의 수는 줄고 의학의 발달로 고령자 사망은 줄었으며, 베이비부머(1955~1963년생)는 빠르게 노인인구에 편입되고 있다.

1) 노인인구의 증가 현황

인구의 고령화는 세계적 현상이지만 우리나라의 인구고령화는 급속하게 진행되고 있어서 선진국에서도 찾아보기 어려운 사례로 지적되고 있으며, 이러한 경향은 앞으로 더욱 가속화될 것으로 예측된다. 장래인구추계(2010~2060)를 보면, 65세 이상 인구는 1960년 73만 명(2.9%)에서 계속 증가하여 2010년 545만 명(11%), 2030년 1,269만 명(24.3%), 2060년 1,762만 명(40.1%) 수준으로 높아질 것으로 예상하고 있다. 특히 85세 이상 인구는 2010년 37만 명(0.7%)에서 2060년 448만 명(10.2%)으로 10배 이상 증가할 것으로 본다. 고령인구의 규모는 진입하는 코호트의 규모와 기대수명의 향상속도에 따라 변화하는데, 2020년대까지 고령인구는 연평균 약 4% 정도 성장하다가 베이비부머가 고령층에 접어드는 2020년에서 2028년 사이에 급증한 후 둔화추이를 보일 것으로 전망할 수 있다. 이와 같은 노인인구의 증가 현황은 〖그림 7-1〗을 통해서 예측해 볼 수 있다.

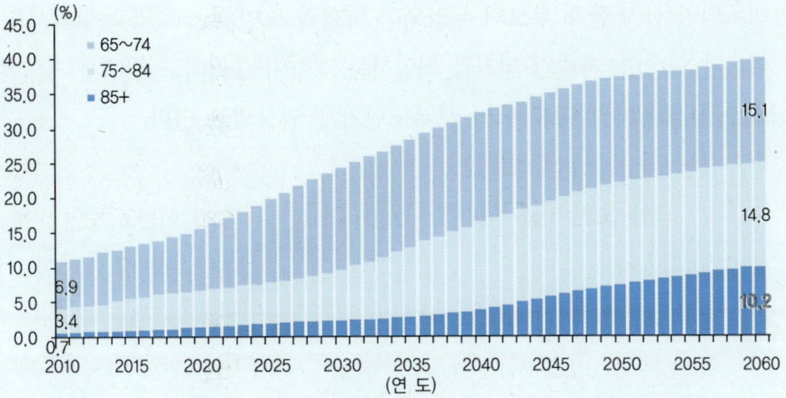

| 그림 7-1 | 총인구 대비 연령계층별 고령인구 구성비(2010~2060)

출처 : 통계청(2010).

이러한 노인인구의 증가원인은 건강에 대한 관심의 증가와 의학기술의 발달, 교육의 대중화, 환경위생과 주거환경의 개선 등에 따른 평균 수명의 연장으로 볼 수 있다. 이러한 영향은 노인층의 성별·연령별 사망률이 줄고, 특히 남자고령자의 사망률이 낮아져 남녀노인성비(100 : 68.1, 2009년 통계청)의 차이가 좁혀지고 남자노인의 사망률이 여자노인보다 2.5배 정도 높은 것으로 나타났다. 그러나 단순히 노인인구만 증가한다는 것만이 아니라, 이와 더불어 노인만으로 구성된 가족이 증가하고 있으며, 이러한 경향 또한 노인인구의 증가와 함께 계속될 것으로 보인다. 그 이유는 사회의 발전에 따른 도시화, 산업화의 단계에서 농업사회가 상공업 중심의 사회로 전이됨에 따라 주거와 직장이 분리되기 시작하였고, 직장을 따라 옮겨 다니기 쉬운 부부와 그 자녀만으로 구성된 핵가족을 구성하게 되었으며, 이러한 가족구조는 사회구조와 가치관을 변화시키게 되어 노인부양세대와 노인의 사고를 변화시키게 되었다고 생각할 수 있다.

가치관의 변화는 개인주의와 이기주의에 의해 가족이라는 집단을 먼저 생각하기보다는 개인의 가치를 중요하게 여기게 됨에 따라 부모부양에 대한 의식이 약화되고, 부모동거를 기피하는 현상이 증가하는 것에서 찾아볼 수 있다.

이 같은 현상으로 인해 노인인구의 증가에 따른 다양한 형태의 노인문제가 발생하고 있으며, 그 빈도는 점차 높아져 노인문제는 한 개인의 문제를 넘어서서 사회적 차원의 문제로 대두되었다. 또한 노부모의 부양의식 약화와 노인 스스로의 독립의식으로 노인도 경제적 여유가 있다면, 자녀와 별거를 희망하는 경향이 증가하고 있어서 자녀 출가, 정년 퇴직 이후 노부부끼리 지내게 되는 부부노년기가 연장되고 있다.

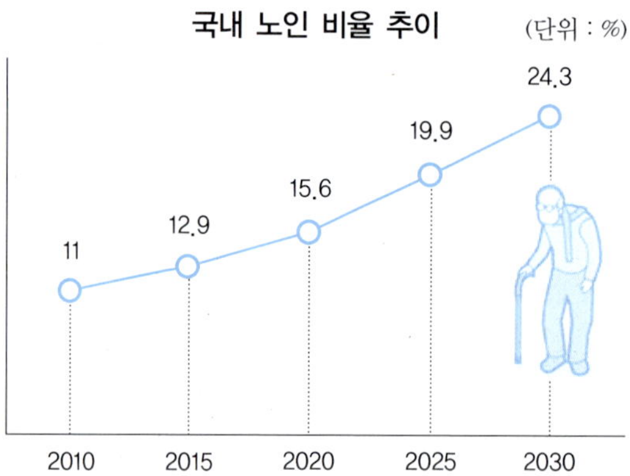

경제협력개발기구(OECD)에 따르면, G20 회원국 중 아르헨티나와 사우디아라비아를 제외한 나머지 국가의 총인구 대비 65세 인구 비율 추이는 2030년에 일본이 31.8%로 가장 많고, 독일(27.8%), 이탈리아(27.3%), 한국(24.3%)이 뒤를 이을 것으로 예상됐다.

출처 : 연합뉴스(2010. 5. 14).

G20 회원국 노인 비율 순위

순 위	2010년	2020년	2030년
1위	일본	일본	일본
2위	이탈리아	이탈리아	독일
3위	독일	독일	이탈리아
4위	프랑스	프랑스	한국
5위	영국	영국	프랑스
6위	호주	호주	캐나다
7위	캐나다	캐나다	호주
8위	미국	미국	영국
9위	러시아	한국	미국
10위	한국	러시아	러시아

그림 7-2 G20 회원국 65세 이상 노인 비율 현황

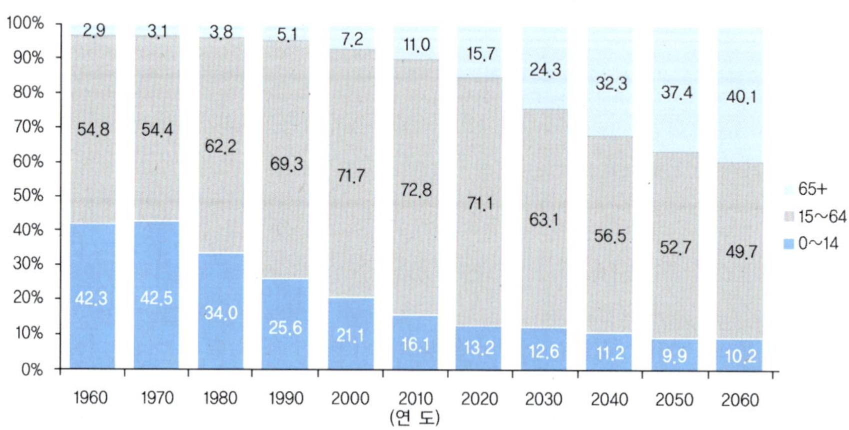

그림 7-3 연령계층별 인구 구성비(1960~2060)

〈표 7-1〉 주요 국가들의 인구 고령화속도

구 분	도달연도			증가 소요연수	
	고령화 사회	고령사회	초고령 사회	고령사회	초고령 사회
한 국	2000	2017	2026	17	9
일 본	1970	1994	2006	24	12
미 국	1942	2015	2036	73	21
독 일	1932	1972	2009	40	37
프랑스	1864	1979	2018	115	39

출처 : 통계청(2011). 장래인구추계.

<표 7-1>에서 보여주듯이 주요 국가들의 고령인구 증가 소요연수를 비교해 보면 한국이 가장 빠른 속도를 보이고 있다. 이러한 급속한 노인인구의 증가는 노인을 위한 복지적 준비를 할 수 있는 시간이 너무 짧다는 것을 시사하는바 국가의 정책 마련을 위한 발걸음도 바빠질 수밖에 없는 것이다.

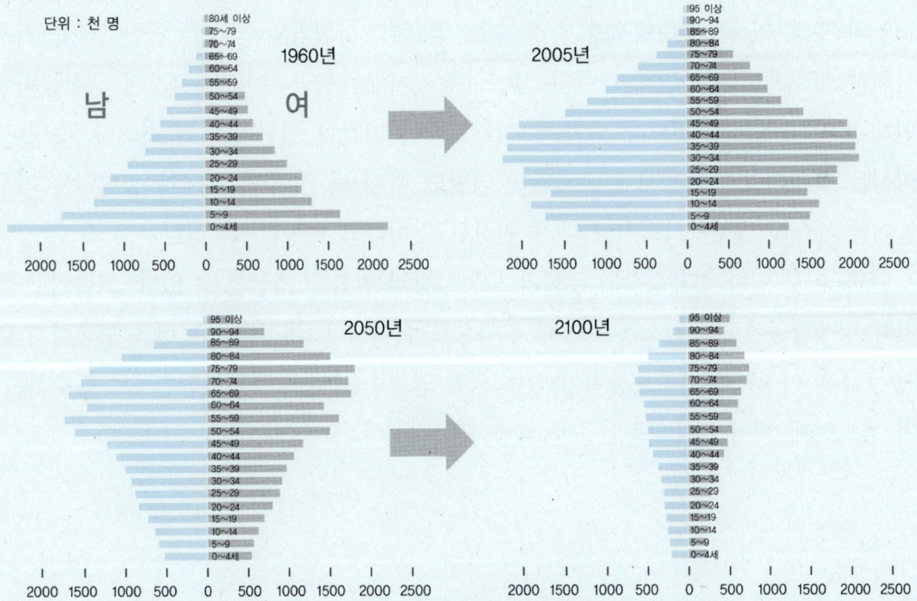

| 그림 7-4 | 인구 피라미드

* 2005년 수치는 통계청(2005. 1) 장래 인구 특별 추계 결과.
출처 : 한국인구학회(2005. 2). 직접 인구 연구 성과 중간보고.

특히 노인인구 중 고령인구의 증가는 다양한 사회적 변화를 갖는다.

첫째, 노인부양 부담이 증가한다는 것이다. 평균 수명의 증가와 인구 피라미드(그림 7-4)의 경향을 보면, 점차 노년층이 유소년층보다 두터워지는 인구구조로 변화되어 가는 것을 볼 수 있다. 통계청(2017. 8) 자료에 의하면, 노인부양비는 증가하고 경제활동인구는 감소하는 결과를 가져와 경제활동인구 한 명당 노인부양 부담이 커지게 된다. 즉, 2010년에는 노인 1명을 경제활동인구 6.6명이 부양했으면, 2020년에는 4.6명, 2030년에는 2.7명, 2050년에는 1.6명이 부양해야 할 것으로 예상된다. 노년부양비(比)는 갈수록 증가하고(1995년 8.3%<2010년 15%<2015년 18%) 있다. 이는 향후 2020년에 21.8%, 2030년에는 37.3%로 계속 증가할 것으로 전망된다. OECD 국가의 평균은 25.7%이고 일본은 43.3%로 회원국 중 높은 편이다. 노령화 지수는 유년인구(0~14세) 100명당 노인인구 비율로 2010년에는 66.8%, 2020년에는 124.2%로 크게 높아질 것으로 전망되며, 특히 2016년 노령화 지수는 100.7로 노인인구가 유년인구를 초과하여 노령화 지수가 100%를 넘어섬으로써 노인부양 부담이 유년부양 부담을 역전할 것으로 전망되고 있다. 따라서 노인의 부양부담을 가족에게만 맡길 수는 없으며, 사회와의 적절한 역할분담을 기초로 사회적 보호체계를 마련해야 한다. 앞으로는 늘어난 평균 수명과 감소된 생산능력으로 인해 자녀를 돌보는 것보다 노인 부모를 모시는 기간이 훨씬 길어질 것이다. 수명이 긴 여성은 할머니이면서 동시에 손자녀의 역할도 하게 될 것이며, 세대가 중첩되는 가구가 늘어날 것이고, 모든 사회적 관계가 연장될 것이라고 예상할 수 있다.

둘째, 이로 인한 경제성장의 둔화와 노동시장의 변화를 예상할 수 있다. 고령인구의 증가와 경제활동인구의 감소는 노동력 부족으로 이어진다. 이러한 노동력을 보충하기 위해서는 유휴 여성인력이나 노동력이 있는 퇴직 연령층을 다시 경제활동인구로 흡수하는 것이 필요하게 되어 경제활동인구가 고령화될 것이다.

〈표 7-2〉 노인부양비 및 노령화 지수

(단위 : %, 명)

구 분	1970	1980	1990	2000	2008	2010	2013	2016	2020	2030	2040	2050
노인부양비(%)*	5.7	6.1	7.4	10.1	14.3	14.9	16.7	18.2	21.8	37.3	57.2	71.0
노령화 지수**	7.2	11.2	20.0	34.3	59.3	66.8	83.3	100.7	124.2	214.8	288.6	376.1
노인 1명당 생산 가능 인구***	17.7	16.3	13.5	9.9	7.0	6.7	6.0	5.5	4.6	2.7	1.7	1.4

* 노인부양비=(65세 이상 인구/15~64세 인구)×100
** 노령화 지수=(65세 이상 인구/0~14세 인구)×100
*** 노인 1명당 생산 가능 인구=(15~64세 인구/65세 이상 인구)
출처 : 통계청(2011). 장래인구추계 재구성.

셋째, 노인인구가 세력집단으로 등장한다. 노인층은 유소년층과는 달리 투표권과 단체 결성권을 갖기 때문에 정치적 권리를 발휘할 수 있다. 따라서 노인이 자신의 이익을 위해 집단을 결성하여 정치 세력화되어 영향력을 갖게 된다.

넷째, 고령인구의 증가는 오래 사는 사람이 많다는 것인 만큼 생산력이 떨어지고 수입원이 적어진 상황에서 살아가는 기간이 연장되었기 때문에 빈곤한 노인층이 많아질 것이며, 노인을 위한 사회적 비용이 늘어나고 개인적으로는 길어진 노후의 삶을 위한 다양한 준비가 필수적이다.

〈표 7-3〉 성별 고령인구 및 구성비

(단위 : 천 명, %, 명/ 여자 100명)

구 분	1980	1990	2000	2013	2020	2030	2040	2050
남자 65세 이상 (구성비)	545 (2.8)	822 (3.8)	1,300 (5.5)	2,543 (10.1)	3,451 (13.5)	5,682 (21.9)	7,460 (29.5)	8,151 (34.3)
여자 65세 이상 (구성비)	911 (4.8)	1,373 (6.4)	2,095 (9.0)	3,595 (14.3)	4,633 (18.0)	7,010 (26.7)	9,041 (35.0)	9,841 (40.4)
성 비	59.7	59.8	62.0	70.7	74.5	81.1	82.5	82.8

성비 = (65세 이상 남자인구/65세 이상 여자인구) × 100
출처 : 통계청(2011). 장래인구추계.

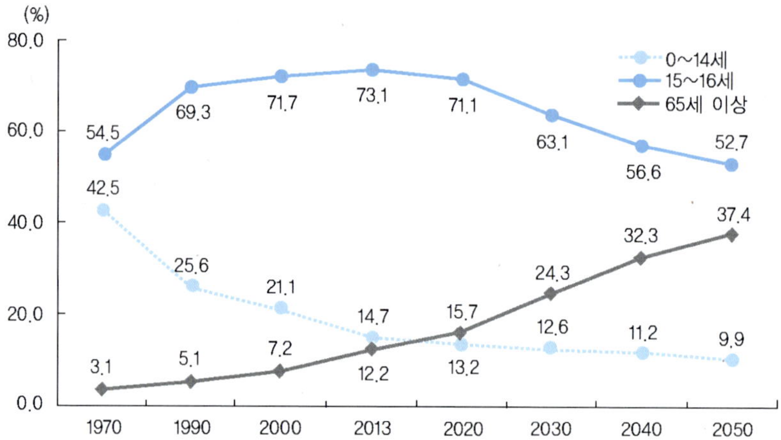

| 그림 7-5 | 연령 계층별 인구구성비 추이

출처 : 통계청(2013). 장래인구특별추계.

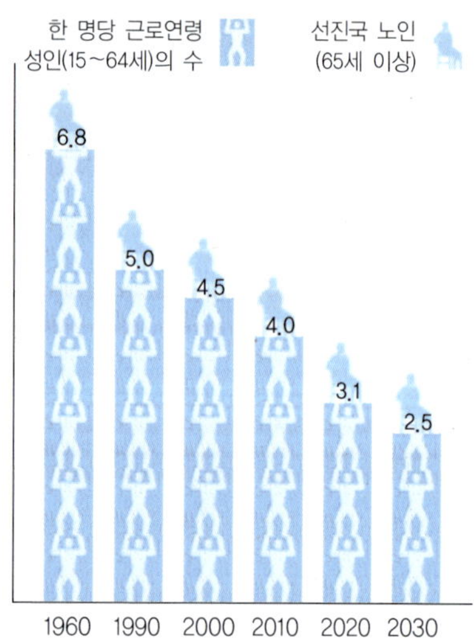

| 그림 7-6 | 근로연령성인 대 노인부양 비율

출처 : 피터 G. 피터슨 저, 강연희 역(2002) 재인용.

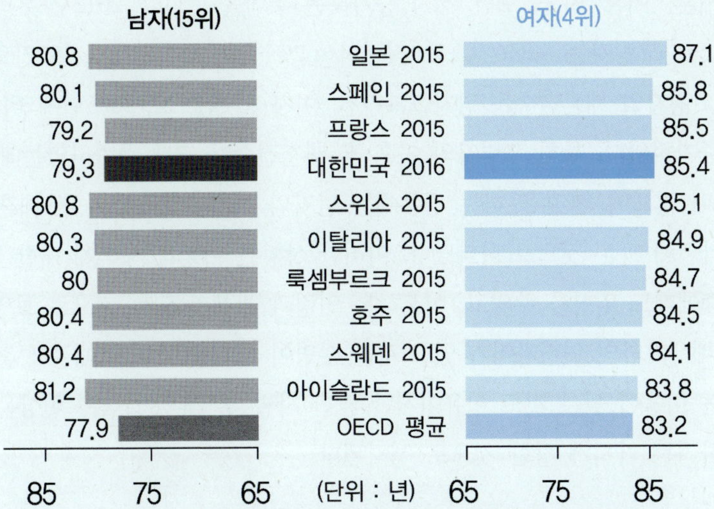

집계 시점의 차이를 무시하고 이용 가능한 최근 자료를 중심으로 비교한 순위임. [통계청 제공]

| 그림 7-7 | OECD 주요 회원국의 기대수명 비교

2) 노인의 가정생활

(1) 노인의 혼인상황

평균 수명의 연장은 노년기가 길어지는 생활주기의 변화로 노년기 가족생활의 중요성이 대두되고 있다. 점차 노인의 독립욕구가 높아짐에 따라 노후 부부관계가 관심을 받게 되고, 노년기 부부관계의 질이 노후생활에 대한 만족도와 직결되는 요인이 되고 있다. 노년기의 원만한 부부관계는 서로에게 의지가 되는 관계로 살게 하지만 젊어서 헌신하지 않고 친밀감이 없는 경우에는 황혼이혼으로 이어질 가능성이 높다. 혼인관계는 부부 중 한 명이 사망하면서 끝이 나지만 최근에는 노년기 황혼이혼과 재혼이 증가하고 있는 경향을 보인다.

고령자 재혼·이혼건수를 보면, 점차 증가하는 추세를 보인다. 2012년 우리나라 총 이혼건수 중 남자고령자는 4,836건으로 전체의 4.2%, 여자고령자는 1,955건으로 1.7%를 차지한다. 고령자의 재혼건수는 남자 2,449건, 여자 912건으로 2005년에 비해 각각 1.6배, 2.2배 증가하였다. 특히 고령자의 이혼 후 재혼건수가 크게 증가하였는데, 남자는 여자보다 2.3배 많으며, 재혼을 하는 경우에는 남자와 여자 모두 이혼 후 재혼이 사별 후 재혼보다 약 5배 많은 것으로 나타났다. 이러한 상황은 이혼과 재혼에 대한 가치관의 변화가 노인층에게도 영향을 주었고, 이혼하는 연령과 관계가 되는 것으로 보인다. 여성노인의 경우 배우자와의 연령차이가 있고 평균 수명이 차이를 보이기 때문에 혼자 사는 삶을 선택하는 비율이 높은 것도 이유이지만 남편 사별 후 재혼이 적은 현상은 전통적 가족을 유지하려는 가치가 강한 것으로 생각된다.

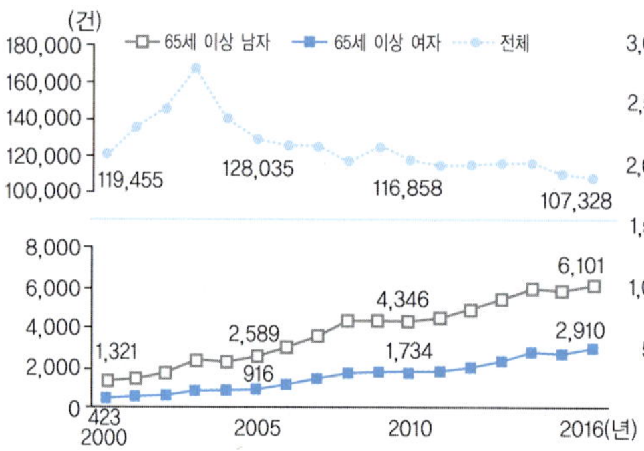

| 그림 7-8 | 이혼 건수

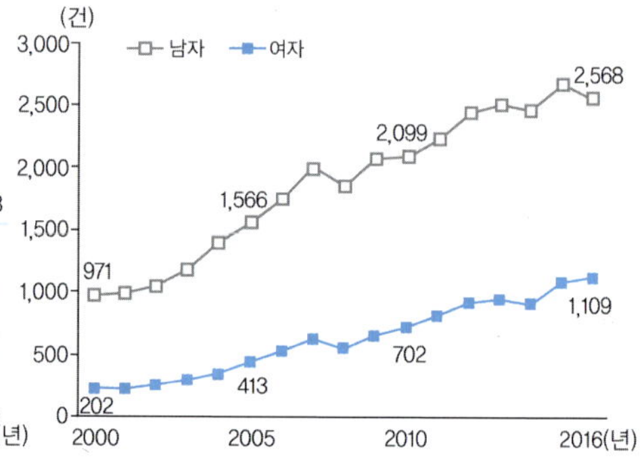

| 그림 7-9 | 고령자 재혼 건수

출처 : 통계청. 인구동태통계연보(혼인, 이혼편).

(2) 노인의 가구형태

우리나라의 가구형태는 정서상으로는 직계가족을 가장 이상적인 형태로 생각하고 있지만 실제 상황에서 3세대의 가족규범은 점점 어려워지는 현실이다. 3세대 가구는 계속 감소하고 있어서 전체 가구의 5.2%(2016년) 정도 된다고 보고 있다. 최근에 두드러진 변화는 단독가구의 증가인데, 이 중 노인단독가구의 증가는 사회변화에 따라 노인의 '황혼

독립' 욕구가 확산되고 있기 때문에 계속 증가할 것으로 봐야 한다.

노인실태조사(보건복지부 · 한국보건사회연구원, 2014)에 의하면 자녀와 동거하지 않는 이유는 자유롭게 개인생활을 즐기고 싶어서, 가족 거주지를 떠나고 싶지 않아서, 자녀가 결혼하여서, 자녀가 별거를 희망하여 순으로 나타나 노인 스스로의 선택에 의한 독거생활과 자녀요인에 의한 이유가 큰 것을 알 수 있다. 고령자의 1인 가구는 전반적인 생활과 가정생활에서 일반 고령자보다 스트레스를 적게 받는다고 하며 노인 중 75%가 성인자녀와의 동거를 원하지 않는 것(통계청, 2017)으로 나타났다.

연령별 거주형태를 보면, 65~69세 연령층은 1세대 가구에, 70세 이상은 3세대 이상 가구에 가장 많이 거주하고 있으며, 85세 이상은 42.8% 정도가 자녀와 동거하는 것으로 보고되고 있다. 따라서 연령의 증가에 따라 돌봄을 받을 수 있는 가족과 동거하는 것을 말해주며, 노인의 거동능력과 가구형태와 관련이 있는 것으로 볼 수 있다. 앞으로는 노인부부가족과 가족구성원에 노인이 있는 가족이 증가하여 고령사회로 가면서 점차 세대가 중첩된 확대가족의 비율도 높아지리라고 예상할 수 있다.

노인가구의 형태는 가구원에 누가 속해 있는지에 따라 다양하게 분류할 수 있으며, 사회의 변화는 노인의 생활방식과 거주지역에 영향을 주었고, 이러한 영향으로 가족형태에 변화를 가져왔다.

노인가구의 전국적 경향은 노인으로만 형성된 가구는 증가하고, 자녀동거 노인가구는 감소추세를 보이고 있다. 특히 고령화는 도시지역에 비하여 농촌지역(읍 · 면부 지역)에서 훨씬 빠르게 진행되고 있어서 농촌지역은 2000년에 65세 이상 인구의 비율이 14.7%로 이미 고령사회에 진입하였고 남자노인에 비해 여자노인의 독거율이 높으며 그 속도는 더욱 가속화되고 있다. 따라서 도시보다는 농촌 노인가구의 비율이 높아서 앞으로 노인동거주택이나 노인전용주택을 마련하는 등 노인가구에 대한 대책 마련이 시급하다고 볼 수 있다. 이러한 점에서 노인가구의 다양한 복지적 문제는 농촌 노인가구가 갖는 문제와 관련이 깊다고 볼 수 있다.

〈표 7-4〉 인구고령화와 독거노인의 증가추이(2005년~2035년)

	2005	2015	2025	2035
전체인구수	48,138,077	50,617,045	51,972,363	51,888,486
독거인구수	3,187,151	5,060,551	6,560,883	7,628,065
노인수	4,366,642	6,624,120	10,331,075	14,750,787
독거노인수	776,996	1,379,066	2,247,735	3,429,621
고령화율 (인구 중 노인의 비율)	9.1	13.1	19.9	28.4
노인 중 독거노인의 비율*	17.8	20.8	21.8	23.2
독거인구 중 노인의 비율	24.4	27.3	34.3	45.0

* 65세 이상 인구 중 혼자 사는 인구의 비율
출처 : 통계청(2011). 장래인구추계 : 2010년~2060년; 통계청(2012). 장래가구 추계 : 2010년~2035년.

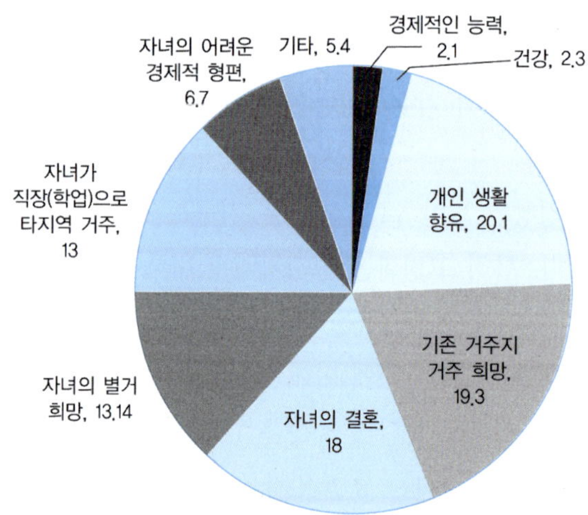

| 그림 7-10 | 자녀와 동거하지 않는 이유

출처 : 보건복지부 · 한국보건사회연구원(2014). 2014년도 노인실태조사.

(3) 노인의 경제상황

최근 조사(통계청, 2018. 5. 보도자료)에 의하면 55~79세 인구의 절반 정도는 취업을 원하고 있는 것으로 보고하고 있다. 경제활동참가율은 갈수록 증가율이 높아지고 있다.

취업의사는 고령층(55~79세) 중에서 64.1%가 향후 취업을 원하였으며, 남자고령층이 75.6%, 여자고령층 53.6%로 남자고령층이 취업을 희망하는 비율이 월등히 높음을 알 수 있다. 취업하기를 희망하는 이유는 남녀 모두 '생활비에 보탬이 되어서'가 가장 높았고, 다음은 '일하는 즐거움 때문'으로 나타났다. 여자고령층의 취업희망자의 62%가 '생활비에 보탬이 되기 때문'에 일을 원한다고 밝히고 있다. 연령계층별로는 55~64세의 장래 취업희망률이 65~79세보다 높게 나타나 앞으로 중노년층 노인의 소득활동이 증가할 것으로 예상할 수 있다. 취업희망 이유는 노년기의 고통요소인 '할 일 없음'과 '빈곤'을 해결하기 위한 목적의 취업임을 보여주며, 은퇴가 빨라지는 사회적 경향을 고려할 때 퇴직 후 노후에 소득도 있고 소일거리도 되는 일감 개발이 시급하다. 이와 같이 고령인구의 노동참여욕구가 커지면서 정년은 계속 연장되고 고령인구의 노동참여에 대한 사회적 갈등도 예상된다고 보며, 고령인구대상 일자리창출과 젊은이 일자리가 충돌하지 않도록 해야 한다는 주장(박경훈, 2015)도 있다.

〈표 7-5〉 성별 향후 취업의사 및 취업동기 (단위 : 천 명, %, %p)

		2017. 5				2018. 5						
		55~79세 인구	구성비	남자	여자	55~79세 인구	구성비	증감	남자	구성비	여자	구성비
전체		12,929	100.0	6,122	6,807	13,441	100.0	-	6,395	100.0	7,046	100.0
• 장래 근로 원하지 않음		4,831	37.4	1,528	3,303	4,829	35.9	-1.5	1,559	24.4	3,270	46.4
• 장래 근로 원함		8,098	62.6	4,594	3,504	8,613	64.1	1.5	4,836	75.6	3,776	53.6
취업 희망 동기*	일하는 즐거움	2,783	34.4	1,699	1,084	2,923	33.9	-0.5	1,764	36.5	1,159	30.7
	생활비에 보탬	4,722	58.3	2,566	2,156	5,085	59.0	0.7	2,744	56.7	2,341	62.0

취업 희망 동기*	사회가 필요로 함	188	2.3	144	45	191	2.2	-0.1	146	3.0	45	1.2
	건강유지	130	1.6	75	54	126	1.5	-0.1	62	1.3	64	1.7
	무료해서	269	3.3	107	162	284	3.3	0.0	120	2.5	164	4.4
	기 타	5	0.1	2	3	3	0.0	-0.1	1	0.0	2	0.1

* 취업희망동기의 구성비는 장래근로를 원함을 기준으로 산출함

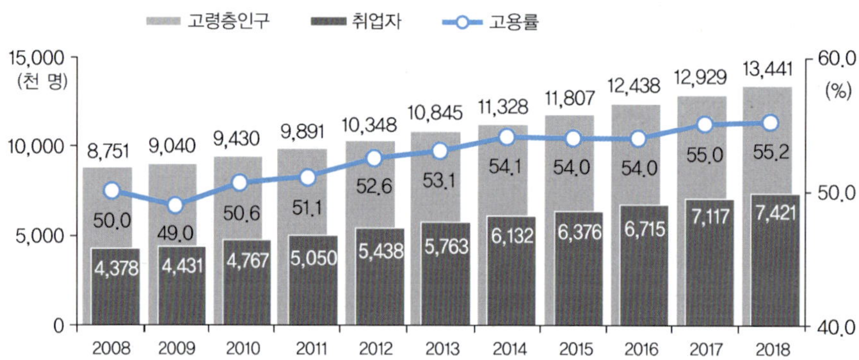

| 그림 7-11 | 고령층 인구, 취업자 및 고용률 추이

출처 : 통계청(2018.7). 경제활동인구조사 보도자료

3. 노인가족의 욕구와 문제

1) 노인가족의 욕구와 문제 발생배경

인간의 욕구는 그들이 처한 환경에 따라 다르며 시대와 사회적 변화에 따라 달라진다. 그러나 일반적으로 노인의 욕구와 문제는 질적 차이가 있을 뿐 시대를 넘어 유사하다고 볼 수 있다. 경제적 차이를 제외하고 건강, 역할 상실, 사회심리적 소외, 고독 등의 문제는 모든 노인에게 공통적으로 나타나는 문제라는 것이다.

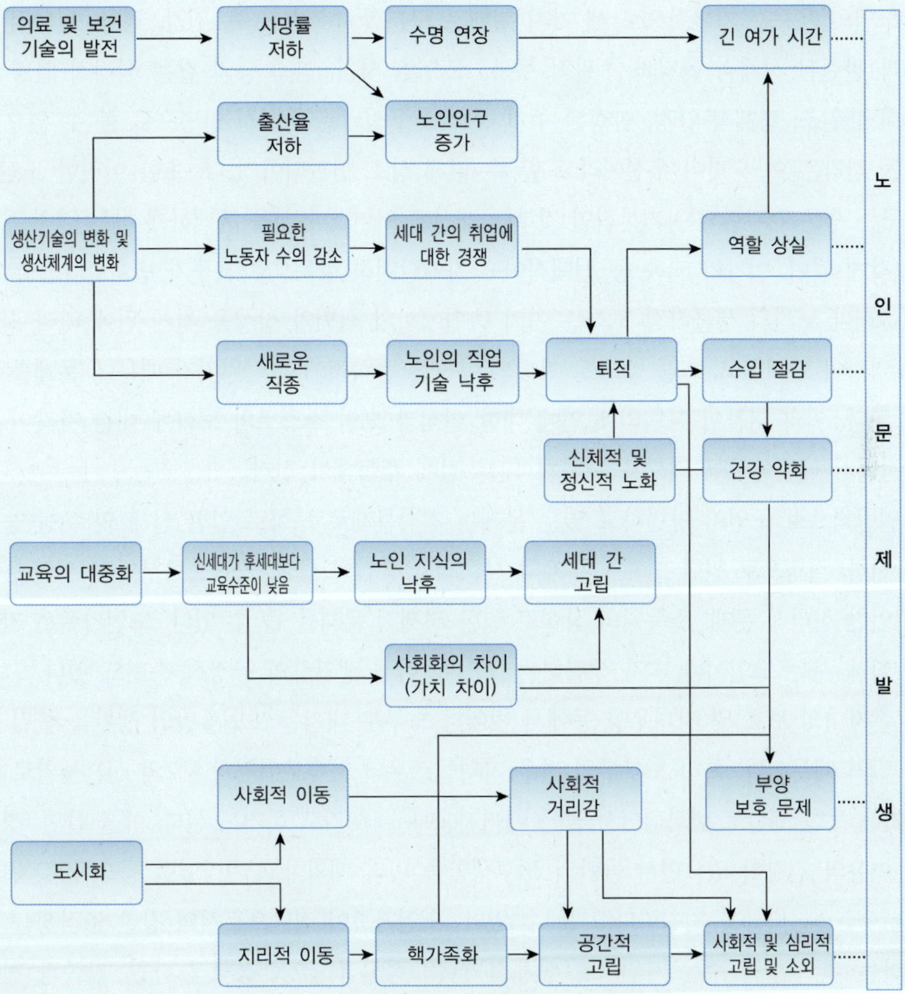

| 그림 7-12 | 노인가족의 문제발생 원인과 그 양상

출처 : 김양희(1992).

노인의 욕구는 기본적으로 세 가지 형태로 구분할 수 있다. 즉, 건강, 영양, 일상적 활동과 관련된 신체적 안녕과 주관적 행복, 소속감, 사기, 만족 등과 같은 심리적 안녕 및 사회적 원조, 경제적 안정, 안정된 주거 등으로 구성되는 사회적 안녕으로 볼 수 있으며, 이들 각각은 어느 것이 우선이라고 할 수 없게 상호 연관되어 있다. 또한 이러한 노인의 욕구는 생존과 관련되는 기본적인 것부터 개선된 서비스나 삶을 윤택하게 하는 질적 욕구를 갖게 되며, 여가와 교육 등 선택적이고 자기발전적 항목으로 욕구가 변화한다고 본다.

그러나 노인의 생물학적 노화는 여러 측면에서의 쇠퇴와 상실을 겪게 됨에 따라 사회적 역량이 떨어지고, 그들 스스로 자신의 욕구를 충족하기 어려워지기 때문에 문제를 갖게 된다. 이와 더불어 사회의 노인에 대한 인식과 노인 스스로의 노화에 대한 자각이 부정적이기 때문에 소극적으로 변하게 되는 점에 주목해야 한다.

일반적으로 노인이 당면하고 있는 문제는 건강문제로 노화로 인한 신체 및 운동 능력의 저하, 질병으로 인한 신체적 문제와 사회적 유용감의 상실, 가족으로부터의 소외 등으로 인한 심리적 문제, 소득원의 상실로 인한 경제적 문제를 들 수 있다. 노인가족은 자녀와 함께 사는 노인이나 혼자 생활하는 노인에 비해 생활상의 긍정적 측면도 있다. 그것은 손자녀의 보호 및 자녀부양 등에서 벗어나 노부부 내지는 노인들만의 생활을 즐길 수도 있기 때문이다. 특히 노부부의 경우 자녀들로부터 자유로워져서 제2의 신혼생활로 돌아가는 듯한 생활로 변화되어서 골든 에이지(golden age)라고 하기도 한다. 예를 들면, 경제적 여유와 건강이 있으면서 둘만의 노후생활을 미리 계획하고 기다렸던 통크족(TONK : Two Only No Kids)을 지칭한다고 볼 수 있다. 노인가족이 집단으로서의 강한 조직성을 확보하는 데 영향을 주는 자원으로 신체적 건강, 정신적 건강, 경제적 자원, 가족과 친척 및 친구 등의 사회적 자원이 확보되었을 때 건강한 노인가족이 가능하다고 말할 수 있다.

그러나 한편으로는 여러 가지 자원이 부족한 노인가족은 많은 부담을 갖게 되는데, 그 이유는 다른 가족과 동거하는 노인보다 소득원이 적고 수입이 낮으며, 일상생활에의 지원과 서비스뿐만 아니라 정서적 지지도 적게 받고 있기 때문에 심리적 안정도도 낮을 것이라고 볼 수 있다. 또한 노인세대들은 자녀로부터 정기적 혹은 비정기적 방문을 받는다거나 생활비 혹은 용돈의 보조를 받는 것으로 자녀들과의 가족관계를 유지하고 있어서 노인의 안전, 건강 등의 문제가 제기될 뿐만 아니라, 손자들로부터 조부모로서의 존경을 받지 못하는 문제를 야기하고 있다(최일섭, 1985).

현대사회의 노인복지의 방향은 생산복지와 자율적 노인을 지향하고 있다는 점에서 노인은 스스로에게 긍정적이고 적극적인 인식을 가져야 하며, 주변 사람들도 노인에 대해 잠재력과 능력을 인정해 주는 태도를 가져야 한다는 것이다. 이러한 원리를 설명하는 명명이론(labeling theory)에 의하면, 인간은 다른 사람들이 자기를 어떻게 규정짓고 어떻게 대하느냐에 따라서 자기 자신을 생각하는 경향이 있다고 본다. 따라서 노인의 행동은 주로 그 주변의 중요한 타자의 반응에 좌우된다고 할 수 있다. 노인은 사회적인 명칭에 민감하고 그것에 의존하기 쉬우며, 외부자원에 취약해지고 의존하게 된다. 따라서 부정적인 명명이 주어지면 외부의 명칭을 수용하여 부정적이고 의존적인 위치로 이끌리게 되고 스스로를 불충분하다고 규정하게 된다. 즉, ① 심리적 쇠락에 대한 감수성이 생겨나고, ② 사회에서 부족하고 무능력하다는 명명을 받게 되면, ③ 병자나 의존 역할로 유도되고 이전의 기술은 위축되어, ④ 다시 부적절하다는 자아정체감을 갖게 된다는 것이다.

여기서 연결고리의 부정적 영향에 노화에 대한 긍정적 인식을 투입하게 되면 연결고리의 산출물이 달라질 수 있을 것이라고 가정할 수 있다. 따라서 노인과 사회에서 노인에 대한 부정적 사고를 바꾼다면 노인의 욕구해결을 위해 스스로 보다 적극성을 갖게 될 것이고, 노인문제도 감소할 것이라고 추측할 수 있다.

노후에는 시간적 여유와 더불어 여생을 효율적으로 보내고자 하는 욕구도 높기 때문에 노후시간 활용은 전반적인 삶의 질을 증진시키는 주요한 요소이다. 또한 점차 증가하는 노인세대, 그리고 베이비붐 세대의 노년층 편입에 따라 노인을 위한 여가 및 시간활용 프로그램이 체계적으로 이루어져야 할 것이다. 그러므로 노인복지예산 중에 노인을 위한 다양한 교육기회 제공서비스 및 평생교육 확산을 통한 시도가 요구된다.

2) 노인가족의 문제

(1) 노화에 의한 신체적 쇠퇴와 건강보호

노화에 따른 신체적 쇠퇴 현상은 개인에 따라 차이가 크다. 그러나 연령이 증가할수록 신체적으로 의존적이 되는 것은 노년기의 가장 심각한 문제가 되고 있다. 특히 노년기의 질병은 만성적이면서 장기적인 치료가 요구되고 합병증을 수반하는 경우가 많다. 노인은 젊은이에 비해 와병률이 2~3배에 달한다고 한다(김양희, 1991). 때에 따라서는 노인을 돌보는 간호자가 상주해야 하기 때문에 의료비의 지출이 많아질 수밖에 없다. 한편으로는 노인의 신체적 부자유와 질병을 단순한 노화현상으로 받아들이고 치료를 하지 않아 질병을 방치하는 경향이 있으며, 장기적 질병을 감당할 만한 경제적 여유가 없어서 더 신체적으로 쇠퇴하고 병약한 생활을 하게 되기도 한다.

노인부부가족의 경우는 노인단독가구보다는 나은 편이지만, 가족구성원이 모두 노인인 경우 연령 증가에 따라 신체적 쇠퇴에 따른 부자유와 질병 때문에 돌봄인력이 없이는 생활이 곤란하다.

(2) 역할 상실에 따른 소외와 할 일 없음

과거 사회 속에서 노인의 역할은 지역사회의 대표이면서 지도자로서 전통윤리와 지혜를 후세에게 전하는 사회교육자로서의 사회적 지위가 확고하였고, 가정 내에서도 가정문제의 해결과 최종적 결정권자로서 가풍과 가계를 계승하여 가정문화를 전달하였다. 가족 속에서의 이러한 노인의 역할은 가장으로서 모든 가족의 정신적 지주로 존경을 받는 존재였다. 그러나 현대사회의 급격한 변화는 노인의 역할에 변화를 가져왔으며, 핵가족화 현상이 보편화되면서 영향을 받게 되었다. 퇴직에 따른 소득 상실과 사회적 역할 상실, 무용해진 지식 등으로 자연히 부양자에서 피부양자의 위치로 바뀌게 되면서 권한과 책임이 줄어들게 되고 점점 소외되었다. 또한 핵가족이나 단독가구를 형성하여 사는 노인은 세대 분리에 따라 가정생활의 여러 면에서 제외되고, 평균 수명의 연장으로 시간은 많고 역할과 할 일이 없게 되어 무료한 시간이 더욱 증가하게 된다. 많은 노인이 노년기에 대한 준비가 없었고 노인을 위한 여가나 오락시설이 충분하지 못한 현실에서 노인만으로 이루어진 가족의 무료함은 더욱 크다고 볼 수 있다. 앞으로도 젊은이와 노인 모두 비동거의 독립적 생활을 선호하는 경향이 증가하고 있어서 소외와 고독은 더욱 문제가 되리라고 본다.

(3) 경제적 문제

경제적 문제는 대부분의 노인이 당면하는 문제로 노년기 생활에 영향을 주는 중요한 문제이다. 노인가족이 겪는 경제적 문제는 경제활동에서 물러나게 됨으로써 오게 되는 수입원의 감소 혹은 상실이 주 원인이다. 국민기초생활보장수급자 중 고령자의 비율은 해마다 남자의 수급률이 높고 여자의 수급률이 낮은 것으로 나타나 여성고령자의 빈곤이 심각함을 알 수 있다. 사회의 변화에 따라 노년기의 생활도 스스로 책임져야 한다는 의식이 강해지고 있다. 고령자 1인 가구는 본인이 생활비를 마련하는 사람이 41.6%이고 그 다음이 연금과 퇴직급여이며, 1인 가구 10명 중 3명만 노후준비를 하고 있다고 보고(통계청, 2017)되고 있다. 저축이나 연금의 수혜를 받는 경우에는 사정이 다르지만, 그렇지 못한 대부분의 노인가족은 경제적 어려움을 겪는다.

노인가구의 주 수입원은 자녀 원조가 가장 많고, 경제활동을 할 경우에는 자영업이나 가족단위사업에 참여하는 형태이고, 농촌의 경우는 농사를 짓거나 일일 품삯으로 소득을 갖는다. 특히 여성노인의 경우는 남성노인에 비해 경제활동참여율이 낮아 여성노인의 경제적 기여는 기대하기 어렵다. 특히 노년기 경제적 어려움은 일상적 생활비뿐만 아니라 어느 시기보다도 신체적 쇠퇴과정에 있기 때문에 저항력이 약화되고, 질병에 대한 이환율이 높아서 의료비의 지출이 증가하여 어려움이 더욱 가중된다고 할 수 있다.

고령화는 인류가 그동안 경험해 보지 못한 다양한 사회적 문제인 연금 및 의료비 증가, 요보호수발문제 등 문제를 초래하고 있다. 더구나 노인은 나이가 듦에 따라 생산보다는 소비를 하는 층이므로 노인인구 비중이 많게 되면 소비 증가와 저축 감소 등으로 투자가 어렵게 되어 경기침체의 원인이 되기도 한다.

(4) 가족관계

노인이 되면서 재조정해야 할 관계가 가족관계이다. 남성은 은퇴 전 사회적 관계를 중시하고 가족관계에 소홀했던 생활로 인해 가족에게서 소외감을 느낄 수 있으므로 노년기를 함께 보내야 할 가족과의 친밀한 관계를 형성하기 위해 노력해야 한다. 또 노년기에는 남성과 여성의 역할전환이 일어난다고 보고 있다. 여성은 점차 중성화되어 가고 남성은 가정일에 관심이 증가하게 되어 부부간의 갈등이 심화되는 경우가 많기 때문에 서로 간의 협동적 역할 조정이 필요하다. 가족과 함께 보내는 시간이 길어졌으므로 함께 할 수 있는 운동이나 취미생활을 개발하여 노년기의 풍부한 환경 조성에 노력해야 한다.

노년기 배우자와 사별 스트레스, 이혼-구속-해고보다 훨씬 크다

최○○ 씨(78)는 세상 그 누구보다 건강에 자신이 있었다. 고교 시절 단거리 육상 선수로 활약할 정도로 타고난 신체 조건을 가졌고, 지금도 50kg짜리 역기로 매일 운동을 할 만큼 건강관리를 해왔기 때문이다. 몸매와 근육량으로만 보면 40, 50대가 부럽지 않을 정도다. 하지만 지난해 50년 동안 함께했던 아내가 갑자기 세상을 떠난 뒤 모든 것이 엉망이 됐다. 떡을 먹다 기도가 막히는 불의의 사고였기에 충격은 더 컸다.

최 씨는 "아내를 평생 고생만 시키다 떠나보냈다"라는 죄책감에 시달렸다. 집 밖에 잘 나가지 않고 라면 등으로 끼니를 불규칙하게 때우는 일이 많아졌다. 즐기던 운동도 전혀 하지 않았다. 무엇보다 밤마다 소주 두세 병을 마시지 않으면 잠을 이루지 못했다. 최 씨는 "처음에는 슬픈 게 당연하다고 생각했는데, 사별 후 3개월 정도 불규칙하게 생활하니 '이러다 나도 죽겠다'라는 생각이 들었다"라며 "이후 동호회에 나가고, 경로당에 나가 봉사도 하면서 어려움을 극복했다"라고 말했다.

○ 사별 후 스트레스, 삶 송두리째 흔들어

부부가 같이 늙다 보면 배우자가 자신의 곁을 떠나는 경험을 하게 된다. 늙는 것과 같이 누구나 겪는 일이지만, 스트레스의 강도는 노년기의 삶을 송두리째 흔들 정도로 크다는 게 중론이다. 자녀 없이 노부부만 사는 가정이 늘고, 이웃과의 교류도 점점 줄어드는 것도 배우자 상실에 따른 아픔이 큰 이유다. 미국의 심리학자인 토머스 홈스 박사와 리처드 라히 박사의 연구에 따르면 배우자 사망으로 인한 스트레스는 100점 만점에 100점으로 이혼(73점)을 하거나, 구속(63점) 및 해고(47점)를 당했을 때보다 컸다.

특히 배우자가 암처럼 오랜 투병 끝에 사망하는 경우 후유증이 더 클 수 있다. 병의 진단, 수술, 항암치료, 사망까지 전 과정을 마치 자신이 겪은 것 같은 지친 감정을 느끼기 때문이다. '나도 저 병에 걸리면 어쩌지'라는 건강염려증에 시달리는 경우도 많다. 전홍진 삼성서울병원 정신건강의학과 교수는 "사망한 배우자가 아팠던 신체 부위의 통증을 호소하는데, 정작 별문제가 없는 사례도 많다"라며 "평소 투병 과정에서 배우자를 미워하거나 원망했던 사람도, 정작 떠난 뒤에는 상실감 때문에 우울증에 시달리는 경우도 많다"고 말했다.

○ 사별 아픔, 면역체계 이상까지 불러

사별 후 스트레스가 심할 경우 본인의 건강도 악화될 수 있다.

영국 버밍엄대 재닛 로드 박사에 따르면 배우자의 죽음으로 인한 상심은 면역체계를 약화시켰다. 사별로 인해 우울증과 스트레스 지수가 높아지면 혈액 속에 존재하는 백혈구의 일종인 호중성 백혈구의 활동이 저하되기 때문이다. 호중성 백혈구는 폐렴 등 일정한 바이러스성 감염에 맞서 싸우는 데 중요한 역할을 한다. 실제로 1950년대 미국의 유명 가수 조니 캐시는 2003년 아내가 떠난 뒤 4개월 만에 생을 마감했다.

특히 명절, 생신잔치 등 온 가족이 모이는 기간이 지난 뒤를 주의해야 한다. 자식 친지와 지내면서 외로운 감정이 감춰지다가, 다시 혼자가 된 이후 감정이 폭발하는 경우가 적지 않다. 한 조사에 따르면 2008년부터 5년 동안 성인의 경우 명절 연휴 다음 날 자살자 수(41.5명)는 명절 연휴 기간 하루 평균 자살자 수(29.1명)를 크게 웃돌았다.

이동우 상계백병원 정신건강의학과 교수는 "명절 동안 친구나 이웃 등 다른 사람의 처지와 비교해 상대적 박탈감을 느끼기 쉽다"라며 "명절 이후 사별자에 대한 관심과 위로가 더 필요하다"라고 설명했다.

○ 사별 후 아픈 건 당연하다?

사별 후 스트레스를 이겨내기 위해서는 '고립'에서 탈피해야 한다.

먼저 오랜 기간 집에 혼자 있는 것을 피해야 한다. 혼자 있게 되면 우울한 기분이 더 심해질 수 있다. 최 씨처럼 친구나 동료, 좋아하는 사람을 지속적으로 만날 수 있는 모임에 참여하는 것이 좋다.

말을 참지 않고 많이 하는 것도 중요하다. 우울한 감정을 억제하지 않고 누군가에게 말하면 경감될 수 있기 때문이다. 어려운 책보다는 가벼운 소설이나 잡지를 읽는 것도 도움이 될 수 있다.

무엇보다 '배우자가 죽었으니 아픈 건 당연하다'라는 생각을 하지 않아야 한다. 우울증을 장기간 방치하다 뒤늦게 병원에 갔다가 치료에 어려움을 겪는 사례가 있기 때문이다. 전 교수는 "우울한 감정이 1개월 이상 지속되거나, 치료의 필요성을 부인할 경우 주변에서 더 적극적으로 상담 및 치료를 권할 필요가 있다"라고 말했다.

출처 : 유근형 기자(noel@donga.com). 노년기 배우자와 사별 스트레스, 이혼-구속-해고보다 훨씬 크다-
서울대학교 의과대학 국민건강지식센터

4. 노인가족을 위한 복지대책

노인복지정책의 목표는 국민적 최저수준의 생활 유지 원칙, 사회적 통합의 원칙, 개인의 성장욕구 충족이라는 세 가지 원칙하에서 이루어지며, 노인가족을 위한 복지대책은 가족정책적 측면과 가족사회사업적 측면으로 나눌 수 있으며 그 내용은 다양하게 세분된다.

비전	건강하고 활력 있는 고령사회			
목표	· 가족친화적 인구대책을 통한 출산 안정 도모 · 고용 확대를 통한 성장기반 강화 · 누구나 안심할 수 있는 노후생활보장 · 고령친화적 재정 · 산업정책			
정책 분야	인구 · 가족정책	고용 · 인력정책	보건 · 복지정책	재정 · 금융정책
추진 전략 및 정책 과제	· 출산 안정화 · 가치관 재정립 · 출산 · 양육 지원 강화 · 가정과 직장의 양립 · 출산 · 육아의 사회적 분담 강화 · 보육서비스 확충 · 인구 자질 향상 · 생애주기별 건강 관리체계 구축 · 출생 성비 균형화	· 제도 및 고용 관행 개선 · 임금직무체계 · 정년 · 연령차별 개선 · 고용 기회 확대 및 능력 개발 · 중고령자 고용촉진 및 능력개발 · 고용규제 완화 및 건강 증진	· 안정적 노후소득보장 · 다층연금체계 · 사각지대 해소 · 건강한 노후생활보장 · 공적노인요양보험 · 생활체육 활성화 · 교육, 여가 · 문화 향상 · 노인사회참여 활성화 · 노인 주거환경 개선	· 재정수지 균형, 산업구조 개편 · 재정 효율성 제고 및 세입기반 확충 · 실버산업 육성 · 금융 · 자본시장 효율화 · 연금기금의 시장 안정기능 강화 · 장기 금융 인프라 구축

| 그림 7-13 | 저출산 · 고령사회에 대응하는 국가실천전략

출처 : 국정브리핑(2005. 12. 11).

최근 국가는 저출산 · 고령사회에 대응하는 국가실천전략(그림 7−12)의 비전을 '건강하고 활력 있는 고령사회'로 정하고 있다. 노인복지서비스를 위한 정책분야는 일반적으로 고용 · 인력정책 분야와 보건 · 복지정책 분야로 나뉘며, 현안 과제로는 노인요양보장제도와 노인일자리 창출을 들 수 있다. 고용 · 인력정책 분야는 관련제도와 고용관행 개선,

고용기회 확대 및 능력 개발이 있고, 보건·복지정책 분야는 안정적 노후소득보장과 건강한 노후생활보장, 교육·여가·문화 향상·주거환경 개선 및 세대 간 이해 증진 강화 등을 위한 정책을 다루고 있다.

노인의 취업욕구가 높아지고 건강한 노인이 증가함에 따라 일하고 싶은 사람은 최대한 일할 수 있도록 노동시장제도 및 고용관행을 개선하고 있다.

노인가족은 다른 대상 가족과는 달리 노인들로만 구성되므로 일반 노인을 위한 복지대책과 유사한 내용으로 접근한다. 즉, 노인을 위한 복지대책은 경제적 안정, 가족관계의 안정, 주택의 보장, 의료와 건강의 보장, 교육의 기회, 사회적 협동의 기회 등을 주로 다루고 있지만, 현대사회에서는 노후의 4苦를 해결하고 적극적 노후를 위해 생산적 복지를 중시하면서 직업(일자리) 안정을 강조하고 있다. 특히 노인단독가족의 문제는 건강보호문제, 경제적 문제, 주거생활문제, 가족관계문제, 여가와 사회생활문제가 있으며, 이를 위한 가족복지대책으로는 경제적 안정 지원, 신체적·정신적 건강 지원, 편리한 주거와 근린생활 지원, 일상생활 지원, 다양한 여가생활과 사회적 관계 형성 지원, 독신단독가구 지원, 노인단독가족과 자녀가족을 위한 교육 프로그램 실시 등을 다루어야 할 것이다. 미래의 노인은 건강하고 교육수준이 높아지고 경제력도 있으며, 환경이 풍부하므로 노후생활에 대한 욕구가 다양하리라고 본다. 따라서 고령사회에 진입하게 될 국가적 준비가 시급하다.

노인가족은 다양한 가구의 형태를 이루고 있기 때문에 각기 다른 복지대책이 이루어져야 한다. 즉, 자녀와 동거하고 있는 노인이나 시설수용보호를 원하거나 그럴 수밖에 없는 노인과는 다른 차원에서의 노인가족을 위한 대책이 강구되어야 한다. 앞으로는 노인도 생산적인 일을 할 수 있는 복지와 생의 만족감을 느낄 수 있는 복지를 위해 노력해야 한다.

1) 노인복지서비스 대책

(1) 노후소득보장 대책

노인에게 소득과 건강은 노후생활의 생활만족도를 좌우할 만큼 중요한 요소들이다. 노후 프로그램 중에서 소득보장 프로그램은 스스로 가계를 꾸려가야 하는 노인단독가구가 증가하게 되고, 노인의 욕구수준이 높아짐에 따라 그 중요성이 증대하고 있다.

우리나라는 기초노령연금제도를 2008년도부터 점차적으로 확대실시하고 있다.

기초노령연금이란 현재의 노인들이 우리나라가 선진국 수준에 도달하도록, 자녀들이 세계를 상대로 경쟁할 수 있도록 헌신해 왔지만 정작 본인들의 노후대비는 부족한 실정이라는 점을 감안하여 매월 일정액의 연금을 드려서 국가발전과 자녀양육에 헌신해 온 노고에 보답하고자 마련된 취지를 갖고 있다.

실제로 소득이나 재산이 전혀 없는 노인가구와 경제사정이 어려운 노인들이 많고, 이런 노인들을 부양하는 자녀들의 경제적 부담도 크다. 따라서 기초노령연금제도는 생활이 어려운 노인들에게 매월 연금을 드려서 노후생활이 안정되도록 하는 제도라고 할 수 있다.

국민연금제도란 나이가 들어 은퇴하거나, 불의의 사고 또는 질병으로 장애를 입거나, 사망할 경우 닥치는 경제적 어려움에 대비하여 근로자, 사용자, 정부가 상호 협조하여 일정한 금액을 일정 시기부터 평생 동안 정기적으로 지급하는 사회보장제도의 하나이다.

공공부조인 생활보호는 생활보호법의 적용범위에 해당하는 노인 및 노인가족이 받을 수가 있으며, 사회보험방식인 국민연금제도의 일환으로 고령 시에 제공받을 수 있는 노령연금도 실시되고 있다. 아직까지 우리나라는 일반적으로 자녀나, 노인 자신의 소득에 의거하며, 매우 제한된 노인이 생활보호대상으로 생계보호를 비롯한 각종 보호를 받고 있으나, 노인 및 노인가족이 계속 증가하면 선진 외국과 같은 사회보험방식에 의한 노후소득보장이 필요할 것이다.

더구나 노후부양에 대한 견해는 젊은 세대뿐 아니라 노인들의 생각도 달라지고 있다. 고령자통계(2017)에 의하면, 65세 이상 고령자들은 부모의 노후생계에 대하여 '가족과 정부 · 사회 공동(32.6%)', '가족이 돌봐야 한다(32.6%)', '부모 스스로 해결(27.2%)'의 순으로 응답하고 있어서 과거보다 '부모 스스로 해결'해야 한다는 비율이 증가하고 있다. 부모부양을 '부모 스스로 해결'해야 한다고 생각하는 사람의 비율은 남자(31.3%)가 여자(24.3%)보다 높고 이런 생각을 하는 사람이 지속적으로 증가하는 추세[18.4%('10년)<22.3%('12년)<23.8%('14년)<27.2%('16년)]이다. 따라서 노년기의 노후준비는 본인의 몫으로 계획하여 준비해야 함을 말해준다.

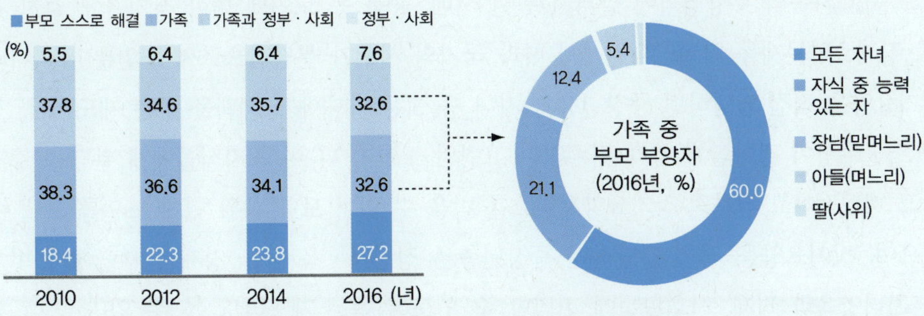

| 그림 7-14 | 부양의무에 대한 견해

출처 : 통계청(2017). 2017 고령자통계.

(2) 거주대책

노인가족의 경우는 일반 가족과 다르게 노인이라는 신체적 · 정서적 특성과 경제적 문제를 가지고 있기 때문에 노인을 위한 주거시설은 특별히 계획되어야 한다. 노인은 노화나 질병으로 인해 자유롭게 신체를 사용하기가 어렵고, 관리 · 유지가 문제가 되기 때문이다. 노인전용주택을 건설할 때에는 노인에게 안정적인 집이 될 수 있도록 시설의 현대화와 전문화, 사회화가 이루어져야 하고, 지역사회와의 유대를 강화시켜 소외되지 않도록 해야 한다.

(3) 의료대책

노인장기요양보험제도는 고령이나 노인성 질병 등의 사유로 일상생활을 혼자서 수행하기 어려운 노인 등에게 제공하는 신체활동 또는 가사활동지원 등의 장기요양급여에 관한 사항을 규정하여 노후의 건강증진 및 생활안정을 도모하고, 그 가족의 부담을 덜어줌으로써 국민의 삶의 질을 향상하도록 함을 목적으로 한다.

이는 사회적 연대원리에 의해 제공하는 사회보험제도로서 수급자에게 방문간병, 일상생활 지원 및 수발, 방문목욕, 세탁, 청소, 간호, 진료의 보조 또는 재가요양관리지도 등의 다양한 방식으로 장기요양서비스를 제공한다. 이미 오래전부터 고령화 현상을 겪고 있는 선진국들은 우리나라보다 앞서 다양한 방식으로 장기요양서비스를 제공하고 있다.

그동안 가족의 부양영역에 맡겨져 왔던 치매, 중풍 등 노인에 대한 장기간에 걸친 간병, 장기요양문제를 사회연대원리에 따라 국가와 사회가 분담함으로써 노인뿐만 아니라 장기요양을 직접 담당하던 중장년층과 자녀 등 모든 세대에게 혜택을 주는 제도이다. 점차 평균수명이 길어짐에 따라 의존적인 고령의 노인이 더 이상 자식들에게 부담을 주지 않고 계획적이고 전문적 장기요양서비스를 받을 수 있어 보다 품위 있게 노후를 보낼 수 있으며, 장기요양을 직접 담당하던 중장년층은 정신적·육체적·경제적 부담에서 벗어나 자녀양육과 경제, 사회활동에 전념할 수 있도록 돕는 제도라도 볼 수 있다.

이는 일종의 사회보험으로 질병 치료목적의 건강보험과는 별개로 운영된다. 지금까지 이 같은 서비스는 그 대상이 국민기초생활보장수급권자 등 일부 저소득층에 한정되어 있었으나, 이 제도의 시행으로 일반·중산층 등 모든 계층의 노인에게로 확대된다.

〈표 7-6〉 노인장기요양보험제도가 기존 노인복지서비스체계와 다른 점

구 분	노인장기요양보험제도	기존 노인복지서비스체계
서비스 대상	· 보편적 제도 · 장기요양이 필요한 65세 이상 노인 및 치매노인 등 노인성 질환을 가진 64세 이하의 국민	· 특정 대상 한정(선택적) · 국민기초생활보장 수급자를 포함한 저소득층 위주
서비스 선택	· 수급자 및 부양가족의 선택에 의한 서비스 제공	· 지방자치단체장의 판단(공급자 위주)
재 원	· 장기요양보험료+국가 및 지방자치단체 부담+이용자 본인부담	· 정부 및 지방자치단체의 부담
서비스	· 시설급여 · 재가급여(방문요양, 방문목욕, 방문간호, 주·야간보호, 단기보호 등) · 특별현금급여(가족요양비, 특례요양비 등)	· 시설 재가서비스를 제공하나, 서비스 질에 대한 관리 미흡
시설에 대한 지원방식	· 시설급여 및 재가급여 제공자는 비용을 수가산정방식을 적용하여 국민건강보험공단에 청구 · 국민건강보험공단은 청구된 장기요양급여 및 비용 등의 적정 여부 심사 후 지급	· 지방자치단체를 통하여 시설 입소민원 또는 연간 운영비용을 기준으로 정액 지급(사후정산)

출처 : 국민건강보험 노인장기요양보험 홈페이지(http://www.longtermcare.co.kr).

(4) 교육대책

노인의 학력과 경제적 수준이 높아짐에 따라 노인교육의 욕구수준이 높고 다양해진다. 또 사회교육 내지 평생교육이라는 차원에서 그 필요성이 증대되고 있으며, 노인가족의 복지를 위해서도 중요하다. 노인을 대상으로 한 교육은 여러 가지 의의를 지니고 있다. 즉, 노인의 사회적응력을 증진시키고 정신력 감퇴를 예방하여 자존감을 높여준다. 또한 자신의 노후 적응뿐 아니라 다양한 세대들이 함께 어울려 살아가는 방법을 알고 기여함으로써 자신의 유용감과 자존감을 높이고, 현대 감각에 맞는 사고방식을 습득하고, 창조적 재능을 개발함으로써 가정과 사회에서의 권위를 회복하여 유능한 일원으로 참여하는데 기여하게 해준다. 또 이를 통하여 노인가족에서 발생하고 있고, 또 발생 가능한 여러 문제에 대한 대응능력을 고양시켜 줄 수 있다.

(5) 휴식 및 여가 관련 대책

노인이 여가를 어떻게 인식하고 있는지는 개인차가 많다. 노인에 따라 지루하기만 한 긴 시간으로 혹은 생활고에서 벗어나 자유롭고 즐거울 수 있는 시간으로 인식할 것이다. 따라서 휴식과 여가에 대한 대책은 크게 네 부분으로 구별할 수 있는데, 여가에 대한 인식의 제고와 계몽, 여가를 위한 기회의 평준화, 여가를 위한 기능 습득의 학습 프로그램의 개발, 노인의 욕구에 부응하는 시설의 다양화와 재정 보조, 노인이 즐길 수 있는 다양한 여가 종류 개발 등이다.

(6) 생활서비스 대책

노인장기요양보험제도는 고령사회를 대비하여 가장 현실적이고 구체적인 복지정책 중 하나이다. 기존의 노인복지서비스체계가 기초생활보장수급자와 저소득층 위주로 이루어졌다면, 이 제도는 노인성질환을 가진 전 국민을 대상으로 하고 있다는 점이 특징이다. 이 제도에 의한 요양보호사는 요양이 필요한 노인 등에게 전문적 간병서비스를 제공하기 위해 만든 새로운 국가자격증 제도로 소정의 교육과정과 실습을 거쳐야 한다. 요양보호사의 역할은 노인 등의 신체활동 또는 가사활동 지원 등의 업무를 전문적으로 수행(노인복지법 제39조의2)한다.

노인보호에 대한 전문교육과 훈련을 받고 노인가정을 방문하여 혼자의 힘으로 해결할 수 없는 노인과 생활을 영위하기 어려운 노인가족을 위해 일상적인 생활의 도움을 주는 제도이다. 특히 고령이면서 노인단독가구인 경우 동거 내지 별거하는 가족성원에 의해 제공받을 수 없는 서비스를 제공함으로써 사회적 · 신체적 기능 저하에 따른 기능을 보완해 주고, 극한 상황의 노인을 적절한 곳에 보호할 수 있게 주선하는 역할도 한다.

요양보호사의 구체적인 서비스 내용은 다음과 같다.

① **신체활동지원 서비스** : 식사, 목욕, 대소변 처리, 옷 갈아입기, 이동, 욕창예방을 위한 운동과 체위변경, 간단한 재활훈련(산책, 병원동행, 보행훈련 등), 심리적 지원 및 기타 일상생활수행능력 지원

② **가사활동지원 서비스** : 세탁, 물건 사기, 식사준비 및 조리지원, 은행일 업무지원

③ **기타 서비스** : 외출 시 동행, 일상업무 대행, 우애서비스 등 정서지원(말벗, 격려 및 위로, 생활상담, 의사소통)

(7) 정서적 · 심리적 대책

노인가족의 정서적 · 심리적 문제의 해결은 노인상담과 가족상담 및 치료를 이용할 수 있다. 우리나라의 경우, 노인가족을 포함한 노인상담은 다른 상담분야에 비해서 활성화되어 있지 않은 편이다. 이는 상담에 대한 인식이 부족하고, 실제로 이용할 수 있는 체계적인 노인상담제도가 개발되어 있지 못하기 때문이다. 노인상담은 관련자가 방문상담의 형식으로 하는 경우가 있으며, 노인복지법에 의하면, 노인의 복지를 위한 상담 및 지도 의무를 다하기 위하여 시 · 군 · 구에 노인상담원을 두도록 조치하고 있으나, 전문상담인력의 부족과 예산 부족으로 아직도 미비한 부분이 많다. 정서 및 심리적 대책을 위해서는 상담 외에도 교육과 취미활동을 통한 심리적 안정을 얻을 수도 있다.

복지정책은 국민들의 생활과 밀접하게 연관되어 있고 인생의 전 생애에 걸쳐 영향을 주기 때문에 국민의 이해와 공감대를 갖는 정책의 수립과 시행의 시의적절함은 매우 중요하다. 독거노인의 증가에 따른 정보화정책 중에는 독거노인 응급안전돌보미 시스템 구축 서비스가 있다. 정보통신 및 무선 네트워크 기반기술을 이용하여 24시간 365일 독거노인의 안전상태를 실시간으로 확인 · 관리하는 종합적인 사회안전망이다. 독거노인의 안전을 확보하고 고독감을 해소하고 심리적 안정감을 증대시키는 것을 목적으로 한다.

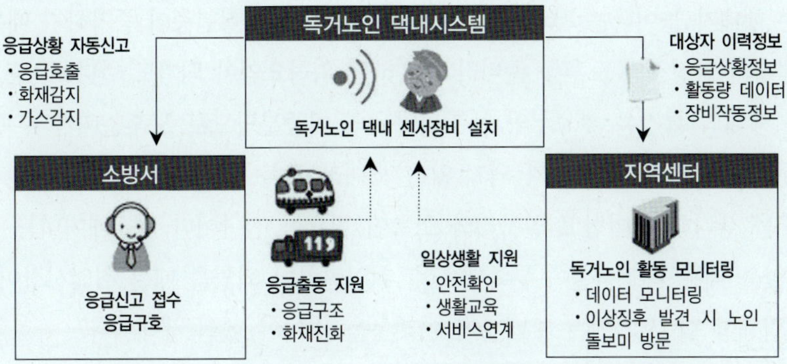

| 그림 7-15 | 독거노인 응급안전돌보미 시스템 구성도

출처 : 2012보건복지백서.

2) 베이비붐 세대를 위한 검토과제

베이비붐은 어느 특정 시기에 출생하는 아이의 수가 폭증하는 현상으로 이 시기에 태어난 세대를 베이비부머라고 지칭하며, 이에 대한 판단기준은 출산율 또는 출생아 수를 사용한다. 우리나라는 한국전쟁 직후인 1955년부터 1963년에 태어난 세대를 베이비부머로 판단한다. 이 시기에 출생한 연령층이 노인세대로 대거 진입하면서 노인인구의 급증 현상에 기여하는 세대가 된다. 예상되는 노인인구 비율은 2015년에 우리나라 베이비부머들이 60대에 진입하여 전체인구 대비 노인인구 비율이 13%이고, 2017년에는 14.3%를 넘어 '고령사회'로 진입하였다. 2026년이면 20.8%로 '초고령 사회'가 되고, 현 추세가 계속된다면 2050년에는 40%를 기록하여 일본과 함께 세계 최고령국가가 될 전망이다.

한편 베이비부머가 낳은 자녀세대를 에코세대라고 하는데, 1979~1992년에 태어난 세대이다. 이 인구규모는 베이비붐 세대보다 큰 것으로 나타나 이들의 출산율이 회복될 경우 베이비붐 세대의 인구 고령화 효과가 다소 상쇄될 가능성이 있다. 따라서 앞으로의 정책이 에코세대를 중심으로 효과적으로 운용된다면 저출산과 인구고령화의 속도를 늦추거나 개선의 여지가 있다고 보기도 한다. 최근 청년층의 취업난과 결혼기피 또는 지연 현상이 에코세대에 직접적으로 영향을 미치고 삶의 패러다임을 바꾸고 있다고 보기 때문이다. 성인이 되어도 부모로부터 독립하지 못하는 현상은 베이비붐 세대가 자녀와 동거하고 부양하는 행태가 늘어나는 것과 맞물려 자립하지 못하는 청년층이 증가하기 때문이다. 이는 부모세대의 안정적인 노후를 준비하지 못하는 위협요인이 되기도 한다(박경훈, 2015).

베이비붐 세대의 특징은 부모부양과 자녀양육의 이중부담으로 노후준비가 부족한 샌드위치 세대로 자신을 위한 준비가 되지 않은 세대라고 볼 수 있다. 따라서 은퇴 후에도 편안한 노후를 생각하기 어렵고 일자리와 소득이 필요한 집단이다. 즉, 베이비붐 세대가 취학연령이었을 때는 학교시설이 부족했으며, 취업연령이 되었을 때는 취업시장이, 성인이 되어 독립해야 할 시기에는 주택난에 어려움을 겪어야 했던 세대이다.

이들 세대의 욕구는 학력이 고학력으로 능력도 있고 사회참여와 여가에 대한 욕구가 강한 집단으로 평가받고 있다. 그러나 식생활과 환경의 변화로 만성질환과 유병률이 급속히 증가하는 특성도 보여 이들에 의한 건강보험과 국민연금 등 사회보험에 대한 지출이 증가할 것으로 예견되고 있다.

은퇴를 앞에 두고 있는 복지대상에 대한 정부의 선제적 대응책으로 각 부처에서는 각각 대비를 검토하고 있다. 첫째는 베이비붐 세대의 본격 은퇴에 대비한 선제적 대응책으로 노후소득보장체계 개선, 계속근로, 사회참여 활성화, 사전예방적 건강관리를 위한 정책과, 둘째는 저출산 극복을 통한 미래 성장잠재력 확보책으로 저출산·고령사회 기본계획, 맞벌이와 다자녀 등 보육서비스 강화, 불임 등 출산지원 강화 등의 정책이다.

미래노인 빈곤방지를 위한 노후생활 안정지원정책으로 베이비붐 세대(1955~1963년생, 14.6%)의 노인빈곤방지를 위한 국민연금과 기초노령연금의 역할분담 방안을 마련하고자 연금제도의 재구조화를 계획하고 있다. 베이비부머 등의 노후 연금소득보장을 강화하기 위해 선납, 반납, 추납제도 등을 활용하여 연금을 수급할 수 있는 최소가입기간을 충족할 수 있도록 하는 방안을 내놓고 있다. 이는 베이비붐 세대가 퇴직금 등을 받아 재정적 여유가 있을 때 연금보험료 선납을 통해 노령연금 수급권과 수급액을 확대할 수 있도록 하기 위한 정책이다. 또 경제적으로 여유가 있어서 자녀에게 의존하지 않으려는 베이비붐 세대의 특성을 가지므로, 은퇴 후 기초수급자 보호시설인 양로시설과 노인공동생활가정을 위한 정책보다는 중산층을 위한 다양한 공급방안을 모색하여 노인들의 주거안정화를 기해야 한다.

베이비붐 세대의 계속근로 및 사회참여 활성화 여건을 조성하기 위하여 임금피크제를 활성화하고 일자리 확대를 위해서는 퇴직 후 직능단체와 기업이 한시적으로 회원에게 일자리를 제공하는 '직능시니어클럽'을 확대하는 것도 필요하다. 또한 이들의 삶의 경력을 활용하기 위한 전문분야의 '은퇴지식인 전문자원봉사단'을 운영하여 활동적인 노화를 실천할 수 있도록 하는 것도 국가의 할 일이다. 노후준비를 위해 은퇴대상자들에게는 은퇴 이후 재무설계, 건강, 여가 등 생활 전반에 대한 교육을 확대하는 산학연계 은퇴준비교육을 하는 등 이들의 욕구를 고려한 프로그램 개발과 운영이 요구된다.

〈표 7-7〉 우리나라의 베이비붐 세대의 비중(%)

	1999	2004	2009	2014	2019
연령(세)	40~49	45~54	50~59	55~64	60~69
생산가능인구[1)]	23.5	22.4	21.6	21.4	11.9
핵심근로인구[2)]	39.4	20.8	–	–	–
은퇴연령인구[3)]	–	–	–	31.9	55.0
고령층[4)]	–	–	–	–	35.8

주 : 1) 15~64세 2) 25~49세 3) 60세 이상 4) 65세 이상
출처 : 강태헌(2016); OECD.

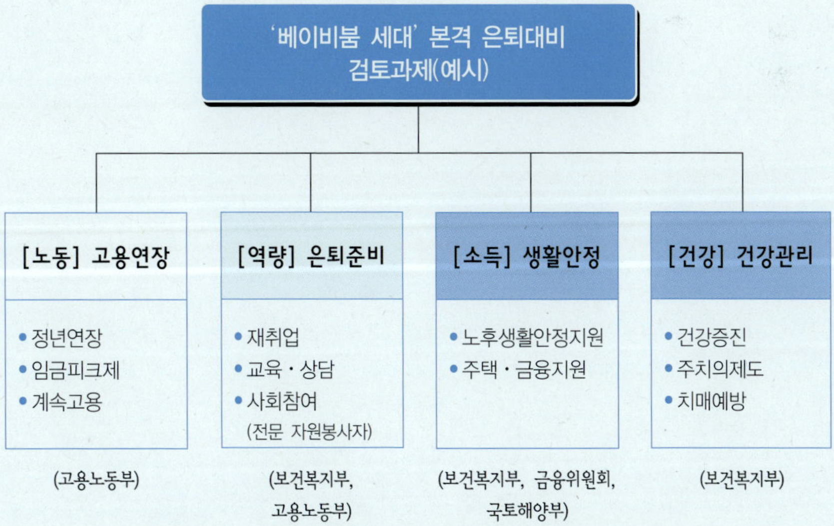

| 그림 7-16 | 베이비붐 세대의 은퇴대비 검토과제(예시)

CHAPTER 08

이혼가족과 가족복지

최근 우리 사회의 이혼율은 증가율과 변화양상에 있어서 개인의 문제를 넘어서 사회문제로 주목받고 있다. 특히 이혼율의 증가와 함께 결혼율 및 출산율의 감소 등이 동시에 진행되면서, 가족해체와 가족제도 구조에 대한 문제까지 제기되고 있는 상황이다. 이제 이혼은 이혼 당사자 간의 문제만이 아니라 가족, 사회, 국가 등의 사회환경체계 입장에서 원인과 구조적 진단이 시급한 과제로 부각되고 있다.

이혼으로 인한 가족해체를 보는 측면은 조정하기 어려운 부부갈등을 해결하여 행복한 삶을 찾는다는 긍정적 시각과 부모의 이혼은 자녀의 성장에 부정적 영향을 미치므로 가능한 한 참고 살아야 한다는 부정적 시각이 있다. 최근에는 의식의 변화로 이혼을 더 이상 개인의 이기적 판단으로 보기보다는 새로운 삶의 시작이라는 개념으로 받아들이고 있다. 즉, 이혼이 절대 안 되는 것에서 어쩔 수 없이 할 수도 있는 것 혹은 적극적으로 개인의 행복을 추구하기 위한 노력으로 이해되면서 이혼을 불행한 결혼관계로부터의 해방이나 결혼에서 생기는 문제를 해결하기 위한 하나의 과정, 그리고 새로운 자기발견의 기회라는 긍정적인 측면으로 인식하는 경향이 강하다. 그러나 이혼은 배우자의 사망 다음으로 스트레스를 주는 충격적인 사건으로 경제적·정서적·사회적 어려움을 겪게 되므로, 이혼가족이 건강한 삶을 살아갈 수 있도록 하기 위해서는 그들이 겪는 어려움에 대한 이해와 함께 개인, 지역사회, 국가가 할 수 있는 방안을 모색해야 할 것이다. 그러므로 여기서는 이혼의 실태와 이혼한 부부와 자녀가 겪는 문제점을 살펴보고 이혼가족을 위한 대책을 살펴보고자 한다.

1. 이혼가족의 개념

이혼은 결혼관계에서 생긴 여러 문제를 해결하기 위한 하나의 방법으로, 법률상으로 유효하게 성립된 혼인관계를 결혼 당사자들이 모두 살아 있는 동안에 결혼 당사자들의 협의 또는 재판상의 절차를 거쳐서 그 부부관계를 해소시키는 것을 의미한다. 이는 인위적으로 혼인관계를 해소시킨다는 점에서 부부 중 어느 일방의 사망에 의한 혼인관계 해소와 달리 부부관계에서 일어나는 여러 가지 문제에서 탈피하기 위한 하나의 방법이며, 동시에 부부관계를 해소시킬 방법을 법률상으로 인정하는 제도이다. 그리고 이혼가족이란 이혼에 의해 축소된 가족을 말한다.

그러나 이혼은 부부관계가 소멸되는 것으로 부모가 이혼을 하더라도 그 관계를 통해 형성된 부모-자녀관계는 그대로 지속되기 때문에 가족의 해체로 규정지을 수는 없다. 급속히 증가하는 이혼의 현상에 대해 가족이 해체되는 징후라고 우려하는 경우가 많은데, 이는 전통적인 초혼 핵가족을 이상적인 가족으로 여기면서 이혼은 극복해야 할 사회적 문제라는 부정적 관점으로 보는 데 근거한 것이라고 할 수 있다. 그러나 이혼을 병리적이거나 일탈적 관점으로 다루기보다는 이혼과정에서 겪게 되는 문제에 초점을 두어 예방적 차원의 결혼준비교육이나 이혼이 불가피한 가족에게는 당면문제를 해결하게 하고, 이혼 후의 적응에 관심을 쏟는 것이 바람직할 것이다.

이혼은 하루아침에 갑작스럽게 일어나는 단편적 사건이 아니라 오랜 과정 속에서 어렵게 도달하게 되는 경험으로 결혼생활에서 갈등이 누적되고 이러한 갈등을 해결하기 위한 나름대로의 행동을 취한 후에 최종적으로 이혼을 결심하게 되는 이혼의 과정 전반에 걸친 어렵고 고통스러운 문제로 보는 경향이 있다(곽배희, 1994; Bursik, 1991, 이소희, 2003 재인용). 이와 같이 이혼은 일련의 과정으로 부부관계의 해체는 법정에서 이혼이 확정되기 이미 오래전부터 시작되는 과정이다. 즉, 대부분 모든 이혼은 점진적이며 매우 유사한 과정을 경험하게 되어 부부가 이혼하기까지의 과정은 상당히 예측 가능한 일련의 단계를 거쳐 간다. 대개 심한 갈등단계를 거쳐 그 갈등을 극복하지 못하면서 서서히 침묵과 냉전 단계가 일상화되어 표면적으로는 이상적 결혼관계를 유지하지만 서로의 마음이 단절되어 있는 상태인 정서적 이혼의 단계로 이어지며, 이 단계가 심화되어 법적 이혼 단계에 이르게 된다. 대부분의 가족들은 이혼을 피하려 하며 최후의 방편으로 이혼을 선택하지만 일단 이혼이 발생하면 그것은 가족체계의 복잡한 발달적 과정을 가동시킨다.

즉, 법적 이혼으로 모든 것이 끝나게 되는 것이 아니라 복합적 요소들이 상호작용하여 심각한 스트레스를 주게 되는 복합적 과정이다. 이에 따라 Ahrons와 Levinger는 이혼과정을 부부간의 갈등 단계, 사실상 부부관계 해체 단계, 이혼 후 단계의 3단계로 구분하였다. 또한 인류학자 Bohanan(1970)은 이혼을 정서적 이혼(emotional divorce), 법적 측면에서의 이혼(legal divorce), 경제적 측면에서의 이혼(economic divorce), 부모역할 측면에서의 이혼(coparental divorce), 사회적 관계 측면에서의 이혼(community divorce), 심리적 측면에서의 이혼(psychic divorce) 등 여러 영역에 걸쳐서 서로 연결되고 중복되는 복합적 과정으로 보았다. 즉, 이혼은 이와 같이 단일의 생활위기나 사건이라기보다 다양하고 복합적인 심리사회적 과정이어서 법적 이혼은 이루어져 있으나, 여타 나머지 영역의 이혼은 이루어지지 않은 채 생활할 수도 있고, 또는 법적 이혼은 이루어져 있지 않으나 여타 나머지 영역은 이혼한 채 생활할 수도 있다.

2. 이혼가족의 실태 및 문제

1) 이혼의 실태 및 원인

(1) 이혼의 실태

이혼의 증가는 전 세계적 현상으로 우리나라도 예외는 아니다. 우리나라의 이혼율은 1970년대까지만 해도 그다지 높지 않았으나, 1980년대에 들어오면서 조금씩 상승하기 시작하여 최근엔 일부 선진국의 수준을 넘어 1990년대 이후 폭발적 증가를 보였다. 특히 최근 15년 동안 조이혼율은 급격한 속도로 증가하여, 1990년 1.1%에서 2000년 2.5%로 2배 이상 증가하였고, 2003년에는 3.4%에 달하는 것으로 나타났다.

그러나 2003년 정점을 찍은 후 이혼건수는 계속적으로 감소하여 2012년에는 11만 4천 3백 건으로 조이혼율(인구 천 명당 이혼건수)은 2.3으로 1997년 2.0 이후 가장 낮았다.

이와 같이 이혼이 줄어든 현상은 결혼 자체가 줄었고 경제상황, 그리고 지금 시행되고 있는 이혼자에게 유리하게 적용되는 민법, 또한 이혼 전에 다시 생각하는 숙려기간을 갖도록 의무화하고, 이혼 전 상담을 거치게 하는 등 관련제도 변화 등이 이혼율을 낮추게 된 요인으로 보인다.

만혼 경향으로 평균 이혼연령과 결혼지속기간 그리고 재혼연령 역시 늦추어지고 있다. 2015년 통계청의 '2014년 이혼통계 결과' 발표에 의하면, 우리나라 남녀 평균적으로 이혼하는 연령은 2014년 기준으로 남성은 46.5세, 여성은 42.8세인 것으로 나타났다. 1970년 평균 이혼연령이 남성이 36.0세, 여성이 31.0세였던 데 비하면 이혼연령이 꾸준히 증가세를 보였으며, 10년 전에 비해 남성은 4.9세, 여성은 4.7세가 높아진 것이다. 최근 중·장년 여성에 의한 이혼(황혼이혼)이 급증함에 따라 결혼에서 이혼에 걸리는 시간을 연장시키는 데 부분적으로 기여한 것으로 볼 수 있을 것이다.

동거기간별로 이혼을 보면, 과거에는 결혼 5년 미만의 신혼기 이혼이 주된 형태였지만, 최근에는 모든 동거기간에 고루 분포되어 있으며 동거기간이 10년 미만인 경우가 점차 감소하는 반면에 결혼 후 15~20년 이상의 동거 후에 이혼을 하는 중년기 이혼과 황혼기 이혼이 급격히 늘어나는 추세이다. 특히 20년 이상 같이 산 부부의 이혼 비중이 갈수록 높아지는 추세로 전체 이혼에서 차지하는 비중이 30.4%(2017사법연감)로 가장 높았다. 이는 결혼에 수반되는 희생이 상대적으로 컸던 여성이 자의식과 경제력을 갖추면서 이혼을 신청하는 경향이 늘고 있으며, 대개 결혼 초기부터 쌓인 불만이 성인 자녀들의 혼인 이후 혹은 자녀들로부터 동의를 얻은 후 황혼이혼을 감행하는 특이한 현상으로 나타나고 있다. 또한 이혼부부의 평균 동거기간은 증가하고 있으며, 자녀가 없는 부부의 이혼비중도 계속 증가하고 있는 경향이다.

중년기와 황혼기 이혼이 증가하는 배경에 있어 다른 연령층과 구별되는 특징을 살펴보면 다음과 같다(정현숙, 2001). 첫째, 중·노년의 이혼은 자녀에 대한 부양의무가 끝나 자녀가 독립하는 시기에 집중적으로 나타나며, 나이 든 부부에게는 자녀에 대한 양육권으로 인한 문제가 없다는 점도 이혼을 쉽게 결심할 수 있도록 하는 한 요인이 된다. 둘째, 황혼이혼소송에서 주목할 만한 특징은 부인 쪽에서 이혼을 제기하는 경우가 80%에 육박한다는 점이다. 셋째, 가부장적 전통 속에 살아온 여성이 점차 자아를 의식하게 되고 탁아모, 파출부 등 여성 노동력을 필요로 하는 곳이 많아짐에 따라 남편이 퇴직 및 정년 등으로 경제력을 상실하게 되면 더 이상 금전적으로 남편에게 의존할 필요가 없는 여성이 그동안 누적된 불만을 터뜨리면서 이혼을 청구하고 있다. 특히 지난 1991년부터 도입·실시된 이혼할 때의 재산분할청구를 할 수 있는 제도적 장치의 마련이 중·노년의 여성으로 하여금 보다 쉽게 이혼을 결심하도록 하는 배경이 되었다. 50대 이후의 이혼에 있어서 또 다른 특징은 성장한 자녀들이 부모의 이혼에 동조하거나 어떤 경우 당사자들보다 자녀들이 더 적극적으로 이혼을 권유하기도 한다는 점이다.

이와 같이 우리 사회에 드러나는 이혼양상의 두 주류, 즉 노년과 여성 이혼의 증가에 수반되는 배경적 원인으로는 다음과 같은 사항을 고려해 볼 수 있다(유영주 외, 2004). 우선 우리 사회의 가족문화를 지배해 온 전통적 가부장제도가 그동안의 도시화, 산업화, 근대화를 통하여 서서히 변해왔다. 그런데 이러한 영향은 남성보다는 여성의 삶에 더 많은 변화를 가져와 여성의 교육기회 확대 및 취업 증가로 평등한 부부관계를 추구하는 여성이 많아진 반면, 남성 및 가족의 변화는 늦게 나타나는 문화지체현상을 가져왔다. 이러한 것이 개인적 측면에서 남성과 여성의 견해 차이, 즉 성격, 사고방식, 인생관의 차이로 연결되며, 특히 남성의 자기중심적인 생각, 즉 이기적인 생각이 여성에 대한 무시, 억압, 학대 등 현실로 나타나 여성 이혼이 증가하는 직접적 동기로 작용하게 되었다. 노년 이혼도 그간 원만히 지내다가 새삼스레 그 나이가 되어 이혼을 결심하는 것이 아니라 젊은 시절부터 쌓여온 내재된 갈등이 이러한 사회문화적 변화 속에서 돌출되어 증가한 것이다.

요약하면, 이혼율은 과거 15년 대비로 꾸준히 증가하다가 2003년을 정점으로 감소하고 있으나, 20년 이상의 장기 동거부부의 이혼은 꾸준히 증가추세에 있고, 한국인과 외국인 부부의 이혼도 증가추세에 있다. 평균 이혼연령은 남녀 모두 상승세가 지속되고 있으며, 무엇보다 중요한 것은 이혼 부부의 상당수가 미성년 자녀를 두고 있는 것으로 나타나고 있어서 이혼가족의 자녀에 대한 사회적 관심이 더욱 필요함을 보여주고 있다.

(2) 이혼의 방법 및 이혼원인

우리나라 이혼방법은 당사자가 합의해서 이혼하는 협의이혼과 협의가 이루어지지 않아 법원에 심판을 청구해서 이루어지는 재판이혼이 있다.

협의이혼은 부부 당사자가 서로 이혼할 것을 합의하고 가정법원에 가서 이혼에 대한 안내를 받아야 하고, 안내를 받은 날로부터 양육하여야 할 자(포태 중인 자를 포함)가 있는 경우에는 3개월, 없는 경우에는 1개월의 기간이 지난 후에 이혼의사의 확인을 판사로부터 받은 다음 본적지나 주소지의 호적계에 이혼신고서를 제출함으로써 부부관계를 해소하는 방법이다(민법 제834・837조, 가족관계등록법 제79조).

이 경우에는 이혼사유는 전혀 문제가 되지 않아 이혼사유가 무엇이든 간에 부부가 이혼하는 것에 동의하기만 하면 된다. 단, 이상의 절차를 거치기 전에 서로 위자료, 재산분할청구, 친권과 양육권 등 제반 사항에 대한 당사자 간의 철저한 합의를 할 것을 전제로 하고 있다. 이혼의사 확인 시 부부가 함께 가정법원에 출두하여 협의이혼의사확인 신청서와 양육하여야 할 자녀가 있는 경우에는 자녀의 양육과 친권자 결정에 관한 협의서 또는 이에 관한 가정법원의 심판 정본을 제출해야 한다. 이혼의사확인을 받은 후 3개월 이내에 신고하지 않으면 확인은 효력을 상실한다.

반면 재판이혼은 법률이 정해놓은 일정한 이혼사유가 생겨 부부 중 일방은 이혼하려 하는데 다른 일방은 이에 합의하지 않을 때 가정법원의 조정을 거쳐 이혼소송을 청구하여 법정에서의 판결에 의해 성립되는 이혼이다. 이 경우 단지 성격차이 등의 이유로는 이혼이 불가능하며, 일정한 민법상의 이혼사유가 있을 때에 한하여 허락된다. 즉, 협의이혼은 부부가 자발적으로 이혼에 합의하기만 하면 원인 여하를 불문하고 법원의 확인을 받아 이혼신고를 할 수 있지만, 재판이혼은 일정한 민법상의 이혼사유가 있을 때에 한하여 법원으로부터 이혼이 허락된다. 다음은 민법 제840조에 명시되어 있는 재판상의 이혼사유이다.

① 배우자에게 부정한 행위가 있었을 때
② 배우자가 악의로 다른 일방을 유기한 때
③ 배우자 또는 그 직계존속으로부터 심히 부당한 대우를 받았을 때

④ 자기의 직계존속이 배우자로부터 심히 부당한 대우를 받았을 때

⑤ 배우자의 생사가 3년 이상 분명하지 아니한 때

⑥ 기타 혼인을 계속하기 어려운 중대한 사유가 있을 때

이 중 ①~⑤까지는 책임을 근거로 한 것이라고 할 수 있으며, ⑥은 부부관계가 파탄되어 회복될 가능성이 없는 다양한 이유를 포함함으로써 추상적・상대적 이혼사유를 제시하고 있다.

통계청 홈페이지 자료(2012)에 의하면, 2011년의 주요 이혼사유는 성격차이 44.9%, 경제문제 12.3% 순으로 나타났으며, 가족 간 불화, 성격차이, 경제문제 등이 차지하는 구성비는 전년보다 감소하였으나, 배우자 부정, 정신・육체적 학대 등은 전년보다 증가하였다.

전체 이혼건수 중 배우자가 아닌 친족과의 불화로 이혼하는 경우는 감소하는 추세인 반면, 부부불화로 인한 이혼은 크게 늘어나 우리 사회도 이혼문제가 가족 전체보다는 부부 당사자 사이의 문제로 좁혀져 가고 있음을 알 수 있다. 1990년대 이후 경제위기를 계기로 경제적 문제로 인한 이혼이 차지하는 비중이 상대적으로 급증하고 있다. 특히 IMF 시기에는 국가의 경제적 불황과 맞물린 가족의 경제적 문제에 의한 이혼이 증가하였다. 즉, IMF 경제위기는 가계의 재정난을 유발하고, 그러한 가정의 경제적 어려움은 가족 내부의 갈등으로 이어져 가족불안정이나 해체현상에 상당히 기여한 측면이 있다고 평가할 수 있다. 또한 이러한 이혼의 급증은 가족복지정책이 마련되어 있지 않은 상황 속에서 IMF 경제위기로 인한 경제적 문제에 봉착함으로써 가족 간의 잠재적 갈등이나 문제를 안고 있던 부부관계가 1차적으로 깨지고 있는 것으로 풀이된다.

종류별 이혼을 보면, 이혼한 부부의 약 80%가 협의이혼으로 이혼의 대부분을 차지하고 있다(통계청, 2016). 예전에 비해서는 황혼이혼, 자녀양육문제, 재산분할문제 등으로 인한 갈등으로 인한 재판이혼이 증가하고 있다.

2) 이혼 증가의 배경

이혼이 증가하는 원인은 다음과 같은 배경에서 찾아볼 수 있다.

(1) 여성의 사회경제적 지위 변화

예전엔 경제적 압력 때문에 불행한 결혼도 참고 견디지 않으면 안 되었으나, 현대는 여성의 교육기회가 증가하고 경제활동 참여가 활발해지고 고용 가능성도 향상되면서 여성이 주도적으로 먼저 제기하는 별거나 이혼의 중요한 전제조건이 되고 있다. 물론 여성이 진출 가능한 직종범위가 노동시장구조에서 한정되고, 불안정 고용과 저임금이 특징인 열악한 노동조건이 현실임에도 불구하고 기혼여성의 취업 증가는 이혼율 상승에 기여하는 바가 있는 것으로 나타났다(김현주, 2002; Peterson, 1989). 여성 취업 증가로 여성이 경제적 자립능력을 갖게 되는 경우가 많아지면서 남성에 대한 경제적 의존도가 낮아지게 되었고, 이는 잠재적 문제를 이미 안고 있는 부부인 경우 부부관계, 결혼만족도가 낮은 부부에게는 특히 여성의 취업이 이혼 결정을 용이하게 하는 결정적 요인으로 지적된다. 즉, 여성이 독립적 생계수단을 확보하면 소득이 없는 여성이라면 참고 지낼 만한 부부관계의 경우에도 이혼을 행동으로 옮길 가능성이 커지게 되기 때문이다(한경혜, 2003). 일반적으로 경제력이나 자아의식이 높은 여성은 부부생활에서 개인적인 만족이나 사랑이 없을 때 참고 지내려 하기보다는 이혼이나 별거를 요구하는 경향이 높다.

여성의 경제활동 참여는 앞으로도 계속 증가할 것으로 예측되며, 따라서 경제적 이유 때문에 불행한, 만족스럽지 못한 결혼관계를 감수하는 여성의 수는 점차 줄어들 것이고, 이는 이혼율의 계속적 증가로 이어질 것이다. 또한 이러한 변화는 여성의 가치관에도 변화를 가져와서 인간의 권익에 대한 관심이 높아지고 평등한 부부관계에 대한 인식이 증대됨에 따라 남편의 부당한 대우를 참고 견디는 여성도 줄어들게 되었으며, 이것도 이혼 증가를 높이는 요인으로 작용한다.

이와 같은 변화가 과거에는 이혼을 결심하는 데 걸림돌이 되었던 남성에 대한 경제적 의존이 오늘날 여성들이 자립 가능성을 가지게 되면서 이혼을 하나의 대안으로 선택할 수 있게 하였으며, 또한 부부관계의 변화에 부응하지 못할 경우 이혼하게 될 확률이 높아지게 된 것이다.

(2) 이혼에 대한 태도의 변화

이혼 태도는 이혼에 관하여 개인이 지향하는 가치관 및 관념, 신념 등을 의미하는 것으로 이혼에 대한 개인 행위방향의 지침이라고 할 수 있으며, 이혼 태도의 변화에 따라 이혼의 증감을 예측할 수 있다. 남녀평등사상과 자유 및 개인주의적 가치관의 형성으로 최근에 이혼을 자신의 삶을 위한 선택으로 받아들이고, 자신의 선택에 대한 책임을 지려는 형태로 달라졌을 뿐 아니라 이혼에 대해 긍정적 시각으로 이혼에 대한 태도가 많이 달라지면서 이혼 증가의 한 원인이 되었다. 예전에 비해 이혼에 대한 사회 전반의 부정적 태도가 약화되고 있으며, 점차로 이혼에 대한 허용적 태도의 확산(한경혜 · 이정화, 2002)으로 상황에 따라 이혼을 수용하는 태도가 증가하고 있다. 이혼은 불행한 결혼관계에서 오는 갈등으로부터 자유롭고 자기 발전의 새로운 기회가 될 수 있다고 보고, 이혼을 자신의 삶을 위한 선택으로 받아들이고 있다. 즉, 결혼생활에 문제가 있고 불행하다면 그 상태에서 참아가며 결혼을 지속시키기보다는 불행한 결혼관계를 해소시키고 새로운 삶을 찾는 것이 낫다고 생각한다. 따라서 이제는 이혼이 결혼에 대한 포기, 가족해체로 문제시되기보다는 불행한 결혼에 대한 하나의 해결방법으로 자신의 삶을 위한 선택으로 인식되고 있으며, 이혼에 대해서 허용적 태도가 증가하는 방향으로 변화하고 있다.

(3) 법제도의 변화

과거의 가족법은 이혼을 억제하던 법적 장치로 이혼 금지의 의도가 컸으며, 특히 여성에게는 불리하였다. 그러나 이혼 관련 불평등 조항들의 개정으로 과거보다 훨씬 쉽게 이혼을 하게 되었다. 즉, 재산분할청구권으로 여성의 가사노동 가치가 인정되었으며, "이혼 후 자녀를 직접 양육하지 아니하는 부모 중 일방은 자녀와의 면접교섭권을 갖는다"(민법 제837조의2 제1항)고 규정함으로써 면접교섭권이 신설되었다. 또한 자녀양육권에 있어 선택과 조정이 가능하고, 양육비 이행확보를 위해 제도가 신설되는 등 그동안 문제되었던 이혼 관련 불평등 법조항이 개정되어 이런 법제도의 변화는 이혼을 결정하는 데 있어 용이하게 되었다.

양육비 이행확보를 위해 신설된 제도(2009. 11. 9.부터 시행)

1. 가정법원은 재산분할, 부양료 및 미성년자의 양육비 청구사건에 당사자에게 재산상태를 명시한 재산목록을 제출하도록 명하거나, 당사자 명의의 재산에 관하여 조회할 수 있다(정당한 사유 없이 재산목록의 제출을 거부하거나 거짓의 재산목록을 제출한 때에는 1천만 원 이하의 과태료 부과).
2. 가정법원은 정당한 사유 없이 2회 이상 양육비를 지급하지 아니한 경우에 양육자 등의 신청에 따라 양육비 채무자의 사용자인 소득세원천징수 의무자로 하여금 급여에서 정기적으로 양육비를 공제하여 양육비 채권자에게 직접 지급하도록 명령할 수 있다(양육비지급명령제도).
3. 가정법원은 양육비를 정기금으로 지급하게 하는 경우에 그 이행을 확보하기 위하여 또는 양육비 채무자가 정당한 이유 없이 그 이행을 하지 아니하는 때에는 양육비 채무자에게 상당한 담보의 제공 및 일시금 지급을 명할 수 있다(담보제공명령, 일시금지급명령 제도).
4. 양육비의 일시금 지급명령을 받은 자가 30일 이내에 정당한 사유 없이 그 의무를 이행하지 아니한 때에는 30일의 범위에서 감치할 수 있다.

(4) 성역할 변화에 대한 남녀 간 수용의 차이

성역할의 변화는 가정생활에서 부부간의 갈등을 불러일으키는 요인이다. 사회의 변화에 따라 성역할이 변했음에도 불구하고 남성이 여성에 비해 적응이 늦어 부부불화가 일어나는 경우가 많다. 여성의 교육기회 확대 및 취업 증가로 현대 여성들은 남성과 동등한 위치에서 사회생활을 통한 자아실현을 추구하며 평등한 부부관계를 추구하게 되었다. 그러나 사회생활을 지지하는 사회복지제도는 잘 이루어져 있지 않은 상태이며, 우리나라 남성은 역할에 있어 많은 변화를 가져오기는 하였지만 아직도 가부장적 태도가 팽배해 있어 남성과 가족의 변화는 늦게 나타나는 문화지체현상을 가져왔다. 즉, 성역할 변화를 여성은 빠르게 받아들인 데 반해, 남성은 신전통주의적 사고(아내의 직업은 허용하지만 가사나 육아는 분담할 수 없으며, 남편의 직업이 아내의 직업에 우선)로 변화에 저항하거나 받아들이는 속도에 상당한 차이를 보인다. 그러므로 가사분담이나 자녀양육에서 동등함을 주장하는 아내의 입장을 이해하지 못하여 부부간의 갈등이 야기되며 이혼을 증가시킨 원인이 되고 있다. 즉, 남성의 변화속도보다 빠르게 근대적 성역할 태도로 변화하는 여성의 태도가 과도기적으로 부부간의 불화요인이 될 수 있어 부부간의 갈등을 야기하게 되고 급기야는 이혼에까지 이르게 된다. 남성의 태도가 변화하지 않는 한 여성의 이혼요구는 증가할 수밖에 없을 것이다.

3) 이혼가족의 문제

이혼은 행복한 삶을 살아 나가기 위한 또 다른 도약의 계기가 될 수도 있다는 긍정적인 측면도 있으나, 대부분의 사람들에게 있어서 이혼은 매우 고통스러운 인생사건 중의 하나로 가족에게 심한 충격을 주는 어려운 과정이다. 따라서 개인의 생활양식에도 많은 변화를 가져오고, 이혼을 경험한 당사자나 그들의 자녀들은 이혼 후 첫 2년여 동안 여러 가지 많은 문제를 보인다. 대부분의 경우 이러한 위기의 시기가 지나게 되면 여러 문제점을 극복하고 정상적으로 기능하게 되지만, 일부는 지속적으로 극단적 문제행동을 보이기도 한다. 일부 아동의 경우는 성인기까지 부모의 이혼으로 인한 상처를 극복하지 못하고 여러 문제를 보이기도 한다(Hetherngton & O'Conner, 1993, 이정숙, 2004 재인용).

이혼 후 경험하는 어려움으로는 경제적 어려움, 심리적 갈등, 자녀와의 관계, 사회적 지원체계 등이 있으며(변화순, 1996), Hetherington과 Kelly는 가사 혼란, 경제적 어려움, 정서적 변화, 사회적 관계, 성적 및 친밀한 관계의 영역에서 어려움이 있다고 지적한다.

또한 이혼으로 인해 겪게 되는 문제들은 부부에게 미치는 문제, 자녀에게 미치는 문제로 나누어 볼 수 있으며, 부부에게 미치는 문제는 경제적 문제, 대인관계 및 사회적 문제, 신체적 · 정신적 건강상의 문제 등으로 볼 수 있다. 그중에는 남녀가 공통으로 겪는 문제도 있고, 경제적 어려움처럼 문제의 양상에서 성차를 보이는 것도 있다. 자녀에게 미치는 문제로는 심리정서적 문제, 행동적 · 사회적 문제, 경제적 문제 등이 있다. 이들 문제에 대해 구체적으로 살펴보고자 한다.

(1) 부부에게 미치는 문제

① 신체적 · 정신적 건강문제

이혼은 남녀 모두에게 정서적 어려움으로 신체적 · 정신적 건강문제를 가져오게 된다. 즉, 여러 가지 문제의 협상 및 요구 등으로 인한 이혼과정 동안의 긴장은 신체적 건강을 악화시키고 심리적 장애를 초래할 가능성이 많아지게 된다. 이혼을 경험한 직후 남녀 모두 대개 정서적으로 불안정하며, 분노하고, 우울하고, 불안해하고, 충동적 · 반사회적 행동을 보인다. 배우자나 자녀 또는 전혼가족과의 친밀한 관계를 상실함으로써 외로움을 느끼게 되고, 만약 이혼한 사람들의 경험이 주변에서 잘 이해되지 못한다면 이혼 당사자들의 심리적 외로움과 정신적 어려움은 더욱 심하게 된다. 이혼 후 여성은 자아상실감, 분노 및 한탄, 시간의 경과와 더불어 외로움과 비참함을 경험하며, 이혼 남성도 여성 못지않은 심리적 고통을 겪으며 분노와 용서의 양가감정을 경험한다고 하였다(변화순, 1996). 결혼의 붕괴는 신체의 면역체계도 약화시켜 질병, 감염, 임상적 문제나 심각한 의학적 문제를 일으키며, 심지어 죽음에 이를 수 있다는 연구도 있다(Kiecolt-Glasher, Fisher, Stout, Spucler, & Glaser, 1987, 이정숙, 2004 재인용).

이제까지 해왔던 일상생활에 큰 변화가 일어나며, 결혼의 지위도 사회로부터 부정적 시선을 받는 이혼자로 바뀌게 된다. 과거와 같이 이혼을 죄악시하는 경향은 많이 사라졌지만 아직도 이혼자는 사회로부터 소외되고 비난받거나 무시되는 경향이 있다. 이로 인하여 이혼한 사람의 상당수가 이혼자라는 신분에 대하여 스트레스와 죄책감, 실패감을 느낀다(정현숙, 2001). 이혼한 사람은 정신적 고통을 받는 자녀의 정서적 기반이 되어주어야 하는 일을 혼자 감당해야 하고, 이혼에 대한 사회적 편견에 파묻혀 자책하거나 전 배우자에 대한 감정 정리에서 오는 심리적 혼란 등으로 불면증, 알코올중독, 흡연 등의 행동반응을 보이기도 한다. 또한 결혼생활을 하는 사람과 비교했을 때 이혼에 따른 스트레스로 인해 높은 질병 감염률을 나타내고, 안전사고의 발생비율이 높으며 자살에 대한 사망률도 더 높게 나타나고 있다. Trovato와 Lauris(1989)에 의하면, 이혼자는 독신이나 기혼자, 사별자에 비해 사망률과 발병률이 더 높다고 하며, 이는 이혼과정에서 발생한 신체 및 심리적 건강상의 문제 때문인 것으로 보인다.

그러나 이혼 후의 이런 어려움에도 불구하고 일반적으로 이혼 여성은 이혼 남성보다 정서적 · 심리적으로 더 잘 적응하며, 자존감의 향상을 경험하는 경향이 높다고 한다(Baruch, Barnett, & River, 1983; Wallerstein, 1986).

② 대인관계 및 사회적 문제

이혼을 하면 사회적 관계망은 급격하게 변화되어 어떤 형태로든 대인관계의 변화를 경험하게 된다(성정현, 1998). 이혼 후 겪는 문제 중 심각한 것은 가장 큰 심리적 지지를 해줄 수 있는 친족이나 친구가 이혼의 고통과 경험을 이해하고 지지해 주기보다는 외면하는 경우가 보통이어서 이들로 인해 상처를 받고 고통을 당하는 경우가 많다는 것이다. 때로는 가장 가까운 사람인 부모, 형제자매에게조차 자신의 경험을 이해받지 못하고 지지받지 못하는 경우도 있다. 따라서 친족이나 친구와의 관계 등 사회적 관계망이 이혼 후 급격하게 변화되어 오히려 단절되거나 축소되는 경향이 있다. 이혼으로 크게 심리적 상처를 받은 사람 중에는 이혼 후의 인간관계를 깊고 친밀하게 가지는 것을 두려워하여 평소 아는 사람들과의 만남까지도 기피함으로써 대인관계가 위축되고 사회관계망이 약화되기 쉽고 이는 더욱더 적응을 어렵게 한다. 이혼과 함께 이사를 하거나 거주지를 변경함으로써 가까운 이웃을 잃기도 하고 이혼에 대한 사회의 부정적 시각에 의해 오랜 친구들과의 관계도 변할 수 있다.

③ 경제적 문제

이혼한 사람이 가장 직접적으로 당면하게 되는 문제는 경제적 문제라고 할 수 있다. 특히 전업주부의 경우 충분한 재산이 없는 한 이혼 후 직면하는 가장 큰 문제는 경제적 문제이며, 이는 가장 큰 성차를 보이는 것으로 여성의 경우 이혼 후에 겪어야 하는 경제적 어려움이 남성에 비해 훨씬 심각하다고 볼 수 있다. 물론 남성도 경제적 어려움이 없는 것은 아니지만 양상에 있어 여성과 차이가 있다. 이혼 후 가장 먼저 경험하게 되는 경제적 문제는 이혼 전 가정의 경제능력에 따라 다른 경험을 하게 되는 것이다. 대다수의 여성은 이혼 전보다 낮은 수준으로 생활하게 되며 노후 수입이 불안정하다. 이혼 시 자료와 재산분할 그리고 자녀양육비를 제대로 받지 못한 여성이 가족의 생계를 책임지게 되는데, 이때 여성은 주로 저임금의 비정규직에 참여할 가능성이 높고 이는 빈곤으로 연결되는 것이 문제이다. 반면에 남성의 경우에는 사업상의 어려움 또는 이혼 시 재산분할로 인한 재산 감소의 문제, 불규칙한 생활로 인해 수반되는 지출 과다로 경제적 어려움을 느끼게 된다. 따라서 이혼 남성이 겪는 경제적 어려움은 절대적 빈곤의 문제라기보다는 경제수준이 과거보다 떨어졌다는 상대적 빈곤감을 의미하는 것이다(정현숙, 2001). 따라서 경제적 문제는 남성보다는 여성에게 훨씬 심각한 생존의 문제라고 할 수 있으며, 이는 빈곤여성의 수를 증대시키는 중요한 요인으로 작용하고 있다고 하겠다(성정현, 1998).

현재 우리나라는 저소득 모자가족 혹은 부자가족에 대한 지원을 제외하고는 이혼자를 위한 사회보장제도는 없으며, 이에 따라 경제적 어려움은 매우 크다.

(2) 자녀에게 미치는 문제

해마다 이혼율이 높아지고 이혼건수가 늘어나면서 이혼한 사람 가운데 절반 이상이 미성년 자녀를 둔 상태에서 이혼하고 있어 한 해 6만 명 이상의 자녀가 부모의 이혼을 경험하는 것으로 나타났으며(통계청, 2012), 결혼기간이 10년 미만으로 어린 자녀를 두고 이혼하는 부부가 상당수를 차지하고 있다.

이혼은 당사자인 어른에게 경제적이고 정신적인 어려움을 남겨 놓지만, 이혼한 가정의 자녀는 부모의 이혼이 큰 충격으로 작용하여 여러 가지로 타격을 받게 된다. 아마도 이혼의 결과로 가장 치명적인 상처를 입는 것은 자녀일 것이다.

① 심리정서적 문제

이혼하는 부모에게는 이혼이 하나의 선택일 수 있지만, 부모의 이혼으로 인해 자녀가 경험하게 될 스트레스는 부모가 죽었을 때 갖는 느낌과 유사한 수준이어서(주소희, 2002) 자녀가 겪는 심리적 고통은 매우 크다고 하겠다. 부모의 이혼은 자녀에게 예상하지 못했던 다양한 변화를 경험하게 하여 심리적으로나 생활태도 행동에 있어 적응을 필요로 한다. 이러한 과정에서 자녀들은 적응상의 어려움에 직면하게 되고(Wallerstein & Kelly, 1980, 양소영, 2004 재인용), 다양한 심리적 갈등과 스트레스를 경험할 수 있는데, 이에 대해 적절히 다뤄주지 못했을 경우 자녀의 건전한 발달을 저해하는 크나큰 사회문제로 진전될 수 있다.

부모의 이혼이 자녀에게 미치는 타격은 생각보다 어린 나이부터 경험되고 오래 지속되는데, Wallerstein의 종단적 연구에 의하면, 자녀들이 부모 이혼 후 10년까지, 때로는 그 이후에도 심각한 심리장애를 겪으며, 2~8세의 어린 연령층에서 부모의 이혼을 경험한 자녀들도 9~18세에 부모의 이혼을 경험한 나이 든 자녀처럼 예상외로 심했다고 하였다(Wallerstein, 1984, 정현숙 외, 2001 재인용).

대부분의 자녀에게 있어 부모의 이혼은 시간의 경과에 따라 다르게 영향을 미치는데, 처음 반응으로는 공포, 슬픔, 상실감, 이혼에 대한 거부감, 부모에 대한 분노, 원망, 무력감, 강한 외로움, 자신 때문에 부모가 이혼하게 되었다는 강한 죄책감 등이다. 이러한 반응은 자녀의 발달단계에 따라 다르게 나타나는데 발달단계에 따른 자녀의 이혼에 대한 반응은 〈표 8-1〉과 같다.

〈표 8-1〉 부모의 이혼에 대한 자녀의 반응

나 이	반응 특징
학령 전기 (2.5~6세)	부모의 이혼에 대해 매우 놀라고 혼란스러워하며, 자신의 잘못으로 생각한다. 성인과의 많은 신체적 접근이 요구된다. 이 시기의 아동은 자신이 유기되거나 다른 곳으로 보내질 것을 두려워한다. 5, 6세경의 아동은 자신의 감정을 표현할 수도 있으나, 이혼과 관련된 변화의 일부만을 이해할 수 있다.
잠복기 초기 (7~8세)	이 시기의 아동은 슬픔, 두려움, 불안정성, 상실감을 나타낸다. 자신들이 거부당했다거나 유기되었다고 느끼나, 자신을 비난하지는 않는다. 이들은 아버지에게 자신의 분노를 표현하는데 어려움을 느낀다. 어머니가 아버지를 다른 곳으로 보낸다고 믿기 때문에 어머니에 대해 분노를 느끼나, 이런 행동이 어머니를 화나게 하므로 이를 두려워한다. 이들은 부모의 재결합에 대한 강한 열망을 가지고 있으며, 가족은 "안전을 위해서는 필수적이며 계속 성장하는 것"이라고 믿는다.
잠복기 후기 (9~10세)	이 시기의 아동은 이혼에 대해 좀 더 현실적으로 이해하며, 자신의 감정이나 강렬한 분노를 잘 표현할 수 있다. 이혼에 대해 더 이상 책임감을 느끼지 않으나, 부모의 행동에 대해 창피함을 느끼며, 도덕적 측면에서 분노를 느낀다. 자주 외로울 뿐 아니라 두 부모에 대한 사랑 사이에서 갈등을 느끼며, 부모로부터 자신이 거부되었다는 사실에 분노한다.
청소년기 (15~18세)	이들은 가장 개방적으로 이혼에 대해 분노를 표현한다. 이 시기의 자녀는 강한 분노, 슬픔, 부끄러움, 당혹감을 나타낸다. 이혼으로 인해 청소년은 부모를 한 삶의 인간으로 인식하게 되며, 부모 각자와의 관계에 대해 새롭게 평가한다. 또한 훌륭한 결혼생활에 대한 자신의 가치나 개념을 재평가한다.

출처 : Wallerstein & Kelly(1976), 정현숙 · 유계숙(2001) 재인용.

대체로 이혼가족의 자녀는 불안 및 우울증→자포자기→파괴적 행동→좌절과 상실감→기억 소실→안정의 이혼 충격 메커니즘을 경험하게 된다. 즉, 부모의 이혼이 임박할 때쯤엔 부모가 자신을 버릴지도 모른다는 생각에 극심한 불안이나 우울증, 자포자기, 비행 등에 빠지기 쉽고, 그 이후에는 심리적 고통으로 파괴적 성격을 보이기도 하며, 좌절감, 상실감에서 벗어나지 못하다가 10년이 지나면서 점차 기억이 흐려지면서 충격이 완화되어 안정을 찾기 시작한다. 또한 부모와 헤어져 사는 것은 자녀에게 있어 정신적으로 매우 고통스러운 일이다. 특히 어머니와의 별거는 부모에게 거부당하는 느낌을 가지는 아동에게 성격장애가 오기도 한다.

최근 연구들이 이혼반응에 대하여 다양성과 회복성에 초점을 맞추고 있지만, 이혼경험은 긍정적으로 대처한다고 하더라도 고통스러운 경험이며 간과할 수 없는 중요한 경험이다(Wallerstin & Blakeslee, 1989, 이영숙 외, 2004 재인용).

② 행동적 · 사회적 문제

이혼 후 몇 년 동안은 대체로 자녀의 사회성에 직접적이고 부정적인 영향을 주게 되어 행동문제를 일으키고 사회적 역량이 감소하는 경향을 보인다. 즉, 이혼으로 인한 한쪽 부모의 상실로 이혼 자녀들은 역할모델과 상호협력의 부족, 부모－자녀관계에서 오는 거리감으로 사회성에 영향을 받게 된다. 그러나 모든 연구가 일치된 결과를 보이지 않아 일반가정의 자녀와 이혼가족의 자녀 간의 사회성에는 차이가 없다는 연구결과도 있다(전경숙, 1990). 대체로 어머니가 친권을 가진 가정에서 남아가 충동적이고 공격적이며 불복종하고 반사회적 행동을 보인다. 이는 남아의 경우 아버지와 헤어져 살게 되면서 성 역할 모델이 없어지면서 좌절감을 느끼게 되어 그것이 외적으로 표현되기 때문이다(Allison & Furstenberg, 1989).

부모의 이혼을 경험한 아동, 특히 남아에게 학교에서의 적응에 문제가 나타나며, 최근의 연구(Zimilees & Lee, 1991)에 의하면, 학업 수행과 학업 낙제율에서도 문제가 나타났다. 이혼하지 않은 가정 자녀의 낙제와 관련된 주 요인은 낮은 학업성취인 반면, 이혼가족 자녀들의 낙제는 사회적 문제와 행동문제 때문인 것으로 밝혀졌다. 또한 여아는 계모와 살고 있을 때, 남아는 이혼한 친어머니와 살 때 더 상처받기 쉬운 것으로 나타나 동성의 친부모와 사는 것이 낙제를 피하는 한 방안이 될 수 있음을 시사한다(이영숙 외, 2004 재인용).

③ 경제적 문제

이혼으로 인한 여성의 빈곤화는 자녀에게도 영향을 미친다. 이혼한 가족의 수입은 학업 성취, 행동, 심리적 적응과 자아개념, 사회적 관계와 정적인 관계가 있다고 나타나고 있다(William, 1990). 경제적 어려움으로 인한 어머니의 장시간의 노동은 생활의 불균형, 용돈의 부족 등으로 이어지기도 하고, 저소득층의 경우 아버지와 같이 사는 경우 아버지의 불규칙한 생활습관으로 생활의 어려움을 겪기도 한다. 또한 청소년들은 경제적으로 보탬이 되어야 한다는 강박감을 느껴 역할혼돈과 전환을 경험하기도 한다.

이혼한 부모가 자녀에게 줄 수 있는 아홉 가지 선물

- 다른 한 부모의 품위를 떨어뜨리지 마라.
- 이혼을 협의하는 과정에서 자녀를 물물교환의 대상으로 이용하지 마라.
- 자녀들과 함께하는 시간을 동등하게 하라(면접교섭권).
- 자녀들이 자신의 감정을 자유롭고 개방적으로 표현할 수 있도록 허용하라.
- 자녀들이 다른 한 부모와 좋은 관계를 유지하게 하라.
- 언제나 이혼과 관련한 문제에 대해 자녀들이 물을 수 있게 하라.
- 자녀들 앞에서 당신의 감정을 가장하지도 말고 또 보여주려고 노력하지도 마라.
- 배우자와 대화하거나 또는 배우자를 감시하기 위해 자녀를 이용하지 마라.
- 배우자의 새로운 파트너에게 어떻게 자신의 감정을 조절하여 행동할 것인지 신중하게 대처하라.

출처 : Craig & Sandra(2001), 양소영(2004) 재인용.

3. 이혼가족을 위한 복지대책

이혼으로 인해 야기되는 여러 문제들을 고려해 볼 때 가족해체의 비율이 급속도로 증가하는 것에 대응하기 위한 예방적 대안이 요구되고 있으며, 재혼과 같이 재조직화될 때 발생하는 가족구조상의 혼란을 어떻게 극복할 것인가 하는 것도 새로이 제기되고 있는 중요한 과제이다. 이혼은 부부 두 사람이 자신들의 관계를 해소하는 것이지만 이혼으로 인한 문제는 부부관계의 해체로 그치는 것이 아니라, 그로 인한 문제가 가족 전체의 문제로 파급될 만큼 심각한 사건이며 더 나아가 사회문제로 되고 있다. 그럼에도 불구하고 이제까지 우리나라에서는 이혼으로 인하여 발생되는 문제에 대한 해결이 대부분 개별 가족구성원의 차원에서 미미하게 이루어져 왔을 뿐이다. 앞으로 이혼으로 인한 가족해체는 더욱 증가할 전망이므로 이를 예방할 수 있는 대책이 마련되어야 하며, 이혼이 불가피한 가족에게는 당면 문제를 잘 해결할 수 있게 하고, 이혼 후 적응을 도울 수 있는 용기와 정신적 지원을 해줄 수 있는 사회적 지원체계가 마련되어야 하겠다. 2005년도 1월 1일부터 건강가정기본법의 시행으로 시·군·구는 건강가정지원센터를 두고 가족문제를 예방하고 상담 및 치료사업을 하게 되었으며, 그 가운데 건강가정기본법 제31조에 의해 이혼예방 및 이혼가족 지원을 하게 되었다. 이혼과 관련된 대책을 이혼 예방 대책, 이혼과정상의 대책, 이혼 후의 대책으로 나누어 살펴보면 다음과 같다.

1) 이혼 예방 대책

(1) 가족생활교육 프로그램

가장 높은 이혼율을 보이는 초기의 부부 이혼은 결혼에 대한 충분한 인식이 부족한 상태에서 결혼을 서둘렀다가 이혼으로 이어지는 경향이 있다. 따라서 이를 예방하기 위해서는 가정의 건강성을 유지하고 지원하는 교육 프로그램이 필요하다. 예를 들어, 성역할과 이성교제, 배우자 선택과 결혼, 가족관계에 대한 교과내용을 강화하고 혼인 적령기 성인과 결혼 예비부부를 대상으로 결혼준비교육 프로그램과 같은 가족생활교육 프로그램을 통하여 급변하는 사회에 알맞은 결혼관과 새로운 부부의 역할 및 윤리관 등 결혼 전교육이 필요하다고 하겠다. 일부 민간기관, 종교기관에서 이미 실시되고 있으나 앞으로 이혼율의 증가, 특히 젊은이의 높은 이혼율의 방지 혹은 원만한 해결을 위해서 결혼준비 교육을 좀 더 적극적으로 실시하는 것이 필요하다. 더 나아가 결혼 전 좋은 부부되기 교육과 양성평등교육을 의무화하는 것도 앞으로 고려해 볼 방법이다.

최근 미국에서는 심리학자와 가족학자들이 이혼이 생각했던 것보다 자녀에게 훨씬 해롭다는 것을 발견하여 이혼반대론이 부상하고 있다. 따라서 미국의 가족정책은 이혼을 막기 위한 예방적 수단에 관심을 쏟고 있다(미국의 결혼 관련법은 주 단위로 제정 · 시행되고 있는데 주에 따라 결혼준비 및 유지법을 제정하여 고등학교 교과과정에 결혼기술과목을 넣어 의무적으로 교육을 받도록 하기도 하고, 결혼을 앞둔 커플에게 결혼 전 준비교육을 받도록 하기도 한다).

또한 부부관계나 가족생활을 원만하게 유지하고 있는 부부를 대상으로 부부관계의 질적 향상을 위한 프로그램을 실시한다. 즉, 결혼 불만요인을 약화시키고 나아가 부부관계를 더욱 강화시키고 향상시킬 수 있는 부부간의 효율적 의사소통방법, 갈등해결방법 등 다양한 내용을 포함한 프로그램의 실시가 요구된다. 현재 실시되고 있는 기관의 부부대화교육 프로그램은 각 기관에서 상당한 효과를 거두고 있으나, 일반에게 보급하기에는 아직도 많이 부족하므로 사회단체, 지역사회, 교육기관, 직장, 그리고 현재의 각 지역마다 설립되어 있는 사회복지관 · 상담소에서 부부대화교육 프로그램의 확대 실시가 요구된다. 또한 대학 부설 평생교육원이나 사회단체에서 진행할 수도 있고, 일간지의 가정란에서 정기적 칼럼으로 보도하거나 텔레비전, 라디오 등에서 공익 차원의 프로그램으로 진행할 수도 있다.

(2) 가족상담 및 치료 프로그램

한편 갈등이나 위기상태로 문제가 있는 부부를 대상으로 하여 위기의 원인이나 상태에 따라 이혼 예방과 이혼 위기 극복을 위한 부부상담, 가족상담 및 치료 프로그램이 실시되어야 하며, 아울러 이혼 후의 생활에 통찰력을 길러주기 위한 교육 프로그램이 병행되어야 한다.

2) 이혼과정상의 대책

이혼을 결정한 후에는 자녀문제, 법적 문제에 대한 조정과 중재를 할 수 있도록 법률서비스를 강화해야 할 것이다.

(1) 조정 및 중재

이혼을 고려하고 있거나 결심한 부부에게는 신중을 기하도록 권고하고 또한 부부관계를 다시 회복시킬 수 있는 기회를 제공하기 위해 조정 및 중재를 시도해야 한다. 그래도 이혼을 해야 할 때에는 당사자와 자녀 모두가 상처를 덜 받고 상호 협조적인 이혼협상이 이루어질 수 있도록 부부 당사자의 판단을 돕기 위한 이혼과 관련된 법률상담의 기회를 제공해야 한다. 그러나 실제로는 대부분의 부부가 파탄에 이르러서야 조정신청을 하기 때문에 조정이 원만하게 성립되지 않을 때가 많다. 특히 우리나라는 재판이혼보다 협의이혼이 훨씬 많은 실정인데, 협의이혼 시에는 조정을 거치지 않아도 이혼이 성립이 되어 충동적이거나 무분별한 이혼이 많은 실정이다. 따라서 협의이혼의 경우에도 신중을 기하도록 화해, 조정, 중재 과정을 기치도록 하여 다시 원만한 관계로 화해되게 하거나 바람직한 조정이 이루어지도록 해야 할 것이다.

(2) 법률적 재판

화해, 조정, 중재가 잘 안 되면 법률적 재판을 하게 되는데 재판과정에서는 재산분할, 위자료, 자녀에 대한 양육권 및 양육비, 면접교섭권 등에 대해서도 남녀가 공평하게 이루어지도록 하고, 이혼 후 불리해지는 배우자를 고려하여야 한다. 아이가 있는 경우 가장 문제되는 게 양육비와 면접교섭권이다.

얼마 전까지 우리나라 이혼제도는 아동양육비 등 자녀양육문제에 대하여 개인적 결정사항으로 하여 사회적 개입을 최소화하고 있었다. 협의이혼과정에서 자녀양육문제는 거의 논의되지 않고, 면접교섭권에 있어 잘 모르고 있는 경우도 많았으며, 설사 논의되었다 해도 실제 상황에서 부부의 면접교섭권이 잘 지켜지지 않고 있는 실정이었다. 그리고 양육비 또한 이혼과정에서 합의하는 경우도 드물고 합의를 했어도 양육비를 제대로 지급하는 경우가 드문 상황이었으며, 양육비를 주지 않아도 강제할 법적 장치가 없었다.

그러나 2009년 11월 양육비 이행확보를 위한 제도가 신설됨으로써 부모 이혼 시 자녀 양육에 관한 협의의무와 부모의 양육비 지급의무를 명문화하여 적절한 양육비 지급과 당사자들이 합의한 양육비나 법원의 심판에 의하여 결정된 양육비의 지급을 강제징수할 수 있는 방안 등 제도적인 뒷받침이 마련되었다.

(3) 이혼숙려제도

이혼이 급증하는 제도적 원인 중의 하나는 간소한 현행 이혼절차에도 있다고 볼 수 있다. 전체 이혼의 대다수를 차지하는 협의이혼의 경우 법원은 약 10여 분 걸리는 이혼절차과정에서 부부의 이혼의사 합치 여부만을 확인하는 것으로 그 역할을 완료한다. 이처럼 너무나 간단하고 쉽게 마감되는 이혼절차로 인하여 제대로 된 준비 없이 충분히 생각지 않고 쉽게 충동적으로 또는 경솔하게 이혼이 이루어지는 경우가 많다. 따라서 철저한 준비 없이 이혼을 결행하는 경우를 최소화하고 이혼에 따른 피해를 막기 위한 제도적 장치로 일정 기간 상담 등을 통해 이혼에 대한 충분한 정보를 제공하는 '이혼숙려제도'가 법제화되었다(2007. 12).

2008년 6월 22일부터 시행되고 있는 이혼숙려제란 협의이혼을 신청하는 부부들이 이혼 전에 일정 기간의 숙려기간이 지난 후 이혼의사의 확인을 받을 수 있도록 하는 것이다. 이는 "경솔한 이혼을 방지하고 이혼 결정에 대해 다시 한번 재고할 기회를 준다"는 취지로 가정폭력 등 급박한 사유를 제외하고 일정한 숙려기간 후에 협의이혼의사를 확인해 주는 제도다. 가정법원에 협의이혼의사 확인 신청을 하면 자녀가 있는 경우에는 3개월, 없으면 1개월이 지난 후에 협의이혼의사를 확인받을 수 있다. 다만, 가정폭력 등 이혼해야 할 급박한 사정이 있다고 가정법원이 인정한 경우에 한해 그 기간을 단축하거나 면제할 수 있다.

이와 함께 법원이 필요하다고 판단할 경우 협의이혼을 신청한 부부에게 전문가 상담을 권유할 수 있는 '상담권고제도'도 신설되었다.

(4) 자녀에 대한 배려

부모의 이혼은 자녀에게 정서적으로 극복하기 힘든 상태를 초래하게 되므로 자녀를 위해서 세심한 배려가 필요하다. 자녀에게는 부모의 이혼 그 자체만으로도 충격이 되는데 준비 없이 갑작스럽게 이혼을 받아들여야 할 때에는 더욱 충격이 된다. 따라서 자녀가 이해할 수 있는 마음의 준비를 할 수 있도록 이혼 전에 자녀와의 대화를 통해 상황을 이해시키고 수용하도록 노력하여 자녀 자신에게 나름대로 대처할 수 있는 기회를 주어야 한다.

또한 미국처럼 이혼 신청 시 이혼 부모교육 프로그램에 참가하도록 명령하고(캔자스 주) 이혼서류에 부모교육참가증명서와 부모역할계획서(미주리 주, 2001년 8월부터)를 첨부하도록 하여 자녀를 1차적으로 보호하도록 하는 것도 고려해 볼 만하다.

우리나라도 2012년 11월부터 이혼신청 시 '자녀양육안내'교육을 반드시 받아야 이혼숙려기간이 시작되게 되었으며, 숙려기간 내에 '자녀양육에 관한 협의서'도 법원에 제출해야 한다.

이혼을 생각하는 부모들에게 - 이혼 부모의 자녀양육에 관한 권고문 12조

- 벌어지고 있는 일들을 자녀에게 솔직하게 말해줄 것
- 자녀들 앞에서 한쪽 부모를 비난하지 말 것
- 자녀에게 누구랑 살 것인지 판단을 강요하지 말 것
- 자녀가 다른 한쪽 부모와 좋은 관계를 유지하도록 할 것
- 부모의 자녀양육 방문일정을 명확하고 이해하기 쉽게 할 것
- 이혼으로 인한 생활변화를 최소화할 것
- 자녀들 때문에 이혼한 것이 아니라는 점을 분명히 할 것
- 자녀들이 부모 재결합에 대한 허황된 희망을 갖지 않게 할 것
- 한쪽 부모에게 하고 싶은 말을 자녀를 통해 전달하지 말 것
- 어른들 다툼에서 자녀들이 멀찍이 떨어져 있게 할 것
- 자녀들에게 일관성 있게 행동할 것
- 아이들을 사랑하고 있음을 다시 확실히 해둘 것

출처 : 서울가정법원 정상규 판사가 미성년 자녀를 둔 부모들에게 이혼판결을 내리면서 나눠주는 권고문.

3) 이혼 후의 대책

이혼 후의 남녀에게는 다양한 대책이 필요하다. 예를 들어, 이혼상담, 인간관계를 통한 지원 강화, 사회경제적 지원 강화, 이혼가족을 위한 교육 프로그램 등을 통해 이혼 후 잘 적응해 나갈 수 있도록 지원해 줄 필요가 있다.

또한 이혼 후의 남녀는 일시적으로 또는 계속적으로 한부모가족이 되므로 결국 한부모가족을 위한 대책이 필요하며, 이혼 후의 문제와 적응에 영향을 미치는 요인들이 고려된 대책이 필요하다. 우리나라의 경우 이혼자를 위한 공공부조체계는 없으나 저소득 모·부자가족을 위한 사회보장제도는 마련되어 있으며, 이는 이혼가족에 대한 경제적 자원의 강화책이 될 수 있다. 이혼가족을 위한 복지대책을 살펴보면, 이혼가족에 대한 경제적 지원 강화, 이혼에 대한 긍정적이고 발전적인 사고와 인식을 증진시킬 수 있는 교육 프로그램, 심리적·사회적 지지를 위한 상담 및 치료 프로그램과 지지집단을 통한 관계망 형성 등이 있으며 구체적인 것을 살펴보면 다음과 같다.

(1) 경제적 지원제도 마련 : 정부 차원에서

- 자녀양육비 및 교육비 보조
- 의료비 보조
- 한부모수당 지급
- 직업훈련 기회 제공 및 취업알선
- 주택문제를 해결할 수 있는 경비 보조
- 영구임대주택 입주 지원

(2) 자녀양육 및 교육 프로그램 : 정부나 정부의 지원에 의한 사회단체에서

- 다양한 형태의 탁아 프로그램 실시
- 방과 후 자녀 생활지도 프로그램과 이용시설 제공
- 부모역할교육 프로그램 실시

- 이혼 자녀 대상 교육 및 상담기구 운영－정부 지원, 사회단체에서 운영－전화상담, 대면상담 등 다양한 방법 개발
- 자녀가 유기되는 경우의 방안 모색－가정위탁보호 방안

자녀를 둔 이혼가족을 상담하는 사회복지사의 주요 활동은 다음과 같다(채규만, 1997).

- 부모로 하여금 자녀에게 이혼한다는 사실을 솔직하게 말하되 상대방을 비방하는 내용이나 태도는 바람직하지 않다는 것을 강조한다.
- 가족, 특히 자녀 앞에서 부모의 이혼은 전적으로 부모 둘이서 결정한 사항이라는 것을 분명히 밝혀둔다.
- 이혼은 수용해야 할 현실이며 자녀가 부모를 서로 화합시키려고 노력하지 말 것을 알려준다.
- 이혼하게 되면 어머니 집이나 아버지 집에 새로운 규칙이 있을 수 있으며, 한쪽 부모의 집에 거주하는 한 그 가정의 새로운 규칙에 따를 것을 강조한다.
- 이혼 후에도 부모가 자녀를 위해 최소한 협력할 것도 알려준다.
- 이혼한 부모가 자녀를 통해 상대방의 사생활에 대한 정보를 얻어내려 하지 말 것도 강조해야 한다.

(3) 심리적 · 사회적 지지 : 사회단체 차원에서

- 독립의식 고취를 위한 교육 프로그램 실시
- 이혼 후의 심리적 적응 및 성장을 위한 상담 및 치료 프로그램 실시
- 정서적 지지를 위한 이혼자 모임 주선
- 재혼기회 마련
- 이혼에 대한 사회적 편견 해소방안 마련

위와 같이 이혼 부부 및 이혼 자녀를 대상으로 하는 제도나 프로그램은 정부와 사회단체에서 협동적으로 실시하며, 이혼한 사람들이 자신의 형편에 따라 선택하여 지원받을 수 있도록 그 기회를 제공한다.

CHAPTER 09

재혼가족과 가족복지

지난 수십 년간 한국가족은 산업화와 현대화로 가족구조, 가족 가치관, 가족기능 등의 변화를 겪어왔으며, 특히 이혼에 기인한 초혼핵가족 이데올로기의 붕괴와 재혼가족의 증가라고 할 수 있을 것이다. 사회변화로 인한 이혼의 증가는 재혼 가능한 층으로 이어져 현재보다 높은 재혼가족의 출현 가능성을 보일 것으로 추측된다(김효순, 2015). 통계청 자료(2013)에 의하면 2002년 재혼건수 64,160건(쌍), 10년 뒤인 2012년 연간 재혼건수는 69,990건(쌍)으로 점차 증가하고 있는 실정으로, 1982년부터 2012년까지 지난 30년간 우리나라의 재혼 증가율은 여자재혼율이 227.6%로 남자재혼율 93.5%에 비해 높게 나타나 여성 재혼율의 남성우위현상, 재혼의 불안정성 등은 사회적 관심과 개입을 요구한다. 이러한 현 상황에서 나날이 증가하는 재혼가족의 건강한 가족기능 향상을 위한 사회복지적 개입과 또한 다양한 프로그램의 개발이 절실히 요구되고 있는 실정이다.

하지만 점차적으로 증가하는 재혼의 실태와는 달리 재혼생활에 대한 준비와 재혼가족이 형성되었을 때 발생할 수 있는 문제들에 대한 대응책은 실로 빈약하며 재혼에 대한 비현실적 환상과 사회적 통념만이 많이 존재하고 있는 게 사실이다.

이에 이 장에서는 재혼가족의 실태와 문제 그와 관련된 다양한 복지대책 및 지원 프로그램을 살펴봄으로써 한국사회 변동에 따른 다양한 가족형태 중 하나로서의 재혼가족을 바라보는 시각을 가지고 재혼가족 구성원들이 건강한 삶을 누릴 수 있는 방안에 대해 함께 생각해 보고자 한다.

1. 재혼가족의 개념과 특성

1) 개념과 유형

(1) 개념

재혼가족에 대한 용어나 개념 정의에 대한 학자들의 견해를 개괄적으로 살펴보면 다음과 같다. 재혼가족을 나타내는 용어로는 reconstituted, blended, reconstructed, reorganized, reformed, recycled, combined, rem, step, second-time around, remarried family 등이 있으며, 대표적으로는 remarried family를 stepfamily와 혼용하여 사용한다(Ganong & Coleman, 1994).

현재 미국에서 사용되는 인구학적 용어 정의를 살펴볼 때 재혼가족(remarried family)은 배우자 한쪽이나 양쪽 모두가 재혼 이상의 결혼으로 자녀가 있거나 없으면서, 하나의 가구를 유지하는 남편과 아내로 구성된 가정으로 정의된다. 그리고 계부모가족(stepfamily)이란 부모의 한쪽이 친부모이며, 그 친부모가 재혼하기 전에 출생한 18세 이하의 자녀가 있는 재혼가족을 일컫는다(Glick, 1989). 그러나 연구자에 따라 계부모가족은 최소한 1명의 기혼자가 전혼관계에서 1명 이상의 자녀를 데리고 있으며, 그 자녀가 같은 가구에서 사는 경우의 가족(Crosbie-Burnett, 1989)으로 정의하여, 자녀의 연령을 제한하지 않는다. 그런데 인구조사 시 사용되는 계부모가족 가구(stepfamily household)와 계부모가족(stepfamily)과는 차이가 있어 계부모가족 가구는 최소한 1명의 성인이 함께 사는 자녀에게 계부모인 가구이며, 계부모가족은 그 가구에 거주하지 않아도 여전히 중요한 가족원을 포함하는 한층 큰 집단의 개념이다(Coleman & Ganong, 1990).

국내에서 재혼이라는 용어는 최근에야 사용되기 시작한 용어로, 재혼이란 "이미 한 번 또는 그 이상 결혼하여 가정을 이룬 남성이나 여성이 다른 배우자와 새롭게 가정을 재구성하는 것"이라 정의할 수 있다(조옥라, 1996). 재혼의 의미는 재혼 당사자의 성별에 따라 각기 다른 용어로 사용하고 있는데, 남성의 경우 재혼을 재취(再娶), 계취(繼娶), 재초(再醮), 재연(再緣)이라 한다(한국어대사전, 1986). 자녀의 입장에서 흔히 아버지의 후처를 계모라 하고 어머니의 새 남편을 계부라 하므로 stepparent family를 계부모가족으로, stepchildren을 의붓자식으로 번역하기도 하나, '의붓'이라는 접두사는 여자가 재혼하면서 데리고 온 자녀인 경우와 재혼한 남자나 여자의 새 배우자를 얕잡아 부르는 경우를 칭한다하여(한국어대사전, 1986) stepfamily를 적합한 우리식 용어로 번역하기 어려운 점이 있다. 그러므로 여기서는 잠정적으로 stepfamily를 적어도 배우자 한편이 전 배우자 사이에서 낳은 자녀가 있으면서 재혼하여 가족을 이룬 경우를 뜻하는 재혼가족으로 번역하여 쓰고자 한다. 그러나 stepfamily는 이처럼 자녀가 있으면서 재혼한 가족이므로 자녀 입장을 고려하여 계부모가족으로도 혼용하여 사용하기로 한다. 그리고 stepparent는 계부모로, stepchildren은 계자녀(繼子女) 혹은 전혼자녀(前婚子女)로 번역하여 사용하기로 한다.

(2) 유형

재혼가족의 유형은 재혼부부의 결혼지위(미혼, 이혼, 사별), 자녀 유무, 자녀양육 여부 및 재혼자의 연령에 따라 매우 다양하다.

Clingempeel 등(1987)은 재혼부부 각각의 전혼자녀 유무와 양육권 유무를 기준으로 재혼가족을 분류했는데, 이는 재혼가족 내 부모-자녀관계를 파악하는 데 매우 유용하다 (표 9-1 참고).

〈표 9-1〉 재혼가족의 아홉 가지 구조적 유형

<table>
<tr><th colspan="3" rowspan="3">아내의 전혼자녀 유무와 양육권
남편의 전혼자녀 유무와 양육권*</th><th colspan="3">아내의 전혼자녀 유무</th></tr>
<tr><th rowspan="2">전혼자녀 없음</th><th colspan="2">전혼자녀 있음</th></tr>
<tr><th>양육권 없음</th><th>양육권 있음</th></tr>
<tr><td rowspan="3">남편의 전혼 자녀 유무</td><td colspan="2">전혼자녀 없음</td><td>무자녀 재혼가족**</td><td>비동거 계부가족 (nonresidential stepfather family)</td><td>동거 계부가족 (residential stepfather family)</td></tr>
<tr><td rowspan="2">전혼자녀 있음</td><td>양육권 없음</td><td>비동거 계모가족 (nonresidential stepmother family)</td><td>비동거 계부모가족 (nonresidential stepparent family)</td><td>혼합 계부형 계부모가족 (mixed stepparent family)</td></tr>
<tr><td>양육권 있음</td><td>동거 계모가족 (residential stepmother family)</td><td>혼합 계모형 계부모가족 (mixed stepparent family)</td><td>동거 계부모가족 (residential stepparent family)</td></tr>
</table>

* 양육권 지위는 모든 전혼자녀의 양육권을 갖는 경우에는 동거형(residential)으로, 모든 전혼자녀의 양육권을 갖지 않는 경우에는 비동거형(nonresidential)으로, 한 배우자는 양육권을 가진 동거 친부모이고(residential) 다른 배우자는 양육권을 갖지 않는 친부모일 때(nonresidential)는 mixed로 표시된다.

** 이 유형은 초혼가족과 유사하므로 엄밀한 의미에서 재혼가족에서 제외된다.

출처 : Clingempeel, Brand, & Segal(1987), 임춘희 · 정옥분(1997) 재인용.

2) 재혼의 특성

이혼한 뒤 재혼한 사람은 초혼의 사람들과는 매우 다른 특성을 갖는다. 우선 재혼을 하려는 사람들은 유사한 결혼조건을 갖는 사람을 선택하려고 한다. 그리하여 이혼한 사람끼리 재혼하는 경향이 있다. 한쪽 또는 양쪽 모두가 이혼했던 경험이 있는 재혼인 경우 초혼에 비해 친지나 친구들로부터 절대적인 지지나 축하를 받게 되지 않는다. 그것은 재혼에 대하여 친구나 가족들이 불안해하기 때문이다.

이혼한 사람의 가족은 이전 배우자와 새로운 배우자를 비교한다. 새로운 결혼상대자는 당연히 이러한 비교를 감지하게 되며 이를 수용하기가 다소 곤란할 수도 있다. 대부분의 이혼한 사람들은 전 배우자의 자녀를 갖고 있으며, 이것이 재혼과 초혼의 다른 점이 될 것이다. 이러한 상황에서는 배우자의 전 배우자와의 자녀들과 친밀한 관계나 신뢰감 그리고 사랑을 느끼는 데 시간이 걸린다. 재혼한 부부의 경우 만일 남편이 이혼수당을 지불해야 하는 입장에 있고, 자신이 현재 가족을 부양해야 하고 거기에 자녀의 양육비를 부담해야 하는 경우라면 재정적 압박을 경험한다.

이혼한 사람의 재혼은 성공할 것인가? 이에 대한 해답이 일률적일 수는 없다. 재혼한 사람의 대부분이 두 번째 결혼상대자와의 결혼생활을 지속시키고 있으며, 많은 이혼한 사람들의 재혼은 성공적이고, 만일 그들이 이혼한 경험이 없는 상대와 결혼한다면 더욱 성공적이다. 이혼한 사람에게 있어서 재혼은 초혼의 경우보다 인간적으로 성숙되었기 때문에 때때로 아주 성공적인 결혼생활을 하기도 한다. 이는 자신과 자신의 배우자를 이해하는 것이 결혼생활에서 중요하다는 것을 첫 번째 결혼을 통해 경험했기 때문이다.

불행히도 어떤 사람들은 초혼에서와 같이 재혼에서도 이혼으로 끝을 맺기도 한다. 한 연구조사에 따르면, 이혼 후 재혼한 사람이 초혼의 경우보다 더 많이 이혼한다고 한다. 두 사람 모두 이혼경험이 있을 때의 재혼이 초혼에서 이혼하는 경우의 약 2배가 된다고 한다. 대부분의 사람들은 그들의 초혼의 파경원인이 재혼의 경우에도 계속 남아 있음을 발견했다. 이는 이혼한 사람들에게 인간관계 교육과 재혼교육의 필요성을 일깨우는 것이라 할 수 있다.

3) 재혼과 자녀

재혼에 있어서 중요한 적응 중 한 가지는 자녀와 계부, 계모 간의 관계이다. 미국의 경우에는 많은 자녀들이 적응에 문제를 갖고 있지 않으며, 자신들의 계부, 계모와 매우 적극적인 관계를 형성한다. 그러나 상당히 어려움을 겪는 사람들도 있다. 자녀의 적응에서 자녀의 나이는 중요한 요인이 된다. 아주 어린 자녀들과 성인 자녀들은 사춘기에서보다는 훨씬 용이하게 계부, 계모를 받아들인다. 또 사별에 의한 경우보다 이별에 의한 재혼일 때 자녀들은 더 쉽게 받아들인다.

2. 재혼가족의 실태와 문제

1) 재혼의 실태

<표 9-2>에서와 같이 2007년 남자 초혼건수는 285,400건으로 가장 높았으며, 2011년을 기점으로 점차 낮아지고 있는 것으로 나타난다. 남자 재혼건수 또한 2007년 57,100건이었으나 2017년 41,700건으로 낮아진 것을 알 수 있다. 여자의 경우 2007년 280,700건이었으나 2017년 초혼건수는 216,800건으로 점차 줄어들고 있는 추세이며, 재혼건수 또한 점차 감소하고 있는 추세이다.

남자와 여자의 혼인종류별 건수를 비교했을 때 초혼의 남성 비율은 84.1%로, 여성의 비율 82.0%에 비해 다소 높으나, 재혼의 경우 여성의 비율이 17.9%로, 남성의 비율 15.8%보다 높은 것으로 나타나 여자가 남자보다 재혼을 더 많이 하는 것을 알 수 있다. 남자의 경우 전체 혼인 중 초혼이 84.1%, 재혼이 15.8%로 전년대비 초혼은 6.5%, 재혼은 3.6% 감소하였다. 남녀 모두 초혼은 77.9%, 재혼은 11.7%를 차지하며 전년대비 초혼과 재혼 모두 감소하였으며 남녀모두 초혼이 가장 많이 감소함을 알 수 있다. 이러한 결과는 결혼에 대한 부담으로 결혼 자체를 하지 않으려는 남녀의 증가로 인해 초혼에서뿐만 아니라 재혼의 비율도 점차 낮아지고 있는 것으로 보인다.

〈표 9-2〉 연도별 · 종류별 혼인 (단위 : %)

구 분	2007	2008	2009	2010	2011	2012	2013	2014	2015	2016	2017	구성비	전년대비 증감률
계*	343.6	327.7	309.8	326.1	329.1	327.1	322.8	305.5	302.8	281.6	264.5	100	-6.1
초혼(남)	285.4	270.2	255.8	273.0	277.4	275.9	273.8	257.9	256.4	238.1	222.5	84.1	-6.5
재혼(남)	57.1	57.2	53.8	53.0	51.6	51.1	48.9	47.5	46.4	43.3	41.7	15.8	-3.6
초혼(여)	280.7	264.5	250.7	268.5	272.6	270.5	268.4	251.5	250.0	232.4	216.8	82.0	-6.7
재혼(여)	61.9	62.8	58.8	57.5	56.4	56.5	54.3	53.9	52.7	48.9	47.4	17.9	-3.1

* 미상 포함, 남(초) : 남자초혼/ 남(재) : 남자재혼/ 여(초) : 여자초혼/ 여(재) : 여자재혼
출처 : 통계청(2016). 인구동태통계연보(혼인 · 이혼편).

또한 이혼 후 재혼한 남자는 2006년 50,946건에서 2008년도에는 52,908건으로 1,962건증가하였고, 여자는 2006년 54,309건에서 2008년 57,567건으로 3,258건 증가하였으나, 점차 그 비율이 줄어들고 있는 추세에 있는 것으로 보인다. 특히 주목할 점은 2008년까지 이혼 후 재혼건수의 비율이 가장 높음을 알 수 있다. 이는 성급한 이혼을 막기 위해 2008년도 6월 22일부터 시행된 이혼숙려제도의 영향이 크게 작용하여 나타난 결과로 추측해 볼 수 있을 것이다.

<표 9－4>의 남자와 여자의 혼인형태에서는 남자초혼과 여자재혼이 남자재혼과 여자초혼보다 높게 나타났음을 알 수 있다. 특히 2008년에 남자와 여자의 재혼이 가장 높게 나타난 것을 볼 때 이혼 후 재혼의 경우에서처럼 이혼숙려제도의 영향이 크게 미쳤음을 간과할 수 없을 것으로 보인다.

한편 2017년 평균 재혼연령은 남자 48.7세, 여자 44.4세로 전년에 비해 각각 0.5세, 0.4세 높아졌으며, 10년 전에 비해 남자는 3.9세, 여자는 2.2세 상승하였다.

〈표 9-3〉 이혼 후 재혼건수 (단위 : 건)

성 별	2006	2007	2008	2009	2010	2011	2012	2013	2014	2015	2016
남 자	50,946	52,609	52,908	49,493	49,052	48,120	47,811	45,428	44,299	43,543	40,745
여 자	54,309	56,611	57,567	53,837	52,678	52,201	52,317	50,100	49,789	42,193	45,693

출처 : 통계청(2016).

〈표 9-4〉 혼인형태 (단위 : 건)

구 분	2007	2008	2009	2010	2011	2012	2013	2014	2015	2016	2017
남초여재	19,623	20,559	19,000	18,275	18,691	18,854	18,208	18,424	18,036	16,723	16,219
남재여초	14,908	14,951	13,949	13,873	13,899	13,470	12,839	12,020	11,670	11,107	10,516
모두재혼	41,918	42,077	39,765	39,125	37,694	37,604	36,073	35,471	34,682	32,077	31,056

출처 : 통계청(2017).

〈표 9-5〉 평균 초혼 및 재혼 연령 (단위 : 세)

구 분	성 별	2007	2008	2009	2010	2011	2012	2013	2014	2015	2016	2017
초혼 연령	남 자	31.1	31.4	31.6	31.8	31.9	32.1	32.2	32.4	32.6	32.8	32.9
	여 자	28.1	28.3	28.7	28.9	29.1	29.4	29.6	29.8	30.0	30.1	30.2
재혼 연령	남 자	44.8	45.0	45.7	46.1	46.3	46.6	46.8	47.1	47.6	48.2	48.7
	여 자	40.1	40.3	41.1	41.6	41.9	42.3	42.5	43.0	43.5	44.0	44.4

출처 : 통계청(2017).

2) 재혼가족의 문제점

재혼가족에서의 심각한 문제의 불씨는 새로 결합한 부부의 관계보다 더 강력하고 친밀한 각각의 부모-자녀관계가 선행된다는 점이다. 재혼부부는 초혼과 같이 자녀의 출생 전까지의 서로의 친밀감과 적응에 필요한 기간, 즉 허니문 기간이 없다. 불안전하고 희박한 연대관계 가운데서도 부부는 자신의 자녀와 계자녀의 훈육이나 부모역할의 한계 등에 대해 갈등을 겪을 수 있다. 많은 재혼가족의 부모들은 그들이 모두 함께 사랑하고 잘 지내야 한다는 비현실적 기대를 갖고 있으므로 부모와 자녀 모두의 어려움을 증가시키게 된다. 사랑에는 시간이 필요하므로 '인스턴트 사랑(instant love)'은 불가능하며, 어떤 감정을 가져야만 한다는 압박은 분노와 긴장을 주어 계부모자녀뿐 아니라 부부간의 긴장과 불안을 야기한다. 이러한 계부모와 자녀 간의 인스턴트 사랑에 대한 요구의 좌절은 자신의 친자녀에 대한 사랑과 유대로 연결되어 부부간의 갈등으로 확대된다. 재혼 시 자신이 자녀를 함께 데리고 오지 못한 부모는 자기 자녀에 대한 죄책감으로 스트레스를 받게 된다.

재혼가족은 '아이들의 친부모가 어딘가에 있다'는 생각, 즉 그들의 영향력을 배제할 수 없다. 또 다른 배우자 혹은 또 다른 부모를 사랑한다는 것은 옳지 못한 느낌을 주고 친부모가 살아 있을 경우에 아이를 공유하거나, 부모를 공유한다는 것은 어려운 일이다. 자존감이 낮거나 환경이 열악한 친부모는 자녀를 위해 자신이 할 수 있는 것이 부족한 것에 대한 열등감과 고통을 경험하며 자녀는 자신이 누리는 환경에 대한 죄책감을 느끼기도 한다. 생식가족에서는 자녀와 부모는 함께 부모의 결혼이 유지되도록 노력하지만 재혼가족에서는 의식적 혹은 무의식적으로 부모의 재결합을 분리시키고자 하는 심리가 있을지도 모른다.

때로는 이혼가족의 자녀는 재혼한 양부모의 두 가정을 번갈아 가며 다니는 생활을 할 수 있다. 이 아이들은 경쟁과 불안감을 느끼게 되며 문화적 충격(culture shock)으로 고통받기도 한다. 재혼가족은 그 자체로도 문제의 소지가 많다. 그러나 그 외에 재정적인 문제나 맞벌이 등의 가정 내 문제는 어려움을 가중한다. 가정 내 청소년의 문제는 또 하나의 큰 스트레스이다. 그들은 발달주기상의 어려움과 가정 내의 문제가 복합되어 문제의 근원이 되기도 하며, 이들은 이복형제자매나 계부모에게 성적인 유혹을 느끼므로 이에 대한 부적응의 반응을 보일 수도 있다.

대부분의 생식가족에서는 개인의 발달주기, 부부의 주기, 그리고 가족생활주기가 거의 일치하여 조화를 이루나 재혼가족은 그렇지 않은 경우가 많다. 질서에 맞고 순차적인 개인과 가족 전체의 발달과정을 거치지 않은 재혼가족은 가족원들의 발달단계가 상호 보완적이지 않음을 인식하여 대처방안을 고안하고, 부부간에 새로운 자녀를 가질지에 대한 분명한 의사소통을 하며, 자신들이 관계의 확립을 위해 둘만의 거주를 고려해 보는 등의 대안을 마련하는 것이 가족원 전체의 복지에 유익하다.

재혼가족을 위한 문제영역 체크목록표

재혼가족이 기능적 단위로 발달하기 위해서 사회복지사가 관심을 가져야 할 문제영역을 살펴보면 다음과 같다.

- 부모역할을 수행하는 데 있어서 계부모의 어려움
- 계형제자매 간의 라이벌과 질투
- 경계의 모호성
- 전 배우자 사이의 미해결된 갈등
- 생물학적 어머니와 계모 사이 혹은 생물학적 아버지와 계부 사이의 경쟁
- 부재 부모에 대한 이상화
- 부모와 계자녀(비생물학적 자녀)의 친밀감 결여
- 부재 부모와 계부모에 대한 아동의 충성심 갈등
- 부재 아동과 계자녀에 대한 부모의 충성심 갈등
- 자녀의 성이 다른 문제
- 재혼에서 출생한 자녀의 영향
- 재정적 의무(전 배우자에 대한 부양비, 자녀양육비 지급)
- 청소년 이슈-양육권 변화의 요청, 느슨해진 성적 경계

출처 : Goldenberg & Goldenberg(1998 : 165), 이원숙(2004 : 355) 재인용.

(1) 적응문제

이혼 후의 적응은 일반적으로 2~5년이 소요된다. 예전에는 재혼을 하거나 전 배우자와의 접촉을 완전히 끊는 단계가 되면 이를 적응이라고 하였으나, 결혼한 사람으로서의 지위나 전 배우자에 의존하지 않는 자신의 독립적 정체감을 확립하고 일상생활의 제반 역할-가정, 직장, 여성 등-을 적절하게 수행할 능력을 획득하는 것을 적응으로 정의한다.

① 사별 후의 재혼적응문제

결혼생활이 중심이 되어 있는 가족관계에서 배우자를 잃었을 경우, 이혼보다 급작스럽게 준비 없이 당하게 되므로 적응하는 데는 더욱 곤란을 느끼게 된다. 특히 여성의 경우 경제적·사회적 지장을 가져오고, 핵가족화하는 현대사회에서 혼자된 노인은 고립감과 역할 상실 등의 정서적 불안정으로 인해 수명 단축 및 자살률의 증가, 행동의 장애(기억장

애) 등을 나타내기도 한다.

그러나 다른 한편으로는 주위 사람들의 동정이나 가능한 면의 원조를 받을 수 있고, 사별 초기에는 자신의 불행한 운명에 대한 정신적 타격이 크게 작용하겠으나, 시일이 경과하면 체념상태에 이르고, 다른 한편으로는 새로운 각오와 가족 간의 단결이 강화될 수도 있다(특히 모자가족의 경우).

재혼의 가능성으로 보아서는 남성이 유리하나 기혼 자녀와 동거를 할 경우 기존 역할을 그대로 유지할 수 없는 문제를 갖게 되는 반면, 여성은 재혼 가능성이 적으나 역할의 계속이 가능하므로 적응에 도움을 받기도 한다.

② 이혼 후의 재혼적응문제

이혼은 이미 별거 또는 가출, 유기 등의 비정상적 형식을 취하고 있기 때문에 배우자 사망에 의한 역할 변화보다 변화기가 충분히 있는 경우가 많고, 대개 결혼 유지가 불가능할 정도의 관계이므로 배우자 상실에 대한 고통은 덜할 수도 있다. 그러나 이혼한 사람을 주위에서 관찰하면, 불안, 수치심, 이혼자라는 선입관, 성적 욕구, 주체성의 위기 등에 대한 당사자의 적응뿐 아니라 자녀의 적응 등에 문제가 발생하는 것을 볼 수 있다.

특히 이혼 당사자의 경우 감정적인 격분을 억제하지 못할 뿐 아니라 오히려 그 분노가 장기화하여 때로는 이성에 대한 증오, 정서불안, 자살의 유혹, 불건전한 성생활, 열등감 등 이상심리에 빠지기 쉽다. 이러한 상황은 전 배우자와의 애착관계가 적응에 부정적 요인으로 작용하는 경우이다.

Albrecht(1980)에 의하면, 여자 쪽이 경제적 어려움, 사회활동, 이혼녀에 대한 사회의 인식, 재혼의 기회 등에 있어서 어려움을 경험한다고 보고하였다. 이와 반대로 결혼에 대한 필요는 남자가 더 크며, 남자의 의존성을 인정하고 표현하는 것이 어렵도록 사회화되어 결혼의 와해가 미치는 부정적 영향이 남자에게 더 크다는 견해도 있다. 초기에는 남자가 더 힘들고 여자에게는 그 영향이 더 지속적이라는 보고도 있는 한편, 이혼을 결심하기까지는 여자가 시간이 오래 걸리며 결정이 이루어지기 전에는 남자보다 많은 스트레스를 경험하나, 막상 이혼이 결정된 후에는 남자보다 더 잘 적응한다는 주장도 있다.

한경혜(1992)에 의하면, 대체로 전 배우자와 결혼생활기간이 짧을수록, 다양한 대응전략을 활용할수록(취업, 상담, 학습활동 등), 또 경제 형편이 좋고 전 배우자에 대한 애착이 약할수록 이혼 후 생활에 잘 적응하였으며, 이혼 제안을 자신이 한 경우와 재혼을 한 경우 적응도가 높았다.

이 외에 가족, 친구 및 기타 사회적 지원망이 여러 종류의 생애위기에 대한 적응에 중요한 매개변인 역할을 하여 스트레스를 감소시키며 변화된 자아 확립에 도움을 준다고 한다.

그리고 남녀 모두 '자녀의 앞날에 대한 걱정'을 가장 어려운 문제로 지적하였는데, 이는 불행하나 안정된 결혼을 유지하는 가장 큰 이유 중의 하나가 '자녀 때문'이라는 우리의 통념과도 상통한다고 볼 수 있다. 남녀의 차이에 있어서 여자가 남자보다 전반적으로 여러 유형의 문제를 복합적으로 경험하며 외로움, 자녀 돌볼 시간의 부족, 주변 사람들의 부정적 인식, 사회활동 참여에의 어려움을 남자보다 더 심각할 정도로 경험하는 것으로 나타났다.

③ 자녀의 적응문제

아버지나 어머니가 사망하였을 때에는 상실감, 고독감으로 인한 불안정, 부적절감으로 고통을 받으나, 부모가 이혼할 경우 양부모에 대한 충성심에 갈등을 느끼게 된다. 자녀의 적응에 영향을 미치는 변인을 정현숙(1996)은 다음과 같이 들고 있다.

- 이혼 이후 기간이 길고 스스로 문제를 해결하는 방식을 많이 이용할수록(이혼에 대한 부정적인 사회적 통념) 양육부모의 재혼이나 성에 관계없이 양육부모와 긍정적 대화를 많이 하고, 비친권 부모와 접촉을 많이 할수록 이혼 후 생활에 잘 적응하는 것으로 나타났다.
- 현재 자녀들의 적응에 도움을 줄 수 있는 주요 변인들은 가족의 구조적 특징보다는 자녀들의 현재 양육부모 혹은 비친권 부모와의 긍정적 상호작용이 중요한 영향을 미쳤다[면접교섭권(1991년 새 가족법)의 중요성].
- 외국의 동성부모가설(同性의 부모가 친권을 가질 때 더 잘 적응한다)과는 달리 남아가 부모의 친권 유무에 관계없이 적응을 잘하는 것으로 나타났다(한국의 가족체계, 아동의 사회화 과정, 남아선호사상과 관계).

그러나 위와 같이 적응을 하지 못하는 경우에는 자녀는 가출을 하거나 비행을 하게 된다. 가족의 구조적 완전성이 결여된 결손가족은 가족의 정상적 기능에 큰 장애를 주게 되는데, Sargent는 결손가정의 문제로 다음 일곱 가지를 제시하였다.

- 별거 또는 이혼 전의 부모의 갈등과 불화
- 별거 중의 편친의 방문으로 인한 긴장
- 재혼에 의한 계부모와의 적응문제
- 별거하고 있는 편친과의 교섭 상실과 남은 편친과의 조화상의 난점
- 편친의 불충분한 감독
- 자식에 대한 가정적 책임의 증가
- 결손가정으로 인한 열등감과 불안정감

이러한 여러 가지 어려움을 가족 외에서 보상받으려 할 때 아동은 가출하게 되고 나아가 비행에 물들게 된다. 결손가족이 자녀의 가출경향과 상당히 밀접한 관련이 있는 것은 확실하지만 모든 결손가족이 가출을 일으키지는 않는다. 즉, 사망, 이혼, 별거와 같은 구조적 결손에 기능적 결손요인이 중복될 때 아동에게 가출상황이 일어나게 된다.

구조상의 결손가족 이외에 기능상의 결손가족을 포함하는 용어로 해체가족이 있는데, 부모가 현존하더라도 가족의 인간관계나 기능에 장해가 있는 가족이다. 즉, 아동에 대한 도덕적 조건의 부여라는 가정의 사회적 책임을 수행하지 못하게 된 가족을 말한다. Coulter는 이러한 가족으로 범죄적 유형을 가진 가족, 강압, 편애, 무관심, 과잉 엄격, 학대, 질투, 계부모 · 부모 중 1인이 신체적 무능력 상태에 있는 가족, 부도덕한 상황에 의해 사회적 혹은 도덕적으로 부적응된 가족, 실업 · 저소득 · 경제적 압박을 받는 가족을 들었다.

아동의 가출원인으로는 대체로 부모의 꾸중과 학대, 부모의 방심, 가정불화, 결손가족 등 가정의 요인이 가출의 동기에 대부분의 영향을 미치고 있고, 그 밖에 학교생활의 부적응과 같은 아동 자신의 인격 결함에 의한 요인, 비행하위집단에의 동조에 의한 요인, 취직이나 공부를 하기 위한 목적성취적 요인과 같이 가족해체가 아닌 요인도 작용하고 있다.

3. 재혼가족을 위한 복지대책

1) 가족생활교육

재혼생활을 시작하려는 사람과 재혼가족을 대상으로 가족생활교육을 실시한다. 대상별 교육내용은 다음과 같다(임춘희 · 정옥분, 1997).

첫째, 재혼생활을 시작하는 사람들을 대상으로 하는 재혼 준비를 위한 예비교육이 요구된다. 현행의 일반적인 결혼 준비를 위한 예비교육은 주로 초혼인 경우에 초점이 맞춰져 있다. 그러나 초혼을 제외한 재혼의 형태가 다양하며 재혼생활에서 겪게 되는 문제들이 초혼생활과는 다르므로, 여러 가지 재혼의 유형에 해당되는 개인이나 가족을 대상으로 하는 재혼 및 재혼가족에 대한 준비교육이 필요하다.

둘째, 재혼가족을 대상으로 하는 가족관계 증진을 위한 전문화한 프로그램, 안내책자, 지침서 등의 개발과 신문이나 방송 같은 대중매체를 통한 건강한 재혼가족의 모델을 제시하는 정보적 지원활동이 필요하다.

셋째, 재혼부부를 대상으로 하는 교육의 내용과 관련하여, 재혼부부의 부부관계를 강화시키는 내용은 물론, 특히 전혼자녀의 훈육이나 양육과 관련된 어려움이 크므로 반드시 부모역할 및 계부모의 역할과 관련된 내용이 포함되어야 한다.

넷째, 재혼가족 내 자녀들의 입장을 고려할 때 가족생활을 다룬 교과의 내용 가운데 사회의 변화에 따른 다양한 가족유형(이혼가족, 한부모가족, 재혼가족)의 장단점과 갈등양상, 그리고 슬기로운 대처방안, 건강한 가족생활을 위해 노력해야 하는 내용들을 좀 더 많이 포함시켜야 한다.

“재혼가족의 문제는 가족만의 노력으로 해결될 수 없는 측면이 많아 결혼 준비와 부부 준비 교육 등 가족생활교육을 활성화하는 등 사회적 지원이 절실하다.”(문화일보, 2003. 3. 20)

2) 가족상담 및 치료

재혼한 부부 및 가족을 대상으로 가족상담 및 치료를 제공한다. 재혼가족에 적용되는 것과 동일한 경우도 있지만, 특히 재혼가족을 대상으로 상담활동을 할 때 유의해야 할 지침이 있다(Elion, 1990; Visher & Wisher, 1988).

첫째, '온전한' 가족에 대한 정서적 개념을 극복하는 일은 어렵지만 매우 중요하다. 그래서 계부모가족을 핵가족 틀에 맞추려고 하는 시도는 쓸모없다.

둘째, 계부모가족을 초혼가족과 다르게 평가하는 것이 유용하다. 부가적인 외적 스트레스를 발생시키는 사회문화적 특성 때문에, 계부모가족의 개인들은 정서적으로 더 혼란스럽다. 계부모가족 구성원들의 이런 양상은 단순한 약물치료와 심층적인 치료보다는, 자신들의 경험에 대한 지지와 정당성에 대한 요구를 나타내는 경우가 많으므로 자아존중감과 생산적 선택을 할 수 있는 능력을 증가시키도록 도움을 줄 필요가 있다.

셋째, 성공적인 계부모가족과 관련된 문제를 치료하는 데에서 가장 중요한 치료적 중재는 정당성 교육, 무력감의 감소, 부부관계의 강화이다.

넷째, 자녀들과 관련된 문제를 치료하는 데에서 치료과정에 새로운 부부와 더불어 전 배우자, 조부모 혹은 다른 중요한 사람을 포함시키는 것이 때때로 중요하다. 이때 모임을 시작하기 전에 초점을 명확히 말하는 것이 필요하다. 그리고 이전 결혼관계를 해결하려는 시도를 제공하지 않아야 한다. 보호와 방문 문제로 인해 이런 모임이 빈번하게 발생한다. 모임은 그들의 입장을 확인하고 재혼가족 단위를 결속시키기 위해 계부모를 포함시키는 것이 필요하다.

다섯째, 치료과정 중에 발생할 수 있는 치료자의 긍정적이고 부정적인 역전이 현상이 계부모가족 상황을 다룰 때 강하게 나타날 수 있으며, 이것은 치료를 불가능하게 할 수 있다. 이런 이유로 공동상담이나 공동치료자의 이용은 매우 유용하다.

3) 동년배 지지집단 형성

재혼한 가족을 대상으로 동년배 지지집단을 형성한다. 동년배 지지집단은 동년배의 재혼가족 부부를 대상으로 10명 내외의 규모로 구성된다. 이 집단은 매주 2시간 내외로 6~8주 정도 모임을 가진다. 지지집단의 구성원들은 재혼가족에게 발생할 수 있는 문제를 해결할 수 있도록 서로 지지한다. 재혼한 부부는 동년배 지지집단을 통해 다음과 같은 도움을 받을 수 있다.

첫째, 비슷한 처지에 있는 사람(재혼가족)끼리 자신들의 문제와 갈등, 관심사를 표현함으로써 그 상황이 자기 가족만의 독특한 것이 아니라는 것을 이해하게 되며, 그러한 과정을 통해 서로 따뜻하고 지지적인 장을 제공받게 된다.

둘째, 재혼가족에서 발생하는 가족구성원 간의 갈등과 스트레스에 대한 대처기술 및 부모역할 등에 대한 교육을 받는다.

셋째, 유사한 상황에 처한 다른 사람들이 문제에 대처하는 창조적 방법에 대해 듣고 자신의 문제해결의 실마리를 제공받을 수 있다.

넷째, 공식적 모임이 끝난 뒤에도 동년배 지지집단을 계속 유지할 수 있도록 훈련받음으로써 지속적 상호 지지가 가능하다는 유익한 점이 있다.

4) 재혼에 대한 사회적 관심과 인식의 전환

재혼가족이 증가하는 현실을 고려할 때 무엇보다 재혼가족에 대한 진지한 사회적 관심의 제고와 수용적이며 지지적인 태도로의 변화가 요망된다. 특히 계모가족은 아직까지 부정적인 사회문화적 선입견이나 편견이 가장 많은 가족이며, 동시에 우리 사회에서 여러 재혼가족의 유형 가운데 차지하는 비중이 큰 현실을 감안할 때 계모에 대한 편견, 선입견을 불식하며 개인적으로나 사회적으로나 계모 및 계모가족에 대해 보다 열린 마음으로 인정하고 지지해 주는 자세가 필요하다고 하겠다. 이러한 문제를 해결하기 위한 구체적 방법은 다음과 같다(송정아 외, 1998; 임춘희 · 정옥분, 1997).

첫째, 가족전문가는 종단적 연구를 통해 잘 적응하는 계부모가족의 사례를 발견하고, 이를 대중매체를 통해 발표하여 일반인의 인식을 전환시키도록 해야 한다. 계부모가족은 초기에는 많은 어려움을 겪지만 장기적 과정을 거치면서 이를 극복해 나가므로, 동일한 가족을 추적하여 이들 가족이 장기적으로 어떠한 과정을 거쳐 극복해 나가는지에 대한 세심한 연구가 필요하다.

둘째, 계모에 대해 나쁜 선입견을 갖게 하는 우리 전래동화와 외래동화를 비판적으로 바라볼 수 있는 교육을 해야 하며, 더 나아가 계모에 대해 긍정적 시각을 갖게 하는 새로운 동화의 보급이 필요하다.

셋째, 오늘날 대중매체가 갖는 영향력과 파급효과를 고려할 때, 신문이나 방송, 드라마와 같은 대중매체에서 계모나 재혼가족에 대해 부정적 이미지보다는 긍정적 이미지를 부각시키는 방향으로 관심이 모아져야 한다. 또한 재혼가족관계를 갈등, 대립의 구도로 지나치게 묘사하거나 혹은 그와 반대로 지나치게 비현실적으로 미화하여 묘사하기보다는 현실적 문제들과 갈등을 표현하는 가운데 갈등을 현명하게 해결하는 모습, 화목하고 건강한 재혼가족의 모델을 보여주는 것이 바람직하다고 하겠다.

재혼가족에게 도움이 되는 10가지

1. 재혼에 대한 비현실적 기대를 버리고 재혼으로 인하여 나타나는 변화를 인정한다. 재혼 후 가족원들이 즉시 적응할 것이라는 기대는 금물!
2. 전혼에 대한 상실감을 이해하고 긍정적으로 수용한다. 상실감 부인은 또 다른 문제를 야기한다.
3. 재혼가족에서 부부관계가 모든 관계의 중심임을 가족 모두가 인식한다.
4. 재혼대상으로는 초혼자보다 자신과 비슷한 경험을 가진 재혼자가 더 나을 수 있다. 동병상련의 입장에서 서로를 이해한다.
5. 계부모역할에 대해서 부부가 서로 합의하고 일관성 있게 양육하는 것이 필요하다. 계부모역할을 잘하려면 아이의 친부모인 배우자로부터 부모로서의 권리를 인정받아야 한다.
6. 결혼은 끝나도 부모역할은 남는다는 점을 명심한다. 전혼이 종결됐더라도 전혼자녀에게 친부모로서의 역할은 지속해야 한다.

7. 재혼 후 자녀를 출산하는 문제는 신중히 결정한다. 새 아이는 가족원들을 가깝게 하는 견인차가 될 수도 있고 또 스트레스의 원인이 될 수도 있다.
8. 주위의 도움을 적극적으로 이용한다. 가족이나 친지와 소원한 관계는 고립만 자초할 뿐이다.
9. 자녀에게 같이 살지 않는 친부모는 현실 또는 기억 속 어디에든 있다는 사실을 인정해 준다. 자녀는 친부모와 계부모 사이에서 '충성심의 갈등'을 경험하기 쉽다. 자녀의 친부모와 경쟁하여 완벽한 부모가 되려는 환상은 포기한다.
10. 성공적인 재혼생활은 모든 가족원들의 노력으로 이루어진다는 점을 명심한다.

출처 : 정현숙 · 유계숙(2001 : 553) 재인용.

5) 재혼가족을 위한 지원 프로그램

(1) 성공적 재혼을 위한 준비교육(한국가족상담연구소 개발, 1999)

① 프로그램의 목적

재혼을 할 계획이 있는 예비부부나 개인들이 재혼가족에 대하여 정확하게 이해하며 현실적 기대를 갖도록 돕고자 한다. 또한 재혼가족생활에서 야기될 수 있는 문제에 대하여 사전논의를 통해 그들 스스로 합리적이고 바람직한 결정을 할 수 있도록 도와주고자 한다.

② 프로그램 내용

첫 번째 모임 : 재혼 바로 보기
두 번째 모임 : 서로를 감싸 안기
세 번째 모임 : 우리들의 재혼 터놓고 이야기하기
네 번째 모임 : 재혼가족에서의 부모역할 점검하기

(2) 재혼가족 갈등사례

① 경제갈등과 사회적 편견

서로 딸 한 명씩을 데리고 결혼한 김모(39, 남) 씨와 최모(37, 여) 씨 부부는 가정경제권을 놓고 다투다 최근 별거에 들어갔다. 최 씨는 "남편이 한 달에 70만 원만 주면서 일일이 사용처를 확인하고, 혹시나 내 딸에게 쓰는 게 아닌가 감시하는 통에 견딜 수 없었다"고 이야기했다.

지난해 이혼한 허모(45, 자영업) 씨는 재혼할 경우를 대비해 살던 집을 딸(12)에게 아예 증여했다. 재혼가족 불화의 큰 요인이 재산이라는 점에서 딸을 안심시키기 위한 것이라는 게 허 씨의 설명이었다. 재혼자에 대한 주위의 편견과 부당한 대우도 당사자들에게 큰 짐으로 남겨진다.

지난해 재혼한 고모(43, 여) 씨는 "재혼 후 친정이나 친구들과 만나는 것을 남편과 남편의 아이들이 노골적으로 싫어해 연락도 끊고 지낸다"고 밝히고 있다. 고 씨는 시어머니가 아이들 잘 키우라고 결혼하게 한 것이니 아이들이나 잘 키우라며 조금만 잘못해도 남편에게 이혼하라고 한다며 재혼생활 중 자신의 인권은 찾을 수가 없다고 말했다.

1995년 초혼에 실패한 박모(35, 여) 씨는 대학교수와 재혼, 결혼을 잘했다는 이야기를 많이 들었지만 "이혼녀가 똑똑한 아들과 결혼했으니 친정에서 돈을 가져오라"는 시어머니의 성화를 이기지 못하고 결국 다시 이혼했다.

② 계부모－자녀의 갈등

재혼가족에 상존하는 계부모－자녀 갈등 중 가장 심각한 형태는 자녀학대문제로 나타나고 있다. 재혼가족 내에서 학대당하는 아동이 많이 있지만 아동학대방지법이 제정되지 않은 데다 자녀를 학대하는 부모에 대한 친권 제한 등을 할 수 없어 학대당하는 아동을 방치하고 있는 상황이다. 이혼과 재혼이 급격히 느는 현실에서 아동보호에 대한 국가관리체계를 시급히 갖춰야 할 것이다.

③ 재혼하여 성공한 사례

최모(42, 대기업 차장) 씨는 5년 전 재혼했으며 교사였던 전처가 암으로 아들 둘(초등 5, 3)을 남겨둔 채 숨진 이후였다. 친지 소개로 알게 된 상대 여자는 딸(7) 하나를 둔 이혼녀 김모(37, 전산엔지니어) 씨. 서로 호감을 갖고 사귀던 이들은 재혼 전부터 아이들 문제로 속병을 앓았다. 최 씨의 아들들이 "새엄마가 필요 없다"며 강하게 반발했기 때문이다. 김 씨 역시 전처소생 아들이 두 명인 것이 부담이었다. 하지만 서로 헤어질 수 없다고 판단한 이들은 애들 문제에 대해 각자가 느끼는 생각을 솔직하게 밝힌 뒤 서약서를 썼다. "애들을 우리 어른들과 똑같이 하나의 인격체로 인정하고 이를 어길 때에는 반성문을 쓰자"

는 내용이었다. 김 씨는 "솔직히 내가 낳지 않은 애들에게 친딸과 똑같은 감정이 생길까? 하지만 처음에 서약한 내용을 항상 가슴에 담으면서 몇 년간 생활하다 보니 어느새 애들을 똑같이 대하고 있는 것을 느끼게 됐다"고 말했다. 재혼 직후 서로 어색해하던 애들도 새아빠, 엄마가 대하는 태도에 변함이 없자 달라지기 시작했다. 이제는 큰 애들이 학교를 다녀오면 부모가 직장에서 퇴근하기 전까지 유치원에 다니는 어린 여동생도 잘 돌봐주고 있다. 이들 부부는 재산문제에 있어서도 모범적으로 대처했다. 재혼 전 서로 지니고 있던 재산에 대해서는 상호 합의 아래 각자 명의로 했기 때문이다. 계산적이라는 주위의 눈보다 자칫 경제적 문제 때문에 야기될 수 있는 갈등요인을 미연에 방지하자는 의도였다. 현재 이들 부부는 잉꼬부부로 이름나 있다.

6) 사례연구

(1) 사례개요

45세의 황○○ 씨는 16세의 딸(최○○)을 데리고 재혼을 하게 된다. 남편(홍○○)은 48세로 그에게는 전처에게서 얻은 15세의 아들(홍○○)이 있다. 이들은 서로의 부족한 부분을 감싸고 이해하며 살기로 약속하고 재혼을 하게 된다. 그러나 홍○○ 씨의 어머니는 이 재혼을 매우 못마땅하게 생각했으며, 특히 며느리가 될 여자가 다른 남자 사이에서 낳은 딸을 데리고 온다는 것을 탐탁지 않게 생각했다. 재혼을 하고 황○○ 씨가 시어머님께 잘하면 해결될 줄 알았지만 재혼한 지 2년이 다 되어가는 지금 시어머니는 아직도 자기와 딸을 매우 미워하고 있고 가족들 앞에서 공공연히 그 감정을 내보인다. 아들 또한 자신을 어머니로 인정하지 않고 있으며 나이가 많은 누나에게도 반말을 하는 등 함부로 대한다. 자신의 자식처럼 잘 키우고 싶었지만 시어머니와 아들의 마음은 아직도 열리지 않고 있다. 그래서 황○○ 씨는 정신적으로 매우 힘든 상황이다.

(2) 문제사정

① 할머니와 손자의 지나치게 밀착된 관계

② 아버지의 대처 부족(실질적 권력자는 할머니)

③ 고부갈등

④ 아들이 새엄마를 인정하지 않으려 함
⑤ 딸과 어머니의 자기주장이 없음(문제에 대한 소극적 태도)

(3) 프로그램 기획

① 프로그램 목표

자녀들이 새로운 가족에 적응을 하고, 더 나아가 심리적으로도 안정을 찾고, 계부모와도 좋은 관계를 맺을 수 있도록 돕는다. 또한 서로의 입장과 상황을 이해하고, 보다 효과적인 의사소통을 할 수 있도록 돕는다.

② 프로그램 소개

이 프로그램은 어머니의 딸과 아버지, 아버지의 아들과 어머니, 그리고 남매 사이의 관계 개선, 그리고 가족들 전체와 할머니의 의사소통을 도울 수 있는 프로그램이다. 전반적으로 프로그램의 기본은 한 회기의 마지막에는 가족구성원이 모두, 혹은 그룹별로 나누어서 할 수 있는 과제를 부여한다. 따라서 다음 회기의 처음 시작에서 그것을 가지고 가족관계가 얼마나 발전했는지에 대해 평가하고 상담을 한다. 처음에는 간단하게 식사를 같이 하는 것으로 시작해서, 나중에는 조금 더 의미 있고, 깊이 있는 과제를 부여하는 것으로 구성된다.

③ 프로그램 진행

회 기	프로그램명	주 제	목 표	내 용
1	우리 가족 바로 알기	가족의 문제점을 파악한다.	가족 안에서 느끼는 자신의 감정을 서로에게 알려주고, 다른 가족구성원의 감정을 파악함으로써 모두가 함께 노력해야 함을 깨닫고, 치료에 적극 참여하도록 한다.	가족에 대한 자신의 감정을 설문지를 통해 나타낸다. 가족 안에서 가족성원 각자의 심리를 파악한다.
2	우리 가족 친해지기	화목한 가정을 이루기 위한 방향을 설정·계획한다.	가족의 문제점을 하나하나 눈으로 확인하고 분석, 정리한다. 부모들의 문제점은 없는지 알아보고, 화목한 가정에 대한 의지를 확고히 한다.	가족문제를 진단한다. 행복한 가족이 되는 조건을 알아보고, 가족끼리 함께할 시간을 만든다. 생활 속에서 노력하는 방법을 모색해 본다.

3	우리 가족 이해하기	가족 안에 감추어져 있는 상호작용 양상을 알아보고, 이해의 폭을 넓힌다.	노출되는 상황과 문제점들을 통해 가족 상호 간의 피드백을 촉진한다. 더불어 가족들이 합리적인 가족규칙을 가질 수 있도록 도우며, 변화를 모색하도록 한다.	가족조각을 통해 가족 내에서 누가 포함되고 배제되는지, 누가 서로 융합되고 얽힌 관계인지, 누구의 관계가 가장 소원한지 등을 가족성원들이 알게 한다. 이러한 문제상황들이 어떻게 변화되었으면 좋겠는지 그것을 다시 조각으로 표현하게 하고, 가족성원 중 누가 변화되어야 하는지를 가족에게 묻는다.
4	속마음 털어놓기 (역할극)	역할극을 통해 서로의 마음을 확인한다.	사랑과 신뢰를 바탕으로 가족들에게 자신을 내보이려는 노력을 하면 친밀한 관계가 형성됨을 알게 한다. 자신의 의견을 잘 표현할 수 있는 것은 의사소통에 중요한 요소임을 알게 하고, 자신의 마음을 솔직하게 이야기하는 것이 중요함을 상기시킨다. 나의 의견을 가족에게 정확히 알리려는 노력을 해야 하며 그러기 위해 자기 자신에 대해, 즉 자신의 감정은 어떠한지를 알게 한다.	대화상황을 설정한 후, 일상적인 대화를 나누어 보도록 한다. 서로에게 섭섭했던 마음이나, 가족이라는 단어가 자신에게 어떠한 의미를 가지고 그 의미를 형성하는 데 있어 서로가 어떤 역할을 하는 존재인지 말하게 한다. 서로가 말하지 못하고 숨겨놓았던 이야기들을 털어놓는다. 서로가 약속하는 시간을 갖는다. 자신의 고칠 점이나 부족한 점을 인정하고 그것을 개선하도록 노력할 것을 이야기한다.
5	가족 마주보기	갈등상황에 있는 가족성원들이 마음의 벽을 허문다.	가족성원들이 서로에 대한 감정을 털어놓음으로써 서로를 더 깊이 알고 마음을 연다.	평소에 서로에게 하고 싶었으나 하지 못했던 말을 하도록 한다. 생각과 느낌을 솔직하게 표현하도록 유도한다. 감정에 치우쳐 이성을 잃는 일이 있더라도, 상담자는 중립을 지키며, 결국 상담의 끝에서는 감정이 풀리도록 한다.
6	모범가정 따라 잡기	2주차에서 만났던 모범 계부모가정을 만나서 그 가족과 대화한다.	갈등이 있던 가족구성원 사이에 놓여 있던 마음의 벽을 허물고 화목한 가정이 되는 법을 비슷한 가족문제를 슬기롭게 극복한 다른 계부모가정에게서 배운다.	모범 계부모가족을 만나면서 현재의 갈등상황이 자신들만의 특수한 사례가 아님을 깨닫고 심리적으로 위로를 얻는다. 상담대상가족이 겪고 있는 고통을 먼저 모범가족에게 털어놓고 그런 문제를 모범가족은 어떻게 해결했는지에 대해 듣는다. 대화를 마치고 느낀 점이나 상대방 가족에게 감사의 말을 전한다.
7	화목한 가정으로 거듭나기	서로에게 영상 메시지 보내기, 선물 증정, 가족사진 찍기	지금까지의 모든 프로그램을 정리하고, 화목한 가정으로 거듭날 수 있도록 가족구성원 각자가 노력하는 자세를 갖는다.	영상메시지 보내기 선물 증정 가족사진 찍기

④ 재혼가족 프로그램 분석과 프로그램 개발에 반영된 영역

출 처	프로그램 내용	반영된 영역
정현숙(2000)	· 재혼 바로 보기, 새로운 관계를 위한 홀로서기, 배우자 역할 준비하기, 부모역할 점검하기 등으로 재혼에 대해 신중히 준비하며 접근할 수 있도록 구성	재혼에 대한 이해 배우자 역할 준비하기 부모역할
현은민(2002)	· 재혼을 계획하고 있거나 준비하고 있는 예비부부를 대상으로 성공적인 재혼가족으로 발달할 수 있도록 포용, 통제, 친밀감의 세 상호작용 영역의 가족 FIRO 모델을 제시	재혼가족 이해 친밀감 향상
박은주(2004)	· 재혼부부 123쌍을 대상으로 재혼교육 프로그램 요구도 조사를 통하여 재혼교육 프로그램을 개발. 재혼부부 간의 문제해결능력, 새부모-새자녀 간 의사소통 촉진방안 및 효율적인 자녀양육방안에 초점	재혼부부 간의 문제해결능력 새부모-새자녀 간 의사소통 효율적인 자녀 양육방안
임춘희(2006)	· 프로그램 구성내용으로 재혼가족에 대한 이해, 부모의 재혼과 관련된 부정적 정서와 스트레스 완화, 새부모와의 갈등해결 제시	부정적 정서와 스트레스 다루기 새부모-새자녀 간 갈등 해결하기
김지영(2007)	· Satir 이론을 기반으로 양적조사와 질적조사를 통한 욕구조사 통해 재혼가족 의사소통 프로그램과 부모역할 프로그램 개발을 시도함	의사소통 부모역할훈련
Stepping Together(ST)	· 초혼가족과 재혼가족 간 두드러지는 차이를 소개. 새부모-새자녀의 법률적 관계, 일반적 이슈(현실적 기대), 부부 의사소통 원리, 새부모 권위의 발달, 새자녀 훈육하기. 이슈를 드러내놓고 말하기 위한 의사소통 전략	새부모-새자녀 관계 맺기 새자녀 훈육 의사소통
Smart Steps (SmSt)	· 재혼가족의 신화 다루기, 재정 문제, 법적 문제 및 재혼가족의 발달단계 이해, 새부모-새자녀 관계 형성, 스트레스 경감하기	재혼가족 이해 스트레스 다루기
ST-CSS	· 재혼가족 신화와 현실 다루기, 새부모-새자녀 관계향상, 부부관계 강화, 이전 배우자와의 건강한 관계 형성	부부관계 강화 이전 배우자와의 관계

출처 : 김효순(2014). 재혼가족 관계향상을 위한 프로그램 개발방향-새부모・새자녀관계를 중심으로-.한국콘텐츠학회.

(4) 마치며

이 프로그램의 상담대상은 계부모가족이므로, 자연스러운 가정을 이루기에는 아직 친밀감이 더해지지 않고, 민감한 시기의 아이들의 자연스러운 융합과 가족성원들이 서로를 인정하는 일이 무엇보다 절실하였다. 이에 먼저 전체 가족의 상담을 행하였고, 후에는 부모의 문제(부부, 고부), 부모와 아이의 문제, 그리고 마지막으로 아이들 간의 문제를 가족 간의 프로젝트 행하기, 역할극, 서로의 이미지 그려보기 등을 통해 연계성을 이루어 바람직하고 조화로운 가정의 모습을 이루게 하였으며, 서로의 마음에 대해 솔직해지도록 노력하였다. 우리가 가장 큰 목표로 삼은 것은 가족이 프로그램의 각 단계를 거치며 이 가정의 친밀감이 더해지는 것이었다. 또 사춘기 아이들의 어울림을 비롯한 가족 간의 정을 형성하기 위하여 먼저 프로그램의 대강의 틀을 잡았고, 세부적으로는 가족 간의 프로젝트를 통해 조화를 이루게 하였다. 이에 덧붙여 다른 계부모가족 간의 만남을 통해 상담을 의뢰한 가족이 자신들이 겪는 가족구성원 사이의 문제들은 자신들만의 문제가 아니라는 것을 알려주고, 다른 계부모가족을 통해 문제의 해결책을 찾아낼 수 있는 기회를 부여했다.

또한 가족성원 개개인에 대한 문제를 사정하고, 구성원 각자에 개입하여 문제를 해결하는 방안도 논의되었다. 왜냐하면 이 가족의 경우 아들의 인격장애를 비롯한 시모의 손자에 대한 집착 등 아주 복합적인 문제가 작용하고 있어서 이 문제들을 몇 회기의 프로그램을 통해 해결한다는 것이 어렵다 느껴졌기 때문이었다. 하지만 이러한 문제들은 이 가족에게 매우 예민한 것으로 판단되었고, 그에 따른 부작용이 우려되었다. 또한 가족을 단위로 사정하는 것이 더 중요하겠다는 조원들의 논의 끝에 가족성원의 이해와 연계에 초점을 두고 프로그램을 기획하였다.

(5) 결론

이제는 증가하는 이혼과 재혼가족의 문제에 대한 체계적인 접근이 필요한 때이다. 오랫동안 우리의 문화 속에 뿌리박혀 있던 혈연중심주의와 가부장적 가족구조하에서 재혼가족들은 사회적 선입견과 역할모델의 부족 등으로 인해 새로운 가족생활의 적응에 어려움을 경험하고 있다. 이와 같은 사회적 인식과 동시에 법적・제도적 문제는 재혼가족 내에서의 여러 관계를 둘러싼 갈등의 원인이 되어 재혼가족의 부적응을 불러일으키고 있다. 이제는 더 이상 개인의 문제가 아닌 사회적인 문제로 대두되고 있는 재혼가족의 문제를 그냥 내버려둬서는 안 된다. 재혼가족의 실태조사를 통해 그들이 경험하는 구체적인 문제들이 무엇인지 파악하고, 그들이 건강한 삶을 누릴 수 있도록 지원방안을 모색하는 노력이 필요하다. 한편 재혼가족이 경험하게 되는 어려움과 불안정성을 생각해 보면 가장 좋은 재혼가족정책은 재혼율을 낮추는 것일 수도 있다고 생각한다. 즉, 재혼율을 낮춘다는 것은 이혼율을 낮추는 것과 일맥상통하며 이는 다시 초혼 가정의 안정성을 높여야 한다는 과제를 남긴다. 이런 점에서 비추어 볼 때 재혼가족을 위한 프로그램이 초혼가족의 안정성 강화 프로그램과 같이 실시될 때 비로소 우리 사회가 안고 있는 재혼가족의 문제를 예방할 수 있지 않을까 하는 생각을 해본다.

재혼과 그에 따른 문제들

준비 안 된 재혼, 자녀문제로 또 헤어질 수도

5년 전 각각 고교생 아이들을 두고 재혼했던 김상훈(가명 · 48) 씨 부부는 재혼한 지 3년 만에야 집을 합쳤다. 아이들이 적응하지 못할 것을 우려해 각자의 집에서 키웠다. 다만, 일주일에 2~3번씩 양쪽 집을 오갔고, 서로 반찬도 쉼 없이 날랐다. 이들 부부가 집을 합친 것은 자녀가 모두 대학에 간 지난해였다. 김 씨는 "아이들이 다 커서 이혼한 부모들을 이해할 때까지 기다렸지요"라고 말했다.

이혼이 어려운 만큼 재혼도 어렵다. 재혼자 수는 2001년 9만 9,300명에서 2005년 12만 6,000명으로 해마다 늘고, 재혼가정의 이혼 상담건수도 계속 늘고 있다. 이처럼 재혼상대를 제대로 만나는 것도 쉽지 않고, 재혼이 '고민 끝, 행복 시작'이 될지도 장담할 수 없다. 재혼에 성공하려면 과연 어떻게 가정을 꾸려야 할까.

준비 없는 재혼, 재(再) 이혼을 낳는다

첫 아내와 성격 차이로 결혼 2년 만에 헤어진 최기민(가명 · 39 · 회사원) 씨는 지난해 6월, 이혼한 지 1년 반 만에 재혼했다. 둘 다 자녀가 없어서 별 문제 없으리라 생각해, 만난 지 두 달 만에 전격 결혼식을 올렸다. 그러나 최 씨의 아내는 낭비벽이 심했고, 재혼한 지 얼마 안 돼 아내의 빚 2,000만 원 때문에 부부 공동명의로 된 아파트를 가압류하겠다는 은행의 통보가 왔다. 최 씨는 "너무 성급하게 재혼을 결정했다"며 후회하고 있다. 한국가정법률상담소에 따르면, 재혼가정의 이혼상담은 2002년 13.3%, 2004년 14.7%, 2006년 15%로 매년 늘고 있다. 이명숙 변호사는 "재혼한 지 1~2년도 지나지 않은 40~50대 부부들이 이혼하는 사례가 늘고 있다"며 "대부분 자녀문제, 경제문제 등이 원인"이라고 말했다.

자녀문제 해법이 재혼가정 성공의 갈림길

학원 강사 진모(42 · 여) 씨는 2005년 7월 딸(11세)을 데리고 세 번째 결혼식을 치렀다. 두 번째 이혼을 겪으면서 다시는 결혼하지 않겠다고 마음먹었지만, 홀로 늙어갈 노후에 대한 걱정이 앞섰다. 그러나 재혼 후 남편의 두 아들(14세 · 17세)은 진 씨에게 '한집에 사는 손님' 같았다. "아이들은 친엄마한테 집안일을 모두 말하고, 고민이 있어도 친엄마와만 상의했어요." 결국 1년 만에 두 아들은 친엄마에게 보내고, 딸은 외국으로 유학을 보냈다.

이혼자들은 재혼이 생각만큼 쉽지 않다고 입을 모은다. S결혼정보업체 오윤경 팀장은 "재혼 때는 상대방의 외모 · 학력보다 경제력과 서로의 자녀를 받아들일 수 있을지를 중요시하는 경향이 있다"고 말했다. 특히 남편과 아내가 각각 아이를 데리고 재혼하는 '뻐꾸기 가족(남의 둥지에서 새끼를 기르는 뻐꾸기에 재혼가정을 빗댄 말)'은 더 힘들다. 한 결혼정보업체가 재혼부부 223쌍에 대한 설문조사를 한 결과, 재혼생활을 괴롭히는 요인 1순위가 자녀문제(46%)인 것으로 나타났다.

출처 : 조선일보(2007. 10. 27).

'사별이나 이혼 후에는 재혼을 통해 새 삶을 시작하는 것이 좋다'는 견해에 대한 기혼여성의 태도(20~49세)

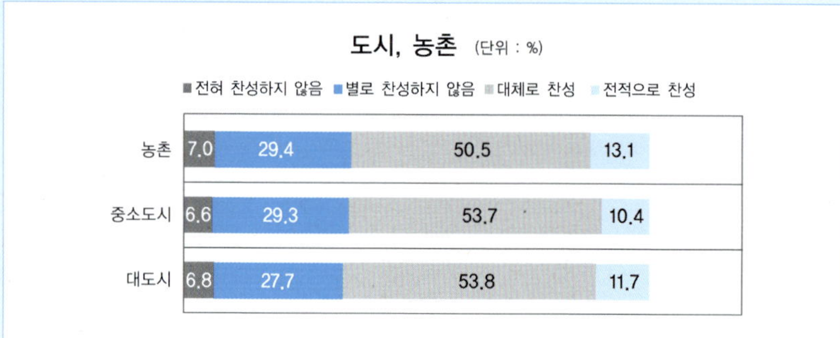

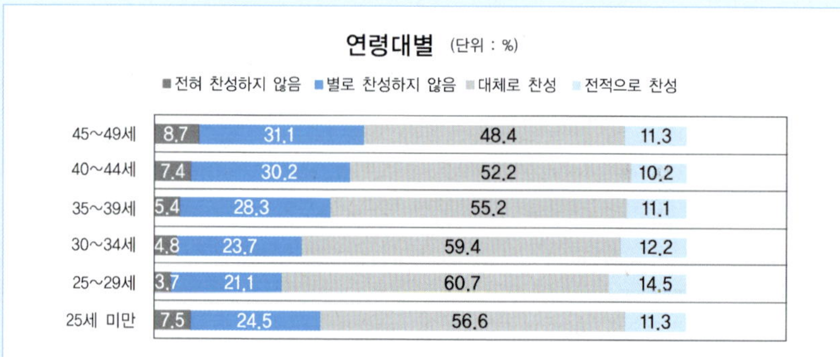

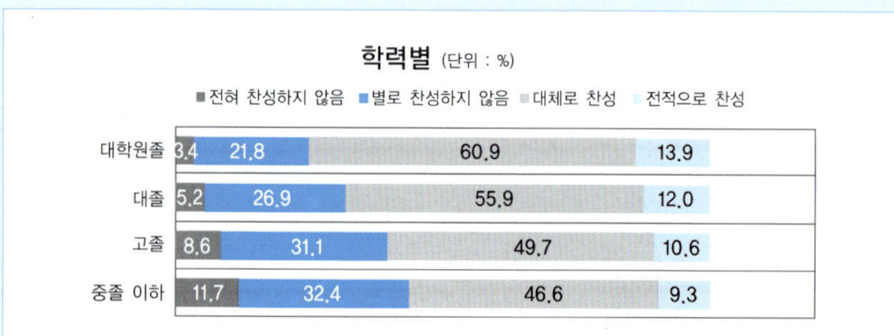

'사별이나 이혼 후 재혼을 통해 새 삶을 시작하는 것이 좋다'는 견해에 대한 미혼남녀의 태도(20~44세)

도시별 구분

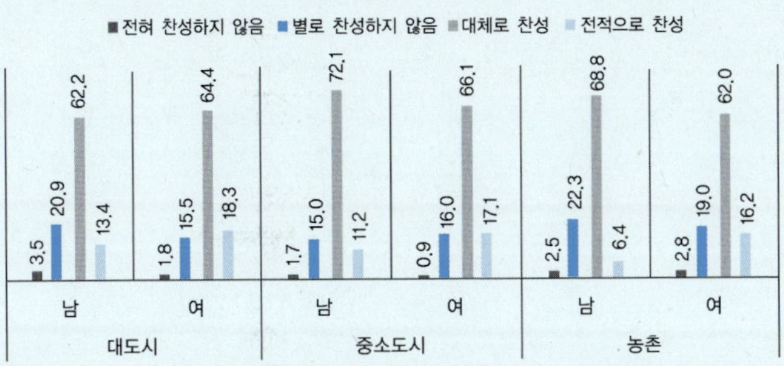

학력별 구분

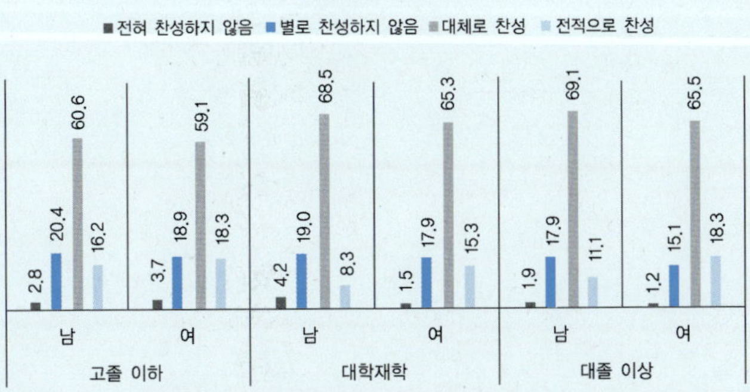

연령별 구분

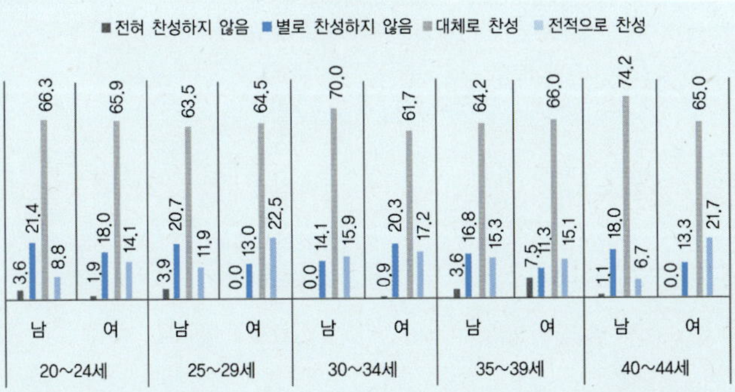

CHAPTER 10

한부모가족과 가족복지

현대사회의 여러 가지 급속한 변화로 다양한 가족형태가 나타나게 되었는데, 최근에 급격히 증가하고 있는 가족형태 중의 하나가 한부모가족이다. 한부모가족은 현대에 들어 이혼, 사망, 별거, 유기 그리고 미혼모 등의 발생 증가로 그 수가 증가하는 추세를 보이고 있으며, 우리 사회는 앞으로 더 많은 이혼과 한부모가족을 양산해 낼 수밖에 없는 사회적 환경 속에 살고 있다. 즉, 산업화 이후 고도로 발전된 경제성장과 사회변동에 따른 가치관의 변화, 가족의 행복보다는 개인의 행복을 더 추구하는 개인주의적 성향, 개정된 가족법의 영향, 복잡한 사회환경으로 인한 교통사고, 산업재해, 높은 스트레스, 각종 성인병, 과로사 등 40대 남성의 사망률 증가로 그 수가 증가하고 있는 것이다. 이와 같이 개인주의의 확산과 더불어 결혼생활에 대한 만족 여부가 이혼을 결정하는 요인이 되었고, 재산분할청구권, 자녀양육권, 면접교섭권 등 여성에게 불리했던 법들이 개정되면서 2020년까지는 꾸준히 증가할 것으로 예측되고 있다(통계청, 2003). 그러므로 여기서는 한부모가족의 실태와 한부모가족들이 겪고 있는 문제점, 그리고 한부모가족을 위한 현재의 복지 현황을 살펴보고 한부모가족을 위한 복지대책을 살펴보고자 한다.

1. 한부모가족의 개념과 유형

한부모가족이란 부모 중 한쪽의 사망, 이혼, 유기, 별거 및 미혼모(미혼부)로 인하여 한쪽 부모가 없거나 법적으로 또는 현실적으로 한쪽 부모역할을 할 수 없는 한부, 한모로 이루어진 가족을 의미한다. Orthner, Brown과 Ferguson(1976)은 한 가정에 사는 한쪽 부모와 요보호아동으로 구성된 가족으로 규정하기도 한다.

우리나라 한부모가족지원법상에서 한부모가족은 모자가족과 부자가족을 말하며, 청소년한부모란 24세 이하의 모 또는 부를 말한다. 이 밖에 조손가족은 2007년부터 모부자복지법이 한부모가족지원법으로 개정되면서 지원대상자 범위에 대한 특례(제5조의2 제2항)로서 지원받을 수 있는 법적 근거를 마련하였다.

한부모가족의 유형은 발생원인과 결합형태에 따른 유형으로 분류할 수 있다. 발생원인에 따른 분류는 한부모가족 발생의 원인이 부모 중 어느 한쪽의 사망, 이혼, 유기, 미혼모 등 어디에 속하느냐 하는 것이고, 결합형태에 따른 분류는 아이를 누가 맡아 양육하느냐 하는 것으로 부와 자녀로 이루어진 부자가족과 모와 자녀로 이루어진 모자가족으로 구분된다.

또한 한부모가족을 자발성과 일시성을 기준으로 구분해 보면, 스스로 재혼을 미루기는 하지만 일정 기간이 지나면 재혼을 하려는 의사를 가진 자발적이고 일시적인 유형, 마땅한 배우자가 없이 탐색기간을 거치는 비자발적 일시적 유형, 연령이나 기타 주변 여건 때문에 스스로 한부모 생활을 계속하고자 하는 자발적 장기적 유형, 그리고 자신의 의지와는 관계없이 한부모 생활을 할 수밖에 없는 비자발적 장기적 유형들이 있다. 과거에는 자발적 장기적 유형이 많았으나 근래에 와서는 비자발적 일시적 유형이 증가하고 있으며, 이에는 한부가족과 한모가족의 차이가 크다(유영주 외, 2004).

이렇게 한부모가족을 분류하는 기준은 다양하며 이는 한부모가족의 특성이 얼마나 다양한가를 보여주는 것이다. 우리나라에서 이러한 한부모가족은 계속 증가추세에 있고, 발생원인별로 볼 때 배우자의 사망에 의한 한부모가족이 다수를 차지하였으나 점차적으로 이혼과 별거의 증가, 미혼모의 발생, 과거에 발생하지 않았던 비정형적 가족유형이 증가하고 있는 추세이다. 선택적 가족유형이 되고 있는 만큼 발생 가능한 문제점을 책임지고 보완해 나가는 자세가 필요하다.

2. 한부모가족의 현황과 문제

1) 한부모가족의 현황

한부모가족은 배우자의 사망, 이혼, 별거, 유기, 그리고 미혼부모 등으로 발생하며, 과거에도 상당수 존재하였으나 현대에 와서 그 수가 더욱 증가하고 있다. 한부모가족의 정확한 통계산출은 불가능하다. 통계청의 인구주택총조사에 의하면, 전체 가구 중 한부모가족이 차지하는 비율은 1985년에 8.9%, 1990년에 7.8%, 1995년에는 7.4%였다가 2000년에는 7.9%, 2005년 8.6%, 2010년 9.2%, 2012년 9.3%로 증가하였다. 즉, 우리나라의 가구 전체에서 열 가구 중 한 가구는 한부모가족인 것이다. 또한 2010년도의 전체 한부모가족 중 78%가 모자가족, 부자가족은 22%를 차지하여 모자가족이 부자가족의 4배를 차지하고 있다. 연령별 분포에서는 30, 40대에서 증가하고 있는 현상이 나타나 이 연령층에서의 이혼율 상승으로 인한 이혼한 여성 가구주가 증가하고 있음을 보여준다(통계청, 2005). 이혼 부부의 연령 · 계층별 분포의 변동을 보면, 20대의 구성비는 감소한 반면 40대의 구성비는 증가하는 추이를 보이고 있어 자녀를 가진 한부모가족 비율이 증가하고 있음을 알 수 있다.

한부모가족이 발생하는 가장 많은 원인은 배우자의 사망과 이혼이며, 최근 우리나라 한부모가족의 증가는 이혼율의 증가와 크게 맞물려 있다고 할 수 있다. 한부모가족지원법상의 보호를 받고 있는 한부모가족이 된 원인을 살펴보면, 이혼, 배우자 사망, 배우자 가출 및 유기, 미혼모, 기타의 순으로 나타나고 있다. 즉, 한부모가족의 발생원인에 있어 과거에는 사별에 의한 한부모가족이 많았으나, 이제는 사별에 의한 한부모가족은 줄어드는 반면, 이혼에 의한 한부모가족이 점차 늘고 있는 실정으로 이혼율의 증가는 당연히 한부모가족의 증가로 이어지고 있다.

앞으로 이혼과 별거의 증가, 미혼모의 발생, 과거에 발생하지 않았던 비정형적 가족유형의 증가 등으로, 한부모가족은 2020년까지 지속적으로 그 수가 증가할 것을 통계청(2005)의 인구주택총조사에서 예고하고 있어 우리 사회의 한부모가족의 문제는 더욱 심각해질 것으로 전망된다. 최근에는 배우자의 장기 해외근무나 자녀교육을 위한 한쪽 부모와 자녀의 해외거주 사례가 증가함으로써 일정 기간 동안 일시적 한부모가족으로 지내는 가족도 늘고 있다.

2) 한부모가족의 문제

한부모가족의 문제는 한부모가족의 양상이 다양하여 한부모가족의 발생원인에 따라, 부자가족인지 모자가족인지에 따라, 가정의 경제적 수준, 가사와 육아의 조력자 유무, 홀로된 부 및 모의 취업 유무와 그 가능성, 가족의 크기, 자녀의 연령 등에 따라 달라질 수 있다. 전반적으로 한부모가족은 양부모가 나누었던 책임을 한쪽이 맡게 됨으로써 경제적으로, 그리고 가사노동과 자녀양육과 교육 등 부모역할에서 과중한 부담을 지니게 되며, 또한 부모-자녀관계상의 어려움, 그리고 정서적·심리적 고통과 더불어 사회적 편견으로 인한 어려움 등을 겪고 있다. 그러나 심각한 가족문제나 갈등상태를 경험하여 이혼으로 한부모가족이 된 경우에는 가정에서 가족원 간의 상호작용의 빈도와 정도가 증가함으로써 한부모가족 자녀의 자아존중감과 자아개념이 강화될 수 있기도 함이 보고되기도 한다. 이러한 사실은 한부모가 된 상황을 어떻게 정의하고 받아들이냐에 따라서 그리고 갈등의 극복기제와 자원, 과거의 상황에 따라서 가족 내적 상황이 결정될 수 있음을 보여주고 있다. 한부모가족이 겪는 문제를 부자가족과 모자가족의 문제로 나누어 살펴보면 다음과 같다.

(1) 모자가족의 문제

일반적으로 모자가족의 문제는 가족 안에서 중요한 역할을 수행했던 부(父)의 부재로 인해 가족기능이 부분적 또는 전체적으로 수행이 불가능해지고, 이로 인한 가족원의 욕구불만 등이 가정의 경제적·정서적인 제반 문제에 부딪히게 된다는 점이다. 모자가족이 직면하고 있는 문제를 다음 두 측면에서 살펴볼 수 있다.

① **경제적 문제**

모자가족이 직면하는 가장 큰 어려움은 경제적 문제로, 특별히 재산과 저축이 풍족한 경우를 제외하고는 모자가족은 대부분의 경우 경제적 문제로 어려움을 겪고 있다. 특히 이 경우 모자가족은 주 부양자이던 남편의 소득 상실로 인해 부자가족보다 경제적 곤란을 더 심각하게 초래하게 된다.

모자가족이 심각한 경제적 어려움을 겪는 원인을 보면(Erera, 2002, 한국여성복지연구회, 2005 재인용), 첫째, 여성 한부모는 여성이라는 이유로 노동시장에서 취업기회의 제한과 임금차별을 경험하고, 둘째, 비양육부모의 양육비 지원에 대한 법적 규정이 미비한 반면, 국가의 특별한 지원이 없는 상태에서 여성 한부모는 보육비를 포함한 과중한 양육을 혼자서 떠맡게 된다는 것이다. 따라서 여성이 자녀양육을 맡을 경우 경제적 어려움은 가중되기 쉽다. 즉, 가족부양의 책임을 맡았던 부(父)의 상실로 인해 대부분의 모자가족은 소득이 감소하거나 상실되어 모(母)는 소득과 생계유지를 위해 직업 전선에 나설 수밖에 없는 경우가 대부분인데, 전문직을 구할 수 있는 소수를 제외하고는 대부분 저임금의 불안정한 일자리라는 점이다. 아이가 어린 경우는 일을 하려면 아이를 맡겨야 하고 그러자면 돈이 필요하게 되고 따라서 더욱 어려워진다. 모자가족은 절대소득이 낮음에도 불구하고 친인척의 도움을 받는 경우가 거의 없으므로, 즉 외부 지원체계가 거의 없는 실정이므로 여성 한부모의 건강이나 생존전략에 따라서 빈곤가족으로 전락할 소지를 갖고 있다(이소희 외, 2003). 특히 최근 증가하고 있는 이혼으로 인한 모자가족일 경우 양육비를 받지 못하거나 받더라도 그 액수가 매우 적은 경우가 많으므로 경제적 어려움은 심각하다. 이러한 상황이므로 주택의 문제도 심각해져서 모자가족의 주거형태 중 가장 높은 비율을 차지하는 것이 월세, 그 다음이 전세로 나타나고 있다.

그러나 문제는 모자가족의 경제적 문제가 단순히 경제적 어려움으로 그치는 것이 아니라 그로 인해 모자가족 구성원의 정서적 · 사회적 측면은 물론 이들의 가족관계에 영향을 준다는 것이다. 따라서 모자가족의 문제를 해결하기 위한 대책을 강구하기 위해서는 경제적 자립을 위한 지원과 이혼 모자가족을 위한 적절한 양육비 지급과 미지급 시 강제 징수 방안, 양육비 선급제도 도입 등 양육과 관련된 법적 제도화 같은 법적 지원이 필요하였는데, 다행히 양육비 이행확보를 위한 제도(양육비 직접지급명령제도, 담보제공명령, 일시금지급명령제도 등)가 신설되어 2009년 11월 9일부터 시행되고 있다.

② 심리사회적 문제

모자가족은 다양한 심리사회적 변화를 경험하게 되며 이런 요인들은 자녀를 포함한 가족의 역동성에 매우 큰 영향을 미치게 된다.

㉠ 역할갈등

모자가족에게 심리사회적 측면에서 가장 문제가 되는 것은 가족부양자로서의 부의 부재로 공백상태가 되어버린 가족 내에서의 역할과 지위의 변화에 적응해야 하는 것이다. 모자가족의 경우 모는 가사나 자녀양육 이외에 가족의 생계를 담당했던 부의 역할까지 수행해야 하는 새로운 역할에 적응해야 하는 어려움을 경험하게 된다. 부 역할자 부재로 인한 이중역할 수행이 역할긴장, 역할의 과부담을 유발하게 되어 많은 어려움을 겪게 된다. 모자가족의 대부분은 모나 자녀 모두 공백상태인 부의 역할을 대신하고 분담해야 하는 긴장과 갈등 그리고 역할에 대한 혼란감을 경험하게 된다. 모는 부양자로서 부의 역할을 해야 함은 물론 자녀에게 아버지 역할까지도 해야 한다는 긴장과 스트레스를 받는다. 맏자녀가 아들인 경우에는 자녀로서의 역할보다 아버지로서의 역할을 기대받게 됨으로써 역할혼란을 경험하게 되고, 맏자녀가 딸인 경우 또한 어머니와 가사를 분담해야 하는 역할과잉을 경험할 수 있다.

특히 남편과 자녀에게 의존적 삶을 살던 여성은 역할상실로 인해 자아존중감이나 자아정체감에 심한 상처를 받을 수 있다. 또한 모자가족의 대부분의 모는 생계를 위하여 직업에 전념하게 되는데, 이 경우 과중한 역할 수행으로 인해 자신이 지칠 뿐만 아니라 자녀를 충분히 돌보아 주지 못한다는 죄책감 때문에 자녀양육에 있어 감정적으로 흐르기 쉽고 일관성을 기대하기가 어렵다.

㉡ 상실감과 소외감

모자가족이 겪는 또 다른 심리사회적 문제는 변화된 가족생활로 인해서 오는 모의 상실감과 소외감으로부터 오는 것이다. 일반적으로 배우자와 이별 후 감정적 고립과 사회적 고립을 인식하게 되고 외로움, 허탈감, 분노, 슬픔의 감정을 느끼게 되며, 생활에서 부딪히는 절망감이나 책임감, 부담감, 스트레스를 느끼게 된다. 이혼이나 사별로 인한 충격은 당사자의 불안, 우울, 상실감, 소외감으로 이어지고, 환경을 통제할 수 없다는 무력감, 자신감 결여, 절망감 등 심각한 정서적 위기를 경험할 수 있다. 또한 자녀의 양육방식을 지지하고 의논해 줄 상대의 상실과 가사와 육아 이외에 생계를 직접 담당하게 됨으로써 상당한 압박감과 긴장상태에 빠져 심리적으로나 성격적으로 어려움에 처하게 된다. 따라서 대체로 모자가족의 모(母)는 절망감, 책임감, 슬픔, 스트레스 등의 부정적 정서반응이 지배적으로 나타나고 있다. 또한 남편과의 이별로 인한 상실감과 소외감은 주변 사람들과의 인간관계를 원만히 유지하기 어렵게 하고 폐쇄적으로 만들어 조그만 충격도 흡수하지 못하는 무기력한 상태에 빠지기 쉽다. 비통감에 대한 의식적 억압은 상실감 대신 과잉활동으로 전개되기도 하고, 타인에 대한 불분명한 분노감이나 적대감과 같은 역기능으로 발전하는 경우도 있다.

모자가족의 정서적 문제는 사회적 지지체계의 부족에서도 비롯된다. 모자가족은 부의 상실이라는 충격으로 가족을 둘러싸고 있는 사회적 관계망이 축소되고 그에 따라 사회적 지원의 감소 및 사회활동의 위축 등과 같은 부정적 변화를 체험하게 되어 대인관계, 친구 및 이웃관계에서도 많은 변화를 겪게 된다. 친구, 친지들과의 관계 변화, 사회적 관계망의 축소와 사회적 고립, 혼자 사는 여성에 대한 편견 등으로 사회활동에 참여하거나 대인관계 형성과정에서 주변 사람들의 부정적 인식을 경험하는 경우가 많아 고립감을 느끼게 되고, 고립감이 심화되는 경우 모자가족의 모(母)는 불안과 우울, 소외감에 시달리게 된다.

ㄷ 자녀의 부적응

모자가족이 경험하는 또 다른 심리사회적 문제는 자녀의 부적응에 따른 가족 내 긴장과 갈등이다. 부의 부재가 자녀에게 미치는 영향에 대해 완벽하게 일치된 견해는 없으나 대부분의 연구결과를 보면, 부의 부재로 인한 감독권 및 동일시 대상의 상실 그리고 사회적 통념과 편견에서 오는 압박감과 열등감이 모자가족의 자녀에게 영향을 주는 것으로 나타났다. 즉, 모자가족에서는 부의 부재로 그동안 부가 자녀에게 행사해 오던 통제력과 감독권이 갑자기 사라짐으로써 자녀는 자기 자신에 대한 통제력을 상실할 수 있으며, 이러한 자신에 대한 통제력의 상실은 가정의 경제적 어려움 및 주변 사람의 편견과 함께 작용하여 자녀의 부적응이나 비행을 가져올 수 있다. 모의 관심이 감소하고 행동에 대한 통제와 감독이 약해짐으로써 자기 자신에 대한 통제력의 약화로 학교성적이 떨어지고 학교에 결석하는 횟수가 증가하고 가출이나 비행을 할 가능성이 증가하게 된다.

또한 동일시 대상 상실은 자녀의 건전한 양육에 지장을 주게 되어 발달장애 또는 역할 동일시에 대한 학습결핍 등이 발생한다. 남아의 경우 부의 부재에 따른 동일시 대상의 상실로 남성의 역할을 배울 기회를 잃게 되어 문제를 발생시킬 수 있는데, 특히 어린 시절에 부를 상실하고 부를 대신할 동일시 대상이 없는 경우 초자아의 발달에 장애를 가져와 비행이나 범죄로까지 발전할 수 있다. 여아는 부를 통해 이성을 정신적·육체적으로 바르게 이해할 수 있는 기회의 상실로 인하여 대인관계에 혼란을 일으켜 이성의 주의를 끌려는 경향이 강하거나 아니면 남성 앞에서 억압적이고 회피적이 될 가능성이 많다.

자녀에게 미치는 영향은 모자가족의 발생원인이 부의 사망에 의한 것인지 아니면 이혼에 의한 것인지에 따라 다르다. 일반적으로 사망에 의한 모자가족의 자녀보다는 이혼이나 별거에 의한 모자가족의 자녀들이 정서적 불안이나 열등감이 심하다. 이는 부모가 이혼했을 경우 이혼 이전부터 부모 간의 갈등과 불화를 계속 경험해 왔음은 물론, 이혼 후에도 이러한 갈등과 불화의 여파가 계속되기 때문이다.

ㄹ 사회적 지지 및 편견과 차별

이혼율의 증가로 한부모가족이 크게 늘면서 새로운 가족형태의 하나로 자리를 잡았는데도 사회의 인식은 '한부모가족=비정상가족'이라는 고정관념에서 벗어나지 못하고 있어 한부모가족이라는 이유만으로 사회로부터 편견을 받고 있는 실정이다(한국여성민우회, 2003). 한부모가족에 대한 사회 전반에 퍼져 있는 사회적 통념이 가정의 구성원들을 더욱 위축하게 한다. 이에 따라 이는 가족의 경제적 여건을 악화시키며 불안감과 무력감 등을 양산하게 된다. 편견이나 차별은 당사자 성인에게만 국한되지 않고 자녀에게도 동일한 기준이 되어 영향을 주고 있다.

이러한 편견은 교육현장에서도 나타나고 있어 학교행사, 교과서, 숙제 등에서 여전히 양부모가족을 전제로 하는 경우가 많다. 양부모가족은 정상, 한부모가족은 비정상이라는 이분법적 시각으로 아동을 대하는 교사의 태도 때문에 한부모가족 자녀들이 열등감에 빠져 방황하게 되기도 한다. 한부모가족 자녀를 요주의 대상으로 보는 시각과 지나치게 동정적으로 대하는 태도 둘 다 문제이다. 가난보다 힘든 게 사회적 편견이라고 한부모가족들은 말할 정도로 편견으로 인한 어려움을 겪고 있다.

친구와의 관계 변화, 사회적 관계망의 축소와 사회적 고립, 혼자 사는 여성에 대한 편견, 이성문제(재혼), 전 배우자와의 관계문제, 전 친인척 문제 등이 발생한다. 특히 친구나 가족 등 주변의 가까운 인물들이 이혼 당사자의 이혼사실을 인정하지 않거나 지지하지 않음으로써 우울감과 긴장을 증가시키고, 이혼 결정에 대한 회의를 느낌으로써 자신의 이혼에 대한 부정적 인식을 갖게 하는 원인이 된다. 그리고 자녀에게 있어서는 친구나 교사의 지지도 중요한 영향을 주며, 교육 지원이나 지역사회 지지가 중요한 영향을 미치므로, 가족과 사회의 유기적 관계를 파악하는 것이 중요하다.

(2) 부자가족의 문제

부자가족은 모자가족에 비해 우리에게 익숙하지 않고 그동안 사회적으로 등한시되어 왔으나, 최근 이혼율이 증가하면서 부자가족의 비율도 높아짐에 따라 부자가족의 문제도 새롭게 등장하고 있다. 부자가족이 겪는 어려움은 모자가족이 겪는 것과는 조금 다른 양상을 보이고 있다. 경제적 · 심리적 문제와 함께 혼자서 감당해야 하는 자녀양육과 가사역할 등 적응하기 힘든 역할로 경우에 따라서는 모자가족보다 더 큰 부담감과 어려움을 겪고 있다.

① 경제적 문제

정도의 차이는 있지만 부자가족도 모자가족과 마찬가지로 경제적 문제로 어려움을 겪는다. 물론 경제적 문제는 부자가족이 모자가족보다는 적게 겪는 것이 일반적이다. 그러나 부자가족의 부의 경우 자녀양육에 많은 시간을 할애해야 하므로 그의 업무상 중요한 활동(예 근무시간 외 활동, 지방출장, 퇴근 후 비공식적 음주, 야간 이동 등)에 시간을 할애할 수 없게 되어 고용주들이 이들의 승진을 꺼리게 되는 불이익을 당하게 된다(Chng, 1984, 조추용 외, 2002 재인용). 또한 부가 알코올중독과 건강상의 이유로 경제력을 상실한 경우도 적지 않다. 즉, 실직과 경제적 무능력으로 인하여 발생하는 경우가 많고 이러한 경제적 빈곤은 부가 부재한 모를 대신하여 자녀양육과 가사를 둘 다 감당할 수 있는 직업을 찾다 보면 직업선택의 기회가 적어지고 전직의 가능성도 높아질 수 있어 더 악화되기도 한다. 또한 모가 담당했던 가사 및 육아를 유급의 타인이나 기관으로 이전함으로써 새로운 가계지출로 경제적 비용이 많아져 빈곤으로 빠지기 쉽다.

② 가사 및 자녀양육문제

부자가족이 겪는 가장 큰 어려움은 자녀양육과 가사문제로 부가 1차적으로 직면하는 어려움이며, 모자가족보다 훨씬 많은 문제를 겪는 측면이다. 부자가족의 경우 부는 이전에 수행해 왔던 역할 이외에 그동안 모에 의해 해왔던 가사 및 자녀양육 역할까지 자신이 다 수행해야 하기 때문에 이로 인하여 역할갈등을 겪거나 역할과중으로 어려움을 겪는다. 더욱이 자라면서도 가사나 육아에 대한 훈련이나 교육을 받을 기회가 거의 없었기 때문에 부는 이 역할을 수행함에 있어 많은 어려움을 겪게 된다. 더욱이 직업활동은 계속해야 하는데 대리관리자도 없고 자녀가 어릴 경우 보호할 사람의 부재, 자녀양육에 대한 의논상대의 부재로 부자가족의 부는 당혹감을 느끼고, 이로 인한 스트레스 상태에 처하게 된다. 또한 부자가족에서는 모성으로부터의 따뜻한 정서적 지지 부족의 문제가 있다.

③ 심리사회적 문제

부자가족의 경우 부도 배우자가 없음으로 인해 외로움을 느끼게 되나 그보다 더 큰 심리사회적 문제는 자녀와 부의 부적응으로 인한 가족관계상의 문제이다. 부자가족의 자녀는 모의 부재로 인해 감정이나 애정을 표현하는 등의 표현적 경험을 가질 기회가 박탈되어 가족원을 비롯한 타인과의 긴밀한 관계를 형성하는 데 어려움을 가진다. 특히 부가 딸을 양육하는 경우는 동일시할 수 있는 모가 부재함으로 인해 더 많은 어려움에 처할 수 있다. 이와 함께 부의 취업으로 아동에 대한 보호와 감독이 소홀해져 자녀를 방치하게 되고, 이러한 방치로 인해 자녀의 비행을 조장하기도 한다.

〈표 10-1〉 모자가족, 부자가족의 문제

문 제	모자가족	부자가족
재정상 어려움	· 학력이 낮은 일용 근로직 한모들은 절대빈곤 수준 이하의 생활 · 아동이 경제적 책임을 지고 학업을 중퇴하여 빈곤층으로 남음	· 두 가구 부양으로 재정적 어려움과 스트레스를 더 많이 경험 · 위자료, 아동양육과 탁아 비용이 더 많이 듦 · 가사, 육아가 유급의 타인에게 맡겨지므로 새로운 가계지출 발생
사회적 편견 문제	· 한모에 대한 부정적 시각과 사회적 지원의 미약 · 시가나 종교, 사회단체보다 친정의 지원이 많음 · 정서적 지원보다 경제적 지원이 적음 · 사회가 모자가족을 부정적으로 생각한다고 인식하고 있음	· 홀아비, 인생의 실패자라는 낙인과 동정 때문에 위축될 수 있음 · 남자도 혼자서 가정을 잘 꾸리고 자녀양육, 교육에 잘 적응할 수 있음을 보여줄 필요가 있음
성역할 모델 부재 문제	· 부친 부재로 적절한 모델이 부재-자녀교육의 어려움이 따름	· 특히 부녀가족일 때 성역할 모델 부재, 사춘기 자녀의 동성부모역할의 필요성 증가
역할 부담 문제	· 일과 가사노동의 이중 부담	· 가사, 직장의 병행으로 부담이 큼 · 부인이 가출한 경우 버림받았다는 생각으로 자녀양육 스트레스가 많음
성적 문제	· 한부보다는 덜하지만 그래도 문제가 됨	· 성적 문제를 억압하는 데 길들여진 여성에 비해 생리적으로 더 심한 스트레스를 받음
외로움	· 자녀와 정서적으로 친밀하고 상호 신뢰가 높으나 상대방의 기대보다 자신의 기준에 따라 행동 · 자녀에 대한 자율성이 높음 · 외로움, 경제적 문제 의사결정 등을 자녀에게 의존 · 우리나라 한모는 서구 한모보다 가사에 대한 자녀의존도가 낮음	· 이혼충격이 여성보다 오래 지속 · 이혼 초기의 자존감 상실이 심각함 · 정신병리, 질병, 사망, 자살, 살인 등 신체적·정신적 질병이 여성보다 많음 · 갈등문제를 혼자서 고민하고 결론에 이르게 됨 · 실패한 남자로서 사회적 시선을 더 의식함
직장 관련 문제	· 학력이 낮은 한모는 일용 근로직으로 불안정한 직업	· 아동양육 책임과 일의 책임 사이에서 갈등 · 출장, 직장의 이동, 근무시간, 수입, 승진, 동료, 상사와의 관계가 제한 · 직장, 자녀양육, 가정관리를 조화시키는 것이 중대한 문제
사회생활의 어려움	· 관계망이 좁고 대인관계가 위축됨	· 아버지만의 시간 부족, 친구들과의 공통적 관심 부족, 사회적 배척과 소속감 결여로 사회적 활동이 축소됨 · 시간이 갈수록 친숙한 관계를 형성하고 행복감과 능력, 만족감, 자긍심을 얻게 됨

자녀양육 문제	· 경제적 문제가 가장 심각함	· 아동에 대한 인내심 부족 · 가사 처리보다 아동의 정서발달 함양이 더 어려움 · 이혼 전 가사와 자녀양육 참여 정도는 한부 역할 적응에 힘이 됨

출처 : 채옥희 외(2004).

3. 한부모가족을 위한 복지대책

한부모가족은 전 세계적으로 증가하는 가족의 한 유형으로 이제 한부모가족의 문제는 한부모와 관련된 개인들만의 문제가 아니라 여러 다른 문제들을 야기하는 사회문제로 부각되고 있다. 따라서 한부모가족이 직면하는 어려움을 충분히 파악하여 사회정책적 차원에서 지원하는 지원체계가 필요하다.

1) 한부모가족을 위한 서비스의 현황

우리나라에 한부모가족을 위한 별도의 정부주도의 경제적 지원제도는 없고, 이혼, 사별 및 경제적 어려움 등으로 인해 한부모가족이 지속적으로 증가함에 따라 저소득 한부모가족, 미혼모 등을 내실 있게 지원함으로써 보호대상자의 생활안정과 자립기반 조성을 위해 지원하고 있다. 일반 한부모가족은 유가족을 위한 연금형식의 사회보험이 있으며, 저소득 한부모가족은 한부모가족지원법과 국민기초생활보장법에 의해 국가 지원을 받을 수 있다.

사회보험을 보면 배우자의 사망으로 인해 한부모가족이 되는 경우 국민연금법, 공무원연금법, 군인연금법, 사립학교교직원연금법, 산업재해보상보험법을 통해 경제적 지원을 받을 수 있으며, 국민건강보험법에 의해 의료보장을 받을 수 있다. 하지만 이혼으로 인해 한부모가족이 되는 경우에는 한부모가 보험의 직접적 당사자가 아닌 이상 해당 사항이 거의 없어, 배우자의 사망에 의해 한부모가족이 되는 경우가 아니라면 소득보장을 위한 사회보험으로부터의 지원은 매우 제한적이다(한국여성복지회, 2005).

저소득 한부모가족은 우선 국민기초생활보장법에 의해 지원을 받을 수 있는데 국민기초생활보장법은 배우자와의 사별 등으로 인해 부양의무자가 없고 소득인정액이 최저생계비 이하인 경우 국민기초생활보장 수급자로 선정되어 생활보조금을 지원받거나 자활사업에 참여할 수 있다. 따라서 실제로 지원받고 있는 한부모가족은 극히 일부에 지나지 않는다. 이 지원은 수급기준을 만족시키는 저소득 가정이면 모두 해당되기 때문에 한부모가족의 발생원인에 관계없이 수혜대상이 될 수 있다.

또한 1989년에 제정된 모자복지법이 2002년에 모·부자복지법으로, 2008년에 한부모가족지원법으로 개정되어 한부모가족에 대한 다양한 지원의 근거가 되고 있다.

저소득 한부모가족을 위한 정책으로는 복지급여, 한부모가족복지시설지원, 취약위기가족지원, 청소년한부모자립지원, 양육비이행확보지원 서비스 등이 있다.

(1) 복지급여

저소득 한부모가족의 빈곤의 악순환을 방지하고 아동의 건강한 성장과 가정의 생활안정을 도모하기 위해 아동양육비, 아동교육비, 생활보조금 등을 지원하고 있다.

단, 국민기초생활보장법에 의한 생계급여를 지원받은 경우, 긴급복지지원법에 의한 생계지원을 받은 경우, 아동복지법에 의한 아동위탁수탁수당을 받은 경우에는 지원대상에서 제외된다.

(2) 한부모가족복지시설 지원

한부모가족복지시설(사회복지시설 지원)은 모자가족, 부자가족, 미혼모가족이 안정된 환경에서 사회, 경제적 자립을 준비할 수 있도록 일시적인 주거를 지원하는 것으로, 복지시설로는 모자가족복지시설, 부자가족복지시설, 미혼모가족복지시설, 일시지원복지시설 등이 있으며, 지원내용 및 현황은 다음과 같다.

〈표 10-2〉 한부모가족복지시설 현황

지원대상 : 저소득 무주택 한부모가족(모 · 부자가족, 미혼모부자가족)
지원내용 : 일정 기간 주거에 자립준비, 심리치료 지원 및 자립준비비금

시설유형			입소대상	입소기간(연장)
모자가족 복지시설	한부모 가족지원법상 모자가구	기본생활지원	만 18세 미만의 자녀를 양육하는 무주택저소득 모자가족	3년(2년)
		공동생활지원	독립적인 가정생활이 어렵고 일정 기간 공동으로 가정을 이루어 생활하면서 자립을 준비하고자 하는 모자가족	2년(1년)
		자립생활지원	만 18세 미만이 자녀를 양육하는 무주택 저소득 모자가족, 기본생활지원형에서 퇴소한 모자세대로서 자립준비가 미흡한 모자가족	3년(2년)
부자가족 복지시설	한부모 가족지원법상 부자가구	기본생활지원	만 18세 미만의 자녀를 양육하는 무주택 저소득 부자가족	3년(2년)
		공동생활지원	독립적인 가정생활이 어렵고 일정 기간 공동으로 가정을 이루어 생활하면서 자립을 준비하고자 하는 부자가족	2년(1년)
		자립생활지원	기본생활지원형에서 퇴소한 부자세대로서 자립 준비가 미흡한 부자가족	–
미혼모자 가족복지 시설	미혼모의 임산부나 미혼모자가족	기본생활지원	이혼 · 사별 또는 미혼의 임신여성 및 출산 후 (6개월 미만) 지원을 요하는 여성	1년(6월)
		공동생활지원	3세 미만의 영유아를 양육하는 미혼모	2년(1년)
			출산 후 해당 아동을 양육하지 아니하는 미혼모	2년(6월)
일시지원복지 시설	입소사실에 대한 비밀보장 및 시설 비공개		배우자의 학대로 인하여 아동의 건전한 양육과 모의 건강에 지장을 초래할 우려가 있는 모와 아동	6월(6월)

출처 : 여성가족부(2018).

(3) 청소년한부모 자립지원

만 24세 이하 청소년 한부모에게 조기 자립할 수 있도록 아동양육비, 검정고시학습비, 자립지원촉진수당 등을 지원하고 있다.

(4) 취약위기가족 지원서비스

취약한 한부모가족이 가진 복합적 문제해결 및 욕구해소를 위해 지속적인 사례관리를 통해 가족기능 회복과 정서·경제적 자립역량 강화를 도모하도록 지원되는 서비스로, 가족상담, 자녀학습, 정서지원 등을 기본 사업으로 하고 있다.

(5) 양육비이행확보 지원서비스

한부모가정 자녀의 안정적 성장 환경 조성을 위해 미성년 자녀의 양육비 청구와 이행확보를 지원하고 있다. 지원대상은 만 19세 미만 자녀를 양육하는 한부모·조손가족으로 지원내용은 양육비 상담, 합의, 소송, 추심 및 모니터링 지원 등 미성년 자녀의 양육비 청구와 이행확보 지원 등에 관한 원스톱서비스를 제공하고 있다.

2) 한부모가족을 위한 가족복지서비스 문제점 및 대책

(1) 한부모가족에 대한 복지대책의 문제점

한부모가족복지란 한부모가족의 부, 모, 자뿐만 아니라 그들이 하나의 독립된 가족으로서 가족 간의 상호작용과 사회의 기초 단위로 적응할 수 있도록 사회적 기능 강화와 향상을 목적으로 하는 서비스 활동을 말한다. 우리나라에는 1989년 제정된 모자복지법이 2002년 모·부자복지법으로, 2008년에는 한부모가족지원법으로 개정되어 한부모가족에 대한 복지대책의 근거가 되고 있으나, 지원의 범위나 수준이 가족이 자립하기에는 대단히 미흡한 실정이다.

첫째, 양부모를 전제로 한 사회구조 속에서 배우자와의 사별, 이별, 별거 등으로 생겨난 한부모가족이 겪는 다양한 어려움에 비해 아직까지 한부모가족에 대한 체계적이고 포괄적인 지원정책이 부재하다.

둘째, 한부모가족의 대다수를 이루고 있는 모자가족의 경제적 안정을 위한 별도의 복지대책에 대한 고려가 매우 부족하다. 특히 저소득층의 건강상태가 좋지 않다는 점을 고려해 볼 때, 저소득층 한부모가족에 대한 의료 지원이 절실한 실정임에도 불구하고 현행 지원은 국민기초생활보장 수급자로 되어 있다.

셋째, 외형상으로는 사회보험, 공공부조, 차상위계층 보호 등으로 나뉘어 대상자의 경제적 상황에 맞는 보호대책을 실시하고 있는 것처럼 보이나 실질적 보호내용에 있어서는 극빈층을 제외한 층에 대한 보호는 미흡하다.

넷째, 국민기초생활보장법이나 한부모가족지원법에 의한 지원내용이나 지급수준도 미흡하여 수혜대상 한부모가족이 현실적으로 생활을 안정하고 자립을 이루어 나가기 위한 방편이 되지 못하고 있다.

다섯째, 경제적 자립을 위한 직업훈련의 필요성이 역설되고 있지만 모자가구주를 둘러싼 제반 여건에 대한 고려가 충분히 고려되지 못하고 있다.

여섯째, 아동양육비 지원이나 자녀학비 지원수준도 상향 조정할 필요성이 있다.

일곱째, 저소득 한부모가족을 위한 영구임대아파트에 우선 입주할 수 있는 지원내용이 있으나 영구임대아파트에 입주한 한부모가족의 숫자는 최근 계속 감소하고 있는 추세로 한부모가족의 주택 안정이 크게 위협받고 있으며, 대기기간이나 영구임대주택 공간의 협소함이 개선되어야 할 점이다(장혜경 외, 2001).

한부모가족에 대한 지원서비스는 저소득 한부모가족에 한정된 것이며, 일반 한부모가족에 대한 서비스는 현실생활에 실제적 도움이 거의 없는 실정이다. 부자가족복지시설로는 기본생활지원시설, 공동생활지원시설, 자립생활지원시설 등이 있지만 현실적으로 실시되고 있는 곳은 아주 적은 실정이다. 따라서 앞으로 보다 성평등적이면서도 통합적인 시각에서의 다양한 제도적 · 정책적 개선책이 요구된다.

(2) 한부모가족에 대한 서비스 대책

한부모가족의 증가추세를 감안한다면 사회구성원으로서의 적응을 위한 경제적 · 정서적 · 사회적 지원을 위한 제도 및 정책을 통한 통합적 서비스가 실시되어야 하며, 또한 한부모의 정서적인 면을 지원할 수 있는 상담 프로그램의 포괄적이고 전문적인 실시가 요청된다. 한부모가족의 복지를 실현하는 방안을 모색해 보면 다음과 같다.

① 경제적 지원 강화

- **저소득 한부모가족의 대상자 확대** : 저소득 한부모가족에 대한 국민기초생활보장 수혜 보호수준이 개선되어야 한다. 현재 한부모가족에 대한 경제적 지원은 국민기초생활보장 수급조건을 만족시키는 절대빈곤층 가족에 거의 제한되어 있으므로, 한부모가족 중에서 국민기초생활보장 수급조건을 만족시키지는 못하지만 경제적으로 어려움을 겪고 있는 가족들에게도 지원이 확대되지 못하면 빈곤층으로 전락할 위험이 크므로 이에 대한 대책이 필요하다.
- **한부모가족 아동에 대한 복지수준 제고 및 복지대상자 확대** : 자녀를 양육하는 한부모가족에 대한 자녀양육비 및 교육비 지원이 현실화되어야 하며, 대상 아동의 확대가 필요하다. 특히 입학금과 수업료가 없는 초등학생의 경우 부대경비의 지원이 필요한 실정이다.
- **전문 직업훈련 및 소자본 창업 지원 등 취업알선 사업의 강화** : 취업기회는 제한되어 있고 모자가족의 경우 대체로 직업교육을 받은 경험이 없어서 안정적 직업을 갖기 어렵다. 또한 직업교육의 필요성을 안다거나 인력개발센터, 자활후견기관, 여성발전센터, 사회복지관 등에서 직업훈련교육이 진행되고 있어도 당장의 생계비가 필요하므로 일정 기간 직업교육을 받기가 어렵다. 따라서 교육기간 동안 생계에 지장이 없도록 현 실정에 맞추어 생계비를 지원하고, 취업훈련 프로그램, 소자본 창업 훈련을 통하여 취업정보를 제공하고, 취업알선을 체계화하여 안정된 직업생활을 할 수 있도록 한다. 더불어 창업비용에 대한 저리 융자와 지속적 관리 등 실제적 지원이 뒤따라야 할 것이다.
- **한부모가족 자녀의 우선 고용** : 한부모가족의 자녀를 우선적으로 고용하여 소득 향상에 도움이 되도록 한다.

② 심리정서적 지원

- **한부모교육 및 가족상담서비스 확대** : 자녀교육에 대한 지식 및 교육방법 등에 관하여 부모교육을 실시하고, 생업 때문에 교육을 기피하는 것을 감안하여 교육출석수당을 지급하여 생계에 지장이 없도록 하는 것도 한 방안이라 하겠다. 또한 한부모가족이 경험하는 어려움과 갈등에 대해 도움을 얻을 수 있도록 교육과 가족상담서비스를

할 수 있는 전문상담기구가 활성화되어야 하겠다.

- **심리적·정서적 지원 프로그램 확대** : 여러 어려움을 겪는 한부모가족에게 변화된 상황에 잘 적응할 수 있도록 돕는 프로그램의 개발과 제공으로 한부모가족의 스트레스 감소, 부모역할의 성공적 수행, 가족문제의 원만한 해결을 하도록 한다. 예를 들면, 이혼 부모를 위한 이혼 적응 프로그램, 부모역할 훈련 및 교육, 가족상담 및 치료, 가족, 친척, 친구, 이웃 등의 비공식적 관계망 강화, 한부모 자조집단 운영 등이 있다.
- **한부모가족 아동의 적응을 위한 다양한 복지 프로그램 개발** : 한부모가족의 부모-자녀관계 교육 프로그램 개발, 주간보호, 단기보호 및 방과 후 지도시설 확충, 자녀 학업지도 확대 및 다양한 특기적성, 취미교실 프로그램 마련, 자녀의 건강한 성장을 위한 신체적·정서적 대안 마련 등이 재검토되어야 한다. 또한 아동의 정서적·심리적 안정을 위한 다양한 교육이 이루어져야 하겠고, 아동의 연령에 따라 생애주기별 프로그램이 특성화되어야 한다. 저학년 아동의 경우에는 취업에 따른 모의 부재가 주는 영향을 최소화시켜야 하겠고, 고학년 아동의 경우 자기조절능력, 독립성 고취 등을 모색하는 프로그램이 필요하다.

③ 복지적 지원 강화

- **보육 및 방과 후 프로그램 서비스 실시** : 한부모가족에게 가장 어려운 문제 중의 하나가 자녀양육이다. 고가의 보육비용, 보육과 일하는 시간을 조율하는 데 어려움을 겪고 있으므로, 이를 위해 한부모가족 자녀에 대한 다양한 보육서비스가 요구된다. 경제활동참여의 선결과제인 양육문제 해결을 위한 보육시설의 접근성을 높이는 제도적 장치의 마련, 초등 이상 학생의 경우 경제적 부담을 주지 않으면서 안전하게 보호받으며, 특기적성을 살릴 수 있는 다양한 방과 후 프로그램 참여가 가능하도록 되어야 한다. 최근 맞벌이가족과 한부모가족을 위한 방과 후 지도 프로그램이 도입되고 있어 다행이다.
- **한부모가족에 대한 의료서비스 확대** : 의료적 접근이 어려워 만성질환에 노출되어 있는 빈곤 한부모가족에 대한 의료적 서비스의 지원과 지역사회 의료진과 연결된 주치의 제도, 보건소를 포함한 자원의 활용 등 의료보호를 위한 현실적 대책이 필요하다.

④ 사회적 지원

- **한부모가족에 대한 사회적 인식 개선을 위한 노력 및 홍보 강화** : 한부모가족을 결손가족으로 보는 학교나 이웃, 지역사회 등의 인식이 크게 개선되어야만 한부모 및 아동의 적응이 원활해질 수 있을 것이므로, 한부모가족에 대한 편견을 개선하고 다양한 가족형태에 대한 이해를 위한 교육, 홍보 등 적극적 노력이 필요하다. 따라서 다양한 가족에 대한 홍보, 한부모가족에 대한 인식 개선을 위해 방송, 미디어 등 매체를 통하여 다양한 가족의 모습을 홍보하고 의식의 변화, 현실 가정의 모습을 반영한 학교 교과서 제작과 교육과정에서의 교사의 의식과 역할 등을 통해 국민의 의식변화를 가져올 수 있도록 해야 하겠다.
- **한부모가족 사회복지 지원정보 구축 및 제공** : 한부모가족의 현실에 대한 기초통계를 비롯하여 당면 문제를 해결할 수 있도록 다양한 분야의 정보를 통합하여 제공할 수 있도록 정보 네트워크를 구축하여 활용할 수 있도록 한다.
- **한부모가족 지원기관 · 민 · 관 · 관련 부처별 네트워크 체계 마련** : 한부모가족지원서비스를 진행하고 있는 지방자치단체, 사회복지관, 건강가정지원센터, 자활후견기관 및 인력개발센터, 여성단체 등의 담당자 간 네트워크를 통해 각 영역에서 필요한 자원에 대한 역할분담이 필요하며, 한부모가족을 통합적으로 지원해 주는 정책 마련과 전달체계에서의 활성화가 이루어져야 할 것이다. 또한 정부 각 부처 소관 분야별 한부모가족 정책에 관한 협의 및 조정 기능을 강화하고 공공과 민간의 상호 연계시스템을 구축할 필요가 있다.

4. 한부모가족을 위한 지원 프로그램

현재 한부모가족지원센터, 지역사회복지관, 건강가정지원센터, 여성단체 등에서 한부모가족에게 프로그램 등 서비스를 제공하고 있다. 한부모가족지원센터(서울시)에서는 한부모가족 자립지원 정보제공, 온라인 네트워크 구축 및 홍보, 한부모가족 권익증진사업, 한부모가족 주거지원사업, 한부모자립지원생활밀착형 서비스 '한부모생활코디네이터', 한부모학습지원, 가족역량강화사업, 후원 및 한부모가족 특별지원사업, 나눔으로 행복찾기, 찾아가는 한부모가족 이해교육, 네트워크 구축 및 연계지원사업, 시설입소자 상담치료지원사업 등을 하고 있다. 지역사회복지관 등에서 제공하고 있는 프로그램은 크게 경제적 지원과 심리사회적 지원으로 구분할 수 있으며, 심리사회적 지원은 상담서비스, 지역사회 연계서비스, 교육서비스, 보육서비스, 사례관리서비스 등으로 분류할 수 있다.

한부모가족은 이상적 가족에 대한 대중의 이미지로 인한 사회적·도덕적 차별대우로 고통을 받고 있으므로, 이러한 고정적 이미지를 변화시키려는 노력이 필요하다. 즉, 정부 정책이나 교육 및 다른 정책에서 폭넓은 이해와 변화가 있어야 한다. 한부모가족을 위한 통합적 프로그램을 실시할 때에는 우선순위를 정해 절실하게 필요한 프로그램으로 먼저 접근해야 한다. 첫째, 한부모가족은 경제적 어려움을 가장 크게 호소하고 있으므로 경제적 지원 프로그램이 우선적으로 실시되어야 하고, 둘째, 경제적으로는 여유가 있으나 다른 집단에 비해 정서적 어려움과 자녀양육의 어려움을 더 크게 직면하는 집단에게는 상담 프로그램과 교육 프로그램의 지원이 우선적으로 요구된다.

〈표 10-3〉 지역사회복지관의 한부모대상 서비스 및 프로그램

내용/ 대상		부 모	자 녀	기관사업
경제적 지원		· 부업 및 취업상담, 알선 · 의료비, 보험료 지급 · 자립금 적립지원 · 자조협동조합	· 학비(장학금) 지급 · 학원비 보조 · 결식, 급식 지원	· 지역사회네트워크구축사업 (지지망 구축) · 후원사업 · 자원봉사자 교육 및 관리
심리·사회적 지원	상담서비스	· 개별상담 · 집단상담 · 자조모임 · 가정방문	· 개별상담 · 집단상담 · 자녀자조모임	
	지역사회 연계서비스	· 공공기관, 의료기관, 기업 대상 옹호서비스 · 생활정보 제공 · 무료진료	· 문화, 여가 지도 · 학교, 교사 대상 옹호서비스 · 자원봉사자와의 결연	
	교육 프로그램	· 부모역할교육 · 자녀교육 프로그램 · 법률정보 특강	· 방과 후 교실 · 특기 지도 · 야외학습 및 특별활동	
	보육서비스	· 야간보호서비스		
	사례관리 서비스	· 대상자의 사례분석을 통해 서비스 계획을 수립하고 제공함		
	가족행사	· 가족캠프 · 가족의밤		

출처 : 조흥식 외(2018).

CHAPTER 11

다문화가족과 가족복지

현대사회의 다양한 가족의 등장과 함께 국제화 시대의 인구이동으로 외국인 여성과 한국인 남성의 국제결혼에 의한 다문화가족은 우리 사회의 보편적인 가족의 모습으로 자리매김하고 있으며, 국내 거주 외국인의 수가 2021년에는 3백만을 바라보고 있다. 국제결혼을 통해서 여성이 다른 나라로 이주하는 현상은 개인적 선택으로 보이지만 그 내면에는 자본주의 체계의 원리와 사회, 정부, 이를 이용해 영리를 추구하는 결혼중매업체 등 다양한 사회적 요인이 관련되어 있다. 국제화 시대의 국제결혼은 당연한 현상이라고 볼 수도 있지만, 한국에서의 사회적 이슈가 되고 있는 국제결혼은 많은 경우가 저개발국을 대상으로 하고 있고, 저개발국 여성은 자신의 가족과 경제상황을 향상시키기 위해서 보다 나은 조건을 선택하여 결혼이주를 하는 것이기 때문에 복합적 문제를 안고 있다. 다문화가족의 가장 큰 문제는 문화적 차이와 원활하지 못한 의사소통이며, 이주여성에게는 귀화 전까지의 외국인 신분 등으로 한국생활에의 적응과 복지혜택의 사각지대에서 많은 어려움을 겪고 있다는 것이다. 이들 이주여성들이 한국에서 가정을 이루어 이민자의 삶을 살고 있고, 한국인 2세들의 양육을 하게 되므로 다문화가족들이 한국사회에 성공적으로 적응할 수 있도록 다각적인 정책적 지원이 필요하다.

1. 국제결혼의 개념과 특성

1) 국제결혼의 개념

국제결혼은 '국적을 달리하는 남녀가 결혼하는 일'을 말한다. 국제결혼하여 한국에 정착하여 사는 신부를 지칭할 때 국내인권단체에서는 '이주여성'이라는 표현을 흔히 사용하고 있으나, 이주여성은 ① 여성이주노동자, ② 결혼이주여성, ③ 성매매 종사 외국인(또는 이민자) 여성, ④ 국제적 인신매매 피해여성을 아우르는 복합개념이므로(설동훈 · 박경태 · 이란주, 2004), 혼인이민자를 지칭하는 용어로 적절하지 못하다. 그렇기 때문에 '결혼이주여성' 혹은 '결혼이민자'라는 표현을 사용한다.

국제결혼은 국제 노동력 이동과 관련지어 크게 세 가지 유형(보건복지부, 2005)으로 나누어져 왔다. 20세기 초 '사진신부(picture brides)', 제2차 세계대전 이후의 '전쟁신부(war brides, military brides 또는 GI brides, colonial brides)', 그리고 1970년 이후 미국과 유럽 등 일부 선진국으로의 '우편주문신부(mail order brides)'가 있다.

첫 번째 유형인 사진신부란 19세기 말부터 20세기 초 미국으로 이주한 일본인, 중국인, 한국인들이 몇 장의 사진을 보고 고국 여성 가운데 한 사람을 선택하여 자신의 배우자로 초청한 것으로, 고국 땅의 여성도 남편이 될 사람의 사진 한 장을 들고 멀리 하와이로 또는 미국 본토로 태평양을 건너간 경우를 가리킨다. 이러한 현상은 당시 인종차별적인 미국의 법이 '백인'과 '유색인종' 간의 결혼을 금지하고 있어서, 유럽으로부터의 이주자를 제외한 멕시코인이나 아시아인들은 미국 내 백인과 결혼할 수 없으므로, 고국으로부터 여성을 불러와 결혼을 하였던 것이다(Schaeffer-Gabriel, 2003). 그러므로 이는 국가를 건너간 국제결혼이기는 하나, 같은 민족 내 결혼이었다. 이러한 사진신부 현상은 역사적인 과거의 사건으로만 머물지 않고, 최근에는 해외 이주민 사회에서 주로 남성 이주민들이 고국에서 신부감을 찾는 현상으로 이어지고 있다(Thai, 2002).

두 번째 유형인 전쟁신부 또는 미군 아내란 제2차 세계대전 이후 일본, 한국, 필리핀 등에 미군이 주둔하게 되면서, 그들 미군과 결혼하여 미국으로 이주한 여성을 가리킨다. 이 유형은 결혼이주로서의 인종 간 국제결혼의 효시이나, 그들은 경제적 또는 정치적 이주자가 아니라 가족 재결합을 위해 남편을 '따라가는 자(tied-movers 동반자)'로 이해되어, 학계의 관심을 끌지는 못하였다. 한편 송출국에서도 그들 여성을 기지촌 매춘여성의 결혼이라는 부정적 시각으로 보는 것이 대부분이었으나, 여지연(2002)의 한국인 미군 아내에 대한 연구에서 그들의 상당수가 매춘과 직접적 관련이 없다는 것을 밝혔다.

세 번째 유형인 우편주문신부란 서구에서는 1970년대 이후 여성의 국가 간 이주를 부추기는 현상으로 중매기관이 상업화되면서 그 규모가 크게 증가한 현상이다. 우편주문신부는 최근의 인터넷의 발달로 '인터넷주문신부(internet order brides)' 또는 '사이버주문신부(cyber order brides)'라 불리기도 한다. 매스컴과 시민단체와 일부 여성주의 학자들은 우편주문신부를 제3세계 여성들이 경제적 동기에서 또는 이주목적으로 한 일종의 위장결혼자로 또는 상업화된 국제중매기관의 희생자 또는 인신매매의 희생자로 묘사해 왔다. 그러나 최근 연구들은 이러한 시각을 비판(Piper & Roces, 2003)하고 있다. Simons(2001)는 사례 연구를 통해 국제결혼중매기관이 모두 매도될 필요는 없으며, 우편주문신부 현상이란 전 세계적으로 확산되는 페미니즘을 반영하는 것으로, 여성은 페미니즘이 보다 확산된 양성평등 사회에서, 그러나 남성은 페미니즘이 덜 확산된 어느 정도 성 불평등한 사회에서 배우자를 찾는 현상이라고 설명한다. Schaffer-Grabiel(2003)은 중남미 여성의 경우 우편주문신부가 단순히 하층계급 출신의 희생자가 아니라 중간계층 여성이 그들의 희망과 꿈을 이루기 위한 선택이라고 밝히고 있다.

2) 국제결혼의 특성

1990년대 이전까지는 한국사회에서 국제결혼이란 매우 드문 현상이었으며 국제결혼이란 주로 여성의 문제로 여겨져 왔다. 그러나 이후 한국에서는 남성들이 아시아 여러 나라 또는 구소련 출신의 여성과 결혼하여 한국에 사는 현상이 증가하였으며, 여성보다는 남성이 국제결혼을 많이 하고 있다(보건복지부, 2005).

여성이 국제결혼을 통해 다른 나라로 이주하는 현상은 그의 개인적 선택의 문제로 보이지만 그 배후에는 전 지구적 자본주의 체계, 송출국과 유입국 사회와 정부, 국제결혼중개업체의 상혼 등 다양한 사회적 요인이 작용하고 있다. 즉, ① 자본주의 세계체제에서 나라 간의 불균등 발전과 여성의 상품화, ② 가난과 실업이 만연한 송출국 사회와 자국인의 여성 송출을 장려 또는 방관하는 정부정책 및 가부장제적 문화, ③ 신부 부족을 해결하기 위해 외국에서 여성을 충원하려는 유입국 사회와 그것을 조장하는 정부정책, ④ 국제결혼을 성사시킴으로써 영리를 추구하는 국제결혼중개업체 등을 국제결혼이주 증가원인으로 파악하고 있다.

특히 단일민족이라는 정체성을 고집스럽게 유지해 왔음에도 불구하고 국제결혼이 증가하고 있는 한국의 사회적 배경을 살펴보면 다음과 같다.

첫째, 편중된 성비례로 인해 결혼하지 못하는 남성의 수요가 급증하고 있다.

둘째, 결혼하지 않고 혼자 사는 여성이 증가하고 있다.

셋째, 한국 여성의 결혼조건을 충족시키지 못하는 남성이 저개발국의 여성을 선택하는 경우가 증가하고 있다. 여기에는 농촌에서 살기를 꺼리는 한국 여성의 가치관이 작용한다.

넷째, 정보화, 세계화에 따라 국제결혼에 대한 인식과 가치관이 바뀌고 있다.

다섯째, 저임금 외국인 노동자의 고용정책으로 외국인의 한국으로의 이주가 많아졌고, 주변국 여성이 결혼을 통한 한국 이주를 빈곤에서의 탈출로 생각한다.

여섯째, 국제결혼중매업체들의 적극적인 상술과 노총각 구제 차원의 국제결혼을 독려하는 사회적 분위기가 맞물려 국제결혼의 증가 배경이 되고 있다.

그동안 우리 사회는 국제결혼에 대해서 부정적 인식이 팽배하고 편견을 가지고 있었지만, 최근 세계화의 추세에 따라 하나의 사회현상으로 받아들이고 있으나 아직은 자연스러운 동화가 부족한 실정이다. 세계적인 국제결혼의 특성이 선진국과 저개발국 간에 이루어지는 경우가 많고, 이들 국가 간에는 발전 격차가 심화되어, 선진국 남성의 저개발국 여성에 대한 착취가 증가하고 있다. 저개발국 여성은 자신과 가족의 가난을 개선시키고자 보다 나은 경제상황국의 남성을 찾아 결혼이민자가 되는 것이다. 그들은 친정과 시댁의 생계를 책임지는 '노동자'이면서, '아내', '어머니'라는 가족 내의 지위를 가짐과 아울러, 두 나라의 '시민' 자격이 교차하는 복합적 지대에 자리 잡고 있다.

극심한 빈곤과 실업에 시달리는 저개발국의 여성은 계층 상승의 꿈을 갖고 미국, 일본, 한국, 대만 등 상대적으로 부유한 국가로 끊임없이 이동하고 있다. 그들이 자기 나라를 떠나는 가장 근본적 이유는 가난이다.

대부분의 송출국 정부는 자국인의 해외취업을 적극적으로 권장하고 있으면서 동시에 자국 여성의 국제결혼이주에 대하여 방관하고 있는 모습을 보였으나, 국제결혼에 의한 자국 여성들의 피해사례가 발생함에 따라 결혼이주의 조건을 보다 신중하게 고려하는 나라가 증가하고 있다. 그러나 한편으로는 이주노동자와 결혼이민자의 송출은 그 나라의 중요한 외화획득 원천으로 간주되기도 하여 자국인의 해외송출에 비교적 우호적인 정부 정책은 국제결혼중개업체들이 활동하기에 더 없이 좋은 환경이 되고 있다.

결혼이주여성들의 한국생활 적응은 의사소통과 문화적 차이로 인한 어려움, 주위의 차별 대우, 타국 생활에의 부적응 등 많은 고충을 가지고 있음에도 불구하고 개인적인 문제로 치부되어 사회정책적 보호를 받지 못했다. 이들의 어려움은 초기에는 다양한 민간단체들의 활동을 통해 도움을 받아왔으나, 국제결혼부부의 수적 증가와 이들이 갖는 문제점은 결국 국가 차원의 정책적 뒷받침이 있어야만 해결 가능한 것이 많음에 따라 국가의 여러 기관에서는 이들을 지원하기 위한 정책방안을 마련하여 추진하고 있으며, 다문화가족에 대한 사회적 관심이 더욱 증대되고 있다. 특히 결혼이민자들이 한국의 사회와 문화에 대한 적응이 중요한 만큼 일회성이 아닌 지속적인 적응을 위한 지원정책을 펼쳐야 할 것이다.

2. 국제결혼의 현황

1) 국제결혼의 현황

한국사회는 국제적 지위 향상, 세계화 및 외국과의 빈번한 교류, 인터넷의 발달로 인한 정보공유의 확산 등으로 국내외 인구이동이 급격히 증가하고 있는 한편, 저출산·고령화와 혼인수급의 불균형 등으로 외국인과 결혼하는 국제결혼이 빠른 속도로 증가하고 있다. 국제결혼 현황을 보면, 1990년도(4,710건)부터 서서히 증가하는 추세를 보여 2000년(12,319건)에는 2.6배 증가하였고, 2009년도(33,300건)에는 10.8%가 증가한 것으로 나타나 해마다 약 3만 건 이상 국제결혼이 증가하였으나 2012년부터는 연속하여 감소추세를 보이고 있다. 2016년도 통계(통계청, 2017)를 보면 전체 결혼 중 다문화혼인(통계청에서 국제결혼을 다문화혼인으로 지칭)의 비중은 7.7%로 전년대비 3.4% 감소한 것으로 나타났다. 다문화혼인의 유형은 외국인 아내(65.7%), 외국인 남편(19.4%), 귀화자(15.0%)의 순으로 나타났다. 외국인 아내는 전년대비 1.5% 증가하였고, 외국인 남편은 18% 감소하였다. 국내 총 혼인건수와 다문화혼인의 추이를 보면, 해마다 함께 감소하고 있음을 보여주고 있다.

다문화혼인을 한 남편과 아내의 연령별 실태를 살펴보면 남편의 경우 45세 이상의 비율이 24.6%로 가장 높고, 30대 초반(20.4%), 30대 후반(19.2%) 순으로 높았다. 20대 초반의 비율은 감소추세인 반면 40대 초반의 비율은 증가추세를 보이는데, 그 이유는 만혼뿐 아니라 재혼이 많기 때문으로 볼 수 있다. 다문화혼인을 한 아내의 경우 20대 후반이 28.2%로 가장 많았고, 30대 초반(21.4%), 20대 초반(18.9%) 순으로 나타났으며, 40대 초반의 비율은 감소하고 30대 초반의 비율이 증가하는 추세를 보였다. 점차 남편과 아내의 연령차가 과거보다 좁혀지는 경향을 보이고 있어서 현실적인 상황을 고려하고 있음을 보여준다.

우리나라의 국제결혼의 특성이 초기에는 주로 한국 남자와 외국 여자와의 혼인으로 이루어졌으나, 외국인의 유입과 국제결혼에 대한 인식 제고에 따라 국제결혼의 양상에 변화가 일어나고 있는 것으로 볼 수 있다.

〈표 11-1〉 다문화 혼인 유형별 규모 및 비율(2014~2016)

(단위 : 건, %)

	2014		2015		2016		전년대비	
		비율		비율		비율	증감	증감률
다문화	24,387	100.0	22,462	100.0	21,709	100.0	-753	-3.4
외국인 아내[1)]	15,505	63.6	14,051	62.6	14,255	65.7	204	1.5
외국인 남편[2)]	5,871	24.1	5,133	22.9	4,207	19.4	-926	-18.0
귀화자[3)]	3,011	12.3	3,278	14.6	3,247	15.0	-31	-0.9

주 1) 외국인 아내 : 출생기준 한국인 남자 + 외국인 여자의 혼인
2) 외국인 남편 : 외국인 남자 + 출생기준 한국인 여자의 혼인
3) 귀화자 : 남자 또는 여자 어느 한쪽이 귀화자 또는 남녀 모두 귀화자인 경우
* 다문화인구란 '다문화가족지원법'의 정의를 준용하여 한국인과 결혼이민자 및 귀화 · 인지에 의한 한국 국적취득자로 이루어진 가족의 구성원을 의미함

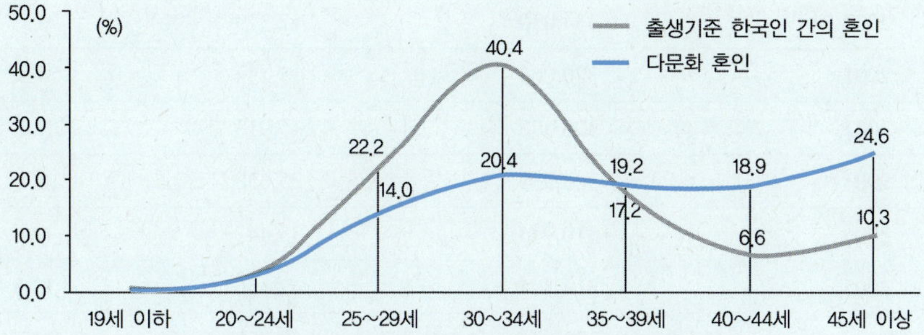

❙그림 11-1❙ 남편의 혼인 연령별 비중(2016)

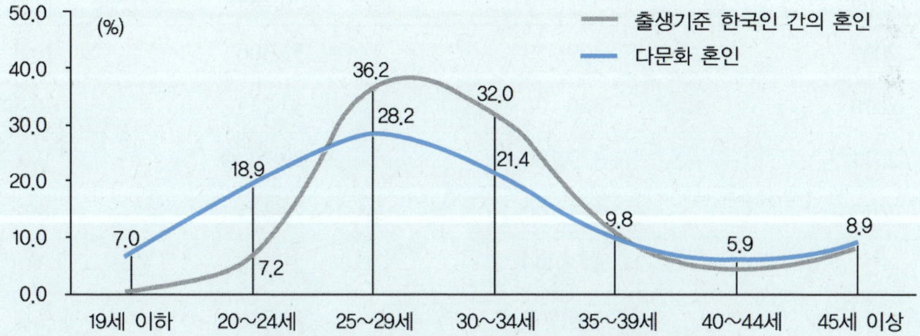

❙그림 11-2❙ 아내의 혼인 연령별 비중(2016)

〈표 11-2〉 총 결혼건수와 국제결혼건수의 비율(1990~2017)

연 도	총 결혼건수	국제결혼(단위 : 건, %)	
1990	399,312	4,710	1.2
1991	416,872	2,012	1.2
1992	419,774	5,534	1.3
1993	402,593	6,545	1.6
1994	393,121	6,616	1.7
1995	398,484	13,494	3.4
1996	434,911	15,946	3.7
1997	388,591	12,448	3.2
1998	375,616	12,188	3.2
1999	362,673	10,570	2.9

2000	334,030	12,319	3.7
2001	320,063	15,234	4.8
2002	306,573	15,913	5.2
2003	304,932	25,658	8.4
2004	310,944	35,447	11.4
2005	314,304	42,356	13.5
2006	330,634	38,759	11.7
2007	343,559	37,560	10.9
2008	327,715	36,204	11.0
2009	309,759	33,300	10.8
2010	326,100	34,235	10.5
2011	329,100	29,762	9.0
2012	327,100	28,325	8.7
2013	322,800	25,963	8.0
2014	305,507	23,316	7.6
2015	302,828	21,274	7.0
2016	281,635	20,591	7.3
2017	264,500	20,800	7.9

다문화혼인(통계청, 2017)에서 출신국적별 혼인 상황을 보면 다문화혼인을 한 외국출신 남편의 경우 중국이 9.9%로 가장 많고 미국(6.4%), 베트남(2.6%)의 순으로 나타났다. 또한 다문화 혼인을 한 외국출신 아내는 베트남이 27.9%로 가장 많고, 중국(26.9%), 필리핀(4.3%)의 순으로 전년대비 베트남의 비중이 4.8%p 증가하였음을 보여준다. 상위 2개국이 차지하는 결혼이주여성의 비율이 약 55%로 절반 이상으로 나타나 국적을 고려한 특별한 프로그램의 적용도 요구된다.

〈표 11-3〉 출신 국적별 혼인 비율(2014~2016) (단위 : 건, %)

남 편	2014	2015	2016	아 내	2014	2015	2016
건수	24,387	22,462	21,709	건수	24,387	22,462	21,709
계	100.0	100.0	100.0	계	100.0	100.0	100.0
한국	67.3	66.9	69.9	한국	24.4	23.3	19.8
외국	32.7	33.1	30.1	외국	75.6	76.7	80.2
중국	9.5	9.7	9.9	베트남	20.9	23.1	27.9
미국	7.2	7.3	6.4	중국	29.5	27.9	26.9
베트남	1.2	1.9	2.6	필리핀	4.9	4.7	4.3
캐나다	2.0	2.1	1.8	일본	5.5	4.6	3.9
일본	4.8	3.6	1.8	태국	1.8	2.5	3.3
호주	1.0	1.1	0.9	미국	2.9	3.0	2.8
영국	0.8	0.9	0.9	캄보디아	2.4	2.5	2.4
프랑스	0.7	0.8	0.6	대만	1.0	1.2	1.2
대만	0.5	0.7	0.6	우즈벡	1.1	1.0	1.1
독일	0.6	0.6	0.4	캐나다	0.8	0.8	0.9
기타	4.3	4.4	4.1	기타	4.7	5.4	5.5

출처 : 통계청(2017). 2016년 다문화인구동태(2017. 11. 15. 배포), KOSIS(http://kosis.kr).

남편의 평균 재혼 연령은 47.5세, 아내는 38.7세로 조사되어 평균 10세 정도의 연령차를 보이지만 현장에서는 24세 이하 여성이 40대 이상과 결혼한 예도 있다. 이러한 연령차는 부부간의 세대 차이로 갈등의 요인이 되기도 하며, 남성의 연령이 높기 때문에 있을 수 있는 노년기에 수반되는 문제들과 노후생활, 남편과 사별 후 홀로 살게 되는 삶에 대한 준비도 필요하다고 보인다. 대다수의 결혼이주여성의 교육수준이 낮은 점도 앞으로 한국 국민으로서의 인적자원의 질이나 2세 교육, 한국생활적응 등 여러 측면에서 특별한 관심을 가져야 할 것이다.

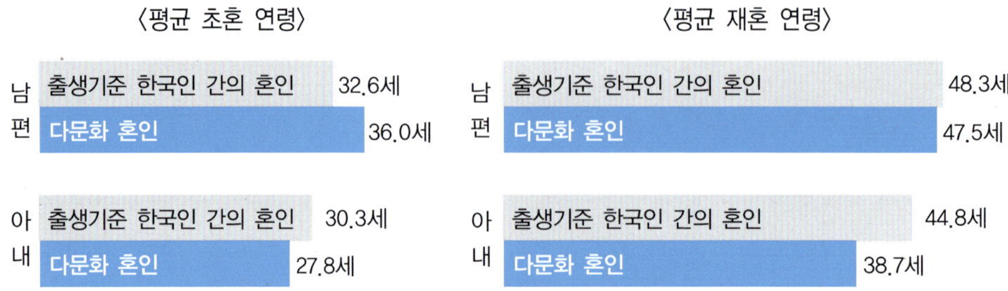

| 그림 11-3 | 평균 혼인 연령(2016)

주 1) 다문화 혼인 : 남녀 모두 또는 어느 한쪽이라도 외국인 또는 귀화자인 경우
2) 외국인 · 귀화자 : 혼인 당사자가 외국인 또는 귀화자인 경우
3) 출생기준 한국인 : 배우자는 외국인 또는 귀화자로 다문화 혼인에 해당되지만, 혼인 당사자는 출생기준 한국인인 경우
4) 출생기준 한국인 간의 혼인 : 남녀 모두 출생기준 한국인인 경우
출처 : 통계청(2017). 2016년 다문화인구동태(2017. 11. 15. 배포), KOSIS(http://kosis.kr).

혼인 종류별 비율을 보면 남편과 아내 모두 초혼인 경우가 59.4%로 가장 높았으며, 그 다음으로 모두 재혼(16.2%), 아내만 재혼(12.6%), 남편만 재혼(11.8%)의 순으로 나타났다. 남편과 아내 모두 초혼인 비율이 전년대비 1.3% 감소하였고, 아내만 재혼인 비중은 전년 대비 1.1% 증가한 것으로 나타나 사람들의 재혼에 대한 인식이 변화하였음을 보여준다.

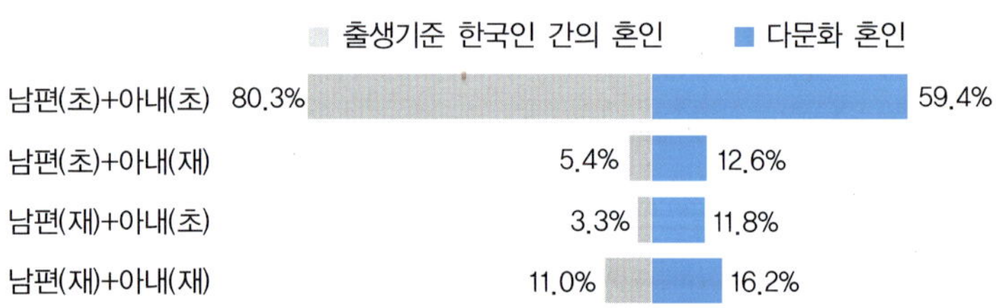

| 그림 11-4 | 혼인종류별 비율(2016)

출처 : 통계청(2017). 2016년 다문화인구동태(2017. 11. 15. 배포), KOSIS(http://kosis.kr).

다문화 혼인건수는 경기(5,838건), 서울(4,818건), 경남(1,280건)의 순으로 나타났으며, 전북(-7.1%), 부산(-6.1%) 등 5개 시도에서 전년대비 감소하였으며 제주(21.3%), 세종(10.4%) 등 12개 시도에서는 전년보다 증가된 것으로 나타났다. 전체적인 경향은 감소하는 것으로 보인다. 각 지역별로 다문화 혼인이 차지하는 비율은 제주가 9.8%로 가장 높았으며, 전남(9.4%), 전북(8.6%) 순으로 높았고, 세종(4.6%), 대전(6.0%) 순으로 낮은 것으로 나타났다.

〈표 11-4〉 지역별 혼인건수 및 다문화 비율(2014~2016)

	전체(A)			다문화 혼인(B)					다문화 비중(B/A)		
	2014	2015	2016	2014	2015	2016	전년대비 증감	전년대비 증감률	2014	2015	2016
전 국	305,507	302,828	281,635	24,387	22,462	21,709	-753	-3.4	8.0	7.4	7.7
서 울	66,776	66,011	59,279	5,443	5,007	4,818	-189	-3.8	8.2	7.6	8.1
부 산	19,226	18,871	17,374	1,230	1,160	1,089	-71	-6.1	6.4	6.1	6.3
대 구	12,709	12,725	12,362	733	747	780	33	4.4	5.8	5.9	6.3
인 천	17,538	17,395	16,406	1,225	1,155	1,232	77	6.7	7.0	6.6	7.5
광 주	8,305	8,036	7,555	494	459	472	13	2.8	5.9	5.7	6.2
대 전	9,214	8,917	8,433	535	513	510	-3	-0.6	5.8	5.8	6.0
울 산	7,761	7,559	7,098	457	462	474	12	2.6	5.9	6.1	6.7
세 종	925	1,507	1,625	61	67	74	7	10.4	6.6	4.4	4.6
경 기	75,923	75,472	71,394	6,051	5,720	5,838	118	2.1	8.0	7.6	8.2
강 원	7,876	7,941	7,532	551	452	478	26	5.8	7.0	5.7	6.3
충 북	8,886	8,965	8,435	689	661	693	32	4.8	7.8	7.4	8.2
충 남	12,172	12,474	11,911	992	921	895	-26	-2.8	8.1	7.4	7.5
전 북	9,310	9,162	8,313	806	772	717	-55	-7.1	8.7	8.4	8.6
전 남	9,442	9,359	8,622	822	755	808	53	7.0	8.7	8.1	9.4
경 북	14,351	14,432	13,530	1,033	1,002	1,052	50	5.0	7.2	6.9	7.8
경 남	19,311	18,919	17,809	1,271	1,240	1,280	40	3.2	6.6	6.6	7.2
제 주	3,651	3,732	3,766	320	305	370	65	21.3	8.8	8.2	9.8

* 부부 중 국내주소지 기준 집계 (부부가 모두 국내주소인 경우 남편의 주소지 기준), 전국은 국외 포함
출처 : 통계청(2017). 2016년 다문화인구동태(2017. 11. 15. 배포), KOSIS(http://kosis.kr).

다문화 이혼은 감소의 추세를 보이고 있으며, 2016년 10,631건으로 전년(11,287건)대비 5.8% 감소한 것으로 나타났으며, 전체 이혼에서 다문화 이혼이 차지하는 비율은 9.9%로 전년(10.3%)보다 0.4%p 감소하였다 이는 전체적으로 여러 경로를 통해 한국인과의 결혼의 실패사례들이 전해지면서 국제결혼이 감소하고 있으며, 정부의 한국어능력 검증기준을 높여놨기 때문이다. 한국어능력 검증기준이 높아서 결혼은 했으나 시험에 통과하지 못해서 입국하지 못하는 안타까운 사례도 발생하고 있다. 국제결혼생활을 잘 유지하기 위해서는 서로의 문화를 이해하고자 하는 열린 마음과 언어적 제약을 극복하기 위한 쌍방의 노력이 요구된다.

그러나 한국의 가족들은 결혼이주여성을 무시하고 신뢰하지 않는다든지, 반대로 결혼이주여성은 결혼을 국적취득과 경제적 목적에 비중을 두어 수단화하는 사례도 많기 때문에 이혼이 증가하고 결혼의 의미를 무색하게 하고 있다. 결혼이주여성들은 모국을 떠나 타국에 홀로 떨어져 살기를 결심한 여성들이므로 진취적인 경향이 있으며 자신의 권리보호에도 적극적이고 자국민과의 자조그룹을 형성하여 서로에게 힘이 되어주기도 한다. 그러나 가장 중요한 것은 결혼을 자신의 필요를 채우는 수단으로 보지 말고 서로의 배우자를 사랑해야 하는 가족으로 받아들이고 신뢰하고 의지하면서 참다운 가족을 만들어 가는 가족과정이 필요하다. 이혼을 예방하기 위해서는 타국에서 외로움을 느끼지 않고 빠르게 적응하게 하기 위한 언어능력이 가장 중요하지만, 선 입국자들이 초기 입국자들을 돕는 멘토링 사업의 활성화와 정확한 의견을 주고받을 수 있는 전문이혼통역·상담서비스가 필요하다.

| 그림 11-5 | 다문화 이혼 건수 및 다문화 비중 추이(2008~2016)

출처 : 통계청(2017). 2016년 다문화인구동태(2017. 11. 15. 배포), KOSIS(http://kosis.kr).

2) 국제결혼 과정과 배경

(1) 한국의 결혼시장

한국사회 젊은 층의 경향이 전반적으로 고학력화 추세와 여성의 경제활동참여율이 증대함에 따라 결혼연령의 상승이 연쇄적으로 이어지면서 만혼화(晩婚化) 현상이 두드러지고, 젊은이들은 독신을 선택하는 비율이 증가하고 있다. 그 결과 국내 결혼시장에서는 배우자를 구하지 못하는 현상이 발생하게 됨에 따라 해외에서 배우자를 찾게 되고, 사회의 인식변화에 따라 국제결혼에 대한 가치관도 변화하였다. 이러한 결혼시장의 변화를 반영하여 한국인의 국제결혼에 대한 태도는 "바람직하지는 않지만 찬성한다"는 입장에 있다. 한국체류 외국인의 인구 구성을 보면, 세계인이 한국사회로 이주해 오고 있다고 보여지기도 하지만, 대부분의 이주민은 몇몇 국가 출신이 압도적으로 많아 다인종사회는 아직 시기상조(한건수, 2008)라고 하기도 한다. 한편 한국사회의 국제결혼 흐름은 초기와는 다르게 최근에는 농촌총각을 중심으로 이루어졌던 국제결혼의 모습에서 도시근로자와의 재혼을 목적으로 하는 경우가 증가(홍달아기 외, 2010)하고 있다.

(2) 결혼중개업의 관리에 관한 법률

국제결혼이주는 중개업자들의 개입을 통해 이루어지는 경우가 대부분이며, 그동안 이들 중개업은 신고제로 되어 있어서 개업이 용이하였지만, 영리목적의 난립으로 인해 규제의 사각지대에서 인신매매성 위장결혼, 사기결혼 등 본질적인 문제의 근원지로 지적을 받고 있다. 이들 업체들에 대한 「결혼중개업의 관리에 관한 법률」(2008. 6)도 시행과정에서 문제점이 지적되어 국제결혼관행을 개선하고 효율적인 관리를 위해 2010년 중요 부분을 개정(2010. 11. 18. 효력발생)하게 되었다. 이번 개정을 통해 신고제에서 등록제로 바뀐 등록요건을 강화하게 됨에 따라 국제결혼 소비자들의 피해가 줄어들고, 양질의 결혼중개업 시장이 형성될 것으로 기대한다. 그동안 국제결혼중개업체에서는 신랑, 신부를 소개하여 주고 서류수속을 대행하는 정도의 일만 수행하였으며, 일부 중개업체에서는 허위 정보를 제공하고 서류를 위조하며 관료에게 뇌물을 주는 등 탈법적 방법을 동원하기도 하는 사례가 있어서 많은 사회문제가 됨에 따라 비영리단체가 결혼중개를 해야 한다는 사회적 요구도 있다. 결혼이주여성 5명 중 1명 이상이 남편에 대한 사전정보가 사실과 달랐다고 하였으며, 결혼중개업체를 통한 결혼이주여성은 44%나 사전정보가 사실과 다르다고 응답하였다. 따라서 국제결혼과정에서의 문제점은 주로 결혼중개업체를 통한 방식에서 더 많이 나타나고 있어서 그들 업체에 대한 단속과 지속적인 모니터링이 절실하다(보건복지부, 2005). 잘못된 중매는 가족해체로 이어질 우려가 크므로 사람과 사람을 맺어주는 일을 하는 결혼중개업체는 중개자로서 도덕적 · 윤리적 책임을 다해야 할 것이다.

위와 같은 사회적 요구를 배경으로 한 정부의 국제결혼중개 관련제도 개선정책(여성가족부, 2010)에 의하면, 국제결혼 건전화 및 사전정보제공 정책을 마련하여 국제결혼중개업 관리체계를 강화하고, 국제결혼 중개업자는 배우자가 될 사람에 대한 신상정보 가운데 정신 및 신체질환에 대한 병력(病歷)을 반드시 제공해야 하는 등 국제결혼 중개요건과 중개업체 등록요건이 강화되고 있다. 그 내용은 국제결혼중개 관련제도 개선책으로 결혼당사자 간의 신상정보를 상대방이 이해할 수 있는 언어로 서면 제공하는 것과 국제결혼을 준비하고 있는 내국인에게 사전 소양교육을 의무화하고, 결혼중개업체의 불법행위에 대한 단속 및 관리를 강화하고 관련 교육과 홍보를 위한 교육과정을 운영하고 있다.

2010년 11월 18일부터 효력을 발생한 중요 규정은 다음과 같다. ① 결혼중개업의 신고 및 등록업무를 시·군·구로 일원화, ② 국내결혼중개업의 경우 전자문서에 의한 계약체결 허용, ③ 국제결혼중개업자에게 이용자 및 상대방의 신상정보 제공의무 및 통번역서비스 제공의무 부과, ④ 결혼중개업자의 표시·광고에 신고번호 또는 등록번호 포함 의무화, ⑤ 국제결혼중개업자의 업무제휴계약 시 서면계약 의무화, ⑥ 손해배상책임보장 방식 중 예치금방식의 폐지 등이다. 이러한 내용은 '결혼중개업의 관리에 관한 법률 시행령'(대통령령 제27960호 2017. 3. 27., 타법개정)에 의해 현재 유지되고 있다.

또한 주요 국제결혼 상대국과의 협력을 강화하여 결혼이주자에 대한 사전교육 및 양국 간 상호지원을 하고, 지난 2011년 베트남 하노이에서 국제결혼이민관을 운영한 적이 있지만, 안정적인 운영으로 이어지지 못하고 지난 2016년 철수했다가 2018년에 다시 부활하여 불법 국제결혼 중개와 인권침해 실태를 감시·예방하고자 하는 목적으로 계획하고 있다. 특히 결혼이민자 다수국인 베트남에 '국제결혼이민관'을 다시 파견할 예정이다. 또한 정부는 △ 가정폭력피해 이주여성 지원 △ 국제결혼 피해예방 지원 △ 결혼이민자의 사회·경제적 참여 확대 △ 다문화가족 자녀의 안정적 성장지원과 역량 강화 등을 앞으로의 다문화가족정책 방향으로 잡고 있다. 한국국적 자녀를 양육하는 외국국적 한부모에 대해서도 근로·자녀 장려금을 지원할 예정이다. 가정폭력 피해 이주여성의 경우 외국인 등록 여부와 무관하게 보호시설에 입소할 수 있도록 하고, 이들에 대한 임대주택 지원확대와 시설 퇴소 이후 자립지원금 신설을 추진하고자 한다(뉴스1, 2018. 2. 12. 정부, 외국인정책위-다문화가족정책위 연석회의).

(3) 국제결혼과정

외국인 여성의 한국으로의 결혼이주는 1980년부터 통일교를 통한 일본 여성과의 국제결혼이 시작되었고, 1992년 이후 중국 동포와 중국 한족의 결혼이주가 활발해졌으며, 1990년대 말부터는 베트남과 구소련 등 외국인 아내의 국적이 더욱 다양해졌음을 그들의 입국시기를 통해 알 수 있다. 그들의 입국이유는 결혼이주와 취업 및 방문 등의 이유로 나타났으며, 결혼이주여성의 2/3 정도는 국내로 입국하기 전에 사회적 연결망을 가지고 있었고, 중국 동포는 혈연집단이라는 사회적 연결망을, 다른 나라 출신 결혼이민자는 주로 친구집단이라는 사회적 연결망(보건복지부, 2005)을 가지고 있다.

국제결혼과정은 네 가지 방법이 주를 이루는데, 친구나 친척의 소개, 직접 만남, 종교단체, 결혼중개업체를 통한 방식이다. 아는 사람이 소개한 경우는 중국 동포와 중국 한족이, 직접 만나는 방식은 중국 한족과 몽골 여성이, 종교단체를 통한 방식은 일본, 필리핀, 태국 여성이 많았다. 과거에는 결혼중개업체를 통한 경우는 주로 베트남, 몽골 및 구소련 여성에게 많았다. 전국다문화가족실태조사(통계청, 2017)에 의한 중매경로를 보면, 결혼중개업체(37%), 부모/ 형제 또는 아는 사람의 소개(34.3%), 타인의 소개 없이 직접 만남(10%), 종교단체를 통하여(7.0%) 순으로 나타났다. 러시아, 캄보디아, 베트남, 태국, 몽골 등의 나라와 국제결혼이 증가하면서 결혼중개업체를 통한 결혼이 많은 것으로 보인다. 전체적인 국제결혼과정은 선 이주 결혼이주여성들에 의해 점차 친구・동료를 소개하거나 스스로 만나는 경우가 증가하고 있는 것으로 보인다.

〈표 11-5〉 출신국별 배우자를 만난 경로

	결혼중개업체를 통하여	부모/형제 또는 아는 사람의 소개로	타인의 소개 없이 직접 만났음	종교단체를 통하여	기 타	무응답
전 체	37.0	34.3	10.0	7.0	3.0	8.7
베트남	48.9	30.0	4.4	1.7	0.6	14.4
한국계 중국	9.1	81.8	9.1	0.0	0.0	0.0
중국	20.3	50.6	17.7	0.0	6.3	5.1
필리핀	21.8	37.2	10.3	19.2	5.1	6.4
몽골	40.0	22.9	14.3	11.4	5.7	5.7
태국	42.3	11.5	11.5	30.8	0.0	3.8
러시아	70.8	4.2	8.3	4.2	0.0	12.5
캄보디아	66.7	16.7	8.3	0.0	8.3	0.0
기타	7.1	42.9	28.6	14.3	7.1	0.0

출처 : 통계청(2017). 2016년 다문화인구동태(2017. 11. 15. 배포), KOSIS(http://kosis.kr).

(4) 국제결혼동기

결혼을 통한 이주는 합법적으로 이주를 가능하게 하는 하나의 방법이며, 자본과 기술·경제력이 없는 국가의 여성들이 결혼이주를 생각하게 되고 이러한 측면에서 결혼의 동기는 경제적인 것이 이유가 되기도 한다.

따라서 국제결혼에서 배우자 쌍방 간에 결혼의 동기가 다른 것으로 나타나 삶의 목표나 가치가 차이를 보일 것으로 예상할 수 있다. 실제 결혼을 하여 행복하게 사는 결혼이민자도 많지만 결혼 후 가정생활보다도 취업에 중점을 두고 사는 결혼이민자의 사례들도 적지 않다. 결혼이주여성이 한국인과 결혼을 한 중요한 이유는 '경제적 이유(41%)'나 '남편을 사랑해서(37%)'이며, 결혼중개업체를 통한 국제결혼의 경우에는 73%의 결혼이주여성이 '경제적 이유' 때문에 국제결혼을 선택한 것으로 응답(설동훈, 2005)하고 있다. 또 다른 연구(장명선, 2008)에서 결혼이주여성의 결혼동기는 '배우자와 행복한 결혼생활을 위해'가 80.5%이고, '모국가족에게 경제적 지원을 하기 위해'가 15.7%, '경제적 안정을 위해' 12.2%, '한국에서 취직을 하기 위해' 7.1%로 나타나서 경제적인 이유로 결혼하는 비율이 35%로 나타났다. 물론 배우자와의 행복한 결혼생활을 위해서라는 것은 결혼을 하는 사람들의 궁극적인 목적이라고 볼 수 있으나 국제결혼의 가장 현실적인 목적은 경제적인 이유가 많은 부분을 차지한다고 해석된다.

한국인 배우자는 '사랑하기 때문에'가 38.1%로 가장 많았고, '배우자 출신국가 사람과 결혼한 친구나 아는 사람의 권유' 30.3%, '순종적이고 부모에게 잘할 것 같아서' 24.5%, '외모가 한국인과 비슷해서' 16.8%, '중개업체의 권유' 10.3%로 응답하였다. 위와 같은 이러한 결과는 결혼이주여성과 한국 배우자 간의 결혼동기가 달라서 서로의 결혼에 대한 기대 또한 다를 것이라고 생각할 수 있다. 이러한 차이는 부부갈등이나 가족갈등을 야기할 우려를 내포하고 있어서 서로에 대한 이해를 도울 수 있는 상담지원이 필요하다.

3. 다문화가족의 생활실태와 문제

국제결혼에 의한 다문화가족의 증가에 따라 사회적으로 많은 문제가 노출되면서 이들의 생활실태는 여러 기관에서 관심을 갖고 조사되고 있다. 한국에서의 국제결혼은 주로 한국 남성과 외국인 여성과의 혼인이 주를 이루기 때문에 결혼이주여성의 삶에 초점을 맞추어 왔다. 그리고 실제 생활에서 모든 것이 서툴고 문화와 언어가 상이한 사람과 함께 생활하는 한국 남성배우자에 대한 어려움은 본국의 이점을 더 많이 갖고 결혼생활을 한다는 점에서 크게 관심을 받지 못했었다. 결혼이란 두 사람에 의해 영위되는 것이기에 부부, 즉 결혼이주여성과 한국 남성배우자에 대해 살펴보기로 한다.

결혼이주여성들이 이주와 함께 겪게 되는 스트레스는 일반 결혼여성들이 겪는 것과는 많은 차이가 있다. 더 나은 삶을 찾아서 결혼이주를 선택한 이들은 의사소통, 체류자격 불안정, 경제적 불안정, 자녀출산과 양육의 불안정, 가족 간의 심리적 불안정, 가정폭력, 사회적 지지체계의 부재, 종교·문화적 소외와 갈등(이금연, 2006) 등으로 요약할 수 있다. 시간이 흐르면서 이러한 어려움은 여전히 언어문제(33.3%)를 우선으로 꼽았고 자녀양육·교육문제(26.2%), 경제문제(9.1%), 한국문화적응(8.5%)으로 보고(연합뉴스, 2017)하고 있다. 또 다문화가족정책 중 가장 필요하다고 생각하는 서비스는 한국어교육이 가장 높고, 한국문화체험, 자녀를 위한 부모교육, 취업교육, 건강지원 등의 순으로 보도하고 있다. 다문화가족의 초기 한국생활적응이 진전되어 결혼 초기 해체율이 감소하였으며, 한국어능력이 향상되고 취업률이 증가하여 빈곤율이 완화되었다고 보고(여성가족부, 2013. 2. 26) 있다. 체류기간이 5년 이상인 결혼이민자의 비율이 점차 증가하고 있고, 이혼이나 사별로 인한 가족해체나 학대와 폭력에 의한 이혼과 별거도 감소하고 있다고 보고되어 다문화가족의 정착이 점차 안정화되어 가고 있다고 볼 수 있다. 다문화가족을 위한 다양한 사업들이 전국적으로 보편화되면서 입국 초기의 외로움과 문화적 차이, 자녀문제, 경제문제의 어려움이 사회적 소외감과 함께 많이 감소한 것으로 볼 수 있으며, 그동안 결혼이민자들의 관계망이 형성된 이유도 작용했으리라고 본다.

국제결혼으로 유입된 이주여성의 문제유형(한국이주여성인권센터, 2008)으로 ① 가정폭력–상습적 구타, ② 성적 학대와 인격 모독, ③ 경제적 빈곤의 문제, ④ 한국 사회 적응문제, ⑤ 임신 · 출산의 어려움과 육아문제, ⑥ 국제결혼에 대한 한국사회의 편견과 몰이해, ⑦ 신분상의 불안문제－체류문제 등을 제시하고 있다. 이들의 한국생활에서의 문제는 의사소통의 어려움, 문화적 차이로 인한 고충, 사회적 편견, 차별대우, 시부모의 무시나 학대, 남편의 폭력 등으로 고통받는 사례가 있으며, 이로 인해 자아존중감과 사회적 적응력이 낮다(채옥희 · 홍달아기, 2006)고 보고하고 있다. 이 밖에 배우자의 음주문제, 친정걱정, 자녀양육문제, 경제문제, 미래에 대한 불확실성과 불안(김영주 외, 2008) 등을 스트레스 요인으로 밝히고 있으며, 결혼이주남성도 역시 한국생활적응 시 경제적인 문제와 언어문제와 편견 등으로 스트레스를 받는다(노지현 · 우경임, 2010)고 한다.

결혼이민자들의 공통된 주된 문제는 언어이다. 가족관계 및 사회적 관계를 유지하기 위해서 시급한 것이 의사소통수단인데, 특정 종교를 통해 결혼하는 여성은 집단생활을 통해 한국어를 습득할 기회를 갖는 반면, 그렇지 못할 경우 한국어 습득의 기회를 갖기 전에 임신과 출산으로 한국생활 적응기간을 갖지 못한 채 바로 가족생활을 하게 되고, 지역사회 주민으로 살아가야 하는 경우가 많아 여러 방면에서 소통의 어려움에 직면하게 된다. 가족 간의 의사소통의 어려움은 가족들 간의 대화를 기피하게 되는데, 의사소통은 단순히 언어만의 문제가 아니라 관계맺음을 의미하므로 곧 부부갈등이나 가족갈등으로 이어지기도 한다. 그러나 한편으로 타국의 문화에 긍정적인 호기심을 갖는 가족들은 서로 가르쳐 주고 알아가는 재미로 우호적인 가족 분위기를 경험하기도 한다. 이러한 결혼이민자들의 한국생활에서의 고충과 어려움은 개인적인 문제로 치부되어 사회정책적인 보호를 받지 못하는 측면이 많기 때문에 결혼 후 외국인 배우자에게 문화나 제도에 대한 정보제공 및 다양한 교육 프로그램에 쉽게 접할 수 있도록 하는 안내가 필요하다.

한국 남성배우자들은 아직도 가부장적 가치와 가족주의의 영향력을 벗어나지 못하고 있어서, 특히 국제결혼에 의해 외국인 여성과 혼인한 남성들의 결혼생활에 서로 다른 가치로 인해 사소하면서도 많은 갈등의 원인을 제공하고 있다. 특히 결혼의 동기가 다르고, 국가 간 경제적 차이와 열세적 요소가 부부관계에도 영향을 미치는 것으로 보기도 한다. 그러나 한편으로 보면, 외국인 아내의 한국생활에 적응이 원활하지 않을 때 자신의 마음을 몰라주는 아내에 대해 답답해하면서 적당히 포기하고 살기도 한다. 국제결혼이 상업화되면서 돈을 매개로 한 도구적인 결혼이 최근에는 양상을 달리하여 한국 남성배우자의 피해사례도 속출하고 있다. 그러한 피해사례의 대부분은 아내가 가정생활과 자녀양육보다는 취업을 하여 돈을 벌고자 하는 데서 오는 갈등이 많다. 국제결혼을 경제적 목적 달성을 위한 수단으로 이용하는 경우도 있고, 아내들의 자국송금요청과 친정가족들의 초청문제, 재혼으로 인한 자녀입양요구 등 다양한 문제들이 발생하고 있는 실정이다.

다문화가족이 행복한 삶을 영위할 수 있도록 돕기 위해서는 우선적으로 결혼이주여성이 한국사회에 잘 적응할 수 있도록 돕는 것이지만, 결혼이주여성과 함께 살아가야 하는 다문화가족들이 갖는 어려움도 해결할 수 있어야 할 것이다.

1) 다문화가족의 실태와 욕구

(1) 혼인유형과 가족구조 및 가족가치관

혼인유형은 앞에서의 통계청 자료(통계청, 2017)에서 보면 부부 모두 초혼인 경우가 59.4%로 2010년도 65%보다(김승권 외, 2010) 낮아졌으며, 출생기준 한국인 간의 혼인은 80.3%로 나타나 차이를 보인다. 남편과 아내 둘 중의 한 명이라도 재혼인 경우와 모두 재혼인 경우는 다문화 혼인은 40.6%이고 한국인 간의 혼인은 19.7%로 보고되고 있다. 다문화혼인은 일반적 혼인에 비해 재혼비율이 높으며, 국제결혼에 대한 인식이 개선되고 국내 이혼율이 높아짐에 따라 중년의 재혼율이 증가하는 경향을 보이고 있다.

다문화가족의 가족갈등 원인은 문화와 성격 차이가 가장 큰 원인인데, 이러한 원인은 서로 다른 가치관에 기인한다고 볼 수 있다. 한국의 가족가치는 과거로부터 장자(長子) 우선의 가부장 사회로 양성평등을 외치는 최근에도 가부장적 가치는 가족생활 저변에서 면면히 이어져 오고 있다. 그러나 결혼이주여성들은 남편도 가사노동을 함께 분담해야 하고, 노부모 부양의 책임도 아들·딸 구분 없이 공평해야 한다고 생각하고 있어서 불만과 갈등의 요소로 작용하고 있다. 한국사회의 성역할에 대한 이분법적 사고와 전통적 가치관은 현실생활과는 많은 차이가 있기 때문에 다문화가족의 증가와 함께 글로벌적 사고로의 변화가 요구되는 부분이다.

(2) 부부관계

결혼 혹은 동거 중인 부인들의 전반적 결혼만족도는 평균 74점 정도이다. 한국의 일반 기혼여성의 부부관계 만족도(65%)와 비교할 때 국제결혼 부인들이 남편과의 관계에 만족하는 비율이 더 높다.

부부관계에서 가장 걸림돌이 되고 있는 요인은 언어장벽에 의한 의사소통의 어려움이다. 국제결혼 부부 중 90% 이상이 대화 시 한국어를 쓰며, 필리핀인 부인의 경우는 53%가 영어를 한국어와 함께 쓰고 있다. 베트남인 부인들의 경우 9% 정도가 부부간 대화가 거의 없다고 한다. 베트남인, 태국인 부인들이 다른 나라 출신에 비해 한국어 실력이 많이 떨어지는 경향을 보인다. 부인이 평가한 남편의 부인 나라 언어실력은 극히 부진하다. 부인이 본인의 한국어 실력을 70점 정도로 평가한다면, 남편의 부인 나라 말 실력은 31점(보건복지부, 2005)에 불과하다. 부부관계 증진을 위해서는 의사소통이 중요한 만큼 언어소통을 위한 노력이 우선되어야 한다.

결혼이민자들의 부부싸움의 가장 큰 원인은 남편과 성격차이, 경제문제, 생활방식 차이, 음주 등의 순으로 지적된다. 부부불화로 어려움에 처했을 때 주로 상담하는 사람으로 모국 친구를 가장 많이 지적하며, 두 번째가 응답자의 가족이나 친척이다. 그런데 상담하는 사람이 전혀 없다고 응답한 사람도 있어서 이들이 쉽게 접근할 수 있는 전문적인 상담기관이 필요함을 말해준다. 부부간의 갈등은 언어와 문화의 차이, 의사소통의 어려움, 성격과 이해의 차이, 서로에 대한 기대의 차이가 원인이 되는 경우가 많으며, 이에 대한 갈등해소방법을 모르거나 무시해버리는 경우 폭력으로 이어지게 된다. 특히 인신매매적 중개과정에서는 결혼이주여성과의 언어소통의 부재, 상대방에 대한 거짓정보, 한국의 가부장적 문화가 강요하는 순종적인 여성상으로 인해 시댁과의 갈등이 발생하여 언어폭력, 가정폭력, 성폭력 등의 폭력과 한국 가족의 인격모독과 인종차별, 무시, 타문화에 대한 편견 등으로 인한 갈등이 심각하여 부적응을 초래할 수 있다고 보고 있다.

최근의 조사결과(여성가족부, 2018)를 보면 폭력 관련 비율은 감소하고 성격차이가 가장 많은 비율을 보여 일반부부와 갈등의 양상이 유사해지고 있음을 보여준다. 결혼이주여성들의 부부관계는 문화차이를 극복하지 못하여 오는 갈등이 성격차이로 확산되는 경향이 있다. 한국남자들의 감정표현이 서툰 것을 이해하지 못하고 사랑받지 못한다고 생각한다든지, 가사 일을 여자의 일이라고 생각하는 남편과 함께 해야 한다는 아내는 모국의 남자들과 비교하게 되고 불만을 갖게 되기도 한다.

| 그림 11-6 | 배우자의 지난 1년 동안 다툼이유(복수응답)

출처 : 여성가족부(2018. 3). 제3차 다문화정책기본계획(안) 2018~2022.

결혼이주여성이 살아가면서 느끼는 어려움 중 '외로움'의 비중이 상당한 부분을 차지한다. 전국다문화가족실태조사(2015)에 의하면 외로움은 9.6%(2009), 14.2%(2012), 34.48%(2015)로 높아지고 있으며, 거주년수에 관계없이 외로움은 지속적인 어려움으로 볼 수 있다. 외로움이란 Weiss(1973)에 의하면 정서적인 외로움은 자신에게 의미 있고, 절친한 관계에 있는 대상이 주변에서 사라질 경우이며, 사회적인 외로움은 사회참여에 대한 여건이 조성되지 않을 때 생긴다고 보고 있기 때문에 모국과 가족을 떠나 홀로 타국에 온 결혼이주여성에게는 당연한 주요 감정이 될 수 있다. 한편 Fromm(1956)은 사랑이란 상대방의 생활과 성장에 대한 적극적인 관심이며, 상대방을 있는 그대로 보여주며 그의 개성을 존중해 주는 태도라고 보고 있다. 남녀가 신뢰와 사랑이 없는 상태로 결혼을 한다는 것은 굉장한 모험이며, 이러한 상태의 결혼에서 상대방의 성장을 배려하고 개성을 존중한다는 것은 어려운 일이다. 결혼이주여성 스스로도 결혼의 이유가 경제적인 이유가 첫 번째이고, 살다 보면 사랑이라는 것이 생기겠지 하는 생각으로 결혼에 임하는 경우가 많기 때문에 이들의 결혼생활은 행복감을 느끼지 못하게 되고 이는 외로움의 근원이 된다고 볼 수 있다(이선우, 2015). 따라서 외로움을 극복할 수 있도록 돕는 부부간의 사랑과 가족들의 배려와 이해가 중요하고, 나아가 사회참여나 멘토링, 상담 등 관련 지원방법들이 있어야 할 것이다. 국제결혼을 생각하는 당사자와 가족들은 결혼에 대한 깊은 이해가 우선될 수 있어야 한다.

그 밖의 어려움은 역시 언어가 가장 높았으며, 경제적 어려움, 생활관습 등 문화적 차이로 인한 어려움, 외로움, 자녀양육 및 교육 등의 순서로 나타났다. 과거보다 많은 차이를 보이는 것은 자녀양육 및 교육에 대한 어려움이 증가('09년 7% → '12년 13.5% → '15년 20.88%)하고 있어서 자녀들이 성장하면서 교육에 대한 고민이 많아지는 것으로 보인다. 또한 성장에 따른 자녀교육에 대한 외국인 엄마로서의 한계를 해결할 수 있는 대안을 마련하는 것도 과제이다. 결혼이민자들의 한국 정착기간이 5년 미만인 단기정착비율은 감소('12년 27% → '15년 16%)하고, 10년 이상 장기정착비율은 증가('12년 34% → '15년 48%)하여 언어와 문화차이에 따른 어려움은 감소하고, 자녀양육 및 경제적 어려움은 증가했다고 보고 있다. 이와 같이 경제적 어려움과 편견과 차별이 거주년수가 길어지면서도 어렵다고 하는 결과는 초기적응 중심 지원에서 장기정착 결혼이민자의 서비스 욕구를 반영한 서비스 발굴과 확대에 집중할 필요가 있으며, 이혼과 사별・빈곤 등 다양한 이유로 발생하게 되는 가족문제를 지원하는 방안도 고려해야 하는 등 우리나라의 다문화 정책의 방향 설정에 시사하는 바가 크다고 본다. 우리 국민의 다문화 사회에 대한 부정적 인식이나 역차별이란 피해의식이 계속 증가하고 있으므로 물의 흐름과 같은 세계화시대에 다문화 이해와 수용성 증진을 위한 국가적 노력이 이루어져야 할 것이다.

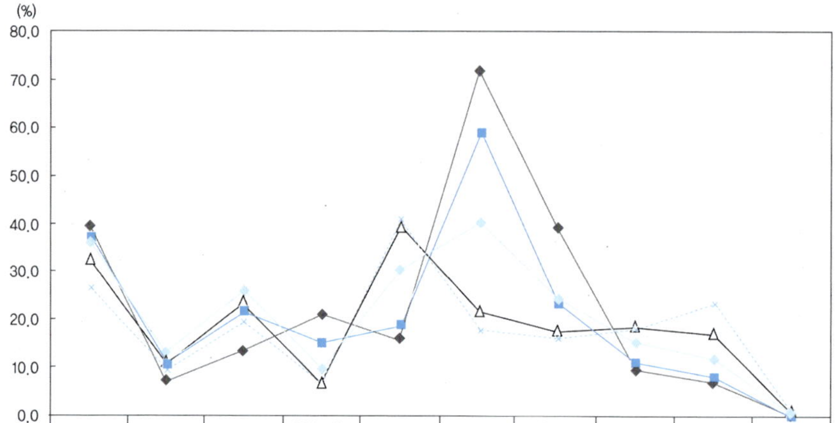

	외로움	가족 간의 갈등	자녀양육 및 교육	은행, 시군 구청 등 기관 이용	경제적 어려움	언어 문제	생활방식, 관습, 음식 등 문화차이	편견과 차별	어려움 없음	기 타
2년 미만	39.4	7.3	13.4	21.0	16.0	71.9	39.2	9.9	7.4	0.0
2~5년 미만	36.8	10.8	21.8	15.1	18.8	59.2	23.7	11.0	7.9	0.4
5~10년 미만	36.5	12.6	26.1	9.5	30.5	40.3	24.1	15.3	11.9	0.5
10~15년 미만	32.7	11.0	23.3	7.4	40.0	21.9	17.5	18.6	17.2	0.8
15년 이상	27.0	9.7	19.8	6.9	41.1	18.0	16.5	18.1	23.5	0.9

| 그림 11-7 | 거주기간별 한국생활의 어려움(2015 다문화가족실태조사)

출처 : 여성가족부(2018. 3). 제3차 다문화정책기본계획(안) 2018~2022.

결혼이주여성의 입국초기 체험된 공간에 의한 외로움

결혼이주여성이 경험한 외로움에서 드러난 체험된 것으로서의 공간의 체험은 '막연한 희망이 있는 곳', '창살 없는 감옥살이', '몸은 한국에, 마음은 모국에', '두 개의 문화가 공존하는 하나의 공간'이라는 네 가지 측면으로 나타났다.

결혼이주여성에게 체험된 것으로서의 공간은 모국의 공간과 한국의 공간으로 구분된다. 결혼이주를 결심하였을 때는 한국에 대한 막연한 희망과 기대가 있는 공간이었으나 현실의 공간은 소통이 어렵고 문화와 냄새가 다른 공간이었다. 결혼이주여성들은 모국이라는 친밀한 공간을 떠나 막연한 희망이 있는 곳, 한국의 시댁이라는 낯선 공간에서 생활하게 되었다. 모든 것이 낯설고 소통이 어렵기 때문에 생각나는 것은 친구인데, 낯선 가족들은 '도망'이라는 불신으로 사람을 만나지 못하게 하고, 하고 싶은 일을 못하게 하여 '단절과 차단'을 경험한다. 가장 친밀하게 지내야 하는 가족 속에서 신뢰받지 못하는 존재가 되어 버린 자신을 수용하기가 어렵다. 이러한 것이 가족과의 보이지 않는 벽을 만들게 하고 '그들'과 '나'라는 보이지 않는 공간으로 분리되어 더욱 낯설게 만든다. 결혼이주여성에게 집은 창살 없는 감옥살이로 지각되고 '홀로'라는 외로움을 느끼게 된다. 국경이라는 경계를 넘어서 가족이라는 보이지 않는 끈으로 연결된 그녀들에게 모국과의 소통은 매우 중요하다. 하지만 가고 싶을 때 바로 갈 수 없는 공간의 거리감은 그녀들을 더욱 외롭게 하며, '몸은 한국에 있지만, 마음은 모국'에 두고 살게 하는 경계인으로 만들고 있다.

또 다른 결혼이주여성들의 위로의 공간은 이불 속 공간이다. 자신의 선택에 의해 던져진 삶의 외로움을 달래는 방법은 우는 것이었다고 말한다. 이들은 이불을 둘러쓰고 울고 나면 마음의 위로를 받는다고 하였는데 스스로를 위로하는 자신만의 공간은 이불 속 공간이다. 이들이 우는 공간은 이불 속이나 아무도 없는 곳에서 수건을 입에 물고 자신의 복합적인 슬픔을 누구에게 말하지 않고 혼자서 삭히고자 하는 모습으로 나타나 애처로운 외로움의 실체로 보여진다. 외로울 때 위로받지 못할 것 같고 그러기에 누구에게도 보이고 싶지 않음은 극한의 외로움이라고 볼 수 있다.

결혼이주여성이 외로움을 느끼는 것은 살아가면서 경험하게 되는 문화적 차이이다. 이들은 생활하면서 모국과 한국, 두 개의 문화충돌로 당황스럽다. 그녀들은 타국에서 생활하지만 모국 생활이 몸에 배어있고, 모국인의 정체성을 갖고 살고 있기 때문에 그에 준하는 생활을 영위하고 싶어 한다. 국적이 바뀌었다고 태어난 태생의 몸이 바뀌는 것은 아니므로 모국의 몸으로 한국의 공간에 존재하게 된다. 즉, 그녀들은 몸은 한국에, 마음은 모국을 향하고 있어서 한국은 현실의 공간 · 모국은 마음의 공간이다. 한 공간에 존재하면서 두 개의 문화로 인한 갈등을 느끼면서 자신만 다르다고 지적받고 다름이 받아들여지지 않으며, 자신만 바꿔야 한다고 생각하는 가족들 사이에서 소외감과 부당함을 느끼면서 더욱 외롭게 살아가게 된다. 이러한 외로움은 자신의 결혼이주결정에 대해 후회를 하기도 하면서 한편으로는 더욱 강하게 적응하기 위한 몸부림으로 작용하기도 한다.

출처 : 이선우 · 홍달아기 · 이선화 · 최순옥(2018). 결혼이주여성의 체험된 공간에 의한 외로움. 다문화사회연구, 11(2).

외국인 아내 10명 중 8명 "한국 남자와 다신 결혼 안 할래요"

한국인 남성과 결혼한 외국인 아내 10명 중 8명이 "다시는 한국인과 결혼하고 싶지 않다"고 생각하는 것으로 나타났다.

이는 한국이미지커뮤니케이션연구원(이사장 최정화)이 지난달 21일부터 이달 7일까지 한국인과 결혼한 외국인 남녀 100명(남자 52명, 여자 48명)을 대상으로 설문조사한 결과이며, 응답자들은 교수, 기업임원 등 대졸 이상의 고학력 전문직 종사자이다.

"만일 지금의 배우자와 헤어진다면 다시 한국인과 결혼하시겠습니까?"라는 질문에 외국인 아내 79%는 "아니요"라고 답변을 한 반면 "한국인 여성과 다시는 결혼하지 않겠다"라고 한 외국인 남편은 42%였다.

외국인 배우자들은 한국인과 다시 결혼하고 싶지 않은 이유(복수 응답)로 "대화 부족"(63%), "가족의 간섭"(60%), "가사를 돕지 않는 것"(48%), "늦은 귀가"(46%)를 꼽았다. 외국인 아내와 남편은 한국인이 배우자로서 고쳐야 될 점을 "감정적 대처"(28%), "진지한 대화 부족"(27%), "가정보다 직장 우선"(26%) 순으로 꼽았다.

출처 : 동아일보. 김지영 기자(kimjy@donga.com).

(3) 자녀관계

결혼이주여성에게 자녀는 타국에서 유일하게 완전한 인간관계를 맺을 수 있는 소중한 존재로 한국생활을 하는 데 심리적 거점이 되고 확실한 희망(김상임, 2004)이 되고 있다. 결혼이주여성에게 말이 잘 통하지 않는 나라에서 엄마가 된다는 것은 직접 부비고 사랑할 수 있는 심리적 안정감을 주지만 자녀가 커가면서 걱정도 늘어간다. 질적연구(이선우, 2015)에 의하면 결혼이주여성은 자녀를 위안처이면서도 책임보따리, 걱정보따리라고 생각한다고 한다. 결혼이주여성이 자녀와의 관계에서 느끼는 만족 정도에 영향을 주는 요인으로는 출신국, 본인 소생의 자녀 유무, 취업 여부 등이다. 어머니의 출신국이 가장 차이를 보이는 요인이며, 태국과 필리핀 출신의 어머니가 자녀와의 관계에서 만족하는 것으로 나타났으며, 본인 소생의 자녀가 있고 전업주부인 경우가 전반적으로 자녀와의 관계가 만족스럽다(보건복지부, 2005)고 보고하고 있다. 한편으론 재혼이 증가하면서 중도입국자녀도 증가하고 있어서 계부모와의 갈등이 심화되기도 한다.

상의할 사람도 없고, 교육이 힘들어요

애기가 한국말 못할까 봐 걱정돼요. 아직은 어리니까, 그런 것 없지만… 애들 교육도 뭘 해야 되는지? 학원 이런 것… 그리고 나이에 맞는 교육이 무엇인지? 그런 것들을 알 수 없어서 답답해요. 〈참여자 4〉

애기가 엄마는 외국 사람이니까, 친구가 놀려. 엄마가 한국 사람이면 좋겠다고… 처음에는 왕따 같은 것을 많이 당했다고 들었어요. 어머니가 일본사람이라서… 〈참여자 6〉

애 키울 때 뭘 모르니까, 애기 울면… 첫 애는 나름 태교도 한다고 했는데, 엄마가 와서 한 달을 해주고 갔어. 엄마가 가니까 아무것도 못하겠네. 애기 씻기지도 못하겠고, 혼자서 앉아서 울었어요. 〈참여자 9〉

처음에 선생님이랑 소통하는 것, 유치원에서 오는 알림장 어려웠어요. 유치원이 어떻게 운영되는지 모르잖아요. 물어보고 싶은 것은 많은데 뭘 물어봐야 될지 몰랐어요. 〈참여자 12〉

애기니까 슬플 때 울어야 하는데 못 우는 거야. 아빠가 뭐라고 하니까. 자기가 앞으로 혼자 살아야 되니까, 눈물 너무 쉽게 나오면 안 된다고… 근데 아직 애인데, 몰라요. 〈참여자 13〉

출처 : 이선우(2015). 결혼이주여성의 외로움에 관한 현상학적 연구. 원광대학교 대학원 박사학위논문.

(4) 사례를 통해 본 가족관계

다문화가족의 가족관계는 상호 간의 한국어 의사소통, 사고방식이나 가치관 차이, 생활습관의 차이 등으로 어려움을 겪고 있다. 특히 시부모와의 의사소통의 어려움을 가장 많은 결혼이주여성이 지적하고 있다. 다음은 다문화가족들을 인터뷰한 내용 중에서 가정생활에 대한 주 호소문제와 남편들의 피해사례를 발췌한 것(홍달아기 · 채옥희, 2006; 2008)이다. 다음의 사례를 통해서 다문화가정의 다양한 부분을 짐작할 수 있다.

〈아내 입장〉

남편이 나를 믿어주지 않아서 슬프다. 부부는 서로 믿어야 하는데 나를 믿지 못하니까 남편이 나 혼자 외출하는 것을 싫어한다. 한번 외출하려면 목사님의 허락을 받아야 하고 시부모님과 남편의 허락도 받아야 하는 내 신세가 한탄스럽다. 왜 같이 살면서 믿지 않는지 짜증이 난다.

[중국에 아들 1명이 있는 중국 한족 여성(42세)과 초혼인 남성(45세), 재혼+초혼 결혼 6개월]

결혼 4년이 되었는데 아이가 생기지 않는다. 남편이 술을 많이 먹어서 그런 것 같다. 남편은 매일 밤 12시가 넘어서 들어오는데 다른 여자가 있는가 하는 의심도 생긴다. 남편은 '다른 여자가 있으면 왜 당신하고 결혼했겠는가'라고 하지만 필리핀에서는 다른 여자가 있으면 늦게 들어온다.

(필리핀 부인 23세, 남편 42세 모두 초혼)

나는 돈 쓰는 것이 아까워서 신혼여행 가는 것도 반대했다. 친정에 20만 원씩 보내주지 못해서 안타깝다. 남편은 좀 더 잘살면 보내주겠다고 하지만 결혼 당시 약속을 지키지 않는 남편이 야속하다. (베트남 여성 24세, 남편 47세, 초혼+재혼)

아이가 조금 크니까 엄마인 나의 말을 듣지 않아서 속상하고 걱정이 된다. 엄마가 한국말이 서투니까 그런 것 같다. (6세 아들과 3세 딸을 둔 베트남 여성)

우리는 시아버지, 시아주버님 내외와 조카 3명이 한집에서 살고 있다. 시아버지는 나를 사랑해준다. 그러나 동서는 '무섭다.' 내가 조금만 쉬고 있는 것 같으면 마루를 가리키며 "닦아, 닦아"라고 윽박지른다. 나를 가정부로 생각하는 것 같다. (베트남 부인 24세, 남편 38세 모두 초혼)

나는 시부모님과 함께 살고 있는데 딸처럼 대해주신다. 내가 입은 옷은 시어머니가 사주신 것이다. 한국 이름도 지어주고 피아노와 한글도 배우고 있다. 한국에 온 지 1년 정도 되었는데 시댁 식구들의 도움으로 다른 친구들보다 한국말을 잘한다.

(베트남 부인 23세, 남편 28세, 약한 신체장애, 임신 중)

나는 종교를 통해 남편을 만났고 필리핀에서 중학교 교사였는데 전 남편과는 폭력으로 이혼을 했다. 현 남편이 돈을 못 벌어 시아버지의 도움으로 살다가 너무 힘들어 학원강사를 하고 있다. 조금만 늦으면 시아버지가 폭행을 하고 반찬이 입에 맞지 않는다고 밥상을 내던지기 일쑤다. 생활이 슬프고 힘들어도 남편이 너무나 착하기 때문에 남편 곁을 떠날 수가 없다.

(필리핀 여성, 대졸 46세, 남편 45세, 재혼+초혼, 결혼 6년)

나는 종교의 힘으로 한국생활에 잘 적응하는 편이다. 남편은 나보다 학력이 낮지만 내가 하려고 하는 일은 적극적으로 뒷받침해 주려고 노력하는 것이 고맙고 내가 권하는 교회에도 열심히 다닌다. 경제적 여건만 되면 읍내에 학원을 차리고 싶다.

(일본 여성, 대졸 36세, 남편 45세, 모두 초혼)

남편은 재산이 많은 편인데 교통사고로 말과 걸음이 어둔하다. 시댁식구들은 그저 고마움을 갖고 나를 대해주지만 남편과의 정은 없다. 그래서 주말이면 차를 타고 한국에 와 있는 친척들을 자주 만나서 스트레스를 풀고 온다. (조선족 여성 38세, 남편 41세, 초혼+재혼, 결혼 5년)

5년 전 산골마을로 시집을 왔을 때 무서웠으나 2년이 지나 언니를 그 지역 사람에게 소개하여 가까이 있으니 외로움이 없어졌다. (조선족 여성 33세, 남편 52세, 결혼 5년)

남편과 종교가 같기 때문에 종교적인 믿음으로 어려움을 극복한다. 또 그림을 좋아하여 현재 미술학원에서 강사를 하고 있고 주위에서 칭찬을 해주니 더 잘 살아야겠다는 생각이 든다.

(일본 여성 36세, 남편 45세, 초혼+재혼, 결혼 3년)

버스를 타려면 30분 이상 걸어야 하고 방향감각도 없어서 혼자 나가는 것이 두렵다. 때로는 고향이 그립고 외로울 때가 많았으나 얼마 전 베트남에서 온 사람이 두 명이나 있어서 가끔 베트남말로 말을 실컷 하고 나면 답답함이 없어진다. (베트남 여성 23세, 남편 40세, 결혼 2년)

〈남편 입장〉

결혼하면 아내가 해주는 밥 먹는 것이 당연한 것 아닙니까? 물론 나도 밖에 나가 일하고 시간이 되면 아내를 돕지요. 그러나 아내는 밥은커녕 청소, 세탁도 전혀 할 생각이 없어요. 어떻게든 공장에 나가 일할 생각만 하고 있어요.. 돈 벌기 위해 결혼했는지 의심스러울 때가 많아요..

(중국 여성 38세, 남편 46세, 모두 재혼, 결혼 6개월)

시골생활이라서 실망해서인지 오자마자 전화기만 붙잡고 있더니 일주일도 되지 않아서 벽돌공장에 다니고 집안살림에는 무관심하다. (중국 여성 35세, 남편 41세, 모두 초혼, 결혼 3개월)

결혼 초 2개월간은 시어머니를 모시는 것이 아니라 부려먹는 며느리라서 걱정이었고, 중국은 남편도 가정일을 한다고 하여 직장과 가정일을 열심히 하였는데 3개월이 지나면서 술과 담배를 하며 공주대접을 받으려고 하고 친정에 돈 보낼 것을 강요하여 이혼을 결심하고 있으나 이혼은 절대로 하지 않으려고 한다. (중국 여성 23세, 남편 41세, 모두 초혼, 결혼 1년 반)

한국 시골생활이 힘들겠다는 생각에 남편이 모든 일을 다 했다. 부인은 아이를 낳아도 그러한 남편에 대한 배려심은 조금도 없고 변화가 전혀 없어서 아내의 머슴과 같은 느낌이 든다.

(중국 여성 23세, 남편 41세, 모두 초혼, 결혼 1년 반)

남편은 초혼이고 부인은 재혼인데 부인이 전 남편의 자녀를 데리고 오려고 하는 경우로 초혼인 남편은 부인의 자녀를 입양하는 문제를 받아들이기가 어렵다고 말한다.

(중국 여성 40세, 남편 51세, 재혼+초혼, 결혼 1년)

부인의 자녀(16세)를 입양하여 한국에서 함께 생활하던 중 공원에서 놀던 청소년들과 싸움을 하여 법적 처벌을 받게 되어 정신적·경제적으로 힘들어하고 있다.

(중국 여성 38세, 남편 50세, 모두 재혼, 결혼 2년)

한국에 온 지 3년이 되어 3세의 딸을 둔 부인이 채팅으로 만난 자국의 산업연수생과 만나 가출을 하게 되었는데, 남편은 친정 부모님까지 모셔와 함께 살려고 했으나 부인이 끝까지 거부하여 이혼을 하였다. (베트남 여성 21세, 남편 41세, 모두 초혼, 결혼 3년)

어른이 들어와도 거실 가운데 누워 있기에 좀 일어나서 인사도 하고 밥 때가 되면 밥도 해야 된다고 하니 나를 발로 차서 아내를 밀쳤더니 경찰에 신고하여 쉼터로 가서 이혼하겠다고 위자료를 요구하고 있어요. (베트남 여성 22세, 남편 42세, 초혼+재혼, 결혼 8개월)

남편은 홀로 살아온 세월이 많아서 결혼 후에도 가사일을 도맡아 해왔다. 아내가 출산 후 너무 힘들어졌고, 아기를 키울 줄 모르는 아내가 위생관념이 없어서 잘하라고 말하면 토라져서 며칠씩 말도 하지 않아 더욱 힘이 든다. (베트남 여성 19세, 남편 40세, 초혼+재혼, 결혼 6개월)

부인은 필리핀에서 간호사로 일하다가 결혼하여 중풍으로 누워 있는 시어머니를 간병하고 산다. 지금은 운전면허도 취득하여 병원왕래도 맡아서 한다. 시간이 나는 대로 원어민 강사도 하며 열심히 살고 있는 부인을 보면 고마운 마음이 가득하다.
(필리핀 여성 26세, 남편 49세, 모두 초혼, 결혼 3년)

2) 다문화가족의 문제

국제결혼의 증가와 함께 다문화가족이 갖는 문제점도 사회적으로 증가하고 있다. 이들이 갖는 문제는 각기 다른 문화와 기회주의적인 부도덕한 상술, 한국배우자의 사회적·경제적 능력 부족, 불신 등이 복합적으로 작용하여 사회적으로 부각되고 있으나, 다수의 다문화가족들은 비교적 만족스럽게 살고 있다고 볼 수 있다. 특히 한국에 이주한 여성은 가족 모두가 이주하지 않고 혼자 이주하는 특성을 갖고 있기 때문에 한국인 편향적 경향인 사람이 상대적으로 한국생활만족도나 의사소통역량이 높다고 보고 있다(민무숙·김이선, 2013). 다문화가족의 문제를 사전예방하기 위한 교육과 사업이 여성가족부 산하 다문화가족지원센터를 중심으로 각 지역에서 다양한 프로그램과 사업이 진행되고 있다. 이외에도 지방자치단체와 민간단체 및 기업 등에서도 다문화가족을 지원하는 다양한 사업이 진행되고 있어서 많은 사회적 관심은 가지고 있으나, 아직은 실질적인 사회통합 차원에서의 체계적인 운영이 미흡하다. 다문화가족의 한 명 한 명이 우리 사회의 구성원이므로, 자녀양육 등 적응에 부족함이 없도록 관심과 정책적 배려를 강화해야 할 것이다.

(1) 사회 및 교육 문제

결혼이민자들은 기본적으로 언어문제와 상이한 문화로 인한 어려움이 가장 크다고 본다. 이에 따라 한국의 법과 제도에 대한 무지, 지원체계의 부족, 이혼 후의 체류자격 문제, 이혼 조정이나 재판 시의 이해관계와 잘못된 통역 등 복잡한 절차로 인해 사회적 약자의 입장에 놓이게 되고, 국제결혼을 통해서 태어난 자녀가 차별을 받는 현상으로 고통이 연속된다고 볼 수 있다.

최근에는 국제결혼을 이용한 위장결혼이나 사기결혼, 가정폭력 등의 사례가 발생하여 가정문제가 사회적 또 국가 간의 문제로 발전하기도 한다. 또 자국에 자녀가 있는 결혼 이주여성과 가정을 이룬 다문화가족의 경우 전혼(前婚)의 자녀로 인해 가족 간의 갈등을 갖게 되기도 하며, 이들 자녀들이 입국해서는 언어장벽으로 인한 또 다른 사회소외계층을 이루기도 한다.

이 외에도 결혼이민자들은 정보 소외로 인한 사회적 관계망 형성과 사회참여기회의 어려움과 사법권 및 행정기관에의 접근성의 어려움을 가지고 있으며, 다문화복지 프로그램에 대한 자발적인 참여가 저조하고 수동적인 입장을 취하는 점은 사회적으로 쉽게 공감하기 어려운 한계이기도 하다.

한편 저출산으로 인구절벽을 실감하는 현실에서 청소년 인구가 900만 명 아래로 떨어졌다. 1982년 1,420만 여 명으로 정점으로 찍은 후 지속적으로 감소하다가 2060년에는 전체인구의 11%까지 하락할 것으로 본다. 반면 2017년 기준 초・중・고 다문화 가정의 학생은 10만 9천 명으로 전년대비 10.3%가 증가하여 학령인구 감소추세에도 불구하고 다문화가정의 학생은 최근 5년간 매년 1만 명씩 증가하고 있다. 2017년 다문화가정 학생 중 초등학생의 비율은 75.7%, 중학생 14.6%, 고등학생 9.7%로 다문화가정 자녀들이 본격적으로 학령인구에 진입한다고 보고 있다(이데일리. 송이라, 2018. 4. 26). 따라서 앞으로의 다문화정책은 2세들의 교육을 어떻게 하느냐가 커다란 과제로 초점이 맞추어져야 할 것이다.

18세 이하의 다문화가족 자녀 수는 약 20만 명으로 증가율은 둔화추세이나 2020년에는 30만 명을 넘어설 것으로 예상하고 있다. 자녀들의 연령은 국제결혼비율이 가장 높았던 시기인 2005년에서 2008년도에 결혼한 결혼이주여성들의 자녀가 성장하여 학령기에 본격적으로 진입하여 초등기(7~12세) 비중이 높아졌다. 따라서 향후 5년 이내에 중고생 비중도 급격히 높아질 것으로 예상되며, 전체 학생 대비 다문화학생의 비중도 지속적으로 증가('10년 0.44% → '16년 1.68%)할 것으로 예상할 수 있다.

다문화가정의 자녀들이 성장함에 따라 교육에 대한 어려움이 증가하고 있다. 이들 가정의 자녀취학률은 전체 취학률의 3분의 2 수준에 불과한 것으로 보고되고 있으며, 초등학교 취학률은 높으나 중학교, 고등학교로 학년이 높아질수록 낮아지는 것으로 나타났다. 자녀들이 학교에 다니지 않는 이유는 생활고와 개인적 특성에 따른 교육지원의 부족, 교육정책에 대한 정보제공 부족 등이라고 보고 있다. 학부모들은 한국어 능력의 부족으로 통신문에 대한 이해가 어려워 자녀의 과제물 제출에 어려움을 겪는다. 일부 학생들은 학교에서 놀림을 당하거나 학업을 따라가기가 어려워 중도에 포기하는 경우가 많다. 여기에 이혼 등으로 홀로된 결혼이주여성이 증가하여 편모·부 가정에서 성장해야 하는 이중고를 겪고 있다. 때로는 홀로 살아가야 하는 결혼이주여성이 돈을 벌기 위해 아이를 출신국인 친정으로 보내 그곳에서 성장하는 사례도 있어서 한국국적은 있으나 한국말을 하지 못하는 중도입국자녀들의 문제가 한층 심각한 현실적 문제가 되고 있다.

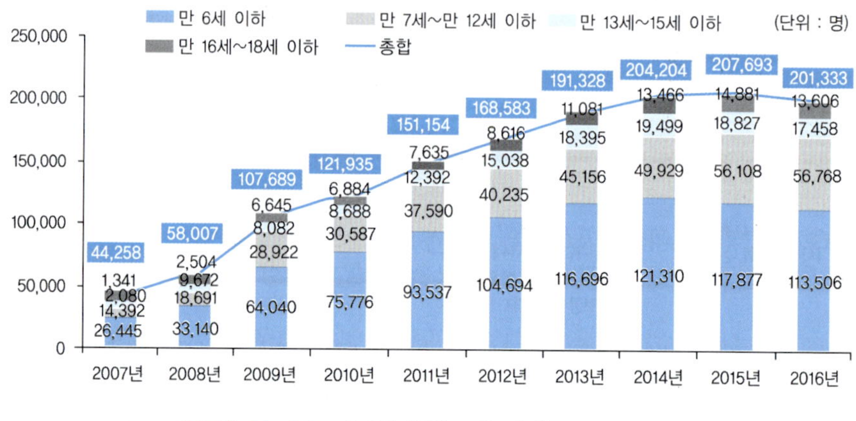

| 그림 11-8 | 다문화가족(18세 이하) 자녀의 규모

출처 : 여성가족부(2018. 3). 제3차 다문화정책기본계획(안) 2018~2022.

결혼이민자의 자녀 중에는 외국에서 성장하여 중간에 입국한 자녀들이 있는데 이를 중도입국자녀라고 부르고 있다. 중도입국자녀는 엄마가 한국으로 결혼이주하기 전에 전혼(前婚)에서 출생한 자녀와 한국에서 태어났으나 여러 가지 이유로 한국에서 성장하지 못하고 엄마나라에서 성장하다가 중도에 입국한 자녀들이다. 전혼의 중도입국자녀는 입양에 의해 가능하며, 한국입국에 대해 현 남편과의 합의가 이루어지지 않는 경우도 많고, 이들이 입국하여 한국생활에 잘 적응하지 못하고 문제를 갖게 되는 경우가 있어서 또 다른 사회적 문제를 야기하기도 한다. 외국에서 성장한 자녀는 전체 자녀 중 15.5%(국내에서 성장한 자녀 61%, 외국거주경험이 있는 자녀 24%, 외국에서 주로 성장한 자녀 15%)에 해당하며, 중도입국자녀는 만 18세 이상의 비율이 약 69%로 유초등기보다 높은 것으로 조사되었다. 이들은 국내 성장 자녀들보다 한국어를 구사하지 못해서 진학과 학력인정, 진로 및 취업에서 어려움을 갖는다. 교육부에서는 대학생 멘토링 사업을 통해서 학력 및 정서를 지원하고 있어서 점차 취학률과 학교생활적응이 개선되고 있다. 그러나 학교의 급이 고학년으로 갈수록 중도탈락률이 높아지고 적응이 어려운 경우는 차별이나 또래관계 문제를 갖게 되기도 한다. 따라서 청소년기 자녀 증가에 대응하여 원만하게 사회진출이 가능하도록 역량을 강화하는 지원과 중도입국자녀에 대한 맞춤형 정책적 대안이 시급하다고 보인다.

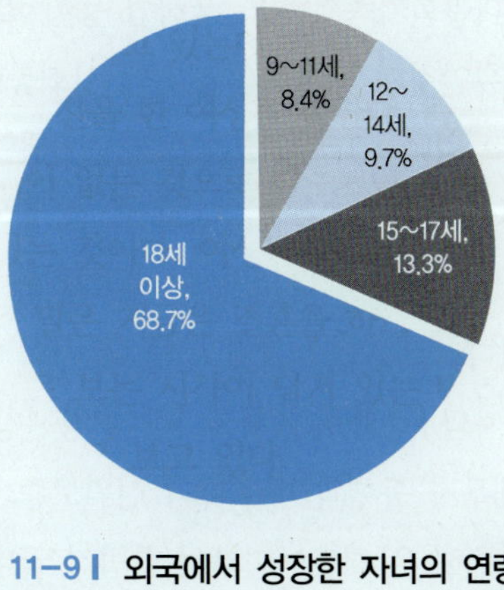

| 그림 11-9 | 외국에서 성장한 자녀의 연령분포

출처 : 여성가족부(2018. 3). 제3차 다문화정책기본계획(안) 2018~2022.

(2) 가정적 문제

다문화가족이 겪는 문제는 시민권 확보를 위한 국적 관련 사안과 가정폭력 및 가출, 이혼, 가족 간의 부적응, 자녀양육 등 실생활에서 겪는 문제, 문화적 차이에서 오는 갈등, 다른 언어로 인한 의사소통의 어려움 등으로 이들을 돕기 위한 통합적 사회정책이 요구된다. 단편적으로는 부모가 사회・경제적으로 취약하여 이들 가족 간 또는 자녀의 학습능력이나 언어의 지연과 빈곤을 대물림할 가능성도 가지고 있다. 결혼이주여성의 문제는 여성만의 문제가 아니라 이들과 가정을 이룬 가족과 2세들의 문제이며, 이들의 부적응으로 인한 가족갈등은 이혼, 가정폭력, 가출 등으로 이어지며, 이에 따른 해체가족의 문제가 곧 사회문제가 되기 때문이다. 최근 한국사회에서는 다문화가 뜨거운 사회적 이슈가 되어 있어서 이들 가족을 위한 다양한 프로그램 운영과 지원이 활발하다. 그러나 문제는 많은 가족들이 이러한 프로그램에 적극적으로 참여하지 않고 있으며, 가족들의 인식이 아직도 불안과 불신으로 마음을 열지 못하고 있다는 점이 가족의 문제가 사회적 문제로 확산되는 데 영향을 주고 있다.

(3) 법적 문제

다문화가족을 위한 관련법과 제도는 출입국관리법과 「결혼중개업의 관리에 관한 법률」 및 재한외국인처우기본법, 다문화가족지원법, 국적법 등이 있다. 이러한 법은 결혼이민자의 한국생활적응을 위한 체류안정대책, 생활안정대책, 사회통합대책, 사회참여촉진정책 등의 마련을 위한 기초가 되고 있다. 그러나 결혼이민자의 생활보장과 인권옹호에 대한 법적 근거가 부족하고 부처별 유사한 정책의 중복과 결혼이주여성에 집중된 정책으로 효율성이 떨어진다는 지적도 있다. 따라서 다문화가족의 자녀와 배우자 등 전체를 대상으로 하는 정책이 개발되어야 한다고 보고 있다. 결혼이주여성의 한국생활 첫걸음에서 주소지 관할 출입국관리소에 배우자와 동행하여 체류기간 연장신청을 해야 한다. 이와 관련된 모든 행정절차가 한국인 배우자 동행과 배우자의 신원보증, 경제적 요건 등이 필수적이기 때문에 국제결혼으로 이주해 온 결혼이민자의 합법적 국내체류 여부가 한국인 배우자에 의존하게 되어 있어서 배우자에 대한 종속을 심화시키고 이로 인해 불평등한 부부관계가 형성되기도 한다.

다문화가족을 위한 다각적인 사회적 안전망과 대책이 미비한 상황하에서의 다문화가족의 증가는 가족해체와 사회적 취약계층을 생산하여 사회문제를 가중시키게 된다.

(4) 경제적 문제

결혼이민자가 모국가족과 경제생활 측면에서 수준을 비교한 주관적인 견해는 중간층이라고 응답한 비율이 76.2%이고, 한국가족과 비교한 주관적 비율은 73%가 중간층, 25%가 하층(보건복지부 외, 2009)이라고 판단하고 있는 것으로 나타났다. 전체적인 삶의 만족도와 함께 보면, 모국생활과의 비교에서는 한국생활을 좀 더 나은 수준으로 지각하는 것으로 보인다. 소득은 일반가구와 같이 결혼이주여성 가구의 주요 소득원도 근로소득인 것으로 나타났다. 다문화가족의 월평균 가구소득은 300만 원 이상이 26%(2012년)에서 37.8%(2015년)로 조사되었으며, 결혼이민자의 고용률은 47.4%(2012년)에서 50.7%(2015년), 52.3%(2016년)로 조사(여성가족부, 2018)되었다. 정부는 계속적인 직업훈련과 취업지원을 통해 경제활동 참여를 돕고 있다. 실제로 대다수의 결혼이주여성이 취업을 원하고 있어서 직업훈련교육에 대한 보다 구체적인 계획과 취업에 따른 보육까지도 구체적인 대안이 필요하다.

정착기간이 경과할수록 다문화가족의 자녀 수도 증가하고 자녀들의 연령도 높아져서 이에 따른 어려움도 제기되고 있으며, 자녀의 성장에 따라 경제적 부담은 더할 것으로 보인다. 결혼이민자들의 삶의 만족도는 전반적으로 높은 수준(만족 56.8%, 보통 36.4%)을 보이고 있지만 경제상태, 취업률, 보건의료상태, 복지서비스 수혜 등을 보면 삶의 질이 높게 나타난 것은 아니라고 보고하고 있다. 결혼이주여성은 국제결혼 대다수가 취업을 원하고, 언어가 소통이 되기도 전에 취업을 하고 있는 여성들도 많다. 취업을 한 결혼이주여성들은 언어소통의 어려움과 자녀양육, 집안일을 병행하기가 어려움을 호소하고, 취업하지 않은 이유로는 자녀양육을 가장 많이 지적하고 있다. 이들의 경제적 생활지원책과 다양한 분야의 직업훈련으로 시민과 직업인으로서 안정된 삶을 영위할 수 있도록 정책을 개발해야 할 것이다.

4. 다문화가족의 복지정책과 서비스 현황

결혼이주여성과 한국 남성과의 국제결혼에 의해 형성된 다문화가족을 위한 정책은 현재 여성가족부가 주요 주관부처로 되어 있다. 다문화가족은 2011년 다문화가족지원법 개정으로 혼인귀화자 외에 기타 사유 국적취득외국인도 다문화가족에 포함되면서 318,948명(행정안전부, 2016. 11)으로 집계되고 있다. 한 해 평균 3만 명 정도가 증가하는 추세여서 이제는 주위에서 일상적으로 만나게 되는 모습이 되어가고 있다. 따라서 다문화가족에 대한 인권보호 및 자녀교육 강화, 국민의 인식개선과 제도개선 등 사회적으로 공통된 합의가 더욱 필요한 시점이다.

다문화가족을 위한 정책은 다문화가족지원법 제12조와 여성가족부의 다문화가족 생애주기별 맞춤형 지원강화대책(2008. 10. 30)을 추진근거로 하여 다문화가족지원센터를 설치・운영하고 있으며(2018년 현재 217개소), 다문화가족지원법에 의거한 지원영역을 살펴보면 생활정보 제공 및 교육지원(제6조), 가정폭력 피해자에 대한 보호지원(제8조), 의료 및 건강관리 지원(제9조), 아동・청소년 보육・교육 지원(제10조), 다국어서비스 제공(제11조) 등 5개로 이루어져 있다. 다문화가족지원센터에서는 한국어교육, 다문화가족통합교육, 취업연계 및 교육지원, 개인 및 가족상담 등을 하며, 집합교육과 센터이용이 어려운 다문화가족에 대한 방문교육이 있다. 앞으로의 방향은 일반가정과 다문화가정의 조화로운 삶을 위한 통합적인 가족지원추진체계를 강화하기 위해서 건강가정지원센터와 다문화가족지원센터의 시범통합운영을 거쳐 단계적 센터통합을 추진하고자 하고 있다. 그동안의 초기 다문화가족지원정책들이 중복되었던 점을 개선하기 위하여 부처 간 유사사업들을 통합하고 조정하여 부처 간 적극적인 협업으로 효율화를 기할 수 있는 방향으로 사업을 정교화시키는 작업이 필요하다.

이에 따라 정부는 꾸준히 각 부처와 함께 다문화가족정책을 논의해 오고 있으며 '제3차 다문화가족정책 기본계획(안) 2018~2022'(여성가족부, 2018. 3 : 17개 중앙행정기관 및 기관)을 내놓게 되었다. 이번 계획안은 '참여와 공존의 열린 다문화사회'를 비전으로 기본방향으로 잡았다. 이 기본계획은 그동안 전국다문화가족실태조사를 통해 다문화가족의 사회적 변화추이를 분석한 결과를 한계와 향후과제에 반영하고 있다. '도입 및 성장기'에서 '정착기'로 패러다임이 변화하는 추세를 고려한 2022년까지의 추진계획이다. 앞으로의 정책은 초기적응 중심의 정책에서 장기정착화에 따른 정책으로 재편이 필요하며, 다양한 유형(특히 한부모가족)의 가족들이 발생함에 따른 안정된 가족생활을 도모할 수 있는 지원을 강화해야 한다고 보고 있다. 또한 다문화가족 자녀의 청소년기 비율이 높아짐에 따라 영유아 취약계층 자녀중심 정책에서 청소년기 자녀의 성장 및 글로벌 인재로 육성하기 위한 정책을 강화할 필요성을 제기하고 있다. 중장기 관점에서 다문화수용성을 제고할 수 있는 방안을 마련해야 함도 강조하고 있다.

	도입 및 성장기		정착기
국제결혼	증가 후 안정화		감소 추세
다문화가족	지속 증가		안정화 및 장기정착 비율 증가
결혼이민자	초기적응 및 사회진출 활성화	➔	사회진출 욕구 증대 및 경제·사회적 참여 강화
자 녀	출생 및 초기 성장		학령기(청소년기) 비율 상승
가족유형	가족생활 갈등 발생 및 해체 증대		한부모 등 가족형태 다양화
사회적 수용성	관심형성 및 부정적 태도 확산 우려		다소 개선되고 있으나 지속적 개선 노력 필요

그림 11-10 제3차 다문화가족정책 패러다임 전환의 배경

출처 : 여성가족부(2018. 3). 제3차 다문화정책기본계획(안) 2018~2022.

구 분	그간의 정책		3차 기본계획('18~'22)
국제결혼	· 결혼이민관 파견 후 중지 · (女현지사전교육) 대면 · (男국제결혼안내 프로그램)	➔	· 결혼이민관 파견 추진 · 교육방식 다변화(전화, 우편 등) · 시수 확대 및 인권 · 상호존중교육 추가
가정폭력피해 이주여성 지원	· (상담소) 없음 · (보호시설) 운영, 외국인등록해야 입소 가능 · (퇴소 후) 임대주택 지원 · (자립지원금) 없음	➔	· 종합상담소(상담, 법률, 의료, 치유, 통역 등) 신규설치 추진 · 확대추진, 외국인 등록 여부 무관하게 입소 가능 · 확대추진 · 신설추진
다문화가족	· 가족관계 프로그램 운영 · 다문화가족이 직접 정책과정에 참여하는 '다문화가족 참여회의' 운영 (5개 권역 대표) · 한국국적 배우자가 있어야 근로 · 자녀 장려금 신청	➔	· 가족관계 증진 프로그램 다양화, 사례관리 사업 및 정착단계별 지원 패키지 확대 · 다문화가족 참여회의 지역 대표성 확대 (16개 시 · 도 대표) · 한국국적 자녀를 양육하는 한부모 외국인에 대해서도 근로 · 자녀 장려금 지원 가능
다문화가족 자녀	· 한국어 능력 향상, 학교생활 초기적응 지원(예비학교 확대, 기초학력 향상 지원 등) 중심	➔	· 청소년 성장지원 사업(자녀성장지원 프로그램, 이중언어 인재 양성 사업, 글로벌 브릿지 사업 등) 중점 추진 · 성장배경이 특수한 중도입국자녀 지원 강화(레인보우스쿨 확대 및 운영방식 다양화, 취업사관학교 운영 · 훈련과정 확대)
다문화수용성	· 대상별(공무원, 경찰, 종사자 등) 다문화교육 실시 중점	➔	· 일반국민 대상 찾아가는 다문화 이해교육 활성화 및 부처 간 이해교육 협업체계 강화 · 지역사회 다문화 우수 프로그램 발굴 및 포상, 사회적 공감대 형성 프로그램 확산
정책추진체계	· 다문화가족정책위원회를 통한 총괄 · 조정 기능 강화	➔	· 위원회 간(다문화가족정책위원회－외국인정책위원회) 연계 강화 · 다문화가족지원센터 내실화(처우개선, 지역 여건별 통합 추진, 서비스 역량 제고)

| 그림 11-11 | 그간의 정책 vs 제3차 기본계획 비교

출처 : 여성가족부(2018. 3). 제3차 다문화정책기본계획(안) 2018~2022.

구분	내용	
비전	참여와 공존의 열린 다문화 사회	
목표	• 모두가 존중받는 차별 없는 다문화 사회 구현 • 다문화가족의 사회·경제적 참여 확대 • 다문화가족 자녀의 건강한 성장 도모	
정책 과제	다문화가족 장기정착 지원	① 결혼이주여성 인권보호 강화(가정폭력 예방 및 대응체계 구축) ② 국제결혼 피해예방 지원 ③ 안정된 가족생활 지원 ④ 서비스 연계 활성화
	결혼이민자 다양한 사회참여 확대	① 자립역량 강화 ② 취·창업 지원 서비스 내실화 ③ 사회참여 기회 확대
	다문화가족 자녀의 안정적 성장지원과 역량 강화	① 안정적 성장을 위한 환경 조성 ② 학업 및 글로벌 역량 강화 ③ 진로준비 및 사회진출 지원 ④ 중도입국자녀 맞춤형 지원
	상호존중에 기반한 다문화 수용성 제고	① 정책환경에 대한 주기적 모니터링 실시 ② 다문화 이해교육 활성화 ③ 다문화수용성 제고를 위한 미디어 환경 조성 ④ 지역 환경 조성 및 참여·교류 프로그램 활성화
	협력적 다문화가족 정책 운영을 위한 추진체계 강화	① 정책추진체계 간 협력 강화 ② 다문화가족 지원체계 내실화

|그림 11-12| 제3차 다문화가족정책 기본계획(안) 2018~2022

출처 : 여성가족부(2018. 3). 제3차 다문화정책기본계획(안) 2018~2022.

현재 다문화가족지원체계는 여성가족부와 중앙관리기관(전국다문화가족사업지원단), 거점센터, 시 · 군 · 구 센터의 체계를 가진다. 상위체계에서는 다문화가족지원사업을 총괄하고 센터 선정 및 운영안을 마련하여 시 · 도별 국고지원 센터 배정 및 지원, 센터 관리기관과 거점센터를 지정 · 관리하고 있다.

전국다문화가족사업지원단에서는 프로그램 및 매뉴얼 개발, 종사자역량강화교육, 전문인력교육, 홍보 및 기관연계, 사업관리 등의 사업을 하며, 거점센터와 지역센터에 대한 업무지원 및 사업연계를 도모하고 센터사업을 평가하여 적절한 운영이 이루어지도록 제반 정보를 제공 지원하고 있다.

거점센터는 권역별로 지정 · 운영하여 방문교육지도사 양성 · 관리 및 신규센터 지원 등을 원활히 하기 위해 2008년부터 설치하였으며, 역할은 방문교육(한국어 및 아동양육 지원)지도사 교육 및 수혜자 관리 등 방문교육사업지원, 신규센터 운영 · 사업 전반에 관한 자문 및 프로그램 지원 등 여성가족부 또는 중앙관리기관이 사업지원과 관련하여 요구하는 사항 등을 수행한다.

여성가족부는 그동안의 사회변화와 실태조사 결과를 종합하여 각 부처 간의 협력관계를 구축한 제3차 다문화가족정책 기본계획(안) 2018~2022을 발표(2018. 3)하였다. 이 발표안을 보면 다문화가족 장기정착지원, 결혼이민자 사회경제적 참여 확대, 다문화가족 자녀의 안정적 성장과 역량강화, 상호존중에 기반 한 사회적 다문화수용성 제고, 협력적 다문화가족 정책 운영을 위한 추진체계 강화 등을 큰 과제로 선정하였다. 각 과제별 상세내용을 살펴보면 다음과 같다.

1) 다문화가족 장기정착 지원

결혼이주여성의 장기정착화에 따라 처할 수 있는 다양한 상황에 대응하여 가족관계 프로그램을 강화하는 등 안정된 가족생활을 지원하고 가정폭력 대응체계를 구축하여 인권보호를 강화한다.

(1) 결혼이주여성 인권 강화(가정폭력 예방 및 대응체계 구축)

○ 폭력상황에 대한 초기대응체계 상시 가동(여성가족부, 경찰청)
- 다누리콜센터를 통해 폭력피해 이주여성 대상 긴급상담 지원, 긴급피난처 제공 및 쉼터 연계, 해피콜 등 사후관리 강화
- 지역센터 – 인근 경찰서 간 핫라인(hot line) 체계 유지

○ 폭력피해 이주여성을 위한 전문상담 체계 구축(여성가족부)
- 결혼이민자 다수 거주지역 중심으로 폭력피해 이주여성의 복합적 문제를 원스톱(상담, 법률, 체류상담 등)으로 지원하는 전문상담소 운영 추진

○ 폭력피해 이주여성을 위한 주거지원 확대 및 자립기반 조성(여성가족부)
- 폭력피해 이주여성 보호시설(상담, 의료, 법률, 치료회복지원 등) 확대 운영
- 폭력피해 이주여성은 외국인 등록 여부와 상관없이 보호시설 입소를 허용하도록 제도 개선
- 시설퇴소 후 자립지원금 지원 검토 및 임대주택 주거지원 확대

○ 폭력피해 이주여성 지원 종사자의 역량 강화(여성가족부)
- 이주여성 지원 관련 종사자 교육, 관련 기관 연계 및 긴급조치 등에 관한 교육 강화, 소진예방 프로그램 확대
- 방문지도사, 멘토링 사업 등 다문화가족지원체계 내에서 폭력 의심 사례 등에 대한 모니터링 강화

(2) 국제결혼 피해예방 지원

○ 국제결혼 피해 예방 프로그램(현지사전교육, 국제결혼안내 프로그램) 운영방식 다양화 및 내용 보완(여성가족부, 법무부)
- 입국 전 현지사전교육을 통하여 국내생활에 필요한 정보 및 상담서비스를 제공하고, 교육참여가 어려운 경우 다양한 방식(전화, 우편 등)으로 상담 지원
- 국제결혼안내 프로그램 교육시수를 확대하고, 인권 상호존중 교육 추가

○ 국제결혼이민관 파견 추진(여성가족부)

– 각종 불법 결혼중개・인권침해 실태 감시 및 예방을 위해 베트남 등 결혼이민자 다수 국가에 국제결혼이민관 파견 추진

○ 국제결혼중개업체 관리・감독 강화(여성가족부)

– 한국소비자원・국제결혼 피해상담전화 등에서 접수된 중개업체 피해 사례를 분석하여 민원 다수 발생업체에 대한 수시점검 강화

○ 기관 간 협업(다누리콜센터 – 소비자원 – 법률구조공단)을 통한 국제결혼피해자 지원(여성가족부)

* 다누리콜센터(피해상담) – 소비자원(피해구제) – 법률구조공단(법률적 지원)

(3) 안정된 가족생활 지원

○ 결혼이주여성의 정서적 안정 및 자립역량 강화를 위한 사례관리사업 내실화(여성가족부, 보건복지부)

– 다문화가족이 취약・위기 상황에 적극 대응할 수 있도록 사례관리사업 확대운영, 담당인력 확충 검토 및 전문성 강화

– 희망복지지원단 등 공공단위 사례관리 체계와의 연계 강화

○ 가족관계 증진을 위한 프로그램 다양화 및 상담 체계 강화(여성가족부)

– 3대가 함께하는 프로그램 운영 등 가족참여 프로그램 다양화, 다문화가족 상담 관련 지역 전문가 풀 마련

– 초기 부부대상 상호 이해 프로그램 및 중기 이후 부부관계 증진 프로그램 운영

○ 한부모가족의 자녀 양육 지원(여성가족부, 기획재정부 국세청)

– 비양육자의 양육비 이행 강화조치 마련 및 양육비 지원 단계적 확대

– 한국국적 자녀를 양육하는 외국국적 한부모에 대해서도 근로 자녀 장려금 지원

* 이전) 한국국적 배우자가 있어야 자녀 근로 장려금 신청 가능

○ 다문화 한부모가족의 주거 안정을 위한 제도 개선(국토교통부, 여성가족부)

– 한국국적의 자녀를 양육하는 국적 미취득 결혼이민자에 대해 다문화가족 특별분양 자격 부여

* 현행) 국민주택 특별공급의 경우 배우자와 3년 이상 같은 주소지에 거주한 다문화가족만 을 대상으로 자격을 제한

- 주거복지센터 및 다문화가족지원센터에서 분양조건에 대한 홍보 등 정보안내 강화

○ 다문화가족의 생활안전 대응역량 강화(여성가족부, 소방청, 경찰청)

- 소방서, 가스안전공사 등과 연계하여 다문화가족 대상 안전교육 실시
- 원어민 119생활안전교육 강사 양성 · 파견, 강의 콘텐츠 개발 및 보급
- 결혼이민자 맞춤형 '운전면허 교실' 운영 및 '외국인 도움센터' 확대

○ 119시스템 내 비언어(문자, 이미지 등)적 신고체계 마련(소방청)

- 문자, 이미지, 사진 등을 활용한 119시스템 정착 및 홍보
- 119 신고앱 및 U-119 안심콜 등록사이트의 다국어 서비스 실시

(4) 서비스 연계 활성화

○ 신규 입국자 정보 공유 및 다문화가족지원서비스 안내 활성화(여성가족부, 법무부, 지방자치단체 협조)

- 이민자 조기적응 프로그램 수료자 등 결혼이주여성 관련 정보*를 여성가족부(다문화가족지원센터)와 공유, 다문화가족지원센터를 통한 서비스 안내

  * 단, 개인정보 제공동의를 한 경우

- 외국인과 혼인 · 전입신고할 경우, 담당공무원이 다문화가족지원서비스 안내

○ 다문화가족의 한국사회 적응지원을 위한 정보제공 기능 강화(여성가족부)

- 현장 모니터링을 통해 다누리 포털에 실생활에 관련된 정보를 지속적으로 업데이트
- 결혼이민자 실생활에 필요한 심층정보를 다양화하여 한국생활가이드북(Rainbow+) 제작 및 배포

2) 결혼이민자 사회경제적 참여 확대

결혼이민자 자립역량을 강화하기 위한 프로그램을 확대하고 취·창업 서비스 등을 내실화하여 경제적 자립 및 사회참여를 활성화한다.

(1) 자립역량강화

○ 결혼이민자의 정서적 안정 및 정착 지원을 위한 멘토링 프로그램 강화(여성가족부)
  - 결혼이민자와의 정기적인 멘토링 프로그램, 중장기 거주 결혼이민자와 내국인과의 멘토링 프로그램 등 확대 운영

○ 결혼이민자 자립 역량 강화를 위한 자립지원 패키지 프로그램 확대 추진 및 내실화(여성가족부)

  * 결혼이민자자립지원패키지 : 결혼이민자가 미래설계, 세부계획수립 등을 통해 자립역량을 강화할 수 있도록 지원

○ 한국어교육 내실화 및 전문성 강화(여성가족부, 문화체육관광부)
  - 한국어교육협의체 운영을 통해 관계부처와의 협업 및 사업 추진체계 효율화
  - 양성평등한 관점 및 국제 통용 한국어 표준 교육과정을 반영하여 한국어 교재 개발 및 보완 추진

○ 사회통합교육 콘텐츠 내실화 및 접근성 제고(법무부)
  - 취업, 육아 등 결혼이민자의 수요가 높은 콘텐츠를 교육내용에 반영하고, 주말·야간 과정을 확대하여 접근성 제고

○ 학점은행제 및 독학학위제를 통한 고등교육 기회 안내(교육부)

(2) 취·창업 지원서비스 내실화

○ 다문화가족지원센터 및 여성새로일하기센터의 취업기초교육 내실화(여성가족부)
  - 다문화가족지원센터의 취업기초 소양교육 강화, 직무역량 강화를 위한 새일센터 역량교육 실시

○ 결혼이민자 적합 일자리 발굴 · 연계 및 직업교육훈련 강화(여성가족부, 고용노동부, 행정안전부, 지방자치단체)

- 기관 간(다문화가족지원센터 - 새일센터 - 고용센터) 연계를 통한 구직자 발굴 추진, 기업수요 맞춤형 새일센터 취 · 창업 훈련 개발 및 운영
- 집단상담, 내일배움카드제, 취업성공패키지를 통한 맞춤형 취업지원 서비스 제공
- 지방자치단체 일자리 사업(지역맞춤형 일자리 창출사업, 지역공동체 일자리사업 등)에 결혼이민자 참여 지원

○ 결혼이민자 선호 언어 · 종목을 중심으로 다국어 자격 검정 실시(여성가족부 · 고용노동부)

- 결혼이민자를 대상으로 다국어 자격시험에 대한 수요 파악 추진, 선호 언어 · 종목 · 지역을 중심으로 다국어 자격 검정 확대

○ 결혼이주여성의 안정적인 영농정착 지원(농림축산식품부, 농촌진흥청)

- 결혼이주여성 정착단계별 농업교육 확대 운영
- 지역단위 농촌여성조직체 내 다문화여성 분과모임 가입 및 활동 지원
  * 기초농업기술, 전통 · 향토음식, 농산물가공 등 수요자 맞춤형으로 다양한 활동 지원
- 결혼이주 여성농업인 - 내국인 여성농업인 멘토링 결연 지원
  * 상호 소통교육, 멘토 - 멘티협약, 가정경영 · 생활문화 · 영농애로사항 등 농촌생활적응 심층지원
- 농촌지역 결혼이민자의 농가도우미 연계 서비스 제공(지방자치단체)

○ 결혼이민자 강점 분야 창업 및 경영지원(중소벤처기업부, 여성가족부)

- 창업 훈련, 경진대회, 자금지원, 창업보육센터, 단계별 멘토링 및 컨설팅 등 창업 서비스 제공
- 기업가포럼 운영, 여성기업확인지원, 결혼이민자기업의 공공구매정보 접근성 제고
- 새일센터 내 창업매니저 배치로 창업서비스 연계 지원

○ 사회적 기업 및 협동조합 취 · 창업 지원(고용노동부, 중소벤처기업부)

- 결혼이민자 등 취약계층을 채용하는 사회적 기업에 대한 지원(인건비 및 사회보험료)
- 사회적 기업가 아카데미 개설 및 자조모임 지원, (예비) 사회적 기업 및 협동조합 창업공간, 자금, 경영 지원 연계

(3) 사회참여 기회 확대

○ 결혼이민자의 정책수립과정 참여 확대(여성가족부, 지방자치단체)
  - 다문화가족 참여회의 운영 활성화, 다문화 관련 지역 협의체 및 다문화 가족지원센터 운영위원회 등에 결혼이민자 참여 활성화
○ 지역사회 자원봉사 활동 다양화(여성가족부)
  - 다문화가족 나눔봉사단 활동 다양화 및 우수사례 발굴 · 확산, 다문화가족 지원센터의 자원봉사 활동 지원 역량 강화
○ 농촌지역 결혼이주여성 리더십 제고 프로그램 운영(농촌진흥청)
  - 농촌기술센터 등을 통해 농촌여성 핵심리더 역량 강화 교육 추진
○ 다양한 자조모임 운영지원 및 활성화(여성가족부, 문화체육관광부, 법무부)

3) 다문화가족 자녀의 안정적 성장과 역량강화

증가추세에 있는 다문화가족 청소년의 안정적 성장을 위한 환경 조성 및 학업 · 글로벌 역량 강화를 지원하고, 중도입국청소년의 조기적응 및 정착을 지원한다.

(1) 안정적 성장을 위한 환경조성

○ 다문화가족 자녀성장지원 프로그램(다재다능) 확산(여성가족부)
  - 다재다능 프로그램을 다문화가족지원센터의 기본사업으로 추진, 다양한 운영모형 개발
    * 다재다능 프로그램 : 다문화가족 자녀의 사회성 및 리더십 개발을 위한 프로그램(부모-자녀 관계 향상, 사회성 발달, 진로코치 등)
○ 청소년기 자녀 및 부모 상담지원 강화(여성가족부 · 교육부)
  - 진로 및 진학 등 청소년기 고민해소를 위한 상담 및 자녀교육, 의사소통 등 해결을 위한 부모상담 지원
  - 다문화학생의 특성을 고려한 상담이 이루어질 수 있도록 전문상담 교사(학교 및 Wee센터 배치) 대상 다문화 이해연수 실시

○ 외국어, 예체능 등 다양한 양질의 특기적성교육 프로그램 지원(여성가족부)

* 청소년수련관, 지역사회 다문화청소년 유관기관 등에서 주관기관의 특성에 맞게 다양하게 추진

○ 자녀 발달주기별 부모교육 및 정보제공 강화(여성가족부 · 교육부)

– 자녀양육 지원, 가족상담 등을 위한 찾아가는 부모교육서비스 제공

– 다문화가족 학부모를 위한 학교생활 안내, 진로 · 진학 정보 영상 콘텐츠 개발 및 보급

○ 지역사회 청소년 통합 지원체계(CYS-Net)를 통해 위기 다문화 청소년에 대한 맞춤형 서비스 지원(여성가족부)

(2) 학업 및 글로벌 역량 강화 지원

○ 이중언어 인재 양성 사업 내실화(여성가족부, 교육부)

– 이중언어 인재 DB 등록자 수 확대 및 활용도 제고, 이중언어 인재 진출 가능 분야 · 직종 등 정보 제공 자료집 제작

– 다문화학생 대상 '이중언어 말하기 대회' 개최, 이중언어 교재 보급 확대

○ 기초학습능력 강화 프로그램 운영 확대(교육부 · 여성가족부)

– 다문화학생의 학교생활적응 및 기초학습을 지원하기 위해 대학생멘토링 지원

– 지역아동센터중앙지원단과 협업하여 전국 지역아동센터와 멘토링 연계 추진

– 언어발달 및 문해력 향상 지원을 위해 교과내용 중 주요 개념 및 어휘를 담은 교과 보조교재 개발 및 보급

– 지리적 여건으로 센터 이용이 어려운 다문화 가족 대상 방문교육서비스 강화

○ 언어, 수 · 과학 등 특화된 분야의 다문화학생의 재능을 개발하기 위한 글로벌브릿지 사업* 추진(교육부)

* 글로벌브릿지사업 : 다문화 학생의 잠재능력을 개발하고 글로벌인재로 육성하기 위해 4개 분야에 대한 특별 교육 프로그램

○ 국제교류 프로그램(청소년국가 간 교류 및 해외자원봉사단 등) 참여 활성화(여성가족부, 외교부)

- 이중언어 재능이 있는 다문화청소년 참여기회를 확대하고 KOICA 드림
- 봉사단 선발 시 다문화 청소년 가산점 부여

(3) 진로준비 및 사회진출 지원

○ 다문화 청소년의 진로의식 고취 및 진로직업체험 기회 확대(교육부, 여성가족부)

- 진로체험지원센터 중에서 권역별로 다문화 청소년거점 센터를 지정·운영하고, 다문화 학생 중심 진로체험처를 지속 발굴·확대

  * 전국 17개 시·도에 220개 진로체험지원센터 설치·운영 중

- 무지개 잡아라, 내일을 잡아라 등 다문화 청소년 진로 프로그램 활성화

  * '무지개 잡아라'는 중도입국청소년 대상 진로교육 프로그램, '내일을 잡아라'는 중도입국청소년 등 대상 직업교육 프로그램

○ 학교에 진로지도 및 상담 등을 위한 진로활동실 확충 유도(교육부)

* 다문화청소년을 포함한 학교 내 학생들이 이용할 수 있는 진로활동실 구축을 시·도교육청에 권장

○ 차세대 전문인력 양성 및 청년인턴 활성화(KOTRA, 외교부)

- 이중언어 능력과 특정 분야 전문성을 갖춘 청년층 대상으로 차세대 무역전문인력(다문화 무역인) 양성
- KOICA 영프로페셔널(舊 ODA 청년인턴) 선발 시 다문화 청년 가산점 부여

○ 직업교육훈련기관(다문화 청소년 특화 폴리텍 다솜학교) 운영 지원 및 우수 사례 발굴(고용노동부)

(4) 중도입국자녀 맞춤형 지원확대

○ 중도입국자녀 대상 한국어교육 운영의 내실화 및 질적 수준 제고(교육부, 여성가족부)

- '한국어 교육과정(KSL)' 개정에 따른 교재개발과 교원연수 실시
- 중도입국청소년 지원 사업 내 한국어능력시험(TOPIK) 대비반 포함 운영

○ 중도입국자녀의 조기적응을 돕는 레인보우스쿨 확대 및 운영방식 다양화(여성가족부, 법무부)

– 온라인 교육과정 개설, 근로활동에 참여하는 중도입국청소년을 대상으로 야간 및 주말과정 운영 등 참여기회 확대

– 레인보우스쿨 과정을 사회통합 프로그램과 연계 여부 검토

* Rainbow school : 한국어, 특기적성교육, 문화체험, 교우관계 개선 등 프로그램을 제공하여 한국사회 초기적응 지원

○ 중도입국자녀의 심리 · 정서적 안정지원을 위한 프로그램 운영(여성가족부)

– 중도입국자녀의 특성을 고려한 전문적 상담 및 사례관리, 대인관계 향상을 위한 집단상담 프로그램 및 통합캠프 운영

○ 중도입국자녀의 공교육 진입 지원을 위한 학력심의위원회 운영 활성화(교육부)

– 학력증빙이 어려운 중도입국청소년의 편입학지원 및 학력심의위원회 활성화

○ 학교생활 조기적응을 위한 다문화 예비학교 확대 및 내실화(교육부)

– 특별학급(한국어(KSL) 교육과정 운영 학급)을 다수 운영하는 예비학교에 대한 지원을 강화

– 사각지대 해소를 위해 '찾아가는 예비학교' 운영, 사후 학교적응 모니터링 실시

* 다문화예비학교 : 한국어와 한국문화교육 프로그램을 제공하여 중도입국 및 외국인 학생의 공교육 진입과 적응을 지원

○ 학교 밖 중도입국청소년 등 교육기회 사각지대에 놓이기 쉬운 다문화 청소년을 위한 내일이룸학교 운영 및 훈련과정 확대(여성가족부)

* 내일이룸학교 9개소 운영 중(2017년 기준)

4) 상호존중에 기반 한 사회적 다문화수용성 제고

다문화 사회의 모든 구성원에게 요구되는 자질로서 상호존중에 기반 한 다문화이해 교육 확대 및 수용성 제고를 위한 미디어 환경을 조성한다.

(1) 인권 및 다양성이 존중되는 사회 환경 조성

○ 차별적 법 · 제도 이슈 발굴 및 개선(여성가족부, 지방자치단체)

- 지역주민 모니터링단 운영(다문화가족참여회의, 지방자치단체 다문화가족지원협의회 내 운영 등)을 통한 차별적 제도 이슈 발굴 및 지속 개선 추진

○ 다문화 수용성 조사 및 다문화가족 실태조사를 통해 정책현황에 대한 주기적 모니터링 및 환류 추진(여성가족부)

(2) 다문화이해교육의 활성화

○ 부처 간 다문화이해교육의 협업 체계 강화(여성가족부, 법무부, 교육부, 문화체육관광부, 농촌진흥청)

- 부처별 다문화 관련 교육(다문화 이해교육, 문화 다양성교육, 세계시민교육 등) 콘텐츠 및 전문강사 연계 강화

○ 유아교육 및 공교육 기관의 다문화 이해교육 강화(교육부, 보건복지부, 여성가족부)

- 누리과정 및 초중등 교육과정에 다문화 교육내용 반영 확대
- 어린이집 교원(원장, 보육교사)에 대한 다문화 이해교육 강화

○ 교원의 다문화 역량 제고 및 학교현장의 다문화교육 활성화 지원(교육부)

- 예비교원의 다문화 교육 역량을 강화할 수 있도록 관련 내용을 교직과목에 반영하도록 권고
- 다문화 중점학교의 운영 내실화를 통해 일반학교에 적용 가능한 다문화교육 모델 개발 및 공유
- 교원연수, 교사연구회지원 등을 통해 교원의 다문화교육 역량 강화, 다문화교육 관련 우수사례 공유 및 확산

○ 일반국민 대상 찾아가는 다문화이해교육 활성화(여성가족부)

- 기업 학교 단체 등에 다문화이해교육 강사를 파견하여 실시하는 찾아가는 다문화이해교육 확대
- 온라인 다문화이해교육 운영, 대상(경찰, 군인 등)별 특성에 맞는 교육 콘텐츠 개발

○ 대민 서비스 제공자에 대한 다문화이해교육 강화(여성가족부, 행정안전부, 법무부, 국방부, 경찰청, 보건복지부, 지방자치단체)

- 다문화가족 대상 서비스를 제공하는 공무원 등의 업무 특성을 반영한 다문화 이

해교육 프로그램 개발 및 강사 양성, 교육 활성화

– 다문화 장병의 군복무 적응 지원을 위해 다문화 전문강사 양성 추진 및 부대 내 다문화 이해교육 확대

(3) 수용성 제고를 위한 미디어 환경 조성

○ 방송통신심의위원회 심의 기능 강화[방송통신위원회(방송통신심의위원회)]

– 방송심의규정 제29조에 의거하여, 인권 및 문화다양성 관점에서 차별적 요소를 시정하기 위한 심의 기능 강화

○ 다문화 수용성 제고를 위한 미디어 콘텐츠 개발 및 가이드라인 제공(방송통신위원회, 문화체육관광부)

– 다문화 방송 프로그램(EBS) 제작 지원

– 콘텐츠제작지원 시 반차별 인권 관점에서 제작을 유도하는 가이드라인 제공

○ 미디어 모니터링단 운영 및 개선 사례 발굴(여성가족부)

* 대중매체 모니터링 및 개선 필요사항 발굴, 방송통신 심의위원회에 개선필요사항 심의요청

○ 다문화수용성 제고를 위한 홍보사업 다각화(여성가족부, 문화체육관광부)

– 언론 및 민간단체와 함께 다문화 인식개선 홍보 및 활동 전개, 공모 프로그램 및 캠페인 추진

(4) 지역환경조성 및 참여 · 교류 프로그램 활성화

○ 지역사회 다문화 프로그램 발굴 및 확산(여성가족부, 지방자치단체)

– 지역사회 다문화 우수 프로그램 발굴 포상, 지역자율성에 기반 한 지역사회 프로그램 발굴 확산

○ 다문화 공존을 위한 사회적 공감대 형성 프로그램 발굴, 운영(여성가족부, 법무부, 문화체육관광부, 농촌진흥청)

– 이주민－선주민 교류를 지원하는 프로그램(예 이주배경청소년통합캠프, 무지개 다리 사업 등) 발굴 및 운영

- 쌍방향 교류체험 프로그램(다문화꾸러미 등) 개발 및 운영
- 농촌지역 내 다문화 공존을 위한 지원 프로그램 개발 및 운영
- 다문화-비다문화 청소년 융화지원 프로그램 등

○ 문화시설(도서관, 박물관 등) 내에서 다문화 프로그램 확대(문화체육관광부)
- 도서관 다문화 관련 프로그램, 박물관 내 이주민 문화 체험시설 등 조성 및 전시, 미술관 내 제3세계 전시회 등 다문화 작품 전시 확대

5) 협력적 다문화가족 정책 운영을 위한 추진체계 강화

부처 간, 주요 상대국과의 협력체계를 지속하고 서비스 전달체계를 내실화한다.

(1) 정책추진체계 간 협력강화

○ 위원회 협력 및 기본계획 연계 강화(국무조정실, 여성가족부, 법무부)
- 다문화가족정책위원회-외국인정책위원회 합동운영 추진, 정책방향 및 기본계획 등 연계 등에 대한 간사부처 간 협력 강화
- 다문화가족정책 기본계획 시행계획 점검 및 환류 체계 구축

○ 지자체 다문화가족정책 추진 역량 강화(여성가족부, 지방자치단체)
- 다문화가족 정책협의회 및 다문화 가족정책 포럼 운영 등을 통해 지역단위에서 정책 개선 및 모범사례 발굴·공유
- 우수 특화사업 발굴 확대, 일회성 시혜성 사업 지양 유도

○ 지역다문화교육지원센터 활성화 및 지역 내 유관기관과의 연계 강화(교육부, 여성가족부)
- 지역다문화교육지원센터-다문화가족지원센터-청소년상담복지센터 등
- 지역 내 다양한 유관기관과 연계 강화
- 상담서비스, 강사인력, 학부모교육 등 협력이 필요한 영역을 적극적으로 발굴하여 긴밀히 협력할 수 있도록 체계 구축

○ 주요 결혼상대국과의 협력채널 지속 운영(여성가족부)

– 국가 간 정보교환 및 제도 개선 필요사항 발굴·개선 지속 추진

(2) 다문화가족 지원체계 내실화

○ 지역별 다문화가족 수요를 반영한 지원체계 운영 추진(여성가족부)

– 지역 특화 다문화가족 서비스 및 사업 개발 활성화, 서비스 운영에 대한 자율권 부여 추진

– 지역 여건, 지방자치단체·종사자 의견 수렴 등을 통해 건강가정지원

– 센터·다문화가족지원센터 통합 추진

○ 다문화가족지원센터의 서비스 역량 제고(여성가족부)

– 기관 운영 전반에 대한 컨설팅, 평가지표 개선 및 개발, 역량개발 사업 등 점검 및 개편 추진

– 종사자 처우개선 및 근로 안정성 제고 추진

– 기본사업 및 특화사업 재편방안 마련 검토, 실적시스템의 이용자 친화성 강화

6) 다문화가족을 위한 사업

다문화가족지원사업은 다문화가족의 안정적인 정착과 건강한 가족생활을 지원하기 위해서 가족교육과 상담, 통·번역 및 정보제공, 가족역량강화지원 자녀교육, 부모교육 등 종합적인 서비스를 제공하여 다문화가족의 적응과 사회경제적인 자립을 지원하기 위한 목적을 갖는다. 사업의 범위는 기본사업과 특성화사업으로 크게 분류할 수 있으며, 기본사업은 가족통합교육과 방문교육, 다문화가족 취업연계 및 교육연계사업, 상담, 이중언어 환경조성사업 등을 포함한다. 특성화 사업은 다문화가족 자녀 언어발달지원과 통·번역 서비스, 가족자조모임, 가족나눔봉사단, 다문화인식 개선 및 지역사회 홍보, 지역네트워크 강화, 사례관리, 한국어교육 등을 포함한다.

가족통합교육은 다문화가족 구성원 간의 가족 내 역할 및 가족문화에 대한 이해를 증진시키는 내용에 중점을 두며, 부부관계 증진과 민주적이고 양성평등한 가족관계 확립에 기여할 수 있는 교육내용으로 구성된다. 방문교육서비스는 세부적으로 한국어교육서비스, 부모교육서비스, 자녀생활서비스로 구분된다. 서비스의 목적은 결혼이주여성들이 생활언어를 익히고 문화를 이해할 수 있도록 체계별·단계별 한국어교육서비스를 제공한다. 언어와 문화 차이로 자녀양육에 어려움을 겪고 있는 결혼이주여성에게 부모교육서비스를 제공하며, 학업성취가 낮고 자아·정서·사회성 발달에서 어려움을 겪고 있는 다문화가족 자녀에게는 자녀생활서비스를 제공한다.

다문화가족지원사업은 임신과 신생아기, 유아기, 아동기 등 생애주기별로 자녀양육을 위한 부모교육, 가족상담 및 정서지원 등의 서비스를 제공한다. 또 자녀생활서비스로 만 3세에서 10세 미만의 다문화가족 자녀를 대상으로 숙제지도와 가정생활서비스를 한다. 결혼이민자의 소통문제를 해결해 주기 위한 사업으로는 통·번역지원서비스가 있다. 이는 한국어가 능숙한 결혼이민자를 통·번역 전문인력으로 채용하여 결혼이민자의 가족생활, 사회생활에 필요한 통·번역서비스를 제공한다. 다문화가족의 자녀들이 성장함에 따라 승승의 전략적인 사업으로 생각할 수 있는 것은 언어영재교실이 운영되어 왔으며, 2014년부터는 이중언어환경조성사업으로 전환하여 운영하고 있다. 이중언어 관련 사업은 운영목적에 따라 다문화가족 자녀를 우선순위로 하되, 관심 있는 다문화가족 및 비다문화가족의 자녀까지 대상으로 하고 있다. 어릴 때부터 이중언어를 접하게 함으로써 글로벌 인재양성의 기초를 마련하고 어머니 나라에 대한 자긍심을 갖게 하기 위한 목적을 갖는다. 언어발달지원사업은 언어평가 및 언어교육이 필요한 만 12세 이하의 다문화가족 자녀를 대상으로 하며, 언어평가, 언어교육, 상담을 진행하여 자녀의 언어발달을 지원한다. 한국생활적응에 어려움을 가지고 있는 다문화가족을 대상으로 하는 다문화가족사례관리사는 다문화가족의 정착 및 가족생애주기에 따른 상담과 정보제공, 자원발굴 및 연계, 다양한 가족생활교육 프로그램에 참여시키는 등 각 가족의 상황에 맞는 서비스를 제공하는 맞춤형 사례관리를 한다.

7) 다문화가족을 위한 서비스 발굴 및 관리

다문화가족지원센터는 지역사회 내 서비스를 필요로 하는 다문화가족을 적극 발굴하여 지속적인 관리 및 정보제공을 한다. 지방자치단체나 출입국관리사무소, 보건소 등 지역 내 관련기관과 연계를 구축하여 발굴된 가족들은 센터에 회원등록을 하고, 가족사업 실적 관리시스템을 필수적으로 등록하게 되어 있으며, 지속적인 접촉을 하며 한국생활적응을 돕는다. 센터에서는 사전교육 프로그램 이수 결혼이민자에게 서비스를 우선 제공하고, 한국어교육, 출산전·후 건강관리, 자녀양육지원 등 단계별로 필요한 서비스를 안내하고 제공한다.

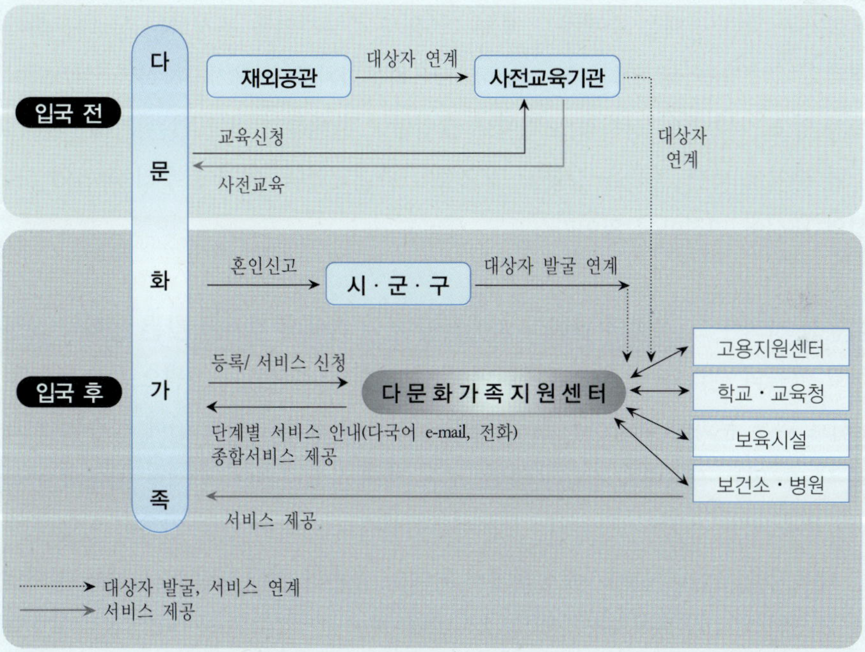

| 그림 11-13 | 다문화가족지원센터 서비스 대상 발굴 및 서비스 제공 흐름도(예시)

5. 다문화가족을 위한 복지대책

앞에서 살펴보았듯이 여성가족부는 다문화가족지원법 제3조의2(다문화가족 지원을 위한 기본계획의 수립) ① 여성가족부장관은 다문화가족 지원을 위하여 5년마다 다문화가족정책에 관한 기본계획을 수립해야 한다는 조항에 의거하여 1, 2차 기본계획에 이어 3차 기본계획을 내놓았다. 1, 2차 기본계획의 성과와 한계를 분석하고 환경변화와 새로운 정책 수요를 반영하여 2018년에서 2022년까지 이끌어 갈 계획이다. 그동안 여러 차례의 부분적인 법 개정을 통하여 다문화가족의 범위를 확대시켰고, 결혼중개법을 강화하였으며, 다문화가족을 위한 다양한 서비스를 확대하였다. 또한 다문화가족정책위원회를 구성하여 다문화가족 관련 정책을 총괄하고 부처 간 유사 중복사업을 조정하는 등 다문화가족 지원정책을 수정 보완해 왔다. 현 시점에서는 다문화가족의 장기정착화에 수반되어 많은 변화가 있고, 지속적인 정책적 노력에도 끊임없이 문제를 가지고 있는 가족・자녀교육・청소년 분야에 대한 정책을 강화할 필요성이 증대되었다. 여기에 우리 국민의 다문화수용성의 개선이 미진한 상황이다.

다문화 사회는 그 사회의 규범과 지배적인 가치 속에서 각자가 갖는 문화적 속성을 인정하고 그들의 권리와 인권을 존중하면서 그 사회의 완전한 구성원으로 수용해야 한다. 즉, 서로 다른 문화적 다양성을 또 하나의 문화로 인정하고 상호 간에 상승의 효과를 창조해 낼 수 있는 잠재력을 갖는 사회로 보는 자세가 요구된다. 국제화 시대의 한국의 다문화가족을 위한 정책은 초기에는 결혼이주여성에 집중되어 있는 경향이 있었다. 이제는 국민 대통합을 위한 다문화가족정책에서 참여와 공존의 열린 다문화 사회를 정책의 방향으로 강조한다. 다문화가족정책을 결혼이민자 개별보호지원에서 가족통합지원으로 전환하고, 다문화가족의 내재적 역량강화를 통해 사회・경제적 참여를 확대하고 모두가 존중받는 다문화 사회 구현을 목표로 하고 있다. 그러나 더 중요한 것은 결혼이민자와 함께 살면서 강력한 영향을 주는 배우자와 친척, 나아가 주변의 사회적 관계와 같은 이차적 환경의 건강성이다. 물론 사회 환경의 변화에 따른 정책의 변화도 소홀히 해서는 안 된다. 앞으로 진정한 다문화 사회로 가기 위한 복지의 방향을 살펴보기로 한다.

1) 결혼이민자의 시민적 권리 보장, 사회안전망과 사회복지서비스 확충

우리 국민의 배우자이면서 한국 국적의 자녀를 양육하고 있다는 점에서 보호와 서비스 지원의 권리가 발생한다. 즉, '배우자'와 '모성'이라는 특수성이 사회보장지원 관련법에 의해 내국민과 동등한 보호를 받게 되는 것이므로 결혼이주여성의 개인적인 존엄성의 인정 측면에서 볼 때 진정한 다문화 사회로의 전이단계에서 재고해야 할 점이라고 할 수 있다. 아직도 현행 제도는 결혼이민자가 일방적으로 '동화'되는 경로를 상정하고 있는 부분이 많아서 자신의 출신국적을 유지하며 살아갈 길을 어렵게 만들고 있다.

최소한의 인간답게 살 권리를 보장하는 국민기초생활보장법을 개정(2007년)하여 외국인에 대한 특례조항으로 부양의무자가 있어도 부양능력이 없거나 부양받을 수 없는 경우 국민기초생활보장제도의 급여를 받을 수 있다.

결혼이주여성에 관한 많은 조사결과들이 밝히고 있듯이 가정폭력 등과 같은 문제가 심각한 현실은 결혼이주여성에 대한 사회복지서비스의 확대가 시급한 정책과제임이 분명해 보인다. 가정폭력을 경험한 결혼이주여성들이 '그냥 참는다'고 응답했다는 점은 이러한 주장의 필요성을 뒷받침하는 결과이다.

농촌에서는 시부모를 부양하는 예가 많기 때문에 대가족인 다문화가족의 노인부양을 지원할 수 있는 정책이 요구된다. 농촌 다문화가족은 대부분 자녀를 두 명 이상 갖는 경우가 많고, 농사일이 많아 자녀양육 부담을 덜어줄 수 있는 정책이 필요하다. 또한 결혼이민자의 취업욕구를 충족시키기 위해서는 취·창업 교육과 보육서비스를 제공해야 한다. 특히 결혼의 목적이 경제적인 경우 자녀양육보다는 취업에 더 목적을 갖는 결혼이주여성이 있어서 앞으로 2세 교육에 대해서는 사회적 지원이 적극적으로 수반되어야 할 것이다.

다문화가정의 경제적 수준을 고려할 때 결혼이주여성들의 특성과 현실을 고려한 직업훈련과 일자리 창출이 필요하다. 특히 결혼이주여성들에게 직업훈련과 일자리를 제공하는 것은 독립적 시민으로서 한국사회에 함께 생활할 수 있는 기초를 마련해 주는 매우 중요하고도 절실한 과제다.

다문화가족이 필요로 하는 사회복지서비스의 전달을 위해서는 서비스에 관한 적극적 홍보와 함께 다양한 경제 · 문화적 배경을 가지고 있는 결혼이주여성의 다양한 욕구와 필요에 근거해서 다양한 서비스를 제공할 필요성이 있다. 또한 기존에 있는 자원들의 효용성을 극대화하고 통합적 서비스를 전달하기 위해서는 현재 검토되고 있는 사회복지서비스의 통합적 전달체계 논의에 결혼이주여성을 위한 전달체계에 대한 고민도 함께 이루어져야 할 것이다.

2) 가족해체의 예방과 다양한 문화 · 가치관의 공존 지원

결혼이민자가 경제적 · 사회적으로 자립할 수 있는 토양을 만들어야 한다. 결혼이민자를 위한 새로운 프로그램을 개발하는 것도 중요하지만, 기존 사회복지와 여성 관련 프로그램에 그들을 포함시키는 방안을 강구하는 것도 중요하다. 다문화가족의 가족해체를 예방하기 위해 가족생활과 사회생활에 대한 복지서비스의 방향을 살펴보면 다음과 같다.

다문화가족의 가족구성원 간의 원만한 관계형성을 위한 부부관계상의 정립과 전문적인 상담을 확대 실시한다. 부부간의 적응은 초기적응이 중요하지만, 다문화가족은 언어장벽으로 인해 의사소통이 어렵고 문화적인 차이에 대한 서로의 이해 부족으로 인한 갈등이 심화되어 가족해체로 이어질 가능성이 많다. 다문화가족을 해체로 이끌 수 있는 다양한 가족문제에 초기 대응할 수 있도록 하는 지원시스템을 마련하여야 한다. 따라서 다양한 문화와 가치관을 인정하고 수용할 수 있는 교육 프로그램의 개발과 운영이 필요하다. 가족상담도 통역을 통해 자국의 언어로 충분히 표현할 수 있도록 하는 시스템의 도입이 일반화되어야 할 것이다.

최근에는 재혼이 증가하고 있으므로 재혼가족대상의 가족생활교육 및 가족관계 증진을 위한 전문적인 프로그램을 개발 · 운영해야 한다. 다문화가족의 혼인유형이나 가족형태가 다양해짐에 따라 그들이 겪는 문제들도 다양해지고 있는 점을 고려한 프로그램 개발이 요구된다. 그러나 이들을 위한 다양한 프로그램이 개발되고 운영된다고 해도 교육대상인 다문화가족들의 참여가 없이는 교육의 효과를 거둘 수가 없으므로 이들의 교육에 대한 인식 개선과 적극적인 참여를 유도하는 것이 현장에서의 시급한 점이다.

다양한 문화와 가치관의 공존을 위해서는 다문화가족과 일반가족에 대한 경계를 없애야 한다. 미래에는 이러한 경계가 없어질 것으로 사료되지만, 이들이 일방적인 수혜자의 입장에서 한국사회에 공존하는 사회인으로서 참여할 수 있는 프로그램의 전환이 필요하다. 여성가족부에서는 결혼이주여성들의 모국문화와 모국에서의 경험을 바탕으로 일반 한국인을 대상으로 각국의 다양한 문화를 알리고 인식을 개선하기 위해 다문화강사교육을 하여 각지에 파견하고 있다. 이들은 교수방법과 교육자료 만드는 법, 전달법, 상담의 기초, 한국문화, 이미지메이킹 등 다양한 내용으로 심화과정을 진행하고 있다. 이러한 노력은 한국인의 타문화에 대한 이해와 열린 마음을 갖게 하는 데 도움이 되며, 결혼이주여성의 자긍심을 높일 수 있기도 한다. 앞으로도 다문화가족들이 참여할 수 있는 지역사회활동과 주민활동에 적극 동참함으로써 이들도 한국인으로서의 정체감과 자긍심을 갖게 해야 할 것이다.

3) 미래세대 육성을 위한 지원

다문화가족이 저출산 시대의 재생산에 영향을 주고 있는 것을 부인할 수 없는 만큼 한국의 미래를 구성하게 될 세대에 대한 교육은 대단히 중요한 국가적 과제라고 할 수 있다. 우리 사회에서는 자녀양육과 교육에 대한 책임을 주 부양자인 어머니가 담당하고 있기 때문에 언어장벽을 가진 외국인 어머니에게 자녀양육이란 책임감과 스트레스의 원인이 될 수 있다. 또한 자녀양육과 학습에 대한 다문화가족의 요구는 매우 강하여 다문화가족 아동에 대한 지원을 강화하고, 다양한 프로그램을 개발하고 지원대상을 확대시켜야 한다. 미취학 자녀를 위한 보육과 교육시설 이용을 확대실시하고 있으나, 지역적 요건이나 가정형편상 보육의 사각지대에 있어서 이용하지 못하는 가정이 없도록 해야 할 것이다. 취학연령임에도 불구하고 학습능력이나 학력수준의 미달로 인해 연령에 맞춰 취학하기 어려운 아동들을 대상으로 다양한 형태의 학습지원을 강화해야 할 것이다.

특히 결혼이주여성의 연령이 낮은 경우 아직 어머니로서 '모성'을 발휘하기에 미숙한 점이 있으며, 취업을 한 경우에는 돌볼 수 있는 여건이 되지 않으므로, 방과 후 보육이나 교육을 위한 서비스를 활성화하는 방안을 다각적으로 연구하여 지원해야 한다.

자녀양육을 잘 할 수 있도록 학부모를 대상으로 한 정보제공이나 부모교육, 학습훈련 등을 실시하고, 심리사회적 지지를 위한 프로그램 및 멘토링 제도, 상담 등 다양한 통로로 다문화가족의 자녀가 가정이나 학교에서 잘 적응하도록 지원하여 미래 사회의 성숙한 성인으로 성장하여 사회에 기여할 수 있도록 최선을 다해야 할 것이다.

4) 결혼이민자의 생활 및 생존을 위한 지원

결혼이주여성들의 많은 사람들의 결혼이주의 목적 중의 하나는 자국보다 잘사는 나라에 와서 보다 나은 생활을 영위하고자 하는 것이다. 결혼이주여성들과 지원단체들은 다문화가족지원법에 의해 여러 정책이 시행되고 다양한 서비스가 이루어지고 있으나 취업을 통한 경제활동을 지원하는 프로그램에 대한 요구가 높다. 이러한 요구의 배경은 경제적 여건이 어려운 가정도 있지만 세월이 가면서 남편의 경제능력이 약해짐에 따라 결혼이주여성이 가족 부양의 책임을 더 많이 맡아야 한다는 현실에서이다. 통계에서 밝히고 있듯이 남편과 아내의 연령 차이는 평균 10세 정도이므로 자녀의 교육부담이 커질 무렵에 남편은 생활전선에서 물러나게 되고 가계지출은 증가하게 되므로, 결혼이주여성들에게 취업은 생존을 위한 이유를 갖게 된다. 국제결혼이 한창 증가했을 시기인 2005년도에는 부부간의 연령차가 20세를 넘는 경우도 많았으므로 다문화가정은 여러 가지 사유로 이혼, 별거, 사별 등으로 혼자가 되는 경우가 많아질 수 있다는 현실을 감안하면 결혼이주여성의 취업은 가족의 자립과 생존뿐만 아니라 사회 전반의 안정과 통합을 위한 요소이기도 하다. 나아가 이미 취업을 하고 있는 결혼이주여성들은 열악한 근무조건과 가정생활을 병행하고 있어서 일·가정 양립을 위한 고려도 필요하다.

이에 대한 연구(박현성·홍달아기, 2016)를 보면 결혼이주여성에게 일과 가정을 함께 유지한다는 것은 견딜 수 없는 피로감과 시간부족으로 인해 생활에 제한을 받는 것과 자녀양육과 교육에 대한 자책감, 불안, 두려움 등으로 어려움을 겪음을 의미한다. 소통이 잘 되지 않는 직장에서의 긴장과 눈치로부터 오는 심리적 피로와 노동으로부터 오는 육체적 피로로 다 놓고 싶은 부정적 감정을 갖는 반면, 노동의 대가가 주는 자신감, 뿌듯함, 자유로움, 자신과 가족의 희망을 찾을 수 있을 것 같은 감정 등 양가감정을 갖는 것으로 밝히고 있다. 일을 갖고 있는 여성들은 가정보다 일이 우선순위가 되어버린 경우가 많기 때문에 자녀를 돌봐주지 못한다는 죄책감에 시달리고 있다. "아이교육은.... 걱정만 하지 아무런 생각이 없어요. 지금은 내가 힘드니까..."라는 말 속에 일로 인해 가정과 가족이 희생되는 데 대한 죄책감이 큰 것으로 보인다. 따라서 결혼이주여성들의 취업률이 점차 증가하고 있으므로 이를 위한 심리적 위안이나 상담, 양육과 교육 관련 서비스들이 보완되어야 할 것이다.

5) 결혼이주여성의 양육권 보장

결혼이주여성은 국적을 취득하기 전이라도 결혼하여 출생한 자녀를 홀로 양육할 경우 한부모가족지원법에 의해 법적 지원을 받을 수 있다. 배우자와 사별 또는 이혼하거나 배우자로부터 유기되었을 경우, 정신 또는 신체장애로 인하여 장기간 노동력을 상실한 배우자를 가졌거나, 미혼인 경우, 배우자의 생사가 분명하지 않은 경우, 배우자 또는 배우자 가족과의 불화 등으로 인하여 가출한 경우, 배우자의 장기복역 등으로 인하여 부양을 받을 수 없는 경우에는 홀로 아동양육책임을 부담해야 할 때 한부모가족지원법의 지원을 받는다. 결혼이주여성에 대한 치료적 접근은 그 유형별 특성에 맞춰서 이루어져야 할 것이며, 특히 정신심리적 측면의 경우는 개인이 처한 상황을 잘 파악해서 심도 있는 개입이 이루어져야 한다. 비자발적·자발적 문제들을 해결하기 위하여 모성보호 측면의 세심한 정책적 배려가 매우 필요하다.

국제화 시대의 '다문화주의' 관점에서 다문화가족에 대한 우리의 관점을 어떻게 갖느냐에 따라 이들이 한국의 미래를 구성하는 성숙한 구성원으로 성장할 수 있는지의 여부가 달려 있다. 이를 위해서는 서로의 문화를 수용하고 인정하는 사회적 분위기가 형성되어야 한다. 결혼이민자와 그들의 자녀가 한국사회에서 자긍심을 갖고 살아가기 위해서는 이들 여성의 모국 문화에 대해 한국사회가 더욱 심도 있게 이해할 수 있는 기회를 만들어야 한다. 한국인에게 비교적 생소한 그들 출신국의 문화와 풍물을 한국인 남편과 가족들에게 소개하는 기회를 가져야 할 뿐 아니라, 학교와 지역공동체에서도 그들의 문화를 소개하는 행사를 개최하는 등의 노력이 필요하다. 동시에 국제결혼에 대한 사회적 편견

해소를 위한 노력을 기울여야 한다.

앞으로 국제결혼은 새로운 문화양식의 창조이며, 이것이 사회에 수용됨으로써 종래까지의 가치체계에 변혁이 일어날 것이다. 국제결혼당사자들의 갈등에서 나타나듯이 이러한 문화적 변화의 영향은 결혼 후의 가족관계는 물론이고, 이웃과의 교제, 식생활, 2세들의 탄생과 성장, 결혼 등의 통과의례에서도 나타날 것이다.

특히 농촌사회는 이들 다문화가족이 안정성과 긍정성을 찾지 못한다면 마을공동체가 해체의 위기를 맞게 될 것이다. 이에 어떤 마을에서는 "젊은 여성이 살기 좋은 환경 만들기" 운동을 하고 있기도 한다. 국제결혼건수가 급증함에 따라 국제결혼과 관련하여 정확한 실태를 파악하고 문제를 조사하여 적절한 사회적 · 국가적 대처방안을 강구하는 것이 시급하다. 또한 국제결혼을 하여 한국에 시집와서 사는 여성들은 '이민자'의 삶을 살고 있으므로 그들이 건강한 가정을 이루고, 한국사회에 잘 적응하도록 돕는 지원 프로그램과 정책에 대한 다각적인 연구가 필요하다. 한국사회도 결혼이민자의 유입에 의해 이미 실질적인 의미에서 이민사회가 되었다고 진단(설동훈, 2005)하고 있듯이 다국적 신부들에 의해 형성되는 사회문화적 변용이 바람직한 방향으로 갈 수 있도록 국가가 힘써야 할 때이다.

다문화가족들의 활동 모습

 오카리나 가족취미반	 연극공연반	 가족드론축구단	 하모니 가족연주반
 부모교육(놀이지도)	 부모교육(교통안전지도)	 부부교육	 부모교육(예절·서당체험)
 학부모교육(만들기 교육)	 입학 전 학부모교육	 엄마들의 자조모임	 우쿨렐레 가족취미반
 다빛주얼리 마을애(愛) 카페 : 공예체험과 소통의 장으로 활용	 ITQ와 powerpoint자격취득반	 단체급식조리사 자격취득과정	 패브릭공예 교육
 마술지도사를 취득하여 활동	 섬유봉제교육	 다문화이해강사	 이중언어교사

결혼이주여성들이 직업교육에서 배운 실력을 활용하여 요양원에서 정기적으로 봉사활동을 하고 있다. 이제는 수혜자에서 봉사자로서 사회의 일원이 되고자 하는 노력 중의 하나이다(사진 제공 : 익산시다문화가족지원센터).

CHAPTER 12

미혼모가족과 가족복지

1. 미혼모가족의 개념

미혼모란 그 개념상 미혼상태에서 혼전 임신 및 출산, 인공임신중절과 별거, 이혼, 사별상태에서 배우자와 관계없는 아이를 가진 경우를 의미한다(NASW, 1965). 그리고 사전에서의 정의를 보면, 합법적이고 정당한 결혼절차 없이 아기를 임신 중이거나 출산한 여성이라고 한다. 법적인 측면에서는 첫째, 혼인하지 않은 상태에서 아이를 임신하여 분만을 한 여성, 둘째, 이미 혼인한 기혼녀가 이혼, 과부 등의 상태에서 법적 배우자가 아닌 남자와의 관계에서 임신했을 경우, 셋째, 혼외의 경우인 독신녀가 인공수정한 경우를 말한다.

최근에는 자발적 비혼모가 증가하고 있는데, 자발적 비혼모는 법적으로 혼인하지 않은 상태에서 의도적으로 임신과 출산을 한 여성을 말한다. 즉, 법적으로나 문화적으로 결혼을 안 한 여성은 어머니 자격이 없는 것으로 간주했던 우리 사회에서 그것을 '자발적으로 거부'하는 여성이 늘고 있는 것이다. 여성학계에서는 '미혼모' 대신 '비혼모'라는 용어를 사용하면서, 미혼모라는 말은 지금은 결혼을 하지 않았지만 이후 결혼이라는 제도 안으로 흡수되어야 하는 존재로 보는 시각이 담겨 있는 반면, 비혼모는 결혼을 거부 또는 선택의 문제로 사고하는 용어로 보고 있다.

그러나 우리나라에서는 아직 혼외의 경우는 미혼모라 부르지 않고 단지 혼전 임신에 한해서 미혼모라 하는 것이 상례로 되어 있으며, 통상적으로 미혼모는 주로 10대 미혼모(teen pregnancy) 혹은 20대 초반의 미혼모에 국한하여 사용된다(Williams, 1995). 따라서 이

장에서는 혼인하지 않은 상태에서 임신하게 되는 청소년과 여성을 중심으로 법적으로 결혼의 경험이 전혀 없는 가운데 임신을 하여 아이를 출산하게 된 여성으로 국한한다.

2. 미혼모가족의 현황

서구의 성해방 풍조가 급격히 밀어닥치고 이성교제의 기회가 많아지고, 대중매체를 통한 성적 자극이 만연함에 따라 청소년의 성에 대한 태도와 행동은 적극적이고 개방적인 양상을 띠게 되었다. 청소년들은 쉽게 성적 충동을 느끼고, 성에 대해서 보다 허용적 태도를 가지게 되어 사회적으로 이들에게 적절한 성교육은 실시되지 못하고 있는 현실하에서 성도덕은 문란해지고 성범죄, 혼전 성문제를 야기하고 있다. 이러한 미혼모의 현황을 정확히 파악하는 것은 쉽지 않은데, 그 이유는 공식적 창구를 통해 보호를 요청하지 않고 은닉해 버리는 경우가 많기 때문이다.

1) 미혼모가족 아동의 수

미국의 경우 1999년에는 사상 처음으로 미혼모 출산아가 130만 명을 넘어 전체 출산아의 3분의 1을 차지했다(세계일보, 2001. 4. 30). 우리나라의 경우 보건복지부(2017)의 통계에 따르면, 보호를 필요로 하는 아동 발생 수 중 미혼모 아동은 2009년 이후 줄어들고 있으며, 2016년의 경우 19%에 달한다(표 12-1 참고).

〈표 12-1〉 요보호아동 발생 수 (단위 : 건)

구 분	발생유형					계
	기 아	미혼모 아동	미 아	비행·가출·부랑아	빈곤·실직·학대 등 기타	
2006	230	3,022	55	802	4,925	9,034
2007	305	2,417	37	748	5,354	8,861
2008	202	2,349	151	706	5,876	9,284
2009	222	3,070	35	707	4,994	9,028

2010	191	2,804	210	772	4,613	8,590
2011	218	2,515	81	741	3,928	7,483
2012	235	1,989	50	708	3,944	6,926
2013	285	1,534	21	512	3,668	6,020
2014	282	1,226	13	508	2,965	4,994
2015	321	930	26	360	2,866	4,503
2016	264	856	10	314	3,148	4,592

출처 : 보건복지부(2017).

2) 미혼모의 연령

우리나라의 보건복지부 통계(2007)에 따르면, 2003년에서 2007년 동안 16~20세의 미혼모가 3,805명으로 가장 많고, 21~25세가 3,474명, 26~30세가 1,304명으로 나타났다. 15세 이하인 미혼모도 256명이나 차지하고 있었는데, 10대 학생미혼모가 사회문제화되고 있다. 이러한 미혼모의 저연령화 현상은 전 세계적 추세로 프랑스의 경우 매년 1만여 명, 영국도 이와 유사하여 양국에서는 양호실에서 피임약을 나누어 주고, 프랑스는 중학교 교과과정에 학기당 30~40시간씩 성교육과 피임방법에 대한 교육을 하고 있을 정도로 그 정도는 심각하다(중앙일보, 2000. 5. 10).

〈표 12-2〉 미혼모의 연령별 수

연 령	연도(2010)
19세 이하	30.6%
21~25세	31.8%
26~30세	20.9%
31~35세	16.7%
합 계	9,742명

출처 : 김혜영 · 선보영 · 김은영 · 정재훈(2009).

3) 미혼모가족 아동의 입양

연도별 국내외 입양아동 가운데 미혼모의 아이가 전체 가구 수의 10% 이상이고, 해가 지나갈수록 늘어났다. 최근 조사에 따르면, 출산 후 아기문제에 대해서 68.3%가 입양을, 31.7%가 양육을 선택하였는데, 입양을 선택한 미혼모는 아이에 대한 죄책감(46.1%)과 아이에 대한 미련(34.6%)으로 매우 힘들어하는 것으로 나타났으며, 아동을 양육할 수 없는 주요 이유로는 '경제적 문제'(42.0%)와 '아이의 장래'(20.4%)를 꼽았다. 특히 입양을 선택한 미혼모 중 37.7%가 경제적 지원이 이루어진다면 아이를 양육할 의사가 있는 것으로 조사되었다(여성가족부, 2005). 그리고 시설에 거주한 미혼모 140명 가운데 107명(76.4%)이 입양을 선택한 반면, 33명(23.6%)이 양육을 선택하여 입양을 선택한 비율이 높다는 연구결과(노충래 외, 2004)를 볼 때도 미혼모의 자녀는 대다수 입양될 가능성이 높아 이에 대한 대책이 필요하다.

4) 미혼모의 사회인구학적 요인

(1) 미혼모의 직업

미혼모의 직업은 1990년대에는 무직이 48.7%, 학생이 8.7%에서, 2000년대로 오면서 무직이 48.2%로 감소하고 학생이 16.7%로 증가하였으며, 다양한 직업으로 확대되고 있다(이명순 외, 2010).

(2) 미혼모의 학력

미혼모의 학력은 고등학교 이상이 1990년대 74.9%, 2000년대는 84.9%로 증가하였고, 대학생 이상도 19.2%로 미혼모의 고학력화 현상을 보인다(이명순 외, 2010). 그러나 10대의 경우 연령 자체가 낮기 때문에 교육수준이 낮고, 학업을 중단하고 가출을 하는 경우도 많아 학업 지속이 곤란하므로 자연스럽게 저학력으로 연결된다. 그리고 청소년 미혼모의 87.6%가 학업을 지속하기를 원했지만 71%가 학업을 중단한 것으로 나타났다(국가인권위원회, 2008). 또 다른 연구에서는 43개 미혼모시설 입소자의 교육수준을 보면 고등학교 졸업자와 대학 재학 이상의 학력비중이 적지 않다고 나타났다. 즉, 고등학교 퇴학 졸업(재학, 휴학 포함)이 1,401명(62.9%)으로 가장 많았고, 대학교 퇴학 졸업(재학, 휴학 포함)이 426명(19.1%), 중학교 퇴학 졸업(재학, 휴학 포함 등)이 401명(18.0%) 순으로 나타났다(김혜영 외, 2009). 이는 청소년 미혼모들은 학교로부터 자퇴나 휴학을 권유받거나 스스로 학업을 포기하는 상황이고, 특히 중학생의 경우 의무교육으로 인해 자퇴나 휴학을 학교에서 권고하지 못하지만 '유예처리'[1]로 실제 휴학이 종용되기도 하여 이러한 학업중단은 학생미혼모의 학습권과 인격권이 박탈되고, 미혼모로 하여금 실업과 빈곤의 악순환으로 빠져들게 하는 이유가 된다.

(3) 미혼부와의 관계

미혼모들은 미혼부를 친구 소개(37%), 우연히(16.4%), 직장동료(13.4%)로서 만나 이성교제 중에 자연스럽게 성관계를 갖게 된 것으로 나타났다(여성가족부, 2005). 미혼모의 상대자로 애인, 친구나, 일시 교제가 높은 비율을 차지하고 있는 것은, 이들의 성활동은 활발한 데 반하여 피임 등에 대한 지식이 부족하여 나타나는 결과로 볼 수 있다.

그러나 임신 후 미혼부와의 관계를 보면, '헤어졌다'가 62.1%, '가끔 왕래'가 10.8%인데 반해, '결혼 예정'은 6.0%, '교제 중'인 경우가 19.4%로 나타나 관계가 유지되는 경우는 25.4%에 불과하였다(여성가족부, 2005). 이는 미혼부들이 이성교제 시 혼전 성관계에 대해서는 자유로운 사고를 가지고 있으나, 예상치 못한 임신에 대한 책임은 주로 미혼모 혼자서 감당해야 하는 상황임을 보여주고 있다.

(4) 임신의 이유

실제 보호시설 미혼모 중 16%가 '피임 실패', 66%가 '교제 중 원치 않게 임신'이라고 답한 것을 보면 82%가 원하지 않는 임신으로, 성에 대한 무지의 결과로 임신한 것으로 나타나고 있다. 한편 '아기를 갖기 위해서'라는 이유가 7.5%로 자발적 미혼모의 사례를 보여주고 있다.

---

1 유예처리란 의무교육인 중학생의 경우 학교 측이 휴학이나 자퇴를 종용할 수 없기 때문에 학생 스스로 학업을 잠시 중단했다가 복귀하겠다는 의사를 표현하는 것을 뜻한다.

3. 미혼모가족의 발생원인과 문제

1) 미혼모가족의 발생원인

미혼모가족의 발생원인은 여러 가지 다양한 요인들의 복합적 작용에 기인한다고 보고 있다. 미혼모의 발생은 성교육의 부재, 무분별한 성충동, 신세대들의 성개방 풍조, 음란을 방관하는 사회현실 등 다양하면서도 복합적인 원인이 작용한다. 이러한 미혼모의 발생원인을 정신분석학적 · 심리학적 · 사회문화적 · 성행태적 관점으로 나누어 살펴보고자 한다(도미향 외, 2004).

(1) 정신분석학적 접근

정신분석학적 접근은 미혼모 발생을 그 개인의 잠재의식 속에 깊이 뿌리박고 있는 갈등에 의한 것으로 보는 관점이다. 이 경우 부모와의 심리적 갈등, 특히 지배적이고 가해적인 성격을 가진 어머니와의 갈등과 아버지에 대한 소유욕구에서 나타나는 엘렉트라 콤플렉스(electra complex)의 해결책으로서 미혼모가 되도록 동기화시킨다는 입장이다. 특히 모자가족에서 미혼모의 비율이 높게 나타나는데, 이는 부(父)에 대한 동일시가 불가능하여 올바른 성가치관이 형성되지 못하였기 때문이라 할 수 있다(이삼식, 1998 : 57).

(2) 심리학적 접근

심리학적 접근으로 미혼모 발생의 심리적 요인은 충동성, 초자아 발달의 결함, 성에 대한 불안, 가족 간의 의사소통장애 등에서 그 원인을 찾을 수 있다. Daniel(1969)의 의존박탈증후군(dependency-deprivation syndrome)에 의하면, 10대 임신은 가족의 불안전성, 또래와 형제 간의 관심 유도를 위한 경쟁심, 어머니와의 무보상관계, 신체적 학대에 기인한다는 것이다. 그리고 Paulker(1969)는 10대 소녀가 어린 시절에 정서적으로 박탈된 가족환경에서 사랑의 욕구가 충족되지 못했을 때 무의식적 사랑의 욕구에 의하여 동기화됨으로써 임신을 하게 된다는 것이다(Friedman, 1971). 즉, 타인으로부터 애정을 받기 위해 쉽게 혼전 성행위에 빠지며, 특히 10대 여학생의 경우 남학생과 만남을 지속하기 위해 남학생의 성적 요구를 수용하는 복종적 성의식에 의해 미혼모가 된다고 할 수 있다. 윤미현(2000)의 연구에 의하면, 10대 미혼모는 20대 미혼모에 비해 자기에 대한 긍정적 태도가 적을수록, 낮은 내적 통제력을 지닐수록, 미혼모가 될 가능성이 높게 나타났다.

이러한 측면에서 자녀에게 통제적이며, 거부적이고, 일관성이 없는 경우 미혼모의 발생률을 높이고(이소희·도미향, 1996 : 87; 도미향, 2001), 부모-자녀 사이가 애정이 있고, 가족이 안정되어 있을 때는 성적 충동을 억제할 수 있고, 친밀한 부부관계는 미혼모 발생을 예방하는 데 중요한 요인이 된다(허남순, 1986 : 123). 또한 부모의 교육수준이 높을수록 10대 자녀의 성행동이 낮은 비율로 나타난다는 결과가 있으며(Forste & Heaton, 1998), 가족구조상 한부모가족이나 결손가족의 경우 자녀는 부모에 대해 거부감과 갈등을 일으키게 되고, 구조적·기능적 결손가족의 미혼 자녀가 가출을 하거나 취업을 할 경우 부모의 보호·지도의 영향력 밖에 있으므로 미혼모가 될 가능성이 크다(Miller & Bingham, 1989; 손홍숙, 1995).

(3) 사회문화적 접근

사회문화적 접근은 사회문화적 상황이 미혼모 발생을 조장하는 것으로서 가족기능의 약화, 성윤리의 변화, 자극적 매스컴의 영향 등 산업화, 도시화에 따른 사회적 변화가 미혼모 발생에 영향을 미친다는 관점이다. 문화적 입장에서 볼 때 현대사회의 무규범 현상(anomie)과 평등에 기초한 남녀 성역할 변화는 성개방적 자유의 추구를 가능케 하고 각종 음란 비디오와 음란 인터넷 사이트 등 시청각 매체의 발달과 이에 따라 성적 자극을 쉽게 받을 수 있는 데 반하여 성충동의 자제는 어려운 데 영향을 받는다고 할 수 있다. 또한 열악한 가정환경과 또래집단(peer group)에게 영향을 받게 되는데, 10대 미혼모는 친구와 성적 대화를 많이 하고 친구와의 성적 대화가 성행동화로 이어지면서 임신이라는 형태로 나타난다(윤미현, 2000). 한편 혼전 임신을 계층적 지위와 관련시키는 경우는 사회경제적 지위와 교육수준이 낮고, 장래가 불투명할 때 일정한 시기 이후까지 성적 행동을 연기할 수 있는 태도를 갖거나 성행위를 억제하는 것이 힘들어지게 되고, 그 결과 미혼모가 된다는 것이다(도미향, 2001).

(4) 성행태적 접근

성행태적 접근은 누구라도 혼전 성행위를 할 수 있다는 가정에 근거한다. 즉, 성지식과 성태도, 성욕이 영향을 미친다는 입장으로 미혼모가 되는 것은 성지식의 결여로 인한 무분별한 성태도에서 비롯되거나(Crawford & Furstenberg, 1985), 또는 많은 성지식이 오히려 성에 대한 호기심을 불러일으켜서 부정적 영향으로 작용한다고 볼 수 있다. 또한 미혼모가 된 소녀는 그렇지 않은 일반 소녀보다 유달리 성욕이 강하고, 욕구 충족을 지연시키기 어려워 발생한다고 지적하기도 한다(Murray & Parks, 1985).

Newcomer, Bilbert와 Udry(1980)는 성행동과 성태도는 그들의 또래집단이 진정으로 원하는 행동이라기보다는 또래들의 행동과 가치와 관련이 있다고 하였다. 특히 청소년기의 친구와 형제의 성행동이나 다른 비행행동은 청소년기들의 비행이나 성행동을 예견하는 요소라고 지적하고 있다. 또한 또래들이 성적으로 허용적일 때 미혼모가 될 가능성이 높아진다는 보고도 있으나(Small, Stephen, & Kerns, 1993), 성지식과 성태도에 대해서는 논의가 분분하다.

2) 미혼모가족의 문제

10대 미혼모는 학교 중퇴, 저임금 업종에의 종사, 한부모됨, 건강, 인지문제 등에 있어서 다른 또래나 20대 이후 미혼모에 비해 취약한 위치에 있다고 할 수 있다(Hofferth & Hayes, 1987; Luker, 1996). 이러한 입장에 있는 미혼모의 가장 큰 문제는 자녀양육의 의사여부, 경제적 문제, 미혼부나 부모와의 관계, 결혼의사의 여부 등의 문제를 들 수 있다. 미혼모가 아이를 출산하기 전 문제로는 대부분의 10대 미혼모는 임신 중기 이후부터 학업을 포기한 상태에서 가출하였거나, 재학 중의 임신으로서, 정신적으로나 경제적으로 부모로서의 역할을 수행하기가 거의 불가능하다는 점이고, 또한 미혼부로부터 유기되어 혼자서 자녀를 출산, 양육하게 되는 경우가 많다는 점이다. 그리고 이들은 가정과의 결별, 기본적 생활 유지, 산전 및 산후 관리, 자녀 출산 및 출산자녀 양육, 사회에서의 고립 등의 복합적 문제를 안고 있다.

미혼모의 자녀 출산 후 문제는 미혼모 자녀에게 미치는 영향과 미혼모 자신에게 미치는 영향, 미혼모의 부모가 받는 영향, 미혼부가 받는 영향으로 나눌 수 있다.

(1) 미혼모 자녀에게 미치는 영향

이미 자녀를 낳아서 양육하고 있는 미혼모의 경우 경제적 문제와 앞으로의 자녀 입적이나 기타 한부모 슬하에서 자녀를 양육하게 되는 등의 문제를 안고 있다. 특히 자녀는 사생아라는 오명을 들으면서 자라게 되므로 좋은 성장을 기대하기 어려운 경우가 발생하며, 어려운 가정여건으로 학업성취도가 비교적 낮고, 이로 인해 비행청소년이 될 우려도 있다.

한편 장애아 출산의 우려를 배제할 수 없는데 청소년들은 임신사실을 알게 된 경우 약물을 복용하거나 올바르지 못한 낙태방법을 사용한다. 또한 임신사실을 아는 시기도 성지식 등의 부족으로 인해 낙태 가능시기를 놓치게 되는 경우가 많고, 낙태는 또한 윤리적 문제를 야기할 수도 있다. 미혼모의 63%가 임신 5개월이 넘어서 뒤늦게 임신사실을 알게 되고(서울시, 1998), 임신사실을 모르는 동안 또는 임신 말기까지 임산부에게 유해한 약물 복용, 흡연과 음주 등을 계속해서 하게 되는 경우가 많아 장애아 출산의 가능성을 높인다. 또한 태아의 영양공급이 부족하고, 산모의 정신상태가 미숙한 경우가 많아 미숙아와 저체중아 출산비율이 높고, 결국 장애아로 이어진다.

(2) 미혼모에게 미치는 영향

미혼모에게 미치는 영향은 임신결과에 대한 책임이 주로 여성에게 전가되어 사회와 가족 내에서 어려움을 겪게 된다는 점이다(서울시부녀복지연합회, 1996). 특히 가족으로부터의 소외감, 자녀에 대한 죄책감을 가지게 되고, 또한 아버지 없이 경제적으로나, 정신적으로 매우 불안정한 상태에서 자녀를 키우게 된다. 그리고 자녀를 입양시키게 되는 경우 친권 포기 이후의 상실감과 심리적 고통을 경험하게 되는 친모증후군(birth mother syndrome)의 증세를 보이기도 한다(Jones, 1993; 백연옥, 1995). 한편 신체적인 면에서 볼 때 대부분의 미혼모들은 인공유산을 하게 되는데, 이는 차후의 임신 시 인공유산으로 이어질 확률을 높이게 됨으로써 자궁내막유착증, 자궁경관무력증, 습관성 유산, 불임의 원인이 되기도 한다.

또한 많은 미혼모들은 자녀의 양육방법으로 직접 양육보다는 입양을 결정하게 되는데, 이 경우 미혼모들은 여러 가지 자녀상실에 대한 어려움을 겪게 된다. Roles(1989)는 미혼모들이 입양을 선택하게 되면서 겪게 되는 슬픔과정을 5단계로 제시하였는데, 각 단계별로 미혼모의 슬픔을 위로할 수 있는 적절한 복지서비스의 제공이 필요하다(최승희, 2003 재인용).

〈표 12-3〉 입양 선택 미혼모의 슬픔과정

단 계	분 류	내 용
1	무감각과 부인 (numbness and denial)	상실에 대한 고통에 대처하기 위한 방어기제로서 부인을 활용하며, 기쁨, 사랑 같은 긍정적 감정을 허용하지 않음
2	감정의 폭발 (eruption of feeling)	우울한 감정들과 슬픔, 공포, 두려움, 분노, 절망, 죄의식, 수치심 등의 감정을 폭발적으로 겪음
3	자신의 결정을 수용하고 인정 (accepting and owning your decision)	입양의 결정 자체가 어렵고 힘든 만큼 오랫동안 자신의 결정이 옳았는지를 생각하고 수용하게 됨
4	불확실성에 대한 적응과 삶 (accommodation and living with uncertainty)	상실을 현실로 받아들이게 되며 점차 자신의 감정을 해소할 수 있는 방법을 찾게 되고, 적응하게 됨. 여기서 적응이란 지신이 내린 결정에 따라 살아가는 것을 배우는 것의 지표이며, 미래의 자녀와의 만남이나 관계 형성에 대한 불명확한 상황을 수용하며 살아가는 것을 의미함
5	재평가와 재정립 (revolution and rebuilding)	자기 자신에 대한 감정을 재평가하는 과정은 계속되며, 여기에는 자신을 바라보는 관점, 자신을 가치 있는 사람으로 인식하는 것 등을 포함함

출처 : 최승희(2003).

자녀양육이 아닌 입양을 선택하는 집단은 10대 미혼모가 많은데, 입양을 선택하는 미혼모들은 입양에 대한 긍정적 태도, 부모역할능력 부족, 높은 교육적 기대(Donnelly & Voydanoff, 1991; 윤미현·이재연, 2001)를 가지고 있으며, 가족이나 친척 중에 입양한 경험 유무, 성관계 시 미혼부와의 감정일치도, 어릴 때 성학대 경험 및 성폭행 경험 유무 등이 입양결정에 영향을 미치는 것으로 나타났다(Donnelly & Voydanoff, 1991).

(3) 미혼모의 부모가 받는 영향

미혼모의 임신사실은 가족에게 있어 수치심과 심리적 고통을 유발하게 되는 반면 가족은 미혼모에게 입양 혹은 양육 결정에 여러 가지 심리적 압박을 가한다. 즉, 부모는 자녀의 임신으로 인한 실망과 충격을 느끼며, 손자의 양육문제에 대해 여러 가지 정신적 스트레스를 받는다. 특히 우리나라의 경우 10대 미혼모의 부모는 20대 미혼모의 부모에 비해 자녀의 행동에 대해 더 많이 간섭하는 것으로 나타났고, 이에 대한 불만이 혼전 임신과 같은 일탈행동을 이끄는 요인이 된다고 보았다. 또한 10대 미혼모의 부모가 20대 미혼모의 부모보다 자녀의 임신사실에 대해 알고 난 후 더 온정적인 것으로 나타났는데(한영주, 1998), 10대 미혼모의 경우 이들이 아직 어리고 부모의 보호가 필요한 시기이기 때문에 미혼모의 임신 및 출산 이후 적응을 돕기 위해 부모가 받게 되는 정신적·물질적 스트레스는 더욱 크다고 볼 수 있다.

(4) 미혼부가 받는 영향

미혼부가 청소년인 경우에는 어린 시기의 임신과 부모됨이 심리적 압박과 더불어서 아이에 대한 책임을 회피하는 결과를 낳게 된다. 실제로 10대 미혼모들은 20대 미혼모들에 비해 임신사실을 미혼부에게 알리지 않는 경향이 더 강했으며, 임신사실을 미혼부에게 알린 경우에도 이들은 대부분 아기에 대해 입양을 권유하거나 유산시킬 것을 바란 것으로 나타났다(윤미현, 2000).

이상과 같이 미혼모는 정서적 불안정, 장애아 출산의 우려, 경제적 문제, 부모와의 가족관계 유지의 어려움, 학업과 진로 문제, 또 다른 임신 등 여러 가지 심각한 문제를 내포하고 있다.

4. 미혼모가족을 위한 복지대책

정부에서는 근본적으로 미혼모 발생을 예방하고, 이미 미혼모가 되어버린 미혼모가족을 위하여 여러 가지 대책들을 제도적으로 실시하고 있는데, 이러한 미혼모 복지서비스의 현황과 대책을 복지대책의 법적·행정적 기반과 복지대책의 구조와 경향으로 나누어 살펴보고 그 시사점을 파악하고자 한다.

1) 외국의 미혼모가족 복지서비스

미혼모를 위한 외국의 사회복지서비스를 살펴보면, 프랑스의 경우 2010년 전체 신생아의 50% 이상이 혼외 출산으로 태어났으며, 1990년대 출산율이 1.63명까지 떨어졌지만 정부가 미혼모가정과 미혼남녀 동거가정에 대한 법적 지원제도를 완비하고 사회적 차별을 철폐함으로써 출산율이 유럽 1위로 높아졌다(경향신문, 2010. 8. 8). 그리고 스웨덴에서는 사회보장제도의 보호 속에서 의식주를 보장받고, 차별 없는 고용을 통해 독립할 수 있으며, 학생인 경우 수업료 면제와 함께 한 학기에 270만 원 정도의 학비를 보조하고 있다.

덴마크에서는 미혼모에게 모성보호법, 임신건강법, 국민건강보호법 등 모든 복지관계법의 수혜권리가 부여되며, 복지수혜자격에 결혼의 합법성에 따른 불평등이 존재하지 않는 보편적 수혜원칙이 적용되어 출산 급부, 가족수당, 가사보조서비스, 법적 서비스 상담 등 개인적 차원에서 사회경제적 차원까지 다양한 서비스가 제공되고 있다. 또한 혼외에 출생한 아이의 미혼부로 확인될 경우, 법적으로 부양책임을 져야 하는 '미혼부 책임의 법제화'가 되어 있다. 따라서 미혼모에게서 태어난 아이는 아버지의 성을 따를 권리 및 보호를 받을 권리 그리고 재정적 후원을 받을 권리를 가지고 있다.

독일에서는 민법 및 청소년복지법 등에서 미혼모와 그 자녀에 대한 미혼부의 책임을 강화시켜 자녀양육비와 생활비 등 모든 경제적 지원의 책임을 1차적으로 미혼부에게 부과하고 있다. 또한 아동양육 지원을 중심으로 복지서비스가 실시되어 국가는 미혼모에게 아동수당, 주거비 보조, 생활비 보조, 양육비 가불 등의 서비스를 지원하고 있다(노충래·김원희, 2004).

2) 우리나라의 미혼모가족 관련법

우리나라의 경우 현재 미혼모와 관련된 조항들은 헌법, 민법, 사회복지법, 아동복지법, 한부모가족지원법, 국민기초생활보장법, 의료보호법, 입양특례법, 모자보건법, 청소년기본법 등에서 찾아볼 수 있고, 관련법들의 내용은 〈표 12-4〉와 같다.

이 법들 중 한부모가족지원법에서는 제4조의 한부모에 관한 정의에서 미혼자가 자녀를 양육하는 경우를 포함하고 있으며, 또한 청소년 한부모를 24세 이하의 모 또는 부로 정의하고 있어 미혼부모도 법적으로 보호를 받는 입장이 되었다. 또한 제12조 제2항에서 아동양육비를 지급할 때에 미혼모나 미혼부가 5세 이하의 아동을 양육하거나 청소년한부모가 아동을 양육하면 예산의 범위에서 추가적인 복지급여를 실시하고, 또한 국가나 지방자치단체는 이 법에 따른 보호대상자의 신청이 있는 경우에는 예산의 범위에서 직업훈련비와 훈련기간 중 생계비를 추가적으로 지급할 수 있도록 하고 있다(법제처, 2018). 이에 저소득 한부모가족의 지원에 따라 정부에서는 아동양육비는 만 13세 미만 자녀까지 월 13만 원을 지급하고, 청소년 한부모가족의 아동양육비는 월 17만 원을 지급하고 있으며, 출산 미혼모 산전·산후요양비, 미혼모 자녀 생활보조비, 자녀학비, 방과후 학습비, 난방비, 건강관리비, 생활자립금 지원 등을 실시하고 있다(보건복지부, 2017).

그러나 이들 관련법규들을 근거로 한 지원사업은 주로 예방적 차원에서의 지지적 사업보다는 가족복지의 제3차 방어선이라 할 수 있는 대리적 서비스에 치중하고 있어 그 또한 미혼모 자녀의 입양서비스와 미혼모의 출산 전·후 관리서비스 등 극히 부분적 지원에 머무르고 있다. 특히 10대 미혼모의 경우 전체 미혼모보호시설에 입소한 미혼모(국민일보, 2001. 1. 15)가 상당수 임을 감안할 때 이들을 위한 별도의 제도와 시설의 제공이 필요하나 아직은 정비되어 있지 못한 실정이다.

〈표 12-4〉 국내법에 명시된 미혼모 관련 조항 및 내용

법 명	미혼모 관련 조항 및 내용
민 법	· 제812조에서 법률혼주의로 모권(母權)은 결혼의 테두리에서만 인정되며, 미혼모는 사회적으로 인정하지 않음 · 제781조에서 미혼모 아동의 법적 지위에 관해 규정
아동복지법	· 아동복지시설에 재정적 지원을 하고 있으며 미혼모 상담, 입양, 임시위탁양육 등의 서비스 실시
한부모가족지원법[2]	· 제4조에서 아동을 양육하는 미혼자를 한부모에 포함시키고 있음 · 제5조에서 보호대상자에 포함시키고 있음 · 제12조에 의해 생계비, 아동교육지원비, 아동양육비, 기타 대통령령으로 정하는 비용 등을 제11조(복지급여의 신청)에 의해 대여할 수 있음 · 제19조 미혼모자가족복지시설 : 미혼모자가족과 출산 미혼모 등에게 편의를 제공하는 시설 가. 기본생활지원 : 미혼 여성의 임신・출산 시 안전 분만 및 심신의 건강 회복과 출산 후의 아동의 양육 지원을 위하여 일정 기간 동안 주거와 생계를 지원 나. 공동생활지원 : 출산 후 해당 아동을 양육하지 아니하는 미혼모 또는 미혼모와 그 출산 아동으로 구성된 미혼모자가족에게 일정 기간 동안 공동생활을 통하여 자립을 준비할 수 있도록 주거 등을 지원 – 미혼모자시설, 미혼모자 공동생활가정 및 미혼모 공동생활가정이 해당됨 – 한부모가족복지시설에 청소년 한부모가 입소를 요청하는 경우에는 우선 입소 가능
입양특례법	· 국내・외 입양서비스의 기본법으로 입양의 근거가 됨
사회복지사업법	· 미혼모 보호를 지원하는 사회복지상담, 직업보도, 모자복지, 사회복지관 운영에 관한 사업 등
의료보호법	· 미혼모 보호시설 수용자들에게 의료혜택 제공

출처 : 도미향(2001 : 321-322), 법제처(2018) 재구성.

3) 우리나라의 미혼모가족 복지서비스

현재 미혼모를 위하여 실시하고 있는 복지서비스를 살펴보면, 예방적 차원에서의 성교육과 상담실 운영, 사후적 서비스로서 미혼모시설보호서비스로 나누어 볼 수 있다.

2 한부모가족지원법은 모부자복지법이 2008년 개정되면서 법 명칭이 변경되었다.

〈표 12-5〉 미혼모를 위한 시설서비스의 종류 및 내용

시설 구분	서비스 내용
미혼모자 가족복지 시설	· 입소대상 : 미혼의 임산부 및 출산 후 6개월 미만인 미혼모 · 안전한 분만 혜택과 숙식 · 보호 제공(6개월 이내) · 기본생활지원 20개소, 공동생활지원 39개소 · 미혼모, 윤락여성 등을 보호 선도하는 선도보호시설 전국 12개소
모(부)자 보호시설	· 미혼모시설 퇴소자 중 스스로 아동을 양육하는 미혼모는 거주지 상관없이 입소해 3년 동안 보호받을 수 있고, 2년 연장도 가능 · 생계비, 중 · 고등학교 학비 지원, 방과 후 지도, 아동급식비, 직업훈련수당 지급, 영구임대주택 입주우선권, 퇴소 시 세대당 200만 원의 자립정착금, 보육료 등 지원 · 전국 39개소
모자자립시설	· 모자보호시설에서 퇴소한 모자세대 중 자립 준비가 미흡한 모자가족 세대 우선 입소 가능 · 한부모가족지원법에 따른 모(母)로서 만 18세 미만의 이동을 양육하는 저소득 무주택 모자가족 · 모자보호시설에서 받을 수 있는 혜택 중 생계비, 방과 후 지도, 아동급식비, 자립정착금을 제외하고 지원 · 전국 3개소
요보호여성 긴급피난처	· 위기에 처한 모자가족이나 미혼모는 3일 이내의 긴급보호를 받을 수 있고, 7일까지 연장보호가 가능 · 전국 28개소
재가 저소득 모자가족서비스	· 자녀를 양육하고 있는 미혼모의 경우 정부가 주는 저소득 모자가족 혜택 받음 · 저소득 모자가족 선정기준 : 중위소득 60%, 2인 가구기준 월 1,708,258원(2018년)
의료보호서비스	· 보호시설에 있는 미혼모를 위해서는 국민기초생활보장제도에 따라 무료진료 및 분만비 지급 · 지역사회에 거주하는 미혼모는 모자보건사업의 제도하에 저렴한 비용으로 의료서비스를 제공받음
모자일시 보호시설	· 배우자(사실혼 관계에 있는 자를 포함한다)가 있으나 배우자의 물리적 · 정신적 학대로 아동의 건전한 양육이나 모의 건강에 지장을 초래할 우려가 있을 경우 일시적으로 또는 일정 기간 그 모와 아동 또는 모를 보호함을 목적으로 하는 시설
미혼모자 공동생활가정	· 출산 후의 미혼모와 해당 아동으로 구성된 미혼모자가족이 일정 기간 공동으로 가정을 이루어 아동을 양육하고 보호할 수 있도록 지원하는 것을 목적으로 하는 시설
미혼모 공동생활가정	· 출산 후 해당 아동을 양육하지 아니하는 미혼모들이 일정 기간 공동으로 가정을 이루어 생활하면서 자립을 준비할 수 있도록 지원하는 것을 목적으로 하는 시설

출처 : 보건복지부(2018).

미혼모 발생 예방을 위하여 중·고등학교의 정규 교과목 과정 중에서 또는 가족계획협회 등과의 연결을 통하여 성교육을 실시하고 있으며, 상담서비스로는 혼전에 성관계를 가졌거나, 임신으로 도움이 필요한 사람은 전국 청소년종합상담소, 여성복지상담소, 성폭력피해상담소, 미혼모시설, 입양알선기관, 국내입양지정기관 등의 상담소에서 도움을 받을 수 있다. 또한 '여성긴급전화 1366'을 통하여 미혼모 등이 복지서비스를 받을 수 있다.

한편 시설보호서비스는 〈표 12－5〉와 같이 미혼모시설 등을 비롯하여 다양한 형태의 시설에서 보호받을 수 있는데 현재로서는 그 수가 부족해서 이용에 어려움이 따른다.

5. 미혼모가족을 위한 복지과제

우리나라는 현재 세계 최저의 출산율에도 불구하고 미혼모는 그동안 부정적인 사회적 인식으로 인해 정책의 사각지대에 놓여 있으며, 미혼모의 자녀들은 대다수 국외 입양아동이 되고 있다. 앞으로 미혼부모와 그 자녀에 대한 정책 개발 및 실질적 지원방안, 모·부자복지법 개정 등 법제도 개선 및 가족유형에 따른 특화된 서비스를 개발·지원해 나가는 것이 필요하다. 미혼모에 대한 복지서비스를 개선하기 위한 앞으로의 방향을 제시하겠다.

1) 미혼모의 학업 지속을 위한 제도적 뒷받침

우리나라의 현행 교육제도 하에서는 임신 후 학교를 계속 다니거나 출산 후 학교로 복귀하는 것은 거의 불가능하다. 그러나 미국의 경우 10대의 출산 후 학교 복귀는 증가하고 있는 추세이며(Rich & Kim, 1999; Furstenberg & Weiss, 1997), 아이의 양육을 돕기 위하여 학교에 어린이집을 마련해 주는 등의 지지를 해주고 있다. 물론 근본적으로 미혼모 발생을 예방하여야 하지만 미혼모가 된 경우 학교교육 등을 통한 학생미혼모의 학습권과 인격권을 보장하고, 인적자본에의 투자를 통해 미혼모의 이후 자립성취 가능성을 증가시켜야 한다는 것이다(Rich · 이수연, 2001 : 165). 이는 미혼모가 출산 후 아이를 양육하기 위하여 저임금의 근로현장에 투입되어야 한다는 점에서는 정부의 재정 지원을 통한 인적자본에의 투입, 즉 교육 성취는 자립대책의 하나로 중요한 대안일 수 있다.

2) 미혼모를 위한 정책적 지원과 법적 제도의 합리화

미혼모를 위한 사회적 보호체계가 제도적으로 뒷받침되고 있지 못하여 합법적 모(母)와 그 자녀 사이와는 다르게 민법의 규정 하에 신분적으로 그리고 복지 측면에서 많은 불평등을 가져오고 있다. 이에 미혼모를 위한 단일법령을 제정함으로써 그 실시근거를 마련할 필요가 있으며, 국민기초생활보장법 등 관련법령을 개정해 자녀가 만 5세가 될 때까지 수급권자로 보호하는 등의 생계비 지원의 현실화와 아동양육비를 인상하는 등의 자녀양육지원 강화, 가정보육의 제도화, 주거시설 확충, 임대주택 입소의 자격요건 완화라는 지역사회 통합지원서비스 구축이 필요하다(국회입법조사처, 2010). 또한 미혼모의 자녀등록제를 도입하여 미혼모와 그 자녀의 실태파악이 용이하도록 하며, 그에 따라 지역사회 중심의 기술훈련이나 직업훈련서비스를 실시해야 한다. 특히 미혼모의 상당수는 가출상태로 부모의 보호를 받지 못하는 경우가 많으므로 미혼모들은 임신을 안 순간부터 분만 후 자녀양육 동안 경제적 어려움을 계속적으로 느끼게 된다. 이를 해결하기 위해 숙식보호, 분만비 보조, 의료혜택, 직업훈련에서 취업알선, 미혼모 아동의 보호양육에 관한 경제적 지원, 숙식보호시설에서 퇴소하는 청소년을 위한 중간의 집 설립과 운영을 위한 지원 등을 통하여 현실적 생계문제를 독립적으로 해결할 수 있도록 도와주어야 한다. 또한 미혼모의 인구사회학적 요인과 임신 관련 요인을 고려하여 미혼모시설에서는 개인 및 집단 심리치료, 가족개입 등 효과적이고 실질적인 중재 프로그램들을 개발하여 미혼모의 임신 및 출산 과정, 그리고 사후 적응을 도울 필요가 있다.

3) 성교육 프로그램의 개발과 평가

성행태학적으로 볼 때 성태도, 성지식이 미혼모 발생의 한 원인이 되고 있으므로, 이들에 대한 지속적인 성교육 프로그램 개발, 운영 및 평가와 통계의 자료화를 통한 예방적 측면에서의 대책을 강구하여야 한다. 학교와 그 지역의 사회복지관이 협력하여 성교육에 대한 프로그램을 개발하여 학교나 지역사회복지관에서 실시하고, 이를 통해 사전에 미혼모 발생을 예방할 수 있을 뿐 아니라 미혼모가 발생했을 경우 청소년들이 상담에 쉽게 접근할 수 있는 통로가 될 수 있도록 해야 한다. 또한 정부의 여러 기관에서 청소년을 위한 성교육이 실시되고 있기는 하지만 이러한 프로그램에 대한 체계적 평가가 이루어지지 않고 있으므로, 미혼모 또는 10대의 임신과 유산에 대한 보고나 통계가 정확하게 보고되어야 하고, 여러 기관에서 산발적으로 실시되고 있는 프로그램들의 효과에 대한 지속적 평가가 있어야 한다.

4) 새로운 성문화 조성

사회문화적 측면에서 성규범 및 성문화의 새로운 풍토 조성이 필요하다. 청소년의 성을 보호하기 위하여 「청소년의 성보호에 관한 법률」을 제정(2000. 7. 시행)하여 제도적으로 청소년의 성 매매를 근절시키고 있으며, 성매매자들에 대한 인터넷 게시 등의 방법으로 청소년 성보호를 계도하고 있다. 이 법은 「아동·청소년의 성보호에 관한 법률」로 2010년 법 명칭을 개정하여 아동도 이 법에 따른 보호대상임을 명확히 하고, 아동·청소년대상 성범죄의 처벌과 절차에 관한 특례를 규정하고 피해아동·청소년을 위한 구제 및 지원 절차를 마련하며 아동·청소년대상 성범죄자를 체계적으로 관리함으로써 아동·청소년을 성범죄로부터 보호하고 아동·청소년이 건강한 사회구성원으로 성장할 수 있도록 함을 목적으로 하고 있다. 즉, 아동·청소년을 대상으로 한 유사 성교 행위 및 성매수 유인행위 처벌 규정을 신설하며, 성범죄 피해자 및 보호자에 대한 합의 강요행위를 처벌하는 규정을 신설하도록 하여 아동·청소년의 성보호를 더욱 강화하는 한편, 아동·청소년 성범죄자는 재범 가능성 및 범죄의 경중 등을 고려하여 정보통신망을 통하여 신상정보를 공개하도록 함으로써 아동·청소년 성범죄에 대한 경각심을 제고하고, 양벌규정을 보완하며, 의무의 실효성 확보를 위한 과태료를 신설하는 등 제도 전반의 미비점을 개선하고 보완하려는 것이다(법제처, 2018).

그리고 성폭력특례법, 남녀고용평등법 등에서도 성에 대한 보호와 성범죄의 처벌을 강화하고 있으므로, 이러한 제도적 실시와 더불어 미혼모를 위한 제도적 보완을 통하여 청소년에게 성의 존귀함을 일깨우고 스스로 임신을 예방할 수 있도록 함이 필요하다.

CHAPTER 13

빈곤가족과 가족복지

시대와 지역을 막론하고 빈곤은 개인의 발달과 삶의 전반에 직접적 혹은 간접적으로 부정적인 영향을 미치고, 가족과 사회의 역기능적 문제를 야기하는 주요 원인으로 인식되고 있다. 우리나라는 1997년 경제위기를 경험하면서 빈곤의 문제를 자본주의의 구조적 모순에서 파생되는 사회적 위험으로 새롭게 인식하게 되었으며, 빈곤과 빈곤가족을 위한 사회와 국가의 개입 필요성을 절감하면서 다양한 빈곤정책을 시행해 오고 있다. 그러나 최근 경제위기 이후 우리나라의 빈곤문제는 국제경제의 침체와 위기, 고령사회로의 진입으로 인한 생산성 저하, 자유주의 시장경제체계 등 사회경제적 변화요인과 결합하여 더욱 복잡한 양상으로 전개되고 있다. 특히 청년실업의 지속적 증가, 비정규직 증가와 고용불안정으로 인한 근로빈곤계층의 증가 등으로 빈곤이 만성화되고, 그로 인한 문제 또한 복잡해지고 있어서 빈곤과 빈곤가족에 대한 새로운 관점의 대책이 중요한 실정이다.

이 장에서는 첫째, 빈곤과 빈곤가족의 개념과 특성, 원인에 대한 전반적인 사항들을 고찰하고, 둘째, 우리나라의 빈곤가족의 현황 및 특성과 문제점을 살펴보고, 마지막으로 사회복지적 차원에서 이루어지고 있는 빈곤가족에 대한 정책은 어떠한지를 고찰하고자 한다.

1. 빈곤의 개념 및 특성

빈곤의 개념은 국가나 사회, 시대에 따라 다르며 학자에 따라 다르게 정의될 수 있다. 빈곤의 개념과 정의, 빈곤의 측정이 쉽지 않은 이유는 빈곤이 개인의 특정한 상황이나 속성은 물론 그 사회의 경제적 · 사회적 · 정치적 다양한 요인들과 상호 연관되어 있어 모든 사회에서 일률적으로 적용될 수 있는 통일된 개념을 도출해 내기가 쉽지 않기 때문이다(윤석범, 2000).

가장 일반적으로 사용되는 빈곤의 정의는 크게 경제적인 정의와 문화적인 정의로 나눌 수 있다. 빈곤에 대한 경제적이고 객관적인 관점의 접근은 절대적 빈곤과 상대적 빈곤의 개념으로 정의되며, 최근 문화적 관점에 의한 빈곤의 정의도 주목을 받고 있다. 빈곤의 구분에 대한 관점이 중요한 이유는 빈곤을 어떻게 보는가에 따라 정책적으로 빈곤을 측정하는 척도 및 빈곤정책이 달라질 수 있기 때문이다.

1) 빈곤에 대한 경제적 정의

(1) 절대적 빈곤(absolute poverty)

절대적 빈곤은 최저생활을 유지하는 데 필요한 생계비를 충족시키지 못하는 상태를 의미하며, 인간이 살아가는 데 절대적으로 필요한 최소한의 자원이 부족한 상태를 말한다. 절대적 빈곤은 기본적인 생존에 대한 욕구 충족이라는 측면에서 파악하게 되며, 이러한 생활을 유지할 수 있는 최소한의 소득을 빈곤선으로 추정하게 된다. 절대빈곤 인구는 한 가구의 최저생활을 추정하고, 가구소득이 이 기초 생계비에 미달되었을 경우로 정의한다(노인철 외, 1995).

빈곤의 개념을 개별가구의 경제적 능력이 기본적인 물질적 욕구를 충족하지 못하는 상태라고 정의할 때(Drewnowski, 1976; Watts, 1968, 김미곤 외, 2007 재인용), 개별가구의 능력과 기본적 · 물질적 욕구에 대한 조작적 정의가 필요하다. 일반적으로 개별가구의 경제적인 능력을 나타내는 지표로는 소득수준, 재산수준, 소득인정액, 소비수준 등이 있다. 실제로 개별가구의 능력은 소득과 재산을 모두 고려하는 것이 바람직하나, 우리나라의 경우 관련자료가 미흡하여 엄격한 적용에 한계가 있다(김미곤 외, 2007).

빈곤에 대한 절대적인 접근방식－장바구니 방식에 의한 빈곤설정방법은 최소한의 생활을 하는 데 필요한 소득이 어느 정도인가를 실제 조사를 통해 파악한다는 장점이 있어서 정책결정에 도움이 되며, 빈곤인구를 파악하는 데 요긴하다는 장점이 있다(김환준, 2002). 그러나 절대적 빈곤의 개념을 사용하는 데 있어서 다음과 같은 문제점이 제기되고 있다. 첫째는 절대적 빈곤에서 강조하는 생존에 필요한 기본 요건과 필수품이라는 개념에서 필수품의 내용과 양은 시간과 공간, 관습과 생활양식 등에 따라 수준이 다양하며 변화하게 되어 있으므로, 엄격한 의미에서의 절대적 빈곤의 개념은 존재하지 않는다는 지적이다(Brady, 2003; 윤석범, 2000). 둘째로 최저생활에 대한 정의에 따라 최저소득과 지출에 편차가 있으며, 학자의 주관적 입장에 따라서도 상대적으로 차이가 날 수 있다는 점이다. 셋째는 최저소득을 기준으로 빈곤층이 규정되고, 이에 따라 빈곤정책이 수행되므로 산술적인 빈곤선의 주변에 있는 차상위 계층에 대한 정책적 사각지대가 존재하게 된다.

(2) 상대적 빈곤(relative poverty)

상대적 빈곤은 특정 사회의 전반적인 생활수준과 밀접한 관련이 있는 것으로 상대적 박탈과 불평등의 개념을 중시한다. 그러므로 상대적 빈곤은 개인 또는 한 가구가 생존유지는 할 수 있는 소득이 되어도 소속되어 있는 사회 내의 평균소득에 비하여 상대적으로 낮아 상대적인 박탈감을 갖게 되는 상태를 의미한다(Brady, 2003; 윤석범, 2000; 구인회, 2003).

Townsend(1972)는 상대적 박탈이라는 관점에서 빈곤을 설명하였는데, 빈곤은 개인과 가족이 속한 사회에서 관습이 되어 있는 수준에 미달되거나 물리적 기준이 결핍되어 있고, 가족활동이나 사회적 활동에 참여할 수 없는 경우라고 정의하였다. 따라서 상대적 빈곤 개념은 소득, 권력, 기회 등의 포괄적인 가치의 상대적 박탈을 포함하며, 빈곤을 물질적 개념에만 국한시키지 않고 그 사회의 구성원들이 통상적으로 참여하는 사회, 문화, 경제적 활동참여 여부까지 빈곤의 개념에 포함하고 있다. 비교적 저개발 국가의 수준에서는 절대적 빈곤과 경제적 빈곤이 더 중요한 빈곤개념으로 인식된다. 그러나 전반적인 경제사회적 수준이 향상될수록 상대적 빈곤과 심리적 빈곤에 대한 국가적 관심이 증가된다.

상대적 빈곤은 다음과 같은 방법으로 측정한다. 첫째는 가장 보편적인 방법으로 그 국가 전체 성원 혹은 가족의 중위소득 50% 이하를 빈곤층으로 간주하는 것이다. 둘째는 한 사회의 소득분배 분포상의 가장 낮은 일정 비율(예 10% 혹은 20%) 이하의 사람들은 빈곤한 것으로 간주하는 것이다. 셋째는 통상적인 소득 이외의 기타 요건들을 고려하여 빈곤을 복합적으로 측정하는 것인데, 어느 지역의 통상적인 생활양태에 속하지 못하는 경우를 빈곤으로 간주하는 것 등이다. 이러한 방법들은 빈곤층과 그 이외의 다수 사회성원들

간의 차이를 쉽게 반영해 주는 동시에 국가 간의 빈곤층의 소득 및 생활상을 비교하는데 도움을 준다. 또한 사회적 박탈, 결핍 또는 불평등이라는 빈곤의 한 측면을 잘 반영하고 소득자료로부터 쉽게 계산할 수 있고, 한 사회의 경제수준의 변화를 자동적으로 반영해 준다는 장점이 있다(구인회, 2003; 김환준, 2002).

최근 들어 점차 많은 학자들이 빈곤에 대한 절대적 개념의 단점을 인지하고 상대적 접근에 의한 빈곤개념을 보다 타당한 것으로 지지하고 있다. 그러나 상대적 빈곤에 대한 정의도 국제기구, 개별국가, 학자들마다 다르게 나타난다. 가장 대표적으로 활용되고 있는 것이 중간소득의 40%, 50%, 60% 이하를 기준으로 하는 OECD의 정의이며, 선진국의 경우 평균소득의 1/2을, 개발도상국의 경우 평균소득의 1/3을 상대적 빈곤선으로 규정하는 것이 있다(김교성 · 최 영, 2006).[1]

빈곤에 대한 상대적 정의를 지지하는 추세에도 불구하고 생존욕구의 충족과 같은 절대적 빈곤개념을 무시할 수 없는 것이 현실이다. 따라서 빈곤에 대한 정책적 정의는 빈곤의 절대적인 측면과 상대적인 측면, 즉 기본 필요의 충족과 소득 불평등이라는 두 가지 차원을 모두 고려하여 내려야 할 것이다(구인회, 2003).

최저생계비의 계측방식과 추정방식

■ 최저생계비란?

- 국민의 건강하고 문화적인 생활을 유지하기 위하여 소요되는 최소한의 비용
- 보건복지부장관은 매년 9월 1일까지 중앙생활보장위원회의 심의 · 의결을 거쳐 다음 연도의 최저생계비를 공표하며, 3년마다 계측조사 실시

■ 최저생계비의 계측방식은?

• 전물량 방식(market basket 방식, Rowntree 방식)

- 인간생활에 필수적인 모든 품목에 대하여 최저한의 수준을 정하고, 이를 화폐가치로 환산(가격×최저소비량)한 총합으로 최저생계비를 구하는 방식
- 보충급여체계에서 의료비, 교육비 등 급여종류별 기준액 산정과 장애인, 노인 등의 가구유형별 부가급여 기준 결정에 유용한 반면, 필수품 선정에 있어서 연구자의 자의성 개입 가능성을 배제할 수 없음

1 World Bank는 개발도상국은 평균소득의 1/3, 선진국은 평균소득의 1/2, 영국은 평균소득의 50%, 프랑스는 중위소득의 50%, 일본은 평균소비지출의 68%을 상대빈곤선의 기준으로 본다(보건복지부 홈페이지, 2010).

• 반물량 방식(Engel, Orshansky 방식)
- 최저식료품비를 구하여, 여기에 엥겔계수(식료품비/ 총소득)의 역수를 곱한 금액을 최저생계비로 보는 방식
- 전물량 방식보다 계측이 간편하고 연구자의 자의성을 줄일 수 있으나, 엥겔지수를 도출하기 위한 최저생활수준을 설정하는 데도 자의성을 배제하기 힘들고, 전물량 방식에 비해 가구유형별 최저생계비 계측이 곤란

• 상대빈곤선 방식
- 평균(또는 중위) 소득(또는 지출)의 '일정 비율' 이하에서는 그 사회의 대다수가 일반적으로 누리고 있는 생활수준을 향유하지 못한다고 보고, 그 수준을 최저생계비로 보는 방식
- 계측이 가장 간단명료하고, 절대빈곤 문제를 어느 정도 해결한 선진국에서 유용하게 사용되나, 무엇을 기준으로 그 기준의 어떤 수준을 최저생계비로 설정할 것인지가 문제

■ 비계측연도 최저생계비 추정방식은?

• 소비자물가상승률 적용방식
- 기준 연도의 최저생계비에 소비자물가상승률을 적용하여 당해 연도 최저생계비를 추정하는 방식으로, 물가는 소비지출에 비해 안정적이고, 비계측연도 최저생계비 결정방식에 대한 국민들의 이해 · 설득이 용이하며, 가장 쉽게 연도별 최저생계비를 추정할 수 있어 널리 쓰임
그러나 소득 · 기호 변화 및 기술의 발전에 따르는 생활필수품의 내용 및 질의 변화를 반영하지 못하며, 원래는 마켓바스켓에 포함되는 생필품들의 상승률만을 적용해야 하나, 생필품을 포함한 전품목에 대한 상승률을 의미하는 소비자물가상승률을 대리변수로 적용하므로 양자의 차이가 발생하는 문제가 있음(일반적으로 일반 소비자물가상승률보다 생필품 물가상승률이 더 높음)

• 수준균형 방식 : 소비지출에 대한 최저생계비 비율을 유지하는 방식
- 최저생계비 계측연도의 평균소비지출과 최저생계비와의 비율을 구하고, 추정하려는 연도의 소비지출에 이 비율을 적용하여 당해 연도 최저생계비를 추정하는 방식
일반가구의 생활수준 향상에 맞춰 최저생계비를 연동시킴으로써 균형을 도모하고, 물가 외에 일반국민의 소득 · 지출수준도 반영토록 한 법 취지에 보다 부합하는 것으로, 계측연도의 최저생계비와 일반가구의 소비지출 간의 비율이 사회적 합의를 이룬 적정선인가 하는 문제, 과소비에도 최저생계비가 늘어나는 반면, 경기위축 시에는 하락하게 되는 문제, 일반가구 지출수준에 대한 통계자료의 미비, 적정한 '수준'에 대한 사회적 합의 부재 등의 문제가 있음

• 상대빈곤선 방식
- 평균(또는 중위) 소득(또는 지출)의 '일정 비율' 이하에서는 그 사회의 대다수가 일반적으로 누리고 있는 생활수준을 향유하지 못한다고 보고, 그 수준을 최저생계비로 보는 방식
계측이 가장 간단명료하고, 절대빈곤 문제를 어느 정도 해결한 선진국에서 유용하게 사용되나, 무엇을 기준으로 그 기준의 어떤 수준을 최저생계비로 설정할 것인지가 문제

(3) 주관적 빈곤

주관적 빈곤은 사람들이 자신들의 경제적 상황에 대한 자기평가에 근거하여 산출하는 빈곤개념이다. 주관적 빈곤은 여론조사를 통하여 지역주민들에게 자신들이 일반적으로 살아가는 데 필요한 최소한의 비용을 질문하고, 응답의 평균을 산출하거나 사람들에게 그럭저럭 살아가는 데 필요한 최소한의 소득을 질문하고 실제 소득과의 관계를 분석하여 산출한다. 주관적 빈곤은 그 사회의 현실을 실제로 반영해 준다는 점에서 의미가 있다(이소희 외, 1998 : 96).

(4) 빈곤지수

빈곤의 실태와 변화추이를 나타내는 지표로서 빈곤율과 빈곤갭 지수가 있다. 빈곤율(poverty rate)은 가장 일반적으로 사용되는 빈곤지수로 빈곤선 이하의 가구 수를 전체 가구 수로 나누어 계산한다. 빈곤선은 목적에 따라 OECD 기준이나 World Bank의 기준을 사용할 수 있다.

PR = PH/WH
PR : 빈곤율, PH : 빈곤가구, WH : 전체 가구

빈곤에 대한 연구는 가구를 단위로 하고 있는데 소득을 기준으로 한 빈곤율은 가구원 수의 차이를 반영하지 못하는 문제점이 있다. 이에 빈곤가구의 규모를 파악하기 위하여는 균등화 지수(equivalence scale)를 사용하여 가중치가 부여된 소득에 기초하여 빈곤가구를 추정해야 한다. 또한 가구의 소득원은 1차 소득, 시장소득, 총소득, 가처분 소득을 포함한다(김미곤 외, 2007).

빈곤갭 지수(poverty gap ratio)는 빈곤의 심각성 정도나 심도를 파악하는 데 사용된다. 빈곤갭은 빈곤선과 개별 빈곤가구의 소득의 차이를 의미하며, 총 빈곤갭은 전체 빈곤가구의 빈곤갭을 합산하여 산출한다. 또한 빈곤갭 비율은 총 빈곤갭을 빈곤가구에 빈곤선을 곱한 액수로 나눈 것을 의미한다(김교성, 2007).

2) 빈곤에 대한 문화적 정의

사회과학자들은 빈곤을 경제적 의미로만 해석하는 것은 빈민들을 위한 대책을 수립하기에 불충분하며 빈곤을 문화적인 조건에 입각하여 정의할 것을 주장하고 빈곤문화에 대한 이론을 발전시켰다(Lewis, 1959, 최일섭 · 최성재, 2000 : 92 재인용). Lewis(1966)는 빈곤이 그 나름대로의 구조, 이론적인 근거, 방어장치가 있다는 점에서 빈곤을 적극적인 개념으로 정의하였다. 즉, 빈곤은 단절된 세대에서 나타나는 단편적인 현상이 아니라 사회화를 통하여 대대로 전수되는 하나의 생활양식으로 동적인 과정이라는 것이다. 이러한 독특한 생활양식은 사회의 지배문화와는 질적으로 다른 하위문화－빈곤문화를 형성하게 되는데, 일반적으로 주거공간의 부족, 사생활 보장의 불가능, 알코올중독, 폭력적 행동, 이른 성경험, 권위주의적 경향 등의 특유한 가치, 행동, 태도로 나타난다(김진원, 2007).

빈곤문화의 특징은 첫째, 사회의 주요 제도에 참여가 제한되어 사회의 지배적 가치를 수용할 기회가 단절된다는 것이다. 둘째, 빈곤계층의 가족은 어린 나이에 성경험의 확률이 높고, 동거 및 비합법적 혼인관계, 한부모가족이 많아 가족해체의 내적 · 외적 위험요인이 많아 불안정한 가족관계를 유지하는 경우가 상대적으로 많다. 셋째, 빈곤문화는 절망감, 의존심, 열등감 등을 배양하여 쉽게 체념하고 운명주의자가 되며 출세동기가 약하고 충동적이며 현재중심의 무책임한 생활을 하는 경향이 크다. 넷째, 이와 같은 빈곤계층의 개인적 · 집단적 문화 특성은 세대 간에 전승되고 따라서 빈곤은 악순환되거나, 빈곤탈출의 가능성이 낮아진다(김기원, 2000; 이혜숙 · 임은하, 2009).

빈곤문화론은 1960년대 이후 특정 계층에 대한 차별이라는 비난을 받았는데 이들은 빈곤문화가 세습되는 것은 편견이며, 단지 빈곤계층은 빈곤하지 않을 수 있는 기회가 제한되어 있다고 주장하였다(최일섭 · 최성재, 2000). 그럼에도 불구하고 빈곤문화론은 빈곤대책을 모색하는 데 있어서 부적절한 아동양육방법의 개선이나 아동의 조기교육 프로그램 등의 구체적인 사회적 서비스를 개발하는 데 이론적 근거를 제공해 주었다(한국여성복지연구회, 2005).

2. 빈곤가족의 발생요인 및 특성

1) 빈곤가족의 개념 및 발생요인

빈곤에 대한 다양한 차원의 관점들은 빈곤의 요인을 크게 '자원의 결핍(resource deficiency)', '개인적 속성의 결여(individual deficiency)', '제도적 측면의 결핍(institutional deficiency)'으로 구분하고 있다(Katz, 1989, 이상록 · 백학영, 2008 재인용). 즉, 빈곤은 물질적 결핍과 개인적 속성의 결여, 심리 · 사회 · 문화 · 제도적 박탈과 소외 등으로 인한 개인과 사회의 총체적 결과로 볼 수 있다. 따라서 빈곤가족은 물질적 결핍, 심리정서적 손상, 사회문화적 소외와 제도적 배제로 인하여 가구 전체 또는 가구원들이 인간으로 생활해 나가는 데 있어서 기본적 욕구가 충족되지 못하여 가구원 개인과 가족 전체의 안녕이 깨어진 상태의 가족으로 정의할 수 있다. 빈곤의 원인은 매우 다양하며 각각의 원인들이 서로 상호의존적이고 복합적으로 작용하고 있으며, 여기서는 빈곤의 원인을 크게 개인적 요인과 사회구조적 요인으로 나누어 고찰하고자 한다.

(1) 개인적 원인

개인적 원인은 자발적 요인과 비자발적 요인으로 나눌 수 있다. 자발적 요인으로는 개인의 동기부족, 낮은 열망수준, 무절제, 게으름, 의타심, 음주, 도박 등의 개인의 부적절한 생활태도나 도덕적 해이 등과 같은 개인적 특성에 기초한 결함들이다. 한편 비자발적 요인은 가구주(혹은 본인)의 질병, 장애, 노령, 실직, 가구주의 사망이나 가족해체로 인한 가족기능 상실, 낮은 교육수준 등이며, 이는 소득감소나 단절의 원인이 되어 빈곤에 처하게 된다. 비자발적 요인들은 개인적 요인이기는 하지만 사회구조적 요인들과 밀접히 연관되어 있다고 할 수 있으며, 이러한 요인들은 빈곤의 악순환을 초래하게 하는 원인으로 작용하고 있다.

(2) 사회구조적 원인

빈곤을 발생시키는 사회적 요인으로는 자원 부족, 정부의 정책적 특성, 경제제도, 자본과 기술의 부족, 기후와 시장구조 등이 있다. 대표적으로 국가의 취업구조, 노동시장의 구조적 불평등과 고용불안정성, 임금차별 등은 빈곤가족의 원인으로 작용한다. 첫째, 여성에 대한 취업기회 및 임금차별, 임시계약직의 확대, 최저임금제의 미정착, 직종·직급 간의 임금격차 심화 등은 여성가장가족, 여성한부모가족, 임시직 저임금 근로자 가족을 빈곤취약가족으로 만든다. 둘째, 조세제도가 사회의 부를 재분배하는 기능을 제대로 수행하지 못할 때에 빈곤이 발생된다. 셋째, 정치적 조건 등으로 불로소득이나 비정상적인 부의 축적이 사회에 만연해짐으로써 소득계층 간의 불평등이 심화되기도 한다. 넷째, 부적절한 사회복지서비스 및 사회보장제도는 소득재분배기능에 실패하게 되어 사회의 구조적 빈곤을 강화시킨다. 다섯째, 태풍이나 해일, 지진, 화산폭발이나 산불과 같은 천재지변은 주민들에게 재산상의 큰 손실을 주고 지역빈곤화를 초래할 위험이 있다. 전쟁이나 화재와 같은 인재들도 개인이나 가족의 전 재산, 재산의 일부를 손실시켜 가족의 빈곤을 촉진한다.

이와 같은 원인들에 대한 고찰은 빈곤의 원인이 사회구조적인 고립과 소외로 인하여 기회구조에서 배제되기 때문이라는 Wilson의 주장과 부합된다. 그는 빈곤의 원인이 빈곤층 밀집지역에서 자활사슬반응(self-sustaining chain reaction)이 경감되어 범죄, 중독, 복지의존도가 증가되고 지역사회에 대한 관심이 적어져 상호 보호가 어렵다고 지적하였다. 또한 저기술 노동력으로 인한 고용기회의 제한, 중산층의 도심 이탈, 직업 네트워크에서 배제됨에 따른 일자리에 대한 정보 약화, 성공적인 역할모델의 부재 등은 빈곤을 악순환시키는 사회구조로 작용하고 있다는 것이다(김진원, 2007).

신빈곤(new poverty)과 현대사회

신빈곤(new poverty)은 1970~1980년대 유럽의 신자유주의를 기반으로 한 노동의 유연화, 고용의 불안정, 복지제도의 전반적 후퇴, 산업구조의 재편, 소득보장제도의 동요 등 복합적인 사회경제적 변화요인에 기인하여 발생하였다. 신빈곤은 노령, 실업, 질병이나 장애 등과 같은 전통적인 빈곤요인으로 인한 빈곤문제와는 달리 불안정 고용과 직업의 상실, 저임금, 저기술, 부채증가, 가족해체 등과 같은 새로운 사회적 위험요인들이 복합적으로 작용하여 빈곤이 재구조화되는 현상으로, 신빈곤층은 현대 경제적·기술적 변화에 의하여 난파된 자들로 표현된다(Babier, 2002 : 1-36, 김영란 2004 재인용). 우리나라의 경우 1997년 외환위기와 2008년 경제위기를 거치면서 일하는데도 가난한 근로빈곤층이 급증하고 있으며, 적절한 사회보장정책이 이루어지지 않는다면 이들의 다수는 청년근로자들로 상대적 빈곤계층을 거쳐 결국 사회적으로 배제된 절대적 빈곤계층으로 전락할 위험에 처해 있다.

2) 빈곤가족의 특성

(1) 인구사회학적 특성

빈곤은 성별과 연령, 가족구성원의 유형과 가구유형, 가족원의 건강 정도, 직업과 교육, 지역 등 특정 인구사회학적 특성을 갖는 집단과 연결되어 고착되고 있다.

① 빈곤의 노령화와 여성화

빈곤의 여성화(feminization of poverty)는 1970년대 미국에서 빈곤이 급속도로 여성의 문제가 되고 있음을 관찰한 Pearce(1978)에 의하여 처음 사용되었다. Pearce는 미국 16세 이상 성인 빈민의 2/3 이상이 여성이며, 노인 빈민의 70% 이상이 여성이고, 빈곤가구의 절반 이상이 여성가구주임을 밝히면서 빈곤인구의 대다수를 차지하는 것이 바로 여성이며 이를 여성의 빈곤화라고 하였다(김안나, 2007).

우리나라도 고용, 가족구성 및 세대를 중심으로 하는 가구유형에 따른 빈곤가구의 특성을 보면, 노인가구와 1세대 가구, 임시일용직 여성가장가구의 소득불평등 정도와 절대빈곤 정도가 가장 심각한 것으로 나타났다(반정호, 2009). 고령화의 급속한 진전과 가족해체 및 이혼율이 증가하면서 여성노인과 여성한부모가구의 빈곤화 문제는 더욱 심화 확대될 것으로 예상된다. 남성빈곤이 노동시장의 위기와 관련되어 있는 것에 비하여 여성은 이혼, 별거, 사별, 혼외 출산, 동거 증가와 같은 개인의 생애과정 및 가족 차원의 요인과 실업, 고용불안정, 성차별 및 여성의 주변화 현상과 같은 노동시장적 요인들이 복합적으로 연결되어 만성적 빈곤화 과정을 보여주고 있다(Ruspini, 2001, 송다영, 2006 재인용).

한편 급속한 고령화와 생산양식의 변화와 더불어 가족해체 및 부양의식의 약화 등 가치관의 변화는 노인가구의 빈곤화 양상을 가속화시키는 대내외적 요인으로 나타나고 있다. 반정호(2009)의 연구를 보면, 2009년 우리나라 노인가구의 약 70%는 최저생계비 이하의 절대빈곤가구로 분석되었다. 특히 개발도상국가들의 노인들은 노년기에 대한 재정적 · 사회적 준비가 미비한 채 고령사회에 접어들면서 빈곤가구로 전락하는 비율이 높아지고 있어서 이들에 대한 체계적인 빈곤완화대책이 요구된다.

② 만성적 건강문제

빈곤가족은 일반가족에 비하여 장애율과 만성적 질병률이 높다. 2007 한국복지패널 조사에 의하면, 저소득가구의 가구원은 일반가구의 가구원보다 건강하지 않을 확률이 3배 이상, 병을 앓고 있을 확률이 1.6배 이상 높은 것으로 나타났다. 가족원의 만성적인 질병과 장애는 가족기능을 약화시키고 경제적 · 심리적 자원을 고갈시켜 빈곤화를 초래하는 원인이 된다. 한편 빈곤가족은 가족원의 심리적 · 신체적 욕구에 적절한 영양과 보호 및 보살핌을 제공하지 못하여 질병을 치료할 기회와 능력이 없어 만성적인 건강문제로 고통받게 된다.

빈곤과 건강의 밀접한 관계에 대한 연구들은 평균기대수명과 최저 수입수준 간에 높은 상관관계를 보이고 있어서 사회경제적 수준과 건강의 지표로서 수명이 강한 정적인 관계가 있음을 강력히 시사한다(Wilkinson, 1992; Kennedy, Kawachi, & ProthrowStith, 1996, 노혜련 · 박선영, 2004 재인용). 저소득층에서의 만성질환 이환율은 일반가구에서보다 훨씬 높다. 김창엽(2003)은 우리나라 저소득층 가구의 79.2%에서 환자가 있으며, 이들의 90% 정도는 만성질환이라고 하였다. 한편 2002년도의 한국보건사회연구원의 조사에 의하면, 비빈곤층 중에 장애인의 비율은 2.9%인 데 비하여 저소득층에서는 14.8%가 장애를 갖고 있었으며, 만성질환율도 비빈곤층의 8.4%에 비하여 저소득층에서 34.6%로 보고된 바 있다(김기원, 2004).

장애나 만성질환은 실직과도 관련이 깊다. 실직으로 인한 소득 감소가 질병과 건강 악화를 초래하기도 하며, 반대로 개인적 질병이나 장애가 실직을 유발하여 빈곤해지기도 한다. 또한 빈곤가족 중에 노령인구가 많다는 사실도 빈곤가족의 건강문제와 관련이 깊다.

③ 낮은 교육수준과 불안정한 직업

빈곤가족 가구주의 교육수준은 일반가족의 가구주보다 낮은 편이며, 이러한 낮은 교육수준은 불안정한 직업 및 낮은 소득과 밀접한 관련을 맺고 있다. 도시 저소득층 가구의 생활실태조사의 결과를 보면, 낮은 교육수준과 높은 무직률 및 저생산성, 비영속적인 노동에 종사한다는 특성을 가지고 있다. 이들의 취업 특성은 일일고용 혹은 임시고용으로 사회보장의 혜택에서 제외되어 있는 경우가 많아 이중적인 문제를 안고 있다.

(2) 심리사회적 특성

많은 연구들이 빈곤가족원들은 신체적 건강뿐 아니라 정신적 건강도 좋지 않다고 밝히고 있다. 빈곤은 스트레스를 주는 환경적 조건과 사건과 관련이 높고, 이는 심리적 스트레스의 위험을 증가시켜서 우울, 불안, 기타 정신과적 증상을 일으키는 요인이 된다(김인숙, 1992; 박상규, 2001). 대부분의 연구에서 빈곤가족의 가족원들은 일반가족원들에 비하여 자존감이 낮고, 정신증, 공포불안, 대인예민성, 우울, 불안, 적대감, 강박증 등을 보이는 경향이 컸다(박상규, 2004; 이민규, 2000; 이응표, 2000).

특히 개인과 가족이 빈곤화되는 과정에서 직면하게 되는 스트레스 상황은 가정폭력, 자살, 알코올이나 기타 약물중독 등의 복합적인 문제와 더불어 가족과 사회에 부정적 영향을 미친다. 따라서 실업기간이 오래된 사람, 가계의 생계유지를 위한 취업의지에 반하여 취업기회가 박탈된 사람들일수록 불안감과 우울감, 적대감이 더 많은 것으로 나타났다.

일반적으로 빈곤가족의 아동과 청소년들은 적응유연성이 떨어지고, 부정적인 정서발달을 통하여 정상적인 발달과업을 이루는 데 어려움이 많은 것으로 나타난다. 연구들은 빈곤은 아동들에게 영양부족과 성장장애와 같은 신체적 건강의 장애, 절망감, 우울, 스트레스와 행동문제, 또래갈등, 학업부진과 중퇴 등의 심리사회적 부적응의 문제를 유발하는 요인이 된다고 하였으며(김미선, 2006; 고경은, 2001; 모선영 외, 2007; 서유경, 2002), 빈곤가족 아동의 경우 가족의 보호와 양육이 부족한 환경으로 인하여 다른 계층보다 사회정서적 어려움이나 학습, 학교생활의 부적응, 학습부진, 비행, 가출, 범죄 등을 경험할 가능성이 높고 청소년기로 확대될 확률이 높다고 하였다(Chung, 2004; Duncan & Brooks-Gunn, 1999; Lerner, 1995; McLoyd & Wilson, 1992; Loeber, 1990; 구인회, 2002; 윤혜미, 2005; 박현선 외, 2006). 한편 빈곤가족의 가족화 과정을 통하여 빈곤가족의 부모들은 스트레스와 갈등으로 비일관적이고 혹독한 양육행동이나 방임과 학대와 같은 일탈적 양육행동을 통하여 아동의 생애 전반에 걸친 부정적인 영향을 미치고, 그러한 부정적 영향은 성인이 된 후의 직업, 경제력, 결혼과 결혼생활 등의 생애 전반에 걸쳐 악영향을 준다고 하였다(Corcoran, 2000; Huang & Glassman, 2000; McLoyd, 1998; 이상균 · 박현선, 2000; 이혜숙 · 임은하, 2009).

그러나 일부 우리나라의 연구들(김수경, 2008; 오승환, 2000)은 빈곤아동의 발달이나 심리사회적 적응이 일반가정의 아동들과 다르지 않다고 보고하기도 하여 이에 대한 심층적인 연구가 더 요구된다. 이들에 의하면, 소년소녀가정의 아동들은 우울이나 불안, 사회적 위축 등의 정서적 측면에서 일반아동들과 별 차이가 없었으며, 오히려 공격성은 더 낮다고 하였다.

정보사회에서 빈곤은 정보접근과 정보활용기회를 박탈하여 정보격차로 인한 사회문화적·경제적 빈자와 소외자로 전락하게 하는 중요한 요인이 된다(김혜경, 2004). 이러한 과정을 통하여 빈곤가족은 정보지식사회, 물질만능사회, 네트워킹사회에서 무기력을 학습하고 소외된 집단으로 전락하게 되는 악순환을 경험할 수 있다.

(3) 가족관계적 특성

빈곤가족은 다양한 이유로 가족해체를 경험한 가족이거나 반대로 빈곤화되는 과정에서 가정이 해체된다. 통계청 자료(2010)에 의하면, 가정의 경제문제는 2009년 두 번째로 주된 이혼사유였다. 경제문제로 인한 이혼은 2000년에 10.7%에서 2003년에는 16.4%에 도달하여 빈곤은 가족해체의 주된 원인 중의 하나라는 것을 보여준다. 그 밖에 가족해체의 원인이라고 인식되는 특성들—부모의 이혼이나 별거, 가출, 자녀양육의 포기, 가족원의 자살, 가족폭력, 가족불화와 질병 등—은 모두 빈곤과 밀접한 관련이 있어서 가족해체와 가족갈등은 빈곤의 원인인 동시에 빈곤의 결과라고 할 수 있다(김인숙, 2000; 장성자·김승권, 1999).

한편 빈곤가족에서의 부부관계는 폭력과 불화의 특성을 갖는 경우가 많고 부모—자녀관계는 방임과 부적절한 양육태도의 특성을 갖는다. 빈곤가족의 부모들은 교육수준이 낮고, 건강한 부모—자녀관계에 대한 학습경험이 적으며, 자녀양육에 대한 무지, 양육시간의 절대적 부족, 낮은 자존감과 무기력감 등으로 훈육이 일관적이지 못하고 위협적·강압적이거나 부모—자녀 간 애착이 낮아 자녀들에 대한 정서적 지지수준이 더 낮다고 하였다(허남순 외, 2005). 그러나 장기빈곤가정이라도 부모—자녀의 안정적 애착관계는 가족의 탄력성을 증가시켜 청소년 자녀의 학업성취에 부정적 영향을 주지 않는다고 하였다(김수경, 2009; 임세희, 2007).

빈곤가족은 역기능적 가족 내 심리적 특성을 가질 확률이 높은데, 가족 내 하위체계 간의 경계가 밀착되거나 유리되는 경우가 많이 발생함으로써 과잉의존, 소외, 갈등의 문제가 발생할 수 있다고 하였다(김은영, 2005; 김현미, 2006; 조영숙, 2008; 조흥식, 1991). 이러한 가족 내에 건강하지 못한 경계선의 문제는 부모－자녀 간의 삼각관계를 유발할 확률을 높게 하며, 명확하고 일관된 규칙이 부족함에 따라 의사소통이 불분명하며 불만족스러운 관계를 유발하기 쉽다.

3. 우리나라의 빈곤가족 현황

우리나라에서 빈곤가족은 노동력이 없는 가난한 자로서 질병, 장애, 노령 등의 이유로 근로능력이 없고 부양능력자가 없는 거택시설보호대상 가구이거나 근로능력이 있지만 가난한 자활보호대상자 가구 또는 불의의 사고나 실직 등으로 빈곤에 처할 수 있는 잠재적 빈곤가구 등을 포함한다(노인철 외, 1995 : 27). 빈곤가족을 일컫는 용어로 가족의 경제적 지위와 소득을 기준으로 영세민 가족, 저소득층 가족, 빈민가족, 국민기초생활보장 수급가족 등이 있다.

공식적으로 우리나라는 최저생계비를 기초로 하여 빈곤가구율을 추정하고 있는데, 빈곤가족은 최저생계비 이하인 기초생활보호법 대상자 가족과 최저생계비 120%에 속하는 차상위계층 정도를 의미하고 있다. 빈곤율 측정의 기준이 되는 최저생계비는 매년 물가상승률을 감안하여(평균 약 3% 내외) 책정되며, 절대빈곤층의 규모는 정부의 공공부조 수급자 규모를 통해 비교적 정확하게 파악할 수 있다. 2012년 12월 기준으로 국민기초생활보장수급자는 약 139만 9,939명(가구 수 82만 1천 가구)으로 전 인구 대비 국민기초생활수급자 수급률은 2.7%였다. 일반수급자는 1,300,499명으로 전체 수급자의 93.3%이며, 시설수급자는 93,543명으로 6.7%였다.

2000년 이후로는 경기침체와 자유주의 시장경제체제에 의한 불안정 고용의 증가 등의 고용사정 악화 등으로 신빈곤층이 발생하여 절대빈곤율과 상대빈곤율은 꾸준히 상승하고 있으며(반정호, 2009), 지역, 성별, 연령, 가구원 및 가구구성, 개인 특성 등에 따라 뚜렷한 차이를 보이고 있다.

국민기초생활보장수급자 현황(보건복지부, 2012)과 빈곤가족에 대한 최근의 연구들(강병구·성효용·윤명수, 2008; 강신욱 외, 2008; 구인회·백학영, 2008; 김교성, 2009, 2010; 김미곤 외, 2006; 김수완, 2010; 김안나, 2007; 김영란, 2004; 반정호, 2009; 윤홍식 · 조막래, 2007; 이상록 · 백학영, 2008; 최옥금, 2007)을 기초로 우리나라의 빈곤 현황 및 빈곤가족의 특성을 고찰하면 다음과 같다.

1) 빈곤율의 지속적인 증가와 상대적 빈곤율의 악화

전반적으로 1960년대 이후 지속적인 고도성장을 이루어 온 한국사회는 평균소득과 소비수준이 꾸준히 높아지고 1996년까지 절대빈곤율과 상대빈곤율은 지속적으로 감소하여 왔다. 그러나 1997년 말 외환위기와 더불어 대량실업사태와 근로빈곤층이 급증하면서 절대빈곤율과 상대빈곤율은 모두 상승하였다(김태성 · 손병돈, 2002). 우리나라의 공식적인 절대빈곤율은 외환위기가 발생한 1998년 7.4%에서 1999년 10.7%로 급상하였으며, 그 이후 2000년 8.9%, 2003년 5.2%로 감소하는 경향을 보였다. 그러나 2003년 이후 경기침체 및 기타 사회경제적 요인의 변화에 따라 다시 조금씩 상승과 하락을 반복하고 있다.[2] 절대빈곤율의 변화폭에 비하여 우리나라의 상대빈곤율의 증가추세는 더 현저한 것으로 나타나고 있다. 1999년 11.2%이던 상대빈곤율은 2005년 12.4%, 2010년 12.0%로 나타났으며, 기준(중위소득 40~60%)에 따라 약 4%에서 22%까지 차이가 크게 나타나고 있다. 이는 외환위기 극복 후 경제회복을 하는 과정에서 절대빈곤규모가 안정되어 가는 것에 비하여 비정규직 증가 등 불안정 일자리 확대와 소득양극화로 인한 상대빈곤층의 구조가 확대되고 있음을 보여주는 것이다(김교성, 2010; 송승숙 · 장승옥, 2011; 이혜숙 · 임은하, 2009).

2 우리나라의 공식적인 빈곤선은 국민기초생활보장 수급자 선정기준인 가구별 최저생계비에 따라 결정되는데, 2012년 4인 가구 최저생계비는 1,495,000원이다. 한편 2003년 이후 우리나라의 절대빈곤율은 2003년 6.9%, 2008년 7.8%에 이르고 최근 다시 감소하여 2010년 7.1%로 나타났다. 반면에 2011년 가처분소득(중위소득 50% 기준)의 빈곤율은 16.5%, 빈곤갭은 35.5%이다(e-나라지표, 2013).

2) 빈곤의 여성화

빈곤의 성차별적 분포는 빈곤가구 중에 여성가구주가 높은 비율로 나타나는 빈곤의 여성 집중현상을 말한다. 여성가구주의 비율은 지난 25년간 꾸준히 증가하여 1990년 1,787천 가구(전체 가구의 15.7%)에서 2012년 481만 2천 가구(전체 가구의 26.8%)로 증가하였다(여성통계연보, 2012). 이들 여성가구주의 가구소득은 남성가구주의 75%에 해당한다. 최근 연구에 따르면, 여성가구주가 빈곤에 처할 확률은 남성의 3배가량 높게 나타나며, 여성가구주 6명 중 1명은 최저생계비 이하로 나타났다(김안나, 2007).

우리나라는 1998년 경제위기 시 대량실직사태는 남성들의 실직에 따라 가족의 생계를 책임지는 여성가장의 수를 증가시켰으며, 가족해체가 가속화되면서 파생된 여성가장가족을 증가시킴으로써 우리나라의 여성빈곤화 현상을 양적·질적으로 확대시키는 계기가 되었다(강남식·신은주·성정현, 2002; 금재호, 2001; 박재규, 2003; 정미숙, 2007).

특히 빈곤 여성가구주는 빈곤 남성가구주와는 달리 청년기와 노년기의 빈곤율이 상대적으로 높은 양극점 형태를 보이고 있다. 이는 30대의 청년기 여성가구주는 자녀양육부담으로 인하여 노동시장 참여가 어려워 빈곤가구로 전락하게 되며(표 13-1), 이들 가구는 빈곤으로 인한 자녀문제, 부양 스트레스 등으로 물질적·정신적·신체적 역기능가정으로 전락할 확률이 높으며 빈곤탈출률도 매우 낮다.

특히 여성노인은 연령과 성별의 특성에 의하여 가장 빈곤한 계층이라고 할 수 있다. 2012년 현재 우리나라 여성노인의 36.4%가 수급자로 남성노인 19.1%에 비하여 거의 두 배에 달하는 빈곤율을 보이고 있다(표 13-1). 더욱이 여성의 경우, 남성과 동일한 학력을 가지고 있어도 빈곤율은 네 배 이상으로 높은 것으로 나타나 여성가구주의 경우 전 학력층이 빈곤의 위험이 높은 집단이다.

〈표 13-1〉 생애주기별 수급자 백분율 및 수급률 남녀 비교 (단위 : %)

구 분		계	영유아기	학령기	청소년기	청년기	중년기	노년기
수급자 백분율	여	100.0	1.9	4.2	14.2	11.4	31.9	36.4
	남	100.0	2.7	5.8	19.0	11.1	42.3	19.1
총인구 수 대비 비율	여	2.9	1.0	2.2	4.1	1.2	2.5	7.7
	남	2.2	1.0	2.2	3.8	0.8	2.5	4.3

주 : 영유아기(0~4세), 학령기(5~9세), 청소년기(10~19세), 청년기(20~39세), 중년기(40~64세), 노년기(65세 이상)
출처 : 통계청(2013). 연령별(시 · 도) 주민등록인구.

3) 빈곤의 노령화

우리나라의 노인빈곤의 동향 및 빈곤구성에 대한 연구들(구인회, 2002, 2004; 김교성, 2010; 최현수 · 류연규, 2003)은 '빈곤의 노령화 현상'을 공통적으로 지적하고 있다. 이러한 특성은 1970년대 이후 노인의 경제적 수준이 꾸준히 높아지고 있어서(Smeeding, 1990) 노인 빈곤율이 지속적으로 낮아지고 있는 외국의 현실과 다른 상황을 보여준다. 우리나라 노인가구주의 절대빈곤율은 2003년 이래로 지속적으로 높아지고 있다. 2011년 우리나라의 빈곤지표를 보여주는 균등화 가처분 소득에 의한 빈곤율은 16.5%인 것에 대하여, 노인가구의 빈곤율은 67.3%이며, 65세 이상 노인들의 빈곤율은 49.4%로 나타나 노인 개인 및 노인가구의 빈곤화의 심각성을 보여주고 있다(통계청, 2012. 가계금융 복지조사 결과).

한편 <표 13-2>를 보면, 2012년 전체 기초생활수급대상자 가운데 노인세대는 약 28.9%에 달하고 있으며, 노인수급자는 총인구 대비 6.3%에 달하여 다른 연령집단에 비하여 빈곤위험이 2~3배 높다(보건복지부, 2012 국민기초생활보장 수급자현황).

〈표 13-2〉 생애주기별 일반 수급자 현황 (단위 : %)

구 분	계	영유아기	학령기	청소년기	청년기	중년기	노년기
수급자 수	1,300,499	29,111	63,541	212,020	146,520	473,209	376,098
수급자 비율	100.0	2.2	4.9	16.3	11.3	36.4	28.9
총인구수	50,948,272	2,816,103	2,907,732	5,392,155	14,795,891	19,056,331	5,980,060
총인구수 대비 수급자 비율	2.6	1.0	2.2	3.9	1.0	2.5	6.3

출처 : 보건복지부(2012). 2012 국민기초생활수급자 현황.

4) 도농 간 지역에 따른 빈곤율과 양상의 차이

우리나라의 빈곤가구는 지역과 지역의 특성에 따라 차이가 심하여 지역에 따른 빈부격차를 여실히 보여주었다. 16개 광역지방자치단체별 수급률을 보면, 전남이 6.9%로 최고이고, 울산이 1.7%로 최하위로 나타났으며, 전라남도와 북도는 가장 높은 수급률로 최대 3배 이상의 차이를 보여주었다(표 13−3).

〈표 13-3〉 지역별 국민기초생활보장 수급률 (단위 : %)

전국	서울	부산	대구	인천	광주	대전	울산	경기	강원	충북	충남	전북	전남	경북	경남	제주
3.0	1.8	3.4	3.3	2.4	3.9	2.8	1.7	1.8	4.1	3.5	4.0	6.2	6.9	4.6	3.3	3.8

주 : 수급률=지역의 수급자 수 / 지역의 전체인구×100

5) 단독가구의 빈곤화

2011년 가처분소득 기준의 평균 빈곤율이 16.5%이며, 4인 이상 가구의 빈곤율이 8.4%임에 비하여 1인 가구의 빈곤율은 50.1%로 나타났으며, 가구원 수가 증가할수록 빈곤율은 감소하였다(통계청, 2012. 가계금융 복지조사 결과). 한편 <표 13−4>에서 전체 기초생활수급자 중에 1인 가구의 비율은 65.8%로 나타나 단독가구의 빈곤율이 높음을 시사하고 있다. 단독가구의 빈곤화는 노인독거율의 증가, 독신여성 및 가족해체로 인한 독거가족의 증가 등의 인구사회학적 변화에 영향을 받는 것으로 사료되어, 향후 빈곤단독가구의 증가에 대한 다각적인 복지대책이 요구된다.

〈표 13-4〉 일반 수급가구 구성별 현황 (단위 : 명, 가구)

계	1인 가구	2인 가구	3인 가구	4인 가구	5인 가구 이상
821,879	540,924	147,736	80,900	36,494	15,825
100.0	65.8	18.0	9.8	4.4	2.0

출처 : 보건복지부(2012). 2012 국민기초생활보장 수급자 현황.

4. 빈곤가족에 대한 사회복지정책 및 서비스 현황

우리나라의 빈곤가족에 대한 정책은 저소득 관련법 제도와 정책을 통하여 살펴볼 수 있다. 빈곤가족의 복지적 욕구는 국민기초생활보장법에 의해 제도적으로 구현되고 있으며, 이 외에 긴급복지지원법, 의료급여, 자활지원제도, 보건 관련 사업 등에 의한 다양한 서비스를 시행하고 있다. 대상자별로 보면 저소득 빈곤가정의 아동, 영유아를 위한 복지 및 지원제도, 장애인 및 한부모가족을 위한 법과 제도가 시행되고 있다.

정책의 수행기관으로는 보건복지부, 여성가족부, 교육부, 행정안전부, 고용노동부 등이 사안에 따라 주관하여 서비스를 전달하고 있다. 이 장에서는 국민기초생활보장법에 의한 빈곤가족 지원내용만 구체적으로 제시하고, 그 외의 내용은 간략히 소개하고자 한다.

1) 국민기초생활보장제도에 의한 저소득 빈곤가족 지원

우리나라에서 빈곤자를 위한 제도는 1961년 12월 헌법 제34조 제5항에 의한 국가사회보장정책의 하나로 제정된 생활보호법이라고 할 수 있다. 생활유지능력이 없거나 생활이 어려운 자에게 필요한 보호를 하여 최저생활을 보장하고자 하였다. 그러나 생활보호법은 지난 40년간 노인, 장애인, 근로 무능력자에 대한 단순 생계지원 중심의 시혜적 성격이 강하였다. 세계적으로 유례없는 경제성장을 거듭하던 우리나라는 1997년 경제위기와 구조조정에 따른 대량실업으로 근로능력이 있는 빈곤인구가 급증하고 자살, 노숙자 증가, 가정해체 등의 사회문제가 확대되면서 빈곤자와 빈곤가족들을 위한 체계적이고 종합적인 사회보장제도의 필요성을 절감하게 되었다. 이에 정부는 근로능력에 관계없이 최저생계비 이하의 저소득층에 대한 기초생활을 국가가 보장하되 종합적 자립자활 서비스 제공으로 생산적 복지를 구현하기 위한 초석으로 1999년 9월 7일 국민기초생활보장법을 제정하고, 2000년 10월 1일부터 시행하였다(보건복지부, 2010).

국민기초생활보장법에 의한 보장제도가 구 생활보호사업과 구별되는 몇 가지 특성은 첫째, 시혜적 급여에서 권리적 급여의 성격이 강조되었다는 점, 둘째, 과거에는 18세에서 60세 이하의 경제활동인구는 생활보호사업의 대상자격이 없었으나, 이를 삭제함으로써 이에 속하는 사람들도 급여를 수급할 수 있다는 점, 셋째, 생활보호사업에서는 소득과 재산이 이원적 기준이었으나 기초보장제도는 2003년부터 '소득인정액'이라는 단일기준에 입각하여 최저생계비 이하인 계층을 모두 포괄하여 보장하고 있다는 점이다.

(1) 수급자 선정기준 및 조건

국민기초생활보장법에 의한 수급자는 가구(세대)를 단위로 선정하는 것을 원칙으로 하되, 특정한 경우에 한하여 개인단위로 수급 여부를 선정한다. 선정기준은 소득기준과 부양의무자 기준의 2개이다. 소득 관련 기준은 과거 소득평가액기준과 재산 관련 기준(재산, 금액, 실물기준)을 통합하여 소득인정액제도를 도입하여 이에 준하여 선정하고 있다. 1인 가구기준 소득인정 기준액은 매년 결정되며 2012년 기준은 〈표 13-5〉와 같다.

〈표 13-5〉 가구 규모별 소득인정액 기준(2012) (단위 : 원, 월)

구 분	1인 가구	2인 가구	3인 가구	4인 가구	5인 가구	6인 가구	7인 가구
최저생계비(월)	553,354	942,197	1,218,873	1,495,550	1,772,227	2,048,904	2,325,580

주 : 8인 이상 가구는 1인 증가 시마다 276,677원씩 증가(8인 가구 : 2,602,257원)

부양의무자 기준은 부양의무자(수급권자의 혈족 및 그 배우자, 수급권자의 직계혈족 및 그 배우자)가 없거나, 있어도 부양능력이 없거나 또는 부양을 받을 수 없는 경우로 하고 있다. 이는 과거 생활보호법에서 거택보호자와 자활보호자로 구분되어 있던 대상자 구분을 없애고 부양의무자가 없거나, 있어도 부양능력이 없고 부양을 받을 수 없는 자인 경우로서 소득인정액이 최저생계비 이하인 사람을 수급자로 규정하고 있다.[3] 그러나 수급자를 선정하는 과정에서의 문제점이 드러남에 따라 수급자의 소득과 재산 선정기준을 완화하고 불합리하게 제외되는 저소득층을 위한 특례기준을 강화하였다(표 13-6).

〈표 13-6〉 특례제도의 현황

특례유형	특례내용
수급권자 재산범위 특례	· 노인, 중증장애인 등 근로능력이 없는 자로만 구성된 가구는 소득환산대상 제외 · 재산처분의 곤란으로 재산의 소득환산이 어려운 경우 · 기타 가구 특성이나 생활실태 등으로 보아 생계유지가 어려운 경우로 보장기관이 판단한 가구에 대하여 생활보장위원회의 심의/ 의결을 거쳐 소득환산 제외
교육급여 특례	· 실제 소득에서 중·고등학교 학비를 공제하면 수급자 선정요건에 해당되나, 수급자 선정 이후에는 공제대상 지출이 발생하지 않아 소득인정액 기준을 초과하는 경우
자활급여 특례	· 수급자가 자활근로, 자활공동체, 자활인턴 등 자활사업에 참가하여 발생한 소득으로 소득인정액이 선정기준을 초과한 경우
의료급여 특례	· 실제 소득에서 6개월 이상 지속적으로 지출되는 의료비를 공제하면 수급자 선정요건에 해당되나 수급자 선정 이후에는 공제대상 지출이 발생하지 않아 소득인정액 기준을 초과하는 가구 · 부양의무자 기준은 충족하지만 소득인정액이 최저생계비를 초과하여 수급자로 선정되지 못하는 가구 중, 소득평가액이 최저생계비 이하이고 재산이 7,000만 원 이하이며, 소득환산율이 100% 적용되는 승용차가 없는 가구로 만성, 희귀질환 등으로 6월 이상 치료를 받아야 하는 가구원이 있는 가구
부양의무자 재산기준 특례	· 소득기준 : 실제 소득이 부양의무자 가구의 최저생계비의 50% 이하인 경우 · 재산기준 : 재산의 소득환산액이 수급권자 및 부양의무자 가구의 각각 최저생계비를 합한 금액의 42% 이상 100% 미만 · 가구 특성 : 근로능력이 있는 가구원이 없거나 재산이 주택에 한정된 경우

3 부양의무자의 재산기준은 소득기준, 재산기준, 가구 특성 등에 특례법을 적용하여 판정하고 있다(보건복지부, 2009).

타 법률 등에 의한 수급권자 범위 특례	· 북한이탈주민 : 북한이탈주민 보호 및 정착지원에 관한 법률에 의하여 생활이 어려운 북한이탈주민에게 최초거주지 전입 후 5년간 · 일본군위안부 : 일제하 일본군위안부에 대한 생활안정지원법에 의한 급여지급 · 인간면역결핍바이러스 감염자(에이즈감염자) : 본인가구의 소득인정액만으로 판단 · 농어민가구 : 농어민가구의 소득평가액 산정 시 농어민가구 특성 반영한 지출요인 인정, 농어민가구의 재산 소득환산액 산정 시 경작농지 등의 재산에 대한 완화 적용
기타 수급권자 범위 특례	· 영주귀국 사할린 한인, 한센병 정착촌 거주자, 보장시설 생활자, 사회취약계층에 대한 특별보호대책

출처 : 보건복지부(2009). 국민기초생활보장제도 개요.

(2) 급여내용

기초생활보장법에서 규정하는 급여의 종류와 내용은 생계급여, 의료급여, 주거급여, 교육급여, 해산급여, 장제급여, 자활급여 총 7종의 급여가 있다. 급여의 구체적인 내용은 <표 13-7>과 같다.

생계급여는 일반생계급여, 긴급생계급여, 조건부 생계급여로 나누어지며, 현금지급을 원칙으로 하나 현금급여가 불가능하거나 적절치 못할 때에 현물을 지급할 수 있다. 생계급여는 수급자의 빈곤수준이나 생계유지능력에 따라 차별적으로 급여하여 소득인정액과 최저생계비의 차이를 보완하여 최저생계를 유지할 수 있도록 하는 보충급여방식을 택하고 있다.

국민기초생활보장의 수급자들은 자동적으로 의료급여법에 의하여 의료급여의 대상자가 되며, 근로능력 여부에 따라 1종과 2종으로 나뉘어 의료급여를 받는다. 주거급여는 과거 생활보호법에는 없던 급여로서 신설된 급여항목이며, 교육급여는 저소득층 자녀나 취학 전 아동에 대한 교육지원을 보장하였다.

국민기초생활보장법은 주거급여가 신설되고 자활급여가 강화되었지만, 부양의무자 기준이나 소득인정액 기준 등이 까다롭고 전달체계가 복잡하며, 수급자에 대한 정확한 조사상의 문제점들이 드러나면서 실제로 많은 수급권자들에게 혜택이 돌아가지 못하고 있다는 문제가 있다(최경석 외, 2005).

〈표 13-7〉 국민기초생활보장의 급여종류와 내용

급여종류	급여내용
생계급여	〈급여대상〉 · 의료, 교육, 자활급여 특례자, 에이즈쉼터/ 노숙자쉼터 및 한국갱신보호공단 시설 거주자 등 국가 또는 지방자치단체로부터 생계비를 지원받는 자를 제외한 모든 수급대상자 〈급여내용〉 · 의복, 음식물, 연료비, 기타 일상생활에 기본적으로 필요한 금품 지급 · 근로능력이 있는 수급자에게는 자활에 필요한 사업에 참가할 것을 조건으로 생계급여 지급 · 모든 수급자에게 생계급여는 기본적으로 지급 · 긴급생계급여 : 기초생활보장제도의 급여 여부 결정 전이라도 갑자기 생계유지가 어려워져 생계급여가 필요한 경우를 위하여 긴급급여 지급 · 조건부 생계급여 : 자활지원계획에 따라 자활에 필요한 사업에 참가할 것을 조건으로 생계급여를 실시하며, 자활사업에 참가한 달의 다음 달부터 매 3월마다 조건이행 여부를 확인하여 지급 여부 결정
의료급여	· 별도의 의료급여법에 의하여 의료 제공
주거급여	· 주거 안정에 필요한 임차료, 유지수선비, 기타 대통령령이 정하는 수급품 지급
교육급여	· 입학금, 수업료, 학용품비, 기타 수급품 지원
해산급여	· 조산, 분만 전과 분만 후의 필요한 조치와 보호 제공
장제급여	· 수급자가 사망한 경우, 사체의 검안, 운반, 화장 또는 매장, 기타 장제조치를 행하는 데 필요한 비용 지급
자활급여	· 자활에 필요한 금품의 지급, 대여, 자활에 필요한 기능 습득의 지원, 취업알선 등 정보의 제공, 공공근로 등 자활을 위한 근로기회 제공, 자활에 필요한 시설 및 장비의 대여, 기타 대통령령이 정하는 자활 조성을 위한 각종 지원 제공 · 자활후견기관 지정 · 자활공동체 설립 운영

2) 대상자에 따른 저소득 빈곤가정에 대한 지원

(1) 소년소녀 가장세대에 대한 지원

18세 미만의 빈곤아동이 실질적으로 가정을 이끌어 가고 있을 때, 소년소녀가장으로 지정하고 생활보호와 다양한 복지서비스를 제공한다. 지원대상은 국민기초생활보장수급자 중에서 18세 미만의 아동으로만 구성된 세대이거나, 18세 미만의 아동이 부양능력이 없는 부모와 동거하는 세대이다. 부양의무자와 동거하는 경우에는 대리양육가정으로, 부양의무자가 아닌 경우에는 가정위탁으로 선정하여 지원하고 있다. 15세 미만의 아동들로만 구성되어 있는 경우에는 시설입소나 가정위탁을 권장하고 있으며, 아동이 18세가 넘었지만 중·고등학교에 재학 중일 경우에는 졸업까지 연장해 준다.

소년소녀가장세대는 국민기초생활보장법에 의한 생계급여, 교육급여, 의료급여를 지원받고, 추가로 부가급여를 지급받는다. 아동만으로 구성된 세대는 후견인제도를 통하여 도움을 받도록 지도하고 있으며, 이웃과의 결연을 권장하고 있다(한국복지재단, 2004).

(2) 한부모가족지원

한부모가족지원법상의 지원대상 가구 중 가구원 수별 소득인정액(2009년 기준 국민기초수급자의 가구별 최저생계비 대비 130% 기준)에 해당되는 저소득 한부모가족에 대하여 다음과 같은 서비스가 지원된다(표 13-8).

〈표 13-8〉 한부모가족 지원내용

지원사업명	지원내용
고등학생 수업료 및 입학금	전액 지급
만 6세 미만 아동양육비 지원	1인당 월 5만 원 이내 매월 지급
복지자금대여	−저소득 한부모가족으로 자립 및 자활의지가 뚜렷하고 현실성 있는 사업계획을 제시하는 자 −보증금 4,000만 원 이하의 전세입자 중 무주택 저소득 한부모가족의 세대주에게 2,000만 원 한도 내(연 3%)에서 대여함
영구임대주택 입주	무주택 저소득 한부모가족에게 지방자치단체가 관리하는 영구임대주택(아파트) 중 지역실정을 감안하여 일정량을 저소득 한부모가족에게 우선 공급함
한부모가족복지시설 기능보강사업	모부자보호시설, 모자자립시설, 일시보호시설, 미혼모자시설, 미혼모자공동생활가정 등에 일정 기간 보호하여 생계지원하고 퇴소 후 자립기반을 조성하도록 지원함
한부모가족자녀양육비 이행확보 무료 법률 구조사업	한부모가족 자녀양육비 청구소송, 미혼부 상대 자녀인지청구소송 지원, 자녀양육비 이행확보 지원 등의 법률적 지원

(3) 장애인 가족지원

1999년 장애인복지법이 개정되면서 국민기초생활보장법에 의한 수급자 및 차상위계층(120% 이하)에 속하는 저소득 장애가정에는 장애아동의 장애등급 및 기초생활대상수급등급에 따라 월 2만 원에서 20만 원까지의 수당이 지급된다. 의료급여법에 의한 의료급여 2종 수급 장애인가구에 의료지원이 보강되며, 국민기초생활보장법상의 수급자로서 신규등록장애인 혹은 등급재조정 대상자에게는 등록진단비가 지원되고 재활보조기구가 무료로 대여된다. 한편 소득인정액이 일정 금액 이하인 가구의 장애 중・고등학생들에게는 교육비가 지원되며, 저소득 가구의 장애인가구주 혹은 가구주의 배우자 장애인에게도 가구당 2,000만 원(연 3%) 이내의 자활자립금이 대여된다.

(4) 빈곤가족의 아동지원

저소득 빈곤가정의 유아교육 및 보호서비스는 교육부의 유아교육정책, 보건복지부의 보육, 아동복지, 고용노동부의 청소년 취업 및 부모취업대책으로 구성되어 이루어지고 있다(권기욱, 2005). 빈곤아동을 위한 복지정책은 1921년 태화기독교사회관에서 구빈적 탁아사업으로 시작, 1991년 영육아보육법의 제정으로 탁아에서 보육으로 발전하였다.

최근 가족해체 등으로 인한 조손가정, 한부모가정이 증가하고, 다문화가족과 장애아동 출현율이 높아지는 등 보육취약계층이 증가하고 있어 이들 취약아동가족에 대한 다양한 보육 및 육아, 교육정책이 요구되고 있다. 특히 저출산에 대한 사회적 위기감이 고조되면서 보육 및 아동교육에 대한 관심이 새로워지고 저소득 아동 지원대상을 확대하고 서비스를 다양화하는 등 지원의 질과 양이 향상되고 있다.

영유아 및 아동의 신체적・정신적・사회적 건강과 안녕이 미래사회의 건강을 담보하고 있다는 인식에 따라 일정 소득 이하의 가정의 영유아동들에게 발달과정에 따른 건강관리 및 치료, 예방 등에 대한 지원이 이루어지고 있으며, 보육 및 교육비에 대한 지원도 확대되고 있다. 특히 저소득 맞벌이가족을 대상으로 보육료지원 확대는 물론 아이돌보미 지원을 확충 지원하고 있다. 또한 저소득 아동양육가정에게 실질적인 혜택과 수혜자 중심의 혜택을 주기 위하여 I-사랑카드제와 바우처제도 등을 적극 도입하는 등 지원방식의 다양화도 꾀하고 있다. 여기서는 드림스타트 서비스, 지역아동센터, 교육복지투자 우선지역 지원사업을 소개하고자 한다.

① 드림스타트 서비스

2004년도와 민간단체들을 중심으로 시작한 We-Start 사업이 드림스타트로 전환하여 진행되고 있다. 이는 저연령부터 예방적이고 통합적인 개입을 통하여 빈곤탈피를 목적으로 하고 있는 '빈곤 대물림 끊어주기' 사업으로 0~12세 빈곤층 아동들에게 교육, 보건, 주거, 복지서비스를 맞춤형으로 제공하는 것을 목적으로 한다(이봉주 외, 2004).

가족해체에 따른 가족기능 약화, 소득양극화에 따른 정보격차 및 학습격차 심화로 빈곤의 세습화, 저소득층의 사회적 배제현상이 가중되는 현실에서 이와 같은 통합적 서비스는 빈곤의 세습화를 방지하고, 복지서비스의 질적 향상과 서비스 전달체계의 효율성을 제고시키는 데 기여하고 있다고 할 수 있다.

② 지역아동센터

지역사회 아동의 보호, 교육, 건전한 놀이와 오락제공, 보호자와 지역사회 연계 등 아동의 건전육성을 위한 아동복지서비스를 지원하는 기관으로 2004년부터 민간공부방이 지역아동센터로 제도화되어 초·중·고생 및 기타 청소년(탈학교자들 외)의 방과 후 보호, 학습지원, 급식제공 등의 기능을 담당하고 있다. 2009년 12월 말 기준 전국에 3,474개소, 이용아동 수는 97,926명으로 계속 확대추세에 있으며, 다문화가정의 아동이나 장애아동들의 수도 점차 증가하고 있어 지역사회 빈곤아동 및 요보호아동들에게 중요한 의미를 갖고 있다.

③ 교육복지투자 우선지역 지원사업

지역사회 교육전문가라는 명칭을 가진 전문인력을 학교에 배치하여 빈곤아동들에게 교육, 복지, 문화 서비스를 총괄적으로 제공하고 있다. 2002년도부터 서울과 부산을 시범으로 시작하여 2009년 전국 180여 개교가 지정 운영되었다. 이 사업은 지역단위 사업으로 저소득층 지역의 교육, 문화, 복지 수준을 총체적으로 제고하여 지역의 유아 및 학생들에게 실질적 교육기회를 제공하고 지역 간, 학교 간 격차를 해소하고, 저소득 소외계층 학생들의 총체적 복지감 향상을 목적으로 하고 있다.

5. 빈곤가족 예방 및 대책

1) 빈곤동태와 원인에 대한 정확한 파악

현대사회의 빈곤은 개인적 요인과 사회구조적 요인이 서로 상호 복합적으로 연계되어 발생하는 경향이 더욱 커지고 있다. 우리 사회는 과거에 비하여 빈곤자들의 빈곤탈출률이 낮아지고 있는데, 이는 빈곤이 악순환되는 사회구조가 견고해지고 있기 때문으로 분석할 수 있다. 따라서 빈곤문제를 해결하기 위해서는 빈곤양상에 대한 동태적 · 정태적 파악과 빈곤가정에 대한 심도 있는 이해와 분석이 필요하다. 빈곤의 현상과 유입과정, 빈곤탈출의 노력과 기제에 대한 이해에 대한 종합적이고 심도 있는 조사와 연구를 통하여 빈곤의 악순환의 영향을 극복하고 보호요인을 강화할 수 있는 방안을 모색해야 한다.

2) 국민기초생활제도의 개선과 보완

빈곤가구의 경제적 안정성에 대한 최근의 연구(심 영 · Emery, 2010)는 공공부조는 가구의 단기 및 장기 경제적 안정성에 부적인 영향을 미치고 사회보험은 정적인 영향을 미치는 것으로 밝히고 있다. 이에 국민기초생활보장제도의 순기능을 강화할 수 있는 합리적인 개선이 필요하다. 예를 들면, 차상위계층에 대한 적절한 보호를 제공할 수 있도록 수급권자 자격기준에 대한 재평가가 필요하다. 또한 현행법이 부양의무자 판별에 대한 기준이 너무 엄격하고, 가구원 수와 상관없는 단일한 재산기준을 근거로 하고 있으며, 소득기준 설정상의 비합리성 등으로 상당수의 빈곤가족이 보호대상에서 제외되어 있다. 이에 수급권자를 선정할 때 탄력적인 선정기준을 적용할 필요가 있으며, 급여수준도 강화되어야 할 필요가 있다.

3) 빈곤의 조기탈출을 위한 제도적 지원과 빈곤단계에 따른 맞춤형 지원

빈곤은 어느 날 갑자기 이루어지기보다는 일정한 과정을 통하여 이루어지는 사회과정이다. 일반적으로 빈곤화 단계는 빈곤진입단계, 빈곤탈출 희망과 노력 단계, 빈곤의 심화단계, 빈곤의 장기화와 대물림 단계로 나누어지며, 일단 빈곤의 심화 단계에 접어들면 빈곤을 탈출하기가 매우 어렵다(이혜숙 · 임은하, 2009). 실제로 많은 연구들(구인회, 2005; 김아래미, 2006; 정익중 2005)[4]은 절대빈곤층의 소득이 상승하여 차상위계층 이상으로 빈곤율을 벗어나는 빈곤탈출률은 불과 6%로 빈곤을 벗어나기가 매우 어렵고, 빈곤유입기간이 길어질수록 빈곤탈출률이 현저히 저하되고 있으며, 5년 이상의 장기빈곤층이 전체 빈곤층의 50%를 차지하며, 10년 이상의 최장기 빈곤층도 25%를 넘어서고 있음을 지적하고 있다. 이혜숙과 임은하(2009)는 빈곤가정들의 빈곤유형은 사회적 지원 정도와 빈곤극복의지를 중심으로 의지형, 의존형, 좌절형, 희망형으로 분류되며, 희망형에서 빈곤탈출 가능성이 높다고 주장하였다. 따라서 빈곤가정에 대한 지원은 빈곤단계와 원인의 특성에 대한 분석을 근거로 하여 차별적으로 이루어질 필요가 있다. 즉, 빈곤진입 초기는 빈곤탈출에 대한 희망과 의지가 높고 빈곤요인이 비교적 단순한 경우가 많기 때문에, 이때에 적극적인 직업알선, 심리정서적 지원 등의 사회적 지원을 집중할 필요가 있다.

특히 빈곤가정의 아동들의 경우 학습부진과 또래관계의 어려움 등 학교부적응이 심하고 정서적 불안정과 심리적 위축 등이 심하며 빈곤이 장기화될수록 그 악영향이 심화되므로 빈곤가정의 아이들을 위한 조기지원이 매우 시급하다. 한편 장기빈곤가정에 대하여는 통합적인 접근의 서비스가 이루어져야 할 것이다. 구인회(2005)의 연구에 의하면, 장기빈곤층의 대표적인 집단은 노인과 여성가구주 가구임을 지적하고 있어서 우리나라 장기빈곤문제를 해결하기 위해서는 노인빈곤층, 특히 여성노인 가구주에 대한 대책이 시급함을 알 수 있으며, 비노인 여성가구주에 대한 예방적 대안을 모색해야 함을 강력히 시사하고 있다.

4 김아래미(2006)는 빈곤에 유입한 기간이 1년인 경우, 빈곤탈출확률이 86.4%, 2년인 경우 52.7%, 3년은 47.1%, 4년이 되면 24.3%로 점차 낮아지고 있다고 했으며, 구인회의 연구(2005)는 빈곤주기 첫해 경험자들 중 58%가 빈곤을 탈출하지만, 3년차가 되면 30%가 빈곤을 탈출한다고 보고하였다.

4) 빈곤가족을 위한 법과 제도의 지속적인 보완

현대사회의 빈곤문제가 사회구조적인 복합성을 내포하고 있어 빈곤문제 해결을 위한 법과 제도의 탄력적이고 유연한 적용이 요구된다. 기초생활보호법을 비롯한 관련법과 제도들은 지속적으로 보완·수정되어 왔다. 그럼에도 불구하고 부정수급자는 매년 증가하고 있으며, 차상위계층을 비롯한 사각지대에 있는 빈곤가정 혹은 위기가정에 대한 안전망은 제대로 마련되지 못하고 있는 실정이다. 수급권자의 자격기준에 대한 현실성 있는 평가제도, 재산과 소득에 대한 합리적인 설정과 판단 등에 대한 지속적인 점검이 요구된다.

또한 빈곤가족에 대한 현재 서비스의 분절현상을 파악하여 통합적인 서비스를 전달할 수 있는 서비스 전달체계의 점검도 필요하며, 바우처제도 등과 같은 변화하고 있는 사회서비스 유형에 대한 적극적인 홍보도 필요하다.

5) 조세제도 및 고용 및 시장정책의 개선을 통한 소득재분배

과거에 비하여 근로빈곤층의 문제가 심각하게 대두되고 있는 시점에서 효과적인 노동시장정책의 수립을 통하여 근로소득을 빈곤선 이상으로 증대시키는 노력이 장기빈곤의 예방 차원에서 중요하게 부각된다. 저숙련층 노동시장여건이 악화하는 상황에서 저소득층 근로지원 세액공제제도 도입과 최저임금수준의 현실화가 요구되고 있으며, 저소득층 인적자본 향상을 위한 취업교육과 알선대책이 다각적으로 모색되어야 한다.

또한 소득 창출능력이 떨어지는 빈곤계층의 여성, 고령자들에게 적합한 효과적인 자활프로그램을 개발·보급해야 할 필요가 있으며, 창업지원정책의 보완도 요구된다.

6) 빈곤가정의 아동교육 및 유아보호정책의 개선

현행 빈곤가정 유아 및 아동보호정책은 프로그램 간에 대상 연령, 서비스 내용 간에 연계가 부족하고 분절되어 있으며, 프로그램의 다양성이 빈약하며 수혜자 비율이 낮다고 지적되고 있다. 특히 건강 관련 서비스체계나 유아학대의 예방과 관리체계 등은 매우 미비한 상태이다. 또한 빈곤가정의 부모들을 대상으로 하는 교육 및 지원서비스가 빈약하며, 이러한 서비스를 전달하는 행정적 지원체계 및 재정도 넉넉지 못하다는 총체적인 지적을 받고 있다. 따라서 앞으로 유아교육, 보호서비스는 수혜범위를 확대하고 가족에 대한 지원서비스를 강화하며, 교육기능과 보호기능을 통합하여 종합서비스체계를 구축해야 할 것이다. 또한 0~2세의 영아를 위한 가정방문제도를 통하여 조기관여를 실시하고, 유아교육, 보호서비스를 제공하는 기관들 간에 협력체계를 구축하고, 국고재정을 확충하고 지방자치단체와 산업체 등의 재원을 활용할 수 있도록 보완해야 한다(권기욱, 2005).

또한 급식아동 선정기준 확대, 급식지원 전달체계 확대, 급식단가의 현실화 등 급식지원을 개선할 필요가 있다. 한편 지역아동센터를 확대해나감과 동시에 전문인력을 양성, 배치하여 빈곤지역 아동들에 대한 종합적이고 질적인 보호와 교육서비스가 제공될 수 있도록 지원을 현실화해야 할 것이다.

빈곤가족의 아동들이 빈번하게 접할 수 있는 학대, 부적응, 가족해체, 비행 및 범죄 등에 대한 예방적 차원의 개입과 상담 프로그램이 확대되어야 하며, 학교사회복지사업을 적절히 활용·확대해야 할 것으로 보인다.

CHAPTER 14

소년소녀가족과 가족복지

한국에서 소년소녀가족에 대한 복지실천은 정부가 1984년 3월 '소년소녀가장세대 보호대책'을 수립하여 1985년 6월부터 소년소녀가장에 대한 정부지원사업을 실시한 것이 처음이다. 2000년 9월에는 지원대상의 명칭을 소년소녀가정(youth family, 이 책에서는 '소년소녀가족'으로 칭한다)으로 변경하였다.

1960년대 초부터 시작된 경제개발 5개년계획의 꾸준한 추진에 따라 산업화 및 도시화 진전 등 경제사회발전이 이루어져 왔다. 최근 들어서는 제3~4차 산업혁명이 빠르게 전개됨에 따라 사회적으로 정보과학화와 지능화가 펼쳐지는가 하면 가정적으로는 핵가족화와 함께 가족의식의 변화가 곳곳에서 일어나고 있다. 우리들의 관심은 가정의 안정적 유지와 안녕에 심각한 위협이 초래되고 있는 현상들이다. 부모의 이혼·재혼이 증가하고 사망, 실종 등에 따라 돌보아 줄 수 있는 가족원 없이 아동 혼자 또는 형제들만이 남겨져 있는 소년소녀가정이 점차 늘어나고 있다. 이들 중에는 친부모와 보호자로부터 보호를 받을 수 없을 정도로 위기에 처해 있는 아동들도 있다. 직계존비속을 부양해야 하는 아동이 적지 않은 상황이다.

소년소녀가족에는 여러 가지 경제 문제, 심리정서 문제, 사회적응 문제, 교육 문제, 가정생활 및 주거환경 문제 등이 매일 생겨나고 있다.

이러한 소년소녀가족을 위해서는 국가정책 말고도 광범위한 사회적 도움이 요구된다. 정부에서는 실제적으로 가정을 이끌어 가는 소년소녀가족의 생활보호를 통해 자립능력 배양 및 건전한 시민 육성을 도모하고 있다. 소년소녀가족의 결연이나 후견인제도가 그런 것들이다.

정부는 국제연합(UN)의 권고를 받아들여 1999년에 15세 미만 아동단독세대의 소년소녀가정 지정을 제한한 데 이어 2000년부터 가정위탁제도를 실시하면서 소년소녀가정의 전환을 시작했다. 2012년에는 아동복지법 개정을 통하여 가정위탁센터를 전국 곳곳에 설립하도록 하였다. 2017~2018년에 보건복지부는 만 15세 이상의 아동이 아동복지법 제19조에 의해 후견인을 선임하는 경우 외에는 소년소녀가정의 추가지정을 금지하였다. 이와 같은 제도변경에 따라 소년소녀가족은 2017년의 경우 92명(62세대)으로 줄어든 데 반하여 가정위탁보호아동은 12,896명(10,197세대)으로 늘어났다.

1. 소년소녀가족의 개념과 발생원인

소년소녀가족이란 다음과 같은 경우를 말한다. (i) 부모가 사망했거나 생존해 있어도 질병, 심신장애, 가출, 이혼, 재혼, 복역 등으로 부모로부터 보호 및 부양을 받을 수 없거나, (ii) 노동능력이 없는 직계혈족을 모시고 있거나, (iii) 생활능력이 없는 방계가족과 더불어 생계가 매우 곤란한 가족으로서 만 18세 이하의 청소년이 실제적으로 가계를 책임진 세대 등이다. 종합하면 '생활보호법'이나 기타 관련 법규에 의해 정부나 사회단체가 지원하여 정상적 가정으로 육성될 수 있도록 보호 및 후원해야 하는 요보호 소년소녀가족을 말한다.

소년소녀가족은 부모의 가출이나 행방불명, 이혼, 기타 복역과 같은 자발적 요인으로 발생하거나 부모의 사망, 폐질・심신장애, 고령 등의 비자발적 요인으로 발생하기도 한다. 소년소녀가족의 발생원인을 연대별로 보면 1990년대 이전에는 주로 부모의 사망이나 행방불명, 가출 등이 주요 원인이었다. 그러나 1990년대 들어서는 가족해체라고 할 수 있는 이혼, 별거, 가출 등의 이유로 소년소녀가족이 증가되고 있는 추세이다. 2000년대에는 이혼・재혼이 복합적 요인으로 작용하면서 소년소녀가족이 발생하고 있다. 이혼・재혼・별거가 늘어나면서 자녀에 대한 책임감, 인내심, 애정이 약해져 자녀의 양육을 기피하는 사례가 늘어나고 있다. 특히 이혼 또는 남편 사망으로 여성이 재혼하는 경우 전남편 자녀들에 대한 법적 보호가 보장되지 않을 뿐만 아니라 재혼한 가정에 그 자녀를 데

려가는 것도 어렵기 때문에 오갈 데 없는 아동이 늘어나는 현실이다.

2016년 12월 말 현재 전국의 소년소녀가족은 62세대로 파악되었는데, 발생원인별로 보면 부모의 사망 및 가출・행방불명(25.8%), 그리고 부모의 이혼과 폐질심신장애가 각각 19.4%였다(소년소녀가족의 급감원인에 대해서는 본 Chapter 제6절 소년소녀가족제도의 변천에서 자세히 살펴보기로 한다).

소년소녀가족의 명칭은 정부의 1985년 '소년가장세대지원지침' 실시 이후 여러 가지로 변경되었다. 초기에는 미성년세대주, 아동세대주, 어린이가장 등으로 불려왔다. 그러나 실질적 가장권을 행사할 수 없는 미성년자라 할지라도 가족 중 연장자 또는 주민등록상 아동이면서 세대주라면 소년소녀가장세대로 통일하여 사용하게 되었다.

소년소녀가장이라는 명칭은 보호대상자를 선별하여 지원하기 위해 편의상 구별하는 이름으로, 법률상 가장이 되거나 가장의 역할을 강요하는 것은 아니다. 가장이란 (i) 가정을 대표하는 사람(대표권), (ii) 집안의 재무를 총괄하는 사람(재무권), (iii) 집안식구를 다스리고 감독하는 사람(지시 감독권)을 말한다.

2000년 9월부터는 소년소녀가장세대에서 소년소녀가정으로 명칭을 변경하였다. 왜냐하면 아동을 위한 국제협약 비준국인 한국 정부에 대한 국제연합(UN)에서의 수정 권고가 있었기 때문이었다. 명칭 변경과 더불어 소년소녀가족의 아동 연령도 18세 미만에서 현재는 민법상 성인인 19세 이하로 상향조정되었다.

소년소녀가족의 책정을 제한하는 경우는 크게 두 가지로 나누어 볼 수 있다. 첫째, 15세 미만의 아동으로만 세대를 구성할 경우이다. 최근 들어 이 경우의 소년소녀가족 지정을 제한하고 가정위탁보호나 시설에서 보호하도록 하고 있다. 다만, 형제자매 등이 있어 가족원 수가 2인 이상인 아동이 지역사회 내에서 독립적으로 오랫동안 생활해 왔으며 동거하지는 않으나 주변에 친인척 등이 살고 있어 수시로 보호받을 수 있으므로 가정위탁이나 시설 및 그룹홈 입소가 적절하지 않다고 판단되는 경우에는 예외적으로 지정하도록 되어 있다.

둘째, 근로능력이 있는 친인척과 함께 거주하는 경우인데 아동이 실제적으로 생계를 책임지고 있지 않고 있어 소년소녀가족으로 지정하지는 않는다. 하지만 함께 거주하는 친인척이 부양의무자인 경우 아동복지법 제15조 제1항 제2호의 대리양육가정으로 선정하고 부양의무자가 아닌 친인척과 동거하는 경우에는 아동복지법 제15조 제1항 제3호의 가정위탁으로 책정하고 있다. 이를 통해 소년소녀가족은 주변의 친인척과 함께 살면서 직접 또는 간접적으로 도움을 받고 있는 셈이다. 이들은 시설입소보다는 지역사회 내에서 생활할 수 있도록 보호 및 후원해야 하는 특수 가족형태라고 할 수 있다.

아동과 청소년이 안정된 가정생활과 건전한 사회생활을 할 수 있도록 보호하고 육성하는 일은 세계적 공통과제로 매우 중요시되고 있다. 특히 산업화, 정보화, 도시화 등으로 인한 사회변화는 가족구조의 변화와 가족원의 기능 및 역할 변화를 가져왔다. 특히 가족결손 및 가족해체 현상이 두드러지게 나타나고 있어 가족체계가 위기를 맞고 있기도 하다. 이러한 결과는 국가나 사회가 보호 및 지원해야 할 요보호아동 및 청소년의 증가 요인으로 작용하고 있다.

한국의 경우 1970년대까지는 요보호아동에 대한 국가의 보호형태는 시설입소 및 보호의 형태였다. 그러나 1980년대 중반에 들어오면서부터 대리보호형태가 가정보호형태를 띤 모습으로 달라졌다. 가정보호형태의 방식이 갖는 이점은 두 가지로 나누어 볼 수 있다. 먼저 시설보호로 인한 아동의 발달 및 복지에 미칠 수 있는 부정적 영향이 되는 유무형의 시설병을 최소화할 수 있다. 이것은 공적시설에서 나타날 수 있는 환경문제나 단체생활에 따른 비효율을 포함한다.

다음으로 국가중심의 보호에서 벗어나 요보호아동에 대한 민간 참여를 유도할 수 있다. 이를 통해 부족한 국가의 복지재원을 보전할 수 있으며 나아가 '모두가 내 아이'라는 생각을 갖게 되는 나눔에 의한 공동체적 삶을 지향할 수 있다. 이는 아동복지정책에 있어 기존의 시설중심 정책에서 벗어나 가족해체 위기에 처한 가족에게 가족 기능을 강화시켜 주는 정책으로의 방향 전환을 시사한다.

가정보호형태에도 몇 가지 문제가 있으므로 이를 해결하는 노력이 필요하다. 먼저 자아정체감의 확립이라는 발달과업을 수행해야 하는 청소년기에 가장이라는 책무를 짊어져야 하는 것은 아동복지의 기본 신념이나 가치에 위배된다. 그리고 현재 이루어지고 있는 대책은 물질적 서비스가 대부분이기 때문에 건전한 성장 및 발달을 위한 지원의 관점에서는 부적절할 수 있다.

마지막으로 소년소녀가족제도는 그들을 보호하기 위한 목적이라기보다는 민간자원에 의존함으로써 국가의 아동 · 청소년복지에 대한 경비부담의 극소화가 목적이라는 점이다. 따라서 이들을 위한 복지가 되기 위해서는 이들의 생활실태를 구체적 · 심층적으로 파악할 필요가 있으며, 지역적 특성을 고려한 가족복지서비스 개발이 필요하다고 본다.

2. 소년소녀가족에 대한 정부의 지원

정부는 국민기초생활보장법에 의한 수급자(가구) 중 만 18세 미만(출생일 기준)의 아동이 실제적으로 가정을 이끌어 가고 있는 세대 중 (i) 만 18세 미만의 아동으로만 구성된 세대, 그리고 (ii) 만 18세 미만의 아동이 부양능력이 없는 부모와 동거하는 세대를 지원하고 있다.

18세 미만의 아동이 국민기초생활보장법상 부양의무자(부모 제외)와 동거하는 경우에는 아동복지법 제15조 제1항 제2호의 대리양육(친인척위탁 포함)으로 선정하며, 부양의무자가 아닌 사람과 동거하는 경우에는 아동복지법 제15조 제1항 제3호의 가정위탁으로 선정한다. 지원아동이 만 18세 이상이지만 중 · 고등학교에 재학 중인 경우에는 졸업 시(졸업하는 날이 속하는 달)까지 지원 가능하다.

15세 미만의 아동으로만 세대를 구성할 경우 소년소녀가정 지정을 금지하고 가정위탁이나 시설(그룹홈)입소 등 아동복지법 제15조에 따른 보호조치를 하고 있다. 다만, 15세 이상인 형제, 자매가 1인 이상 포함된 세대로서 당해 아동이 지역사회 내에서 독립적으로 오랫동안 생활해 왔고, 동거하지는 않으나 주변에 친 · 인척 등이 거주하여 수시로 보호를 받고 있어 가정위탁이나 시설(그룹홈) 입소가 적절하지 않다고 판단되는 때에는 예외적으로 지정한다.

소년소녀가족에 대한 지원내용을 보면 다음과 같다.

① **생계 · 교육급여** : 국민기초생활보장법에 의한 생계급여 및 교육급여

② **의료급여** : 의료급여법에 의한 의료급여

③ **부가급여** : 20만 원 이상/ 인 · 월(지방이양) 권고

소년소녀가정 결정일이 포함된 달의 전액을 지급하며 중지가 결정된 달까지 지급함을 원칙으로 한다.

지원자금은 매월 20일에 지급한다(토 · 공휴일인 경우에는 그 전일에 지급). 소년소녀가정 지원 중지사유가 있는 경우에는 사유발생일(또는 중지결정일)의 다음 달부터 중지한다.

한편 국토교통부는 소년소녀가족에 대해 주택 전세자금을 지원하고 있다. 지원대상은 가구당 월평균소득이 2018년 도시근로자 가구당 월평균 이하로서 무주택인 소년소녀가정 및 아동복지법 제16조에 따라 보호조치가 종료되거나 해당시설에서 퇴소한 지 5년이 지나지 아니한 소년소녀가족 종료 아동이다. 임차전용면적 85㎡ 이하인 일반주택 전세자금 및 공공임대주택 임차보증금을 대출로 지원한다.

3. 소년소녀가족의 현황

1) 소년소녀가족의 연도별 현황

정부가 소년소녀가족 돌봄 사업을 시작한 1985년 당시 그 수는 11,125가구였다. 그 후 해마다 증가하여 1997년에는 16,547가구에 이르렀다. 1998년부터는 '생활보호법'에 의한 생활보호대상자 중 15세 미만의 아동이 실제적으로 생계를 이끌어 가는 경우에만 선정토록 하고, 친인척 등과 실제적으로 동거하며 그 보호를 받는 아동은 가정위탁보호, 대리가정양육 아동으로 선정 · 보호함으로써 최근에는 크게 줄어들었다. 보건복지부 통계에 의하면 소년소녀가족 수는 2016년 12월 말 62세대(92명)로 나타나고 있다. 본 제도의 도입 초기에 10,000가족을 넘었던 것과 10년 전(2006년)의 4,386가족에 비해 엄청난 감소현상을 보이고 있다.

소년소녀가족이 빠르게 줄어든 것은 그 자체가 줄어들었다기보다 2000년부터 시작된 소년소녀가정의 가정위탁으로의 전환에 따른 것으로 판단된다. 가정위탁이란 대상아동의

보호를 위하여 아동학대, 가정폭력, 정신질환, 성범죄 등의 전력이 없으며 아동복지법, 국민기초생활보장법 등에서 정하는 기준에 적합한 가정에 그들을 일정 기간 위탁하는 것을 말한다. 2016년 12월 말 19세 미만 아동의 가정위탁이 9,401명인 것을 보아 대부분 소년소녀가족이 가정위탁으로 전환되었음을 짐작할 수 있다.

〈표 14-1〉 소년소녀가족의 연도별 추이 (단위 : 명)

연 도	전 체	세대주	세대원
1985	11,125	4,901	6,224
1990	13,778	6,696	7,082
1995	15,118	8,107	7,011
2000	9,579	6,229	3,350
2005	7,087	2,755	4,332
2010	1,327	905	422
2015	183	129	54
2016	92	62	30

출처 : 보건복지부. 소년소녀가정현황.

2) 소년소녀가족의 지역별 현황

보건복지부 통계에 의하면 2016년 12월 말 현재 소년소녀가족은 92명이었는데, 가장 많은 지역은 역시 인구밀집지역인 서울특별시가 20% 가까이 되며 그 외 경기(16.3%), 인천(12.0%) 순으로 나타났다. 부산, 대전 및 울산광역시와 제주도는 소년소녀가족이 전혀 없는 것으로 조사되었다. 한편 세대주와 세대원으로 구분해 보면 세대원이 62명으로 2/3를 차지하고 있었다. 성별로는 여자(49명)가 53%를 차지하고 있어 남자가 더 많았던 5년 전과 다른 모습을 보였다.

소년소녀가족의 발생유형을 보면 부모사망에 의한 것이 총 62세대 중 18세대(29.0%)로 가장 많다. 그 다음이 부모의 가출/ 행방불명이 16세대(25.8%)이다. 부모의 폐질심신장애와 부모이혼도 12세대(19.4%) 씩이나 된다.

〈표 14-2〉 소년소녀가족의 지역별 · 성별 발행유형별 현황(2016) (단위 : 세대)

지 역	전 체	남자	여자	발생유형별					
				부모사망	부모폐질 심신장애	부모가출 행방불명	부모이혼	기타	소계
전 국	92	43	49	18	12	16	12	0	62
서 울	18	8	10	6	3	4	1	0	14
부 산	0	0	0	0	0	0	0	0	0
대 구	4	1	3	0	0	2	1	0	3
인 천	11	6	5	1	1	3	3	0	8
광 주	7	3	4	1	2	0	0	1	4
대 전	0	0	0	0	0	0	0		0
울 산	0	0	0	0	0	0	0		0
세 종	0	0	0	0	0	0	0		0
경 기	15	8	7	6	1	1	0	1	9
강 원	5	3	2	1	1	0	0	0	2
충 북	7	6	1	1	0	1	3	0	5
충 남	2	1	1	0	0	1	0	0	1
전 북	4	2	2	1	2	0	1	0	4
전 남	5	2	3	0	0	1	2	0	3
경 북	8	2	6	1	1	2	0	2	6
경 남	6	1	5	0	1	1	1	0	3
제 주	0	0	0	0	0	0	0	0	0

출처 : 보건복지부. 소년소녀가정세대현황, 2017년 1월.

3) 소년소녀가족의 연령별 현황

보건복지부 통계에 의하면 2016년 12월 말 현재 소년소녀가족의 연령 분포를 보면 총 92명 중 18~20세가 43명(46.7%)으로 가장 많았으며, 15~17세가 41명(44.6%)으로 그 다음이다(표 14-3).

4) 소년소녀가족의 재학현황

학교취학 상황을 보면 연령분포를 반영하여 고등학교 재학 71명(77.2%), 중학 재학 11명(12.0%)으로 15세 이상 소년소녀들이 거의 모두 학교에 다니고 있다.

5) 소년소녀가족의 주거형태현황

소년소녀가족의 주거형태를 보면 통계에 파악된 총 62세대 중 정부지원주택에서 사는 소년소녀가족이 25세대(40.3%)로 가장 많고, 그 다음이 월세 및 친지로 각각 9세대(14.5%)씩이다. 자가 및 전세에 사는 소년소녀가족도 각각 3세대(4.8%)씩 있다.

취업현황을 보면 파악된 취업자 53명 중 학교재학자가 50명으로 대부분인데 사무직 7명(14.0%) 외에 43명(86.0%)이 기타 서비스에 취업하고 있다.

〈표 14-3〉 소년소녀가족의 연령 · 취학 · 주거형태

연령별	0~5세	6~11세	12~14세	15~17세	18~20세	합계
소년소녀가족(명)	0	1	4	41	43	92

취학별	미취학자	초등재	중재	고재				대재	미재학자	합계
				소계	실업	인문	기타			
소년소녀가족(명)	0	2	11	71	23	43	5	3	5	92

주거형태별	자가	전세	월세	친지	정부 지원주택	기타	합계
소년소녀가족(세대)	3	3	9	9	25	13	62

취업별	학교재학자					학교미재학자					합계
	소계	사무직	생산직	상업	기타	소계	사무직	생산직	상업	기타	
소년소녀가족(명)	50	7	0	0	43	3	0	0	0	3	53

4. 소년소녀가족의 문제

소년소녀가족이 당면한 문제는 여러 가지인데 그중 중요한 것들을 골라보면 경제적, 심리정서, 사회적응, 교육, 가정생활 및 주거환경 등으로 모을 수 있다.

1) 경제적 문제

가족부양 책임자인 부모가 없거나 잃어버리면 당장 생계유지에 위협이 온다. 소년소녀가족구성원인 아동 또는 청소년은 학교에 다니거나 학교에 다니지 않는 경우에도 변변한 직업을 구하지 못하는 경우가 많다. 대개의 경우 함께 거주하는 부모, 직계가족, 방계가족 역시 경제적 능력이 없기 때문에 소년소녀가족의 큰 생활에 있어 가장 큰 애로는 경제적 문제라고 호소하고 있다. 소년소녀가족은 국민기초생활보장법에 의해 정부로부터 지원, 그리고 또는 개인, 사회복지기관, 단체로부터 지원받고는 있으나 조사에 따르면 그들은 경제적 빈곤을 생활에 있어서의 큰 어려움으로 들고 있다.

소년소녀가족의 경제적 문제는 만 18세가 되어 국민기초생활보장법에 의한 지원이 중단될 때 자립의 문제와도 연결된다. 그중에서도 자립문제는 심각하다. 소년소녀가족의 아동 또는 청소년은 취업 시 보증인, 후견인 문제로 불리할 뿐만 아니라 자립을 위한 지원금이 300만 원에 그치고 있기 때문에 이들의 빈곤은 악순환될 소지가 있다.

2) 심리정서적 문제

소년소녀가족의 구성원들은 갑작스러운 가족 내 역할 변화에 따른 심리적 갈등과 정서적 기능 등 가족기능의 결여로 다음과 같은 문제를 경험한다.

첫째, 소년소녀가족구성원은 가족구조상의 변화로 새로운 환경에 적응해야 하는 어려움이 있다. 이전의 역할이 단절되고 새로운 역할에의 적응이 요구되는 것이다. 특히 아동 또는 청소년은 갑자기 '가장'이라는 새로운 역할을 맡게 되는데, 이것은 내부적 역할 변화와 결부되어 일어나기 때문에 더욱 예민해진다.

이 과정에서 그들은 먼저 약간의 단절을 겪게 된다. 역할 변화가 강하게 요구될수록 새로운 역할요구에 잘 적응하기보다 불확실의 상태에 빠지기 쉽다. 소년소녀가족의 아동 또는 청소년에 대해 주변인들은 '가장'이라는 지나치게 높은 기대를 갖는다. 이것 역시 심리적 갈등을 유발하는 요인이 될 수 있다. 갑작스럽게 가장이라는 새로운 역할을 담당케 되는 과정에서 역할 부조화로 인한 어려움과 자신에게 부여된 역할이 스스로 선택한 역할과 동일하지 않다는 것에서 갈등을 겪기도 한다.

둘째, 가족기능의 결여로 감정적·정서적 안정에 지장을 받는다. 자긍심과 신뢰감에도 손상을 입어 마침내 혼란한 감정을 갖게 된다. 이에 따라 가정·학교·사회·이성문제에 대해 부적응 현상을 초래하는 경향이 있다. 나아가 가정 내에서 보호하고 감독할 수 있는 어른이 없음에 따라 비행문제에 대한 지도를 적절하게 받지 못하는 문제가 발생하고 있다. 정신적 지주가 되는 부모의 상실로 정서적·도덕적 능력의 발달과 원만한 인간관계를 형성하는 데 적지 않은 영향을 받게 되는 것이다.

3) 사회적응 문제

정상 가정의 경우 자라나는 아이들은 부모와 친척들에 의한 사회화 교육을 통해 바람직한 가치, 규범 등을 내면화시킬 수 있다. 아울러 사회의 한 구성원으로서 바람직한 대인관계를 가지며 생활하는 방법을 터득한다. 그러나 소년소녀가족의 아동 또는 청소년의 경우 가정 안에는 적절한 역할모델의 대상이 없기 때문에 가정교육의 기회가 없어 가치판단이나 사회적응에 영향을 받게 된다. 이들에게는 가족구성원 간의 관계를 향상시켜 가정의 상황적 위기를 함께 예방함으로써 개개인의 사회적응능력을 북돋는 생활교육서비스가 필요하다.

한편 부모와의 이별, 부모능력의 상실로 가족을 둘러싼 사회적 관계 축소와 그에 따른 사회적 지연과 사회활동망 축소와 같은 경험을 하게 되므로 이들의 인간관계도 상당히 제한적으로 형성된다. 결국 소년소녀가족의 아동이 바람직하고 건전한 사회성원으로 커나가기 위해서는 정상적 가정에 비추어 결여된 부분들에 초점을 맞추는 동시에 가정의 기능을 보완한다는 측면에서의 친척, 이웃, 지역사회의 지원과 보호가 요구된다고 하겠다.

4) 교육 문제

언제부터인가 한국 사회에서 학력은 사회적 지위를 결정하는 중요한 변인으로 작용하고 있다. 그래서인지 일반가정에서의 교육열은 매우 높다. 반면 소년소녀가족의 아동은 부모에 의한 가정교육 기회가 없는가 하면 상급학교의 진학에도 큰 어려움을 겪고 있다. <표 14－3> 중 소년소녀가족의 재학현황에서와 같이 미재학자가 5명에 그치는 등 대부분 학교에 다니고 있으나 본인들이 희망하는 학교에 다니고 있는지는 알 수 없다. 재학생 중에서 학업과 생업을 병행하고 있는 비율도 높은 것으로 보아 교육문제의 어려움이 한층 더 있음을 알 수 있다. 특히 대학 이상의 학력을 가져야 한다고 생각하고 있는 소년소녀가족들도 상당수임을 생각할 때 이들의 교육문제는 시급한 해결을 요구하고 있다.

5) 생활 환경 문제

소년소녀가족은 식사 준비나 청소, 세탁과 같은 가사, 동생 돌보기, 질병 있는 부모나 조부모 돌보기, 돈 관리, 중요한 집안일의 결정 등 가정관리에 어려움이 많다. <표 14－3> 중 주거형태별에서와 같이 자가 또는 정부지원주택에 사는 소년소녀가족은 전체 45.2%에 불과한 불안정한 주거형태를 보이고 있다. 정부지원인 영구임대주택의 경우라 하더라도 입주보증금이나 관리비를 부담해야 하기 때문에 주택문제는 경제적 문제를 가중시키고 있다. 더욱이 영구임대아파트 지역은 슬럼화로 인한 비행청소년들의 근거지가 되고 있어 사회문제로 비화할 가능성이 크다.

5. 소년소녀가족을 위한 복지대책

소년소녀가족을 위한 복지대책은 정부나 사회단체 및 기타 후원자의 도움을 받아 그들이 자립능력을 길러 건전한 가정 및 사회인으로 성장할 수 있게 하는 데 그 목적이 있다. 목적달성을 위한 수단으로서의 대책이 무엇인지 찾아보기 위해 먼저 복지대책의 그 근거가 되는 국제협약과 한국의 법률, 다음으로 정부의 행정, 그리고 민간부문으로 나누어 살펴보기로 한다.

1) 아동권리에 관한 국제협약

국제연합(UN)의 아동권리 국제협약에서 규정하고 있는 내용은 다음과 같다.

국제협약 제3조 : 아동의 보호 · 양육 및 그 기관의 감독

1. 공공 또는 민간 사회복지기관, 법원, 행정 당국 또는 입법기관 등에 의해 실시되는 아동에 관한 모든 활동에 있어서 최상의 이익이 아동에게 최우선적으로 고려되어야 한다.
2. 당사국은 아동의 부모, 법정 후견인 또는 여타 아동에 대해 법적 책임이 있는 자의 권리와 의무를 고려하여 아동복지에 필요한 보호와 배려를 아동에게 보장하고, 이를 위해 모든 적절한 입법적 · 행정적 조치를 취해야 한다.
3. 당사국은 아동에 대한 배려와 보호에 책임이 있는 기관, 편의시설 및 관계당국이 설정한 기준, 특히 안전과 위생 분야, 그리고 직원의 수, 적격성은 물론 충분한 감독의 면에서 기준에 따를 것을 보장해야 한다.

이 조항의 내용은 소년소녀가족에 대한 서비스를 분석하는 데 있어 적합지 않다. 위의 국제협약에서는 아동이 소년소녀가족세대의 책임을 맡는다는 것이 있을 수 없는 일이라고 간주하기 때문에 이 협약에서는 소년소녀가족을 위한 조항이 없다. 그러나 한국의 상황에서는 소년소녀가족가구 · 세대가 지지되고 보호되어야 할 대상으로 인식되고 있다.

2) 소년소녀가족 관련 법률

(1) 아동복지법

소년소녀가족의 경우 아동복지법에 명시된 (i) 모든 국민은 아동을 보호·양육하고 사회생활에 적응되도록 육성할 책임을 진다, (ii) 국가와 지방자치단체는 보호자와 더불어 아동을 건전하게 육성할 책임을 진다는 규정에 따라 국가책임 원칙 아래 1985년부터 별도의 아동복지예산을 책정하여 고교생에게도 수업료를 지급해 왔다. 1987년부터는 생활보호예산으로 이전되어 실업계 고교생에게만 교육비가 지급되고 있다. 모든 중학생과 실업계 고등학생의 수업료와 입학금을 지원하고, 인문계 고등학생의 경우 성적이 전교 30% 이내인 학생에게 수업료와 입학금을 지원하고 있다. 1986년부터 별도의 아동복지예산으로 학용품비도 지급받고 있다.

1996년부터는 소년소녀가족세대의 안정된 주거환경 조성을 위하여 소년소녀가족세대로 선정된 세대 중 20세 미만의 소년소녀단독세대와 소년소녀와 65세 이상 노인으로 세대를 구성하고 월세방에 거주하고 있거나 주거가 불안정한 경우, 그리고 소년소녀가족세대 가장이 20세를 넘어 취업 중이더라도 가구원이 20세 미만인 경우에는 지역에 따라 세대당 200만 원에서 700만 원까지의 전세금을 지원하고 있다.

그러나 지금까지 성인의 보호 및 지도 없이 일상생활, 학업, 동료관계 등과 관련된 많은 어려움을 당하고 있는 소년소녀가족에게 제공되고 있는 지원은 주로 경제적 차원에 머무르고 있다. 정서 및 생활과 관련된 도움은 거의 주어지지 않고 있는 실정이어서 개선이 요구된다.

(2) 헌법 및 기타

헌법 제10조 및 제34조는 인간의 존엄과 가치에 근거한 생존권, 그리고 인간다운 생활 등 행복추구권을 규정하고 있다. 한편 혼인과 가족생활 보장을 규정한 헌법 제36조는 모성의 보호와 보건권을 정하고 있다. 민법 제4편 제4장 부모와 자, 제5장 후견 등에서는 생활능력이 없는 소년소녀에 대한 지원을 정하고 있다. 이 외에 관련 법률로는 가족법, 국민기초생활 보장법, 건강가정기본법, 사회보장기본법 등이 있다.

3) 정부의 지원 및 후원

정부는 소년소녀가족의 최저생활을 보장하며 사회단체, 기관, 친척, 이웃 등의 경제적·정서적 도움을 유도하여 결연 및 후원자사업을 통해 지역사회의 관심을 높이는 데 노력하고 있다. 특히 1985년부터 소년소녀가족에 대해 최저생활비 외에 주거비, 학비 등의 지원을 전담하고 있지만, 현실적으로 그들의 요구를 만족시키기에는 어려운 실정이다.

경제적 지원과 함께 정서적 지원을 위하여 정부는 소년소녀가족을 불우아동사업에 포함시켜 결연사업을 실시하도록 추진했다. 후원자 및 후견인을 발굴하고 결연을 맺도록 정부가 유도하고 있다. 주로 지역사회 주민, 사회단체, 종교단체, 기업체 및 교육기관 등을 결연대상으로 하였다.

정부에서는 소년소녀가족의 보호 및 후원단체의 지원을 보다 체계적으로 추진하기 위하여 결연 및 후원 사무를 민간단체인 초록우산어린이재단에 위탁하여 실시토록 하고 있다. 이 재단은 15개 시·도청 소재지에 지부를 설치·운영하여 같은 사업을 추진하고 있다. 소년소녀가족의 지원을 위해서 소년소녀가족을 보호 및 부양할 수 있는 지원자 및 지원기관의 발굴이 선행되어야 함에 주의하고 있다. 나아가 지원자 간의 지원수준과 그 관리를 총괄하고 조정할 수 있어 소년소녀가족이 요구하는 적정한 서비스를 제공할 수 있도록 노력 중이다.

1985년 MBC와 한국어린이재단에서 공동으로 벌인 "소년소녀가장가족에게 용기를"이라는 프로그램을 통해 사회 각계각층에 소년소녀가족에 대한 관심이 모아지기 시작했다. 그 후 대중매체를 통해 소년소녀가족의 실태가 소개되고 이들에 대한 사회의 관심과 지원의 손길이 점진적으로 나타나고 있다.

(1) 가정보호사업

2018년 보건복지부의 아동복지사업안내에 제시된 소년소녀가족 지원사업의 목적은 실질적으로 가정을 이끌어 가는 소년소녀가족의 아동에 대한 생활보호를 통하여 자립능력 배양 및 건전한 사회인으로 육성하고자 하는 것이다. 지원대상은 (i) 국민기초생활보장법에 의한 수급자(가구) 중 18세 미만(출생일 기준)의 아동이 실질적으로 가정을 이끌어 가고 있는 세대, (ii) 18세 미만의 아동으로만 구성된 세대, 그리고 (iii) 18세 미만의 아동이 부양할 능력이 없는 부모와 동거하는 세대 등이다. 18세 미만의 아동이 국민기초생활보장법상 부양의무자(부모 제외)와 동거하는 경우에는 아동복지법 제15조 제1항 제2호의 대리양육가정으로 선정하고, 부양의무자가 아닌 친인척과 동거하는 경우에는 아동복지법 제15조 제1항 제3호의 가정위탁으로 선정되도록 하였다.

15세 미만의 아동으로만 세대를 구성할 경우 소년소녀가족 지정을 제한하고 가정위탁이나 시설입소가 강구된다. 다만, 형제와 자매 등 2인 이상으로 당해 아동이 지역사회 내에서 독립적으로 오랫동안 생활해 왔으며, 동거하지는 않으나 주변에 친인척 등이 거주하여 수시로 보호를 받고 있어 가정위탁이나 시설(그룹홈) 입소가 적절하지 않다고 판단되는 때에는 예외적으로 지정된다. 지원아동이 만 18세 이상이나 중·고등학교에 재학중인 경우 졸업 시(졸업하는 날이 속하는 달)까지 지원 가능하다.

지원내역은 (i) 생계급여(국민기초생활보장법에 의한 생계 및 교육급여), (ii) (의료급여법에 의한 의료급여), 그리고 (iii) 부가급여[15만 원/ 인·월(지방 이양)]로 개시일은 국민기초생활보장 생계급여 개시일과 동일하며, 급여개시일이 15일 이후라도 전액(15만 원)을 지급한다. 소년소녀가족 지원 중지사유가 있어 중지하는 경우에는 사유발생일(또는 중지 결정일)의 다음 달부터 중지한다.

지방자치단체는 정서적 후원을 위하여 아동만으로 구성된 세대에 대해서는 가까운 이웃에 거주하는 아동위원, 종교인, 지역여성지도자, 공무원 등을 후견인으로 지정하여 고충이나 애로사항을 상시 의논, 해결하고 있다. 후견인은 결연기관의 직원과 협조체계를 구축하여 소년소녀가족에게 지급되는 후원금을 제대로 사용할 수 있도록 지도하여 후원금 사용에 따른 문제를 최소화한다.

지정방법은 지역사회 내 근거리에서 아동을 보살필 수 있고 아동문제에 대한 열의가 있고 관심이 있는 자를 시장·군수·구청장이 지정하고 이미 책정되어 있는 소년소녀가족 중 후견인이 없는 경우 다음 해 3월 말까지 선정을 완료한다. 신규로 소년소녀가족을 지정한 경우 지정 후 1개월 이내에 후견인을 지정토록 한다.

결연기관인 초록우산 어린이 재단과 긴밀한 협조체계를 강화하여 소년소녀가족을 위한 프로그램 활용이 중복되지 않도록 운영한다. 소년소녀가족 협동캠프, 생활수기 공모 등 정서적 지원 강화와 후원자와의 만남행사 등 후원 프로그램을 활성화시킨다.

행정사항으로 소년소녀가족은 시설보호나 가정위탁에 비해 외부 위험에 노출되어 있는 보호형태이므로 가능한 한 지정을 제한한다. 지정된 세대에 대해서는 반드시 후견인, 결연기관 담당자, 담당 공무원 등이 수시로 방문, 면담하여 각별한 관심과 주의를 기울여야 할 것이다.

형제자매 등으로만 구성된 소년소녀가족에서 구성원 중 한 명이 성인이 되어 소년소녀가족 지원이 중지되는 경우 해당년도 국민기초생활보장사업안내를 참고하여 수급자 선정 여부를 확인해야 한다. 예를 들어, 형제자매로만 이루어진 소년소녀가족에서 형이나 누나가 성인이 되는 경우 가구 전체로는 수급자 선정기준을 초과하나 가구를 분리하여 신청하는 때 수급자로 선정될 수 있다. 18세 미만의 동생을 가지고 있는 때에는 동생을 분리하여 별도의 수급자로 선정하는 것이 가능하다.

(2) 공공부조

소년소녀가족의 보호는 1차적으로 공공부조의 차원에서 정부가 책임지고 여러 가지 대책을 시행하고 있다. 보건복지부는 1961년 12월 제정된 '생활보호법'에 의하여 아동보호와 더불어 소년소녀가족을 위한 별도의 예산을 책정해서 지급하고 있다. 구 '생활보호법' 제3조 제1항 제2호의 18세 미만의 아동에 해당되는 자는 공적부조를 받는다.

2000년 10월부터 '국민기초생활보장법'이 제정되어 시행되고 있다. 제25조 제1항 내지 제3항 및 제35조 중 '생활보호법'에 의한 "생활보호대상자를 위한 '국민기초생활보장법'에 의한 수급자"로 하였다. 또한 '국민기초생활보장법' 시행령 제4조는 부양의무자가 있어도 부양능력이 없는 경우 제5조 수급권자의 소득 정액이 최저생계비 이하인 경우 그 피부양자를 국민기초생활법상의 수급자로 선정할 수 있다.

수급자에게 제공되는 생활보호의 종류는 대부분 거택보호로서 (ⅰ) 생계보호, (ⅱ) 의료보호, (ⅲ) 자활보호, (ⅳ) 교육보호, (ⅴ) 해산보호, 그리고 (ⅵ) 장제보호 등이 있다. 이는 보호대상자의 필요에 따라 한 가지 혹은 그 이상의 보호를 받을 수 있다. 소년소녀가족의 경우 주로 (ⅰ), (ⅱ), (ⅳ)항에 해당되며 경우에 따라서 (ⅲ)항과 (ⅵ)항도 적용받을 수 있다.

먼저 (ⅰ)항의 생계보호는 근로능력이 없는 거택보호대상자와 시설보호대상자에 대하여 의복, 음식물, 기타 일상생활의 수요를 충족하는 데 필요한 금품을 지급한다. 그 생계를 유지하게 하는 보호로 보호금품은 매월 초 정기적으로 지급하게 되어 있다.

(ⅱ)항의 의료보호는 별도의 의료보호법에 의해 보장되는데 생계수단을 일시적으로 혹은 영구히 상실했거나 일정한 소득이 있어도 일정 기준에 미달하여 의료문제를 자력으로 해결할 수 없는 저소득층을 대상으로 한다. 소년소녀가족의 경우 대부분 1종 보호자이며 진료비(외래, 입원)의 전액을 국가가 부담한다.

(ⅳ)항의 교육보호는 보호대상자에게 수업료, 기타 보호금품을 제공하는 것이다. 교육수준이 개인의 사회적・경제적 지위에 중요한 요인으로 작용하는 현대사회에서 비자발적 원인에 의해 교육의 기회를 제한받게 되면 빈곤이 세습화될 우려가 있으므로 이를 방지하기 위한 것이다. 따라서 아동보호대상자 및 보호대상자의 자녀에 대해 중학교 수업료 전액을 국가가 지원하고 있다.

소년소녀가족이 (ⅲ)항의 자활보호에 해당하는 경우는 소수이지만 그가 18세 이상이 되거나 그 이전에 학업을 중단하고 거택생활보호대상자의 기준을 넘어 취업 등을 하는 경우와 소년소녀가족으로서 18세는 넘었지만 만 20세까지에 해당하는 미취업자일 때이다. 이들에게는 생업자금의 대여, 직업훈련의 지원, 취로사업 등의 보호가 행해지고 있다.

소년소녀가족에 대한 (ⅵ)항의 장제보호는 질병이나 고령으로 가족을 부양할 수 없던 부모나 조부모가 사망했을 때 사체의 검안, 운반, 화장, 매장, 기타 장제를 행할 수 있도록 비용을 지원하는 것이다.

정부에 의한 공공부조는 주로 생계비, 학습비 및 의료보호비 등으로 시・도청의 사회과를 거쳐서 읍・면・동사무소 사회과 담당직원을 통해서 보호대상인 소년소녀가족에 지급하고 있다. 그러나 공공부조로서는 요보호아동의 요구를 충족시키기 어려워 보충적으로 학습비, 영양급식비 등에 대한 지원업무를 보건복지부가 담당하고 있다. 시・도청의 가정복지과 또는 청소년과를 경유하여 시・군・구의 가정복지과 아동복지계에서 직접 담당하거나, 읍・면・동 사무소에서 근무하고 있는 가정복지요원이나 사회복지요원이 담당하고 있다. 따라서 동일한 사업이지만 지원서비스의 지도 및 감독이나 서비스 전달체계가 이원화되고 있어 지도・감독이 어렵고 대상자의 요구에 적절한 서비스를 종합적으로 제공하고 그 사업을 평가하기도 어려운 실정이다.

한편 정부는 '중앙아동복지위원회'를 두어 아동복지에 관한 사업을 심의하고 조사·연구하여 정부의 사업을 지원하도록 하고 있다. 지방자치단체(시·도 또는 읍·면·동, 시·도)는 '아동위원회'와 '지역아동위원회'를 두어 아동보호와 관련된 사업을 심의하고 직접 상담 및 지도를 통해 지원한다. 그러나 그 성과는 크지 못한 것으로 나타나고 있다.

4) 민간부문 복지대책

(1) 초록우산 어린이 재단

정부는 초록우산 어린이 재단에 결연사업을 위탁하여 후원자의 발굴과 후원금의 관리를 전담토록 하고 있다. 전국에 지부를 두어 업무 전반을 관장한다. 그러나 결연사업체계는 (i) 시·도 및 시·군·구 또는 읍·면·동에서 직접 결연사업을 실시하여 재단을 거쳐 수혜대상 가구에 전달되는 경우, (ii) 재단이 직접 대상가구에 전달하는 경우, 그리고 (iii) 독지가 및 사회단체들이 직접 대상자에게 전달하는 경우 등 여러 가지 경로를 통해 이루어지고 있다. 따라서 후원금 및 후원자의 관리가 일관되게 체계적으로 시행되지 못하는 경우가 더러 있다.

(2) 민간 지원

기업 또는 개인들이 사회복지기관을 거치지 않고 소년소녀가족을 지원하는 경우이다. 대부분 지원을 시작할 때에는 시·군·구나 읍·면·동사무소의 추천이나 안내를 받는 경우가 많다.

(3) 대중매체를 통한 지원

사적인 지원형태로 소년소녀가족의 아동이 신상 노출을 꺼려 대중매체 출현을 기피하므로 접근 용이성이 낮은 편이다. 그러나 대중매체의 영향력 있는 홍보효과로 후원자의 발굴이 용이해 다양한 지원을 받을 수 있는 이점도 있으나 그 지속성에 문제가 있다. 자연재해 또는 큰 사고로 어려움을 겪는 소년소녀가족을 돕는 캠페인 등이 좋은 예이다.

(4) 정서적 지원

초록우산 어린이 재단은 소년소녀가족을 위한 프로그램을 활용하여 다양한 지원 프로그램을 실시하고 있다. 소년소녀가족 협동캠프, 생활수기 공모 등 정서적 지원을 강화하고 후원자와의 만남 행사 등 후원 프로그램을 활성화하고 있다.

(5) 지역사회복지관

소년소녀가족을 위해 지역사회복지관에서는 재가복지서비스와 전문 프로그램을 제공하고 있다. 소년소녀가족의 학업 증진을 위해 공부방 프로그램과 자원봉사자를 활용한 학습지도 프로그램 등의 실시가 이루어지고 있다. 일부 복지관에서는 진로지도 및 경제생활 지원 프로그램, 취업알선 및 취업훈련 프로그램 등이 실시되고 있다. 재가복지봉사센터에서는 가사 지원, 청소 및 세탁, 정서지도서비스 등을 제공하고 있다.

이 상사 부부의 선행

'효자 아들', '소년소녀가족의 후견인', '병사들의 아버지'로서 병영과 사회생활에서 충·효·예를 몸소 실천하고 있는 부사관 부부가 있어 귀감이 되고 있다. 육군 무적부대 전투지원중대 행정보급관으로 근무하는 이항복 상사(42, 경기도 파주시 금촌 2동 장미아파트) 부부가 그 주인공이다.

이 상사는 7형제 중 막내로 태어났다. 그는 막내이면서도 부인 이미하 씨와 함께 앞을 못 보는 아버지와 거동이 불편한 어머니를 20여 년간 직접 모셔왔다. 그러면서도 마을 노인정을 정기적으로 방문해 외로운 어르신들에게 술과 음식을 대접하고 춤과 노래로 위로해 왔다.

이들 부부는 또 지난 1990년부터 소년소년가장인 신진주(19), 희복 남매에게 아버지로 인연을 맺고 10여 년 동안 학용품은 물론 학비까지 대주며 현재까지 친자식처럼 보살펴 오고 있다. 올해 고등학교를 졸업한 진주 양은 "아버지가 오시면, 가장 먼저 집안이 깨끗해지고 냉장고의 반찬통이 가득 찬다"며 "10여 년 동안 학용품은 물론 학비까지 대주시고 사랑해 주셔서 이렇게 잘 자랄 수 있었다"면서 "이제는 자신이 아버지와 불우한 이웃들에게 사랑을 베풀 차례"라고 말했다.

이 상사 부부의 선행은 여기서 그치지 않는다. 지체장애인들만 거주하는 경기도 파주시 월롱면 덕은 4리의 '햇빛동산'과 파주시 교하읍 하지석리에 위치한 '우양의 집'을 정기적으로 찾아 봉사활동도 펼치고 있어 파주시장으로부터 봉사상을 받기도 했다.

이 상사의 이러한 가정과 사회생활은 병영생활에도 그대로 이어져 병영 내의 각종 안전사고와 구타 가혹 행위의 근절 등에 앞장서 지난 2000년도에는 무사고 부대로 지정, 군단장 표창을 받기도 했다.

또 사병들을 자식처럼 돌보며 사병들에게 몸소 충·효·예를 실천해 보이고 있다. 이 상사는 "일반인보다 몸이 불편하다는 이유만으로 사회로부터 소외당하고 가족들의 관심과 사랑에서 제외된 사람들에게 용기를 줄 수 있는 일은 관심"이라며 "이웃을 사랑하는 마음을 통해 21세기 무적부대의 선진병영과 서부전선 최전방의 철통경계를 위해 최선을 다하겠다"고 말했다.

출처 : 오마이 뉴스(2003. 3. 13).

6. 소년소녀가족제도의 변천

1) 소년소녀가족 추가지정 금지

경제개발 5개년계획이 시작된 1962년 이래 한국은 경제개발계획의 지속적 추진과 함께 산업화 가속기에 접어드는가 했는데 어느새 4차 산업혁명이 시작되리만큼 온 사회가 급변하고 있다. 이 혁명은 기술의 융·복합으로 촉발되는 사회 전반에 걸친 큰 변화를 가져올 것이다.

아동복지법을 근거로 하여 1984년 3월 수립한 소년소녀가장세대 보호대책을 시발로 그동안 정부지원 아래 시행되어 오던 소년소녀가정 제도는 크게 달라지고 있다. 1996년 UN 아동권리위원회는 소년소녀가정제도의 폐지를 권고하였으며 이를 받아들인 정부는 2000년부터 소년소녀가정을 가정위탁으로 전환하기 시작했다.

2013년 초 정부는 소년소녀가정제도를 앞으로 폐지키로 하고 추가지정을 금지하면서 가정위탁으로 보호조치토록 했다. 추가지정 금지의 이유는 (ⅰ) 소년소녀가정은 가정위탁이나 시설보호에 비해 외부위험에 노출되어 있는 보호형태이며, (ⅱ) UN에서도 권고하고 있는 국제적 추세이기 때문이다. 다만, 아동이 만 15세 이상으로 아동복지법 제19조에 의해 후견인을 선임하는 경우 소년소녀가정의 추가지정은 가능하다.

그동안의 소년소녀가족제도의 변천을 요약하면 다음과 같다.

- 1984. 3. 13. "소년소녀가장세대 보호대책" 수립
- 1985. 6. 11. 소년소녀가장에 대한 정부지원사업 실시
- 1996. UN 아동권리위원회 소년소녀가정제도 폐지 권고
- 1999. 15세 미만 아동단독세대의 소년소녀가정 지정 제한
- 2000. 가정위탁제도 실시 이후 소년소녀가정의 가정위탁 전환 시작
- 2000. 9. 지원대상의 명칭을 소년소녀가정(youth family)으로 변경
- 2013. 1. 소년소녀가정 추가지정 금지

2) 가정위탁보호 제도

가정위탁보호란 18세 미만의 아동(18세 이상 고교재학생 포함)이 친부모의 질병·사망·가출·실직·수감, 학대, 방임, 알코올 및 약물 중독으로 친가정에서 정상적으로 양육할 수 없을 때 보호대상아동의 보호를 위하여 가정폭력, 아동학대, 정신질환, 성범죄 등의 전력이 없으며 아동복지법이 정하는 기준에 적합한 가정에 보호대상아동을 일정 기간 위탁하는 것을 말한다(아동복지법 제3조). 보호·양육하기를 희망하는 가정에 보호대상아동을 위탁 양육함으로써 가정적인 분위기에서 건전한 사회인으로 자랄 수 있도록 하는 데 그 목적이 있다. 특히 2세 미만 영아의 경우 가정보호를 우선하도록 한다.

한국에서의 법적 근거를 보면 먼저 아동복지법 제3조(정의), 제4조(국가와 지방자치단체의 의무), 제15조(보호조치), 제15조의3(보호대상 아동의 양육상황 점검), 제16조(보호대상 아동의 퇴소조치 등). 제16조의2(보호대상 아동의 사후관리), 제48조(가정위탁지원센터의 설치 등), 제49조(가정위탁지원센터의 업무), 제59조(비용보조)이다. 다음으로 국민기초생활보장법 제4조 제3항(급여의 기준), 제7조(급여의 종류), 제10조(생계급여를 실시할 장소), 제14조의2(급여의 특례) 등 관련 조항, 그리고 의료급여법 제3조(수급권자) 등이다.

가정위탁보호 제도는 다음과 같이 발전해 왔다.

- 1990. 가정 위탁사업 시범실시
- 2000. 가정위탁 양육보조금 지원
- 2000~2002. 가정위탁지원센터 시범운영(강원도)
- 2003. 가정위탁지원센터 전국 확대(16 시·도, 총 17개소)
- 2004. 7. 중앙가정위탁지원센터 설치
- 2005. 7. 아동복지법 개정(가정위탁보호의 법적 근거 규정)
- 2006. 1. 가정위탁아동 상해보험료 지원
- 2010. 1. 입양 및 가정위탁 아동 심리치료비 지원
- 2012. 8. 아동복지법 개정(시·군·구 가정위탁지원센터 설치 근거 규정, 가정 위탁보호 아동 자립지원 근거 규정)
- 2016. 3. 아동복지법 개정(가정위탁지원센터를 아동복지시설에 포함)

(1) 가정위탁의 유형

소년소녀가족의 가정위탁은 다음의 세 가지로 나누어 볼 수 있다. (ⅰ) 친조부모, 외조부모에 의한 대리양육 가정위탁, (ⅱ) 친조부모, 외조부모를 제외한 친·인척에 의한 가정위탁(민법에 의한 8촌 이내의 혈족 등에 의한 양육), (ⅲ) 일반인에 의한 가정위탁이다. 이 외에 지방자치단체는 예산을 편성하여 전문가정위탁, 일시가정위탁 등으로 운영 가능하다.

(2) 가정위탁 대상 아동

아동복지법 제3조(정의)에 따른 보호대상아동은 18세 미만의 아동으로서 보호자가 없거나 보호자로부터 이탈된 아동, 그리고 아동을 학대하는 경우 등 그 보호자가 아동을 양육하기에 적당하지 아니하거나 능력이 없는 경우의 아동이다(18세 이상인 경우에도 고등학교 재학 중인 아동은 포함된다). 가정위탁보호 신청에 대해서는 아동복지법 시행령 제14조(가정위탁보호 등의 신청)에서 구체적으로 제시하고 있으며, 가정지원센터에 대해서는 제47~49조에서 정하고 있다.

위탁가정의 선정에 대해 아동복지법 시행규칙 제2조(위탁가정의 기준)는 다음과 같이 정하고 있다. (ⅰ) 위탁아동을 양육하기에 적합한 수준의 소득이 있을 것, (ⅱ) 위탁아동에 대하여 종교의 자유를 인정하고 건전한 사회 구성원으로 자랄 수 있도록 양육과 교육을 할 수 있을 것, (ⅲ) 위탁부모의 나이가 25세 이상(부부의 경우 부부 모두 해당)으로서 위탁아동과의 나이 차이가 60세 미만일 것(시·도지사, 시장·군수·구청장의 예외 인정 허용),

(ⅳ) 자녀가 없거나 자녀의 수가 위탁아동을 포함하여 4명 이내일 것(18세 이상 자녀 제외), 그리고 (ⅴ) 가정에 성범죄, 가정폭력, 아동학대, 정신질환 등의 전력이 있는 사람이 없을 것 등이다.

보호조치 중인 18세 이상 아동 중 다음의 요건에 해당하면 위탁보호기간의 연장이 가능하다(아동복지법 제16조). (ⅰ) 「고등교육법」 제2조에 따른 대학 이하의 학교(대학원은 제외한다)에 재학 중인 경우, (ⅱ) 제52조 제1항 제1호의 아동양육시설 또는 「근로자직업능력 개발법」 제2조 제3호에 따른 직업능력개발훈련시설에서 직업 관련 교육·훈련을 받고 있는 경우, (ⅲ) 20세 미만인 사람으로서 「학원의 설립·운영 및 과외 교습에 관한 법률」에 따라 등록된 학원에서 교육을 받고 있는 경우, 그리고 (ⅳ) 시·도지사 또는 시장·군수·구청장이 보호대상아동의 장애·질병 등을 이유로 보호기간 연장을 요청하는 경우 등이다.

(3) 가정위탁보호의 지원내용

가정위탁보호와 관련한 지원내용을 정리해 보면 다음과 같다.

- 가정위탁아동에 대해 아동 1인당 300만 원 이상의 대학등록금을 지급하고,
- 양육보조금은 아동 1인당 월 20만 원 이상(지방이양)을 지급하되 1세대 1계좌 원칙
- 위탁아동 및 부양자 1인의 후유장해, 위탁아동 입원·통원 의료비 등의 지원을 위해 1인당 연 65,000원 이내의 보험료를 지원하며,
- 가정위탁아동의 심리정서치료비 월 20만 원, 심리검사비 20만 원(1회), 교통비 월 20,000원 이내

국민기초생활보장법에 의한 생계비 등도 지원한다. 생계·의료·교육 등의 해당급여를 별도가구로 보장하는 개인단위로 실시한다. 특히 부모로부터 학대받은 아동의 경우 시장·군수·구청장은 부양능력 있는 부양의무자가 있어도 부양을 거부하거나 기피하는 것으로 인정하여 기초생활수급자로 보호한다.

아동복지법(시행령 제38조 제1항 제3호)에 따라 18세 이상의 가정위탁보호 종결아동(연장보호종결아동 포함)에게 자립지원정착금(지방이양)을 1인당 500만 원 이상 지급한다(아동복

지시설 퇴소 아동에 준하여 지급 실시).

국토교통부에서는 대리양육, 친 · 인척 위탁 가정의 전세자금(임차전용면적 85㎡ 이하인 주택)을 다음과 같이 대출지원한다.

〈표 14-4〉 가구당 대출한도액

<table>
<tr><th colspan="2">구 분</th><th>호당 대출한도</th><th>비 고</th></tr>
<tr><td rowspan="3">일반 주택</td><td>수도권</td><td>8,000만 원</td><td rowspan="4">· 전세보증금이 대출 한도하인 경우 전세보증금으로 한다.
· 공공임대주택은 일반주택의 대출 한도 내로 한다.</td></tr>
<tr><td>광역시</td><td>6,000만 원</td></tr>
<tr><td>그 밖의 지역</td><td>5,000만 원</td></tr>
<tr><td colspan="2">공공 임대주택</td><td>임대보증금 및 임대기간 중 월 임대료 전환금액</td></tr>
</table>

(4) 가정위탁보호 전환절차

소년소녀가족에서 가정위탁보호로 전환하는 절차를 살펴보면 다음과 같다.

① **상담** : 읍 · 면 · 동 담당공무원이 소년소녀가정 상담

조부모 등 대리양육 가정위탁, 친 · 인척 가정위탁, 일반 가정위탁 가능성 검토

② **신청** : 위탁보호하려는 자가 아동거주지 시 · 군 · 구청에 신청[아동보호신청서(서식 1호) 제출]

③ **조사 · 결정**

– 시 · 군 · 구는 관계공무원으로 하여금 위탁보호자 및 대상 소년소녀가정 조사(아동보호 신청자 가정조사서, 보호대상아동 조사서 작성)

– 일반 가정위탁의 경우 가정위탁지원센터에 의뢰하여 위탁가정 연계

– 시 · 군 · 구는 조사결과에 따라 가정위탁 보호 결정

– 기초생활수급자 책정, 양육보조금, 상해보험, 전세자금 등 가정위탁아동지원 실시

④ **사례관리** : 시 · 군 · 구(읍 · 면 · 동), 가정위탁지원센터는 위탁아동에 대한 사후 지도 · 관리 실시

※ 형제 · 자매 세대로 이루어진 소년소녀가정세대의 경우 형제 · 자매 중 한 명이 18세 이상이 되는 경우 형은 소년소녀가정 지정을 해제하고 동생은 가정위탁 전환 유도

(5) 가정위탁보호 관련 기관

가정위탁보호 절차를 기준으로 관련기관을 살펴보면 다음과 같다.

구분	읍·면·동	시·군·구	가정위탁지원센터
가정위탁 보호신청	– 보호 대상아동의 발생 – 가정위탁보호의 신청·접수 상담 – 수급권 신청	– 가정위탁 보호 신청·접수 – 위탁가정범죄 경력조회	– 가정위탁 아동 상담 – 위탁부모 발굴 및 교육
가정위탁 보호결정	일반위탁 – 보호대상아동 조사서, 가정위탁보호동의서, 아동카드를 작성하여 시·군·구에 제출 친·인척/ 대리 양육 – 가정위탁보호(대리양육) 신청서, 가정위탁보호(대리양육) 신청인 가정조사서, 가정위탁보호동의서 아동카드를 작성하여 시·군·구청에 제출	일반위탁 – 가정위탁 보호 결정 – 가정위탁지원센터 위탁 가정 연계 의뢰 – 수급자 책정 – 가정위탁지원센터에 책정 및 통보 친·인척/ 대리양육 – 가정위탁 책정 및 통보 – 가정위탁 아동 지원	일반위탁 – 위탁가정을 상담하여 적합한 가정 연계 후 가정위탁보호(대리양육) 신청서, 가정위탁보호(대리양육) 신청인 가정조사서, 가정위탁 가족동의서, 일반위탁 부모 추천서를 작성하여 시·군·구청 제출
사례관리	– 사례관리 및 복지 서비스 제공 등 업무 지원 – 위탁아동, 위탁가정, 친가정 상담	– 위탁아동 지원	– 사례관리 · 위탁아동, 위탁가정, 친가정 관리 · 위탁 부모 교육 · 위탁아동 및 위탁가정 상담 지원
가정위탁 보호종결		– 위탁 종결 · 귀가조치(친가정 복귀 등) · 가정위탁 종결(해지), 가정위탁 지원센터 통보	· 재배치 사정 · 아동 귀가 신청서 제출 · 사후 관리

출처 : 보건복지부. 아동사업안내(1), 2018년 1월.

(6) 후원자 및 결연기관 지정

지방자치단체장은 결연기관과 긴밀한 협조체계를 구축하여 가정위탁보호아동 지원, 후원자와의 만남행사 등 후원 프로그램을 활성화하여야 한다. 시 · 군 · 구청에서는 가정위탁보호 결정 · 해지 시 결연기관에 명단을 통보하여 결연후원이 이루어질 수 있도록 한다.

지방자치단체장은 대리양육, 친 · 인척 위탁가정 등 가정위탁보호 아동의 경우 가까운 이웃에 거주하는 아동위원, 종교인, 지역여성지도자, 공무원, 가정위탁지원센터 상담원 등을 후원자로 지정하여 고충이나 애로사항을 상시 의논, 해결할 수 있게 한다. 후원자는 결연기관의 직원과 협조체계를 구축하여 후원금을 제대로 사용할 수 있도록 지도하여 후원금 사용에 따른 문제를 최소화하여야 한다. 2016년 12월 말 결연 및 후원자 현황은 다음과 같다.

〈표 14-5〉 결연 및 후원(2016년 12월 말 현재)

결연별	결연세대	결연아동(명)	후원자수(명)	후원금(백만원)	후원(백만원)
자체결연	15	13	30	352.1	22
어린이재단결연	31	30	28	434.7	27
합 계	46	43	58	786.6	49

후원자 지정		후원자 현황	
대상세대	135	친인척	29
후원자 지정세대	109	행정기관 직원	5
후원자 수	204	복지관 직원	2
		종교인	3

아울러 시 · 도 및 시 · 군 · 구는 가정위탁보호사업의 활성화를 위해 지방으로 위임된 가정위탁지원센터의 운영비 등을 지원한다. 물론 이를 총괄하는 중앙가정위탁지원센터를 운영/ 관리하고 있다.

〈표 14-6〉 위탁아동 규모별 시 · 군 · 구 개수(2017년 11월 말 기준)

개별담당아동수	50명 이하	51~100명	101~150명	151명 이상
시 · 군 · 구 개수	159	75	14	3

* 한 개소에서 담당하는 아동 수가 100명이 넘는 시 · 군 · 구가 19개소.

(7) 가정위탁보호 현황

2016년 말 현재 가정위탁보호 세대수는 10,197세대이고 아동 수는 12,896명이었다. 2010년에 비교하면 위탁가정이나 아동의 수가 줄어드는 추세이다. 대리양육가정이 6,642세대(전체의 65.1%)로 가장 큰 비중을 차지하고 있으며 그 다음이 친인척위탁가정 2,773세대(27.2%)이며 일반가정위탁은 782세대(7.7%)로 가장 적다.

위탁가정이나 아동수가 줄어드는 것은 소년소녀가족이 신규위탁가정으로 전환되는 증가요인이 있으나 가정위탁수요 자체가 줄어드는 데다 종결위탁가정도 상당수 있기 때문이다. 전체적으로 가정위탁 수는 하향추세를 보일 것으로 예상된다.

〈표 14-7〉 가정위탁보호아동현황 (단위 : 세대, 명)

		전년도말 위탁가정		신규 위탁가정		종결 위탁가정		연말현재 위탁가정	
		세대수	아동수	세대수	아동수	세대수	아동수	세대수	아동수
2010	계	12,100	16,414	1,778	2,382	1,758	2,437	12,120	16,359
	대리양육가정	7,847	10,937	1,005	1,372	1,003	1,444	7,849	10,865
	친인척위탁가정	3,317	4,313	604	802	556	744	3,365	4,371
	일반위탁가정	936	1,164	169	208	199	249	906	1,123
2011	계	11,335	15,138	1,041	1,408	746	1,060	11,630	15,486
	대리양육가정	7,310	9,990	546	795	395	581	7,463	10,205
	친인척위탁가정	3,170	4,086	410	503	227	328	3,351	4,260
	일반위탁가정	855	1,062	85	110	124	151	816	1,021
2012	계	11,631	15,463	1,715	2,243	2,316	3,204	11,030	14,502
	대리양육가정	7,536	10,296	1,004	1,346	1,310	1,910	7,230	9,732
	친인척위탁가정	3,288	4,164	538	686	789	1,019	3,037	3,831
	일반위탁가정	807	1,003	173	211	217	275	763	939

2013	계	11,030	14,502	1,776	2,251	1,637	2,157	11,169	14,596
	대리양육가정	7,230	9,732	1,021	1,337	957	1,293	7,294	9,776
	친인척위탁가정	3,037	3,831	266	688	517	676	3,086	3,843
	일반위탁가정	763	939	189	226	163	188	789	977
2014	계	11,169	14,596	1,644	2,114	1,736	2,325	11,077	14,385
	대리양육가정	7,294	9,776	927	1,218	1,059	1,444	7,162	9,550
	친인척위탁가정	3,086	3,843	518	652	515	679	3,089	3,816
	일반위탁가정	789	977	199	244	162	202	826	1,019
2015	계	11,077	14,385	1,601	1,942	1,972	2,588	10,706	13,728
	대리양육가정	7,162	9,550	961	1,154	1,110	1,502	6,944	9,127
	친인척위탁가정	3,089	3,816	457	548	655	829	2,927	3,556
	일반위탁가정	826	1,019	183	240	207	257	835	1,045
2016	계	10,706	13,728	1,418	1,795	1,927	2,627	10,197	12,896
	대리양육가정	6,944	9,127	867	1,091	1,169	1,640	6,642	8,578
	친인척위탁가정	2,927	3,556	420	545	574	753	2,773	3,348
	일반위탁가정	835	1,045	131	159	184	234	782	970

CHAPTER 15

폭력가족과 가족복지

우리 사회에서 '가정'이란 다른 사회집단과는 달리 공동체적 관계를 유지하고 구성원 간의 이해타산이나 이익을 초월한 사회의 가장 기본적이고 원초적인 집단으로 인식해 왔다. 또한 가정 속에서 구성원들은 자신의 성장과 발전을 위한 정서적이고 물질적 지원을 받는다. 이와 같은 가정의 중요성을 세계적으로 인식하여 UN은 1994년을 '세계 가정의 해'로 선포하고, 가족이 미래의 소중한 자원 제공처임을 지적하고 건강한 사회를 위한 건강한 가족의 구축을 모색하였다.

누구나 가정은 항상 따스함을 주는 우리의 안식처이고, 사랑과 행복이 가득 찬 곳으로 생각하고 싶어 한다. 가정 안에서 일어나는 일은 부부간의 갈등조차도 사랑싸움이고, 부모가 자녀를 때리는 것도 사랑의 매로 받아들이고 '행복한 가정'의 이미지를 지우지 않으려고 노력해 왔다. 그러나 이러한 가정의 모습은 이상향이며 관념적일 뿐이다. 현대사회의 가족은 많은 흠집을 안고 있으면서도 감히 손을 대지 못하는 모순에 처해 있다.

그러나 이제는 현실에 존재하는 가정은 어떠한 모습인지를 냉철하게 생각할 시점이다. 가정이라는 집단 내에서는 상호 간의 갈등이나 폭력이란 존재할 수 없고 또한 발생할 수도 없다는 허위적 사실을 직시해야 한다. 최근 우리 사회에서 가정폭력이 빈번하게 발생하고 있다는 것은 이미 잘 알려져 있는 사실이다. 따라서 가정폭력은 새삼스러운 일이 아닐 수도 있다. 그러나 한 가정을 이루어 나가면서 가장 안전한 장소로 인식되는 가정 내의 폭력은 단순히 개인이나 가족의 문제로 지나치기에는 너무나 심각하다. 가정폭력을 가족구성원들끼리 해결하거나 아니면 그대로 참고 견디어 내야만 한다면, 시간이 흐를수록 그 정도는 더욱 심해지며, 피해자는 말할 것도 없고, 가해자조차 정상적 가족생활을 할 수 없게 되며, 외부의 도움이 없이는 도저히 가족생활을 지속해 나갈 수 없는 지경에까지 이르게 될 것이다. 폭력은 또 다른 폭력을 낳는다는 폭력의 '악순환적 현상(the cycle of violence)'은 가정이 폭력을 관찰하고 학습하며, 폭력의 실습장이 됨으로써 세대를 통한 '폭력의 재생산'이 이루어지고, 이러한 재생산이 단순 재생산이 아닌 '확대 재생산'이 될 가능성이 크다는 점에서 더욱 큰 사회적 문제로 연결된다.

1. 가정폭력의 사회적 구성

가정은 가족성원들의 특정 필요성에 의하여 부분적으로 접촉하는 곳이 아니라, 개개인의 모든 생활이 용해되고 재창조되는 곳이다. 또한 대부분의 사람들은 가정이란 경쟁적 외부세상에서 돌아와 몸과 마음을 조용히 돌보고 쉬는 '휴식처'이며, '사랑의 보금자리'라고 생각한다. 오랫동안 가정은 우리에게 사랑과 보호의 성역으로 간주되어 왔다. 그러나 최근에 이르러 가정에서 일어나고 있는 숨겨진 현실이 부분적으로 언급되기 시작하고 감추어진 현실이 표출되는 과정에서, 일상생활에서 당연시되어 왔던 '가정'과 숨겨진 현실 뒤의 '가정'과의 커다란 괴리가 발견되기 시작한 것이다.

흔히 한국사회는 가족중심적 사회라고 한다. 또한 남다른 가족애와 가족주의는 가정에서 발생하는 폭력에 대하여 오히려 걸림돌이 되는 경우가 많다. 즉, 가족은 사적인 영역으로 신성시되고, 가족 내에서 일어나는 모든 일은 가족구성원 내지는 가까운 친인척들만이 관여할 수 있을 뿐, 가족 외의 타인들이 관여할 일도 아니며 관여해서도 안 된다는 분위기이다. 게다가 지난 30여 년간 쉬지 않고 산업화 과정을 달려온 우리는 급속한 대가족제도의 해체와 더불어 집단주의적·공동체적 가치관에서 벗어나 개인중심적이 되면서 사적 영역을 침해하지 않으려는 경향을 보인다. 이와 더불어 집단적 공동체 의식과 개인주의가 부정적 측면으로 복합되어 나타난 소위 '가족이기주의' 속에서 개인의 프라이버시는 더욱 유지되고 이를 존중하는 것이 '현대인의 예의'라고까지 생각하게 되었다.

우리나라 전통가족은 일제의 지배, 한국전쟁, 그리고 1960년 이후의 산업화 과정 등의 사회경제적 소용돌이 속에서 많은 변화를 겪었다. 가령 전통적인 집단주의적 공동체 의식에서 완전히 탈피하지도 못한 채, 개인중심적 사고방식을 받아들이게 됨으로써, 과거의 공동체적 의식과 새로운 개인주의 가치관의 부정적 결합으로 인하여 '가족이기주의'가 등장하였다. 이와 같은 가족이기주의는 한편으로는 남의 일에 지나친 간섭을 하지 않고 개인의 프라이버시를 존중하는 장점을 보여주면서도, 동시에 타인이나 다른 가족에 대한 신경이나 주의를 전혀 기울이지 않고 오로지 자신이나 자신의 가족의 안녕에만 만족하는 바람직스럽지 못한 결과를 초래하였다. 한편 가족을 애정으로 결합된 사랑의 장으로 여기면서 더욱 사적인 공간으로 몰아가고, 공적 영역과는 철저하게 분리시키려는 경향이 있다. 이와 같은 가족에 대한 이분법적 태도는 가족 내에서 발생하는 모든 문제들을 개인적인 것으로 인식시키고, 그에 대한 문제 처리방식도 사적 차원에 머무르게 만드는 결과를 가져왔다. 게다가 옛날부터 내려오는 가정 내의 폭력에 대한 관용과 당위성으로 인해 부부싸움에는 타인이 개입되지 않으며, 자녀에 대한 폭력은 사랑의 매로 당연시되어 왔다.

구체적으로 보면, 1983년 '한국 여성의 전화'가 창립되면서 구타당한 아내를 보호하기 위한 단체활동이 전개되었으며, 1987년에는 서울 마포에 구타당한 아내를 보호하기 위한 '매 맞는 아내의 집'이 개설되었다. 한편 학대받는 아동을 위하여 1979년 한국사회복지협의회가 아동학대고발센터를 개설하였고, 1989년 한국아동학대예방협회가 창설되면서 본격적인 아동학대 예방 및 치료활동이 전개되었다. 사회의 '충격 흡수 장치(shock absorber)'로 인식되던 가정, 자생적이고 문제해결의 자동조절장치가 내재되어 있었던 것으로 간주되어 오던 가정에서 사랑의 논리 대신에 갈등이나 힘의 논리가 앞서는 가정폭력이 난무하는 숨겨진 현실에 대하여 냉철한 분석과 더불어 과감한 외부적 개입과 지원이 필요하다.

가정폭력의 심각성을 폭넓게 인정하게 되면서, 1997년 「가정폭력범죄 처벌 등에 관한 특례법」과 「가정폭력방지 및 피해자보호 등에 관한 법률」이 제정되었다. 이러한 법의 공포는 가정 내의 폭력을 더 이상 개인적 차원의 갈등 표출이 아니라 사회적으로 제재할 수 있는 '범죄'로 간주하겠다는 의지를 의미한다. 그리하여 사적인 공간에서 벌어지는 가정폭력은 법률이 지정한 공권력에 의하여 제재를 받게 되고, 강제적 개입을 통하여 해결을 할 수 있는 길이 열리게 되었다. 따라서 자신의 배우자나 자녀에게 단순히 가족구성원이라는 이유로 함부로 폭력을 휘두를 수 없게 되었다. 또한 가정폭력방지법의 근원적 목적이 가해자의 처벌이 아니라, 가족의 해체 예방과 건전한 가족의 유지·지원임을 염두에 둔다면, 이 법의 실효성을 거두기 위하여 가족구성원뿐만 아니라 주변의 모든 사람들의 의식의 전환이 요구된다. 법이 제정되어 시행된 지 상당한 시간이 흘렀음에도 불구하고, 가정폭력은 여전히 가족의 안전을 위협하고 사회문제를 야기하는 요인으로 남아 있다. 또한 최근의 가정폭력의 양상이 더욱 다양화되고 있는 실정이기는 하지만, 가정폭력의 피해대상자들이 주로 상호 관계상 약자의 위치에 있고, 여성, 아동, 노인과 같은 사회적으로 무력하다고 인식되는 집단이라는 점에서 가정폭력은 단순히 가정 내 폭력이라기보다는 사회적, 경제적, 그리고 관계적 측면에서 강자가 약자에게 행하는 폭력이라는 점을 인정해야 한다.

이 장에서는 가정에서 발생하는 폭력에 대한 이해를 위해서, 가정폭력의 정의, 유형, 그리고 그 실태를 파악하고, 이에 대한 실천적 가족복지서비스의 현황을 살펴봄으로써 가정폭력의 피해자와 가해자에 대한 현실적인 방안을 제시하고, 나아가 가정폭력을 예방할 수 있는 복지정책 차원에서의 실천적 방안을 모색하여 보고자 한다.

2. 가정폭력의 개념 규정과 유형

1) 가정폭력의 개념 규정

일반적으로 폭력이란 공격행동의 한 형태로 분류되지만, 개념 규정상으로는 공격행위와 구별된다. 공격행위는 "타인에게 의도적으로 상처를 입히는 것"으로 정의되며, 폭력은 특히 그 정도가 심한 경우를 말한다. 또한 공격행위는 가치중립적으로 긍정적 혹은 부정적 측면을 모두 포함하고 있으나, 폭력은 언제나 부정적 의미를 내포하고 있다(Berkowitz, 1974). 폭력에 대한 정의는 다양한데, "신체적 힘에 의한 비합법적 행위"(Goode, 1971), "상대방을 신체적으로 위협하거나 손상을 주는 행위"(O'Brien, 1971), "타인에게 의도적으로 신체적인 힘을 사용하는 행위"(Steinmetz & Straus, 1974) 등이 있다. 이 장에서는 가정폭력이란 "가족구성원 중의 한 사람이 타인에게 의도적으로 물리적 힘을 사용하거나 정신적 학대를 통하여 고통을 주는 행위"(Gelles & Straus, 1979)로 정의한다. 이 단순한 물리적 · 신체적 손상을 주는 행위뿐만 아니라 자아존중감을 해치는 언어적 학대, 성적 학대의 경우도 포함되는 포괄적 의미의 폭력행위이다.

가정폭력에 대한 구체적 개념은 「가정폭력범죄의 처벌 등에 관한 특례법」에 정의되어 있다. 이에 의하면, '가정폭력'이라 함은 "가정구성원 사이의 신체적 · 정신적 또는 재산상 피해를 수반하는 행위"를 말한다. 여기서 '가정구성원'은 "배우자, 배우자 관계에 있었던 자, 자기 또는 배우자와 직계존비속 관계에 있거나 있었던 자, 계부모와 자의 관계 또는 적모와 서자의 관계에 있는 자, 동거하는 친족관계에 있는 자"로 정의된다. 따라서 가정폭력은 배우자 폭력, 부모와 자녀 간의 폭력, 형제간의 폭력을 모두 포함한다. 또한 현재 함께 살고 있는 가족원뿐만 아니라 전 배우자와 동거하는 친족으로까지 범위를 확대하였다는 것도 주목할 점이다. 이와 같이 가정폭력은 가해자와 피해자가 매우 밀접한 관계에 있으며, 함께 생활하고 있다는 측면에서 일반적 폭력과는 다르다.

2) 가정폭력의 합법성과 폭력 정도

먼저 가정폭력을 법적인 차원과 폭력의 정도에 따라 합법성과 수단이라는 두 가지 차원에 의하여 나누어 볼 수 있다.

(1) 합법적 · 표현적 폭력

합법적 공격행위는 긴장과 분노를 완화시키는 카타르시스적 작용을 하므로, 어느 정도의 공격행위를 인정하는 것이 좋다고 한다. 예를 들어, 자녀들이나 배우자의 행동에 무작정 화를 참기보다는 가벼운 공격행위로 분노를 해소시키는 것이 더욱 격렬한 폭력행위를 유발하지 않게 된다.

(2) 비합법적 · 표현적 폭력

가정폭력의 대부분이 이 유형에 속하는데, 상대편에게 과도한 고통이나 상처를 주는 심각한 형태의 폭력으로, 아내구타, 아동구타, 노인학대 등이 있다. 이러한 유형의 폭력은 유기, 학대, 살인으로까지 이어져 사회적 문제가 된다.

(3) 합법적 · 수단적 폭력

가정 내에서 빈번하게 볼 수 있는 유형으로, 어떤 바람직한 행동을 유도하기 위하여 행사하는 폭력으로, 자식이 잘되라고 때리는 부모의 체벌 등이 이에 속한다.

(4) 비합법적 · 수단적 폭력

폭력의 합법성, 비합법성의 구분은 매우 애매하다. 그러나 부모나 형제, 부부간의 카타르시스적 폭력이 비록 인정된다 할지라도, 지나치게 심한 고통이나 상처를 주게 되면 학대로 이어지는 비합법적 폭력이 된다. 즉, 초기에는 선의의 의도로 행해진 폭력행위라 할지라도 지나치면 교육이나 교화의 목적을 떠나 권력이나 권위의 남용으로 간주될 수 있다.

위에서 언급한 폭력의 네 가지 유형은 폭력의 정도가 얼마나 심한가에 따라 다시 나누어 볼 수 있다. Strauss(1977)는 폭력의 심각한 정도에 따라 가벼운 폭력행위와 심각한 폭력행위로 나누었고, 각각의 폭력행위를 구체적으로 여덟 가지로 제시하였다.

① 물건 던지기
② 밀거나 움켜잡기
③ 손으로 때리기
④ 주먹으로 때리거나 발로 차기
⑤ 주변 물건을 가지고 때리거나 혹은 때리려고 위협하기
⑥ 무차별하게 때리기
⑦ 칼, 망치, 도끼, 총과 같은 흉기로 위협하기
⑧ 칼, 망치, 도끼, 총과 같은 흉기를 사용하기

여기서 ①, ②, ③은 가벼운 폭력행위로, ④, ⑤, ⑥, ⑦, ⑧은 심각한 폭력행위로 분류된다.

3) 가정폭력의 유형

가정폭력의 유형은 폭력의 가해자와 피해자와의 관계상의 맥락, 관계 속에서의 폭력의 기능, 그리고 가해자의 구체적인 행동 등의 세 가지 기준을 참작할 필요가 있다(Scheter & Ganley, 1995). 가정 폭력범죄의 처벌 등에 관한 법에서도 '가정폭력이라 함은 가정구성원 사이의 신체적, 정신적, 또는 재산상 피해를 수반하는 행위를 말한다'고 제시하고 있다. 이에 가정폭력의 유형을 구체적으로 살펴보면 다음과 같다.

(1) 신체적 폭력

가해자가 의도적으로 상대방에게 직접적으로 신체손상을 입히거나 신체손상을 입도록 하는 모든 행위를 말한다. 가벼운 신체적 구타, 심한 구타, 밀치기, 꼬집기, 흉기로 찌르거나 억압하기 등의 폭력행위가 포함된다.

(2) 정서적 폭력

가해자가 상대방에게 행하는 언어적 모욕, 정서적 위협, 감금이나 자유를 억압하는 행위를 말한다. 비난이나 무시하는 굴욕적 언어, 억압적이거나 지시적인 태도 및 협박, 상대방의 의사결정권을 침해하거나 외부로부터의 고립을 조장하는 행위 등이 포함된다.

(3) 경제적 폭력

가해자가 상대방의 경제권을 박탈하거나 경제적 도움이 필요함에도 불구하고 무시하거나 생활비 및 기타 경제적 비용을 지불할 능력이 있음에도 불구하고 지원하지 않는 것을 말한다. 가령 의도적으로 경제권을 박탈하여 무력하게 만들거나 낭비벽 등으로 인하여 가산을 탕진하는 등 일상적인 경제생활을 위협하는 행위 등이 포함된다.

(4) 성적 폭력

가해자가 자신의 성적 욕구 충족을 목적으로 상대방의 동의 없이 강제적으로 성적 행동에 응하도록 하는 것을 말한다. 원하지 않은 성적 행동을 강요하거나 위협적인 성행위를 요구하는 행위 등이 포함된다.

(5) 방임과 유기

가해자가 고의적이고 반복적으로 보호가 필요한 상대방의 보호를 소홀히 함으로써 이들의 정상적인 생활이 어려운 경우를 말한다. 일상적인 의식주의 지원 및 제공을 방치하거나 관심을 두지 않음으로써 극단적인 경우 유기로 이어지는 경우가 허다하다. 특히 아동이나 노인에 대한 방임과 유기행위는 피해자들이 어쩔 수 없이 당하게 되는 경우이므로 가해자의 고의성이 더욱 심각한 폭력 행위임을 사회적으로 인식해야만 할 것이다.

4) 가정폭력의 범위

가정폭력에는 구체적으로 부부간의 폭력, 부모−자녀 간의 폭력(아동학대), 형제간의 폭력, 그리고 노부모에 대한 폭력 및 학대를 들 수 있다. 부부간의 폭력은 주로 남편의 아내폭력 및 학대로 나타난다. 즉, 아내학대(wife-abuse), 아내구타(wife-battering), 그리고 아내폭행(wife-assault) 등으로 표현되면서 피해자가 주로 아내임을 지적하고 있다. 물론 최근에 아내에 의한 '매 맞는 남편'의 문제도 차츰 증가하고 있는 추세이긴 하다. 미국의 통계에 의하면, 가정폭력 피해자의 약 30%가 남성인 것으로 나타났는데, 실제로 피해를 당하고도 이를 겉으로 나타내지 못하는 남성의 입장을 감안한다면 매 맞는 남편의 수는 이보다 더 높을 것으로 추정되고 있다.

아동에 대한 폭력행위도 심각한 수준인 것으로 보인다. 특히 아동폭력은 단순한 폭력행위뿐만 아니라 아동방임이라는 광의의 관점까지 포함한다면 매우 높을 것이다. 아동에 대한 폭력행위는 아동학대, 아동구타, 그리고 아동방임 등의 개념으로 이어지면서, 자녀를 부모의 소유물로 여기는 전통적 가치관이 여전히 남아 있어서 사회문제로 부각되고 있다. 게다가 최근의 아동에 대한 성적 학대에 대한 신고건수도 급격히 증가함으로써 아동폭력은 아동 관련 문제의 중심이 되기 시작하였다.

또한 1990년대 들어와 극도의 물질만능의 사회변화 속에서 미성년 자녀에 의한 부모 학대 사건도 나타나기 시작하였지만, 아직 체계적 연구는 이루어지고 있지 않다. 외국의 경우에도 부모에 대한 자녀의 폭력행위가 간혹 언급되기는 하지만, 일반적으로 부모-자녀 간의 폭력은 부모가 자녀에게 행하는 폭력행위나 학대를 중심으로 연구되고 있다(Peek, et al., 1985). 형제간의 폭력은 "형제끼리는 싸우면서 큰다"는 표현에서 나타나듯이 그다지 문제시되지 않으며, 오히려 형제간의 경쟁의식, 갈등 처리 등의 사회화 과정으로 바람직하게 생각하는 경향마저 있다.

노부모에 대한 폭력 및 학대는 급격한 사회변화 속에서 노인의 지위 상실과 더불어 앞으로도 계속 증가할 추세이다. 지난 20여 년 동안 산업화의 주역을 담당해 왔던 오늘날의 노년세대는 1990년대에 들어와서는 새로운 기술 혁신에 적응하지 못하고 시대감각이 부족한 '사회적 주변인'으로 밀려나기 시작하였고, 가정에서는 구성원들의 무관심과 냉대 속에서 '가족 속의 이방인'으로 소외되고 있다. 지금까지 노인폭력 및 학대에 대한 체계적인 연구는 매우 드물어서 정확히 말할 수 없지만, 신문이나 매스컴을 통한 노인에 대한 무관심, 유기, 폭력 등의 학대행위를 볼 때 심각한 사회문제로 부각되고 있음을 알 수 있다.

3. 가정폭력의 실태

가정폭력 중에서도 아내학대 및 폭력은 가족해체와 직접적으로 연결되며, 다른 가족구성원에게 장기적이고도 심각한 영향을 미친다. 특히 아내구타는 합리적 분노의 표현이라기보다는 충동적이고 자신의 분노를 타인에게 분출하는 투사행위이다.

Elbow는 아내학대를 네 가지 유형으로 분류하였다. ① 지배자형(controler) : 아내의 행동통제를 요구하고 자신이 아내에 대하여 지배력을 잃었다고 느낄 때 아내를 학대하는 유형, ② 방어자형(defender) : 아내를 보호하고자 하고, 아내가 자신에게 의존적이기를 원하며 독립적이 되는 것을 두려워하는 나머지 아내를 학대하기 시작하는 유형, ③ 승인 추구형(approval seeker) : 자기 자신에 대한 불만을 아내에게 표출하지만 곧 죄책감을 느끼고 이런 감정을 만회하기 위하여 아내를 학대하는 유형, ④ 혼합형(incorporations) : 약물이나 알코올중독자로서 아내에게 트집을 잡고 괴롭히는 유형이다. 이는 남편이 자신의 자아와 아내의 자아를 혼동하고 상대편의 개체성을 인정하지 못하는 유형으로 매우 위험하다.

Scott(1974)은 아내구타의 신체적 심각성의 정도를 ① 약이나 병원의 도움이 필요 없는 정도, ② 외래로 통원치료받을 수 있는 정도, ③ 병원에 입원해야 할 정도, ④ 사망 등으로 분류하고, 폭력의 빈도는 ① 습관적으로 자주 일어나는 폭행, ② 상황에 따른 우발적 폭행, ③ 악순환으로 폭행횟수가 증가하는 경우, ④ 주기적으로 몰아서 폭행하는 행위로 구분하였다. 이와 같이 학자들에 의하여 아내학대 및 폭력은 유형과 폭력의 정도에 따라 다양하게 분류되어 왔다.

여성가족부에서는 매 3년마다 전국 가정폭력실태조사를 실시하고 있다. 최근 2016년도 전국가정폭력실태조사 결과에 의하면, 배우자폭력률이 과거보다 현저히 감소되었지만, 여전히 여성보다 남성의 폭력가해율이 높게 나타났고, 여성긴급전화 1366을 통한 상담통계도 주로 여성들의 상담지원이 압도적으로 나타났다. 또한 최근 국제결혼이주여성이 증가함에 따라서 이들에 대한 상담지원도 시작되고 있으며, 동시통역시스템을 이용한 상담이 증가하였다. 최근에는 피해자뿐만 아니라 가해자에 대한 상담이나 재활교육 프로그램도 활발하게 이루어지고 있다. 피해자에 대한 지원과 더불어, 가정폭력의 원인 제공자인 가해자에 대한 상담 등은 가정폭력의 재발방지에 중요한 기능을 할 것이다.

배우자 폭력에 있어서 배우자(특히 아내)가 처음으로 구타를 당하는 시기는 결혼 후 1년 이내가 대부분으로 가정폭력은 결혼생활 초기부터 나타남을 알 수 있다. 따라서 초기에 폭력에 대하여 어떻게 대처하는지는 이후의 결혼생활을 결정하는 주요 요인이 된다고 본다. 폭력의 빈도도 매우 규칙적이고 반복적인 주기성을 띠고 있다는 점이 실증적으로 증명되고 있다. 따라서 반드시 어떤 잘못이나 실수에 대한 반응으로서의 구타행위라기보다는 습관적이거나 의례적 혹은 배우자를 자신의 소유물로 인식하는 속에서 나타나는 폭력행위라고 하겠다.

예를 들어, 권위적인 남편의 사회적·가정적 열등감의 표출, 외도, 도박, 음주, 의처증, 그 밖에 여러 가지 이유 같지 않은 이유를 빌미로 자신의 존재를 과시하고자 하는 데서 구타 발생의 원인을 찾을 수 있다.

구타방법은 주먹으로 때리거나 발로 차는 경우가 대부분이며, 흉기를 사용하거나 담뱃불로 지지는 등 잔인한 행위도 포함되어 있다. 한 연구에 의하면, 폭력 후 강제적 성관계의 발생률도 매우 높아서, 적어도 10명 중 2~3명의 여성은 구타를 당한 후 공포와 고통의 상황 속에서 성관계까지 치러내야 하는 노예적 삶을 겪고 있다고 보고되었다(여성의 전화・형사정책연구원).

남편의 폭력에 대한 대응행동은 그대로 맞고 있거나 아주 소극적 대응행동으로 맞설 뿐, 함께 때리고 싸운다는 경우는 그다지 많지 않다. 이러한 학대와 폭력에도 불구하고 결혼생활을 지속하는 이유는 자식과 남편에 대한 사랑, 경제적 의존도 때문이다. 게다가 구타 후 외식이나 선물 공세를 하거나 치료를 해주면서 일시적으로 사태를 도피하려고 하거나, 사과를 하고 다시는 그러지 않겠노라고 용서를 비는 경우에는 대부분의 아내는 앞으로는 다시는 폭력이 발생하지 않으리라는 기대 속에서 다음 폭력을 당하는 처지이다. 따라서 구타 이후 남편의 태도가 긍정적으로 변했다 할지라도 어느 정도 기간이 지나면 또다시 구타가 반복된다는 점, 그리고 구타 남편의 절반 이상이 오히려 더욱 당당한 모습을 보이고 있다는 결과를 통하여 가정폭력에 대하여 초기에, 그리고 단호하게 대처할 필요가 있다.

가정폭력의 피해는 피해자 당사자뿐만 아니라 다른 가족구성원들, 특히 자녀에게 신체적・정신적으로 심각한 영향을 미친다. 두통이나 현기증, 수면장애, 소화불량 등의 경미한 증상에서 타박상, 골절상 등의 신체상해는 물론, 질식, 언어상실증 등의 후유증으로 고통을 겪는 경우가 많다. 또한 정신적 피해로는 사람 만나기를 기피한다거나, 가슴이 두근거리거나 매사에 불안하고 자신이 없어지거나 우울증에 빠지기도 한다. 특히 구타당한 대부분의 아내들은 학습된 무기력(learned helplessness) 증세를 보인다. 이러한 증세는 정신적으로 의욕을 잃게 하고, 사리판단의 인지능력을 저하시키고, 모든 일에 대한 동기나 성취감을 상실하게 만든다. 자신의 행동을 고쳐야만 남편도 고칠 수 있으리라고 믿는다. 따라서 우울증, 자기비하, 불안증이 가세하여 급기야는 자신이 맞아야 할 이유를 찾아내어 구타의 경험을 합리화시키고 견뎌내고자 한다.

4. 가정폭력의 발생원인

가정 내의 폭력현상을 설명하는 다양한 이론들이 있으며, 영향을 미치는 변수들이 대단히 많을 뿐만 아니라 가족이 처한 환경(경제적, 사회문화적, 그리고 생태학적 환경)에 따라 다르게 작용할 수 있기 때문에 정확한 원인을 규명하기란 쉬운 일이 아니다. 여기서는 크게 네 가지 관점을 소개하고자 한다. 즉, 개인병리적 관점, 사회심리적 관점, 생태학적 관점, 그리고 페미니즘적 관점 등이다.

1) 개인병리적 관점

가정폭력을 개인의 정신병리학적 산물이거나 알코올 혹은 약물 중독에 따른 비정상적 행동, 또는 가학적 행동의 결과로 본다. 즉, 배우자는 상대편이 지적하는 잔소리나 자극이 자신의 가학적 충동이나 심리적 불안정과 더불어 자아통제성을 상실하여 주체할 수 없는 폭력을 행사하게 된다는 것이다. 여기서 폭력을 행사하게 되는 사람은 대부분 남편이며, 정신병적 증세를 보이는 것으로 판단하는 것이다. 그러나 모든 폭력 남성을 정신병 환자라고 말할 수 없다는 점에서, 가정폭력의 원인을 설명하기에는 미흡한 점이 있다.

2) 사회심리적 관점

사회심리적 관점의 대표적 이론으로 사회학습이론(social learning theory)을 들 수 있다(Bandura, 1973; Steinmetz, 1977). 사회학습이론에 의하면, 가정폭력은 인간의 다른 행동과 마찬가지로 학습된다는 것이다. 즉, 인간의 공격행위는 다른 형태의 사회적 행동처럼 자극, 강화 및 인지적 통제하에 있는 학습된 행위이다. 폭력가정에서 역할모델을 통하여 폭력을 배우고, 그것이 문제해결에 효과적임을 배울 때 학습의 효과는 더욱 커진다. 또한 타인의 폭력행위를 관찰함으로써 구체적 기술을 습득하고 반복되는 관찰을 통하여 폭력행위에 대한 죄의식이나 양심의 가책마저 상실하여 폭력을 배워서 습득된 하나의 행위양식으로 용납하게 된다. 특히 어릴 때 가정에서의 신체적 체벌이나 학교에서의 체형, 성장 후 군대에서의 체벌 등은 가족이나 사회에서의 폭력의 정당성 내지는 효과를 인정하는 규범적 인식을 심어줄 위험이 있다. 그리하여 폭력의 악순환적 고리를 형성하게 된다.

다시 말하자면, 폭력에 대한 태도는 자신의 원가족, 사회적 가치관, 문화적 영향에 좌우된다고 하겠다. 실제로 이러한 관찰학습의 중요성은 여러 선행연구에서 실증적으로 확인되었다(Steinmetz, 1977). 또한 폭력행위는 단순한 관찰학습뿐만 아니라 자신이 직접 경험한 폭력으로부터도 학습될 수 있는데, 성장기 폭력경험의 빈도가 높을수록 피해자는 폭력적인 배우자나 부모가 될 확률이 높다는 결과가 나왔다.

3) 생태학적 관점

생태학적 관점에서는 대표적으로 체계이론을 들 수 있다. 체계이론에 의하면, 폭력은 개인적 병리나 학습의 결과가 아니라 체계의 산물이다. 각각의 하부체계(부모, 자녀, 남편, 부인 등)가 주변의 환경이나 다른 체계와 조화를 이루지 못하면서 발생되는 갈등현상이다(Garbarino, 1977). 예를 들어, 아동폭력이나 학대는 부모와 아동 간의 부적응 내지는 갈등적 환경에서 기인되는 현상이라고 본다. 생태학적 이론에서는 인구(population), 조직(organization), 환경(environment), 그리고 기술(technology)적 차원에서 문제점을 분석한다. 가족의 구성원들은 누구인가? 사회적 지지조직이나 지원서비스는 어떠한가? 가정이 위치한 생태적 환경은 폭력친화적이지 않은가? 그리고 기술적 측면에서 폭력이 쉽게 발생하도록 촉진시키지는 않는가? 혹은 대처기능이 부족하지 않은가? 등의 물음을 통하여 폭력을 설명하고자 한다. 즉, 전반적으로 가정폭력이 발생하고 유지되는 과정에 관심을 가지면서, 가족체계가 어떻게 운영되고 있는지에 따라 가정폭력의 정도가 유지, 강화 또는 감소될 수 있다고 믿는다.

4) 페미니즘적 관점

기존의 이론이나 관점들과는 달리, 가정폭력은 성차별적 사회구조에서 기인되는 것으로 본다(Dobash & Dobash, 1979). 다시 말하자면, 가정폭력은 단순히 개인적 성향이나 학습

행위에서 야기될 뿐만 아니라, 폭력을 허용하는 사회문화적 규범, 가부장적 이데올로기에 근거를 둔 남성의 권위적 태도 및 우월성으로 가득 찬 구조화된 사회적 틀 속에서 발생하는 행위로 본다. 즉, 남성중심적 사회문화구조를 바꾸지 않는 한 여성의 억압형태를 나타내는 가정폭력을 근본적으로 해결할 수 없다는 관점이다.

페미니스트 관점에서 본 가정폭력 현상은 구체적으로 세 가지 측면에서 살펴볼 수 있다. 첫째, 남녀차별적 노동시장구조를 꼽을 수 있다. 여성의 경제활동의 위축은 남성에 대한 여성의 경제적 의존도를 심화시키므로 경제적 독립성을 구축할 수 없는 여성은 남편과의 상호관계를 합리적으로 재설정하거나 가정을 벗어나서 생존을 유지할 수 있는 절대적 자원을 소유하고 있지 못한 실정이다. 게다가 가사노동의 사회적 가치를 인정하지 않는 사회구조에서 여성은 '놀고먹는 사람'이라는 인식 속에서 자아정체감을 상실하고, 자기주장을 내세우기 어렵다.

둘째, 여성은 생물학적으로 남성보다 열등하다는 이데올로기를 들 수 있다. 이러한 이데올로기는 과학적이라는 근거를 내세워 남성에 대한 여성의 종속을 더욱 정당화시켜 우세한 남성이 열등한 여성을 교화시키는 데 행사되는 폭력을 합리화시킨다. 그러나 이러한 남녀우열논쟁은 실상 과학적 근거라기보다는 사회화 과정을 통하여 이러한 주장을 지속적으로 주입시킨 결과로 본다. 설사 남녀 간의 차이가 있다 할지라도, 그 차이는 단순히 다른 점일 뿐 결코 차별로 이어질 수는 없다.

셋째, 성역할의 사회적 규범이다. 여성은 표현적 역할을 담당하고, 순종적이고, 희생적이며 의존적인 존재로 사회화되어 오면서, 여성 자신은 이러한 이데올로기를 내면화시켜, '가부장적 이상형'으로부터 일탈된 행동을 하였을 경우에는 스스로 자책감과 죄의식을 느끼도록 길들여져 왔다. '사랑의 매', '부부싸움은 칼로 물 베기', '여자와 명태는 때릴수록 맛이 난다'는 가정폭력의 정당화 논리를 주장하는 가부장적 이데올로기를 단적으로 나타낸다. 따라서 가정폭력 속에서도 '아이들 때문에', '남편이 나를 필요로 해서', '가문의 수치 때문에' 등의 가부장적 이유로 그대로 생활을 계속하게 되고, 그 속에서 폭력은 재생산되는 결과를 가져온다.

이러한 가정폭력은 오랜 역사를 통하여 주로 여성이나 아동에게만 체계적으로 행하여져 왔다(Dobash & Dobash, 1979). 즉, 가정폭력은 아내와 자녀를 자신의 소유물로 생각하는 가부장적 사고방식, 그리고 이러한 가부장적 사고의 테두리에서 여성에게 행해지는 폭력에 대한 일반적 관용이나 무관심(때로는 당위성)이 중요한 작용을 한다. 게다가 폭력은 남성다움의 표출로 간주되기도 한다. 남성에게 경제적, 심리적, 그리고 사회적으로 의존할 수밖에 없는 사회구조 속에서 남성과 여성의 관계에는 자원의 소유 여부에 따른 교환관계의 불균형이 발생하기 쉬우며, 상호작용 과정에서 좌절에 대한 공격적 행동이 폭력으로 분석된다. 여성은 남성의 권위와 통제하에 놓여 있으며, 이러한 종속관계는 정치경제적 제도에 의하여 지지되고, 가부장적 가족 내에서는 제도화된다는 사실이 역사적으로도 입증되었다.

이와 같이 남성 위주의 사회구조와 맞물려 일어나는 가정폭력은 가족의 역기능 결과, 남녀차별주의적 구조적 갈등에서 빚어진 행동, 혹은 가족체계의 혼란의 표출이다. 따라서 가정폭력은 현대사회에 들어와 새롭게 발생된 사회문제라기보다는 단지 새롭게 제기된 문제일 뿐이다. 이러한 페미니스트적 관점에서 제기되는 궁극적 문제는 '남성은 여성에 대한 통제력 때문에 폭력을 행사할 수 있는가?' 아니면, '여성에 대한 통제력을 행사하기 위하여 폭력을 행사할 수 있는가?'로 집약된다.

5. 가정폭력의 실체와 허상

주변에서 일어나고 있는 가정폭력에 대하여 일반적으로 막연히 가지고 있는 통념, 그리고 그것의 실체에 대하여 살펴보고자 한다. 선행연구들에 의하면, 가정폭력은 가족해체 현상과 밀접한 관계에 있으며, 부부갈등은 배우자 학대 및 구타(주로 아내학대 및 구타)로 이어져 결혼생활의 기반을 흔들리게 한다. 그뿐만 아니라 가정폭력은 자녀에게까지 전수되어 부정적 영향을 끼치며, 사회에 나아가 폭력을 인정하고 행사하는 부작용도 낳는다(김광일, 1987). 이러한 가정폭력에 대한 통념과, 가정폭력이 사회적 폭력과 구별되는 특성을 살펴보고자 한다.

1) 물리적 힘이 아닌 권력의 논리

가정폭력은 흔히 힘이 센 사람이 힘이 약한 상대자에게 가하는 폭력행위라고 믿고 있다. 그러나 남편과 충분히 대항할 수 있는 힘이 센 부인이라 할지라도 남편에게 구타를 당하는 현실을 보면, 가정폭력은 물리적 힘의 여부보다는 권력과 통제의 표현방식이라고 하겠다. 즉, 아내를 구타하는 남편, 자녀에게 폭력을 행사하는 부모, 그리고 노부모를 학대하는 자녀는 권력구조 측면에서 강자이며, 상대방을 통제하고자 폭력을 앞세운다. 이들은 힘이나 자원이 없는 의존적 피해자들에 대하여 권력을 행사할 수 있는 자신의 능력에 대한 과시이며 억압의 수단으로 폭력을 사용한다. 또한 폭력은 폭력 그 자체가 아니라 경제력, 지식 혹은 사회적 지위나 성취 등의 자원들이 결여되었을 때 보상받기 위한 방법으로 이용되기도 한다(Steinmetz & Strauss, 1974). 즉, 폭력은 힘을 가진 자가 가족구성원과의 교환관계에 실패했을 때 일방적으로 휘두르는 무기인 셈이다.

2) 병리현상으로서의 폭력

폭력을 행사하게 만드는 합리적 이유가 있으리라, 즉 “맞을 이유가 있으니 때리겠지” 하는 논리는 허구이다. 대부분의 폭력행위는 구체적 이유를 동반하지 않으며, 설사 아무리 자신의 폭력행위를 합리화시킨다 할지라도 정당화될 수 없다는 사실을 인정해야 한다. 또한 구타당하는 여성을 피학성으로 보아 그들이 학대를 즐기거나 요구한다는 통념은 허위라는 사실이 실증적으로 증명되었다. 오히려 잔인하게 구타하는 가해자의 정신적 불안정을 병리현상으로 진단할 수 있으며, 이러한 행위가 만성적일 경우는 심각한 병리현상으로 보아 치료되어야 한다. 그럼에도 불구하고 우리 사회에서는 매 맞는 아내, 아동에게 또 다른 책임을 묻고 가해자에게는 사회적 · 법적 관용을 베푸는 모순성을 보이고 있다.

3) 폭력의 보편성과 은폐성

일반적으로 가정폭력은 특정한 가정환경(예를 들어, 결손가족이나 빈곤가족)에 편재되어 있다고 생각하기 쉽지만, 현실적으로는 가족구조나 사회계층에 관계없이, 직업이나 교육 정도와 무관하게 폭넓게 발생하고 있다. 이러한 점에서 가정폭력을 특정인의 문제나 고통이 아니라 우리 자신이나 이웃의 문제로 받아들여야 한다. 이와 같이 가정 내에서 폭력이 보편적으로 상존함에도 불구하고, 가정이라는 제한된 공간 속에서 가해자와 피해자가 함께 많은 시간을 보내고 공동생활을 하면서 외부적 제재가 쉽지 않은 감추어진 범죄로 은폐되기 쉽다. 또한 피해자 자신도 수치심을 느껴 외부로 표현하지 않는다. 그러나 폭력은 은폐되면 될수록 심화되기 마련이며, 급기야는 되풀이되는 폭력의 과정 속에서 생활화되어 가해자나 피해자 모두 폭력에 길들여져 의례적 행위로 고착되는 경향을 보인다. 아내학대나 아동학대 등은 전통적으로 내려오는 오래된 현상이며, 자연스럽게 형성된 관습으로 사회규범화되었으므로 특별한 환기를 필요로 하지 않는다는 통념이 있을 수 있으나, 이러한 사회적 규범조차 폭력을 정당화할 수 없다는 사실을 이해하여야 한다(Terry, 1977).

4) 폭력의 연속성과 상습성

가족 내의 대부분의 폭력은 상대적으로 가벼운 형태에서 매우 심각한 수준에 이르기까지 연속적으로 관련되어 시간이 흐름에 따라 확대되는 양상을 보인다. 가령, 초기의 가벼운 욕설이나 구타 등은 횟수를 거듭하면서 연속적으로 그 강도가 높아지는 속성을 보인다. 또한 신체적, 정서적, 성적 폭력 등이 중복되면서 폭력이 일상화되면서, 피해자로 하여금 폭력의 상습성을 인지하기 어려울 정도의 상황을 조성한다. 이와 같이 연속적으로 그리고 상습적으로 폭력이 행사되는 경우에는 가해자나 피해자 모두 현실을 왜곡하게 되면서 정상적인 생활이 불가능한 지경에 이르게 된다.

5) 공포 속에서의 생존 유지

가족의 구성원들은 선택이 아닌 비자발적인 의지에 의하여 공동체를 이루었으므로 주어진 환경이 마음에 들지 않는다고 하여 임의로 가족을 떠날 수 없다. 폭력을 피하기 위하여 가족공동체를 떠나는 행동은 곧 생활 전체를 버리는 것과 같다는 총체적 부담을 안게 되므로 쉽사리 폭력의 장을 벗어나기 어렵다. "잘못이 없는데도 무엇 때문에 그 상황에서 벗어나지 못할까?"라는 의문을 제기할 수도 있다. 그리고 결국 잘못이 있기 때문에 수긍하고 당하는 것이라는 통념은 폭력이 수반하는 극도의 공포 분위기를 이해하지 못한 데서 나오는 그릇된 통념일 뿐이다(Pizzey, 1974). 매를 맞으면서도 외부의 도움을 요청하지 못하는 것도 보복에 대한 공포 때문이다. 심지어 쉼터와 같은 복지시설의 혜택을 받으면서도 결국 남편의 보복이 두려워 자발적으로 다시 집으로 돌아가는 사례가 허다하다. 이러한 현실을 감안하면, 피해자는 생존 유지의 차원에서 스스로 또다시 폭력의 가해자가 되는 셈이다.

6) 폭력의 재생산 논리

가정폭력의 실체를 이해하고 나면, 가정의 폭력이 곧 사회의 폭력을 만든다는 사실을 인정할 수 있다. 가정폭력은 학습성이 강하다. 때로는 가족구성원 간에 폭력의 정당성, 피해자의 무력감이나 죄의식 등이 합리화되어 피해자 스스로도 자신이 잘못한 것으로 믿어 버리게 된다. 즉, 폭력이 되풀이되면서 가해자나 피해자 모두 폭력에 길들여지는 경향을 보이며, 일단 한번 행해진 폭력은 반복될 확률이 높다. 가정폭력은 미래를 담당할 다음 세대에게 부정적 영향을 미친다. 즉, 이러한 영향을 받고 자란 자녀들이 사회에 나아가서도 폭력과 가깝게 되거나 폭력의 행사에 무감각한 시민으로 자라날 때는 결국 가정폭력의 사회화 현상을 빚게 된다. 이와 같이 가정폭력은 생활하고 있는 현장에서 발생하며, 가정이라는 공동체적 조건 속에서 친밀성, 반복성, 재생산성의 악순환 고리로 연결되어 있으며, 외부의 개입이 없이는 이 고리를 해체시키기 어렵다. 그러나 가족은 폐쇄적 체계이며, 외부의 개입도 관습상 인정되지 않는다. 따라서 가정 내에서의 폭력은 개인적이고 사소한 사건이라든가, 혹은 가족구성원 외의 타인에게 직접적으로 피해를 주지 않는다고 하여 묵과해서는 안 될 것이다.

이와 같은 가정폭력의 특성들은 폭력행위 자체를 근절시키는 데 장애요인으로 작용하기도 하지만, 바로 이러한 특성 때문에 가족구성원 간의 공감대만 형성된다면 폭력의 발생을 쉽게 예방 및 치유할 수도 있다.

6. 폭력가족을 위한 복지대책

가정폭력은 가해자와 피해자가 서로 협조하고 이해하여 문제를 해결할 수 있다는 개별가정 문제적 시각을 가지고 더 이상 방치해서는 안 된다. 특히 전통적인 대가족중심적 친족의 사회망이 결핍된 오늘날, 핵가족이라는 고립된 환경 속에서 발생하는 가정폭력은 인권유린적 범죄로 볼 수 있으며, 그 해결책도 가족적 지원망에만 의존하기에는 피해자들이 겪어야 할 신체적 · 정신적 · 심리적 상처가 너무 깊다.

우리보다 앞선 서구사회의 경험을 살펴보면, 영국, 미국 등에서도 가정폭력에 대한 법적인 통제를 시작한 지는 불과 20여 년이 되었을 뿐이다. 그 이전에는 '엄지의 법(rule of thumb)'이라고 하여, 남편이 엄지손가락보다 가는 막대기를 사용하여 아내를 때리는 것은 용인되었고, 폭력을 당하는 아내가 남편으로부터 벗어날 수 있는 길은 거의 없었다. 그야말로 결혼승낙서가 아내를 때릴 수 있는 폭력허가서였던 것이다. 미국에서는 1824년까지(어떤 주에서는) 남편의 폭력을 합법화하는 법조문이 있었으며, 본격적인 가정폭력법이 제정되기 시작한 시기는 1975년 이후였다. 영국에서도 1970년이 되어서야 비로소 가정폭력의 사회문제화가 이루어져 법적 조치가 이루어졌다.

가정폭력에 대한 전 세계적인 연대운동은 1980년대 들어와 이루어졌으며, 특히 '인권' 차원에서의 UN의 활동과 1995년 세계여성회의에서 채택된 여성에 대한 폭력의 종식에 대한 행동강령 등을 선언한 것은 획기적인 진보라고 볼 수 있다. 이제는 우리 사회에서도 가정폭력이 단순히 여성, 아동, 노인의 개개인의 문제라는 시각을 넘어서 '인권보호' 차원에서의 인식의 전환이 요구된다.

1) 가정폭력에 대한 다양한 지원 유형

최근 우리 사회에서도 가정폭력을 폭행범죄로, 가해자를 범죄자로 보는 시각이 수용되기 시작하면서, 피해자를 위한 지역사회서비스나 법적 지원장치, 신체적 상해나 정신적 치료를 위한 의료적 서비스의 필요성에 대한 논의가 일기 시작하였다. 그러나 현실적으로 가정폭력의 피해자에 대한 지원책은 대부분 사적인 지원체계에 의존할 뿐, 지역사회나 국가적 지원은 매우 미약한 실정이다. 폭력이 갈수록 난무하고 심각해지는 지금이야말로 가정폭력에 대한 예방과 대책을 논의하고, 논의된 결과들을 실행에 옮길 수 있는 구체적 행동과정에서 개인, 가족, 지역사회(사법기관, 행정기관, 의료기관 등), 그리고 국가가 어떠한 대응방안을 갖고 역할을 할 수 있는가 또한 해야만 하는가 하는 논의를 시도하기에 적절한 시기이다.

(1) 개인적 지원

평소에 폭력에 대한 이성적 대처의식을 기른다. 또한 초기 폭력에 대하여 즉각적 대처를 하여 폭력의 습관화를 방지한다. 폭력이 발생하였을 때는 주위에 알리고 자신의 피해사실을 숨기지 않는다. 폭력이 발생하였을 때 도움을 청할 수 있는 전화번호, 장소 등을 알아둔다.

(2) 사회망(친인척, 친구, 이웃)을 통한 지원

주변의 가정폭력 사건을 묵인하지 말고 여론화시킨다. 또한 폭력이 발생하였을 때는 피해자를 보호해 주고 관련기관과 신속하게 접촉한다. 습관적 폭력에 대하여 피해자를 위한 정서적 지지체계를 구축한다.

(3) 법적 지원

가정폭력을 가능하다면 가정 내에서 처리하고자 하는 경향이 있지만, 피해자를 보호하고 가정폭력의 발생을 감소시킬 수 있는 법적 보완장치는 궁극적인 폭력의 근절을 위하여 절대적으로 필요하다. 법의 사각지대에 방치되어 있던 가정폭력을 제도적 통제의 울

타리 안에 끌어들이고, 가정폭력도 중대한 '범죄'라는 인식을 법 집행자와 일반인에게 깊이 인식시킬 수 있는 차원의 대책을 강구해야 한다.

가해자는 상담조건부 기소유예 처분을 받는 경우가 있는데, 이는 애초에 의도한 상담의 효과를 얻기보다는 오히려 가정폭력은 상담으로도 해결될 수 있는 경미한 범죄라는 그릇된 인식을 심어줄 위험이 있다. 그러므로 이에 대한 강력한 사후조치가 필요하며, 이를 통하여 가정폭력의 재발을 방지할 수 있도록 강구해야 할 것이다.

법적 대응책에 대한 일반인들의 태도를 살펴보면, 강력한 법 집행을 요구하는 경우가 13.2%로 비교적 낮게 나타났으며, 법적 대응을 행하는 경우에도 가해자의 구속이나 형 집행 등의 형사적 대응보다는 민사적 대응을 바라고 있다(한국형사정책연구원, 1992). 가령 아내가 거처하는 장소 혹은 직장 주변에 대하여 일정 기간 동안 접근금지령을 내리거나, 구타 남편이 재산을 임의로 처분하지 못하게 하는 등의 조치는 찬성하지만, 사건 즉시 가해자인 남편을 구속하기를 원하는 비율은 매우 낮았다. 이와 같은 우리 사회의 정서를 고려하여 볼 때, 가정폭력에 대한 법적 보완장치는 가해자와 피해자가 서로 남남이 아닌 부부관계임을 고려하여 구속이나 처벌 위주가 아닌 예방이나 위협적 수준에서 다루어질 때 더욱 효과가 나타날 것이다.

(4) 경찰제도의 지원

폭력을 당하는 피해자가 스스로 극복하기 어려운 극한적 상황에 처하게 되었을 때, 가장 손쉽게 도움을 청할 수 있는 공공기관은 경찰이다. 폭력의 초기단계에서 적절한 조치를 취할 수 있다면, 더 큰 불행을 막을 수 있을 것이다. 따라서 최초의 접촉기관인 경찰은 가정폭력 대응과정에서 매우 중요한 역할을 맡게 된다. 그러나 현실적으로 보면, 상당수의 가정폭력 피해자들은 경찰의 무관심 내지는 방임, 개입하려는 의지 부족을 지적하면서, 공공기관으로부터 아무런 도움을 받을 수 없다는 무기력감에 빠지게 된다. 따라서 다음 단계로의 대응행동을 취하기는커녕, 이중적 비난을 받으면서 다시 개인적 불행으로 여기도록 사회화된다. 그러므로 경찰 관련자들이 가정폭력에서 파생되는 위험들을 충분히 인식하고, 가정폭력 신고를 긴급상황으로 의식하며, 중재 또는 분쟁 해결기술을 배울 수 있는 기회를 가질 필요가 있다.

(5) 의료적 지원

대부분의 가정폭력은 신체적 손상을 가져오며, 심한 경우에는 정신적 증상도 보이므로 의료적 지원은 필수적이다. 그러나 지금까지는 구타를 당한 피해자를 위한 의료적 필요성은 비교적 주목을 받지 못하였다. 가정폭력의 결과에 대한 의료보험 적용조차 여의치 않은 현실을 고려해 볼 때, 피해자는 폭력사실을 더욱 숨길 수밖에 없으며, 사회적으로도 정당한 보호를 받지 못하는 자신에 대한 무력감을 느끼게 된다. 게다가 폭력의 증거 확보를 위한 진단서 발급조차 쉽지 않은 현실에서 대응행동을 취하기란 거의 불가능하다. 그러나 대부분의 피해자들은 다른 전문기관보다는 의료계와의 접촉을 선호하므로 의사나 간호사 혹은 의료계에 종사하는 요원들의 역할은 매우 중요하다. 또한 피해자들을 진단 및 치료하는 데 그치는 것이 아니라, 그들의 비밀을 보호하는 등 심리적 지원도 제공할 수 있어야 한다.

(6) 지역사회의 지원

대부분의 가정폭력 피해자는 일시적 보호나 처치로 치료되기 어렵다. 따라서 그들의 일상생활 과정을 통하여 주변의 이웃이나 지역사회에서 지속적인 도움을 줄 수 있는 장기적 대책이 요구된다. 이와 동시에 가해자에게도 지속적인 관심과 대책이 필요하다. 이러한 여러 가지 장기적 대책들은 결국 지역사회서비스를 통하여 가해자나 피해자에게 제공할 수 있으므로 가정폭력의 예방적 차원뿐만 아니라 치료적 차원에서의 지역사회의 역할은 매우 중요하다.

가정폭력을 상담하는 기관은 한국 여성의 전화와 13개 도시의 여성의 전화, 그리고 쉼터, 지방자치단체 산하의 여성회관과 가정상담소, 한국성폭력상담소, 종교기관 등 민간단체의 상담기관들이 있다. 그러나 몇몇 기관을 제외하고는 홍보나 전문인력의 부족, 시설미비, 그리고 이용자들의 낮은 인식으로 인하여 제 기능을 다하고 있지 못한 실정이다.

(7) 가정폭력 예방과 대책을 위한 복합적 대응전략

가정폭력에 대한 효과적 예방과 체계적 대처방안을 위해서는 앞에서 언급된 개인, 이웃, 사법·행정의 관련기관들, 지역사회 등이 연계하여 복합적 전략을 수립해야 한다. 이러한 복합적 전략을 수립하는 과정에서 가정폭력에 대한 우리 사회의 특수한 한국적 문화규범을 감안해야만 실용성이 있는 전략이 될 것이다.

폭력의 피해자들이 원하는 대응방안들은 정신적 치료(6.9%), 물질적·재정적 지원(피난처 제공 등)(40.2%), 법률적 정보 제공 및 협조(41.3%) 등으로 나타났다(여성의 전화, 1992). 대부분의 피해자들은 자신을 위한 외부적 지원을 요구한 반면, 가해자에 대한 처벌이나 치료 프로그램 등에는 거의 관심을 보이지 않았다.

대부분의 피해자가 현실감각과 대처능력을 상실하게 되므로 객관적 입장에 있는 전문적 상담원의 개입이 요구된다. 가해자나 피해자 모두 폭력의 희생자라는 차원에서 폭력근절을 위한 예방적 차원에서의 부부교육 프로그램을 실시할 필요가 있으며, 특히 폭력의 재생산을 방지하기 위하여 가해자에 대한 전문적 치료기관도 설치해야 한다.

이와 같이 가정폭력에 대한 개인, 이웃, 지역사회, 사법·행정계 그리고 의료계의 지원을 체계화하고, 가족구성원뿐만 아니라, 상담전문인, 경찰, 의료계, 법조계의 관련전문가들이 상호 유기적 관계를 확립하여야 하겠다. 그리하여 전면적 대응체계를 통하여 가정폭력 현장을 조기 발견하여 더 이상의 진척을 막고 치유될 수 있도록 적극 노력하여 '폭력이 없는 건강한 가정', 나아가 '폭력으로부터 자유로운 건강한 사회'를 만들어 나가야 할 것이다.

2) 가정폭력에 대한 지원서비스

가정폭력에 시달리는 가정의 서비스 욕구는 매우 다양한 반면에 이에 대한 서비스 전달체계 및 기능은 뒤처진 현실이다. 가정폭력에 관심을 가진 민간중심의 서비스 전달체계가 발달하기는 하였으나, 최근 지방자치단체 등이 주도하는 공적 전달체계가 자리를 잡기 시작한 것은 매우 고무적인 일이라 하겠다. 가정폭력 피해자나 피해가정에 서비스를 전달하는 시설이나 기관으로는 상담소, 피해자보호시설, 일시보호소, 선도보호시설, 여성긴급전화 1366(긴급전화상담서비스), 모자보호시설 등이 포함된다.

(1) 여성긴급전화 1366(긴급전화상담서비스)

여성긴급전화 1366이나 가정폭력상담소 등은 지방자치단체가 선정하고 소요예산을 지원하고 있음에도 불구하고 대부분 자원봉사자 체제에 의존할 수밖에 없을 정도로 열악한 환경이고, 경찰, 병원, 기타 관련기관 간의 협력체계 구축이 미비하여 이에 대한 시정이 요구된다.

(2) 가정폭력상담소

상담원의 전문성 향상을 위한 프로그램과 교육을 실시하고, 내담자에 대한 통합적 상담을 제공함으로써 가정폭력 피해자에게 신체적·정신적 지원을 해주고, 다양한 정보도 제공한다. 또한 상담원 교육에 대한 모니터링을 실시하여 가정폭력 가해자 및 피해자에 대한 보다 지속적인 지원을 할 수 있는 역량을 키워준다.

(3) 피해자 보호시설(쉼터)

가정폭력 피해자에게 잠시 쉴 수 있는 공간을 제공함으로써, 문제에 현명하게 대처하고 해결할 수 있는 시간을 가지도록 한다. 또한 전문가의 도움을 통하여 만성적 가정폭력으로부터 벗어날 수 있는 구체적이고도 현실적인 문제를 의논할 기회를 갖도록 하며, 자녀가 있을 때 함께 머무를 수 있는 지원도 하고 있다.

3) 가정폭력에 대한 의식 및 제도 개선

가정폭력을 방지하기 위하여서는 무엇보다도 의식의 전환이 필요하다. 가정폭력이 발생하지 않도록 예방교육이 선행되어야 하는데, 가령 남녀차별을 줄이거나 폭력을 용납하거나 미화시키는 일, 자녀 및 학생에 대한 체벌 등을 거부하여야 할 것이다. 또한 가정폭력의 심각성을 널리 인식시키고, 예방교육을 실시할 수 있는 전문인력의 양성을 꾀하여야 한다.

가정폭력에 대한 조기 발견도 매우 중요하다. 처음 가정폭력이 발생하였을 때, 이번 한 번으로 그칠 것이라는 기대는 금물이다. 대부분의 폭력은 반복되고, 피해자도 폭력에 대한 저항력이 감소되면서 어쩔 수 없이 수용하게 된다. 따라서 피해자는 스스로 이를 주변에 알리고 폭력에 대한 초기 대응을 강하게 하고, 지원서비스기관들도 초기 발견 시에 즉각 개입하여 장기화되지 않도록 하여야 한다. 이러한 목적을 달성하기 위해서는 지역사회적 차원에서 가정폭력을 신속하게 신고할 수 있는 체계를 갖추어 예방 및 조기 발견이 가능하도록 하여야 한다. 이 밖에 가정폭력의 가해자나 피해자로 하여금 다시 가정폭력에 휩싸이지 않도록 재활 및 재발방지에도 관심을 가져야 한다. 대부분의 피해자들은 극단적인 심리적 불안감과 학습된 무기력증, 그리고 공포로 인하여 스스로 의사결정을 할 능력을 상실한 상태에 놓이므로 현실에 직면할 수 있는 힘을 북돋워 주어야 한다. 또한 가해자들도 역시 폭력의 희생자임을 인지시키고, 상담이나 재활 프로그램을 통하여 배우자에 대한 이해를 높이고 원만한 가족생활을 설계할 수 있는 계기를 마련해 주어야 한다.

여성에 대한 폭력 근절(stop violence against women) 캠페인

국제앰네스티에서는 2004~2010년까지 '여성에 대한 폭력 근절(stop violence against women)' 캠페인을 펼치었다. 주요 핵심은 가정에서의 여성에 대한 폭력과 분쟁 및 분쟁 후 상황에서의 여성에 대한 폭력이다.

1) 가정폭력은 고문과 같이 어떤 경우 죽음을 포함하는 특정한 형태의 신체적·심리적 고통을 공통적으로 포함시켜 논의된다.
2) 가정폭력은 고문과 같이 의도적으로 자행되는 고의적인 행위이다.
3) 가정폭력은 일반적으로 처벌, 위협, 여성의 인격 축소를 포함한 특정한 목적을 위해 자행된다.
4) 가정폭력은 고문과 같이 국가가 가정 내 학대행위를 방지하기 위해 정당한 배려와 동등한 보호를 수행하지 않을 경우 국가의 암묵적인 관여가 최소한인 상태에서 발생한다[박정하·장정식(2005. 1. 2). 인권 침해로서 여성 폭력. 국제앰네스티].

가정폭력은 이제 인권의 사각지대인 가정에서 벗어나 인권보호 차원의 대상으로 부각되기 시작한 것이다.

CHAPTER 16

입양가족과 가족복지

1. 입양과 입양가족의 개념

입양(adoption)은 생물학적 과정을 통해서가 아니라 법적·사회적 관계에 의해서 친자관계를 맺는 것이다(Kadushin, 1980). 즉, 입양이란 친부모로부터 아동의 현재와 미래에 대한 모든 권리와 의무가 소멸되고 행정적·법적 권한에 의해 혈연관계가 없는 타인에게 양육의 권리와 의무가 이양되는 것을 말한다(이소희, 2005). 미국의 사회사업사전에서도 입양이란 법률에 의해 부모-자녀관계를 맺는 것으로 아동과 친부모 사이에 존재하는 책임과 권리가 양부모와 아동으로 이동하는 것이라 하였다.

따라서 입양가족이란 출생에 의하지 않고, 법적·사회적 과정을 통해 친부모-친자와 동등한 관계를 형성하게 된 가족을 말한다. 그리고 법적 과정이라 함은 합법적 가족으로 구성되기 위해 입양과 관련된 법률에 의해 소정의 절차를 마치는 것이고, 사회적 과정은 다른 구성원들로부터 가족으로 인정받는 과정을 의미하며, 이는 가족으로서 정서적 유대와 친밀감을 공유하게 되고, 사회적으로 인정받는 것을 말한다. 이러한 입양은 친자녀를 입양 보내야 하는 친부모, 출생한 가정에서 성장하지 못하고 사회적 보호를 필요로 하는 입양아동, 자녀를 원하는 입양부모 등 3자를 위한 아동·가족복지사업이라고 할 수 있다.

한편 입양아동은 성장하면서 다양한 어려움을 겪기도 하지만, 대부분의 입양아동은 양쪽 부모가 다 있는 가족체계에 놓이게 되고 건강한 양육기회, 교육기회를 가질 수 있고, 경제적으로도 안정된 가정에서 양육될 수 있다는 긍정적인 면도 있다(Donnelly & Voydanoff, 1991).

2. 입양가족의 현황과 문제

1) 입양가족의 현황

(1) 요보호아동의 발생 현황

1990년대 이후로 전체 요보호아동의 발생규모는 증가해 왔으나 2011년부터 줄어들기 시작하여 2012년에는 현저히 줄어들었다(보건복지부, 2013). 특히 성문화 변화에 따른 미혼모가족의 증가와 더불어 경제적으로 빈곤과 실직, 학대 등에 따른 요보호아동의 증가가 나타났다. 2012년에 보호를 필요로 하는 아동의 보호방법에 따른 보호내용을 살펴보면, 전체 6,926명 중 42.6%인 2,948명을 시설보호로, 11.1%인 772명을 입양으로, 33%인 2,289명을 가정위탁보호로, 1.7%인 117명은 소년소녀가족으로 나타났다.

이와 같이 입양은 시설보호에 비해서는 낮은 편이다(표 16-1 참고). 즉, 우리나라는 여전히 시설보호가 지속적으로 주된 보호방식으로 선택되고 있음을 알 수 있다. 그럼에도 불구하고 사회적 보호를 필요로 하는 아동 중에서 입양에 배치된 아동의 비율은 1995년 10.3%에서 2007년 22.4%로 2배 이상 증가하였다가 2012년(11.1%)에는 1995년도와 거의 유사한 형태를 보이고 있다(보건복지부, 2013).

IMF 외환위기, 세계경제위기 등으로 매년 약 9천여 명의 요보호아동이 발생했으나, 이후 경기가 안정 국면에 접어들면서 우리나라 요보호아동 발생은 감소추세를 보이고 있다(보건복지부, 2017). 특히 성문화 변화에 따른 미혼모가족의 증가와 더불어 2012년에 시행된 입양특례법의 여파로 기아로 인한 요보호아동의 증가가 나타났다. 2017년에 보호를 필요로 하는 아동의 보호방법에 따른 보호내용을 살펴보면, 전체 4,121명 중 58.75%인 2,421명을 시설보호로, 6.92%인 285명을 입양으로, 34.28%인 1,413명을 가정위탁보호로, 0.05%인 2명은 소년소녀가장이다.

이와 같이 입양은 시설보호에 비해서는 낮은 편이다(표 16-1 참고). 즉, 우리나라는 여전히 시설보호가 지속적으로 주된 보호방식으로 선택되고 있음을 알 수 있다. 그럼에도 불구하고 사회적 보호를 필요로 하는 아동 중에서 입양에 배치된 아동의 비율은 2015년 5%, 2016년 5%에서 2017년 7%로 증가하였다(보건복지부, 2018).

〈표 16-1〉 보호를 필요로 하는 아동의 보호내용 현황 (단위 : 명, %)

연 도	요보호아동 발생 현황	소년소녀가족보호	가정위탁보호	입 양	시설보호
1990	5,721	–	1,134	853	3,734
1995	4,576	780	505	472	2,819
2000	7,760	564	1,406	1,337	4,453
2003	10,222	500	2,392	2,506	4,824
2004	9,393	299	2,212	2,100	4,782
2005	9,420	407	2,322	1,873	4,769
2006	9,034	308	3,101	1,259	4,313
2007	8,861	247	3,378	1,991	3,189
2008	9,284	178	2,838	1,304	4,258
2009	9,028	213	2,734	1,314	4,046
2010	8,590	231	2,124	1,393	4,196
2011	7,483	128	2,350	1,258	3,108
2012	6,926	117	2,289	772	2,948
2013	6,020	20	2,265	478	3,257
2014	4,994	13	1,688	393	2,900
2015	4,503	-	1,582	239	2,682
2016	4,592	6	1,449	243	2,894
2017	4,121	2	1,413	285	2,421

출처 : 보건복지부(2018). 보건복지통계연보.

(2) 입양가족의 현황

① 입양 현황

입양의 변화추이를 연도별로 살펴보면 〈표 16-2〉에서 나타나듯이, 1958년부터 1980년까지 20년 동안 입양은 지속적으로 증가하였으나, 1980년대 전반부터 감소하기 시작하여 1997년까지 꾸준히 감소하다가, 1998년부터 다시 증가하기 시작하였다. 이는 1997년 말부터 시작된 경제위기의 여파로 인하여 요보호아동이 증가하였고, 시설보호 중심의 사회적 보호를 필요로 하는 아동보호 방법을 지양하고, 가정 내 보호, 즉 가정위탁보호와 입양을 지향하는 아동보호정책 변화의 결과라고 할 수 있다.

국내에 건전한 입양문화 정착 및 국내입양을 활성화하고자 2005년 「입양촉진 및 절차에 관한 특례법」을 개정하여 5월 11일을 '입양의 날'로 제정하였으며, 2007년에는 독신가정의 입양을 허용하고 입양가정에 양육수당을 지원하기 시작하였다. 하지만 2012년 8월 입양특례법이 시행되면서 국내입양은 다시 감소추세를 나타내고 있다. 이는 입양희망건수가 전체적으로 감소한 것도 있지만 전반적으로 매년 요보호아동이 줄어드는 것도 하나의 원인으로 보인다.

〈표 16-2〉 입양추이 (단위 : 명, %)

연 도	국내입양	국외입양	합 계	국내입양비율
1958~1960	168	2,532	2,700	6.2
1961~1970	4,206	7,275	11,481	36.6
1971~1980	15,304	48,247	63,551	24.1
1981~1985	15,424	35,078	50,502	30.5
1986~1990	11,079	30,243	41,322	26.8
1991~1995	5,807	10,974	16,791	34.6
1996	1,229	2,080	3,309	37.1
1997	1,412	2,057	3,469	40.7
1998	1,426	2,249	3,675	38.8
1999	1,726	2,409	4,135	41.7
2000	1,686	2,360	4,046	41.6
2001	1,770	2,436	4,206	42.1
2002	1,694	2,365	4,059	41.7
2003	1,564	2,287	3,851	40.6
2004	1,641	2,258	3,899	42.1
2005	1,461	2,101	3,562	41.0
2006	1,332	1,899	3,231	41.2
2007	1,388	1,264	2,652	52.3

2008	1,306	1,250	2,556	51.0
2009	1,314	1,125	2,439	54.0
2010	1,462	1,013	2,475	59.1
2011	1,548	916	2,464	62.5
2012	1,125	755	1,880	59.9
2013	686	236	922	74.4
2014	637	535	1,172	54.3
2015	683	374	1,057	64.6
2016	546	334	880	62.1
2017	465	398	863	53.9
합계	80,089	167,050	247,149	1,255.5

출처 : 보건복지부 아동정책과(2018). 보건복지통계연보.

② 국내 및 국외 입양 현황

국내입양과 국외입양을 비교해 보면, 한국전쟁 이후 지난 2017년까지 전체 입양아동은 24만 7천여 명으로 국내입양은 약 8만 명(32.4%), 국외입양은 약 16만 7천 명(67.6%)으로 나타났다. 그러나 1958년 현대적 의미의 입양이 시작된 지 50년이 되는 2007년을 기점으로 국내입양 비율이 52.3%로 처음으로 국외입양 비율보다 높아졌다. 입양사업이 양적으로 확대되고, 국내입양 아동이 증가한 것은 입양가족에 대한 입양수수료 지원 및 양육수당 지급, 입양휴가제 실시, 입양부모의 자격요건 완화 등 다양한 입양홍보사업의 결과라고 할 수 있다.

정부와 입양기관의 다각적인 노력으로 국내입양이 증가하고 있는 것은 바람직한 현상으로 파악된다. 이는 입양아동들이 한부모가정이나 시설보호, 위탁보호와 같은 다른 형태의 대리보호 아동에 비해 긍정적으로 발달하고 있다고 평가되기 때문이다(Fergusson, Lynskey & Horwood, 1995). 그러나 국내입양이 양적으로 증가함에 따라 입양아동의 입양 배치 후 적응과 관련된 다양한 문제들이 대두될 것으로 예상된다. 이에 입양아동의 적응을 도울 수 있는 복지서비스를 개발하기 위해서는 입양아동의 발달 및 적응에 관한 연구가 필요하다(안재진 외, 2009).

한편 2015년에서 2017년까지 국내에 입양된 장애아동은 70명, 같은 기간 국외가정에 입양된 장애아는 333명으로 무려 5배의 차이를 보이고 있는데, 이는 부족한 정부지원정책과 우리 사회의 혈연중시 문화, 입양에 대한 부정적인 사회인식 때문이다.

③ 입양아동의 특성

우리나라의 입양아동의 발생유형별 현황(2015~2017년)을 보면, 1,694명의 국내입양 아동 중 미혼모 아동이 1,516명(2015년 618명, 2016년 481명, 2017년 417명)으로 전체 89.5%를 차지했다. 다음으로 유기아동이 92명(5.4%), 결손가정 아동 등이 86명(5.1%)으로 나타났다. 국외입양 아동 1,106명 중 미혼모 아동은 1,082명으로 전체의 97.8%였다. 기아 등으로 인한 국외입양 아동은 18명, 결손가정 아동이 6명(0.5%)이었다(보건복지부, 2018).

이는 우리나라의 입양이 아동의 복지를 위한 아동중심적이라기보다는 가족과 부모 중심적 경향이 지배적이기 때문이다. 즉, 양육의 용이성과 더불어 가족의 혈통을 잇기 위한 강한 혈연주의의 전통으로 인해 입양가족이 최대한 비밀을 보장할 수 있는 미혼모 아동 등 신생아 입양을 희망하고 있기 때문이다.

(3) 입양의 동기

아동을 입양하고자 하는 부모는 입양동기에 따라 두 가지의 유형으로 분류된다.

① 불임에 따른 입양

우리나라 입양가족의 입양동기는 약 80% 이상이 불임 때문인 것으로 나타난다(정기원 · 김만지, 1993). 불임으로 인해 생물학적 방법으로는 아이를 가질 수 없을 때 입양을 통해 자녀를 얻고자 하는데, 이 경우 사회적 또는 인도주의적 이유보다는 개인적 이유로 입양하고 대체로 건강한 아동을 원하는 경향이 있다. 따라서 입양이 이루어지기 전에 입양가족에 친자녀가 있는 경우는 매우 드물다. 그리고 대를 잇기 위한 입양은 전체의 약 10% 정도로 나타나는데, 이는 우리나라의 혈통중심의 남아선호사상에서 비롯한 것으로 외국의 경우와 비교하면 꽤 높은 편이라 할 수 있다(성정현 외, 2005).

② **선택적 입양**

아이를 낳을 수는 있으나 입양을 통해 가족원을 늘리고자 선택하는 부모이다. 이들은 일반적으로 개인적이기보다는 아동복지적 또는 인도주의적 동기를 갖고 입양한다. 또한 이 부모들은 자신들과 다른 인종집단의 아동, 연장아동 또는 정서적 문제를 갖고 있는 아동과 같은 특수한 욕구를 가진 아동을 양육하는 데 관심을 갖는 경향이 있다(Kadushin & Martin, 1988).

2) 입양가족의 문제

입양가족은 다른 일반가족과 달리 입양한 양부모의 문제와 입양아의 부적응적 행동, 입양가족체계의 변화에 따른 문제 등 여러 가지 문제에 직면하게 되는데, 이를 살펴보면 다음과 같다(도미향 · 변미희 외, 2005).

(1) 입양부모의 문제

① 입양부모, 특히 불임부부인 경우는 불임과 관련하여 여러 가지 심리적 어려움을 경험하게 된다. 불임은 입양부모에게 매우 중요한 상실을 의미한다. 따라서 불임부부는 적절한 애도의 과정을 통해 불임에 대한 수용의 단계에 이르렀을 때 입양을 준비해야 한다.

② 입양부모는 생물학적으로 연결되어 있지 않은 아동이 실제로 자신들에게 속해 있다고 믿기 어렵기 때문에 불안을 경험한다. 이러한 태도는 아동에게 불안과 긴장감을 유발하여 결과적으로는 전체 가족관계에 영향을 미친다. 생물학적으로 연결되지 않은 것에 대한 불안을 극복하지 못한 입양부모에게 입양아동은 늘 차선책이 되거나 자신이 낳지 못한 '이상아'를 대치해 줄 수 있는 완벽한 아동이 되어야 하고, 아동이 경험하는 모든 문제는 '나쁜 혈통 탓'으로 돌려질 수 있다.

③ 입양부모는 부모역할에 대한 불안감을 갖는 경향이 있다. 이러한 불안감은 완벽한 부모가 되어야 한다는 입양부모의 생각 때문에 가중된다. 사회는 입양을 비정상적인 것으로 묘사함으로써 입양부모가 완벽한 부모역할을 증명해 보여야 하는 욕구

를 더 강화시키고 있다.

④ 입양부모는 입양아동이 친부모를 찾아 나서고 친부모를 더 좋아하게 될 것이라는 두려움을 가질 수 있다. 입양부모는 종종 아동이 친부모에 대해서 호기심을 갖는 것을 자신들이 부모로서 실패하였거나 아동이 자신들을 사랑하지 않는 증거라고 생각한다. 입양부모가 자신감을 갖고 입양가족과 일반가족의 차이를 편안하게 수용할 때 아동도 안정된 상태에서 자라날 수 있다(Kadushin & Martin, 1988).

(2) 입양아동의 문제

① 원가정 및 친부모로부터의 분리

입양아동은 원가정 또는 친부모로부터 분리를 경험하게 되면서 문제를 나타낼 수 있다. 즉, 애착관계를 맺고 있던 사람과 분리되는 것은 아동의 신뢰감과 자존심 형성에 해로운 영향을 미치고, 다른 사람과 정서적 관계를 형성하는 능력을 저하시킬 수 있다. 또한 입양아동은 나름대로의 독특한 분리와 상실의 역사를 갖고 있다. 특히 연장아동은 많은 적응의 문제를 경험하는 경향이 있는데, 이는 주로 시설에서의 생활, 친모와 위탁모 같은 보호자로부터의 분리경험의 충격과 초기 보호자로부터 받은 학대 또는 신체적 · 정서적 결핍 등과 같은 요인들의 부정적 영향과 연결되어 설명되고 있다.

② 두 가족에 대한 수용

입양아동은 자신에게 양부모와 친부모 혹은 두 가족이 있다는 사실도 수용해야 하는 문제를 경험한다. 입양사실이 공개된 가정에서 성장한 입양아동은 6세 정도부터 출산과 입양의 차이를 이해하기 시작한다고 한다.

③ 뿌리 찾기

입양아동이 '유전학적 당혹감'을 경험하게 되면서 자신의 배경, 가계, 개인력에 대한 궁금증은 뿌리 찾기로 이어지는데, 뿌리 찾기는 입양아동이 출신배경에 관해 보다 많은 정확한 정보를 획득하는 것 혹은 친부모를 만나는 것이다. 그러나 그들은 자신이 딛고 설 수 있는 생물학적 기초와 현실을 필요로 하는 것이지 양부모가 아닌 또 다른 부모를 원하는 것은 아니다(Kadushin & Martin, 1988).

④ 국외입양 아동의 자아정체감 혼란

국외로 입양된 아동은 양부모, 주변 사람과 다른 외모로 인해 자신의 정체성에 대해 더욱 혼란스러워 하거나, 자신의 입양배경 및 친부모에 대한 의문에서 시작된 심리적 갈등으로 인해 입양가족 및 사회에 적응하는 데 더욱 어려움을 겪는다(Hertz, 1996; Wilkinson, 1995). 실제로 우리나라에서 국외로 입양된 국외입양 아동 중 대부분이 자아정체감 혼돈의 상태에 있었으며, 양부모와의 관계, 입양 관련 대화의 편안함의 정도, 친부모에 대한 환상, 친부모에 대한 정보 소유, 뿌리 찾기 시도 등의 요인이 입양아의 자아정체감에 영향을 미치는 요인으로 나타났다(이미선, 2002).

이와 같이 입양아동에게 입양사실은 평생에 걸쳐 영향을 미치므로, 입양아동은 일반아동이 수행하는 발달과업 외에 그들만의 독특한 발달과업을 수행해야 하는데, 그것은 한마디로 입양됨의 이해과정이라 할 수 있다. 따라서 Erikson의 심리사회적 발달이론 등을 바탕으로 입양아동이 입양을 이해하고, 발달과업을 수행할 수 있도록 지속적 아동복지서비스가 제공되어야 한다.

(3) 친부모의 문제

① 정보서비스 부족

입양을 선택한 친부모가 가지는 문제는 먼저 친권을 포기하기 전 친부모에게 필요한 복지서비스에 대한 정보를 거의 제공받지 못한다는 것이다. 즉, 친권 포기, 결혼을 통한 자녀의 양육, 친인척의 도움으로 자녀를 양육하는 것, 혼자서 아동을 양육하는 것, 분만 전의 경우 인공유산 등의 대안에 대한 정확한 정보, 친부모로서의 권리, 그리고 입양과정에 대한 정보 등 아동에 대한 친권을 포기하기 전 친부모에게 필요한 서비스나 정보를 거의 제공받지 못한다(Kadushin & Martin, 1988). 이러한 예는 국내의 시설 거주 미혼모에 대한 실증적 연구에서 자녀양육을 선택하는 미혼모 집단이 입양을 선택한 집단보다 복지수혜 가능성에 대한 인지도가 높다는 연구 결과(노충래 · 김원희, 2004)에서도 잘 알 수 있다.

② 상실감

입양과정에서 친부모는 부수적 존재로 간주되고 친권 포기 후에 얼마나 강한 상실감과 심리적 고통을 경험하게 될 것인지, 그런 감정을 표현해도 되는 것인지에 대해 아무런 조언도 듣지 못한다. 또한 친부모에게 친권 포기 서류에 서명을 하는 과정은 매우 충격적이며 무력감과 가족과 친구, 상담원 등에게 배신감을 느끼기도 한다. 특히 입양과정에서 다른 사람의 설득 혹은 회유로 인해서 입양을 선택했다는 인식이 높을수록 입양 후 심리적 고통은 더욱 큰 것으로 나타났다(Simone, 1996).

주로 친모가 친권 포기 후 경험하는 애도의 반응은 식욕 상실 또는 수면장애와 같은 신체적 문제, 포기한 아동에 대한 비현실적 생각 또는 환상과 같은 부적절한 인지, 죄책감, 분노, 절망감, 슬픔과 같은 정서적 반응, 냉담, 사회적 철회, 강박적인 과도한 활동과 같은 문제행동들로 나타난다.

이와 같이 친권을 포기한 여성은 독특한 행동을 보이는 경향도 있는데, 이를 Jones(1993)는 친모증후군(birth mother syndrome)이라고 명명하고 있다. 친모증후군에는 충격적 회상, 악몽, 불안, 기피 또는 공포 반응과 같은 외상 후 스트레스 장애(PTSD : Post-Traumatic Stress Disorder)가 있다. 또한 손상된 자존감과 피동적 자세, 외형적으로는 완벽하고 정상인 것처럼 행동하지만 내적으로는 수치심, 자기저주 또는 고립감을 느끼는 정체감의 이분화 현상, 친권 포기의 순간에 고착되어 있는 것 같은 자기학대, 애정관계, 가족관계, 자녀양육, 직무태도, 자아상 등 삶 전반에 걸쳐 감정과 행동이 양 극단을 오가는 생활과 같은 증상들이 포함된다(Kadushin & Martin, 1988).

3. 입양의 유형과 구성요건

1) 입양의 유형

입양은 입양아동과 입양부모 사이의 가족관계 유무에 따라 친족입양과 비친족입양으로, 입양이 기관을 통해 이루어지는지, 아니면 개인적으로 이루어지는지에 따라 기관입양과 민간입양으로, 입양사실의 공개 여부와 친부모와의 접촉 유무에 따라 비밀입양과 개방입양으로 분류할 수 있다(변미희, 2005).

(1) 친족입양과 비친족입양

입양아동이 계부, 계모, 큰아버지 등 혈연관계 또는 부나 모의 재혼으로 인해 가족관계를 이루고 있는 사람에 의해 입양되는 경우를 말하며, 비친족입양은 아동이 전혀 가족관계를 갖고 있지 않은 입양부모에 의해 입양되는 경우를 말한다.

(2) 기관입양과 민간입양

기관입양은 국가가 인정하는 입양기관을 통해 입양이 성립되는 것이고, 민간입양(private 혹은 independent adoption)은 기관을 통하지 않고, 개인과 개인이 합의하여 입양하는 것을 말한다. 독립입양은 입양에 대한 전문적 지식이 없는 개인에 의해 입양되는 것으로 입양아동, 친부모, 입양부모, 사회에까지 위험을 초래할 수 있다. 우리나라에서는 기관입양만을 인정하고 있으나, 미국에서는 기관입양과 함께 민간입양 알선을 할 수 있다. 민간입양의 경우에는 주 정부로부터 인가를 받은 사회복지사 또는 변호사에 한해서 알선 자격이 주어진다(최승희, 2003).

(3) 비밀입양과 개방입양

비밀입양은 입양사실을 입양아동은 물론 주변의 모든 사람들에게 비밀로 하며, 마치 입양아동을 출산한 것처럼 가정하며 비밀을 계속 유지하는 입양을 말한다. 물론 친부모와의 관계도 완전히 단절된다.

개방입양은 입양사실을 입양아동은 물론이고 주변의 사람들에게 공개하며, 친부모와도 접촉을 한다. 또한 개방입양은 친부모와의 접촉 시 입양기관의 중재 여부에 따라 반개방입양과 완전개방입양으로 구분된다. 먼저 직접적인 접촉 없이 입양기관을 통해 친부모와 연락하는 형태는 반개방입양이라고 하고, 입양기관의 중재 없이 입양아동, 입양부모, 친부모가 지속적 관계를 유지하는 것은 완전개방입양이라고 한다. 완전개방입양을 통해 입양아동은 입양에 관한 이야기를 자유로이 할 수 있고, 그럼으로써 친부모에 대해 호기심을 갖고 질문을 하는 것이 입양부모에 대한 충성심이나 사랑의 부족이 아님을 알게 된다. 즉, 입양아동은 죄의식을 느끼지 않고, 친부모와 입양부모, 두 부모를 생각할 수 있으므로, 완전개방입양은 입양아동의 건전한 성장과 발달에 기여한다. 또한 친부모로부터 아동을 빼앗길 수도 있다는 두려움에서 벗어나게 함으로써 입양부모의 정신건강에도 도움을 준다(배태순, 1998).

2) 입양의 구성요건

(1) 입양아동

양자가 될 입양대상 아동은 요보호아동으로서 사생아, 고아, 유기아, 친권 상실 아동, 부모로부터 심한 학대를 받은 아동과 해체가족의 아동 등으로 입양특례법 제9조에 따른 입양대상 아동의 법적 자격은 다음과 같다(법제처, 2018).

- 보호자로부터 이탈된 자로서 시・도지사 또는 시장・군수・구청장이 부양의무자를 확인할 수 없어 국민기초생활법에 따른 보장시설에 보호 의뢰한 자
- 부모(부모가 사망 또는 기타 사유로 동의할 수 없는 경우에는 다른 직계존속) 또는 후견인이 입양을 동의하여 보장시설 또는 입양기관에 보호 의뢰한 자
- 법원에 의해 친권상실의 선고를 받은 자의 자로서 시・도지사 또는 시장・군수・구청장이 보장시설에 의뢰한 자
- 기타 부양의무자를 알 수 없는 경우로서 시・도지사 또는 시장・군수・구청장이 보장시설에 보호 의뢰한 자

(2) 입양부모

정부에서는 양친이 되기 위한 자격요건을 아동학대, 가정폭력, 마약 등의 범죄나 알코올 등 약물중독의 경력이 없는 자로 강화하고, 입양의 성립 전에 입양기관 등으로부터 보건복지부령으로 정하는 소정의 교육을 이수하도록 하고 있다. 그리고 입양기관에서는 입양부모가 입양신청을 하게 되면 '안정성, 즉 신체적 안정성, 정서적 안정성, 경제적 안정성, 결혼관계의 안정성' 등을 평가한다.

입양특례법 제10조에 의한 양친이 될 수 있는 우리나라 입양부모의 법적 기준은 다음과 같다(법제처, 2018).

- 양자를 부양함에 충분한 재산이 있을 것
- 양자에 대하여 종교의 자유를 인정하고 사회의 일원으로서 그에 상응한 양육과 교육을 할 수 있을 것
- 양친이 될 사람이 아동학대 · 가정폭력 · 성폭력 · 마약 등의 범죄나 알코올 등 약물중독의 경력이 없을 것
- 양친이 될 자가 대한민국 국민이 아닌 경우 해당 국가의 법에 따라 양친이 될 수 있는 자격이 있을 것
- 기타 양자로 될 자의 복지를 위하여 보건복지부령으로 정하는 다음의 필요한 요건을 갖출 것
  - 양친이 될 사람은 양자가 될 아동이 복리에 반하는 직업이나 그 밖에 인권침해의 우려가 있는 직업에 종사하지 아니하도록 함
  - 양친이 되려는 사람은 입양의 성립 전에 입양기관 등으로부터 보건복지부령으로 정하는 소정의 교육을 마쳐야 함
  - 25세 이상으로서 양자될 자와 연령 차이가 60세 미만일 것(독신자의 경우 35세 이상, 연령 차이 50세 이하)

(3) 친부모

입양대상 아동의 친부모는 아동에 대한 친권 포기를 자발적 또는 비자발적으로 할 수 있다. 친부모가 친자녀의 입양을 위해 자발적으로 친권을 포기하는 원인은 경제적 빈곤, 이혼 · 별거로 야기된 가족해체 · 가정결손, 미혼모, 사망 등이며, 친권을 박탈당하는 경우는 아동을 심각하게 학대 · 유기하는 경우이다.

4. 입양사업의 과정

1) 입양절차

아동입양의 절차는 아동의 복리를 중심으로 이루어질 수 있도록 국가의 관리·감독을 강화하고, 최선의 아동보호는 출신가정과 출신국가 내에서 양육되어야 한다는 것을 기본 패러다임으로 국가입양 정책을 수립할 필요가 있다.

이를 위해 입양특례법에서는 국내외 입양 모두 법원의 허가를 받도록 하고 있으며, 친생부모에게 양육에 관한 충분한 상담 및 양육정보를 제공하는 등 부모의 직접 양육을 지원하고, 아동이 출생일부터 1주일이 지나고 나서 입양동의가 이루어지도록 하는 한편, 양자가 된 사람에게 자신에 대한 입양정보 접근권을 부여하고, 국내입양의 우선 추진 의무화 등을 규정함으로써 아동의 권익과 복지를 증진하려고 노력 중이다(법제처, 2018).

입양절차는 국내입양, 국내에서 국외입양, 국외에서의 국외입양으로 살펴볼 수 있다.

① 국내입양

입양기관 또는 보호시설에서 아동의 후견인 지정 등을 신청하면 부양의무자 확인 공고 후 입양대상 아동은 입양부모를 만나게 되며 국내입양의 구체적 절차는 【그림 16-1】에 제시하였다.

② 국내에서 국외입양

국가 및 지방자치단체는 입양의뢰 된 아동의 양친 될 자를 국내에서 찾기 위한 시책을 최우선적으로 시행하도록 하고, 입양기관의 장은 보건복지부령으로 정하는 바에 따라 입양의뢰된 아동의 양친을 국내에서 찾기 위한 조치를 하고 이를 관계기관의 장에게 보고하게 하며, 이러한 조치 및 관련 기관과의 정보공유 및 협조에도 불구하고 국내에서 양친이 될 자를 찾지 못하였을 경우에 한하여 국외입양을 추진할 수 있도록 하고 있다. 국내에서 국외입양하는 경우, 즉 외국인이 국내에서 입양하는 경우는 국내입양 절차와 동일하다. 다만, 아동의 본적지 또는 주소지 관할 가정법원에서 입양인가를 받아야 한다.

③ 국외에서 국외입양

국외에서 국외입양하는 경우, 즉 외국인이 국외에서 입양하는 경우는 국내입양 절차와 동일하지만, 국외로 출국 전에 보건복지부장관으로부터 해외이주허가를 받아야 한다. 그리고 미아와 친권자가 확인되지 않은 채 보호시설 및 입양기관에 입소된 지 6개월 이내인 기아는 해외이주허가가 제한되는데, 그 이유는 입양 후에 친권자가 나타나면, 양육권 분쟁이 발생할 수 있기 때문이다.

입양절차에 따른 구체적 내용을 살펴보면, 입양 상담, 입양 성립 및 사후관리 등으로 분류할 수 있는데, 그 내용은 다음과 같다.

요보호아동 발생
친생부모 : 입양숙려기간(7일) 준수

↓

입양동의 및 아동인수
친생부모 및 양자 될 사람에게 입양의 동의,
입양의 효과 및 파양, 입양정보공개청구 관련,
입양동의의 철회 등에 대한 충분한 상담 제공

↓

입양대상 아동확인서 발급
입양기관의 장이 작성
(이동거주지 관할 시·군·구청에 제출)
입양정보통합관리시스템(ACMS) 등록

↓

결연
국내입양 우선추진(5개월)
양친될 자와 입양대상 아동 아기선보기 및 결연

↓

법원허가
양자가 될 사람의 등록기준지 또는
주소지 관할 가정법원에 신청
가정법원의 인용심판 확정

↓

국내입양
입양아동의 인도와 보고
친양자입양신고

|그림 16-1| 국내입양 절차

출처 : 보건복지부(2018). 아동복지사업안내.

2) 입양 상담

(1) 입양아동의 발견

입양아동이 발견되면 다음과 같은 절차에 따른다.

① 입양기관 또는 보호시설의 장은 시·군·구청장에게 수용보호를 의뢰한다.
② 입양기관 또는 보호시설의 장은 시·군·구청장에게 입양아동에 대한 후견인 지정을 신청한다.
③ 후견인으로 결정된 보호시설의 장이 보호시설의 소재지를 관할하는 시장·군수·구청장에게 부양의무자 확인 공고를 의뢰한다. 이때 미혼모를 포함한 친권자 또는 후견인이 입양에 동의한 아동은 제외되며, 기아인 경우는 성, 본을 창설하고, 입양대상 아동 확인서 발급을 의뢰한다. 입양대상 아동의 확인서는 양자로 될 자의 거주지를 관할하는 시·군·구청장이 발급한다.

(2) 친부모 상담

먼저 친자녀의 입양을 원하는 친부모와 친권 포기와 필요한 서류의 작성을 위해 상담을 한다.

(3) 입양부모 상담

입양기관에서는 입양을 원하는 부모를 상담하게 되는데, 초기 면접 시의 주요 상담내용은 다음과 같다.

- 입양에 관한 관심
- 입양동기
- 아이가 없음과 불임에 관한 태도
- 아동에 대한 이해 및 아동에 대한 경험

- 결혼기간
- 교육 정도
- 사회적 참여의 형태
- 입양에 대한 가족들의 이해
- 불합리하고, 결혼하지 않은 사람(미혼모)이 낳은 아이에 대한 태도
- 입양 시 문제해결능력
- 입양기관에 대한 태도

(4) 입양가정조사

입양가정조사는 부부 개별면접, 공동면접, 가정방문 등의 방법을 통하여 행해지는데, 최초 면접의 내용을 구체화하여 좀 더 명확한 가족의 입양태도와 가정의 안정도 및 성숙도를 파악한다.

- 부부 개별면접을 통하여 결혼 전 가족배경 및 생활태도, 결혼관계, 불임 여부, 건강상태, 경제상태, 종교의 유무 및 신앙태도, 입양의 동기 및 태도, 원하는 아동 및 장래 계획 등을 파악한다.
- 부부 공동면접을 통하여 부부간의 관계를 관찰하고 아동에 관한 의견을 나누고 이견이 있을 때에는 조정한다.
- 가정방문으로 부부면접 시의 미흡한 점을 보충하고 가족관계, 가정의 분위기 등을 파악한다.

3) 입양의 성립과 사후조사

입양기관은 입양대상 아동에 관해 수집한 모든 자료를 예비 입양부모에게 주고, 신체검사, 사회적 조사, 생활습관 등을 알려주고, 결연계획을 세우고 결연과 함께 입양이 이루어진다. 부모가 입양대상 아동을 면접을 통해 결정하면, 입양기관은 입양아동을 입양부모에게 인계하고, 입양부모는 가족관계등록법과 입양특례법이 정하는 절차에 따라 신

고하면 입양이 성립된다. 입양부모가 입양신청을 한 후 입양이 성립되기까지는 보통 6개월에서 1년 정도의 기간이 소요되며, 입양기관에 따라 차이가 있지만 입양부모는 100만 원에서 300만 원 정도의 입양수수료를 지불한다.

한편 사후조사로 입양 성립 후에 입양가족 방문을 실시하여 아동의 적응도를 조사함으로써 입양의 실질적인 성립을 분석·평가한다. 그리고 입양특례법에 의해 입양기관의 장은 입양 성립 후 6개월까지 입양부모와 입양아동의 상호 적응상태에 대하여 보건복지부령이 정하는 사후관리를 하여야 한다. 국외입양 사후관리는 입양기관이 국외입양기관과 협력을 통해 진행하여 국내입양과 상이하게 이루어지므로, 입양된 아동을 위한 모국방문 사업 등 대통령령에서 그 방법 등을 구체적으로 정하고 있다.

5. 입양가족을 위한 복지대책

1) 입양가족을 위한 가족복지서비스

우리나라의 입양가족에 대한 가족복지서비스 프로그램으로는 일부 가족을 대상으로 하는 현금 및 의료비 지원 등이 있다. 이는 우리나라가 아동복지 영역에서 가족중심, 지역중심의 아동보호정책을 추진할 것을 목표로 하여 입양사업의 활성화에 중점을 두고자 하는 취지와는 차이가 있다.

(1) 입양아동 수업료 및 입학금 면제

아동의 장애 여부에 상관없이 모든 입양 중·고등학교 재학생 또는 입학생에게 중·고등학교 수업료 및 입학금을 면제하고 있다.

(2) 입양아동 의료급여 실시

의료급여법(2005)의 제3조의 규정에 따라 입양특례법에 의하여 국내에 입양된 18세 미만의 아동은 의료급여를 받고 있으며, 동법 시행령에 따라 입양아동은 의료급여 1종에 해당된다.

(3) 장애입양아동 양육보조수당 및 의료비 지원

정부는 장애인복지법 제2조의 규정에 의해 장애아동이 입양된 경우 입양아동 1인당 중증장애인 월 627천 원, 경증 장애인 월 551천 원씩 양육보조금을 지원하고 있으며, 연간 252만 원 한도 내에서 본인이 부담한 진료, 상담, 재활 및 치료에 소요되는 비용을 지원하고 있다. 그리고 국립의료원에서 의료급여 1종 수급권자와 동일하게 입양된 장애아동에 대해 무료진료서비스를 제공하고 있다.

(4) 자조집단

입양가족을 위한 자조집단은 상호 간 입양에 대한 정보를 공유하고, 상호 지지, 옹호 기능을 수행하는 자발적 집단이다. 국내에 입양가족의 자조집단이 생기기 시작한 것은 1999년으로 한인입양홍보회(MPAK : Mission to Promotion Adoption in Korea)가 그 시초이다(윤현선, 2001). 이는 현재 가장 대표적인 입양가족 자조집단으로서 입양에 대한 상담, 홍보뿐만 아니라 지역별 자조모임, 입양가족대회 등을 통해 입양가족을 지지하고 공개입양에 대한 사회적 인식의 개선과 활성화를 위해 노력하고 있다(성정현 외, 2005).

2) 입양 관련 기관 현황

(1) 입양기관 및 단체

입양기관은 홀트아동복지회, 동방사회복지회, 대한사회복지회 등 국내외 입양기관과 성가정입양원, 꽃동네천사의집 등과 같은 국내입양기관이 있고, 지역별로 보면 서울에 한국사회봉사회, 대한사회복지회, 동방사회복지회, 성가정입양원, 홀트아동복지회 등이 있으며, 지역별로 지부 등 30여 개의 기관이 전국에 있다(중앙입양원, 2018).

(2) 중앙입양원

국내입양 활성화와 입양에 대한 사후 관리 등을 위하여 설립되었다. 입양아동이 건강한 사회인으로 성장할 수 있도록 입양인 및 입양가족을 지원하는 사업을 하고 있다. 구체적으로 입양아동·가족정보 및 친가족 찾기에 필요한 통합데이터베이스 운영, 입양아동의 데이터베이스 구축 및 연계, 국내외 입양정책 및 서비스에 관한 조사·연구, 입양 관련 국제협력 업무 등의 사업을 실시하고 있다.

〈표 16-3〉 입양기관 현황 (단위 : 개소)

구 분	입양기관		
	계	국 내	국내외
1990	31	27	4
1995	27	23	4
2000	26	22	4
2004	23	19	4
2005	24	20	4
2006	25	21	4
2007	24	20	4
2008	23	19	4
2009	23	19	4
2010	22	18	4
2011	22	18	4
2012	19	16	3
2013	20	16	4
2014	20	16	4
2015	10	6	4
2016	10	6	4

출처 : 보건복지부(2017). 아동복지사업안내.

(3) 한국입양홍보회

한국입양홍보회는 입양가족이 회원으로 구성된 입양가족단체로 입양가족을 위한 정기모임, 입양부모교육, 입양가족캠프, 입양아동캠프, 입양홍보사업 등의 사업을 전개하고 있다. 또한 인터넷 사이트(http://www.mpak.org) 및 정기모임을 통해 예비 입양부모, 입양부모, 연장아동 입양부모 등이 입양으로 겪는 다양한 어려움을 상담해 주고 있다.

3) 입양가족복지를 위한 과제

입양가족을 위한 복지대책의 과제로서 제도적 정비 및 입양가족을 위한 서비스 강화와 입양기관에 대한 정부 지원 및 사후관리 강화가 필요하다(도미향 외, 2005).

(1) 입양가족을 위한 가족복지정책의 정비

① 호적제도의 개선

민법에 의한 입양과 입양특례법에 의한 입양 모두 가족관계등록법이 정한 바에 의하여 당사자 쌍방과 증인 2인이 서명한 서면으로 신고함으로써 그 효력이 발생하는 창설적 효력을 가지고 있다. 그러나 입양의 적격성에 대한 가정법원의 판단 여지가 없어 입양의 안정성을 기할 수 없으며, 양자될 자의 이익과 복지 차원에서 신중을 기할 수 없다. 또한 대부분의 입양부모는 호적에 입양되었다는 기록이 남게 되므로, 입양아동이 입양사실로 인해 불이익을 받을 것을 염려해 허위로 친자 호적 신고를 하게 된다. 따라서 허위 친자 신고를 하지 않도록 입양의 모든 기록은 가정법원으로 이관하여 보관하여야 하고, 입양에 대한 효력 발생도 가정법원에서 판정받도록 하여야 한다.

② 입양 동의의 개선

입양대상이 되는 요보호아동이 15세 이상인 경우에는 본인의 동의를 필요로 하는데, 아동의 정신적 성숙이 빨라지고 있는 상황에서, 아동 본인의 동의를 필요로 하는 연령 하한을 지나치게 높게 규정하고 있어 아동의 의사를 제한하여 결국 아동의 권익과 복지를 저해할 소지가 있다(변용찬 외, 1999).

그리고 친부모의 경우 부부의 동의를 원칙으로 하고 있으나, 미혼모인 경우는 미혼부의 동의 없이 이루어지고 있어 입양 후 미혼부에 의한 입양 취소가 제기되고 있으며, 요보호 아동 중에는 친부모가 장기간 연락을 하지 않는 등 실질적으로는 친권 포기 상태이나, 서류상 친권이 포기되지 않아 입양이 불가능한 경우도 종종 발생한다(한국입양홍보회, 2001).

이와 같이 입양 동의에 관한 문제를 해결하기 위해서는 입양아동 본인 동의에 관한 연령을 하향 규정하여야 하며, 친부모의 경우는 부부 동의의 원칙을 보다 철저히 지켜야 하며, 친부모가 자녀를 아동복지시설을 비롯한 복지기관에 입소시키고자 할 때 일정 기간 동안 연락을 취하지 않으면 친권을 포기한 것으로 하여야 한다.

(2) 입양가족에 대한 가족복지서비스의 확대

① 입양아동을 위한 심리치료서비스 제공

입양아동은 심각한 분리를 경험하고, 특히 연장아동의 경우는 입양 후 지속적 상담과 심리치료가 제공되어야 한다. 더불어 입양아동의 발달단계에 맞추어 본인이 입양된 사실에 대해 이해하면서, 자아정체감을 잘 형성할 수 있도록 상담서비스가 제공되어야 한다. 입양부모 자조집단인 한국입양홍보회는 매년 입양아동을 위한 캠프를 통해, 입양아동이 또래, 선후배 입양아동과 접촉하면서 자연스럽게 입양에 관해 이해하도록 돕고 있다.

② 입양부모를 위한 상담서비스 제공

입양부모를 위한 부모교육은 입양가족의 생애주기를 고려하여 다양한 입양 관련 이슈들을 단계별로 다루어 나가는 것이 중요하다. 현재 개별입양기관들이 1~2회의 입양부모교육을 실시하고 있지만, 아동의 발달단계에 따라 중요한 이슈들을 다루는 주기적인 교육 프로그램이 필요하다. 또한 입양부모의 '적합성'을 입증하는 성공적인 입양을 위해 입양 관련 실천전문가들은 입양부모의 심리적 건강상태를 스크린할 수 있는 다양한 임상척도 및 객관적인 지표들을 적극적으로 개발 및 활용해야 할 필요가 있다(안재진 외, 2009).

그리고 입양부모는 불임, 부모역할, 친부모에 대한 불안 등으로 인한 심리적 문제를 경험하고 있으므로, 입양 전후에 상담서비스가 제공되어야 한다. 공개입양부모를 대상으로 한 복지서비스에 대한 욕구조사에서 입양부모는 입양 관련 전문가나 상담전문가보다는 경험이 있는 입양부모가 제공하는 입양상담서비스에 대한 욕구가 더 높은 것으로 나타났다(백경숙 · 변미희, 2001). 따라서 예비 입양부모와 심리적 문제를 경험하고 있는 입양부모에 대한 상담서비스를 제공하는 것이 바람직하다.

③ 친부모를 위한 상담 및 진로 개발 프로그램 제공

친부모에게도 친부모가 필요로 하는 사회복지서비스에 대한 정보를 제공하여야 하며, 입양과정에서 입양아동, 입양부모와 함께 친부모의 권리도 보장되어야 하며, 입양 후 겪게 될 심리적 문제에 대한 상담과 치료서비스가 제공되어야 한다. 특히 입양을 선택한 미혼모들은 자신의 불확실한 장래와 진로 때문에 많은 스트레스를 겪고 있으며(김만지, 2000), 이들을 위한 진로 개발 프로그램을 개발하여 제공할 필요가 있다.

(3) 공개입양의 활성화

입양에 관해 우리는 편견과 낙인을 가지고 있으며 이러한 분위기는 입양아동에게 영향을 미치게 되므로 입양가족은 대체로 입양정보에 관해 공개하는 것을 원하지 않는다. 그리고 이러한 요소는 입양을 신생아 위주로 국한시키게 하고 입양아의 뿌리에 관해서도 단절을 요구하는 것이 되어 입양아동의 자아정체감 형성도 어렵게 하는 문제가 야기된다(Hoopes, 1990; Wadia-Ellis, 1995). 따라서 입양의 미공개는 입양아동의 복지를 위해서 바람직하지 않다. 미국의 경우 성인 입양인들의 뿌리 찾기 욕구가 표출되면서 개방입양의 필요성이 대두되었는데(배태순, 2009), 우리나라의 경우도 공개입양이 확산되고 입양아동의 뿌리 찾기가 일반화되면, 개방입양의 필요성이 대두될 것이다.

〈표 16-4〉 공개입양가족의 적응과정-도전을 통해 하나의 가족을 이루어 가기

영 역	개 념	범 주	하위 주제
입양 과정	· '병'으로서 불임 치료하기 · 불임 이슈에 대처하기	불임과 함께 살아가기	혈연중심 가족문화에 대한 도전을 통해 가족을 이루어 가기
	· 가족을 이루려는 열망 · 입양을 해야 한다는 부담감	입양 결정하기	
	· 다른 가족구성원 설득하기 · 확대가족 설득하기	가족 전통에 도전하기	
	· 수수료 내기 · 부모자격 심사받기 · 입적하기	법적 가족 되기	
	· 애착관계 형성하기 · 허니문 · 부모자격 시험하기	상호적응하기	

출처 : 권지성(2004).

국내 공개입양가족은 〈표 16-4〉에 제시된 과정을 거쳐 적응하는 것으로 나타났다. 또한 공개입양가족은 입양 적응뿐만 아니라, 입양사실을 가족 내외에 공개하기까지도 적응기간이 필요한 것으로 보고되었다(권지성, 2004). 우리나라의 비밀주의 입양을 줄이기 위해서는 먼저 국가의 입양가족에 대한 지원이 강화되어야 하며, 입양가족의 문제를 드러내고, 문제점을 공동으로 해결할 수 있는 상호 지지체계로서의 입양부모 자조집단의 활성화가 필요하다.

행복한 가정 만드는 공개입양 이야기, 저자의 진솔한 경험 담긴 동화 '뿌리내린 버찌'…강재석 작가

"우리 가족이 동생을 입양한 것이 아니라, 하나님의 뜻으로 동생이 우리 가족을 찾아온 거죠." 한국과 미국에서 발간된 창작동화 '뿌리내린 버찌'의 저자, 공개입양에 대한 긍정적인 은유와 메시지를 동화에 담은 19세의 강재석 작가는 합창단 멤버로 활약하는 띠동갑 동생 재훈이에 대한 사랑이 각별하다. 미국 유학 생활 중에도 동생을 살뜰히 챙기고 여름방학 때 귀국하여 동생의 귀가 길을 돌보던 어느 날, 강 작가는 밝고 맑은 성격의 재훈이가 유치원 친구에게 '진짜 엄마도 없다'는 말을 듣는 장면을 본다. 이후 강 작가는 여전히 우리 사회에 잠재되어 있는 입양아에 대한 편견을 깨뜨리고, 입양에 대한 아이들의 관점을 긍정적으로 이끌어 주고자 동화를 쓰게 된다.

"어른도 아이도 재미있게 읽을 수 있는 동화지요. 입양은 특별하거나 찬사를 받을 일이 아니라 그저 가족을 만들어 가는 평범한 과정 중 하나라는 것을 알려주고 싶었어요." 강 작가는 서로 다른 환경에서 자라온 남녀가 사랑에 빠져 부부가 되듯, 하나님의 소중한 자식들이 가족이라는 이름으로 만나 인연을 맺는 것은 자연스럽고 당연한 일이라고 한다. 부모가 시혜를 베푸는 입장에서 아이를 입양하는 것이 아닌, 아이가 가족이라는 이름의 퍼즐을 맞추고자 가족 구성원을 찾아온 것이라는 강 작가는 입양아를 버찌(체리)로 은유한 이야기를 써 나갔다. 어느 날, 벚나무에서 떨어진 주인공 버찌는 고향인 벚나무를 떠나 새로운 가족을 찾아다니게 되고, 마침내 자신이 믿고 사랑할 좋은 가족을 선택해 새로운 구성원이 되면서 비로소 뿌리를 내려 성장하게 된다는 것이 '뿌리내린 버찌'의 줄거리다.

출처 : 헤럴드경제(2018. 6. 21).

(4) 입양기관에 대한 정부의 지원 및 사후관리

① 입양기관에 대한 정부 지원의 강화

국가 및 지방자치단체는 입양기관의 운영에 필요한 비용을 매년 예산의 범위 안에서 보조할 수 있도록 하고 있다. 그러나 정부가 입양기관에 보조하고 있는 운영비는 상담원 1명의 인건비와 사무용품비에 한정되어, 입양기관의 운영에 실질적 도움을 주기에는 미흡하다(보건복지부, 2005). 아동양육비에 대한 국고보조는 국민기초생활보장법에 적용을 받는 아동복지시설 부설 국내입양지정기관에만 지급되고, 입양전문기관에 대해서는 적용되고 있지 않다. 따라서 입양전문기관에 대한 정부 지원을 확대하여야 하며, 지정기관에 대한 정부 지원도 물가수준 등을 고려하여 지원의 폭을 확대할 필요가 있다.

② 입양기관의 사후관리 강화

우리나라에서 입양의 사후관리는 2005년 입양특례법으로 입양 관련법이 전부 개정될 때까지는 거의 유명무실한 실정이었다. 국내입양의 경우 입양이 거의 비공개로 이루어지고, 입양아동이 입양가정에 친자로 입적되어 입양아동에 대한 사후관리에 관한 현황이 거의 파악되지 못했다(변미희, 2002). 입양부모 역시 사후관리를 전혀 제공받지 못한 경우가 27%, 3개월 미만인 경우가 34.4% 등으로 나타나, 61.4%의 입양부모가 법정 사후관리기간인 6개월까지 사후관리서비스를 받지 못한 것으로 나타났다(백경숙 외, 2001).

이에 따라 정부에서는 2012년부터 법령에 의해 입양기관의 장은 입양이 성립된 후 1년 동안 양친과 양자의 상호적응을 위하여 사후관리를 하도록 명시하고 있다. 다만, 국외입양의 경우에는 적용되지 않다가 2015년부터는 국외입양 사후관리에 대해서도 그 기준을 명시하여 사후관리를 법적으로 명시하였다. 앞으로 입양가족에 대한 사후관리서비스는 좀 더 구체적으로 실천될 수 있도록 강화하여야 하며, 특히 입양부모가 요구하는 입양부모교육, 입양부모상담, 입양자녀와 대화 나누기, 미혼모·입양부모 교류 등 사후관리서비스 프로그램에 대한 개발이 필요하다.

PART 3

가족복지의 미래

CHAPTER 17

가족복지의 전망과 과제

경제사회 발전의 결과로 물질적 풍요로움을 느끼는 가족이 있는가 하면 빈곤과 소외감을 한층 더 느끼는 취약가족도 있다. 저출산과 고령화로 생기는 가족문제는 어떻게 해결할 것인가? 특히 저출산의 주요 원인으로 지적되고 있는 가임(可姙) 여성 감소, 결혼율 하락, 양육비부담 가중에 어떻게 대처하며 고령화 진전으로 파생되는 노인빈곤 현상을 어떻게 해소해야 하는가? 이혼·재혼·별거가 많아지고 부모 중 한 사람이 없는 한부모가족이나 부모 없는 소년소녀가족이 계속적으로 늘어나고 있다. 생계유지를 위해 남편과 아내가 일해야 하는 맞벌이가족이 빠르게 늘어나는가 하면 어린아이를 돌보아야 하는 미혼모·비혼모가족도 있다. 국제화의 바람을 타고 다문화가족 또는 이주노동자가족까지 생겨나고 있는 현실이다. 아울러 폭력가족, 알코올중독가족 등 사회병리 치료가 요구되는 특수가족도 더러 있다.

지금까지 나타난 여러 가지 형태의 가족은 앞으로 더욱 다양해질 것이다. 4차 산업혁명이 진행되면서 정보과학화가 급진전되면 우리들의 생활모습도 크게 달라질 것이다. 개인주의 만연과 함께 가치관혼란과 자아존중감 상실은 현대가족의 엉뚱한 변화를 예고한다.

한국에서 가족정책이 본격적으로 시작된 것은 2004년 건강가정기본법의 제정 및 시행이라고 할 수 있다. 그동안 사회적 요구에 따라 가족복지서비스 공급이 개별적으로 시행되어 온 나머지 국민이 기대하는 체계적·거시적 틀은 마련되지 못하고 있는 실정이다.

우리 앞에 놓인 과제들은 하루하루 중첩되고 있어서 이를 해결해 나가는 가족복지대책을 강구하는 데 많은 애로가 있을 것이다. 그래도 우리는 올바른 정책방향을 세우고 이에 따른 구체적 대책과 방안을 마련해 나가야 한다. 복지공급은 지역사회를 통한 정부의 공공서비스이든 종교기관, 자선단체 등 민간부문의 공동체 돌봄이든 하나하나 제대로 추진하는 것이 그 요체이다.

1. 가족복지의 전망

가족은 우리 사회를 구성하는 기본 단위이다. 가족은 혈연(부모, 형제), 결혼(남편·부인과 자녀) 또는 입양으로 이루어진 생활공동체이면서 사회공동체의 하나이다. 이 소집단이 갖는 여러 가지 기능 중 최근 들어 가장 중요시되고 있는 것은 경제적 기능이다. 특히 그동안의 경제개발에 힘입어 가족구성원의 개인소득이 증가하고 여성의 가계소득기여도가 높아지는 등 긍정적 현상도 나타나고 있다. 무엇보다 산업화·정보화·도시화·핵가족화로 특정 지어지는 현대사회의 최소공동체인 가족 내에서 부모-자녀 간의 세대 간 또는 남편-부인 간의 독립성이 커지고 있는 현상은 눈여겨보아야 한다.

그러면 앞으로 가족은 어떻게 변화할 것인가? 특히 가족 내에서 일어날 것으로 예상되는 변화들은 무엇인가? 언뜻 보기엔 가족구조 및 기능 변화에 따라 가족가치관의 변화가 먼저 닥쳐올 것이다. 구체적으로는 다음과 같은 변화를 예상할 수 있다.

첫째, 가족 형성에 대한 변화이다. 배우자와의 성관계를 통하지 않는 인공수정, 대리모, 유전공학 등을 통해 '가족'이라는 공동체를 형성할 수 있을 것이다. 다양한 형태의 가족이 생겨날 것이며, 이로 인해 가족개념의 지체현상은 세대차를 더욱 부채질하고 또 다른 가족문제를 야기할 가능성이 있다.

둘째, 가족은 주거를 공유해야 한다는 개념이 약화되면서 주말부부가족, 월말부부가족이 크게 늘어날 것이다. 경우에 따라서는 해외교통 발달로 거주지가 전 세계로 확장되는 주말부부가족, 월말부부가족들도 나타날 것이다. 나아가 통신기술 발달로 멀리 떨어져 있는 가족들이 화상을 통해 얼굴을 서로 보고(face to face) 대화하면서 가족의 지지를 받는 일들이 빈번해질 것이다. 이른바 한솥밥을 먹지 않는 가족이 늘어나 가족 기능도 매우 큰 변화를 겪게 될 것이다. 이를테면 생리적 기능보다 정서적 기능을 더 중요시하는 가족이 나타날 것이다. 이에 따른 자녀교육 및 부부생활에 대한 문제가 더욱 많아질 것이다.

셋째, 전통사회에서는 이른바 가족 부양자가 아버지였으나 점차적으로 여성인 어머니, 아내의 역할이 커지는 등 부권중심의 가족 이미지가 약화될 것이다. 맞벌이가족을 넘어서 여자가 바깥일을 담당하고 집안일은 아버지인 남성이 담당하는 사례가 늘어날지도 모른다. 말하자면 성역할 개념 변화가 올 것이다. 이것은 자녀의 사회화에 대한 시각이나 사회질서에 대한 시각에서도 심각한 변화이다. 특히 한국의 경우 성비 불균형 현상은 이러한 측면을 더욱 가속화시킬 것이다.

넷째, 생물학적 부모가 영원한 부모가 된다는 가능성이 점차 희박해질 것이다. 아동권리에 대한 사회적 인정과 아동 자신의 자기권리 주장이 높아지면 부모가 부모로서의 소임을 다하지 못하는 일이 생겨난다. 보호 및 양육권의 거부와 함께 심지어 양육권의 박탈현상이 나타날 가능성도 있다. 생물학적 부모가 지니는 의미는 약화되고 사회적 차원에서 의미 있는 역할을 담당하는 부모가 진정한 부모가 되는 역설적 가능성이 현실화되는 일도 벌어질 수 있다.

다섯째, 가족 내에서의 이기주의가 팽배하여 '남보다 못한' 가족이라는 불평을 내뱉고 동시에 존속살인, 유기, 방임도 늘어날 것이다. 이에 따라 아동가족, 한부모가족, 노인가족 등이 늘어나 스스로 생활할 수 있는 취약한 가족층이 두텁게 형성되면서 국가의 복지부담이 무거워질 것이다.

여섯째, 가족개념에 대한 수용범위가 넓어지고 있다. 전통이란 일부일처에 의한 세대에 기초하였고 시간경과에 따라 특징적 발달을 보이는 가족생활주기가 자연히 이루어졌다. 그래서 일부다처, 일처다부, 동성애 가족은 가족이라고 보기 어려웠다. 그런데 최근 일부이기는 하지만 포스트모더니즘적 시각을 가진 사람들은 이러한 형태가 비정상적이 아니라 비전통적(non-traditional)이라고 일컬으면서 수용하고 있다.

일곱째, 정보통신기술(ICT) 기반의 벤처창업이 활발해지면 일자리가 많아져 맞벌이가족도 더욱 많이 늘어날 것이다. 특히 사물인터넷(ICT)이 혁신적으로 발전하면 가사부담이 적어지는 등 가정생활에 엄청난 변화가 올 것이다. 이와 같은 정보과학화에 성역할 변화가 가세하면 결혼보다 내 생활을 즐기는 새로운 독신자(neo single)가족 증가는 뻔한 일이 될 것이다. S-generation으로 새롭게 나타나고 있는 1인 가구에는 Solo족/ Cocoon족, Single족, Self-reliance족 등 다양한 형태가 있다. 그리고 결혼은 하기 싫은데 아이는 기르고 싶은 비혼모가족이나 합법적이고 정당한 결혼절차 없이 아이를 낳은 미혼모가족도 생겨나고 있는 현실이다.

여덟째, 결혼을 꺼리거나 싫어하는 젊은이가 많아져서 가족구성에 새로운 변화가 생길 것이다. 통계청 발표에 따르면 2017년 결혼건수는 약 264,500건으로 1년 전보다 6.1%

감소했으며, 40만 건을 넘었던 1990년대 중반에 비하면 거의 절반 수준으로 낮아졌다. 1974년 259,600건 이후 43년 만에 최저수준이지만 그 당시 인구가 지금의 65% 수준인 약 3,400만 명임을 감안하여도 크게 낮아졌다고 할 수 있다. 초혼연령이 남자 32.9세, 여자 30.2세로 높아진 것이 혼인건수 감소이유를 잘 말해주고 있다.

아홉째, 활동적 고령화(active ageing) 가족이 늘어날 것이다. 60~65세에 은퇴하더라도 인생이모작을 위해 일하는 젊은 노인이 많아진다는 것이다. 미국에서는 이 사람들을 '은퇴하기엔 너무 젊은(too young to retire)' 세대, 줄여서 2Y 2R라고 부르고 있다. 한국에서도 이 세대가족이 늘어날 것이다.

가족복지를 가족의 행복한 삶과 만족스러운 안녕을 위한 사회적 서비스라고 이해할 때 여러 가지 사적(私的)·공적(公的) 서비스가 필요하다. 가족에 따라 서비스에 대한 욕구가 다르기 때문에 가족복지의 대상과 목표는 다를 수밖에 없다. 가족복지의 주체가 누구인가에 대해서도 가족주의에서는 가족중심의 책임을 내세우지만 탈가족화주의는 사회적 책임을 강조하고 있다. 이러한 관점에서 보면 가족복지는 여러 가지 종류·형태로 구분할 수 있다. 쉽게 생각하면 우리가 이 책에서 살펴본 여러 형태의 가족에 따라 복지수요와 공급은 크게 다를 것이다.

가족 내의 변화 외에 환경 면에서도 여러 가지 변화가 복합적으로 빠르게 진행되고 있다. 사회 전반적으로 결혼·성평등·부모-자녀에 대한 가치관이 크게 달라지면서 여성의 교육 수준 향상과 경제적 필요에 의하여 그들의 경제활동참여가 크게 늘어나는 추세이다. 토요휴무 확산으로 여가를 즐기는 놀이문화가 발전하는가 하면 인터넷, 로봇 사용 등 정보화의 진전으로 가족생활의 패턴이 변화하고 있다.

가족복지의 수요 면을 중심으로 현재 한국에서 진행되고 있는 변화를 살펴보자. 먼저 2017년의 경우 1년 동안 태어난 신생아 수가 35.8만 명에 불과한 반면 사망자 수는 28만 5,600명 이어서 인구의 자연증가가 7만 2,000명으로 1970년 통계작성 이후 가장 적었다. 2018년 3월 국무총리 산하 육아정책연구소가 펴낸 '저출산 대응정책의 생애주기별 정합성 분석 연구' 보고서는 초·중·고교 재학생 자녀를 둔 학부모가 원하는 자녀 수보다 실제 낳은 자녀가 적은데도 추가 출산을 꺼리는 주된 이유는 양육비 등 육아부담 탓이라고 지적하고 있다. 양육비 부담으로 추가출산을 꺼리는 사람들은 '국가에서 양육비를 지원하면 추가 출산할 의향이 있다는 비율이 47.1%이었고 그렇지 않다는 비율이 52.9%였다.

양육비 부담 다음으로는 '직장생활과 자녀양육의 병행 어려움'(21.1%), '건강이 좋지 않아서'(7.8%), '자녀를 혼자 돌보기 힘들어서'(4.7%) 등이었다. 추가출산 의향이 있지만 더 이상 아이를 낳지 않겠다고 답한 비율은 가구소득이 낮거나 홑벌이 가구일수록 높았다. 성별로는 남성에서, 그리고 자녀 수가 많을수록 이런 경향이 더욱 두드러졌다.

다음으로 2017년 현재 전체인구 5,144.6만 명 중 65세 이상 노인인구는 707.5만 명(고령화 지수 13.8%)으로 추계되고 있어 10년 전보다 50.3%, 20년 전보다 1.4배 증가하였다. 통계청의 장래인구 추계에 따르면 10년 후인 2027년에는 노인인구가 1,157.9만 명으로 늘어나 총인구의 21.9%에 달함에 따라 초고령사회로 진입할 것으로 예상된다. 동시에 노령화지수[(65세 이상 인구/ 0~14세 인구) × 100]가 2017년의 104.8에서 2027년에는 186.2로 높아질 전망이다. 이에 따라 노인들에 대한 생활보호 및 의료서비스 수요 증대가 엄청날 것이다. 특히 고령자 1인 가구가 전체의 1/3에 달하고 있어 그들의 복지수요는 크게 증가할 것으로 전망된다.

이혼·재혼·별거가 빈번해지면서 가족구조 변동이 잦아져 이들에 대한 가족복지 공급을 어떻게 해야 할지 고민이 생겨나고 있다. 입양 및 국제결혼에 따른 새로운 복합가족도 많아지고 있어서 다문화가족의 복지수요도 다양하게 늘어나고 있다. 그리고 가족과 사회에서 양성평등사상이 고취됨으로써 노동력 수요와 공급, 곧 고용구조가 수시로 변화함에 따라 임금노동 및 돌봄노동 수요가 증가하고 있다.

소년소녀가족과 노인중심의 빈곤가족의 복지수요가 대도시를 중심으로 광범위하게 확산되고 있다. 경제지원수요와 맞물려 가족유지를 어떻게 하는 것이 좋은지 우선대책을 세워야 한다. 또한 한부모가족, 독신가족 외에도 미·비혼모가족, 폭력가족, 알코올중독가족 등 특수가족의 복지수요 증가도 매우 크다. 농촌보다는 도시에서 이러한 수요의 증대가 계속되고 있다.

마지막으로 고학력 인구 증가와 함께 일자리 눈높이가 상향됨에 따른 가족복지수요 변화이다. 통계청이 발표한 '교육수준별 장래인구 추계 개발연구' 보고서에 따르면 한국의 2020년 25~64세 인구 3,150만 명 중 대졸 이상 학력자가 약 53%로 OECD 회원국 가운데 4번째로 높게 될 전망이다. 이 비율은 2030년에는 약 65%로 더욱 높아질 것이라고 한다. 더욱이 2055년에는 총인구 기준 여자의 대졸비율이 약 58%로 남자의 56.5%를 웃돌 것으로 전망하였다. 고학력인구가 늘어나면서 우수인력 확보 면에서는 이롭지만 '일자리 눈높이'가 더욱 높아질 것이어서 가족복지 수요의 모습은 예상하기 어려울 것이다.

2. 가족복지의 과제

심각한 저출산 지속과 급속한 고령화 진행에 따른 인구구조 변화는 일할 수 있는 인적자원 부족, 경제성장률 하락, 조세부담의 과중 등으로 이어져 국민들의 다양한 복지수요 분출과 함께 경제사회의 불안요인으로 작용할 가능성이 크다. 특히 저출산 원인의 하나인 비혼의 현황을 보면 서울의 경우 35~39세 미혼자가 10명 중 3.4명(전국 평균 2.6명)으로 10년 전보다 두 배 이상 높아졌다. 아동수당 대신 결혼수당이라도 지급해야 할 형편이다. 우리들의 첫째 과제는 이러한 추세를 반영할 수 있도록 선별적·임의적 정책으로 대표되던 기존의 가족복지 패러다임을 근본적으로 수정하는 일이다. 그 방향은 무엇보다 저출산을 탈피하여 가정체계를 안정시키는 일이다.

둘째 과제는 현대가족의 복지수요와 공급 간에 나타나고 있는 부조화를 바로잡으면서 가족 모두의 삶의 질 향상을 가져올 수 있는 보편타당한 복지대책을 세우는 일이다. 지금 한국에서 시행되고 있는 개별보호정책이나 생활보호정책은 가족 전체를 대상으로 하는 종합복지서비스정책으로 바뀌어야 할 때다.

셋째 과제는 가족가치 및 문화의 창달이다. 한국에서의 가족변화는 현대화의 속도만큼이나 급진적이어서 미처 지금까지의 변화에 적응하지도 못하는 가운데 새로운 변화를 맞이하고 있다. 전통가족 의식 속에서 전수되어야 할 가치 및 문화는 무엇인지, 그리고 새로운 가치 및 문화를 어떻게 조화시켜 나갈지를 정립해야 한다. 예를 들면, 성평등문화를 가족 내에서 어떻게 접목시켜야 할지 고민하는 것 등이다.

넷째 과제는 강한 가족(strong family)과 공동체가 조화를 이루는 일이다. 강한 가족이란 전통적 가부장 가족이 아니라 생태학적(family ecology) 시각에서 가족구성원에 대한 배려, 상호 의존, 친밀성을 높이는 가족이다. 동시에 홀로가족이라고 하더라도 사회공동체의 일원임을 잊지 않고 먼저 이웃과의 관계를 원활히 하는 것이 중요하다. 최근 들어 농촌 지역에서 늘어나고 있는 국제결혼으로 인한 다문화가족이 지역공동체와 유대를 튼튼하게 하는 일도 추진해야 마땅하다.

다섯째 과제는 일과 삶의 균형(work-life balance) 개선이다. 지난 2018년 3월 근로기준법 개정으로 1주당 노동시간이 최대 68시간에서 52시간(법정근로 40시간+연장근로 12시간)으로 줄어 더 나은 삶이 가능할 것으로 기대된다. 그러나 경제협력개발기구(OECD)가 해마다 발표하는 더 나은 삶 지수(Beter Life Index)에 따르면 2017년 현재 한국의 지수는 10점 만점에 4.7점으로 35개 회원국 중 끝에서 4번째였다. 앞의 법 개정에 따라 2022년 말까지 특정 시기의 근로시간을 연장하는 대신 다른 근로시간을 단축하여 평균근로시간을 맞추는 탄력근로제를 준비하게 된다. 이에 따라 삶의 질은 높아지겠지만 임금수준 저하라는 역효과가 걱정된다.

여섯째 과제는 남·여 성별 임금격차를 줄이는 일이다. 그동안 맞벌이가족 증가 등으로 여성에 대한 임금수준이 상승했지만 아직도 37% 정도의 차이가 있다는 조사보고(국제회계컨설팅, PWC : Price Waterhouse Coopers)가 있었다. 이것은 OECD 평균 16%보다 훨씬 높으며 회원국 중 가장 낮은 수준이다.

일곱째 과제는 도시와 농촌 가족 간의 격차를 줄이는 일이다. 한국농촌경제원의 보고서에 따르면 2016년 도시거주 소득상위 20% 가계의 연간 평균수입은 1억 89만 원인 데 비하여 농촌거주 소득상위 20% 가계는 약 8,894만 원으로 11.5%나 적었다. 농촌가족 간 소득양극화는 더욱 심하여 상위 20%와 하위 20%의 격차가 11.3배로 도시의 5.7배 수준보다 훨씬 컸다.

여덟째 과제는 가족복지에 대한 사회공감대 확산이다. 정부는 한국건강가정진흥원을 설립한 데 더하여 각종 보조금 등 예산지원을 통하여 가족복지정책을 펴고 있다. 민간부문에서는 자선단체, 종교단체 등 NGO기관과 일부 기업들이 가족복지사업에 참여하고 있다. 그러나 지원계획 및 규모는 복지수요 대응에는 턱없이 부족한 형편이다. 따라서 취약가족, 위기가족, 빈곤가족들을 돕는 운동이 요원의 불길처럼 타오르게 하는 새로운 전략이 세워져야 한다. 모두가 내 가족이라는 배려로 공동체의식이 확산되는 것이 그 지름길이다.

아홉째 과제는 가족복지의 전문성과 통합성의 확립이다. 가족복지는 전문적으로 접근해 나가야 한다. 따라서 경제적 · 사회적 · 법률적 · 심리적인 것들이 통합된 사회공공서비스가 제공되어야 한다. 가족의 구성과 형태가 모두 다르고 개별가족 문제뿐만 아니라 사회집단 문제도 시기에 따라 변화하므로 이에 대한 대책들은 당연히 종합적으로 수립되어야 할 것이다.

열째 과제는 가족복지 관련 법규와 정책전달의 체계를 정비하는 일이다. <표 17－1>에서와 같이 가족 및 가족복지에 관한 법률 중 중요한 것만 골라 보아도 37개의 법률이 있다. 종합적 법률이기보다 대상별·분야별로 규정되어 있어서 중복되는 사항도 상당수 있다. 특히 공공부조로서의 가족복지정책을 제대로 펼쳐 나가기 위해서는 법률 정비 및 보완이 절실하다고 본다.

법률에 근거하고 있는 가족복지정책은 두 부문으로 나누어 수립 · 시행되고 있다. 여성가족부는 가족정책 부문, 보건복지부는 복지정책 부문을 담당한다. 행정체계로서 17개 시 · 도와 226개의 시 · 군 · 구가 전달역할을 한다. 그 아래 가족복지서비스 제공기관으로서 건강가정지원센터, 다문화가족지원센터 등이 있다. 센터들의 가족복지서비스를 지원하는 곳은 건강가정기본법에 의해 설립된 한국건강가정진흥원이다. 한편 사회보장기본법과 기타 관련법들을 근거로 하여 갖가지 특례법에 의해 많은 복지센터들이 취약가족, 위기가족 등에 대해 복지서비스를 제공하고 있어 여러 가지로 다기화 현상을 보이고 있다. 앞에서 제시한바 관련 법률 정비와 함께 가족복지 프로그램의 전달체계도 그에 따라 정비되어야 할 것이다.

* 이 책 제1부 제3~4장에서는 전반적인 가족복지정책에 대해 논의하고 있다. 그리고 제5~16장에서는 갖가지 유형의 가족을 위한 복지대책을 제시하고 있다. 여태까지 각 장에서 제시된 가족복지과제와 대책을 종합해 보면 크게 네 가지로 나누어 볼 수 있다. (ⅰ) 아동수당, 양육수당과 같은 소득보장, (ⅱ) 출산전후휴가, 육아휴직 등 부모권 보장, (ⅲ) 아동복지법, 영유아보육법에 근거한 방과 후 보육 등 노동권 보장, 그리고 (ⅳ) 노인장기요양보험을 포함한 노인돌봄 등이다.

제17장에서는 가족복지수요는 증가하지만 공급은 감소하고 있다는 것에 주목했다. 그러나 중복을 피하기 위해 각 장에서 다룬 개별 가족복지과제와 대책은 제시하지 않았다. 그에 관해서는 각 장을 참고하기 바란다.

〈표 17-1〉 가족 및 가족복지 관련 법률

	맞벌이 가족	외동이 가족	한부모 가족	소년소녀 가족	이혼 가족	재혼 가족	다문화 가족	입양 가족	노인 가족	빈곤 가족	폭력 가족
1. 헌법 제10조	●	●	●	●	●	●	●	●	●	●	●
2. 헌법 제36조	●	●	●	●	●	●	●	●	●	●	●
3. 민법 제4장, 6장	●	●	●	●	●	●	●	●	●	●	●
4. 가족법	●	●	●	●	●	●	●	●	●	●	●
5. 국민기초생활보장법	●	●	●	●	●	●	●	●	●	●	●
6. 근로기준법	●	●	●	●	●	●	●	●	●	●	●
7. 고용보험법	●	●	●	●	●	●	●	●	●	●	●
8. 건강가정기본법	●	●	●	●	●	●	●	●	●	●	●
9. 근로복지법	●	●	●	●	●	●	●	●	●	●	●
10. 국민건강보호법	●	●	●	●	●	●	●	●	●	●	●
11. 사회보장기본법	●	●	●	●	●	●	●	●	●	●	●
12. 한부모가족지원법			●		●						
13. 영유아보육법	●			●							
14. 청소년기본법				●							
15. 남녀고용평등과 일·가정 양립지원에 관한 법률	●										
16. 아동복지법				●						●	
17. 노인복지법									●	●	
18. 장애인복지법										●	
19. 모성보호법			●								
20. 모자복지법			●							●	
21. 모부자복지법			●							●	
22. 양육비이행 확보 및 지원에 관한 법률			●	●							
23. 저출산·고령화사회기본법									●	●	
24. 재해구호법	●	●	●	●	●	●	●	●	●	●	●
25. 입양특례법								●			
26. 의료보호법	●	●	●	●	●	●	●	●	●	●	●

27. 장기요양보호법									●	●	
28. 다문화가정지원법							●				
29. 치매관리법									●	●	
30. 고용상 연령차별 금지 및 고령자고용촉진법									●	●	
31. 성매매방지 및 피해자 보호에 관한 법률	●									●	
32. 성폭력방지 및 피해자 보호 등에 관한 법률											●
33. 가정폭력 방지 및 피해자 보호 등에 관한 법률											●
34. 가정폭력범죄의 처벌 등에 관한 특례법											●
35. 고등교육법				●							
36. 재난 및 안전관리 기본법	●	●	●	●	●	●	●	●	●	●	●
37. 근로자직업능력개발법				●							
38. 학원의 설립운영 및 과외교습에 관한 법률				●							
39. 국민연금법	●	●	●	●	●	●	●	●	●	●	●
40. 학교급식법				●						●	

부 록

가족 관련 법령 QR코드

가정폭력방지 및 피해자 보호 등에 관한 법률
가정폭력범죄의 처벌 등에 관한 특례법
건강가정기본법
한부모가족지원법
국적법
결혼중개업의 관리에 관한 법률 시행령

부록

가족 관련 법령 QR코드

가정폭력방지 및 피해자 보호 등에 관한 법률

한부모가족지원법

가정폭력범죄의 처벌 등에 관한 특례법

국적법

건강가정기본법

결혼중개업의 관리에 관한 법률 시행령

참고문헌

강영실(2001). 청소년 재임신 예방 프로그램 개발을 위한 기초 연구. 서울여자대학교 대학원 석사학위논문.

결혼이주여성을 위한 정책세미나(2010). 국제결혼중개업의 문제점 및 결혼이주여성 인권보호강화대책. 국회의원 김무성 · 한선교 주최 정책세미나.

경향신문(2010. 8. 8). 미혼모와 그 아이도 포용하고 지원을.

고미영(2004). 가족복지서비스를 위한 새로운 실천 패러다임에 관한 연구. 한국가족치료학회지, 12(2), 53-75.

공계순(2003). 아동복지론. 학지사.

공세원(1995). 가족결손의 유형별 특징과 가족정책의 접근방안. 한국인구보건연구원.

곽은순 · 정미라(2007). 저소득층 아동의 주거환경. 한국지역사회생활과학회지, 18(3), 493-505.

구인회(2002). 빈곤층의 사회경제적 특성과 빈곤 이행 : 경제위기 이후의 시기를 중심으로. 한국사회복지학, 48, 82-112.

______(2005). 빈곤의 동태적 분석 : 빈곤 지속기간과 그 결정요인. 한국사회복지학, 57(2), 351-374.

국가인권위원회(2008). 2007년 청소년 미혼모 교육권 실태조사.

국회입법조사처(2010). 양육 미혼모 관련정책 현황과 개선방안.

권기욱(2005). 빈곤가정 유아교육 보호정책의 개선방향 탐색. 교육행정학연구, 23(1), 281-306.

권지성(2004). 공개입양가족의 적응과정에 대한 문화기술지. 한국아동복지학, 17. 한국아동복지학회.

권희경 · 고선주(2003). 빈곤의 정의와 측정에 관한 한국과 미국의 정책 비교 고찰. 가족과 문화, 15(2), 115-146.

김경신 외(2005). 한부모가정의 부모자녀관계 향상교육 프로그램 보급. 한국가족상담교육단체협의회 · 한국가족상담교육연구소.

김경주(2001). 미혼모 발생과 입양 실태. 기독교사상. 대한기독교서회.

김광일(1994). 구타당하는 아내의 무기력, 자아강도 및 자아기능에 관한 연구. 여성연구, 봄호. 한국여성개발원.

김귀덕(2001). 미혼모복지대책에 관한 연구. 대전대학교 대학원 석사학위논문.

김근조(1985). 미혼모와 그 자녀의 복지대책에 관한 연구. 중앙대학교 대학원 석사학위논문.

김기련(1991). 부모의 양육태도와 자녀의 창의성과의 관계. 인하대학교 교육대학원 석사학위논문.

김만지(2001). 청소년기 미혼모의 진로태도성숙 향상을 위한 집단 프로그램 개입에 관한 연구. 한국아동복지학, 12. 한국아동복지학회.

김미곤 · 김태완(2004). 우리나라의 빈곤 현황 및 정책 과제. 사회보장연구, 20(3), 173-200.
김미곤 · 양시현 · 최현수(2007). 한국의 빈곤동향과 정책방향. 사회보장연구, 26(1), 3-32.
김미숙(2005). 이혼에 대한 개괄. 우리 시대 이혼이야기. 양서원.
김병태(1997). 외동이와 형제아의 사회성과 자아존중감에 관한 비교 연구. 계명대학교 교육대학원 석사학위논문.
김성천(1994). 가족복지의 미래. 사회복지, 통권 120.
김성천 · 윤혜미(2000). 가족복지 증진을 위한 정책 대안 연구. 보건복지부.
김승권 외(2000). 한국가족의 변화와 대응방안. 한국보건사회연구원.
김안나(2007). 한국사회 여성빈곤과 빈곤대책. 사회보장연구, 26(1), 37-67.
김영주 · 김희경 · 이현주(2008). 여성결혼이민자의 생애주기별 건강실태 및 건강증진방안 정책제언 연구. 충남여성정책개발원 연구보고서, 1-128.
김영화 외(2002). 성인지적 가족복지론. 양서원.
김유숙(1998). 가족치료 : 이론과 실제. 학지사.
김은정 · 진미정(2004). 빈곤여성가장의 복지서비스에 대한 요구도 및 관련요인 고찰. 가족과 문화, 16(3), 43-71.
김인숙 외(2000). 여성복지론. 나남출판.
김재은(1997). 유아의 발달 심리(개정판). 창지사.
김정아(1990). 아동의 사회적 능력과 관련된 제 변인에 관한 연구 : 어머니와 교사의 평가를 중심으로. 이화여자대학교 대학원 석사학위논문.
김진남(1987). 외동이와 두 자녀 이상의 어머니의 양육태도 비교연구. 이화여자대학교 교육대학원 석사학위논문.
김태현 외(2004). 현대가족복지. 도서출판 하우.
김혜련(1993). 여성의 이혼경험을 통해 본 가부장적 결혼연구. 이화여자대학교 대학원 석사학위논문.
김혜선(1995). 아내구타의 발생과 지속과정에 관한 연구. 한양대학교 대학원 박사학위논문.
김희경(2010). 다문화가정 여성결혼이민자의 스트레스 유형분석. 여성연구, 78(1), 119-158.
남세진 · 조흥식(1995). 한국사회복지론. 나남출판.
노지현 · 우경임(2010). 달라도 다함께, 국내 결혼이민자 13만 명, 어떻게 살고 있나. 동아일보. http://news.donga.com/3/all/20100318
노충래 · 김원희(2004). 시설거주 미혼모의 입양결정요인에 관한 연구. 한국아동복지학, 17. 한국아동복지학회.
노현조(2000). 한국 미혼모 복지정책에 관한 연구. 한양대학교 대학원 석사학위논문.
노혜련 · 박선영(2004). 빈곤가족 건강의 설명요인에 대한 탐색적 연구. 한국가족복지학, 14, 147-175.
대통령직속여성특별위원회(2000). 여성백서.
대한가정학회 · 건강가정육성기본법 추진위원회(2003). 건강가정육성기본법 제정을 위한 워크숍 자료집.
대한가족계획협회(1986). 축복 속에 자녀 하나.

도미향 · 박인전 외(2003). 현대가족복지론. 양서원.

도미향 · 이기숙 · 홍계옥 · 주 정 · 최순옥 · 문순영 · 양한영(2011). 건강가정론. 신정.

도미향 · 이소희 외(2001). 여성복지. 형설출판사.

도미향 · 정은미(2002). 10대 미혼모의 현황과 복지대책에 관한 연구. 청소년복지연구, 3(1).

도미향(2005a). 저출산시대 가족복지정책의 현황과 과제. 2005 한국가족복지학회 창립 10주년 기념 국제학술대회 자료집.

______(2005b). 외동이의 특징과 부모의 양육태도. 제17회 한국모자보건학회 춘계학술대회 자료집.

도미향 · 윤지영(2003). 외동이가족에서의 자녀문제와 부모교육. 대한부모교육학회 추계학술대회 자료집.

____________(2004). 외동이와 형제아가 지각한 부모 양육태도와 사회정서발달. 아동학회지, 25(3), 75-86.

류명의(2001). 외동아와 형제아의 감성지능과 학교적응 비교 연구. 충남대학교 교육대학원 석사학위논문.

류향자(1999). 외동아와 형제아의 성격 특성과 학교적응 비교 연구. 연세대학교 교육대학원 석사학위논문.

말콤 페인(1997). 현대사회복지 실천이론. 서진환 · 이선혜 · 정수경 공역(2001). 나눔의 집.

박경숙(2000). 가정폭력 감소를 위한 서비스 연계모델 개발.

박경훈(2015). 고령화의 원인과 특징. http://file.itoss.co.kr/updata/network

박병호 외(1996). 한국 가족정책의 이해. 학지사.

박상규 · 이병하(2004). 빈곤층의 심리적 특성에 관한 연구. 한국심리학회지, 16(4), 813-824.

박옥희 외(2005). 남편의 배신으로 인한 이혼. 우리 시대 이혼이야기. 양서원.

박인선(1995). 해외입양인의 뿌리 찾기에 관한 연구. 이화여자대학교 대학원 박사학위논문.

______(1997). 미혼모에 대한 사회복지적 접근. 한국모자보건학회 춘계학술대회.

박현선 · 정익중 · 구인회(2006). 빈곤과 아동의 사회정서적 발달 간의 관계 : 성인역부담의 역할을 중심으로. 한국사회복지학, 58(2), 303-330.

박현성(2014). 결혼이주여성의 일 · 가정 양립경험에 관한 연구. 원광대학교 대학원 박사학위논문.

배미영(2000). 미혼모 발생요인 분석. 대전대학교 대학원 석사학위논문.

배태순(1998). 현대사회에서의 입양의 이해와 입양의 성공. 경남대학교출판부.

백경숙 · 이무영(2003). 유아기 외동이가정의 부모자녀 특성과 부모교육. 대한부모교육학회 추계학술대회 발표자료집.

백미진(2002). 사회계층별 학령기 아동의 분노에 관한 연구. 숙명여자대학교 대학원 석사학위논문.

백연옥(1995). 아동을 포기하는 친모들의 정신건강 이슈들에 대한 소고. 정신보건과 사회사업, 제2집.

변명숙(2001). 미혼모의 사회적 문제점과 복지정책 개선방안에 관한 연구. 단국대학교 대학원 석사학위논문.

변미희(2002). 제1회 입양부모상담원 양성교육 자료집. 한국입양홍보회.

변미희 · 백경숙(2001). 공개입양부모를 위한 사전 · 사후 서비스 프로그램 개발을 위한 기초조사연구. 아동권리연구, 5(2). 한국아동권리학회.

변미희 외(2006). 아동복지론. 공동체.
변용찬 · 이삼식 · 김유정(1999). 우리나라 입양제도 개선에 관한 연구. 한국보건사회연구원.
변화순(1996). 이혼가족을 위한 대책연구. 한국여성개발원.
보건복지가족부 · 법무부 · 여성부 · 한국보건사회연구원(2010). 2009년 전국다문화가족실태조사 연구. 정책보고서 2010-06.
보건복지부 아동정책과(2009). 보건복지통계연보.
보건복지부(1997). 부녀사업지침.
_________(1999). 여성복지사업안내.
_________(1999). 내부자료.
_________(2000). 보건복지백서.
_________(2004). 보건복지통계연보.
_________(2005). 2005년 아동복지사업안내.
_________(2008). 2008년 아동복지사업안내.
_________(2009). 전국다문화가족 실태조사보고서.
_________(2010). 아동복지사업.
_________(2013). 보건복지통계연보.
_________(2018). 아동복지사업안내.
보건복지부 · 경기도(2000). 2000년도 여성복지사업안내 및 국고보조 사업지침.
서영숙 · 황은숙(2004). 한부모가정과 이혼이해교육. 양서원.
서울대학교 사회복지실천연구회 역(1998). 사회복지실천기법과 지침. 나남출판.
서울시(1998). http://www.kornet.nm.kr/opendocs/information/html/06-36.html
서울시부녀복지연합회(1996). 한국 미혼모 복지의 현황과 발전방향.
서울특별시(2000). 새서울 시정백서.
서희정(1995). 외동이와 형제아의 사회성과 어머니의 양육태도에 관한 연구. 한양대학교 교육대학원 석사학위논문.
성영혜 · 송주미(1997). 가족복지에 관한 이론적 고찰. 한국가족복지학, 2(1). 한국가족복지학회.
성영혜 외(1997). 가족복지에 관한 이론적 고찰. 한국가족복지학, 2(1).
성정현(1998). 이혼여성들이 경험하는 심리사회적 문제와 대처전략. 사회복지연구, 11.
______(2000). 이혼문제와 사회복지실천. 학지사.
성정현 외(2004). 가족복지론. 양서원.
손정영(1998). 아내학대의 원인에 대한 생태학적 연구－도시 중산층 부부를 중심으로－. 경희대학교 대학원 박사학위논문.
손홍숙(1995). 가정복지 면에서 본 미혼모 발생요인 및 예방대책에 관한 연구. 대한가정학회지, 51-62.
송나리(1993). 외동이의 사회적 능력 및 인지능력 발달에 관한 연구. 이화여자대학교 대학원 석사학위논문.
송다영(2007). 한부모가족을 위한 사회권에 대한 고찰. 한국 사회복지학회 춘계학술대회 발표논문, 327-333.

송성옥(1997). 외동이와 형제아의 사회성 발달과 아버지 양육태도에 관한 연구. 한양대학교 교육대학원 석사학위논문.

송혜림(2000). 가정생활에 대한 복지관점의 적용과 가정복지의 방향성. 한국가정관리학회지, 18(1).

신수미(2002). 사회계층에 따른 초등학교 아동의 고민유형과 스트레스 정도와의 관계. 숙명여자대학교 대학원 석사학위논문.

안복례(1971). 어머니의 양육태도와 어린이의 성격형성에 관한 일 조사 연구. 대구교육대학교 논문집, 7, 83-109.

안재진 · 권지성 · 변미희 · 최운선(2009). 국내 입양아동의 문제행동 수준에 영향을 미치는 요인 : 공개입양 아동을 중심으로. 한국아동복지학, 29, 189-219.

양동두(1993). 형제 수 및 출생순위에 따른 아동의 성격 특성 비교. 건국대학교 교육대학원 석사학위논문.

양소영(2004). 이혼과 자녀 : 기능적 가족체계를 이루기 위한 배려와 치료적 개입. 한국가족의 위기와 상담 워크숍 자료집. 2004 한국상담학회 연차대회.

엄명용 외(2005). 사회복지실천의 이해. 학지사.

여성가족부(2005). 미혼모 현황 및 욕구 조사.

_________(2009). 2009년도 가정폭력 · 성폭력 보호시설 및 상담소 등 운영실적 보고.

_________(2018. 3). 제3차 다문화가족정책 기본계획(안) 2018~2022.

여성가족부 · 전국다문화가족사업지원단(2010). 2010 다문화가족지원센터 운영가이드북. 2010-다문화-08.

오재숙(1999). 아기장래결정 집단 프로그램이 미혼모에게 미치는 영향에 관한 사례 연구. 세종대학교 대학원 석사학위논문.

유영주 외(2004). 새로운 가족학. 신정.

유영희(1980). 아동행동에 대한 지각과 아동의 적응. 경북대학교 교육대학원 석사학위논문.

유지영 · 정영순(2007). 미국 EITC의 근로유인 및 빈곤완화 효과에 대한 연구 : 저학력 기혼여성을 중심으로. 한국 사회복지학회 춘계학술대회 발표논문, 337-342.

윤미현(2000). 10대 미혼모의 임신 및 유아입양 관련요인들에 관한 연구. 숙명여자대학교 대학원 박사학위논문.

윤미현 · 이재연(2001). 10대 미혼모의 유아입양 관련요인들에 관한 연구. 아동학회지, 22(1). 한국아동학회.

윤홍식(2003). 이혼 및 별거(가족해체)로 인한 모자가정의 빈곤화와 사회안전망의 역할. 한국사회복지학, 53, 51-73.

윤홍식 · 조막래(2007). 경제위기 이후 한국의 빈곤양태 : 빈곤을 통하여 본 구 사회위험의 존속과 신사회위험의 확대. 한국 사회복지학회 창립 50주년 기념 세계학술대회 발표논문, 287-291.

이경원 · 오정옥(2003). 재혼에 관한 한국과 일본의 비교연구. 일본가족관계학회지, 22.

이경희 외(1999). 가족복지. 형설출판사.

이금연(2006). 이주여서의 결혼과 가족. 여성연구논총, 5(2).

이대균(1990). 국민학교 1학년 아동에 대한 소집단활동중심 교수방법의 적용과 효과. 중앙대학교 대학원 박사학위논문.

이명순 · 박주현(2010). 입양을 결정한 10대 미혼모 경험에 관한 사례연구. 한국가족복지학, 13(3), 187-205.

이명희(2000). 우리나라 보호시설에 있는 미혼모의 의료이용행태에 관한 연구. 경희대학교 대학원 석사학위논문.

이미선(2002). 해외입양인의 자아정체감 및 이에 영향을 미치는 요인에 관한 연구. 한국아동복지학, 14. 한국아동복지학회.

이병림(1988). 아동의 생활능력에 대한 부모와 교사의 지각. 이화여자대학교 대학원 박사학위논문.

이삼식(1998). 미혼모 증가문제와 정책방향. 보건복지포럼. 한국보건사회연구원.

이선우(2015). 결혼이주여성의 외로움에 관한 현상학적 연구. 원광대학교 대학원 박사학위논문.

이선자(1999). 부모의 양육태도와 자녀의 창의성과의 관계. 원광대학교 대학원 석사학위논문.

이소희(1991). 가족복지. 형설출판사.

_____(2005). 아동복지론. 학현사.

이소희 외(1998). 현대청소년복지론. 양서원.

_________(1998). 현대가족복지론. 양서원.

_________(2003). 가족문제와 가족복지. 도서출판 양지.

이소희 · 도미향(1996). 미혼모 발생에 대한 성경적 접근 : 욕구충족의 지연 및 형벌고지적 성교육. 가정사역연구, 2. 가정사역학회.

이소희 · 이무영(2003). 한국이혼가족의 이혼과정의 억제요인과 사회적 개입. 숙명여자대학교 대학원 박사학위논문.

이승미(2000). 가정복지서비스의 모형과 실천방안에 관한 탐색연구. 한국가정관리학회지, 18(2).

이여봉(2017. 10). 1인가구의 현황과 정책과제. 보건복지포럼.

이영분 · 양심영(1999). 가족의 변화에 따른 가족복지서비스의 대응. 한국가족복지학, 3, 117-147.

이영분 · 김유숙 공역(1992). 가족분석가계도. 홍익재.

이영숙(2004). 가족문제와 가족복지. 신정.

이원숙(2004). 가족복지론. 학지사.

_____(1999). 우리나라 미혼모 복지제도와 서비스 개선방안에 관한 연구. 경희대학교 대학원 석사학위논문.

이정덕 외(1998). 결혼과 가족의 이해. 학지사.

이정숙(2004). 가족문제. 교문사.

이필진(1995). 취학 전 아동의 성과 가정환경이 사회적 능력에 미치는 영향. 경북대학교 대학원 석사학위논문.

이혜경(1996). 한국 가족정책 대안의 선택과 정부 민간의 연계. 한국가족정책의 이해. 학지사.

이화여자대학교 사회복지연구회(2001). 가족복지실천론. 나눔의집.

임상사회사업연구회(1998). 현대가족문제. 학문사.

임세희(2007). 장기빈곤이 고등학교 학생의 학업성적에 미치는 영향 : 부모-자녀 애착관계를 중심으로. 한국 사회복지학회 춘계학술대회, 395-398.

임춘희 · 정옥분(1997). 초혼계모의 재혼가족생활 스트레스와 적응에 관한 경험적 연구. 대한가정학회지, 35(5), 73-102.

장명선(2008). 서울시 다문화가족실태 및 지원체계구축방안 연구. 서울시여성가족재단.

장필화 · 조 형(1991). 한국의 성문화-남성문화를 중심으로. 여성학 논집, 8. 이화여자대학교출판부.

장혜경(2002). 이혼여성의 부모역할 및 자녀양육 지원방안에 관한 연구. 한국여성개발원.

장혜경 외(2001). 실질적인 여성가장가족 및 한부모가족을 위한 가족정책방향과 과제. 여성과 가족정책의 새로운 전망 세미나 자료집.

전명희(2002). 이혼 후 자녀양육형태 형성과정에 관한 연구. 한국가족치료학회지, 10(1), 51-74.

정경희(2015). 노년기 독거현황과 정책적 대응전략. 한국보건사회연구원, FOCUS 제300호(2015-35).

정미숙(2007). 저소득여성가구주의 빈곤화 과정에 대한 연구. 한국사회복지학, 59(4), 191-216.

정민자 외(2005). 건강한 가정, 행복한 부부를 위한 마법의 책. 대왕사.

정승길(1996). 한 자녀 부모의 양육태도와 자녀의 사회적 특성. 한국교원대학교 대학원 석사학위논문.

정영숙(1992). 가족의 사회심리적 환경과 아동의 사회적 역량과의 관계. 숙명여자대학교 대학원 박사학위논문.

______(2003). 빈곤 및 가족구조가 아동의 발달지체 및 발달장애 위험에 미치는 영향. 정서 · 행동장애연구, 19(4), 55-69.

정유자(1999). 초등학교 외동이의 협동성과 사회성 및 교우관계에 관한 연구. 인제대학교 교육대학원 석사학위논문.

정익중 · 김혜란 · 홍순혜 · 박은미 · 허남순 · 오정수(2005). 사회복지서비스 이용이 빈곤아동의 심리사회적 적응에 미치는 영향. 한국사회복지학, 57(3), 105-131.

정지인 역(2004). 즐겁고 행복하게 외동아이를 키우는 비결. 패트리샤 내크먼 · 안드레아 톰슨 이미지.

정현숙(1996). 편부모가정의 자녀가 인지한 가족환경과 사회 · 심리적 적응. 늘어가는 편부모가정. 한국가족관계학회.

______(2007). 가족관계생활교육. 신정.

정현숙 · 유계숙(2001). 가족관계. 신정.

조성호(1998). 외동이가 지각한 부모 양육태도와 사회성에 관한 연구. 울산대학교 교육대학원 석사학위논문.

조성훈(1999). 한국의 미혼모 복지제도에 관한 연구. 관동대학교 대학원 석사학위논문.

조애저(2001). 기혼부인의 가족주기단계별 경제실태와 정책방향. 보건복지포럼, 53, 37-47.

조옥라(1996). 재혼, 그 또 다른 시작. 한국가정법률상담소 창립 40주년 심포지엄 자료집.

조진선(1999). 아동의 형제 유무와 정서적 · 인지적 조망수용능력과의 관계 연구. 성균관대학교 교육대학원 석사학위논문.

조추용 외(2002). 가족복지론. 창지사.

조 형(1991). 자본주의와 가부장제 가족. 가족학논집, 3. 한국가족학회.

조희금 · 김경신 · 정민자 · 송혜림 · 이승미 · 성미애 · 이현아(2005). 건강가족론. 신정.
조흥식 · 김인숙 · 김혜란 · 김혜련 · 신은주(2002). 가족복지학. 학지사.
주소희(2002). 이혼가정자녀의 부모 이혼 후 심리사회적 적응을 위한 프로그램 개발 및 효과성 연구. 한국가족복지학회지, 9, 77-106.
주정일 · 이소희(1993). 아동복지학. 교문사.
중앙일보(1999. 10. 19). 기획취재－고통받는 재혼가정.
채옥희 외(2004). 현대사회와 가족복지. 신정.
채옥희 · 홍달아기(2006). 사례로 본 여성결혼이민자의 가정생활실태와 갈등. 한국생활과학회지, 15(5).
____________(2008). 피해사례를 통해서 본 결혼이민자남편의 갈등. 한국생활과학회지, 17(5).
최경석 · 김양희 · 김성천 · 김진희 · 박정윤 · 윤정향(2003). 한국가족복지의 이해. 인간과 복지.
최경석 외(2001). 한국가족복지의 이해. 인간과 복지.
최선화 외(1999). 사회문제와 사회복지. 양서원.
최성재(1994). 사회정책과 가족. 현대사회와 가족. 교육과학사.
최승희(2003). 자녀를 상실한 미혼모들을 위한 슬픔완화 지지집단 프로그램의 효과. 한국아동복지학, 16. 한국아동복지학회.
최옥금(2007). 노인의 빈곤에 영향을 미치는 요인에 대한 연구 : 패널자료를 중심으로. 한국사회복지학회 춘계학술대회 발표논문, 337-343.
최윤정 · 권현진 · 이시연(2004). 빈곤청소년의 적응요인에 관한 연구. 청소년학연구, 11(3), 531-550.
최헌수 · 류연규(2003). 우리나라의 노인 빈곤 동향 및 빈곤구성에 대한 연구. 한국노년학, 23(3), 143-160.
통계청(2002). 한국의 사회지표.
______(2004). 인구동태통계연보.
______(2009). 2008 고령자통계. www.nso.go.kr
______(2012). 경제활동인구연보.
______(2013). 사회조사보고서.
______(2017. 9. 25). 2017 고령자통계 보도자료.
______(2018. 7. 24). 2018년 5월 경제활동인구조사 고령층부가조사결과(보도자료).
피터 G. 피터슨(2002). 노인들의 사회 그 불안한 미래. 강연희 역. 에코리브르.
한겨레 21(2005). 이혼의 매너. 한겨레신문사, 제584호.
한겨레신문(2004. 1. 26). 버릇없는 외동아이 근거 없는 편견.
한경혜(2003). 한국사회의 이혼의 급증현상과 이혼 원인. 한국 이혼가족의 현상과 과제. 한국가족복지학회 추계학술대회.
한경혜 · 이정화(2002). 도시 및 농촌 거주자의 이혼에 대한 태도. 대한가정학회지, 40(9).
한국가족사회복지학회 춘계학술대회 자료집(2005). 한국가족사회복지학회.
한국가족학회(1994). 복지국가와 가족정책. 도서출판 하우.

한국여성개발원(1984). 미혼모 실태에 관한 연구.

__________(1987). 미혼모 발생 예방대책에 관한 프로그램.

__________(1990). 한국 가족정책에 관한 연구-여성 · 아동복지를 중심으로.

__________(1992). 성폭력의 예방과 대책에 관한 연구.

__________(1993). 가정폭력의 예방과 대책에 관한 연구.

한국여성민우회(2004). 건강가정 있다/ 없다. 건강가정기본법 진단토론회 자료집.

한국여성복지연구회(2005). 가족복지론. 청목출판사.

한국입양홍보회(2001). 제2회 전국입양부모대회.

한국형사정책연구원(1992). 가정폭력의 실태와 대책에 관한 연구.

한남제(1999). 현대가족의 이해. 일지사.

한인영(1998). 미혼모 발생현황 및 미혼모 복지의 방향. 한국모자보건학회 춘계학술대회.

허남순(1986). 미혼모 발생의 요인규명에 관한 연구. 사회복지학회, 8.

_____(2003). 미혼모 복지의 발전방향. www.haerimwon.or.kr/home.html

헤럴드경제(2018. 6. 21).

홀트아동복지회(1998). 내부자료.

__________(2001). 내부자료.

홍달아기 · 채옥희 · 이남주(2010). 다문화가족을 위한 가족통합교육 프로그램 개발과 평가. 한국생활과학회지, 19(1).

Alexander, P. C., & Follette, V. M.(1992). Dating violence : Current and historical correlates. *Behavioral Assessment, 14*, 39-52.

Allison, P. D., & Furstenberg, F. F.(1989). How marital dissolution affects children : Variations by age and sex. *Developmental Psychology, 25*, 540-549.

Andrews, B., & Brewin, C. R.(1990). Attributions of blame for marital violence : A study of antecedents and consequences. *Journal of Marriage and the Family, 52*, 757-767.

Asbury, J.(1993). Violence in families of color in the United States. In R. L. Hampton, T. P. Gullotta, G. R. Adams, E. H. Potter, Ⅲ, & R. P. Weissberg(Eds.), *Family violence : Prevention and treatment*(pp. 159-178). Newbury Park, CA : Sage.

Barnett, O. W., Lee, C. Y., & Thelen, R. E.(1995, July). Gender differences in forms, outcomes, and attributions for interpartner aggression. Paper presented at the 4th International Family Violence Research Conference, Durham, NH.

Baruch, G., Barnett, R., & River, C.(1983). *Lifeprints : new pattern of love and work for today's women*. NY : McGraw-Hill.

Bergman, L.(1992). Dating violence among high school student. *Social Work, 37*, 21-27.

Bersani, C. A., Chen, H. Y., Pendleton, B. F., & Denton, R.(1992). Personality traits of convicted male batterers. *Journal of family Violence, 7*, 123-134.

Chio, A., & Edleson, J. L.(1995). Advocating legal intervention on wife assaults : Results from a national survey of Singapore. *Journal of Interpersonal Violence, 10*, 243-258.

Cowan, M. L.(1992). The Effects of Take-Home Science Activities on Curiosity Levels. Attitudes towards Science, and Parent/ Child interactions. A Thesis Submitted to the Faculty of Graduates School of the University of Minnesota.

Craig, A. E., & Sandra, V. E.(2001). *Healthy Divorce*. 성정현 역. 함께 읽는 책.

Crawfort, & Furstenberg(1985). *Teenage Sexuality, Pregnancy, and Childbearing In Handbook of Child Welfare*. NY : The Free Press.

Daro, D., & Gelles, R. J.(1992). Public attitudes and behaviors with respect to child abuse prevention. *Journal of Interpersonal Violence, 7*, 517-531.

Elion(1990). *Therapy with remarriage families with children, uni of wisconsin Remarried Family Relationship*. CA : Sage Pub.

Endsley, R. C., Hutcherson, M. A., Garner, A. P., & Martin, M. F.(1979). Interrelationships among selected maternal behaviors, authoritarianism, and preschool children's verbal and nonverbal curiosity. *Child Development, 50*, 331-339.

Esping-Anderson(1999). *Social Foundation of Post-industrial Economies*. Oxford University Press.

Falbo, T., & Polit, D. F.(1986). A Only Child and Personality Development : A quantitative Review. *Journal of Marriage and the Family, 49*, 309-325.

Friedman, A. S.(1971). *Therapy with Families of Sexual Acting Out 8 Girls*. NY : Springen.

Gelles, R. J.(1993c). The doctrine of family reunification : Child protection or risk?. *The APSAC Advisor, 6*(2), 9-10.

Gelles, R. J., & Cornell, C. P.(1985). *Intimate violence in families*. Newbury Park, CA : Sage.

Glick(1989). Recent changes in divorce and remarriage. *Journal of marriage and family*.

Harding, L. F.(1996). *Family, State and Social Policy*. Macmillan Press.

Hetherington, E. M., Law, T. C., & O'Conner, T. G.(1993). Divorce : Challenges, change, and new chance, In Walsh, F.(Ed.), *Normal Family Processes*(2nd ed.). Guilford, 208-234.

Hurlock, S.(1964). *Child Development*(4th ed.). Rev, New York : Mcgraw Hill.

Irvine, J.(1990). Lesbian battering : The search for shelter. In P. Elliott(Ed.), *Confronting lesbian battering*(pp. 25-30). St. Paul : Minnesota Coalition for Battered Women.

Kadushin, A.(1980). *Child Welfare Service, Macmillan Publishing Company*. Encyclopedia of Social Work.

Kadushin, A., & Martin, J.(1988). *Child Welfare Services*(4th ed.). Macmillan Publishing Company.

Kamerman, S. B., & Kahn A.(1978). *Family Policy*. New York : Columbia University Press.

Kiecolt-Glaser, J. K., Fisher, L. Ogrocki, Stout, J. C., Spucler, B., & Glaser, R.(1987). Marital quality, marital disruption and immune function. *Psychosomatic Medicine, 40*, 13-34.

Leslie, G. R., & S. K. Korman(1989). *The Family in Social Context*(7th ed.). New York : Oxford University Press.

Miller, & Bingham(1989). Family configuration in relation to the sexual behavior of female adolescents. *Journal of Marriage and the Family, 51*, 499-506.

Moore, S. G., & Bulbulian, K. N.(1976). The effects of contrasting styles of adult-child interaction on children's curiosity. *Developmental Psychology, 12*, 171-172.

NASW(1965). Unmarried Parents. Encyclopedia of Social Worker.

Newcomer, Bilbert, & Udry(1980). Perceived and actual same sex peer behavior as determinants of adolescent sexual behavior. Paper presented at annual meeting of the American Psychological Association.

Olson, D. H.(2004). Marital and Family Strengths : an International Perspective. in Korean International Family Strengths Conference.

Paulker, J. D.(1969). *Girls Pregnant Out of Wedlock, In Double Jeopardy, the Tripple Crisis-Illegitimacy Today*. NY : National Council on Illegitimacy.

Pillemer, K. A.(1986). Risk factor in elder abuse : Results from a case-control study. In K. A. Pillemer & R. S. Wolf(Eds.), *Elder abuse : Conflict in the family*(pp. 236-263). Dover, MA : Auburn House.

Rich · 이수연(2001). 미국 10대 미혼모의 학교복귀에 영향을 미치는 요인. 사회복지연구, 16.

Schaefer E. S.(1965). Children's report of parental behavior : An inventory. *Child Development, 39*, 417-424.

Small, S. A., & Donell Kerns(1993). Unwanted sexual activity among peers during early and middle adolescence : Incidence and risk factors. *Journal of Marriage and the Family*, *55*, 941-952.

Thomas, G., & Judith, G. S.(1989). 부모역할 배워지는 것인가. 한국심리상담연구소.

Trost, J.(1980). The Concept of One Parent Family. *Journal of Comparative Family Studies, 11*(1).

Trovato, F., & Lauris, G.(1989). Marital status and mortality in Canada : 1951-1981. *Journal of marriage and the Family*, *51*, 907-922.

Visher & Visher(1988). *Old Loyalties, new ties : Therapeutic strategies with stepfamilies*. Brunner/ Mazel.

Wallerstin. J. S., & Blakeslee, S.(1989). *Second Chances : Men, Women and Children a 22Decade after Divorce*. Ticknor & Fields.

Williams, C.(1995). Adolescent pregnancy. *Encyclopedia of social work, 19*, 34-40. Washington, DC : NASW.

Zimilees, H., & Lee, V. E.(1991). Adolescent family structure and educational progress. *Developmental Psychology, 27*, 314-320.

Zimmerman(1995). *Understanding Family Policy : Theories & Applications*. CA : Sage Pub.

[관련 웹사이트]

법제처. http://www.moleg.go.kr

법제처(2018). 국가법령정보센터. http://law.go.kr

이주여성긴급지원센터. http://www.wm1366.or.kr

중앙입양원(2018). 입양기관 및 단체 http://kadoption.or.kr

한국입양홍보회. http://www.mpak.org

찾아보기

[인명]

[내용]

저/자/소/개

■ **김 혜 경**(4, 13장)
백석대학교 사회복지학부 교수
[저서] 노인케어론(공저, 2001), 노인복지실천사례론(공저, 2002), 노인복지론(공저, 2005)

■ **도 미 향**(6, 12, 16장)
남서울대학교 아동복지학과 교수
[저서] 아동・청소년복지정책론(2004), 가족정책론(공저, 2012), 보육학개론(공저, 2013)

■ **문 혜 숙**(8, 10장)
전 장안대학교 사회복지과 교수
[저서] 사회복지개론(공저, 2005), 사회복지실천론(공저, 2005), 가정폭력전문상담(공저, 2004)

■ **박 충 선**(3, 15장)
전 대구대학교 가정복지학과 교수
[저서] 현대사회의 성, 사랑, 결혼(2006), 여성학의 이론과 실제(2004), 노인학대전문상담(2004)

■ **손 홍 숙**(5, 14, 17장)
전 숭의여자대학 가족복지학과 교수
[저서] 인간행동과 사회환경(공저, 2004), 가정폭력(공저, 2004), 재가복지(2006)

■ **오 정 옥**(2, 9장)
창원문성대학교 사회복지과 교수
[저서] 사회복지개론(공저, 2004), 사회복지실천론(공저, 2005), 인간행동과 사회환경(공저, 2005)

■ **홍 달 아 기**(1, 7, 11장)
원광대학교 가정아동복지학과 교수
[저서] 현대사회와 가정(공저, 1995), 현대사회와 가정복지(공저, 2004), 노인학대전문상담(공저, 2005)

가족복지론 【제6판】

|공저자| 김혜경 · 도미향 · 문혜숙 · 박충선 · 손홍숙 · 오정옥 · 홍달아기

|1판 1쇄| 발행 2006년 2월 28일
|1판 4쇄| 발행 2007년 8월 10일
|2판 1쇄| 발행 2008년 2월 10일
|2판 5쇄| 발행 2010년 1월 25일
|3판 1쇄| 발행 2010년 8월 20일
|4판 1쇄| 발행 2011년 2월 20일
|4판 6쇄| 발행 2014년 2월 10일
|5판 1쇄| 발행 2014년 5월 10일
|5판 7쇄| 발행 2018년 1월 20일
|6판 1쇄| 발행 2019년 2월 25일
|6판 7쇄| 발행 2023년 8월 30일

|발행인| 김동훈
|발행처| 공동체

|주소| 경기도 고양시 일산동구 호수로 358-39, 동문타워Ⅰ 905호(백석동)
|전화| 031) 814-3000(대표)
|팩스| 031) 814-3100
|홈페이지| http://www.compub.co.kr
|전자우편| compub@naver.com
|출판등록| 2005년 10월 6일
|등록번호| 제396-2005-36호

|ISBN| 979-11-6105-333-2
정가 23,000원